发育生物学

（第二版）

王玉凤　主编

科学出版社
北京

内 容 简 介

本书是编者在长期从事发育生物学研究和教学的基础上，同时参阅了大量的国内外文献资料和相关教材编写而成，比较全面系统地介绍了发育生物学的基础知识和基本理论，也适当兼顾了一些本领域的热点问题及最新研究进展。全书共11章，生命发育的基本过程部分主要包括配子发生、受精过程及其调控机制、三胚层的发生及分化、变态、衰老与死亡等；热点问题部分包括性别决定、干细胞与再生、发育异常和疾病等；植物发育部分包括植物生长和发育的特点、植物个体发育的过程及调控机制、开花诱导和花器官的发生等；发育与进化部分包括达尔文雀喙的进化、刺鱼骨骼的进化、*Hox*基因与动物的形态进化等。

本书可作为高等院校本科生发育生物学课程的教材，也可作为发育生物学、细胞生物学、遗传学、医学等学科相关专业研究生有关课程教学的参考书和自学用书。

图书在版编目（CIP）数据

发育生物学 / 王玉凤主编. —2版. —北京：科学出版社，2021.8
ISBN 978-7-03-069637-3

Ⅰ. ①发… Ⅱ. ①王… Ⅲ. ①发育生物学－高等学校－教材
Ⅳ. ① Q132

中国版本图书馆CIP数据核字（2021）第170328号

责任编辑：刘 丹 / 责任校对：严 娜
责任印制：张 伟 / 封面设计：迷底书装

科学出版社出版
北京东黄城根北街16号
邮政编码：100717
http://www.sciencep.com
北京建宏印刷有限公司印刷
科学出版社发行 各地新华书店经销
*
2011年9月第 一 版 开本：787×1092 1/16
2021年8月第 二 版 印张：18 1/4
2025年8月第六次印刷 字数：467 000

定价：69.00元

（如有印装质量问题，我社负责调换）

《发育生物学》编委会

主　编　王玉凤

编　委　（按姓氏笔画排序）

王玉凤（华中师范大学）
王奕众（华中师范大学）
李建真（西北师范大学）
杨万喜（浙江大学）
吴　华（华中师范大学）
汪家林（华中师范大学）
张　晗（河北大学）
张　蕾（武汉大学）
张冬卉（湖北大学）
郑　雅（华中师范大学）
赵浩斌（华中师范大学）
袁　凯（中南大学）
袁婺洲（湖南师范大学）
康现江（河北大学）
彭　宇（湖北大学）
蔡　琳（湖北大学）

第二版前言

发育生物学（developmental biology）是20世纪中期发展起来的一门新兴学科，是生物学的二级学科之一，主要研究生物体整个生命周期的发展过程及其机制。随着动物克隆，动植物基因组、转录组、蛋白质组测序等一系列重大课题的突破，基因、细胞和发育已经成为生命科学研究的一条主线，发育已成为解决其他生命科学问题所必须攻克的领域。此外，它在生产中的广泛应用已引起科学家的密切关注和浓厚兴趣，发育生物学已成为21世纪的前沿学科和热门学科之一。为适应发育生物学的迅猛发展和高等学校发育生物学教学的需要，我们在科学出版社的大力支持下，曾于2011年编写了第一版《发育生物学》教材。为了适应本学科的迅猛发展，我们在广泛听取授课教师和同行意见的基础上，进行更新修订。

本书采用图文并茂的方式阐明发育的基本原理及相关的重要进展，主要是按照个体发育的顺序来编排，由生命的基础——生殖细胞的发生，到生命的开始——受精，再到胚胎发育、胚后发育至生命的衰退终止——衰老与死亡，最后也涉及异常发育、发育与进化等。在编写过程中，我们参阅了大量的国内外相关文献资料，如Gilbert的*Developmental Biology*（第八、十一、十二版）、Slack的*Essential Developmental Biology*（第三版），以及桂建芳研究员、张红卫教授等编著的《发育生物学》等教材，同时也结合了编者多年来在发育生物学教学和研究过程中的体会与部分成果。

在第二版的修订过程中，我们邀请了一些新的编者参与，他们都是从事相关领域研究和教学的专家，如中南大学的袁凯教授、湖南师范大学的袁婺洲教授、湖北大学的张冬卉教授、西北师范大学的李建真教授等，他们编写本书时采用的理论和插图有些来自自己的研究成果，他们的参与为进一步提升本书的质量奠定了基础。参加本书本版次编写和修订的人员有来自华中师范大学、浙江大学、武汉大学、中南大学、湖南师范大学、西北师范大学、河北大学、湖北大学的专家、教授。华中师范大学王玉凤为本书主编，吴华修订了第十章“发育与进化”，王奕众修订了第九章“植物发育”，赵浩斌参与了第六章“性别决定”、第三章“胚轴的特化”等内容的修订，汪家林参与了第三章“早期胚胎发育”及第五章的“变态”等内容的修订，郑雅参与了第一章“卵子发生”等内容的修订；浙江大学杨万喜参与了第一章“精子发生”等内容的编写和修订；西北师范大学李建真参与了第一章“卵子发生”等内容的编写和修订；中南大学袁凯修订了第三章“早期胚胎发育”的部分内容；河北大学张晗参与了第三章“早期胚胎发育”等内容的修订；湖南师范大学袁婺洲参与了第四章“中胚层与器官形成”等内容的编写和修订；湖北大学张冬卉、蔡琳编写和修订了第七章的“干细胞”等内容。此外，华中师范大学植物学研究组的杨万年教授、陈俊义教授也对植物发育部分的修订提出了意见和建议；发育生物学课题组的研究生毛斌、陈梦岩、马倩、李超、任玥、李栋、李优等参与了书稿校对、图片编辑、参考文献编辑等工作，在此一并致谢。本书的编写和出版得到了国家自然科学基金（编号：31672352；31872288）的支持，特此致谢。

由于发育生物学研究进展太快，加之编者水平有限，书中的欠妥之处在所难免，衷心希望广大发育生物学教学和研究工作者及学生多提宝贵意见，以便修订时进一步完善。

王玉凤

2021年6月于武昌桂子山

第一版前言

发育生物学（developmental biology）是 20 世纪中期发展起来的一门新兴学科，是生物学的二级学科之一，主要研究生物体整个生命周期的发展过程及其机制。随着动物克隆、人类基因组以及模式动植物基因组测序逐渐完成等一系列重大成果的突破，基因、细胞和发育已经成为生命科学研究的一条主线，对于发育的研究可为解决其他生命科学问题提供重要的线索。此外，它在生产中的广泛应用已引起科学家的密切关注和浓厚兴趣，发育生物学已成为 21 世纪的前沿学科和热门学科之一。为适应发育生物学的迅猛发展和高等学校发育生物学教学的需要，我们编写了这本教材。

本书采用图文并茂的方式阐明发育的基本原理及相关的重要进展，主要是按照个体发育的顺序来进行编排，由生命的基础——生殖细胞的发生，到生命的开始——受精，再到胚胎发育、胚后发育至生命的衰退终止——衰老与死亡，最后也涉及异常发育、发育与进化等。在编写过程中，我们参阅了大量的国内外相关教材和文献资料，如 S.F. Gilbert 的 *Developmental Biology*（8th Edition）、L. Wolpert 等的 *Principles of Development*，国内桂建芳研究员等编著、张红卫教授等编著以及黄秀英等翻译的《发育生物学》等教材，同时也结合了编者多年来在发育生物学教学和研究过程中的体会和部分成果。

参加本书编写的人员有来自华中师范大学、浙江大学、武汉大学、河北大学、湖北大学的专家教授及博士。华中师范大学王玉凤任本书主编，吴华编写了第十章“发育与进化”，赵浩斌参与了第六章“性别决定”、第三章第四节“胚轴的特化与体轴的建立”等内容的编写，汪家林参与了第三章“早期胚胎发育”等内容的编写，博士生郑雅参与了第一章第三节“卵子发生”等内容的编写；浙江大学杨万喜参与了第一章第二节“精子发生”等内容的编写；武汉大学张蕾编写了第九章“植物发育”；河北大学康现江参与了第七章第一节“干细胞”等内容的编写；湖北大学彭宇参与统稿，编写了第五章第一节“变态”等内容，并负责扫描、编辑了书中大部分图片，负责编辑、校对参考文献等工作。此外，华中师范大学发育生物学研究组的研究生袁林玲、王孟雨、江文波、李卫、王翠平、夏晓飞、张旗、郑金晶、骆谦、段俊丹等参与了前期的书稿校对等工作。本教材前期编写工作得到华中师范大学教材建设项目的支持。在此一并致以诚挚的谢意。

由于发育生物学研究进展太快，加之编者水平有限，书中的错误和欠妥之处在所难免，衷心希望广大发育生物学教学和研究工作者以及学生多提宝贵意见，以便修订时进一步完善。

王玉凤

2011 年 5 月于武昌桂子山

目　　录

绪　论

一、发育生物学的研究内容

发育生物学（developmental biology）是运用现代生物学技术研究生物体从精子和卵子的发生、受精、发育、生长至衰老、死亡等整个生命发生的变化过程及其变化机制的科学。

精子和卵子的发生是生命的基础，受精是生命的开始，发育、生长是生命的发展阶段，衰老是生命的衰退阶段，生命的终点是死亡，所以发育生物学就是研究生物体整个生命周期的发展过程及其调控机制的科学。

同时，发育生物学也研究生物种群系统发生（systematics development）的机制。生物体在整个生命周期都处于动态的发育中。发育生物学与传统的胚胎学（embryology）不同，传统的胚胎学是研究生物体从受精到出生之间有机体的发育，即研究一个细胞（受精卵，或称合子）通过一系列分裂和分化产生有机体的所有细胞与能自由活动的个体雏形的发育基本阶段的科学。然而，有机体的发育在出生以后实际上还在继续。例如，成年人的皮肤细胞每天都在更新，人体骨髓每分钟都要产生大量新的血细胞，因此胚胎学只是发育生物学研究中的一个部分，发育生物学除研究胚胎发育过程之外，还涉及受精之前的生殖细胞的发生、受精过程，以及胚胎期之后的幼体生长发育、变态发育、成年、老年等所有生命现象的发展过程及调控机制，同时还研究异常发育的过程及机制，如癌症、畸形等。

二、学科发展史

（一）古希腊是发育生物学的摇篮

对发育的研究可以追溯到公元前 5 世纪，当时有一位叫希波克拉底（Hippocrates）的希腊医生首次对鸡的胚胎发育进行了研究，他试图用热、湿和固化的效应来解释发育的机制。第一个系统地从事发育生物学研究的人是古希腊学者亚里士多德（Macedonian Aristotle，公元前 384—前 322），他不仅是一位博学的哲学家、教师，还是一位热忱的自然主义者。他通过对无脊椎动物和脊椎动物胚胎发育进行的一系列研究，得出结论："胚胎是逐渐形成的"，后人称之为"渐成论"（epigenesis theory），这是唯物主义的观点。但同时他又相信，导致胚胎发育的内部力量是灵魂，灵魂导致跟它相类似的个体产生，这是典型的唯心主义的观点。可能由于亚里士多德的显赫名声，人们在长达 2000 年的时间内都接受了他对发育方面的论断。

（二）预成论与渐成论之争

直到亚里士多德提出其发育论断之后 2000 年，才有人开始反对他的观点。这些人认为，胚胎是成体的雏形，个体发育是预先形成状态的逐渐展开，这就是预成论（preformation theory）。其中包括以下两种说法。

绪图 -1 精子里的小人

1. 精源说 以列文虎克（Antoni van Leeuwenhoek，1632—1723）为代表，他们认为，预形成的雏形人预先已存在于精子中。甚至有人绘出这样一幅图（绪图 -1），在精子的头部有一个大头的微型人，双臂抱膝，蜷缩在里面，在发育时只需伸展开并长大就行了。

2. 卵源说 以著名的解剖学家马尔皮基（Marcello Malpighi，1628—1694）和斯瓦默丹（Jan Swammerdam，1637—1680）为代表，他们认为预形成的雏形人预先存在于卵子中。这是因为他们发现在昆虫的蛹（当时以为是卵）中存在有蜷缩成一团的小成虫，所以他们认为人的发生也是这样的。

为了适应上述理论，出生于瑞士的法籍学者博内（Charles Bonnet）于 1745 年提出了套装理论，认为动物的卵子包含由它所生出的所有后代，一个世代包含着下一个世代，就像俄罗斯套娃一样，大的里面有个小的，小的里面有个更小的，以至于无穷。

然而，以德国科学家沃尔夫（Caspar Friedrich Wolff，1733—1794）为代表的渐成论支持者则认为，一个生物的个体是由一些均一的结构在一定条件下逐步形成的。沃尔夫重新对鸡胚发育进行了研究，认为一切器官都是由简单到复杂形成的。这种朴素的唯物主义的渐成论在古希腊就提出来了。但他们在胚胎发育的机理上仍未摆脱唯心主义的影响，认为一种内在力量“成形力”支配着胚胎的发育。

许多著名的生物学家是渐成论者，其中包括著名的贝尔（Karl Ernst von Baer，1792—1876），他通过比较许多脊椎动物的胚胎发育过程之后提出，所有脊椎动物只有在通过一个非常相近的胚胎期之后才发生发育途径的分化（绪图 -2），这就是贝尔法则。

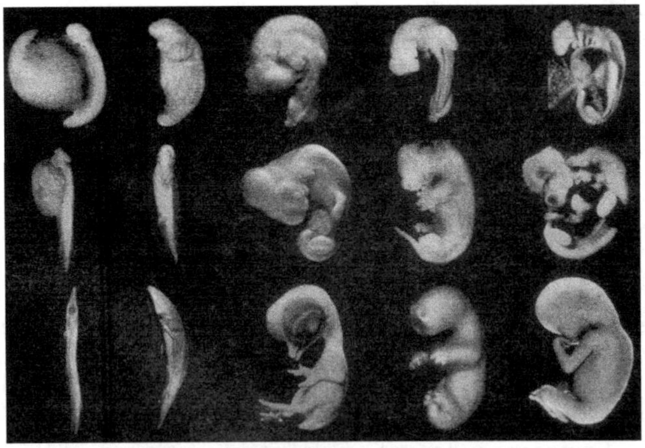

绪图 -2 所有脊椎动物通过一个非常相近的胚胎期之后发生的发育途径的分化（Richardson et al.，1998）

在此基础上，黑克尔（Ernst Haeckel，1834—1919）提出了“发生重演学说”或称为“生物发生律”，认为个体发生是系统发生的微缩重演，即从个体发生可以看到系统演化的过程。黑克尔的这个观点从发育生物学角度指明了生物进化的前后关系，就这一点来说，应该予以肯定。但是，有机体的个体发育并非重复物种的系统发育过程，而是重复以前的个体发育过程。每一代物种都重演了它们各自的个体发育历程，这一个体发育历程与相关物种相比有或多或少的改变。此外，所有脊椎动物的胚胎发育都经历一个高度保守的共同阶段，这一阶段显示了所有脊椎动物共同的基本胚体结构特征，因此生物发生律如果改为“所有脊椎动物重演了它们祖先胚胎的某些特征，特别是种系特征性发育阶段的特征”，还是适用的。

到 19 世纪细胞理论提出后，预成论才销声匿迹，绝大多数胚胎学家赞同了渐成论的观点。

（三）细胞理论的提出

1839 年，德国著名植物学家施莱登（Matthias Jakob Schleiden，1804—1881）和生理学家施旺（Theodor Schwann，1810—1882）提出了细胞学说，认为所有生物有机体都是由细胞组成的，细胞是生命的基本单位，且只能由其他细胞通过分裂产生。因此，发育不可能是预成的，必然是逐渐变化的过程，是渐成的。随后，对于卵子的特性也有了新的认识。卵子也是一个细胞，是一个特殊的细胞。

（四）20 世纪初的推动力和进步

20 世纪初，随着遗传学的发展，发育生物学获得了巨大的推动力，取得了长足的进步。

发育遗传学的第一个先锋是魏斯曼（August Weismann，1834—1914）。他首先预见到了基因的重要性，指出后代所具有的双亲遗传特性来自生殖细胞——精子和卵子，来自两性生殖细胞所携带的遗传特性。但真正把人们的目光引向细胞核的是赫特维希兄弟（Oscar von Hertwig，1849—1922；Richard von Hertwig，1850—1937）。他们通过对海胆的研究发现，遗传信息的携带者不是细胞质，而是细胞核。他们的发现使人们认识到细胞核在受精和发育过程中的重要性，导致了对核的主要成分，即染色体的研究。19 世纪后期，人们通过一系列的研究认识到，合子细胞核的染色体中，各有一半分别来源于两个亲代，而合子的遗传信息在卵裂过程中平均分配到子细胞中，这就为遗传特性的传递提供了物质基础。

1926 年，著名的遗传学家摩尔根（Thomas Hunt Morgan，1866—1945）以果蝇为实验材料做了一系列研究，创立了基因理论，认为基因是遗传信息的携带者，基因位于染色体上，他也因此于 1933 年获得诺贝尔奖。

施佩曼（Hans Spemann，1869—1941）和他的学生以两栖动物胚胎为材料，用精细的外科手术方法进行了移植实验，观察到了“胚胎诱导”（embryonic induction）的现象，并提出了“组织者”（organizer）的概念，从而引发了胚胎诱导的研究热潮，他也因此于 1935 年获得诺贝尔奖。

（五）现代发育生物学

现代发育生物学可以说是从 20 世纪 50 年代开始的，1953 年沃森（James Dewey Watson）和克里克（Francis Harry Compton Crick）首次揭示了遗传信息的载体——DNA 的双螺旋结构模型，60 年代尼伦伯格（Marshall Warren Nirenberg）对 DNA 遗传密码的破译，雅各布（Francois Jacob）和莫诺（Jacpues Lucien Monod）提出并证明蛋白质合成调控机制的操纵子学说等研究成果的获得，使得生物学家认识到，遗传、发育和进化的共同基础是基因。因此许多科学家重返传统研究，以分子生物学方法来深化研究工作，发现了许多与发育有关的基因。1995 年，果蝇胚胎发育研究者获得诺贝尔奖，2007 年与小鼠发育研究有关的基因打靶技术的创立者又获得了诺贝尔生理学或医学奖，2009 年与衰老等相关的端粒和端粒酶的研究者也获得了诺贝尔奖，2012 年诺贝尔生理学或医学奖授予日本京都大学教授山中伸弥（Shinya Yamanaka）和英国剑桥大学教授约翰·格登（John Bertrand Gurdon），以表彰他们在“体细胞重编程技术”领域做出的革命性贡献。这标志着发育生物学进入了一个新的“黄金时代”。

总之，发育生物学是在胚胎学、细胞生物学、遗传学、生物化学和分子生物学等学科发展的基础上建立起来的，是各学科相互渗透的结果。发育生物学的整个发展过程是由形态的描述深入到机理的探讨，从器官、组织和细胞水平提高到分子水平。随着果蝇、斑马鱼、小鼠以及人类基因组测序的完成，基因、细胞、发育已经成为生命科学领域研究的一条主线，发育生物学正在成为一门新兴的学科，可以说，它的产生标志着生命科学发展新阶段的到来。

三、发育生物学研究领域中的模式生物

要了解发育的程序，就要有“适合做研究”的生物作为实验材料。地球上的生物多种多样，一些亲缘关系较近的物种可能遵循相似的发育规律，当科学家把目光关注在少数几种“适合做研究”的生物上时，就容易由浅入深、由点到面，使对基础过程的分析很快上升到分子水平，从而在短时间内取得突破性的进展，并带动相关学科的发展。这些“适合做研究”的生物就被选为“模式生物”（model organism）。模式生物往往具有适合被研究的种种优势，如它们要易于获取，容易在实验室培养和保存，实验操作比较方便，表型便于观察等。理想的研究模型是科学发展的关键，如果实验材料选择合适的话，那么所要观察的现象和数据就能最大限度地被反映出来，对实验研究的成功可以起到事半功倍的作用。在发育生物学学科的形成和发展过程中，许多划时代的成就往往都建立在对一些模式生物研究的基础上。

在发育生物学研究中常用的模式生物有海胆、线虫、果蝇、斑马鱼、爪蟾、小鼠等模式动物以及拟南芥等模式植物。

（一）海胆

1. 作为模式生物的优点 海胆（sea urchin）在发育生物学的学科发展过程中起到了重要的作用。它作为模式生物的优点是：容易得到大量精子和卵子用于实验；人工授精后，完全同步发育；胚体透明，便于观察；可在水中甚至在显微镜镜头下的少许水中发育；孵化速度快，仅需 1～2 天就可孵出幼虫，是研究极早期发育的好材料。

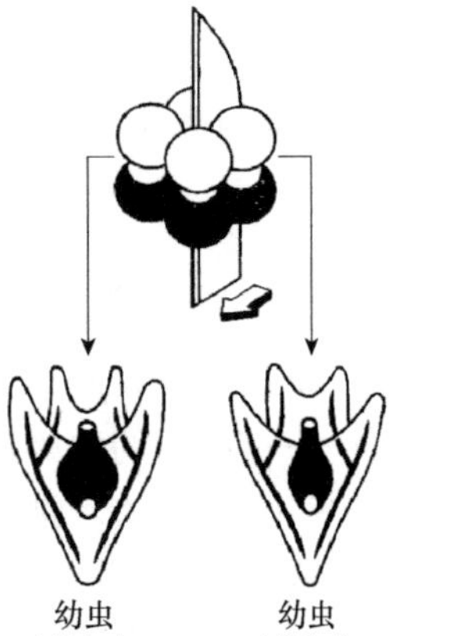

绪图 -3 海胆胚胎的调整型发育（Müller，1998）

2. 经典实验 早在 19 世纪末，研究人员就用海胆的精子和卵子进行过受精和胚胎发育等开创性的工作。即使在今天，海胆的卵子仍然是研究受精、卵子激活和胚胎细胞周期最好的材料之一。利用海胆曾经做过一些经典的实验，从这些实验中得出了发育生物学的重要理论。

Hans Driesch 在那不勒斯（Naples）做了如下的实验：如果在 2 细胞期或 4 细胞期，将卵裂球彼此分开，每个卵裂球均能生成一个完整的海胆幼虫。甚至早期囊胚阶段也能一分为二，产生相同的孪生幼体，只是其体积要比正常的小一半（绪图 -3）。但提供的胚胎必须是在原肠胚之前一分为二的，

且必须是沿动植物极轴分开的。这就是说，海胆胚胎细胞决定较晚，在胚胎早期如果移走或损伤部分胚胎，可由其他细胞代替或重编程序而得以补偿，即胚胎具有调节发育的能力，这种类型的发育叫调整型发育（regulatory development）。生物学家现在知道调整型发育是可能的，因为所有细胞都拥有全套的遗传信息，当沿卵轴切开时，两个半球都接受了动植物极细胞质成分。

如果将胚胎沿横向面分离开，结果会怎么样呢？Sven Horstadius 等研究者做了一个系统的实验：通过横向分离，从 64 细胞期的海胆胚胎中沿动植物极轴分出成排的细胞（绪图 -4），然后单独培养，发现分离出的动物极那层细胞（动物极帽）an_1 发育为一个不能形成原肠的空球，而且原本只应在顶端的一小簇长纤毛却遍布整个囊胚。这种动物极结构特征被扩大的现象叫动物极化，也就是说动物极帽发育为一个“动物极化”的囊胚，不能继续发育，也被称为永久囊胚。从动物极往下分离出的第二排细胞 an_2 发育为一个被大量长纤毛和少量短纤毛覆盖的空球，说明动物极结构特征被扩大的现象随着细胞与动物极距离的增加而逐渐减弱。再到植物半球，veg_2 细胞层则发育为一个有扩大的肠，但没有口、臂的“植物极化”的缺陷幼虫。最下层的植物极的小分裂球分离出来后，无法继续发育。这说明，胚胎是由能自我分化的各部分组织在一起的镶嵌体，每一部分细胞只能发育为那一部分的特殊结构，这种类型的发育叫镶嵌型发育（mosaic development）。

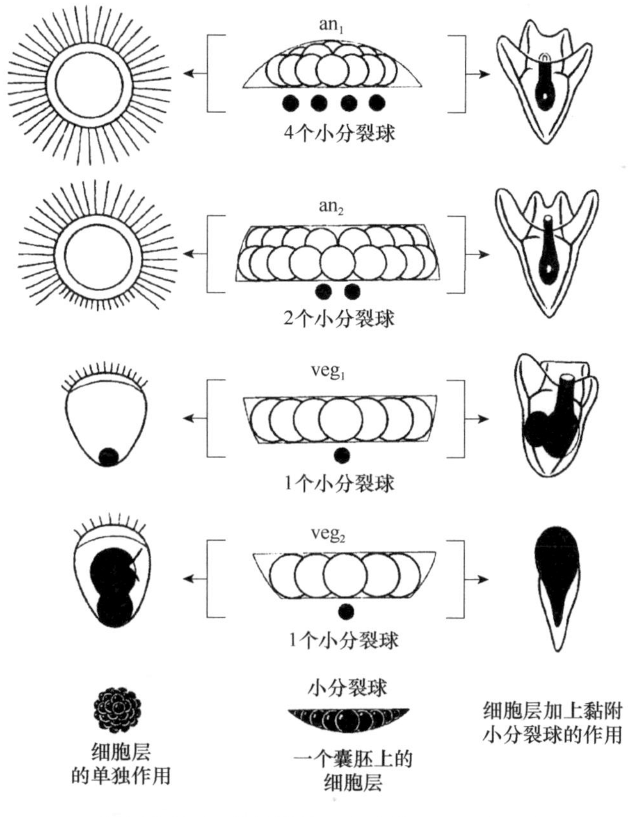

绪图 -4　Sven Horstadius 等用海胆胚胎所做的一个支持双梯度假说的实验（Müller，1998）

左侧为从动物极到植物极分离出来的每一层细胞的发育情况；右侧为分离出的每一层细胞在添加了来自植物极的小分裂球之后的发育情况

在一个完整的胚胎中，这种扩大的动物极化的力量必须得到来自胚胎植物极部分力量的缓解或弥补。同样，扩大的植物极化的现象也需要有来自动物极部分力量的缓解。因此，当加入 4 个来自植物极的小分裂球到 an_1 细胞时，这些细胞可发育为基本正常的幼虫。而对于 an_2 细胞来说，只要放 2 个植物极的小分裂球，这些细胞就可以发育为基本正常的幼虫了。由这些实验结果推导产生了一个“双梯度”模型，即在海胆胚胎中存在着两种相对的形态发生素（morphogen）的浓度梯度，一种是动物极化形态发生素，在动物极浓度最高，推动细胞向动物极化特征发育，由动物极向植物极浓度逐渐降低；另一种是植物极化形态发生素，在植物极浓度最高，指导细胞向植物极化特征发育，由植物极向动物极浓度逐渐降低。胚胎由动物极向植物极的每个部分的发育特征是由两种形态发生素的浓度比例决定的。

调整型发育与镶嵌型发育两种模式是相对而言的。在不同生物之间，一些生物的胚胎细胞发育以镶嵌型发育模式占优势，而另一些生物则以调整型发育模式占优势。此外，对任何特定生物，上述两种机制在胚胎发育过程中均起作用。

（二）线虫

作为模式生物，线虫的研究已经进行了许多年，从对线虫的研究中得到了许多发育生物学的新发现或新理论。目前用作模式生物的线虫为秀丽隐杆线虫（*Caenorhabditis elegans*）。

线虫作为模式生物的优点在于：它是最简单的多细胞动物；饲养简单，可以用长满细菌的琼脂培养皿在实验室培养；生活周期短，一般为 3.5 天；胚胎发育速度快，25℃时只需要 12h；形态简单，表皮透明，容易追踪细胞分裂谱系；细胞的数目固定，幼虫孵出时，有 556 个体细胞和 2 个原始生殖细胞（绪图 -5）。幼虫经 4 次蜕皮后发育为成虫。若成虫为雌雄同体的个体，则含有 959 个体细胞和大约 2000 个生殖细胞；雄性个体中，有 1031 个体细胞和约 1000 个生殖细胞；幼体可以直接进行冻存和复苏；基因组测序已经完成。

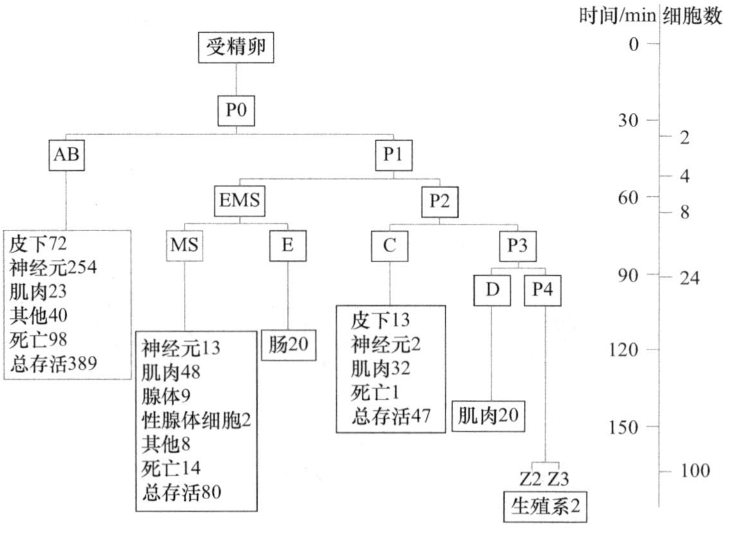

绪图 -5 线虫早期细胞谱系发育（Slack，2013）

AB. anterior，2 细胞期前面的细胞，主要发育为外胚层细胞；P. posterior，后面的细胞；EMS. 内胚层（endoderm）、中胚层（mesoderm）和原口（stomodeum）的前体细胞；C. 第二部分外胚层的前体细胞；D. 第二部分中胚层的前体细胞；Z2、Z3. 两个原始生殖细胞，它们被两个性腺体细胞（Z1 和 Z4）包裹

（三）果蝇

由于果蝇（*Drosophila melanogaster*）在遗传学和发育生物学学科发展过程中的突出贡献，有人将其称为遗传学和发育生育学的“国王”。以果蝇为材料得出研究成果的学者已经获得了至少5次诺贝尔奖。

它作为模式生物的优点是：生命周期短，胚胎在25℃经过约22h即可发育为1龄幼虫，再经2龄幼虫、3龄幼虫、蛹，最后到成虫，只需要9～10天的时间（绪图-6）。此外，它还容易繁殖；具有可进行基因定位研究的巨大的多线染色体；基因组测序已经完成，而且其异染色质区的基因测序结果也已公开（Hoskins et al.，2007）。

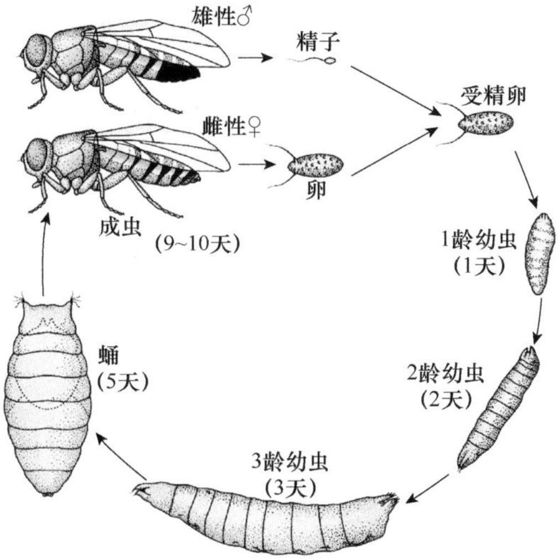

绪图-6 果蝇的生活史（Slack，2013）

（四）斑马鱼

斑马鱼（*Danio rerio*）作为模式动物的崛起者，已经引起许多科学家的注意。其作为模式生物的优点在于：容易在实验室里繁殖；胚体透明；发育速度快，水温合适时，一般2天即可出苗（绪图-7）；易于诱变等。

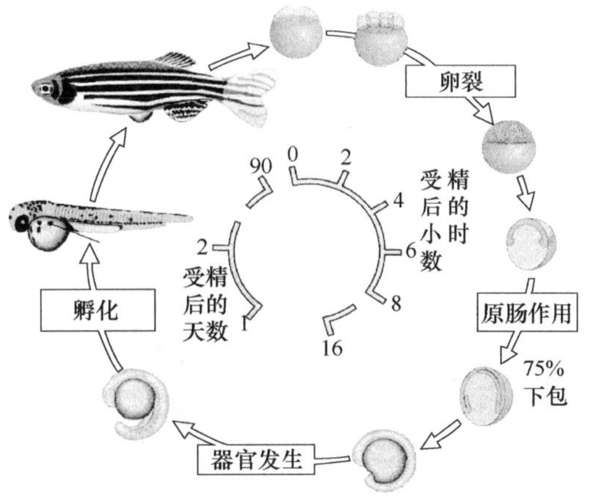

绪图-7 斑马鱼的生命周期（Wolpert et al.，2006）

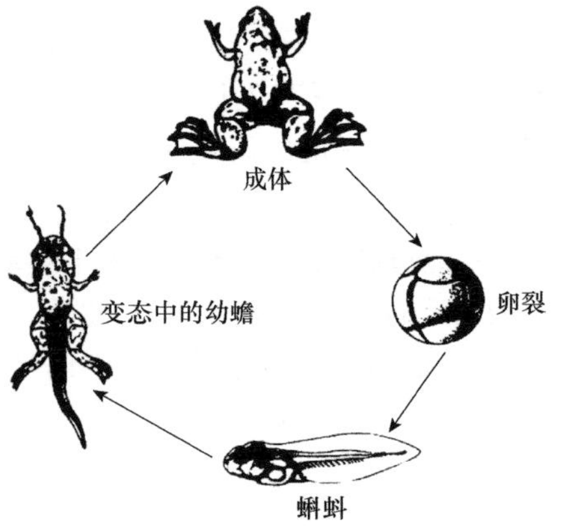

绪图 -8　爪蟾的生活史（桂建芳和易梅生，2002）

（五）爪蟾

爪蟾（*Xenopus laevis*）属于两栖纲无尾目负子蟾科爪蟾属。因其产于非洲，又称为非洲爪蟾。爪蟾作为模式生物的优点在于：容易在实验室人工饲养；可通过注射促性腺激素，诱导其在任何时候都能产生配子；卵子较大，且在体外受精、体外发育（绪图 -8），易于观察和实验操作；等等。许多早期有关脊椎动物发育生物学的重大突破，如促成熟因子（MPF）的鉴定及功能、胚胎诱导、体轴决定、原肠发生、核移植及体细胞克隆等有关发育生物学的原理和知识基本上都是来自对爪蟾等两栖动物的研究成果。爪蟾在胚后发育阶段还有变态发育的过程，如蝌蚪尾巴退化消失、长出四肢等，因此对研究细胞凋亡、激素调控等也是一种很好的材料，因而爪蟾不仅是脊椎动物发育生物学研究的一个重要奠基者，而且仍然在本领域中发挥着重要的作用。

（六）小鼠

小鼠（*Mus musculus*）由于可作为哺乳动物的范例，已成为发育生物学研究的模式生物，得到了最大的关注。包括人类在内的哺乳动物胚胎发生和低等脊椎动物明显不同，为胎生，即胚胎必须借助胎盘从母体获取营养，在母亲的子宫内完成胚胎发育过程。其发育机制不仅比其他低等脊椎动物复杂得多，其研究过程也相对比较困难，因为哺乳动物的受精和胚胎发育是在体内进行的，不便于进行连续观察或遗传发育操作实验。尽管如此，借助小鼠这一理想的实验模型，科学家还是揭开了许多关于哺乳动物发育的奥秘。

从受精卵发育至成熟小鼠，只需要 9 周的时间（绪图 -9），这个时间相对于其他哺乳动物来说还是很短的。小鼠的繁殖不因季节的不同而有所改变、具有大量可靠的有图谱的突变体、可以相对容易产生转基因动物等优点，使其成为哺乳动物发育的领先模式生物。2007 年

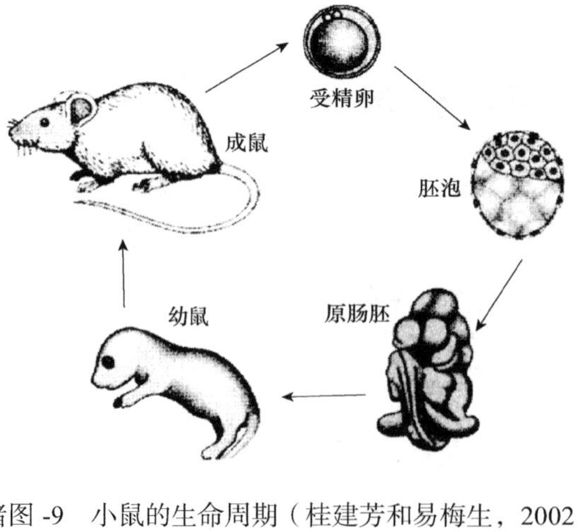

绪图 -9　小鼠的生命周期（桂建芳和易梅生，2002）

诺贝尔生理学或医学奖授予三位以小鼠为研究对象的科学家：Mario R. Capecchi、Martin J. Evans 和 Oliver Smithies，以表彰他们在使用胚胎干细胞对小鼠的特定基因进行改造方面所做出的杰出贡献。他们发明的基因打靶技术为研究某些特定基因在发育、生理以及病理等方面的作用提供了重要的手段。

（七）拟南芥

拟南芥（*Arabidopsis thaliana*）是十字花科植物，广泛分布于亚洲、欧洲和北美洲等地区。拟南芥的生命周期较短，从配子发生与受精、胚胎发生与种子成熟、种子萌发（germination），经过叶丛植株形成、主茎生长、成熟开花等，整个生命周期可在 6 周内完成（绪图 -10）。拟南芥体形小，节省栽培空间，成熟植株一般高 15～20cm，莲座叶长度不超过 5cm，高度只有 3cm 左右。由于个体小，大量植株可以种在一块很小的地方，实验室可以大规模种植。它对营养要求不严格，只要具有湿润的土壤和充足的光照就可以迅速生长，生长条件容易控制。并且拟南芥可以在固体和液体培养基上生长，可通过组织培养，得到再生植株。一株拟南芥的种子量很大，如果长得好，可结上万粒种子，便于遗传分析和扩增种子库。并且拟南芥植株通常为自花授粉，但是在实验室也可以人工杂交完成授粉，对于隐性、致死型突变体便于遗传操作。由于拟南芥具有这些独特的生物学特性，目前已成为植物发育生物学研究中最受欢迎的模式植物（model plant）。拟南芥基因组全序列在 2000 年底已测定完成，这是第一个已完全测序的开花植物，使得拟南芥基因的克隆、结构与功能分析的研究有了飞速发展的条件。现在已有越来越多的科学家投身于拟南芥的研究中，拟南芥的研究也因此而越来越广泛、越来越深入。

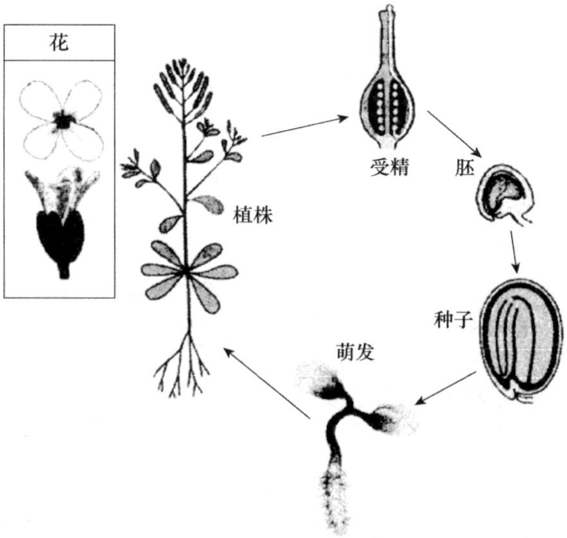

绪图 -10　拟南芥的生命周期及其主要阶段（桂建芳和易梅生，2002）

（八）其他模式生物

在发育生物学日益发展的时期，又有一些生物被许多科学家看中并得到了很好的应用，对它们的研究取得了很多重要成果，有的直接给人们的生活带来了巨大变化。例如，与人们的生活密切相关的水稻、玉米等基因组测序陆续完成并发布，一些重要基因的发现和功能鉴定正在并将为提高农作物的产量和质量做出巨大贡献。另外，由于鱼类普遍具有产卵量大、体外受精、体外发育、胚体透明等特点，除斑马鱼之外，还有一些鱼类也深受发育生物学家的喜爱，如青鳉（*Oryzias latipes*）、红鳍东方鲀（*Takifugu rubripes*）等。此外，一种中国特有的小型鱼类——稀有鮈鲫（*Gobiocypris rarus*）也具备作为发育生物学模式生物的多种优点，正在引起人们的兴趣。

四、发育生物学的研究技术

自 20 世纪 90 年代以来，发育生物学取得了突飞猛进的发展，已成为当今最活跃的生命科学研究领域之一。发育生物学的研究技术也不断推陈出新，进一步推动了本学科的发展。下面介绍几种常用的发育生物学研究技术。

（1）试管胎儿技术：把卵从输卵管中取出，放在试管中进行受精和早期发育，并做各种实验和观察的技术。胚胎移植、试管婴儿就是这种技术的应用结果。

（2）显微成像技术：主要运用各种显微镜，如电子显微镜、激光扫描共聚焦显微镜等对细胞的超微结构或发育动态进行观察和分析的技术。21 世纪初发展起来的光片显微成像技术（light sheet microscopy）由于具有成像深度大、对比度高、成像速度快、低光漂白和光毒性、高时空分辨率等特性，已经得到了胚胎发育研究者的青睐，并帮助研究者在胚胎发育研究方面取得了很大进展。例如，基于斑马鱼模型，光片显微成像技术已经能记录下胚胎从受精后数小时至数天发育的整体动态过程、胚胎血管发育的动态过程、心脏快速跳动的动态过程、神经系统生长发育的动态过程等。

（3）示踪技术：应用各种放射性同位素或发光的荧光素来标记某些化学分子或氨基酸中的某种元素，然后追踪这一元素、化学分子、氨基酸或其他大分子在生物化学合成或代谢过程中的情况的技术。

（4）免疫化学及原位杂交技术：基于免疫学研究中抗原和抗体间特异性反应，在显微或亚显微结构水平上，对某些特异性物质（蛋白质、核酸等）进行定位研究的技术（绪图 -11）。其是研究蛋白质、基因等在组织细胞内定位及表达情况最直接和最有效的手段。

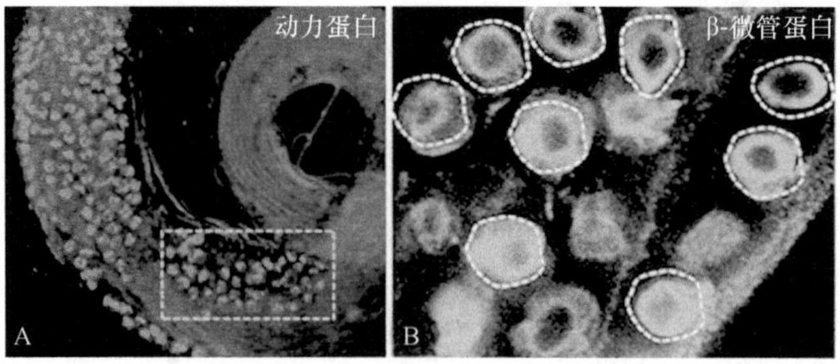

绪图 -11 采用免疫化学技术观察果蝇精巢（局部）

A. 动力蛋白（dynein）抗体染色结果；B. β- 微管蛋白（β-tubulin）抗体染色结果

（5）组学技术（系统生物学技术）：是指采用高通量技术，结合相关的生物信息学分析技术，在细胞、组织、器官和生物体整体水平上，研究各种分子的结构、定位、功能、进化等。自人类基因组计划开展以来，各种测序和序列鉴定技术迅猛发展。许多物种的基因组、转录组、蛋白质组和代谢组信息已经公布。基因组学是最早被成功应用于大规模研究基因功能的组学技术，然而在很多情况下，基因序列的一致性并不能完全反映其在发育功能上的相似性。随着 RNA 测序技术的发展，以及定量反转录 PCR（qRT-PCR）技术验证的便利性，转录组学是研究不同发育表型之间分子调控机制的首选方案。转录组学技术能在短时间内检测细胞、组织或个体内全部基因的转录表达情况，是功能基因组研究的有效工具。但是人们又逐渐意识到，RNA 的表达水平并不能很好地反映蛋白质的表达情况，由于 mRNA 的选择性剪接、复杂多样的各种翻译后修饰以及各种非编码 RNA 的存在，物种推定合成的蛋白质组成与其基因组和转录组（mRNA）有很大差异。另外，蛋白质才是生命活动的直接承担者，因此蛋白质组学（包括各种修饰蛋白质组学，如磷酸化蛋白质组、乙酰化蛋白质组、泛素化蛋白质组）很快被广泛应用于发育生物学研究，极大地补充了转录组学的研究结果。与蛋白质组学相比，代谢组学出现的时间要更晚一些。代谢组学是对某一生物或细胞在一特定生理时期内所有小分子代谢产物同时进行定性和定量分析的一门学科。由于代谢物更确切地反映了细胞当时所处的环境，如营养状态、药物或外界环境因子等的作用，随着相关技术的发展，以及对生物小分子在发育过程中所发挥作用认识的提高，代谢组学技术也越来越受到发育生物学研究者的重视。

（6）诱导突变技术：要对特定基因的功能进行追踪，有效的手段是设法将该基因完全敲除（knock out）或敲降（knock down），或者使其过量表达（over-expression），检测其对生物发育的影响。

基因敲除是通过同源重组使特定靶基因失活，以研究该基因的功能，是基因打靶最常用的一种策略。其主要过程为：构建一个携带有选择性标记的 DNA 突变序列的打靶载体，其侧翼是与基因组中靶基因同源的序列，将载体导入胚胎干细胞，通过同源重组，突变 DNA 序列取代基因组中的同源序列，通过选择性标记筛选出突变成功的胚胎干细胞，再将这些突变成功的胚胎干细胞注射入发育中的囊胚，这些细胞能够整合入囊胚中，将囊胚转入代孕母体的子宫内进一步发育，最后母体产出携带有突变基因的嵌合小鼠，再通过杂交等手段，得到纯合突变体。

传统的基因敲除、转基因等方法要么技术要求苛刻，要么过程烦琐令人望而生畏。采用 RNA 干扰（RNAi）技术进行基因敲降，则可以克服上述弱点，其快速、可靠、经济的特点吸引了越来越多生物学家的注意。RNAi 是由双链 RNA（dsRNA）导入而引起的基因沉默（gene silencing）现象，dsRNA 经酶切成为 siRNA（short interfering RNA），进一步形成 RNA 诱导的沉默复合体（RNA induced silencing complex，RISC），在 siRNA 引导下切割靶 mRNA。该技术具有快速、高效、易于操作等优点，已被广泛应用于发育过程中基因功能分析等众多领域。两位美国科学家安德鲁·法尔和克雷格·梅洛正是因为此项发现分享了 2006 年的诺贝尔生理学或医学奖。

基因过量表达（功能获得性突变）常被用于检测生物学过程中的一些负调控因子的功能。在果蝇中常用 UAS-Gal4 系统进行功能获得性突变研究，该方法是将靶基因克隆到一个含有特殊的上游激活序列（UAS）区的载体上，使其处于 UAS 的调控之下，该 UAS 区含有酵母的转录激活因子 Gal4 的结合位点，当带有这个重组基因的转基因果蝇与带有转 *Gal4* 基因的果蝇进行杂交时，GAL4 蛋白就与 UAS 相结合，启动其下游的靶基因大量表达。研究者可以利用组织特异性的启动子或增强子，将 *Gal4* 基因与其相连接，建立 *Gal4* 转基因品系，通过这种启动子以细胞和组织特异性的方式来控制 *Gal4* 的时空表达，也就可以控制目的基因在特殊的时间和空间进行表达。目前该方法也被用于斑马鱼等其他生物的研究中。

近年发展起来的基因编辑（gene editing）技术可以对目的基因进行“编辑”，从而实现对特定 DNA 片段的敲除、插入、替换。继锌指核酸酶（zinc finger nuclease，ZFN）、类转录激活因子效应物核酸酶（transcription activator-like effector nuclease，TALEN）技术之后，基于细菌规律间隔成簇短回文重复序列（clustered regularly interspaced short palindromic repeat，CRISPR）序列开发的 CRISPR/Cas 系统是近些年最常用的基因编辑技术，由于其具有操作简便、成本较低、编辑效率高等优点，一经开发就迅速在动物、植物和微生物中得到了广泛应用，成为研究基因功能最热门的技术。CRISPR/Cas 系统是细菌在抵抗病毒、噬菌体等外源 DNA 的过程中进化而来的自我防御系统。在细菌和古细菌基因组中广泛存在一系列成簇排列、高度保守的 DNA 重复序列，即被称作“规律间隔成簇短回文重复序列”。重复序列之间被间隔序列隔开，间隔序列来源于外源生物体基因组，这些间隔序列在被转录成为 CRISPR RNA（crRNA）后，能够和细菌自身的 Cas 核酸酶形成复合体，对 Cas 核酸酶的靶向切割起到导向作用。当入侵的外源 DNA 和这一段转录的 crRNA 序列一致时，Cas 核酸酶就能够对入侵的 DNA 进行靶向切割，从而破坏外源 DNA，实现自我防御，因此这段 crRNA 也被称为向导 RNA（guide RNA，gRNA）。在此基础上发展起来的 CRISPR/Cas 技术，通过人工改造成的单引导 RNA（single-guided RNA，sgRNA），可以引导核酸酶 Cas9 对目标 DNA 进行定点靶向切割。其中 sgRNA 5′ 端的 20 个碱基序列必须与目标 DNA 序列互补，用于识别靶位点。此外，存在前间区序列邻近基序（protospacer adjacent motif，PAM）也是激活 Cas9 核酸酶的必要条件。PAM 一般为 5′-NGG-3′，其主要功能是帮助 Cas9 核酸酶精确区分需要进行降解的非自身 DNA 和序列完全相同的自身 DNA，从而实现靶向切割。Cas9 核酸酶的切割发生在 PAM 序列下游（3′）3bp 的位置（绪图 -12）。

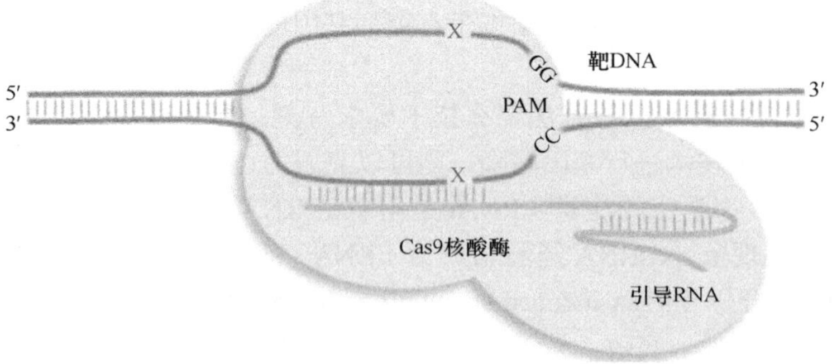

绪图 -12　CRISPR/Cas 系统介导的基因编辑技术原理简图（黄妤和王世春，2015）

发育生物学可采用的研究方法很多，并且日新月异。这些方法正在推动发育生物学进入一个飞速发展的时代。

五、发育生物学在生产实践中的应用

发育生物学不仅是一门研究生命基本问题的基础学科，也是一门应用学科。

在医药卫生方面，应用发育生物学原理可以解释畸胎和某些肿瘤形成的机制，提出合理的方法以避免畸胎和肿瘤的发生。发育生物学帮助人们了解某些不良的环境因子诱导的异常发育，从而采取措施避免畸形胎儿的产生。基于染色体异常或基因突变的异常发育可帮助人们进行产前筛查。体外人工授精和早期胚胎的移植，即“试管婴儿”可为不孕妇女解决难题。另外，基因治疗可将基因导入病变组织或细胞，经过培养后再将这些组织或细胞移植到患者体内，以治疗基因缺失或基因突变病。对发育过程的关键调控基因或信号分子的揭示将提供大量的基因治疗的潜在靶点。对发育机理的进一步了解还将帮助制药业设计和生产有效的药物，以预防和治疗癌症及一些退行性疾病如糖尿病、关节炎、帕金森病等。生长和再生过程的机理已经在临床上得以应用。例如，造血生长因子已被用于那些化疗导致的血细胞严重减少的癌症患者等。CRISPR/Cas 技术介导的遗传疾病治疗研究也可为人类基因治疗提供一条新的思路，与传统的基因敲除相比，这一技术无须通过复杂的打靶载体构建、胚胎干细胞筛选、嵌合体选育等一系列步骤。因此，与传统技术相比，CRISPR/Cas 技术更受欢迎。有人预测，转基因哺乳动物的器官或用干细胞诱导产生的器官等用于人类器官移植也可望在不久的将来成为现实。

转基因动物也开创了生物医药产生的新途径，让药物蛋白基因在乳腺表达，不但产量高、易提纯，而且表达的蛋白质经过充分修饰加工具有稳定的生物活性。我国的研究人员采用该方法，使得人凝血因子Ⅸ蛋白在小鼠的乳腺中大量表达，这种凝血因子是治疗血友病的珍贵药物。

在农业生产方面，可在发育生物学研究的基础上，使动物的发育图式（pattern）按照人类的意志进行局部或大部的改变。例如，应用激素注射促使动物同步排卵，进行人工授精，可提高经济动物的繁殖量。这在家鱼的人工繁殖中运用最广，我国已走在世界的前列。其在两栖类和哺乳动物中也有运用。利用人工授精和胚胎移植等技术可加速优质禽畜的发展。利用转基因技术可选育具有特殊优良性状的新品种（如抗虫、抗病、高产的作物等）。

总之，发育生物学的前途是无限广阔的，它在生产中的广泛应用已引起各界科学家的广泛关注和浓厚兴趣，发育生物学已成为 21 世纪的前沿学科和热门学科之一。

第一章 配子发生

本章彩图
扫码可见

在生物个体发育中，生殖细胞（配子）的发生是最重要的起始活动。动物生殖细胞的发生包括精子发生（spermatogenesis）和卵子发生（oogenesis），最后产生成熟的精子和卵子，精卵结合形成受精卵，新的个体就开始发育。

第一节 原始生殖细胞的决定和迁移

一、原始生殖细胞的决定

先来看两个实验，第一个实验是用果蝇早期胚胎所做的实验。昆虫卵后端的细胞质叫生殖质，也叫极质，正常胚胎在发育至囊胚期时，可以看到在胚胎的后端会产生一群特殊的细胞，挂在囊胚的外面，这群细胞叫极细胞（pole cell），也就是果蝇的原始生殖细胞（primordial germ cell，PGC）（图 1-1A）。如果用紫外线照射果蝇的后端，破坏极质，这种卵将不会产生极细胞（图 1-1B），进而会发育成不育的个体。如果在这种照射过的卵后端再加入正常的极质，则又能发育出极细胞（图 1-1C），进而产生正常可育的果蝇。

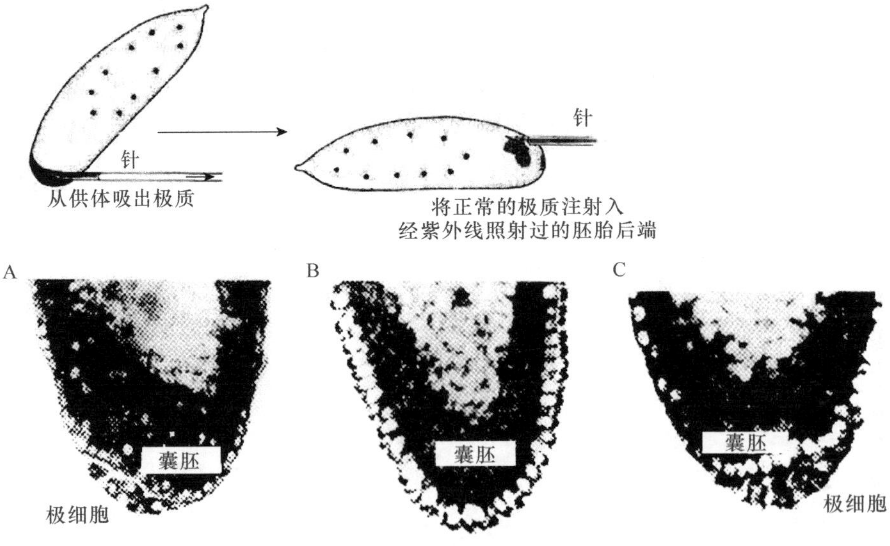

图 1-1 果蝇早期胚胎中极细胞发育的实验

A．正常胚胎发育至囊胚期时可看到胚胎后端有极细胞；B．经紫外线照射过的胚胎，后端没有极细胞；C．将正常的极质注射入受紫外线照射过的胚胎后端，囊胚期时后端又发育出极细胞

第二个实验是用马蛔虫做的。Boveri 曾观察了马蛔虫早期胚胎发育的现象。这种马蛔虫第一次卵裂时比较独特，为纬线裂而不是一般的经线裂，结果将受精卵的动物极和植物极

分隔成两个卵裂球。更为奇怪的是，这两个卵裂球中染色体的命运是不相同的。在动物极的细胞中，每一条染色体的中央部分裂成许多小的碎片，而留下两端大的片段，以后由这些小碎片重新组成子核，进行后续发育，而两端两块大的片段则位于新的细胞核膜附近的细胞质中，不进入核内，逐渐消失在细胞质中，这种现象叫染色体消减。但是在植物极的细胞中，则不发生这种染色体消减现象，保持正常的细胞分裂状态。第二次卵裂，动物极细胞为经线裂，而植物极细胞仍为纬线裂，产生的两个细胞，其中靠近动物极的细胞又发生染色体消减现象，因此4细胞期只有一个最靠近植物极的细胞没有发生染色体消减现象，含有完整的一套基因组（图1-2A）。在以后的卵裂中，也发生类似的情况，到16细胞期时，只有两个细胞没有发生染色体消减现象，这两个细胞将发育成为生殖细胞，而发生了染色体消减的细胞则发育成为体细胞。

Boveri将马蛔虫的受精卵进行离心，改变了纺锤体的方向，使第一次卵裂为一般的经线裂，则两个卵裂球均有一半植物极细胞质，结果两个卵裂球都不发生染色体消减现象。第二次发生纬线裂，到4细胞时，含植物极细胞质的两个卵裂球都不发生染色体消减现象（图1-2B）。

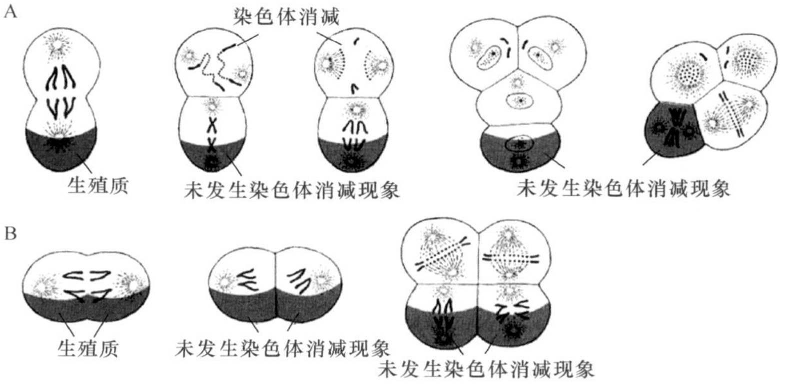

图1-2 马蛔虫早期胚胎发育过程中的染色体消减现象

这两个实验说明什么问题？是什么决定了有些细胞将发育为生殖细胞，而其他细胞发育为体细胞呢？是卵子或早期胚胎中特殊位置的细胞质。含有这部分细胞质的子细胞将发育为生殖细胞，而不含这部分细胞质的子细胞则发育为体细胞。实际上，生殖细胞由特殊的决定子决定产生，大多数动物在它们的成熟卵子或早期胚胎的特定部位含有一种称为生殖质的细胞质，在卵裂时进入原始生殖细胞，将来发育形成生殖细胞。

接下来的问题是，这些生殖质中含有什么特殊的物质，导致含有生殖质的子细胞发育为生殖细胞呢？虽然不同动物生殖细胞特化的机制差异很大，但是有一点是相同的，即生殖质中表达能抑制基因表达的特殊蛋白质，包括Vasa、Nanos、Tudor及PIWI家族蛋白。几乎所有被研究过的动物生殖细胞中都有Vasa蛋白，该蛋白能结合大多数生殖细胞特有的信使RNA（mRNA）。Nanos蛋白结合其伴侣Pumilio，形成一个强有力的抑制二聚体，Nanos阻止RNA翻译，Pumilio可结合特异mRNA的3′-UTR。果蝇的Nanos和Pumilio能抑制许多mRNA的翻译，进而阻止细胞变为任何其他的胚层、抑制细胞周期继续进行、阻止细胞凋亡。

二、原始生殖细胞的迁移

多数动物原始生殖细胞与性腺有不同的起源，且在位置上有一定的距离，需经过迁移才到达性腺原基，再在性腺中分化为雄性或雌性生殖细胞。果蝇的原始生殖细胞（极细胞）在细胞化（cellularization）后期位于胚胎的后端，之后随着原肠作用的进行迁移到胚胎内部，再穿过中肠迁入生殖嵴，在生殖嵴中产生精子或卵子（图 1-3）。

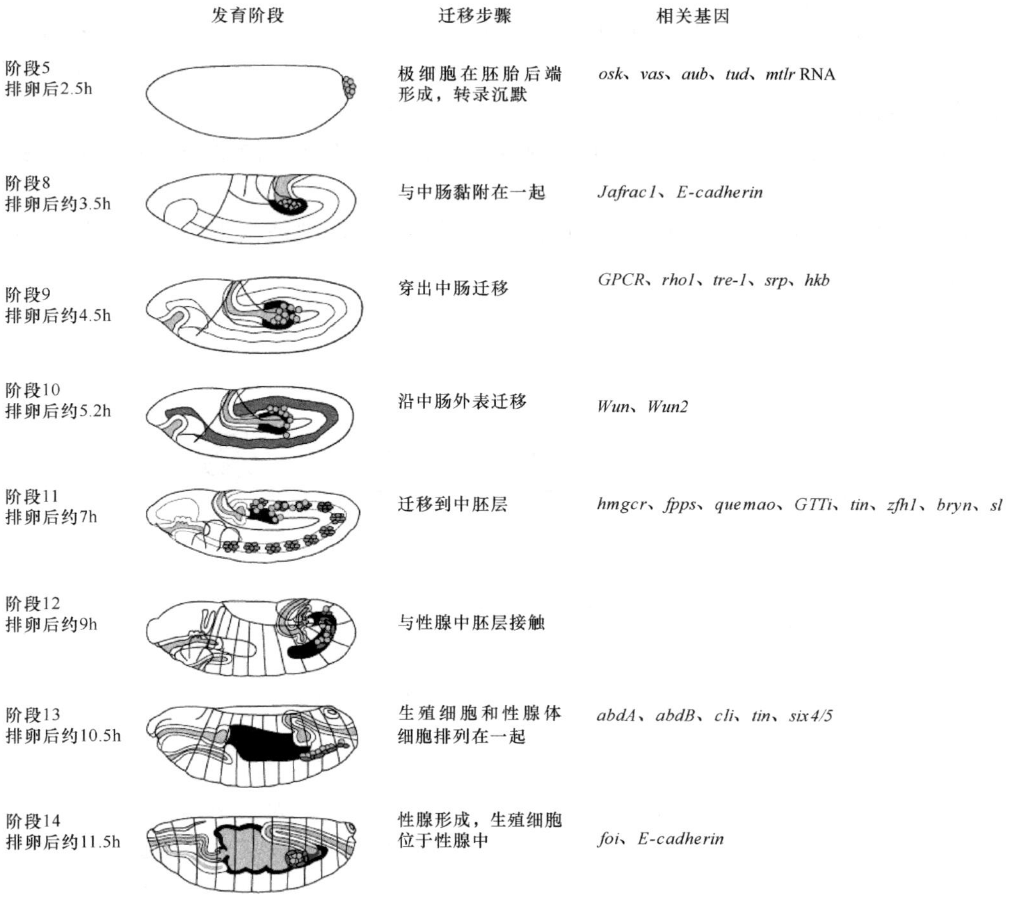

图 1-3　果蝇原始生殖细胞的迁移及每个阶段涉及的相关基因（改自 Santos and Lehmann，2004）

第二节　精 子 发 生

一、精子的结构

（一）哺乳动物的精子

哺乳动物的精子，大多数与人的相似，近似蝌蚪状。人的精子大约有 60μm 长，可分为两个主要部分：头部和尾部。头部主要由细胞核和顶体组成，尾部又分为颈段、中段、主段和末段。

1. 头部 头部主要由细胞核构成，为扁平的结构，细胞核含高度致密的染色质。在核前端约 2/3 的部分，覆盖着帽形囊泡样的顶体，它夹在细胞膜与核膜之间，由内、外顶体膜包围。在细胞核的前端，顶体向前凸出，形成顶体尖端。在一些动物种内，顶体尖端非常显著，具有种的特殊形态，可作为“种”的特征；而在人类，顶体尖端小而不显著。顶体的后部较薄，称为赤道段。顶体反应发生后，赤道段的精子细胞膜不破裂。赤道段是精子和卵母细胞膜识别的地方。

顶体内、外膜之间有一狭窄的腔，其中含多种水解酶。另外，在顶体中还有一种特殊的蛋白，称为顶体素，一般以前顶体素的形式存在，在精子获能后，前顶体素被激活，转变成有活性的顶体素，这种激活对于精子的受精作用是非常重要的。

2. 尾部 尾部的颈段又称为连续段，是连接头部和尾部的结构，又是尾部形成的起始。其前端凸出，和头部后端的凹陷相嵌合，近端中心粒就埋在此凸出里。在连接段外周有 9 条纵向排列的节柱，它们与尾后部的 9 条外周致密纤维相连。颈段中央有一对纵行中央微管，微管头部与近端中心粒相连，尾端与尾后部轴丝（axoneme）相通。当精子尾部发育时，远端中心粒形成基体（basal body），基体向远端延伸出轴丝，尾部的主体部分形成。

中段主要由轴丝、外周致密纤维和线粒体鞘等构成。精子尾部的运动装置由位于中央的两个中央微管和外周 9 个二联体微管组成，这个结构就是轴丝。二联体微管中的两根小微管外形不同，一个较小，呈完整的圆筒状，由 13 条原纤维组成；而另一个微管较大，呈 C 状，开口于圆筒形管状的臂上，只有 11 条原纤维。从圆筒状微管伸出的突起，称为动力蛋白臂。当精子运动时，相邻的二联体微管通过动力蛋白臂相连，并水解 ATP 产生动力，引起相邻二联体微管之间的相对滑动，从而造成整个精子尾部的摆动（图 1-4）。轴丝的外周被 9 条致密纤维所包围，每条纤维与其相对的二联体微管平行，在尾部的前半部，纤维比较粗大，以后纤维逐渐变细，其功能是增强尾部的硬度。在轴丝和致密纤维的外面，由螺旋形的线粒体鞘所包围，此鞘是由多个线粒体首尾相连构成的螺旋形鞘。线粒体是精子运动的能量来源，不同物种的精子，由于它们与卵子的距离和所需的时间有所不同，因此消耗的能量也不同，故构成精子的线粒体数目和大小均有不同。终环是中段终止的环状板形结构。它是由局部细胞膜反折特化而成的，细胞膜因此牢固地附着在此环上，作为中段的终止界限，其功能是当精子向前运动时，防止线粒体鞘向尾端移动。

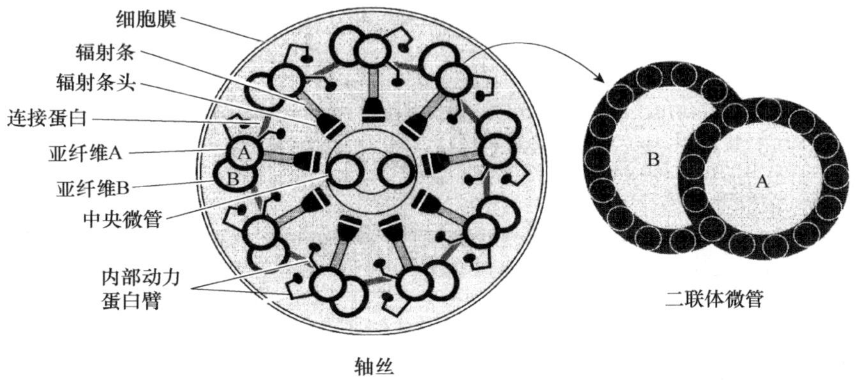

图 1-4 轴丝的细微结构

主段是构成精子尾部的主要部分，其中央也由轴丝组成。轴丝外包绕 9 条致密纤维，再外面是纤维鞘。纤维鞘由两条纵行的纤维柱和连接它们的一系列半圆形肋柱组成，在离终环不远处，与背、腹侧纤维柱相对的两条外周致密纤维消失，此处的背、腹侧纤维柱各长出一个嵴状突起，并与相对的轴丝二联体微管相连。纤维柱和肋柱随着尾部的变化逐渐缩小，最后消失在主段的末端。

末段较短，结构也比较简单，仅由“9＋2”结构的轴丝和外面的细胞膜构成。有的动物精子的中央微管先消失，然后二联体微管分别终止于末端的不同平面。而在灵长类动物中，9 个二联体微管先分散为 8 条游离的微管，然后分别终止于末端。

（二）其他动物的精子

无脊椎动物的精子分为有尾类和无尾类两种类型。大多数甲壳动物的精子属无尾类，即没有鞭毛，不能主动运动，尤以虾、蟹类的精子最为典型（图 1-5）。鱼类的精子没有颈段，头部无顶体，在头、尾部相连的地方分布有少量滑面内质网的扁平囊管及一些游离的核糖体。

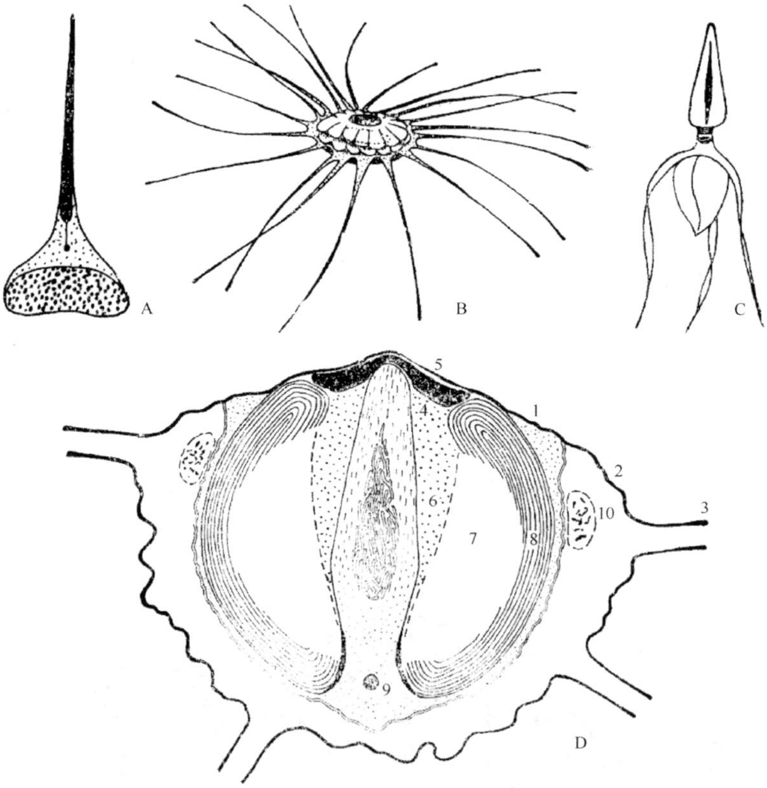

图 1-5　各种无脊椎动物的精子（堵南山，1993）

A. 长臂虾的精子。B. 蝲蛄的精子。C. 铠甲虾的精子。D. 中华绒螯蟹的精子：1. 顶体；2. 精子核；3. 辐射臂；4. 顶体管；5. 头帽；6. 丝状层；7. 中间层；8. 片层结构；9. 中心粒；10. 线粒体

二、精子发生过程及调控机制

精子发生（spermatogenesis）是在雄性生殖腺（精巢）中进行的。由精原干细胞经过一

系列发育阶段发育为形态上成熟的精子的过程，称为精子发生。它包括增殖期、生长期、成熟期和形成期等发育过程。在哺乳动物中，精子还必须在附睾中进一步成熟。

（一）精子发生的一般过程

在哺乳动物中，原始生殖细胞进入精巢后，分裂形成 A1 型精原细胞，A1 型精原细胞分裂形成另一个 A1 型精原细胞和一个 A2 型精原细胞。后者又继续分裂形成 A3 型精原细胞，进而分裂产生 A4 型精原细胞。由 A4 型精原细胞分裂形成过渡型的精原细胞，这些过渡型的精原细胞分裂形成 B 型精原细胞。由 B 型精原细胞通过有丝分裂，产生初级精母细胞。初级精母细胞经第一次成熟分裂（减数分裂）形成两个次级精母细胞，再经第二次成熟分裂（有丝分裂）形成 4 个精子细胞（图 1-6）。这 4 个精子细胞在遗传性质上各不相同，这是生物多样性的机制之一。

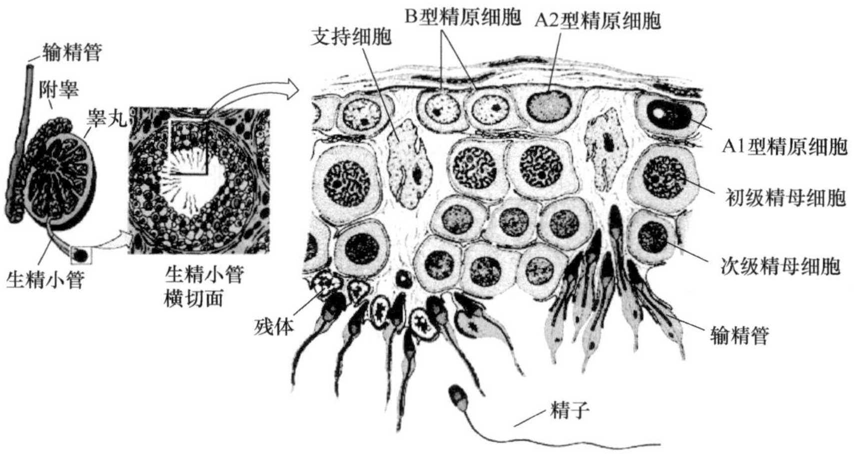

图 1-6　输精管的横切面，示精子发生过程（Dym，1977）

（二）精子形成

精子细胞形成后，要经过一系列分化才能形成精子，这一过程称为精子形成（spermiogenesis）。其过程主要包括细胞核和细胞质两方面的变化。

1. 细胞核的变化　大多数动物精子核中染色质高度浓缩，这样可以使细胞核的体积大大减小，可以减轻精子运动的负荷，带有半胱氨酸二硫键的精蛋白代替了原有的体细胞中的组蛋白，使 DNA 高度凝集，处于不活动状态，无转录活性。许多精子细胞核的形状也发生了变化，变成了流线型，易于精子的运动，减少了精子运动时的能量损失。

2. 细胞质的变化　精子细胞的细胞质在精子形成过程中，大多成为多余的物质而被抛弃，只留下一薄层细胞质与细胞膜覆盖在顶体和核上。

典型的动物精子都有顶体（acrosome），位于细胞核的前端，在受精时起着重要的作用。许多动物的精子来源于高尔基体。高尔基体产生许多小液泡，并在液泡中出现致密小体，这些小液泡最终合成一个大的液泡，内含一个大的颗粒，称为顶体颗粒。顶体颗粒往往变扁，并覆盖在核的前端，这就是顶体。剩余的高尔基体逐渐退化，最后与细胞质剩余体一道被抛弃。

线粒体鞘的形成在不同的动物间有许多差异。在果蝇精细胞中，细胞质中的线粒体聚集融合，形成两个线粒体衍生物围绕着鞭毛轴丝，最后大的线粒体衍生物中沉积大量类结晶物质形成副核，而小的线粒体衍生物逐渐退化。在哺乳类精子形成中，随着顶体泡的形成，线粒体首先向细胞膜下的细胞质皮层部分迁移，以后向尾部中段集中，同时体积变小、伸长，并围绕轴丝形成螺旋状的线粒体鞘。

精子形成的早期，两个中心粒位于核的正后方。在核的后端有一个压凹，一个中心粒位于其中，称为近端中心粒，它的后方是远端中心粒。远端中心粒的长轴与精子的长轴平行，由它产生尾部的轴丝。哺乳动物的远端中心粒在颈段发育完成后，最终会消失，有些哺乳动物的近端中心粒也会消失。

（三）精子成熟

许多动物精子形成后还没有授精的能力，必须在排出过程中的某处进一步成熟以后，才能成为有功能的精子。

哺乳动物的精子是在附睾内进一步成熟的。其间精子膜经历了许多重要的变化，包括：脂类、蛋白质、离子及糖类等多种组分的改变，尤其是脂类和蛋白质的变化十分明显。猪、牛、羊及大鼠等哺乳动物的精子从附睾头部到尾部，其膜上总脂量降低，磷脂和糖脂的量下降，而甾醇和固醇脂等中性脂的量却明显增加，但不同动物中差异较大。例如，固醇和磷脂的比值在山羊精子成熟时上升，而在猪精子成熟时则下降。

由于膜上脂类组分发生了变化，膜的流动性也发生了变化。膜上转运酶及一些蛋白质的活性都发生了变化。膜蛋白的改变也是精子成熟的重要因素，特别是凝集素受体的合成，修饰、分布和功能都有很大变化，这种变化与精子获得和卵子进行识别、黏附、结合等授精能力密切相关。

由于果蝇精子发生是在由两个包囊细胞包裹的包囊里进行的，一个包囊中的 64 个精细胞之间由细胞质间桥互相连通，因此在成熟阶段还需要进行一个“个体化”的过程，个体化过程需要形成个体化复合体（individualization complex，ic）（图 1-7）。个体化复合体形成于精子头部，由 64 个富含纤维状肌动蛋白（F-actin）的锥体环绕精核形成一个网状结构。这

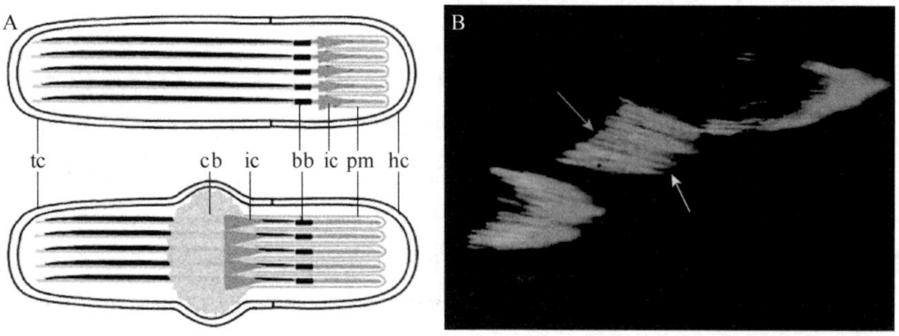

图 1-7 果蝇精子个体化过程

A. 果蝇精子个体化过程示意图（Fabian and Brill，2012）：hc. 头部包囊细胞；tc. 尾部包囊细胞；ic. 个体化复合体；cb. 囊状突起（废物袋）；bb. 基体；pm. 精细胞膜。B. 果蝇精子束染色结果：上面的箭头显示的是纤维状肌动蛋白（F-actin）染色结果，显示肌动蛋白锥体组成的个体化复合体，下面的箭头显示的是 4′,6- 二脒基 -2- 苯基吲哚（DAPI）染色的结果，显示精子核

个网状的个体化复合体沿着伸长的精细胞从头部向尾部移动，在移动过程中封闭细胞质间桥，使每个精子细胞被自己的细胞膜包裹，直至个体化复合体移动到精子的尾部，精子才能一个个游离出来。个体化复合体移动过程中也将多余的细胞器和细胞质带走，这些多余的细胞质形成囊状突起，最后形成废物袋被去除。成熟的精子最后经过卷曲，被转移到贮精囊中，在那里贮存直至受精。

（四）精子发生的激素调节

脊椎动物精子的发生受一系列激素调控。下丘脑分泌促性腺激素释放激素（gonadotropin-releasing hormone，GnRH）作用于垂体，刺激垂体分泌促黄体生成素（luteinizing hormone，LH）和卵泡刺激素（follicle-stimulating hormone，FSH）。其中LH作用于生精小管之间的间质细胞（leydig cell），刺激其合成睾酮，睾酮通过扩散进入生精小管，从而刺激精子发生。

FSH首先作用于支持细胞，这是一种不分裂的长柱形细胞，底部宽，附着于基膜，顶部狭，伸向管腔，生精细胞嵌在支持细胞两侧的胞质陷窝中（图1-6）。在哺乳类中，FSH刺激支持细胞释放雄激素结合蛋白（androgen binding protein，ABP）。该蛋白对睾酮有很大的亲和力，它的功能是将睾酮保留在生精小管内对精子发生起作用（图1-8）。

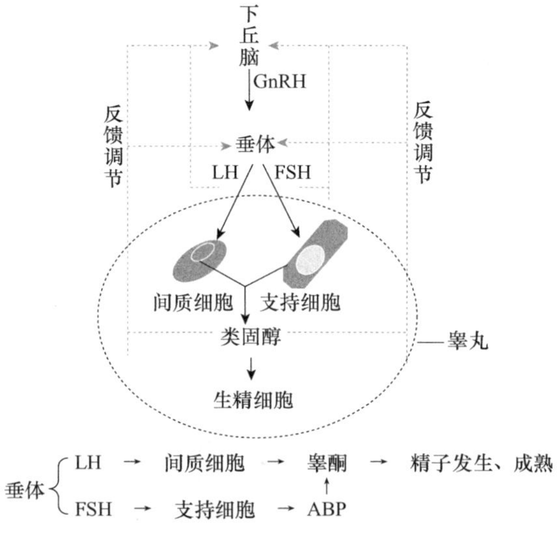

图1-8 脊椎动物精子发生的激素调节示意图（改自杨增明等，2019）

下丘脑分泌GnRH，刺激垂体分泌LH和FSH。其中LH刺激睾丸间质细胞分泌睾酮；FSH通过与位于支持细胞表面的雄激素受体结合，促使其分泌ABP，从而促进精子发生

（五）精子发生的基因表达及调节

精子发生是一个高度有序的细胞分化过程，依赖于一系列特定基因按严格的时空顺序表达。在精子发生的不同阶段，不同的调节因子调控一些基因按一定的时空顺序进行表达。精子发生过程中包含许多特异性表达的基因，以产生新的酶类或其他蛋白质分子，从而调控精子发生。有些基因编码对生精细胞的特异结构或功能起重要作用的蛋白质，有些基因的表达呈现发育阶段特异性。这些特异表达的基因主要通过调控生精细胞DNA的合成、染色体的

变化、基因的转录、转录后的加工、mRNA 的翻译，以及蛋白质的活性及稳定性等诸多方面来调控精子发生。

精子发生过程中最重要的结构重组包括具有特殊形态的顶体和细胞核的形成以及中段的形成。这三个主要事件中，参与其过程的主要基因和蛋白质目前知道得很少。然而，已有研究证明，细胞骨架及其结合的马达蛋白（motor protein）在精子发生中的许多关键过程中起到了重要作用。结合在微管上的驱动蛋白（kinesin）和动力蛋白（dynein）以及结合在微丝上的肌球蛋白（myosin），可以装载着各种囊泡物质、被膜的细胞器或其他生物大分子到细胞内的特定部位，对于细胞内结构的重组、信号的传递、核质转运以及基因调控都有着重要意义，并可能为一些形变和运动的过程提供直接的动力。

微阵列（microarray）分析表明，在果蝇精巢表达的基因中，25% 是精巢特异表达基因或在精巢中表达量很大的基因。精子蛋白质中也鉴定出约 350 个成熟精子的蛋白质组分，其中约 50% 是精巢特异蛋白或精巢中大量表达的蛋白质（White-Cooper，2010）。它们在减数分裂、纺锤体形成、线粒体融合、翻译调控等方面起重要作用。近期的研究证明，在从增殖的精原细胞向分化的精母细胞转变的过程中，除产生很多新表达的基因产物之外，还有许多是通过精母细胞中替换新的启动子来表达的基因新产物，这些新的启动子近端序列元件招募精母细胞特异的染色质结合复合物 tMAC，并被其激活，从而帮助建立一个稳定的、精母细胞特异性的转录程序，导致最终分化（Lu et al.，2020）。

据推测，有 600～1000 个配子细胞特异基因参与哺乳动物精子发生过程，其中有的参与调节顶体形成，如 *Hrb*、*Gopc* 及 *Csnk2a2* 等，有的参与染色质包装和浓缩，如 *Prm1*、*Tnp1* 及 *H1t2* 等，还有一些参与了精子尾巴的形成，如 *Tektin-t*、*Sepp1* 和 *Spag6* 等。*Spem1* 则参与调节精子形成后期去除多余细胞质的过程，*Spem1* 缺失突变导致精子畸形和雄性不育。在精子细胞演变为精子的过程中，随着精子细胞变形和细胞核的压缩，基因转录活动将逐渐降低直至完全停止，因此精子细胞后期发育所需的基因都需要提前转录为 mRNA，然后以翻译抑制状态储存在精子细胞中，直到特定发育阶段再被激活翻译，以合成蛋白质发挥作用，这就是精子形成过程中的“转录-翻译解偶联”现象。而从翻译抑制状态到激活需要 PIWI 蛋白及其相关的动物生殖细胞特异性小分子非编码 RNA——piRNA 组成的复合体发挥功能。研究表明，PIWI/piRNA 在精子发生过程中的功能是以一种动态的、严格时空特异性的方式来完成的：在早期球形精子细胞阶段，PIWI/piRNA 主要通过与 eIF3f 和 HuR 相互作用来激活 mRNA 翻译（图 1-9）；而在后期伸长型和长形精子细胞阶段，PIWI/piRNA 则主要通过与脱腺苷酶 CAF1 相互作用来介导 mRNA 的清除降解（Dai et al.，2019）。

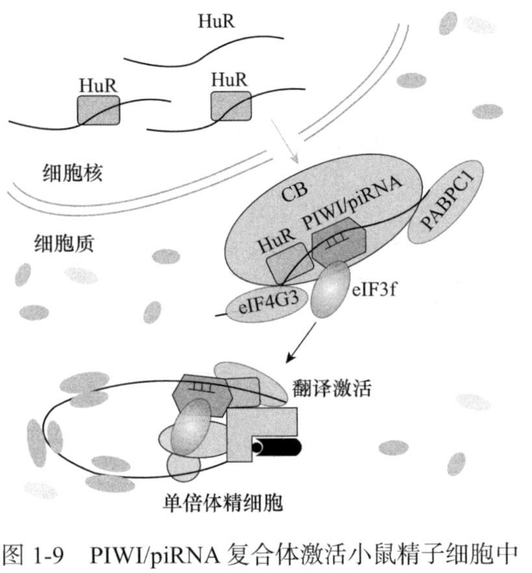

图 1-9　PIWI/piRNA 复合体激活小鼠精子细胞中 mRNA 翻译的机制模式图（Dai et al.，2019）

第三节 卵子发生

作为两性生殖细胞，精子和卵细胞各具特点。精子的结构及物质成分均相对简单，而卵细胞的结构和成分则比较复杂。卵细胞不仅在体积上比精子大得多，如人类的卵细胞比精子大 8 万倍，蛙的卵细胞比精子大近 10 万倍，这是因为卵细胞中含有大量的供早期胚胎发育所需营养和调节物质。更重要的是，卵细胞成熟后，其代谢等活动受到强烈抑制。通常情况下，只有通过精子和卵细胞的结合，即受精作用才能解除卵细胞的代谢抑制，使卵细胞活化，重新进入活跃的代谢状态，新的生命由此开始。一般情况下，如果卵细胞不经过受精，其代谢抑制状态不能被解除，卵细胞最终将自行消亡。

一、卵子的结构

大多数动物的卵子是一个大型的单个细胞，储存有大量的营养供胚胎发育所用。卵子的直径在人和海胆中约为 0.1mm，鱼类和两栖类中为 1～2mm，鸟类中可以达到几厘米甚至十几厘米。卵子的细胞质中富含蛋白质、脂类、糖类和磷的营养成分，称为卵黄，它们通常存在于卵黄颗粒中，有的种类中卵黄颗粒外还有膜包围。卵子的外面具有卵膜，其成分主要是糖蛋白，其作用是保护卵子以及阻止异种精子进入等。

（一）卵核

卵核又称胚泡或生发泡（germinal vesicle），处在成熟分裂之前的卵核膨大成泡状。卵母细胞的细胞核在发育时体积增大并发生变化。在发育早期，细胞核位于中央位置。随着卵母细胞的增大，细胞核逐渐边移，最后停留在动物极近细胞膜的地方。这是卵子具有极性最明显的标志。

（二）卵黄

作为早期胚胎发育的主要营养物质，卵黄含有大量的蛋白质、糖类、脂类和磷。卵黄不仅是胚胎发育所需营养成分的主要来源，而且由于其中有酶，在卵母细胞的代谢中起着重要的作用。不仅如此，卵黄颗粒中还含有遗传物质，能在胚胎的发育中起到调控作用。

根据卵黄含量的多少和分布的位置，可将卵子分为以下几种类型。

（1）均黄卵：卵黄含量很少，而且均匀地分布在卵质中。这类卵子在无脊椎动物中较常见，如海胆和低等脊椎动物文昌鱼的卵子。

（2）端黄卵：卵黄含量很多，且呈极性分布，卵黄集中的一极称为植物极，细胞质集中的一极称为动物极，如爬行类、鱼类和鸟类的卵子。

（3）间黄卵：卵黄含量介于均黄卵与端黄卵之间，分布从植物极到动物极逐渐减少，没有明显的界线，如两栖类的卵子。

（4）中黄卵：卵黄含量多且分布在卵子的中央，外周有一薄层细胞质，如昆虫和甲壳类的卵子。

哺乳类卵子的卵黄含量变化很大，原始哺乳类（卵生哺乳类）的卵子有大量卵黄，属多黄卵；而有胎盘类的哺乳动物的卵黄量极少，属均黄卵。

对卵子类型的了解很重要，因为卵子受精后按什么方式进行卵裂和发育，都与卵子的类型，即与卵黄在卵子中的含量和分布有关。

（三）卵细胞质

卵细胞质分布在两个固定的区域：细胞膜下的称为皮层（cortex），皮层细胞质的物理特性和其余的胞质不同，它呈高度黏滞、半硬的凝胶状，内含皮层颗粒和色素颗粒；其余的大部分细胞质是液体状态，称为内质。

1. 皮层颗粒和色素颗粒 许多动物卵子的皮层中含有一些特别的成分。例如，两栖类皮层中有两种内含物：皮层颗粒和色素颗粒。它们在发育过程中起着重要的作用。

皮层颗粒可见于许多动物的卵母细胞内，如海胆、双壳类软体动物、鱼类、蛙类、仓鼠、兔和人等的卵母细胞。而在昆虫、有尾两栖类和鸟类的卵母细胞中则没有。皮层颗粒一般为球状结构，外由一层膜包围，直径 0.8（海胆）～2.0μm（蛙）。在不同动物中，其形态、数量和内含物都有差异。皮层颗粒主要含水解酶类和黏多糖物质。在成熟的卵母细胞中，皮层颗粒排成一层，靠近细胞膜。皮层颗粒在受精以后破裂，其内含物以胞吐的形式分泌到卵子表面，对阻止多精受精起主要作用。

各种动物卵子皮层中的色素颗粒性质也不尽相同，且分布不均。例如，两栖类卵子的动物半球皮层内含有许多色素颗粒，呈深黑色，而植物半球无色素颗粒，所以是白色的。受精后皮层仍存在，在发育时起重要作用（例如，其中的微丝对卵裂、原肠作用等起重要作用）。

2. 形态发生因子 这是那些指导细胞分化成一定细胞类型的分子，它们位于细胞质的不同区域，在卵裂过程中被分配到不同的细胞。这些子细胞就会根据其中的信息进行发育。

（四）卵膜

卵子如同其他细胞一样，外面是一层质膜或叫细胞膜。细胞膜外，几乎所有的卵子（除海绵和几种腔肠动物外）均有特殊的卵膜。根据其来源，可将卵膜分为以下三种。

1. 初级卵膜 初级卵膜又称卵黄膜，在卵母细胞形成时由卵细胞本身产生，如海胆和蛙的卵黄膜。

2. 次级卵膜 次级卵膜由围绕卵母细胞的滤泡细胞产生，有黏性，结构十分复杂，表面通常有卵膜孔，为精子入卵通道，如昆虫的卵壳、哺乳动物的透明带和放射冠。

3. 三级卵膜 三级卵膜是各种保护性或营养性的膜状结构，由生殖导管或其附属腺体分泌而成，如鸟类的蛋白、卵壳膜和蛋壳，蛙卵外的胶膜等。

并不是每种动物的卵子都具有这三种卵膜，有的三种俱全，有的只有其中的一种或两种。这些被膜在受精中具有精卵识别、阻止多精受精等十分重要的作用，同时还具有保护、固着卵子，为胚胎发育提供营养等功能。

二、卵子发生过程及调控机制

（一）卵子发生的一般过程

在卵子发生过程中，卵原细胞经过有丝分裂，增殖形成初级卵母细胞，初级卵母细胞再经过两次不均等的减数分裂，最后形成一个成熟的卵细胞，多余的染色体以极体的形式排出。卵子发生主要在卵巢内进行，经过增殖期、生长期及成熟期三个发育时期。

1. 增殖期　卵原细胞经过一定次数的有丝分裂以增加细胞数量。鱼类和无脊椎动物都是每年季节性地从生殖腺的生殖上皮形成卵原细胞，经多次细胞分裂后，形成初级卵母细胞。哺乳动物的卵母细胞在基质的外层发育，每一层都被支持细胞包围。卵母细胞及其支持细胞的这种组合称为卵泡。目前，哺乳动物的成体卵巢是否有生殖干细胞的说法仍有争议。普遍的观点认为，哺乳动物在原始卵泡库确立以后，卵巢中便无法再生出新的生殖细胞。因此，雌性哺乳动物的生殖寿命完全依赖于卵巢中原始卵泡的数量（杨增明等，2019）。然而已有报道发现，在实验室条件下，从出生后的小鼠和人类中能分离和纯化出雌性生殖干细胞（FGSC）（Zou et al.，2009；Dunlop et al.，2014），这对雌性哺乳动物在出生前已失去卵母细胞生成能力的观点提出了挑战。但这些结果仍然存在争议，因为 FGSC 的发现及其功能的研究都是在实验室条件下进行的，将 FGSC 移植到不孕雌性哺乳动物卵巢中是否能解决一些不孕问题还不清楚。

2. 生长期　初级卵母细胞进行生长、发育、积累营养物质，合成并贮存胚胎早期发育所需各类调控物质。初级卵母细胞体积增大，多黄卵中营养物质的积累使得细胞体积可增加 200 倍。哺乳动物的胎儿营养由母体供应，因此不需要贮备大量营养物质。在卵母细胞生长期间，染色质不管是在形态和分子水平上都发生了巨大的变化。在一些哺乳动物的卵子发生过程中，染色质在卵母细胞核中逐渐浓缩和重组，伴随着核仁转变为转录惰性核体——核仁样小体（nucleolus-like body，NLB），浓缩的染色质再以“环”的形式围绕 NLB 形成致密的异染色质结构，由此产生的形态结构有时称为“核球”或“围核仁”（Bogolyubova and Bogolyubov，2020）。

哺乳动物卵泡的发育初期经历原始卵泡期（primordial follicle）、初级卵泡期（primary follicle）和次级卵泡期（secondary follicle）三个时期，之后卵泡进入三级卵泡期（tertiary follicle），即有腔卵泡期（antral follicle），在这个时期绝大部分卵泡会通过卵泡闭锁而死亡。只有极少数在青春期后，在促性腺激素周期性的作用下，发育至格拉夫卵泡期（Graafian follicle）。具有优势的格拉夫卵泡在促性腺激素——黄体生成素（LH）峰的刺激下，排出成熟的卵子以备受精。卵泡剩余的颗粒细胞和膜细胞会转化形成黄体（图 1-10）。

哺乳动物卵巢中还有另一类重要细胞——体细胞，这些体细胞包括颗粒细胞（granulosa cell）和膜细胞（theca cell）等，它们在卵子发生过程中也起着重要作用（图 1-10）。颗粒细胞和膜细胞是具有内分泌功能的细胞，颗粒细胞在三级卵泡期时分化为壁颗粒细胞和卵丘细胞（cumulus cell），而膜细胞也在三级卵泡后期分化为内膜细胞和外膜细胞。在不同卵泡发育时期，这两种细胞特别是颗粒细胞，紧密围绕在各期卵母细胞周围，因此其发育过程和功能已获得较多关注。卵巢内除颗粒细胞和膜细胞外，还有多种体细胞类型，包括血管内皮细胞、间充质细胞、神经细胞、免疫细胞等，对这些体细胞的起源、分类、发育和功能仍然知之甚少（杨增明等，2019）。

在卵泡生长期，卵母细胞周围的前颗粒细胞由扁平状变为立方状的颗粒细胞。初级卵泡的重要特征就是含有单层立方状的颗粒细胞。在初级卵泡发育阶段，颗粒细胞保持在单层的状态，然而卵母细胞的体积在这个阶段得到了极大增长，在小鼠和人类中基本都接近成熟卵母细胞的直径大小。同时，在初级卵泡阶段，卵母细胞中的透明带蛋白开始分泌，透明带（zona pellucida）开始出现。透明带的产生，一方面对卵母细胞的结构维持有重要作用，另一

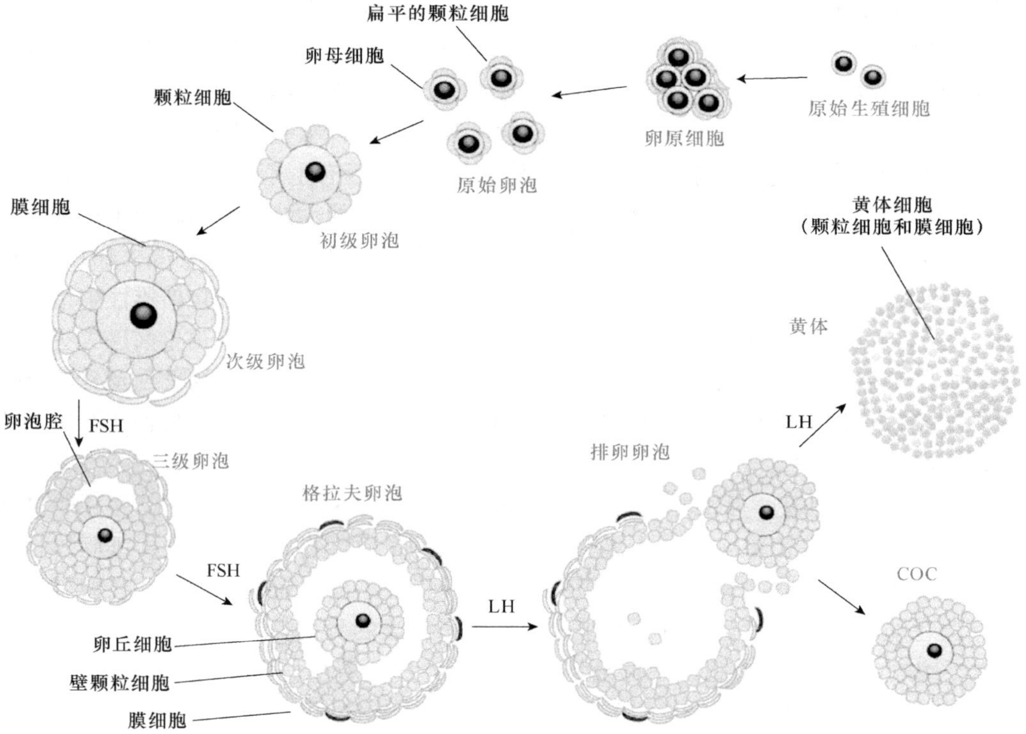

图 1-10　哺乳动物卵子发生的模式图（Georges et al.，2014）

卵母细胞来源于原始生殖细胞，原始生殖细胞迁移入生殖嵴后分化为卵原细胞，卵原细胞招募前颗粒细胞，形成原始卵泡。这些原始卵泡随后被分批激活形成初级卵泡。随着颗粒细胞的增殖和膜细胞的出现，初级卵泡进入次级卵泡发育阶段。而后，在 FSH 的作用下，卵泡进入三级卵泡期，即有腔卵泡期，滤泡细胞间形成卵泡腔并分化出卵丘细胞。三级卵泡不断增长形成格拉夫卵泡，在 LH 峰的作用下卵母细胞成熟，卵丘-卵母细胞复合体（COC）从卵巢中排出，剩余的卵泡膜细胞和壁颗粒细胞形成黄体

方面隔开了卵母细胞与颗粒细胞，以避免其直接接触，可能发挥了调控卵母细胞发育成熟的作用，并且透明带在后期精卵识别和结合过程中也起到了至关重要的引导作用（杨增明等，2019）。从初级卵泡到次级卵泡的过渡涉及第二层颗粒细胞的获得，这种转变是通过颗粒细胞的持续分裂完成的。次级卵泡发育到末期，会形成一个由透明带包围的卵母细胞、6～9 层颗粒细胞、一层基膜和两层膜细胞组成的卵泡。二级卵泡进一步发育将进入三级卵泡期，也就是有腔卵泡期。进入三级卵泡期的第一个迹象是在卵泡的颗粒细胞中出现一个空腔，即卵泡腔，该过程也称为空化（cavitation）或窦腔形成。卵泡腔内的液体称为卵泡液，卵泡液的主要成分之一是血浆的渗出液。卵泡腔会随着卵泡的发育不断扩大。最终卵母细胞被挤到一边，并被包围在一团颗粒细胞中，形成突出于卵泡腔中的半岛，称为卵丘（cumulus oophorus）。在卵丘形成之后，卵泡的颗粒细胞就被区分为壁颗粒细胞（mural granulosa cell）和卵丘细胞（cumulus cell）两类。在卵丘形成之后，卵母细胞被卵丘细胞包裹形成一个称为卵丘-卵母细胞复合体（cumulus-oocyte complex，COC）的结构，并且以此复合体为单位协同发育直至受精。

3．成熟期　初级卵母细胞完成生长后，需进行两次成熟分裂。第一次成熟分裂为减数分裂，形成一个次级卵母细胞和一个体积很小的第一极体；第二次成熟分裂为普通有丝分

裂，形成一个卵细胞和一个第二极体。在脊椎动物中，减数分裂过程中出现两次停滞现象：第一次是在第一次成熟分裂前期的双线期，通常由激素的作用而解除；第二次是在第二次成熟分裂的中期，受精或人工激活卵子均可解除这种停滞。

除与精子发生一样经过增殖期、生长期和成熟期三个时期外，卵子发生与精子发生具有以下明显的差别。

（1）精子发生比卵子发生快，所以成熟精子的数目大大超过成熟卵子的数目。

（2）精子发生过程中的生长期不甚明显，而卵子发生过程中的生长期特别明显，时间长，包括细胞的生长（小生长期）和卵黄的积累（大生长期）。因此，精子发生的结果是产生体积微小的精子，而卵子发生的结果是产生体积很大的卵子。

（3）精子发生过程要经过类似变态的精子形成期，而卵子发生没有这一时期。

（4）精子发生过程中的两次成熟分裂全部在精巢内进行，卵子发生过程中的两次成熟分裂可在卵巢内或卵巢外进行，依动物的种类不同而异。许多动物的卵子成熟时停滞在第一次或第二次成熟分裂的中期，等到受精之后才继续完成后续的分裂过程（图 1-11）。

（5）经过两次成熟分裂，每个初级精母细胞产生 4 个大小相等的精子，而每个初级卵母细胞只能产生一个大的成熟卵和三个体积很小且不能受精的极体。

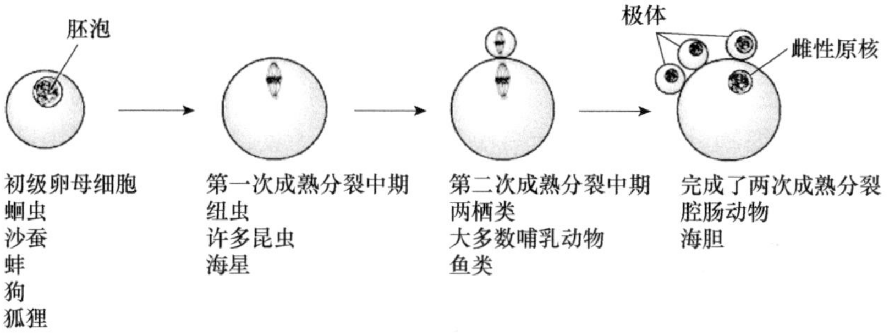

图 1-11 卵子成熟时所处的阶段（Austin，1965）

（二）卵黄发生

如上所述，卵子发生与精子发生的主要区别之一是卵子发生过程中要积累大量的卵黄物质。一般认为，卵黄有两种来源：一种是在卵母细胞内合成的，为内源性的；另一种是在卵母细胞以外合成，再进入卵母细胞内，为外源性的。

卵母细胞的细胞器在卵黄发生过程中起着重要的作用。例如，在罗氏沼虾中，由核仁而来的核糖体前体物在细胞质中形成大量的核糖体。一部分核糖体附着在内质网囊泡的膜上，形成糙面内质网，糙面内质网囊泡具有合成和运输卵黄物质的功能。另一部分核糖体是游离的，它们可在细胞质中合成致密蛋白质小颗粒，随后这些颗粒逐渐聚集融合成致密的卵黄颗粒。溶酶体可吞噬这些由游离核糖体形成的蛋白质颗粒团或其他膜状物，并将它们消化、融合，从而形成大的卵黄颗粒（图 1-12）。部分线粒体参与了卵黄颗粒的

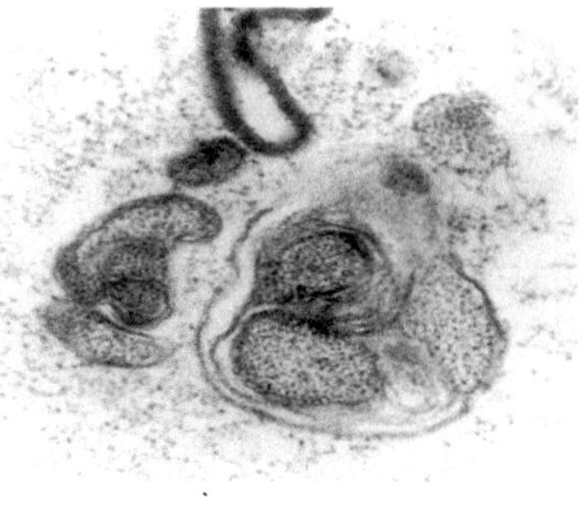

图 1-12 溶酶体吞噬、消化蛋白质颗粒团

合成并最终演变成卵黄体。微丝也参与了卵黄颗粒的形成。此外，高尔基复合体与卵黄形成也密切相关，它是卵黄颗粒合成和浓缩的场所之一，这已在多种动物如中国鲎、缢蛏、栉孔扇贝、栉江珧、僧帽牡蛎、青蛤、合浦珠母贝、文蛤、球泥螺等中被证实。

关于外源性卵黄，昆虫是由脂肪体产生的，脂肪体合成的卵黄蛋白前体物质叫卵黄原蛋白。卵母细胞在发育过程中不断地从血淋巴中摄取和积累这种特异蛋白，沉积为卵黄。卵黄的摄取在昆虫中是由保幼激素调节的。脊椎动物和某些无脊椎动物的卵黄物质是在肝脏中合成的，再通过血液循环到达卵母细胞表面，在那里通过胞饮作用进入卵母细胞中。

（三）卵子的成熟

卵母细胞受到某些内源或外源因子的刺激，经过一系列变化，成为具有接纳精子、进行雌雄原核结合并发育成新个体能力的卵子的过程，即卵子成熟的过程。卵子成熟大致可分为卵表成熟、卵质成熟和卵核成熟三个过程，它们之间具有一定的制约关系。

（1）卵表成熟：以脊椎动物为例，是指卵表分子的排列趋向规则化、皮层颗粒迁居深层等变化，确保受精后的正常应答反应。

（2）卵质成熟：是指在激素刺激下卵质中出现的系列变化，积累一系列母源效应物如蛋白质、脂质、线粒体和 RNA 等，为之后的受精和胚胎早期发育所需的内部结构和物质做好准备。其中，“促成熟因子”（MPF）的产生和激活对于卵母细胞进入成熟分裂过程是必需的，MPF 是一种蛋白激酶，由催化亚单位 cdc2 和调节亚单位周期蛋白 B（cyclin B）组成，可以催化多种与细胞分裂有关的蛋白质发生磷酸化，使细胞进入分裂中期。随着卵子的发育，卵母细胞会对其胞内的细胞器包括线粒体、核糖体、内质网、皮层颗粒和高尔基体等进行结构和功能性的重组。在卵质成熟过程中，这些细胞器的结构和功能变化会得到精确调控。例如，作为卵子中能量的制造者——线粒体，是细胞质中含量最丰富的细胞器。单个小鼠的卵子中大约有 92 000 个线粒体，在减数分裂前期阻滞时数量最多且在细胞质中分散分布。然而在卵子成熟时，线粒体的数量不断降低且向新形成的纺锤体附近集中，该变化可能有利于减数分裂的发生。但人们对细胞质成熟程度一直缺乏有效的观察和评价指标。线粒体是细胞质中含量最丰富的细胞器，其分布和 DNA 含量在卵子发育成熟过程中发生显著变化，同时线粒体产生的 ATP 是卵子、受精卵以及胚胎发育主要的能量来源。因此可以认为，线粒体的功能状态是细胞质成熟的一个重要指标。

成熟的卵细胞一般都处于成熟分裂的某个时期，且停滞在此，如果不受精则不会继续分裂。大多数哺乳动物的卵母细胞成熟至第二次成熟分裂中期时就处于停止状态，主要是由于细胞抑制因子（CSF）在发挥关键作用，CSF 不仅能使 cyclin B 磷酸化，而且能维持其磷酸化状态，使其不被降解，从而对 MPF 活性起稳定作用，使得成熟的卵细胞一直保持在分裂中期，等待受精（Hansen et al.，2007）。另外，CSF 对 Ca^{2+} 反应敏感，当精子发生顶体反应后，CSF 的活性随着卵母细胞的受精而消失，MPF 恢复其活性，卵母细胞继续发育（Ito et al.，2007）。

（3）卵核成熟：是指在 MPF 等因子的作用下，生发泡破裂，以及其后所发生的一系列变化。实际上，卵表成熟、卵质成熟和卵核成熟有时并不同步。在少数动物如扁形动物涡虫和肝蛭中，在卵未长足之前就受精，携带着精子的卵子继续生长，而后进行减数分裂，实现两性原核结合，发育为正常个体。

卵子成熟是一个复杂的过程。哺乳动物卵母细胞成熟前长期处于减数分裂前期的双线期，核很大，染色质高度疏松，外包完整的核膜，称为生发泡（germinal vesicle，GV）。核成熟过程中，生发泡破裂（germinal vesicle breakdown，GVBD），第一次成熟分裂（减数分裂）完成，排出第一极体是卵母细胞核成熟的标志。然后停滞在第二次减数分裂中期，直到受精后成熟分裂重新恢复。

卵母细胞的成熟依赖于一个特定时段的特殊基因表达，基因表达在RNA和蛋白质水平的产物可能诱导卵母细胞成熟。通过检测卵母细胞生长发育过程中的蛋白质变化规律发现，对应不同核成熟期，卵母细胞具有“阶段特异性合成”（stage-specific synthesis）蛋白质的特征。卵母细胞的成熟过程受到卵母细胞蛋白质合成、磷酸化以及去磷酸化作用的调节。

卵核成熟还包括表观遗传成熟。卵母细胞成熟的一个重要方面就是建立正确的表观修饰状态。表观遗传是指在基因的DNA序列没有发生改变的情况下，基因功能发生了可遗传的变化，并最终导致了表型的变化。表观遗传主要依赖于DNA和组蛋白的修饰，从而调节基因表达。哺乳动物的卵母细胞表现出比体细胞更为剧烈的表观遗传改变，这和卵母细胞所承载的保存和传递遗传信息与表观遗传信息的属性相吻合。DNA甲基化印记在卵母细胞生长过程中逐渐建立，组蛋白的修饰和组蛋白的交换保证了在卵子发生过程中，在缺乏DNA复制的情况下，基因的正确表达以及受精后合子基因组的正确激活。例如，组蛋白H2A具有很多变体，包括H2A.Z、H2A.X、macroH2A和H2A.Bbd等。在完全生长期的卵母细胞的细胞核中，能检测到H2A及其所有变体。然而，在受精后的1细胞期胚胎的前体核中只有H2A.X大量表达，其余变体的表达量很低。进一步的功能分析表明，在卵母细胞成熟过程中，H2A变体在染色质中组成的变化对于受精后基因组的重组极为重要。同时也发现，卵母细胞成熟中组蛋白不同位点的乙酰化、甲基化等修饰，对于之后的受精和胚胎发育至关重要（Leung and Adashi，2018）。一些印记基因为早期胎儿生长和发育所必需，这些基因在卵子发生过程中也有着不同的表观修饰状态。

（四）排卵

哺乳动物的排卵过程大致相同，主要经历以下几方面的变化。①卵母细胞的细胞核和细胞质成熟：由于促性腺激素的释放，卵母细胞的核和细胞质成熟，会与排卵同时发生。减数分裂恢复推进至第二次成熟分裂的中期并排出第一极体。随后，排卵后的卵母细胞分裂会被再次抑制在第二次成熟分裂的中期，直到受精后才完成第二次成熟分裂，排出第二极体。②卵丘扩展（cumulus expansion）：当接收到LH峰和FSH峰的刺激时，卵丘细胞与其他颗粒细胞开始分泌大量的具有弹性的细胞外基质，从而使得卵丘变得松散且体积增大20～40倍，这个过程称为卵丘扩展。随着基质的合成，卵泡液浸入卵丘细胞之间，使卵丘细胞变得松散，并与颗粒细胞逐渐分离。最终，靠近透明带的卵丘细胞得以保留，环绕卵母细胞形成放射冠。卵丘细胞的分离使卵母细胞从颗粒层释放出来，并游离于充满卵泡液的卵泡腔中。在这个过程中，卵丘细胞产生细胞外透明质酸基质，从卵母细胞向外迁移，填充腔隙，并彼此分离。COC扩张和基质形成的过程是成功从卵巢表面挤出卵母细胞的必经之路。③卵泡的破裂：在排卵过程中，卵泡顶端必须在卵泡壁上形成一个缺口，以使得卵母细胞从卵泡中释放出去。卵泡细胞外有多层细胞，包括颗粒细胞和膜细胞等。排卵时会分泌多种蛋白酶，破坏这些细胞的基底层以削弱卵泡壁，并最终在卵泡顶端形成一个开口，即卵泡柱头（stigma）。

（五）卵子发生的激素调节

卵细胞发育由内分泌激素调节。在昆虫中，促性腺激素功能与咽侧体有关，它能产生保幼激素（juvenile hormone，JH）。此激素在促进卵细胞发育方面具有双重的作用：首先是刺激卵母细胞分化，其次是促进卵黄蛋白质的合成。methoprene-tolerant（Met）蛋白已被确定为 JH 受体，JH 通常诱导 Met 与 FISC/SRC/Taiman 蛋白形成异二聚体，共同结合到 JH 靶基因（如 *Kr-h1*、*RRS1* 等）的启动子 E-box 样基序上，从而调控这些基因的表达，并控制卵黄原蛋白的合成及卵子发生（Wang et al.，2017；Roy et al.，2018）。此外，依赖于 JH 的一种细胞黏附相关蛋白（SPARC）对于卵泡的形态维持至关重要，并能够促进卵母细胞摄取卵黄原蛋白（Irles and Ramos，2017）。卵巢蜕皮激素也通过调节一种酪氨酸激酶受体——维纳斯激酶受体（VKR），介导蜕皮甾体和卵黄原蛋白的生成，从而影响卵子形成（Vogel and Brown，2015）。蜕皮触发激素（ETH）除了在神经肽级联反应中调节蜕皮过程外，也可以调节埃及伊蚊的 JH 合成（Areiza et al.，2014）。ETH 不足会降低 JH 水平，进而导致卵巢变小，产卵量减少，并影响卵母细胞成熟过程中的卵黄沉积（Meiselman et al.，2017）。

脊椎动物中，下丘脑分泌促性腺激素释放激素作用于垂体，垂体分泌促性腺激素作用于靶器官。以灵长类为例，月经期是生理周期的开始，此时从脑垂体产生两种促性腺激素，即卵泡刺激素（FSH）和黄体生成素（LH）。一开始 FSH 量显著升高，它促进卵母细胞生长和发育，FSH 和 LH 共同促进滤泡细胞释放雌激素，促进卵泡生长。随着进入血液的雌激素量增加，雌激素促使下丘脑“指挥”脑垂体减少 FSH 的分泌量并增加 LH 的分泌量。大约在生理周期的中期，LH 量增至最高，激发排卵。卵子排出后，剩余的卵泡部分就转变成黄体（图 1-10），它分泌孕激素（孕酮）和少量雌激素。由于激素的反馈作用，下丘脑“指挥”垂体抑制分泌 FSH 和 LH（图 1-13）。

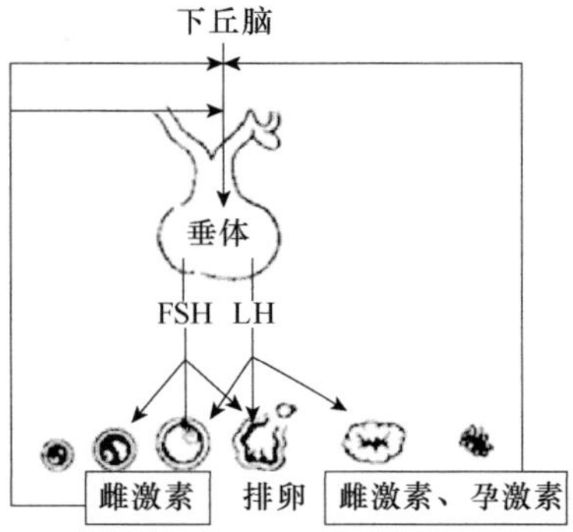

图 1-13　下丘脑、垂体和性腺之间的关系

如卵子未受精，在排卵后 10～14 天内，黄体就退化，子宫内膜脱落，引起出血。黄体退化使血液中的孕激素及雌激素的量下降，这样就解除了垂体的抑制作用，垂体重新分泌促性腺激素，新的周期再次重复。如卵子受精，则黄体分泌更大量的孕激素和雌激素，直至第 4 个月为止。妊娠的后半期，胎盘产生大量激素，维持胚胎发育。

（六）卵子发生过程中的基因表达

卵子发生过程最终得到双重结果，一是构成一个高度复杂的特化细胞，二是产生受精后胚胎发育所需的物质，这些均与卵子发生过程中基因表达的作用密切相关。

1. 灯刷染色体　灯刷染色体（lampbrush chromosome）是出现于鱼类、两栖类、爬行类和鸟类的卵母细胞减数分裂双线期的染色体，由轴和侧丝组成，染色体在主轴两侧伸展形成大的侧环，状如灯刷，故称灯刷染色体，它是基因活跃表达的形态特征。在高倍电镜下观察发现，灯刷染色体上存在许多突起的泡状或环状结构，有时还能看到核糖核蛋白沿着这些突起结构移动，这表明这些 DNA 正在被 RNA 聚合酶所转录。灯刷染色体在卵黄发生期保持时间较长，爪蟾为 3 个月，有尾两栖类为 7 个月。在卵子发生即将结束时，灯刷染色体逐渐凝缩，RNA 合成活性也降低了。

2. 卵子发生过程中特异基因的表达　卵子发生是个体发育的基础，在整个卵子发生过程中，卵母细胞不仅要积累大量的卵黄物质为胚胎发育提供营养，还要积累和储存许多调节物质，以调控早期胚胎发育的顺利进行，因此涉及多种特异基因的表达。

比如，在斑马鱼中，Nanos1 对于维持成年卵巢卵母细胞的产生是必不可少的，而 Nanos3 是维持雌鱼原始生殖细胞（GSC）所必需的，但不启动分化。*Nanos2* 已经被鉴定为斑马鱼生殖干细胞的标记基因，*Nanos2* 突变体中性腺在发育早期未观察到异常，因此它对于 GSC 的建立并不是必需的，然而在发育至受精后 32 天（32dpf）时，由 *Nanos2* 特异性标记的 GSC 在突变体中已经不存在了，在 35dpf 时，所有早期生殖细胞都消失了，因此 Nanos2 对于维持 GSC 是必需的。Mettl3 能通过表观修饰催化真核生物 mRNA 的 N^6- 腺苷甲基化（m^6A），在斑马鱼中敲除 *Mettl3* 会导致卵母细胞不能成熟，并破坏对性激素合成和促性腺激素信号转导至关重要的基因的表达（Li and Ge，2020）。目前，基因靶向敲除技术已经广泛应用到对斑马鱼卵子发生基因功能的研究中，已鉴定出许多与斑马鱼卵子发生和卵巢发育相关的基因（图 1-14）。部分基因在哺乳动物中也有类似的功能。

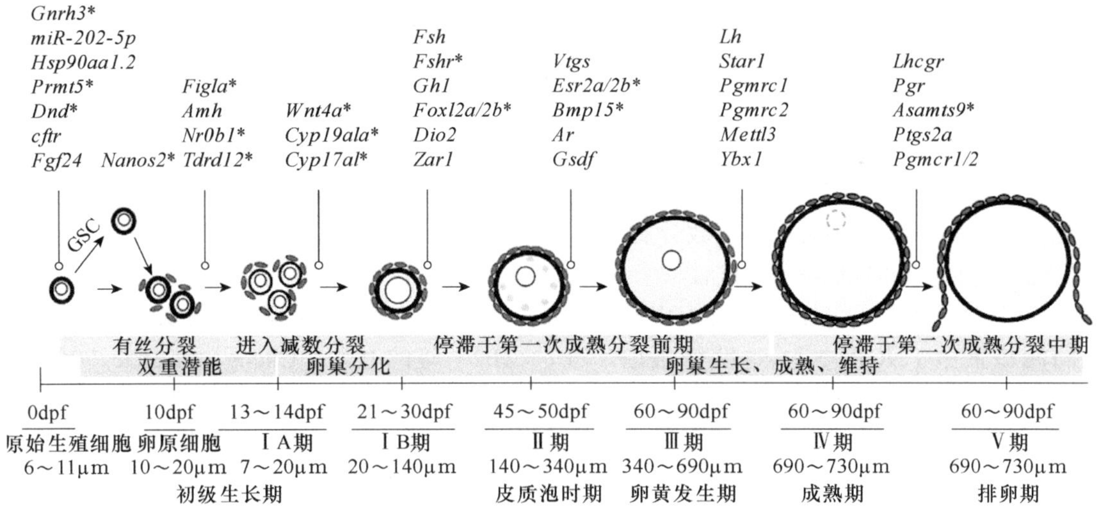

图 1-14　通过基因靶向敲除研究的斑马鱼卵巢发育相关基因（Li and Ge，2020）

* 表示该基因与雌性到雄性的性逆转相关

哺乳动物卵子发生相关基因的研究也较多，如在小鼠中发现的第一个母源基因 *Zar1*（zygotic arrest-1），在雌性小鼠中敲除该基因，虽然仍会产生卵母细胞且卵母细胞能够受精，但胚胎的发育会停滞在 2 细胞期之前，表明卵子发生过程中积累的一些母源性物质对于早期胚胎发育是必需的。

c-mos 原癌基因是白喉鼠肉瘤病毒基因 *v-mos* 的细胞同源物，其产物 Mos 激酶是一种丝氨酸 / 苏氨酸激酶。*c-mos* 的表达产物在体细胞中极少存在，而在成熟分裂的生殖细胞中才大量出现，并被证明是配子发生和减数分裂一个关键性的调节因子。如果它不能正常表达，

卵母细胞就不能发生胚泡破裂或不能排出第一极体，从而不能进入第二次成熟分裂。*c-mos* 原癌基因的产物 Mos 激酶还具有细胞抑制因子（CSF）的功能，即能使成熟过程中的卵母细胞停滞在减数分裂期，等待受精。一旦受精，Mos 激酶就会降解。在尾索动物卵子发生过程中，如果在受精后继续维持卵子中 Mos 激酶的水平，将会导致第三次、第四次成熟分裂的进行，因此 Mos 激酶还具有限定成熟分裂次数的功能（Dumollard et al.，2011）。

oct-3 是在哺乳动物早期胚胎发育中起特定作用的因子，它在卵母细胞生长发育时表达并能将转录物储存起来。在小鼠正在生长的卵母细胞和排出的成熟卵中能检测到 *oct-3* mRNA，而在未生长的卵母细胞中则没有发现。母源性的 oct-3 蛋白参与受精卵的 DNA 复制，引起受精卵的第一次分裂。如果将 *oct-3* 的反义寡核苷酸注射到受精卵中，那么第一次卵裂就不能进行，DNA 合成被抑制。

小鼠的 *ZP3* 基因是一个单拷贝基因，它仅在生长中的卵母细胞中表达。未生长的卵母细胞中，*ZP3* mRNA 的水平很低，随着卵母细胞的生长发育，*ZP3* mRNA 的水平显著提高，但在卵母细胞减数分裂过程中，*ZP3* mRNA 的水平又下降，其中的 98% 被降解。成熟的未受精卵和卵裂期胚胎中已不能检测出 *ZP3* mRNA。*ZP3* 基因的表达是由该基因的 5′ 区的特定序列与卵母细胞特异蛋白（OSP-1）相互作用来调节的。OSP-1 能与位于 *ZP3* 基因启动子的前 100bp 中的序列 5′-TGATAA-3′ 结合，从而激活 *ZP3* 基因表达，所以 OSP-1 水平的高低也决定了 *ZP3* 基因表达的程度。ZP3 蛋白是构成小鼠卵母细胞透明带的三种糖蛋白之一。在受精时，ZP3 蛋白作为精子的初级受体能使精子与卵子特异结合，同时它也是精子顶体反应的诱导者之一。

t-PA 是一种丝氨酸蛋白激酶，虽然在完全长成的小鼠卵母细胞中不能检测到其活性，但在成熟的未受精卵和受精卵中 t-PA 的活性非常高。t-PA 的活性最早是在卵母细胞减数分裂过程中出现的，*t-PA* 的 mRNA 在卵母细胞生长过程中就合成并储存在细胞质中，因此即使抑制了 RNA 的转录，*t-PA* 的翻译合成仍能进行。随着卵母细胞成熟分裂的进行，储存的 *t-PA* mRNA 开始翻译合成 t-PA，在减数分裂后期，*t-PA* 的 mRNA 逐渐被降解，成熟的未受精卵中检测不到 *t-PA* mRNA。

此外，还存在许多在卵巢组织中特异性表达的基因，如种系因子（FIGLA）、卵子发生同源核蛋白（NOBOX）、透明带蛋白（ZP1、ZP2）等的基因（Cheng and Zhao，2009）。FIGLA 是目前所知的最早调控卵细胞发育成熟的转录因子。在小鼠和人类中，敲除 *FIGLA* 基因的卵巢中无初始卵泡形成，更无法生育子代（Bayne et al.，2004）。雌性小鼠 *Nobox* 的缺失导致 *Pou5fl* 及 *Gdf9* 等其他生殖细胞特异性因子基因的表达失调，致使小鼠卵巢萎缩，过早衰退。*ZPl*、*ZP3*、*LHX8*（Choi et al.，2008）是 Sohlh1 的直接调控基因，*Sohlh1* 基因敲除的雌鼠表现为初始卵泡向初级卵泡的发育过渡障碍，卵细胞迅速丢失，最终导致不孕（Pangas et al.，2006）。在卵细胞减数分裂的过程中也存在着许多调控蛋白，如无精子缺陷蛋白（DAZLA）、联会复合体蛋白（SCP）和细胞质多聚腺苷酸结合蛋白（CPEB1）。敲除 *Cpeb* 基因的小鼠卵巢中无生殖细胞存在（Tay and Richter，2001）。

在卵巢发育过程中，生殖细胞和体细胞受到一系列转录因子的协同调控，这些转录因子对于卵巢发育和卵泡发生都是十分重要的。在小鼠中，Foxo3、Foxl2、Figla、Lhx8、Nobox、Sohlh1 和 Sohlh2 等转录因子在卵子发生的不同时期具有特定的表达模式（图 1-15），一些转录因子在雌性体内的突变会导致卵巢的异常发育和雌性不育。已有的研究也证明，小鼠卵泡中一些基因的表达随着年龄的增加会发生改变，并且与线粒体、染色体、微管和纺锤体相关的基因会大量富集在年轻小鼠体内正在生长的卵母细胞中，这表明卵泡和其所在的环境会影响卵子发生过程中卵母细胞的质量。

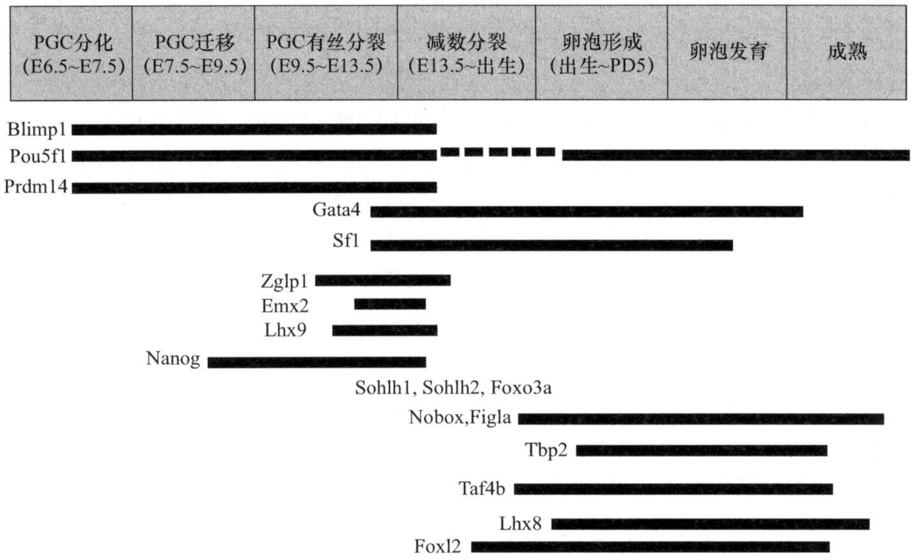

图 1-15　小鼠卵巢中转录因子在不同时期的表达模式（Jagarlamudi and Rajkovic，2012）

PGC. 原始生殖细胞（primordial germ cell）；E. 胚胎期（embryonic）；PD. 产后天数（postnatal day）

（七）卵子发生过程中的细胞凋亡

生殖细胞的凋亡是机体正常发育的一部分，是繁殖过程中保持机体细胞正常发育所必需的。凋亡是卵子发生过程中适应外界环境的一种对策。细胞凋亡（apoptosis）也称细胞程序性死亡（programmed cell death，PCD），是指机体在某种生理或病理情况下，为维持内环境稳定，通过基因调控，激活内源性核酸内切酶而发生的细胞自动消亡过程，在个体发育中起重要作用。对细胞凋亡的研究，过去多集中于神经系统及肿瘤发生方面，近年来对卵子发生过程中细胞凋亡的研究也日渐增多。

1. 细胞凋亡的发生　在卵子发生过程中，生殖细胞有丝分裂可产生大量的卵原细胞。机体通过凋亡能够及时清除完成使命的细胞。滋养细胞将细胞质快速转运至卵母细胞后，很快就退化消失；滤泡细胞在行使功能后与卵壳脱离，可能是发生凋亡后被输卵管上皮细胞吞噬。此外，凋亡还可清除受损和减数分裂异常的细胞，从而减少异常卵子发育过程中的能量损耗。

在卵子发生阶段，除生殖细胞凋亡外，一些体细胞如滤泡细胞也发生凋亡。尽管不同细胞凋亡起因有所不同，但形态学上的特征高度一致，都会出现染色质凝集、边缘化、核固缩、细胞质液泡化等现象。

昆虫卵子发生中细胞凋亡的研究主要集中在果蝇上（杨佐娟和何建平，2006）。凋亡可使果蝇在不利的环境（如饥饿）下保持较高的生殖水平。果蝇细胞中存在凋亡检验点，通过启动凋亡信号通路，使受损或表现异常的细胞发生凋亡，保证正常细胞发育。在果蝇卵巢发育阶段，由于新陈代谢能力有限，卵黄发生前期减少一些发育不良的滤泡能保证正常滤泡良好发育。除果蝇外，库蚊吸食血后，也会出现滤泡退化的现象（Keikichi et al.，2004），目的是调节卵巢内滤泡数量和所吸收营养物质量之间的比例。此外，在昆虫中还存在一种卵吸收现象，指的是在卵巢中处于发育阶段的卵母细胞因内部因素或外部环境的影响而被重吸收的现象。卵吸收是一种特殊的繁殖策略，可以保存资源并确保繁殖的成功率，也是一种对不利环境的适应性反应。

雌性哺乳动物在胎儿期或出生后不仅完成了卵原细胞向卵母细胞的过渡，在卵子发生过程中也发生了明显的细胞凋亡现象，哺乳动物卵子发生过程中的细胞凋亡也称为“闭锁”（atresia）。严格意义上来讲，闭锁是指有腔卵泡在卵泡发生破裂而排卵前发生的降解（attrition）。然而，这个词现在已被广泛应用于对卵巢发生过程中的所有降解变化的描述。广义上来讲，任何阶段生殖细胞的死亡和丢失都可以称为闭锁。尽管目前大多数研究都集中于成年卵巢的卵泡闭锁，但胎儿卵巢和出生后的生殖细胞闭锁也占主导地位。在卵泡形成之前，卵原细胞继续增殖的同时，会发生大规模的凋亡。在人类女性胎儿中，卵母细胞数量在妊娠中期（胎儿发育约 20 周）达到高峰（约 700 万个细胞），但在妊娠的后半期，至少有 2/3 的卵母细胞丢失，在出生时留下 100 万～200 万个卵母细胞。生殖细胞的大量丢失是这些细胞的凋亡所致。卵泡的闭锁则无时无刻地发生着，任何一个级别的卵泡均有可能发生闭锁，而越是卵泡发育的早期，闭锁的比例越高，这与动物个体节约能量的原则是一致的。在哺乳动物的卵巢发育过程中，卵母细胞至少有 6 波降解潮。前 3 波在卵泡形成前，后 3 波在卵泡形成后（图 1-16；Hsueh et al.，1994）。性成熟后，每次只有 15～20 个卵母细胞一起发育，但最后一般只有 1 个（偶尔多于 1 个）卵母细胞成熟、排出。因此女性一生当中总共只能排出 450 粒

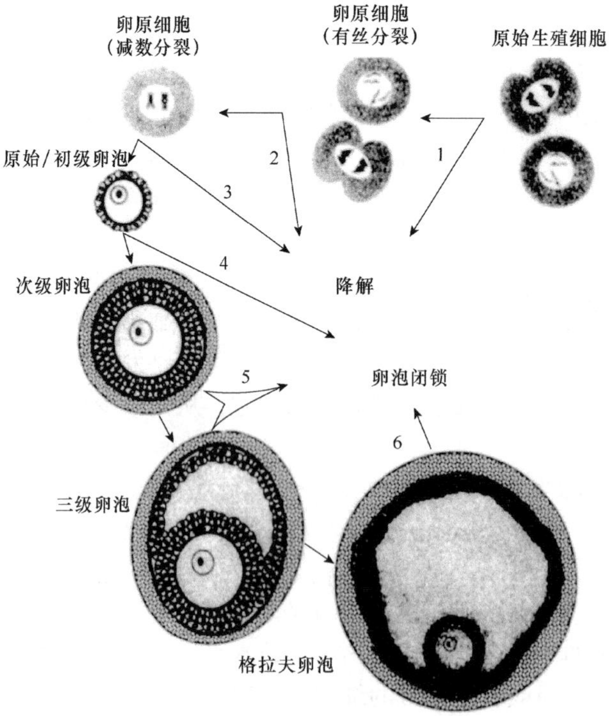

图 1-16　哺乳动物的卵巢发育过程中卵母细胞至少发生 6 波降解潮（改自 Hsueh et al.，1994）

1～6. 6 波降解潮

左右的卵子。

2. 卵子发生中细胞凋亡的调控　对于蜜蜂而言，保幼激素能够抑制蜂王幼虫性腺中细胞凋亡并控制细胞分裂；蜕皮激素可使卵细胞顺利通过卵子发生中期卵巢细胞凋亡检验点，蜕皮激素受体（ecdysone receptor，EcR）的缺失会引起发育中期的细胞凋亡（Carney and Bender，2000）。

在果蝇发育过程中，*daughterless*（*da*）编码 Da 蛋白参与性别分化、神经形成、肌蛋白的形成和卵子发生。*da* 功能缺失的果蝇卵巢中不同发育阶段的滤泡会无序排列在卵巢管中，不能产生功能完整的卵子，因而导致不育。此外，NANOS3（Nanos 同源物 3）和 DND1（dead end homolog 1）这两种 RNA 结合蛋白能够保护原始生殖细胞避免凋亡。而这些基因的突变都会导致生殖细胞缺失引起的原始卵泡形成的缺陷（Saga，2008）。

在哺乳动物中，原始生殖细胞 kit 与 kit 配体、白血病抑制因子（LIF）与其受体、成纤维细胞生长因子（Fgf）与其受体等通过相互作用，影响细胞的存活。此外，还发现生长分化因子（GDF-9）、卵泡抑制素和活化素 A 可调节原始生殖细胞的存活能力。与卵母细胞存活有关的因子还有视黄酸、胰岛素样生长因子 -1（IGF-1）、干细胞生长因子（SCF）和白细胞介素 -2（IL-2）等。

人类胎儿时期，卵泡的去除是通过卵母细胞本身的凋亡机制发生的。而在成体阶段，卵泡的闭锁有两种类型，一是源于包围卵母细胞的颗粒细胞发生凋亡，这是一个由内分泌激素控制的凋亡过程；二是源于卵母细胞的凋亡，由组织多肽抗原（tPA）所介导的蛋白质水解作用可能参与了卵母细胞的自身瓦解和清除过程。胚胎时期生殖细胞的大量丢失与成体中发生的卵泡闭锁虽然本质上都是细胞凋亡，但它们的调控机制不同。

目前人们对细胞凋亡的分子机制已掌握得比较清楚，各种不同的调控蛋白如胱天蛋白酶（caspase）、Bcl-2 家族、线粒体释放的促凋亡因子等如何决定细胞命运的分子框架都已被研究得很透彻。虽然卵子发生过程中细胞凋亡的调控是一个极其复杂并由各种因子相互作用影响的过程，但调控过程都涉及细胞色素 c 从线粒体上的释放、蛋白质水解级联反应活化 caspase。在卵子发生过程中，通过凋亡作用可以淘汰一些受损伤、异常、突变等劣质的卵母细胞，从而提高繁殖效率，产生优势后代。

第二章 受 精

本章彩图
扫码可见

受精是个体发生的开始。雌雄个体产生的成熟的卵子和精子都是高度特化的细胞，如果单独存在，除少数单性生殖的生物之外，一般不久就会退化消亡。只有当精子和卵子相遇并融合成为合子时，才能发育为新的个体。受精可以激活卵子进一步发育，将亲本的遗传物质传给后代。

尽管受精的细节在不同种类间有很大区别，但一般都包括 4 个主要的过程：①精卵相遇和识别；②精子入卵；③卵子激活；④雌雄原核结合（精卵遗传物质的融合）。

第一节 精卵相遇和识别

精子与卵子之间的相互作用一般包括以下几个步骤：①化学吸引，即由成熟卵子分泌的化学分子将精子引向卵子；②顶体反应，即精子的顶体囊发生胞吐作用，释放出其中的酶；③精子与卵膜结合；④精子穿过卵膜，与卵子的细胞膜融合。在有的生物中，步骤②和③的顺序可能颠倒过来，即精子先接触到卵子外面的卵膜，再进行顶体反应。

许多生物的生殖季节相同。例如，许多水生动物会同时向同一水体释放几亿乃至几千亿的精子和卵子，造成不同种动物的精子和卵子都处于同一环境中。那么在这样大的环境中，精卵如何相遇？又如何阻止海星的精子企图与海胆的卵受精呢？这就涉及精卵种类特异性吸引及种类特异性识别的问题。

一、体外受精（以海胆为例）

1. 趋化性及其控制机制 在有些动物中，成熟的卵子能分泌一种物质以吸引精子，这种现象称为趋化性（chemotaxis）。当卵母细胞没有发育成熟时，不能分泌这种物质，对精子没有吸引作用。只有当卵母细胞成熟准备受精时，才能分泌这种吸引精子的化学物质，精子才向它们游动。因此，卵子不仅控制着它们吸引的精子的类型，而且决定着何时吸引精子。

趋化性机制在种类间有所不同，即使亲缘关系很近的种类，其趋化因子也不一样。一种趋化因子已从海胆 *Arbacia punctulata* 的卵胶质中被分离出来，它是一种呼吸活化肽（resact），由 14 个氨基酸组成。这种呼吸活化肽在海水中容易扩散，当加入微量的呼吸活化肽到含海胆精子的海水中时，在数秒内，精子就游向加入处并在那里聚集（图 2-1）。呼吸活化肽对该海胆是特异的，不吸引其他种类动物的精子，包括其他种类海胆的精子。呼吸活化肽与海胆精子细胞膜上的受体结合，导致位于胞内的鸟苷酸环化酶被激活，环化鸟苷酸（cGMP）浓度上升。cGMP 能激活钙泵，使得钙离子流从海水中进入精子，从而激活精子，使精子产生运动能力，并沿着这种呼吸活化肽的浓度梯度游动，直至到达卵子。

2. 顶体反应 海胆精子和卵胶膜之间第二次相互作用就是顶体反应。当精子遇到卵

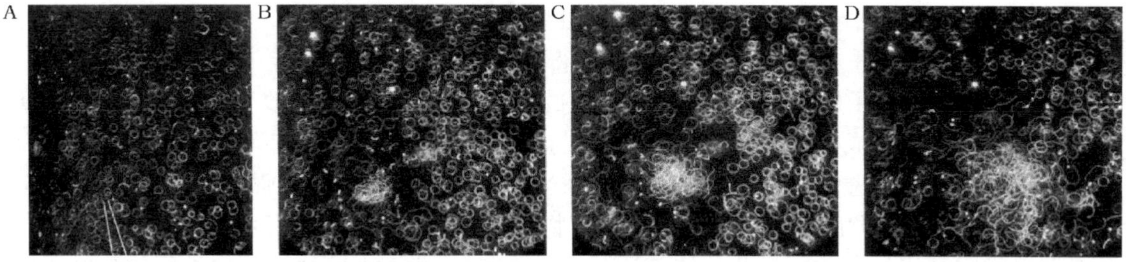

图 2-1　海胆精子的趋化性（Ward et al.，1985）
滴加 1nl 浓度为 10nmol/L 的呼吸活化肽进入 20μl 的精子悬浮液中。A. 加入呼吸活化肽之前；B～D. 注射呼吸活化肽之后 20s、40s、90s，示精子向呼吸活化肽注射处聚集

子时，精子的顶体就发生一系列变化，顶体膜和其外的质膜发生多处融合，并释放蛋白水解酶以消化卵膜，为精子进入卵子打开通道，这就是顶体反应（acrosomal reaction）。

无脊椎动物精子的顶体反应有不同的形式。在海胆中，精子一旦与卵子接触，就诱发顶体反应，顶体囊泡中的内含物发生胞吐作用，释放出多种水解酶，如蛋白酶和糖苷酶，它们具有溶解卵膜的作用。同时顶体下腔内的肌动蛋白单体迅速装配，并聚合形成许多纤维样的微丝，构成顶体突起，它能帮助精子通过卵胶膜和卵黄膜（图 2-2）。

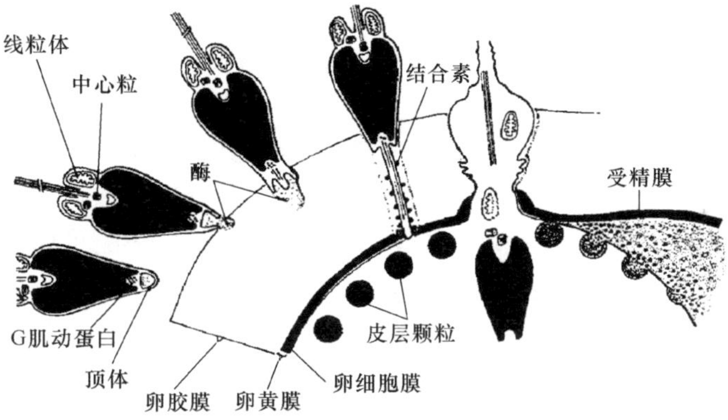

图 2-2　海胆受精模式图（Müller，1998）
从左到右：精子与卵子的卵胶膜接触诱导顶体反应；顶体突起穿过卵胶膜和卵黄膜；精子核和中心粒被注入卵子中；皮层颗粒胞吐，颗粒内含物释放到质膜和卵黄膜之间的空隙内，使卵黄膜从卵的表面升起，变为受精膜

精子穿过卵胶膜，精子的顶体突起就接触到卵黄膜的外层，在这里发生主要的种类特异性识别。在海胆中，调节这种识别的顶体蛋白称为“结合素”（bindin），它能特异地结合到同种动物的卵黄膜上，而不能结合到其他与其相近动物的卵上。从紫色球海胆（*Strongylocentrotus purpuratus*）顶体分离出的 30.5kDa 的结合素只能结合同种的去胶膜的卵子，而不能结合巨紫球海胆（*S. franciscanus*）的卵子。这种特异性是由于卵黄膜上存在着种类特异性的结合素受体。精子结合素和其受体之间相互作用的专一性就阻止了种与种之间的杂交受精。

二、体内受精（以哺乳动物为例）

1. 精子获能　哺乳动物是体内受精，从雄体直接采集的精子在体外不能穿过卵膜，从而也就不能与卵的表面接触。只有待精子在雌性生殖道内停留数小时后，才能穿过卵膜与卵结合。哺乳动物的精子进入雌性生殖道内以后获得受精能力，称为“获能”（capacitation）。

获能过程中，精子发生许多生理生化方面的变化。例如，质膜的改变，包括去除源于雄性生殖道的某些附着成分（如胆固醇），暴露与卵子识别有关的特殊装置；膜脂成分和糖基的修饰，改变膜的通透性，以活化代谢，增强运动力；膜的流动性增强，导致蛋白质位移，以利于顶体反应和精卵膜融合等。另外，还有物质代谢的改变，包括呼吸变化、活力变化以及对营养物质利用的变化。一些顶体基质蛋白如 SP56，能够在获能过程中被释放到精子的表面（Wassarman，2009）。精子获能的主要意义在于使精子准备与卵子结合，促使精子超活化，以便通过透明带。

在人工条件下，哺乳动物精子的获能也可以在体外试管中进行，因此才有“试管动物”的产生。有些哺乳动物（如大鼠、小鼠）的精子，可以在一些简单的溶液中获得受精能力。而另一些哺乳动物（如牛、猪、兔等）的精子，体外获能就需要一些特殊的条件。例如，高浓度 NaCl 溶液、钙离子载体 A23187（I-A）、咖啡因、肝素等均可使牛的精子获能。

2. 精子接近卵母细胞　在获能过程接近结束时，精子变得超活化，运动速度大大加快，能够对液体流向产生不同的反应，围绕它们的长轴旋转，再加上透明质酸酶的作用，能够使精子穿过卵母细胞外的颗粒细胞的细胞外基质。

在输卵管近子宫处的峡部到较温暖的壶腹部有一个约 2℃的温度梯度。获能后的精子能够感知毫米范围内 0.014℃的温度差异，且倾向于游向比较温暖的地方，这种现象叫趋温性（thermotaxis）。

当精子到达输卵管壶腹部的时候，大多数精子都已经发生了顶体反应。此时，趋化性帮助它们最终到达卵子。处于输卵管壶腹部的卵母细胞及其外周的颗粒细胞能分泌一些化学物质来吸引获能后的精子，其中之一就是孕酮。颗粒细胞分泌的孕酮可使精子超活化，向卵子方向运动。孕酮可以与精子中最重要的钙离子通道蛋白 CatSper 结合，在精子尾部的细胞膜上激活钙离子通道。

因此，有三个钙离子调节的感知过程使得哺乳动物的精子游到卵子部位，即远程的趋流性（液体流动方向）、中程的趋温性，以及最后近距离的趋化性。

3. 顶体反应　哺乳动物的顶体反应是精子穿过透明带、完成受精所必需的，是精子与卵子融合所不可缺少的条件。未发生顶体反应的精子几乎不能与卵的质膜融合。通过对小鼠的观察发现，那些最终成功与卵子受精的精子在它们到达颗粒细胞时已经发生了顶体反应，而在透明带才发生顶体反应的精子最后几乎都没有成功地与卵子结合。

哺乳动物的精卵识别是由于卵子的透明带中存在着精子受体，用于识别精子，而在精子表面也含有卵子结合蛋白。哺乳动物卵子的透明带相当于无脊椎动物中的卵黄膜，尽管透明带远比卵黄膜厚，且结构致密。

小鼠卵子的透明带一般含三种主要的糖蛋白，即 ZP1、ZP2、ZP3，而人类的则含有 4 种主要的糖蛋白，比小鼠多一个 ZP4。人类精子不能与小鼠的透明带结合，有人让转基因小鼠透明带分别表达人类的透明带蛋白 ZP1、ZP2、ZP3 或 ZP4，再加入人类的精子，结果发现，人类精子只结合那些表达了人类 ZP2 的小鼠卵子（图 2-3），表明人类的卵子透明带蛋白 ZP2 在精卵识别和结合过程中起重要作用。

哺乳动物的卵子遇到的是一群不同的精子，其中一部分在卵丘附近或卵丘处已经经历了

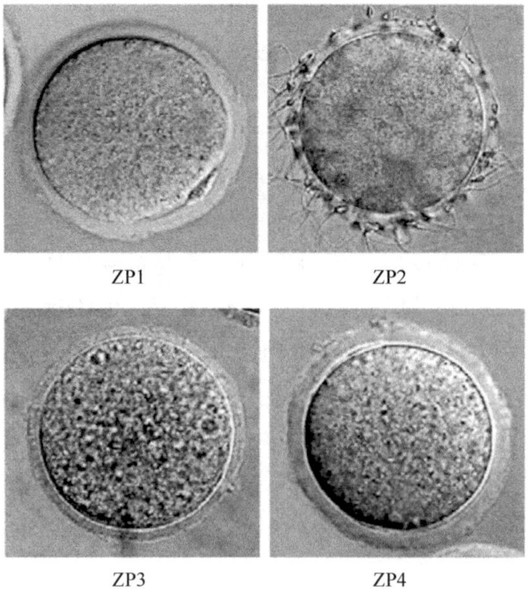

图 2-3　人类精子只结合透明带中表达有人类 ZP2 蛋白的小鼠卵子（Baibakov et al.，2012）

顶体反应，而其他精子还没有经历顶体反应。卵子可能有两种方式来接受这两种精子：已经经历了顶体反应的精子直接接触 ZP2；而未经历顶体反应有完整顶体的精子则与 ZP3 结合，引起顶体反应，然后再结合 ZP2。

第二节　配子融合和卵子激活

一、配子融合

在海胆中，精子穿过卵黄膜一般有两种机制：一种是由于顶体突起向前不断伸长，产生一种机械力，从而穿透卵黄膜；另一种是顶体突起的顶部带有消化酶，可消化卵黄膜。精子穿过卵黄膜之后，顶体突起与卵细胞膜相遇，在接触点附近的卵子微绒毛伸长并包绕精子，形成受精锥，顶体突起与卵子微绒毛顶端发生融合，受精锥中的微丝收缩将精子拖入卵内（图 2-4）。

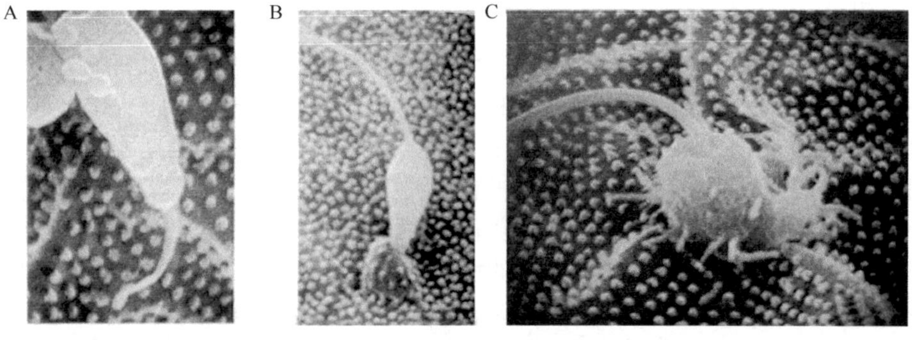

图 2-4　扫描电镜显示海胆精子入卵的过程（Gilbert and Barresi，2016）
A．精子顶体突起接触卵表面的微绒毛；B．受精锥形成；C．精子进入卵内

在配子融合反应中，膜上的磷脂起着重要的作用。融合是一个活跃的过程，通常由特殊的“融合”蛋白所调节。在海胆中，结合素具有融合蛋白的作用，可引起磷脂小泡融合，促进顶体突起与受精锥顶端发生融合。

与海胆不同，哺乳动物的精子穿过透明带后，不是以精子顶端与卵子接触，而是精子头部的赤道段和卵子接触，尾部作强烈摆动，卵在卵周隙中发生转动。围绕精子头的中后部具有卵细胞质流突起，把精子拖进卵内。精子中的 Izumo 蛋白可能与精卵融合有关，这个蛋白开始分布在顶体囊膜上，顶体反应之后分布到精子表面，主要在精子与卵子接触处的赤道段。*Izumo* 基因突变小鼠的精子可以结合并穿过透明带，但不能与卵子细胞膜融合。Izumo 结合卵子表面的 Juno 蛋白，Izumo 与 Juno 蛋白相互作用，招募卵膜蛋白 CD9 到精卵结合处，促进哺乳动物的精卵融合（图 2-5），*Juno* 或 *CD9* 基因敲除的小鼠都不育，因为其卵子不能与精子结合或融合。

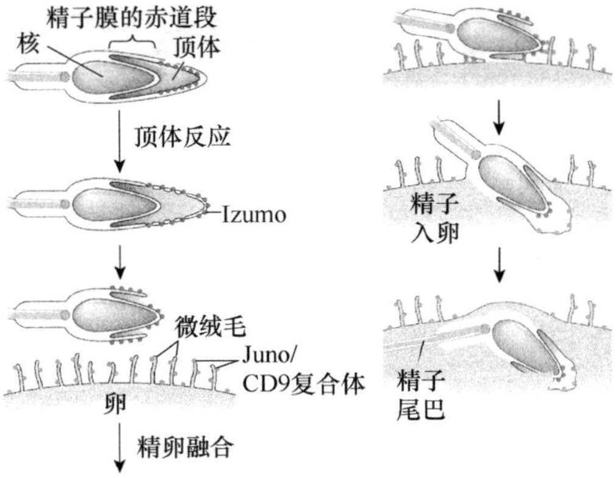

图 2-5 小鼠精卵膜融合（Gilbert and Barresi，2016）

二、卵子激活

成熟的未受精卵，其转录、蛋白质合成和细胞呼吸等活动处于或几乎处于零的水平。受精引起卵子的许多变化，这些受精后的反应总称为卵子激活（egg activation）。它包括阻止多精受精、代谢活动的激活和形态特征的变化（如卵细胞质成分的重排）。

（一）阻止多精受精

多精受精一般都会引起畸形发育，对大多数生物体来说都是十分有害的，卵母细胞必须阻止多精受精。其一般采用两种机制：一种是通过使卵子上精子结合的受体失活，从而阻止更多的精子黏附，这称为初级、快速阻断；另一种是通过受精膜的迅速膨胀来实现的次级、永久的阻断。在海胆卵子激活时两种阻断机制均被启动。

1. 多精受精的快速阻止 卵细胞膜能与精子膜融合，但在第一个精子进入之后，它必须立即失去这个能力。海胆对多精受精的快速阻止是通过改变卵质膜电位来实现的。

海胆卵子中的离子浓度与其外界海水环境中的离子浓度差别很大，海水中 Na^+浓度高于卵细胞内，卵质膜静息电位一般为 -70mV，膜内为负，膜外为正。当第一个精子与卵细胞膜融合后 1～3s 内，由于小股 Na^+进入卵内，膜电位迅速去极化，变为阳性，可达＋20mV。

精子的一种顶体蛋白可能对 Na^+通道的打开起了作用。卵细胞膜表面电荷的变化改变了位于卵质膜上的精子受体的结构，导致后来的精子不能与之结合，从而阻止了后续精子的进入。

2. 多精受精的慢速抑制 快速阻止是暂时的，不完全的。海胆卵的膜电位保持阳性只有约 1min 的时间，如果结合在卵质膜上的精子不离开，仍会发生多精受精。皮层反应能完全抑制多精受精。

在卵质膜下存在许多皮层颗粒。当精卵质膜融合后，受钙离子激活的影响，皮层颗粒与其外的卵质膜融合，导致皮层颗粒发生胞吐作用，这种现象就是皮层反应（cortical reaction）。皮层颗粒的胞吐作用从精卵膜融合点开始，然后向周围以波的形式传播至卵的所有表面。海胆发生皮层反应时所释放的皮层颗粒物质含大量特殊的蛋白质和酶类，释放出来的皮层颗粒丝氨酸蛋白酶（CGSP）可水解卵黄膜和质膜之间的连接，使二者分离；皮层颗粒内包含黏多糖的内含物释放到卵质膜和卵黄膜之间的空隙［卵周隙（perivitelline space）］内，导致卵周隙渗透压增高，外界环境中的海水急速涌入，使得卵黄膜从卵的表面升起，导致卵黄膜和卵细胞膜之间的空隙扩大；之前在皮层颗粒膜上的 Udx1 酶催化氧形成过氧化氢，这是卵过氧化酶（OVOP）的底物，卵过氧化酶和转谷氨酰胺酶（TG）催化附近的蛋白质分子相互交联，卵黄膜转变为多聚化合物而变得坚硬，阻止后续的精子进入并保护胚胎，此时的卵黄膜称为受精膜（fertilization membrane）；皮层反应时所释放的一些蛋白质如透明蛋白（hyalin），还能形成透明层（hyaline layer）包裹着卵子，为卵裂过程中的卵裂球提供支撑（图 2-6）。

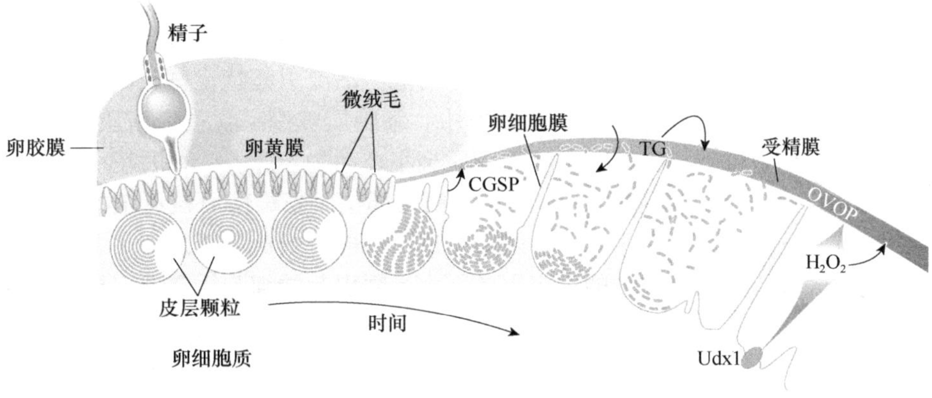

图 2-6 海胆皮层反应模式图（Gilbert and Barresi，2016）

（二）代谢活动的激活

受精经常被认为是激发未受精卵进入活跃代谢活动的“开关”，受精后受精卵即按照预定的过程进行代谢。最早的代谢变化是呼吸酶的激活，导致呼吸速度大大增加，这些变化发生在皮层反应开始后的数秒内。随后的反应包括蛋白质合成的增加和 DNA 合成的激活。

精子进入卵子后，Ca^{2+}的释放刺激卵子恢复新陈代谢活动并启动受精卵的发育。例如，烟酰胺腺嘌呤二核苷酸（NAD^+）激酶被激活，将 NAD^+转变成烟酰胺腺嘌呤二核苷磷酸（$NADP^+$，氧化型辅酶Ⅱ），由于 $NADP^+$可被用作磷脂生物合成的辅酶，因此 NAD^+向 $NADP^+$的转变对于卵裂过程中需要形成大量的新细胞膜来说是非常重要的。蛋白激酶 C

（PKC）从胞质中转移到膜上与二酰甘油（DAG）接触并被激活，刺激卵膜上 Na^+/H^+ 的反向转运。通过这种离子交换，H^+被排出细胞外，Na^+被摄取进来，卵内 pH 升高，从而可以使储存在核糖核蛋白颗粒中的母源性 mRNA 释放并发挥作用，也可引起 DNA 合成的激活。新生成的蛋白质中有多种组蛋白，它们是卵裂过程中染色体复制所必需的物质（图 2-7）。

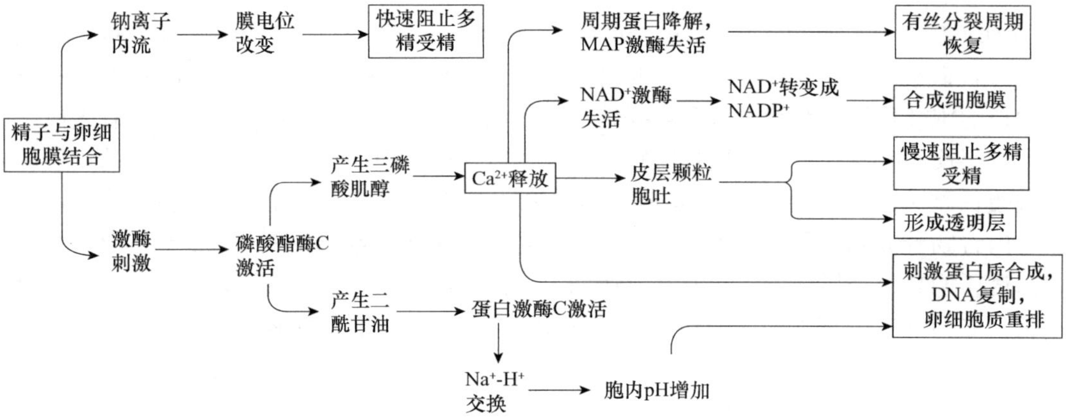

图 2-7　海胆卵子激活途径模式图

（三）卵细胞质成分的重排

受精引起细胞质成分的重新安排。卵细胞质中分布了许多形态决定因子，通过卵裂，形态决定因子被分配到特定的细胞中，这些因子最终能激活或引起特定基因的表达，这就决定了细胞的分化方向。例如，在海鞘的未受精卵中，细胞质被一层含黄色脂质的皮层包围着。减数分裂过程中，细胞核破裂，释放出清晰物质聚集在动物半球。受精时精子自植物极进入后 5min 之内，黄色物质流向植物极，集中在受精的部位。当雄性原核从植物极移到细胞的赤道面时，黄色脂质也和它一起移动，恰好在赤道下形成一个黄色新月区（图 2-8）。由于不同类型的细胞质含有特殊胚胎结构的决定因子，由受精引起的细胞质重新安排，主要是建立胚胎器官形成的雏形。

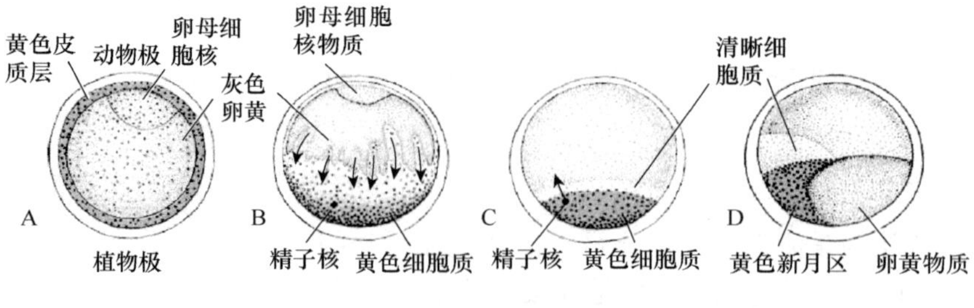

图 2-8　海鞘卵的细胞质重排

A．受精前；B．精子进入后，黄色皮层细胞质和清晰物质向植物极的精子移动；C．黄色细胞质和清晰细胞质随雄性原核迁移；D．清晰细胞质和黄色细胞质的最后位置，这些位置将来形成间充质和肌肉

两栖类未受精卵的皮层中只有动物半球皮层细胞质内含有黑色素颗粒。受精后，皮质转移到细胞质内部，由于细胞质的流动，与受精点相对一侧动物半球近边缘带区的颜色变浅，形状如新月，称为灰色新月区，这一区域也就是将来背唇的位置。

第三节　雌雄原核结合

精子入卵后，核膜破裂，染色质去浓缩，同时卵母细胞完成成熟分裂。在许多动物精子去浓缩过程中，精核特异性的蛋白质（如精蛋白）被去除，来自卵细胞质的母源性组蛋白进入精核，帮助精子解除浓缩状态。去除浓缩状态的精子染色质和完成成熟分裂的卵子染色质周围重新形成核膜，成为雄性原核（male pronucleus）和雌性原核（female pronucleus）。已有研究表明，组蛋白 H3.3 的伴侣蛋白 HIRA 及核质蛋白 / 核磷蛋白等都与精核解除浓缩状态有关（Bonnefoy et al.，2007）。HIRA 纯合突变的雌性果蝇不育，其产生的卵子受精后，精核不能完全去浓缩，无法形成正常的雄性原核（图 2-9）（Loppin et al.，2000），因而不能参与受精卵的核分裂过程。

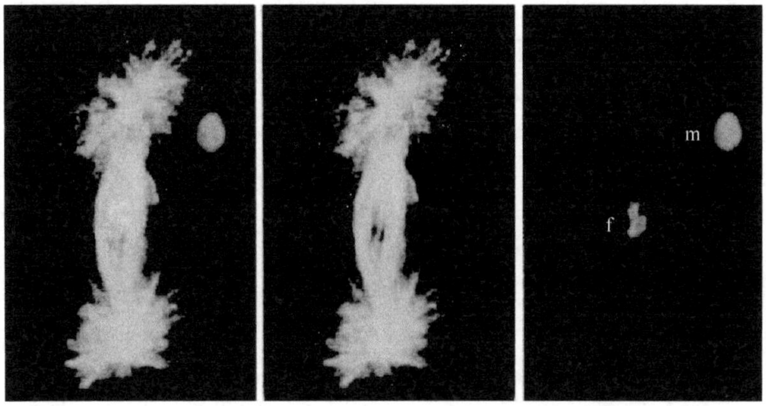

图 2-9　果蝇 *Hira* 突变（*ssm*[185b]）胚胎的第一次核分裂表型（Loppin et al.，2000）
二极纺锤体能够正常形成，但仅包含来自母本的染色体，来自父本的染色体停留在纺锤体之外（f. 来自母本的染色体；m. 来自父本的染色体）

此外，还有多个蛋白质参与调节受精卵中精子特异性蛋白（如精蛋白）和组蛋白的替换。核质蛋白（nucleoplasmin，NPM）是组蛋白的伴侣蛋白，爪蟾受精过程中，当 NPM/ 组蛋白（主要是 H2A/H2B）复合物与高度浓缩的精子染色质接触时，精子特异蛋白就与精核分离，通过静电作用结合到 NPM 五聚体的远端。精子特异蛋白与 NPM 结合可能导致 NPM 五聚体构象发生改变，使 H2A/H2B 二聚体与其分离。分离后的 H2A/H2B 二聚体又立即与父本 DNA 及 H3/H4 四聚体等结合，形成核小体。因此，NPM 在此时作为接收者，移去精子特异组蛋白，为卵母细胞中的母源性 H2A/H2B 二聚体整合入精核提供便利。精蛋白是富含丝氨酸 / 精氨酸（SR）的蛋白家族成员，该蛋白家族由 SR 蛋白特异性激酶（SRPK）调节，在 mRNA 前体剪接过程中有重要作用。然而通过对小鼠的研究发现，SRPK1 在精核去浓缩过程中发挥关键作用。精子入卵后，剪接激酶 SRPK1 介导精蛋白发生磷酸化，促进精蛋白被核质蛋白（NPM2）取代，并且能够招募 HIRA 来沉积组蛋白 H3.3，从而使得精核解除浓缩状态，父本和母本基因组同步重编程（图 2-10）。

除形态和生理的变化外，雌雄原核必须彼此相遇并在卵的中央结合。雌雄原核的结合有两种方式：一种是雌雄原核的融合；另一种是雌雄原核的接近，两原核并列在一起直到原核

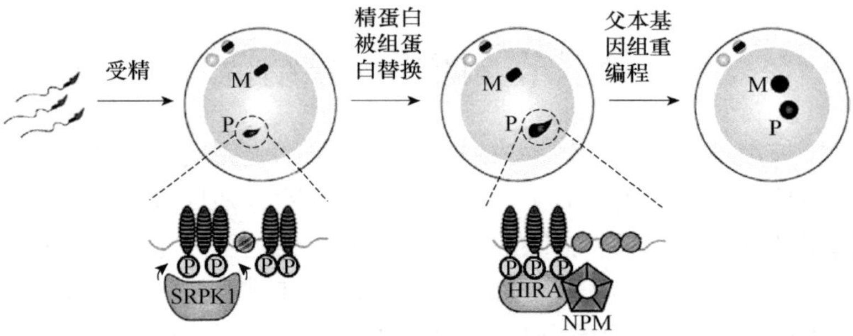

图 2-10 剪接激酶 SRPK1 催化精蛋白磷酸化启动受精后父本基因组重编程（Gou et al.，2020）
P. 精核（含父本基因组）；M. 卵核（含母本基因组）

膜溶解，染色体并排在分裂中期的赤道板上，直至 2 细胞期才形成真正意义上融合在一起的二倍体核。

传统观点认为，哺乳动物受精后，雌雄原核在受精卵的中央，来自父本的染色体和来自母本的染色体并排在一个纺锤体分裂中期的赤道板上，然后发生第一次细胞分裂（图 2-11A）。然而，来自欧洲的科研团队于 2018 年报道，在小鼠受精卵中，来自父本和母本的染色体竟还保持了一定的安全距离。在受精卵的第一次分裂过程中，这两套染色体各自形成一个纺锤体，这两个纺锤体慢慢地移动，直至纺锤体长轴平行排列在一起，然后各自进行分裂，再形成各含一套来自父母本染色体核的 2 细胞的胚胎（图 2-11B）。如果这两个纺锤体最终没有平行排列在一起，那胚胎也不能继续正常发育，分裂后将形成多核的子细胞（图 2-11C）。

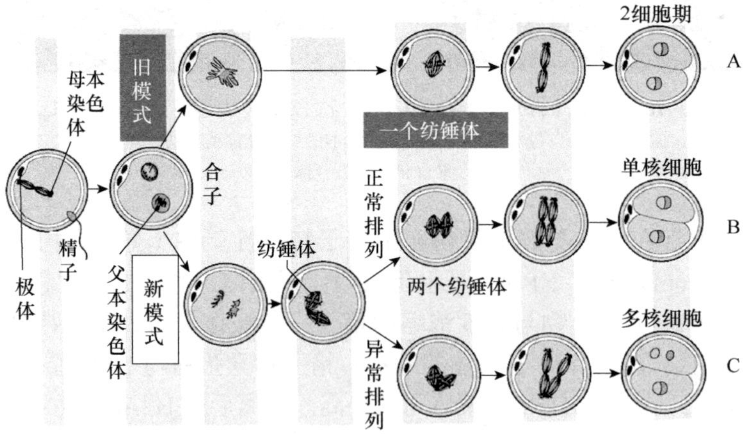

图 2-11 哺乳动物受精后第一次分裂新模式（Reichmann et al.，2018）

第四节 单 性 生 殖

在自然界，大多数动物由雌雄受精开始发育新个体。但是另一些种类，其种群完全由雌性个体组成，它们就是通过单性生殖的方式来保持其种族的延续。单性动物一般有三种生殖方式，即孤雌生殖（parthenogenesis）、雌核生殖（gynogenesis）和杂种生殖（hybridogenesis）。

一、孤雌生殖

完全不需要精子仅靠自身的卵子就能繁殖其后代，这种生殖方式称为孤雌生殖，如蜥蜴属（*Lacerta*）。孤雌生殖的雌体必须面对两个重要问题，一是如何激发处于成熟停滞状态的卵子发育。黄蜂卵子通过产卵器时，接受机械刺激即激发卵子发育。二是当卵子被激活后，胚胎细胞核染色体的数量如何保持和体细胞一样。改变减数分裂机制可调整染色体的数量。例如，当蜥蜴进行孤雌生殖时，在减数分裂前，生殖细胞染色体数量加倍，经过减数分裂，染色体数量减少到体细胞的水平，卵子发育成正常的胚胎。有些孤雌生殖的种类进行正常的减数分裂，成对的卵裂细胞核融合后才重建双倍体。

二、雌核生殖

雌核生殖是需要两性亲缘种精子的刺激而促使卵子活化导致卵子发育的一种生殖方式。行雌核生殖的动物产出没有减数的卵子，即卵子染色体数仍与体细胞的染色体数相同，当两性亲缘种的精子进入卵子后，仅起激活卵子的作用，精核呈致密状态，不发生原核化，不与雌性原核融合，所产生的后代完全与母本相似。银鲫异精受精时就是行雌核发育的生殖方式（图 2-12）。

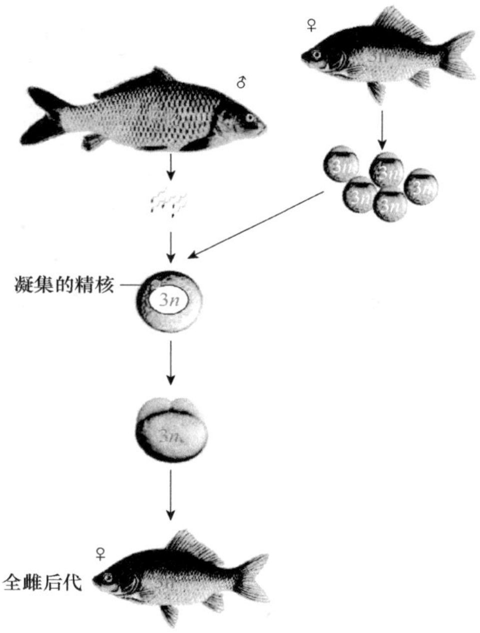

图 2-12 银鲫异精受精诱导雌核生殖方式示意图（桂建芳和周莉，2010）

关于银鲫异精受精时异源精核不解凝的机制，还不是很清楚。利用体外精核解凝系统的研究表明，母源性组蛋白 H2af1o（组蛋白 H2A 的变体）以及乙酰化的组蛋白 H4 都不能沉积到不解凝的异源精核中，而在解凝的精核中则可以检测到（图 2-13）。因此，部分母源性组蛋白不能进入异源精核，可能是异源精核在银鲫卵子中不解凝的原因之一。

三、杂种生殖

行杂种生殖的一些鱼类如花鳉（*Poeciliopsis*），其卵子发生了减数分裂，但形成的单倍体卵子仅含一组完整的母性基因组。两性亲缘种为它们提供精子，受精后，雌雄原核融合，合子发育成为全雌性的后代。在这全雌性的后代中，母本和父本的基因组都表达，但在成熟分裂形成卵子的过程中，父本的基因组全部被以极体的形式排出，仅形成具有母本基因组的卵子。也就是说，只有母本的单倍体基因组能够世代相传。这是传统意义上的杂种生殖方式。

一些社会性昆虫可以行“社会性杂种生殖”。例如，在西班牙箭蚁（*Cataglyphis hispanica*）中，两个遗传上不同的种系共存。两者都通过孤雌生殖产生新的蚁后，雄性来自未受精的卵，而工蚁则是通过两个品系的杂交产生的。虽然在这种情况下没有像传统的杂种生殖那样剔除一套基因组，但结果与传统的杂种生殖相同：只有母本基因组会传递给下一代，而父本基因组只传递给无生育能力的工蚁，因此父本基因组不能传递给子代（图 2-14）。

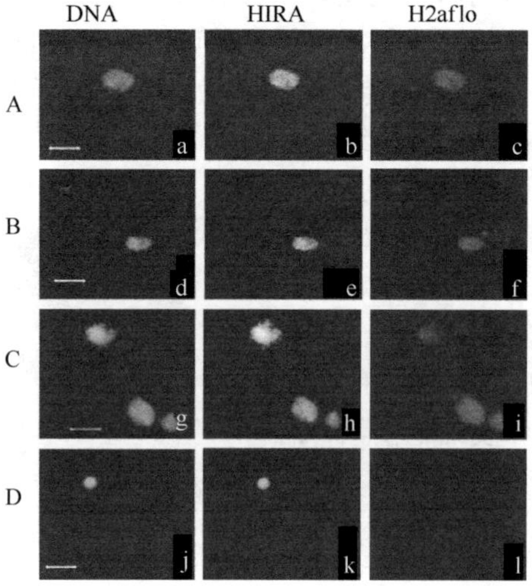

图 2-13　将脱膜精核置于卵细胞质中培育 120min 时，HIRA 和 H2A 变体 H2aflo 蛋白在精核中的定位情况
A. 银鲫脱膜精核在彩鲫卵细胞提取液中；B. 彩鲫脱膜精核在彩鲫卵细胞提取液中；C. 银鲫脱膜精核在银鲫卵细胞提取液中；D. 彩鲫脱膜精核在银鲫卵细胞提取液中。A～C 中的精核都发生了解凝，而 D 中的精核不能解除凝缩状态

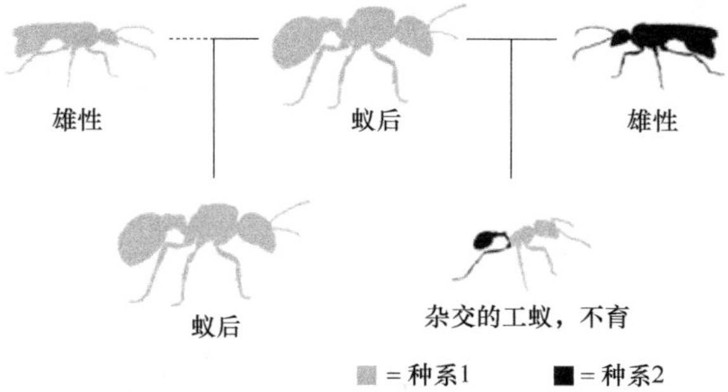

图 2-14　社会性杂种生殖（Lavanchy and Schwander，2019）
蚁后或通过孤雌生殖产生，或通过种系内交配（虚线）产生。不育的工蚁总是由不同种系之间杂交产生

在小火蚁（*Wasmannia auropunctata*）中，蚁后可以产生两种卵子：一种带有完全的母系基因，不通过受精而是通过孤雌生殖直接发育成为下一代的蚁后；另一种则带有单倍的染色体，可以与雄性的精子受精，受精卵一部分发育为不能产生后代的工蚁，还有一部分受精卵在发育过程中会将母源性的基因组去除，而通过雄性单性生殖的方式（孤雄生殖）直接发育为仅含有父本基因的雄性。这种产生雄性的生殖方式也是一种杂种生殖，与传统的杂种生殖不同的是，在这种生殖方式中，只有父本的基因组可以世代相传。

欧洲食用蛙的杂种生殖方式稍有不同。当它与其两性亲缘种池蛙重叠分布时，它完全由全雌性二倍体组成，并依靠后者的雄性精子进行杂种生殖；当它与另一两性亲缘种湖蛙重叠分布时，它几乎全是雄性二倍体，并也通过杂种生殖产生精子，但它不是完全排除一组染色体，而是形成或只含有池蛙基因组的精子（占总数的 2/3），或只含有湖蛙基因组的精子（占 1/3）；

当它与其有性亲缘种完全隔离时，它有雌有雄，且 80% 的个体为三倍体，这可能是由二倍体食用蛙形成的二倍体卵子与两性亲缘种的精子受精产生的，三倍体的生殖方式仍为杂种生殖。

孤雌生殖、雌核生殖与异精雌核生殖 / 偷窃生殖、杂种生殖的异同可以用以下的爬行类和鱼类的图示说明（图 2-15）。

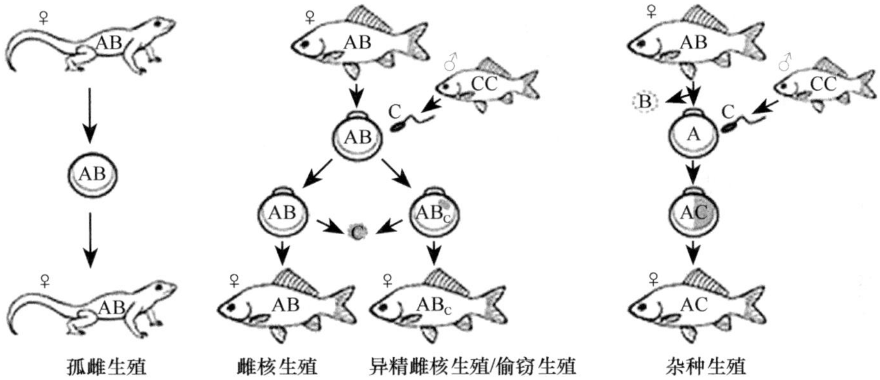

图 2-15 孤雌生殖、雌核生殖与异精雌核生殖或偷窃生殖、杂种生殖的比较示意图（改自桂建芳等，2021）

所谓异精雌核生殖（allogynogenesis）或偷窃生殖（kleptogenesis）就是在雌核生殖后代中有少量来源于异源精子的遗传物质和父本性状

第三章 早期胚胎发育

本章彩图
扫码可见

精卵结合的发生既预示着新生命的诞生，也代表了遗传物质成功传递到子代。受精后，单细胞的受精卵（合子）如何发育成多细胞的胚胎？细胞如何分布在胚胎特定的位置，又如何获得特殊的生理特性和功能呢？从受精卵发育为由数百万且分工有序的多细胞群体组成的成熟个体，是一个复杂而精密的过程。其中，早期胚胎发育的阶段尤为重要，其包括卵裂、囊胚、原肠胚、胚轴的特化与体轴的建立等发育事件。本章将依次介绍这些早期胚胎发育阶段的重要事件。

第一节 卵　裂

一、卵裂类型

卵裂（cleavage）是产生多细胞生物的基础。卵裂是高度有序的，具有一定的模式。不同的动物卵裂类型是不一样的，它由两个因素决定：一是在细胞质中影响有丝分裂的纺锤体形成角度和形成时间的那些因子；二是卵黄物质在细胞质中的含量和分布。在卵黄相对较少的一极，一般是动物极，卵裂发生的速度比较快；富含卵黄的一极叫植物极，卵裂的速度则比较慢，甚至卵裂沟根本无法通过。有些种类卵裂的方向还与精子进入卵的位置有关。

（一）全裂

全裂即卵裂沟通过整个卵子的卵裂方式。它一般发生在少黄卵（均黄卵）或中量黄卵中，如海胆（sea urchin）、文昌鱼（*Amphioxus*）、蛙和哺乳动物的卵裂。全裂可分为多种类型，如辐射型卵裂、螺旋型卵裂、两侧对称型卵裂和转动式卵裂。

1. 辐射型卵裂　通过胚胎主轴的任何切面都能把胚胎分成两个对称的部分，这种卵裂类型称为辐射型卵裂。例如，海参（sea cucumber）等当精卵原核（pronuclei）融合以后，第一次有丝分裂形成的纺锤体正好与卵的动植物极之间的主轴相垂直。因此第一次卵裂直接通过卵的动物极和植物极，产生两个大小相等的子细胞，这种卵裂称为经线裂。第二次卵裂也是经线裂，卵裂面与第一次卵裂面垂直。第三次卵裂为纬线裂，卵裂面与动植物极之间的主轴相垂直。第四次卵裂仍为经线裂，产生16个细胞。以后继续卵裂，结果卵裂球整齐地排列为一层，中间为空腔，即囊胚腔，从而形成囊胚（图3-1）。

海胆前三次卵裂与海鞘相同，形成8个大小相等的卵裂球，但在第三次卵裂后有些变化。第四次卵裂时，动物半球进行经线裂，形成8个一组的等体积细胞，叫作中卵裂球（mesomere）。在植物半球，行不均等的纬线裂，结果形成中间一层的4个大卵裂球（macromere）和植物极的4个小卵裂球（micromere）。在这个时期，海胆胚胎由3层不同体积的细胞组成。虽然细胞体积大小不同，但仍保持辐射型对称（图3-2）。胚胎在16细胞期分裂时，8个中卵

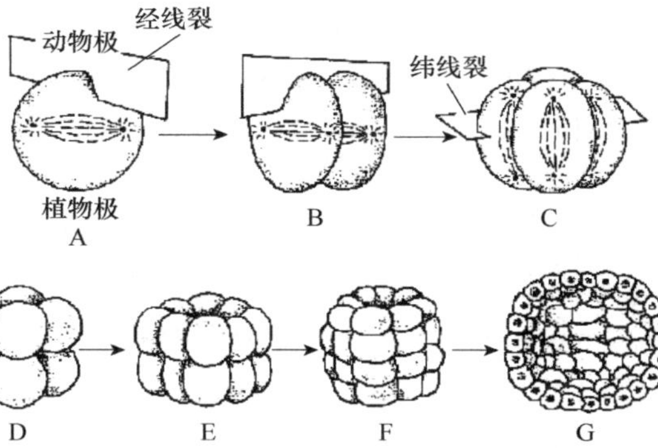

图 3-1 海参的卵裂与囊胚（Saunders，1982）

A. 受精卵（示第一次卵裂方向）；B. 2 细胞期（示第二次卵裂方向）；C. 4 细胞期（示第三次卵裂方向）；D. 8 细胞期；E. 16 细胞期；F. 32 细胞期；G. 囊胚期

裂球纬向分裂，产生两层细胞，即 an_1 和 an_2，一层排在另一层的上方。大卵裂球进行经向分裂，从而在 an_2 细胞层的下面形成一个由 8 个细胞组成的细胞层。稍后，小卵裂球进行不均等分裂，在植物极产生 4 个小的微小卵裂球，位于 4 个大一点的微小卵裂球的下方。小的微小卵裂球再分裂一次，而后停止分裂，直到幼体阶段。在第六次分裂时，动物半球的细胞进

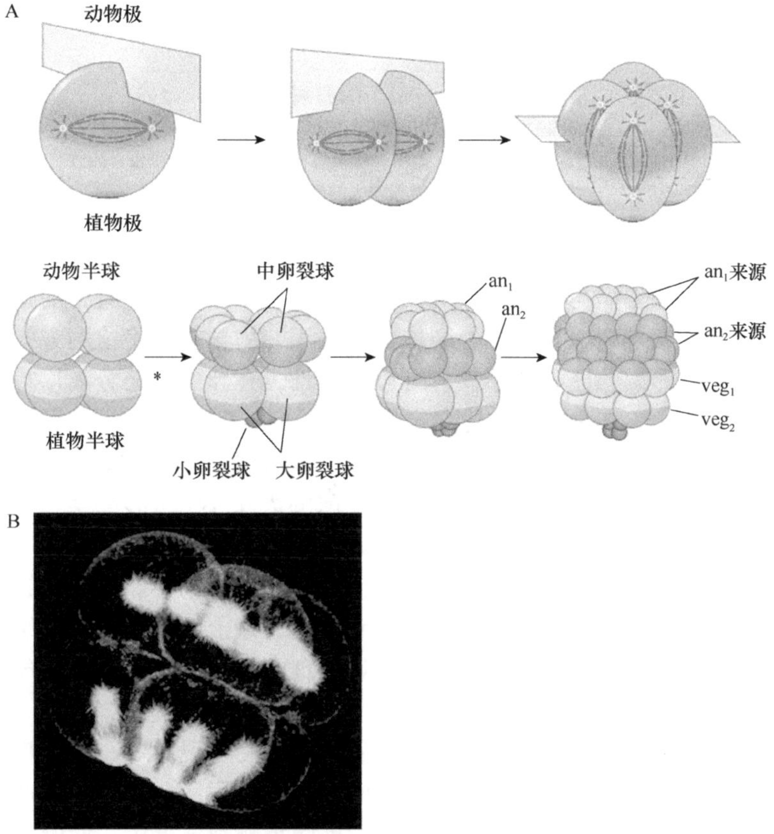

图 3-2 海胆的卵裂（Gilbert and Barresi，2016）

A. 前三次卵裂的分裂面，以及在第三至六次卵裂时形成的细胞层；B. 激光共聚焦荧光显微镜照片，显示第四次卵裂时的不均等分裂（A 中的 *），重点显示植物半球的不均等分裂产生大卵裂球和小卵裂球

行经线裂，而植物半球的细胞进行纬线裂产生两层细胞 veg_1 和 veg_2。这一模式在第七次分裂时反转。这时的胚胎是一个由 120 个细胞所组成的囊胚。

在两栖类中，大多数蛙和蝾螈的卵裂也是辐射型对称的，但由于两栖类的卵在植物极富含卵黄，对卵裂起着一定的阻抑作用。例如，蛙卵第一次卵裂从动物极开始。卵裂沟在动物极延伸的速度比较快，而一旦卵裂沟延伸到植物极，卵裂沟的行进速度就变慢。例如，美西螈卵裂时，动物半球的卵裂速度为 1mm/min；而进入植物半球后速度减慢，快接近植物极时，速度仅为 0.02～0.03mm/min。当第一次卵裂的卵裂沟尚未完全通过植物极时，第二次卵裂就已经在动物极开始了。第一次和第二次卵裂都是经线裂，第三次卵裂是纬线裂，并且由于植物极富含卵黄，卵裂沟偏向动物极，这样经三次卵裂后在动物半球形成 4 个小卵裂球，在植物半球形成 4 个大卵裂球。之后，动植物极卵裂不同步。由于在动物极卵裂的速度较快，从而形成的卵裂球就比较多，卵裂球的体积相对较小；而在植物极卵裂的速度相对较慢，形成的卵裂球数量较少，体积较大（图 3-3）。因此，两栖类动物的卵裂也称不均等辐射型全裂（unequal radial holoblastic cleavage）。

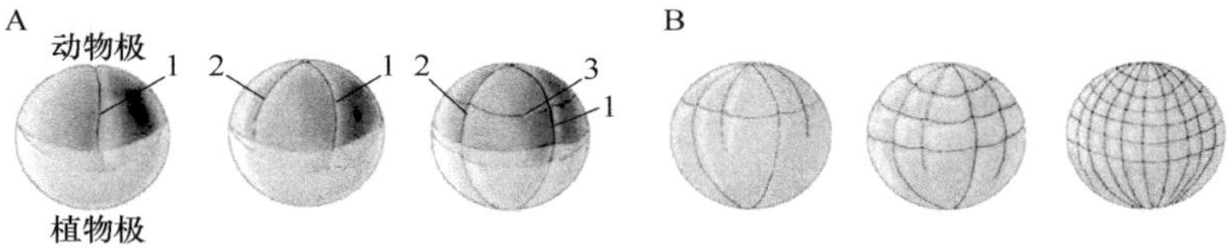

图 3-3　非洲爪蟾（*Xenopus*）的卵裂（Carlson，1981）

A. 前三次卵裂沟，以出现的顺序编号，由于植物极卵黄阻碍卵裂，第二次卵裂在第一次卵裂还没有通过植物极时就从动物极开始了，第三次卵裂向动物极偏移；B. 随着卵裂的进行，动物半球最终含数量较多但体积较小的细胞，而植物半球则具有数量较少但体积较大的细胞

2. 螺旋型卵裂　大多数软体动物如螺、蚌等都行螺旋型卵裂方式。它与辐射型卵裂有很大的不同。首先，卵裂面与动植物极之间的主轴既不平行又不垂直，而是有一定的倾斜角度，使分裂球呈螺旋状排列。其次，卵裂球之间采用热力学上最稳定的方式堆叠，细胞间接触面积更大。螺旋型卵裂的卵裂球不仅有螺旋的特性，在卵裂时还分离出特殊物质，该物质分布到不同的卵裂球，为将来细胞分化奠定基础。

软体动物典型的卵裂模式如图 3-4 所示。最开始的两次卵裂形成 4 个卵裂球（分别以 A、B、C、D 标记）。在许多物种中，这 4 个卵裂球的大小不一（D 最大）。在后续的每一次卵裂中，每个卵裂球都形成 1 个大卵裂球和 1 个小卵裂球。后续的每 4 个小卵裂球的位置相对于它们的每个姐妹大卵裂球分别向左偏或者向右偏，且 4 个小卵裂球都旋转了相同的角度，产生典型的螺旋图式。如果从动物极向下观察胚胎，最上端的有丝分裂纺锤体以顺时针和逆时针交替的方式排列。这一排列方式使得小卵裂球相对于各自的大卵裂球以向左或向右倾斜的方式交替形成。

在第三次卵裂时，卵裂球 A 分裂成两个卵裂球，即大卵裂球 1A 和小卵裂球 1a。卵裂球 B、C、D 类似，形成大卵裂球 1B、1C、1D 和小卵裂球 1b、1c 和 1d。由此产生首批 4 个小卵裂球（1a、1b、1c 和 1d）。在大多数物种中，这些小卵裂球处于它们的大卵裂球的顺时针方向（从动物极向下观察，位于大卵裂球的右侧），这样的螺旋型卵裂称为右旋（dextral coiling）。左旋螺旋型卵裂的细胞分布特征与右旋螺旋型卵裂刚好相反。在第四次卵裂时，大

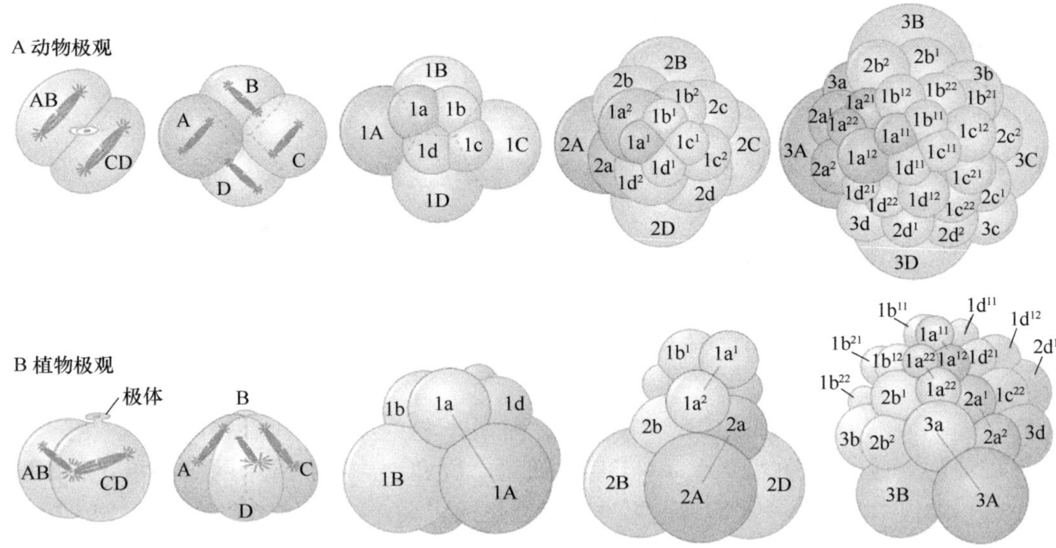

图 3-4　从动物极（A）和植物极（B）观察蜗牛（*Trochus*）胚胎的螺旋型卵裂（Gilbert and Barresi，2016）

从 A 卵裂球分裂产生的细胞以彩色表示。在早期胚胎中显示的有丝分裂纺锤体将细胞不均等分裂，并且与水平和垂直轴呈一定的角度。每一组逐次形成的 4 个小卵裂球（以小写字母标记）以相对于其姐妹大卵裂球（以大写字母标记）顺时针或者逆时针方向置换位置，产生特征性的螺旋图式

卵裂球 1A 分裂成大卵裂球 2A 和小卵裂球 2a，而小卵裂球 1a 分裂成两个小卵裂球 $1a^{1}$ 和 $1a^{2}$。其他的大卵裂球和小卵裂球也一样分裂。第二批 4 个小卵裂球（2a、2b、2c 和 2d）处在大卵裂球的左侧。第五次卵裂时，大卵裂球 2A 分裂成大卵裂球 3A 和小卵裂球 3a，小卵裂球 2a 分裂成 $2a^{1}$ 和 $2a^{2}$；$1a^{1}$ 分裂成 $1a^{11}$ 和 $1a^{12}$；$1a^{2}$ 分裂成 $1a^{21}$ 和 $1a^{22}$，其他的卵裂球也一样以此方式进行分裂（图 3-4）。在正常发育过程中，首批 4 个小卵裂球形成头部结构，第二批 4 个小卵裂球形成平衡囊（平衡器官）和壳。

3. 两侧对称型卵裂　两侧对称型卵裂的特征是第一次卵裂就确定了胚胎的对称面，以后的卵裂都围绕着这个对称面进行。例如，被囊动物柄海鞘（*Styela partita*）（图 3-5）第一次卵裂是经线裂，平分黄色新月区，形成的两个卵裂球均含有半个黄色新月区。第二次卵裂也是经线裂，与第一次卵裂面垂直，但卵裂面不经过卵的中心，因此形成两个大的前部细胞（A 和 a 卵裂球）和两个小的后部细胞（B 和 b 卵裂球）。4 细胞期的胚胎此时左右两侧分别有一个大卵裂球和一个小卵裂球。第三次卵裂是纬线裂，把胚胎分为两层，动物半球的一层含有 4 个细胞，植物半球的一层也含有 4 个细胞，黄色新月区存在于植物半球这一层的后部 2 个细胞中。

从 8 细胞期到 64 细胞期，每一次细胞分裂都是不对称的，这使后部的卵裂球总是小于前部的卵裂球。第四次卵裂是经线裂，形成 16 个细胞。动物半球的 8 个细胞排列方式与植物半球 8 个细胞的排列方式不同，黄色新月成分存在于植物半球的后部 4 个细胞中。第五次卵裂后形成 32 个细胞，黄色新月成分位于植物半球后部的 6 个细胞中。第六次卵裂后形成 64 个细胞，此时胚胎形成了一个小的囊胚腔。

4. 转动式卵裂　哺乳动物的卵母细胞从卵巢释放后进入输卵管，受精发生在输卵管

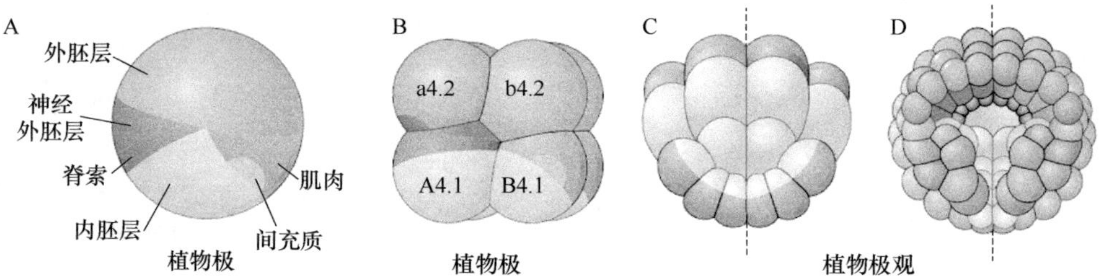

图 3-5 被囊动物柄海鞘的卵和两侧对称型卵裂（Gilbert and Barresi，2016）

A．未分裂的卵，这里标记了将来形成特定器官的细胞质区域，在示意图中用不同的颜色显示；B．8 细胞期胚胎，显示不同卵裂球以及不同细胞的命运，这个胚胎的左右两侧各有 4 个细胞，从这时开始，胚胎右侧的每一次分裂都是左侧分裂的镜像；C、D．后期胚胎的植物极观，虚线显示两侧对称面，D 图比 C 图更靠后

靠近卵巢的一段膨大处，即壶腹部（图 3-6）。哺乳动物的卵裂发生在输卵管中。精子入卵后，卵母细胞完成减数分裂，大约一天后开始第一次卵裂。输卵管中的纤毛将胚胎推向子宫，在这一旅程中发生第一次卵裂。第一次卵裂是经线裂，卵裂面的定位可能依赖于精子的入卵点。在小鼠中，精子携带的一个微 RNA-34c（miRNA-34c）对启动第一次卵裂是必需的。这个微 RNA 可能结合并抑制 Bcl-2（一个阻止细胞进入细胞周期的 S 期蛋白质）。这次卵裂产生的两个细胞核是最早含有完整合子基因组的细胞核。

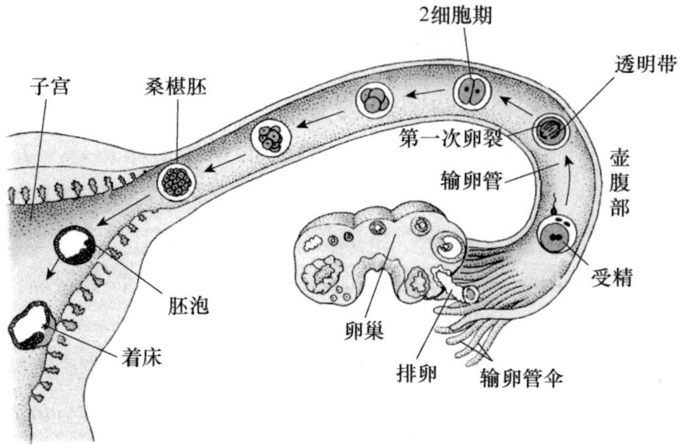

图 3-6 人类胚胎的早期发育——人类胚胎从受精到植入期间的发育

人胚胎的致密化发生在第 4 天的 8 细胞期。一旦到达子宫，胚胎就从透明带中“孵化”出来。在胚胎向子宫迁移的过程中，透明带可以阻止胚胎过早地黏附在输卵管上而无法到达子宫

除了卵裂速度缓慢外，哺乳动物的卵裂模式与大多数动物也是不同的。就是早期卵裂球的细胞分裂并不像其他动物那样同步进行，在许多（但不是所有）哺乳动物第二次卵裂时，其中一个卵裂球行经线裂，另一个卵裂球行纬线裂（图 3-7），这种卵裂方式叫作转动式卵裂（rotational cleavage）。线虫受精卵也进行转动式卵裂，但它们并没有哺乳动物早期发育其他的特征。

哺乳动物 2 细胞期的两个卵裂球一先一后地分裂，以后的分裂也是如此。因此，哺乳动物的早期卵裂具有显著不同步性。胚胎细胞的数量不是通过 2 到 4，再到 8 这样以指数的方式增加，而是经常含有奇数的细胞。

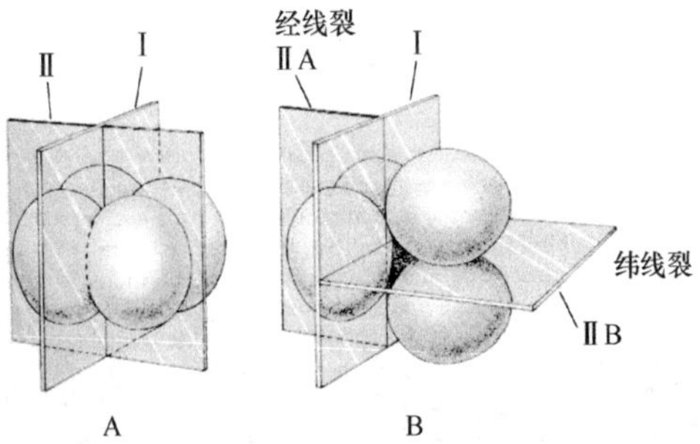

图 3-7　哺乳动物与棘皮动物、两栖动物第一、二次卵裂的比较（Gulyas，1975）

A. 棘皮动物和两栖动物卵裂模式［第二次分裂面（Ⅱ）与第一次分裂面（Ⅰ）垂直］；B. 哺乳动物卵裂［第二次分裂时，第一个卵裂球的卵裂面（Ⅱ A）与第一次卵裂面垂直，行经线裂；第二个卵裂球的卵裂面（Ⅱ B）与第一次卵裂面及Ⅱ A 面都垂直，行纬线裂］

此外，与快速发育动物的基因组不同，哺乳动物的基因组在早期卵裂时即被激活，合子转录后翻译的蛋白质是卵裂和发育所必需的。母体编码的蛋白质在卵裂期能持续很长的时间，并在发育早期起重要作用。小鼠和羊的合子基因的激活起始于合子晚期并延续到 2 细胞期，人类合子基因的激活稍晚，大致在 8 细胞期。为了使合子基因激活，父本染色质经历了许多变化，新的组蛋白在早期细胞分裂过程中被沉积到 DNA，配子特异的 DNA 甲基基团被去除（印记基因上的甲基除外）。在小鼠和人的胚胎中，精子和卵子染色质上的 DNA 甲基化修饰几乎被全部去除，这样就建立起赋予全能性或多能性细胞特征的一些新的 DNA 甲基化图式。因此，在 16 细胞期，每个细胞的基因组都处在低甲基化的状态，并且每个细胞都具有多能性。这一时期为细胞开始分化做好了准备。

哺乳动物的卵裂还有一个重要特点，就是致密化现象（compaction）。在小鼠中，8 细胞早期，细胞之间排列比较疏松，但到 8 细胞晚期，卵裂球发生了特殊的变化，它们突然挤作一团，卵裂球之间最大限度地接触在一起，形成致密球状结构（图 3-8）。这种致密的排列，由于外层细胞之间的紧密连接（tight junction）和内层细胞间的间隙连接（gap junction），显得十分稳固，并将内部完全密封，细胞之间可以通过间隙连接沟通联系，允许一些小分子物质和离子经过。研究表明，致密化现象与卵裂球的膜发生极化作用（polarization）有关，即不同的组分迁往细胞的特定区域。荧光标记显示，在 4 细胞期，一些糖蛋白随机分布在细胞膜的表面，而到了 8 细胞期，这些蛋白集中分布于细胞的几个特殊位点上。相邻细胞表面间的相互作用是细胞致密化的原因。目前鉴定的一种与致密化现象有关的糖蛋白是 E- 钙黏蛋白（E-cadherin），如果用抗 E-cadherin 的抗体处理胚胎，则细胞的致密化现象就会停止。在 4 细胞期，激活蛋白激酶 C 会引起致密化现象。因此，致密化可能始于蛋白激酶 C 的活化，由此引起细胞骨架的重排，在膜上均匀分布的 E-cadherin 重新定位在细胞间的结合处。

（二）偏裂

在多黄卵中，由于受到卵黄的阻碍，卵裂沟不能通过整个受精卵，而是出现局部卵裂的现象，叫偏裂，也叫不完全卵裂。偏裂又可分为盘状卵裂和表面卵裂。

1. 盘状卵裂　鱼类、鸟类、爬行类是盘状卵裂的代表。这些动物的卵属端黄卵，卵裂仅限于动物极，富含卵黄的植物极保持未分裂的状态。鱼类的卵在受精前后的结构有所差

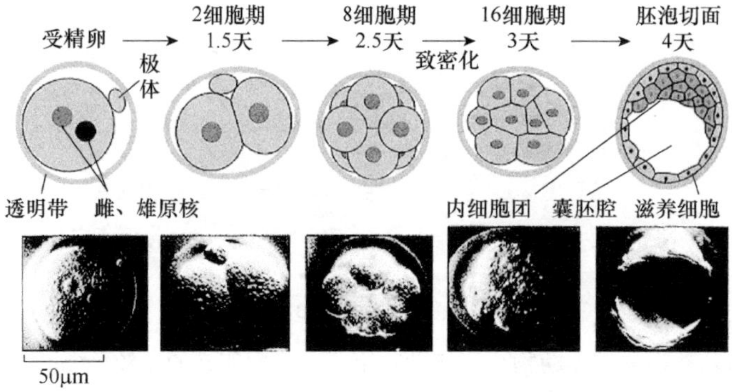

图 3-8　小鼠胚胎体外卵裂（Alberts et al.，2007）

异，在受精后出现了一些变化。未受精卵的细胞质分布于卵的皮层，卵的中央是卵黄，因此鱼类的未受精卵应该属于中央卵黄卵。受精时启动的钙波刺激肌动蛋白细胞骨架收缩，向卵的动物极挤压无卵黄的细胞质。这一过程将球形的卵转变成具有顶部胚盘的梨形结构。在动物极形成一个帽状突起，称为胚盘（blastoderm）（图 3-9A）。胚盘集中了卵的大部分细胞质，细胞核也在胚盘中，仅有少量的细胞质包在巨大的卵黄外，因此，鱼类的卵受精后变成了端黄卵。

扫描电子显微镜照片展示了斑马鱼的盘状不完全卵裂（图 3-9）。最初的几次卵裂是经线裂，卵裂后卵裂球的细胞质还保持着联系。在最初的几次经线裂之后，也进行了纬线裂，因此胚盘中形成了多层细胞。斑马鱼的卵裂速度很快，大约每 15min 一次。前 10 次分裂是同步的，在动物极形成一个坐落在大的卵黄细胞（yolk cell）上的细胞丘。这个细胞丘组成一个胚盘。最初，所有的胚盘细胞彼此之间，以及与下面的卵黄细胞维持一些开放的连接，使中等大小的分子（17kDa）能自由地从一个卵裂球进入另一个卵裂球。极为显著的是，当子代细胞迁移而彼此分离时，它们仍通过一些长的通道维持细胞之间的联系。

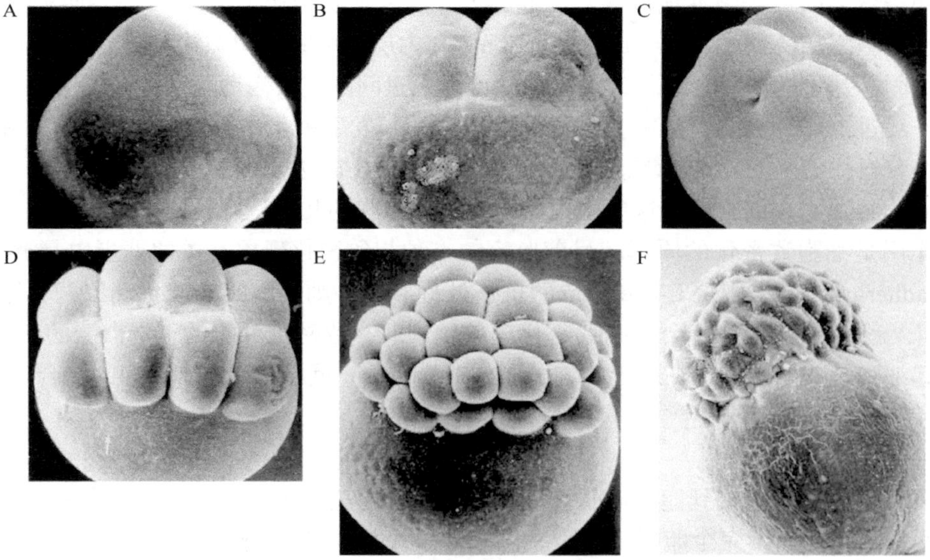

图 3-9　斑马鱼的盘状不完全卵裂

A．受精卵（1 细胞胚胎），细胞质上方的小丘是胚盘；B．2 细胞期的胚胎；C．4 细胞期的胚胎；D．8 细胞期的胚胎形成两排细胞，每排 4 个细胞；E．32 细胞期的胚胎；F．64 细胞期的胚胎，可见胚盘位于卵黄细胞上面

鱼类的卵裂过程中，有很多钙释放波协调细胞分裂。钙离子对协调有丝分裂非常关键，它们将有丝分裂纺锤体和肌动蛋白细胞骨架的运动整合起来，使卵裂沟变深，并在卵裂球分开之后愈合细胞膜。

2. 表面卵裂 表面卵裂为中黄卵的卵裂方式。绝大部分的昆虫卵属于中黄卵，分布于卵中央的卵黄物质将卵裂限制在受精卵的表层细胞质中。表面卵裂的一个特殊之处是，当细胞核分裂多次之后才形成真正意义上的细胞。以果蝇为例（图 3-10），前 13 次的卵裂均为核分裂（karyokinesis）而不发生胞质分裂（cytokinesis），从而在受精卵的细胞质中产生为数众多的细胞核，称为合胞体（syncytium）。受精之后的前 8 次核分裂发生于卵的内部，在胚胎的中央区域产生均匀分布的 256 个细胞核；在第 9 次核分裂期，大约有 5 个细胞核迁移到了胚胎后端的生殖质区域，随即被细胞膜所包被形成极细胞（pole cell），这些极细胞将发育产生未来的生殖细胞，因此极细胞的形成也是昆虫胚胎发育中的第一个分化事件；在第 10 次核分裂的过程中，其余的细胞核在细胞骨架的牵引下迁移至胚胎的表层，并再进行 3 次同步的核分裂，此阶段的胚胎称为合胞体胚盘（syncytial blastoderm）。尽管在合胞体胚盘中所有的细胞核都位于共同的细胞质中，但细胞质本身很不均匀，每一个细胞核都位于一个由微管和微丝组成的微环境中。一个细胞核和其周围的细胞质（包括微管和微丝）构成了一个小岛，称为活质体（energid）。在第 13 次卵裂之后，卵的质膜向相邻的两个活质体之间陷入，将细胞核隔开，形成单个的细胞，最终形成一层细胞贴于卵黄外侧，此时的胚胎称为细胞胚盘（cellular blastoderm）。

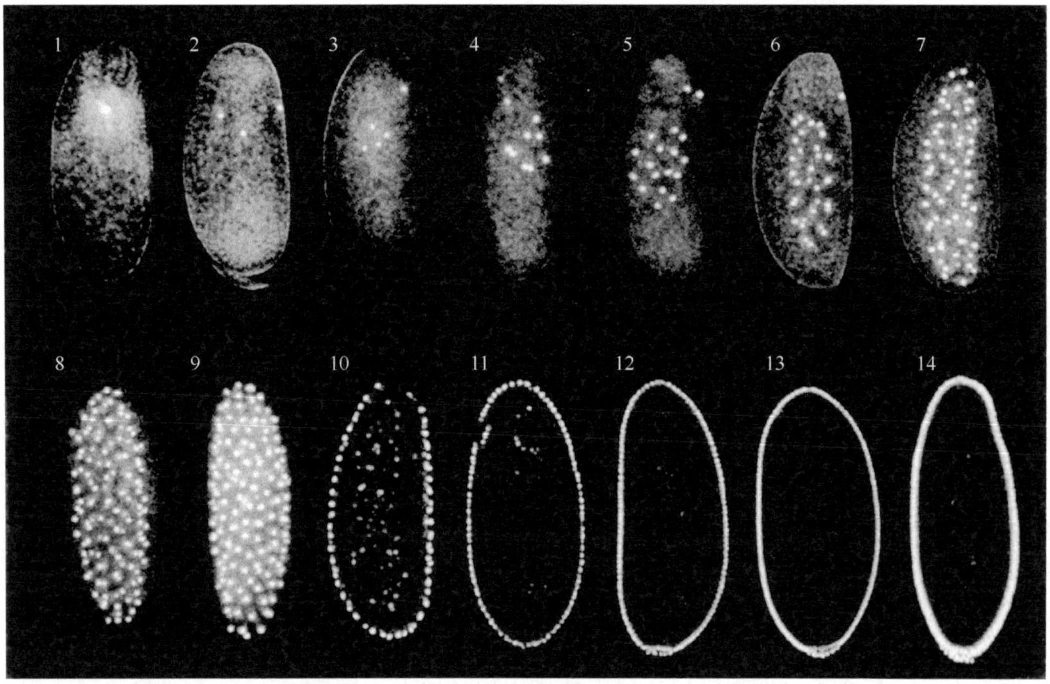

图 3-10 激光共聚焦示果蝇胚胎的表面卵裂（Gilbert，2006）

染色质用荧光标记。胚胎的前端（anterior）朝上，数字代表核分裂次数。早期的核分裂发生于胚胎的中央区域，当胚胎进行到第 10 次核分裂时，细胞核迁移到胚胎的外周，形成合胞体胚盘。第 13 次分裂后，细胞膜在核之间内陷形成细胞化胚盘

二、卵裂机制

（一）早期卵裂细胞的特殊性

在多数物种中（哺乳动物是一个主要的例外），与体细胞分裂相比，早期胚胎细胞的分裂速度要快得多。体细胞的细胞周期由 4 个时期组成：G_1 期（生长期 1）、S 期（DNA 合成期）、G_2 期（生长期 2）和 M 期（分裂期）（图 3-11A）。在 M 期之后，细胞经历一个生长的阶段，新分裂的细胞要长到与其亲本细胞（parent cell）一样大之后才开始下一次分裂。然而，在卵裂周期中，新产生的细胞并没有生长阶段，因此卵裂球在每次分裂之后都会变小，卵裂球的细胞质和细胞核的比例越来越小。例如，未受精的海胆卵的体积大约是其核的 550 倍，而到卵裂结束时，在每一个卵裂球中，这个比例只有 6∶1。

卵裂周期与体细胞的细胞周期相比往往很短，特别是体外产卵、体外孵化动物的早期卵裂细胞，基本上都排除了细胞周期中的间隙期——小生长期（G_1 期）以及 DNA 合成与分裂中期的间隙期——大生长期（G_2 期），其细胞周期仅由分裂期（M 期）和 DNA 合成期（S 期）这两个阶段组成（图 3-11B），因而卵裂细胞的增殖速度特别快，很快由一个受精卵一分为二、二分为四、四分为八等。例如，豹蛙（*Rana pipiens*）的受精卵于 15℃仅在 43h 内就能分裂出 37 000 个细胞，果蝇的受精卵 12h 内就可形成 50 000 多个细胞。

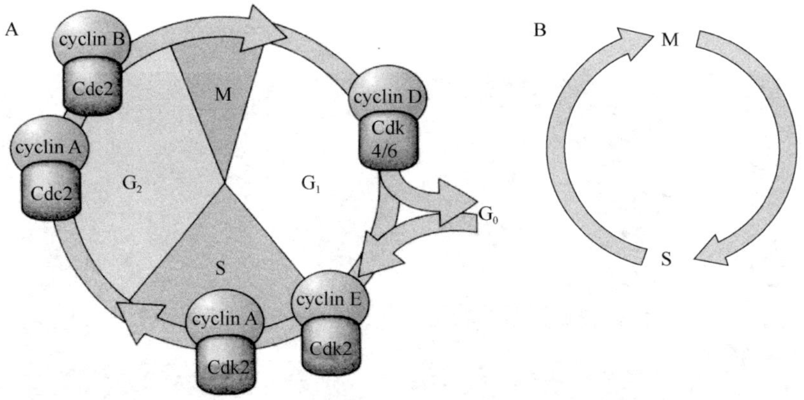

图 3-11 体细胞和胚胎发育早期卵裂细胞的细胞周期比较（Nigg，1995）

A. 典型体细胞的细胞周期，由 G_1 期、S 期、G_2 期和 M 期组成，进行分化的细胞通常脱离细胞周期，进入 G_0 期，细胞周期蛋白及它们各自的激酶在各自的调控点上，负责细胞周期进程的调节；B. 早期卵裂细胞的细胞周期，仅由 M 期和 S 期组成

卵裂细胞周期短、分裂速度快的特性源于卵母细胞的特殊性。首先，对于如果蝇、蛙类和鱼类这些体积较大的卵子来说，胚胎发育和增殖所需的蛋白质、mRNA 和其他营养物质已在卵子发生这一特别长的发育过程中预先被储存，因而在其早期卵裂时，由其雌雄原核融合而成的合子基因组几乎不必行使功能，仅在母型物质的驱动下，通过有丝分裂传递给所有细胞。其次，就大多数物种来说，卵裂期间的胚胎体积没有增加，不像体细胞那样，在两次分裂之间要有一段细胞生长期，以保持细胞核质比例的恒定，而卵裂细胞不必增加细胞质的体积，只需将事先储存的大量卵质分配到不断增多的小细胞中。因此，卵裂被加速，细胞周期缩短，细胞分裂也几乎完全同步。快速分裂的结果是细胞质与核的比例不断缩小，当比例减小到一定限度时，即触发细胞分裂减慢和合子基因的激活。

（二）卵裂细胞周期的调控机制

细胞周期调控研究进展的关键主要来自对卵母细胞及其卵质无细胞系统的探索，以及促成熟因子（MPF）的纯化和其成分的鉴定，并由此揭示了一系列的调控细胞周期不同时相的周期蛋白及与其组成复合体行使功能的搭档蛋白。现在知道，周期蛋白 D（cyclin D）与周期蛋白依赖性的激酶 4 或 6（Cdk4 或 Cdk6）组成的复合体调节细胞周期 G_1 时相的进程，周期蛋白 E 与 Cdk2 的复合体调节细胞进入 S 期，周期蛋白 A 与 Cdk2 的复合体调节 S 期的进程，周期蛋白 A 和 B 与 Cdk1（Cdc2）相结合组成的 MPF 激酶调节细胞进入 M 期（图 3-11）。它们的活化和功能由多步控制，既受转录和依赖于泛素（ubiquitin）的蛋白水解作用的调节，又受控于磷酸化的作用。两个 Cdk 家族的抑制子也参与 Cdk 活性的调控（图 3-12）。

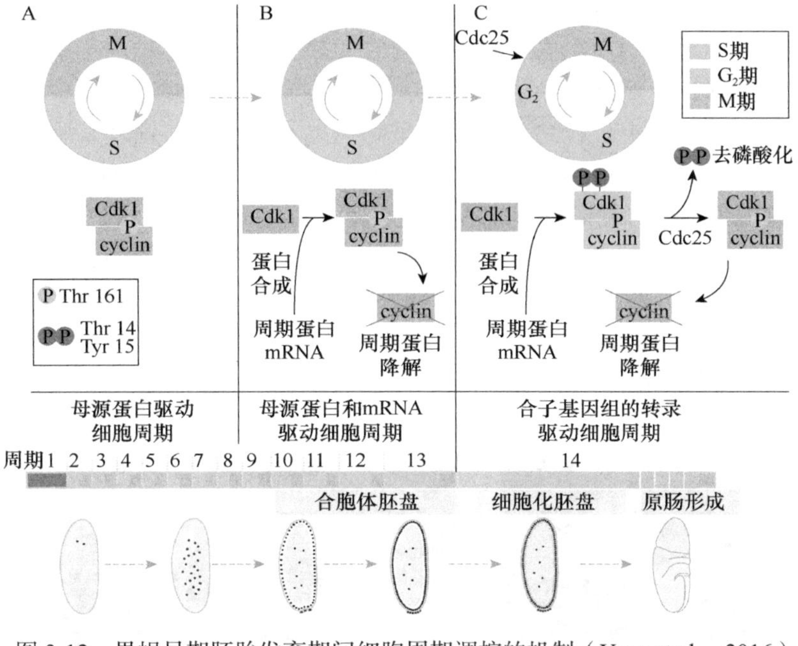

图 3-12　果蝇早期胚胎发育期间细胞周期调控的机制（Yuan et al.，2016）

A. 母体来源的细胞周期调控因子驱动早期胚胎细胞快速卵裂；B. 细胞核数量增多导致周期蛋白的降解增加，需要卵中储存的 mRNA 翻译合成新的周期蛋白来驱动细胞分裂；C. 激活的合子基因组开始转录产生新的周期蛋白和蛋白磷酸酶 Cdc25（string），以驱动细胞进入有丝分裂

已经确定的调控早期胚胎卵裂周期的因子有 MPF，MPF 由 Cdk1 激酶和周期蛋白（cyclin）两个亚单位构成。在果蝇早期胚胎中起主要作用的周期蛋白包括 cyclin A、cyclin B 和 cyclin B_3。Cdk1 激酶又称 Cdc2，受到多种磷酸化修饰的调控，包括发生于 161 位苏氨酸（Thr161）的激活性磷酸化和发生于 14 位苏氨酸（Thr14）、15 位酪氨酸（Tyr15）的抑制性磷酸化。如图 3-12 所示，在果蝇胚胎的前几个卵裂周期，由母源提供的大量周期蛋白和 Cdk1 复合物驱动细胞核进入有丝分裂，此时的 Cdk1 的 Thr161 磷酸化修饰以及周期蛋白均处于较高水平，核分裂非常迅速，平均每 8min 即分裂一次；到第 9 次至第 13 次卵裂时，随着细胞核数量的增加，周期蛋白的降解逐步增加，缺乏周期蛋白保护的 Cdk1 也更易丢失激活的 Thr161 位磷酸化，与此同时部分母源 Cdc25（string）磷酸酶开始降解，核分裂速度逐步减慢，第 13 次卵裂约耗时 21min；到第 14 次卵裂时，所有母源提供的 Cdc25 磷酸酶被快

速降解，周期蛋白与 Cdc25 的母源 mRNA 水平也显著下降，使得 Cdk1 激酶的 Thr14 和 Tyr15 积累大量抑制性磷酸化修饰，因而处于无活性的状态，核分裂速度显著变慢，并在 DNA 复制完成之后出现首个 G_2 期。直到合子基因组被激活并在 G_2 末期转录产生新的 Cdc25 磷酸酶，才能使 Cdk1 去除抑制性磷酸化修饰，从而驱动细胞再次进入有丝分裂（图 3-12）。

（三）细胞骨架在卵裂中的作用

卵裂和体细胞的分裂一样可以分为两部分：核分裂（karyokinesis）和胞质分裂（cytokinesis）。核分裂和胞质分裂协调进行，确保每一个卵裂球中含有一个细胞核。但是在卵裂过程中，核分裂和胞质分裂也可以不协调进行。例如，昆虫的卵裂过程中，在细胞胚盘形成之前的阶段，仅有核分裂而无胞质分裂，这样形成了合胞体胚盘。

核分裂由有丝分裂器（mitotic apparatus）控制，有丝分裂器由纺锤体、中心粒和星体组成，其中纺锤体和星体均由微管构成，而微管的聚合又受中心粒的影响。中心粒在细胞中起着组织中心的作用，将细胞中的微管蛋白聚合成微管，这些微管在中心粒周围呈放射状分布，形成星体。两套中心粒之间的微管呈纺锤体状，称为纺锤丝。胞质分裂由收缩环（contractile ring）控制，收缩环由微丝构成。卵的微丝分布于皮层，而不在中央细胞质。在激光共聚焦显微镜下可以看到微丝形成一个皮层带，宽度为 0.1μm（图 3-13A、B）。只有在细胞分裂时微丝才会形成收缩环，并且向卵的中央延伸 8～10μm，使得受精卵（或卵裂球）表面出现了环形的凹陷，称为卵裂沟。随着卵裂沟的加深，受精卵（或卵裂球）分成两个细胞。若用抑制微丝聚合的试剂处理受精卵，胞质分裂就将停止。核分裂和胞质分裂的控制器即有丝分裂器和收缩环之间的关系如图 3-13C 所示，该图显示海胆受精卵第一次卵裂时，有丝分裂器与收缩环相互垂直，有丝分裂器位于收缩环之内，收缩环位于皮层细胞质中。

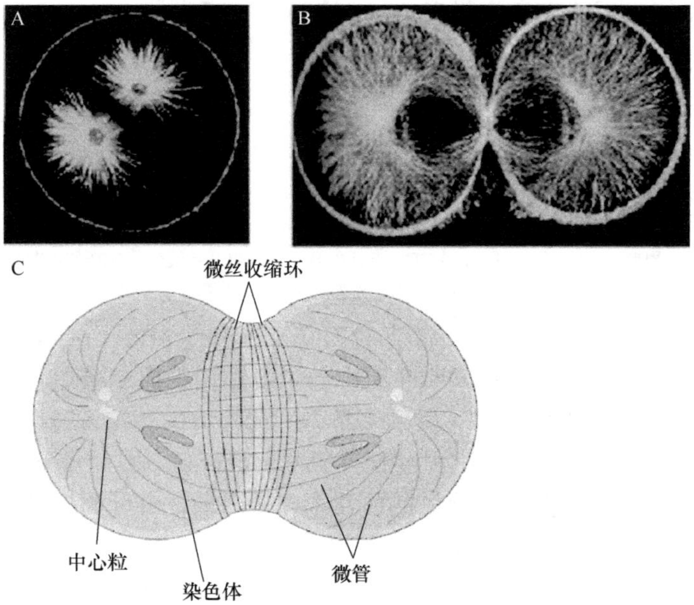

图 3-13　卵裂和细胞骨架（Gilbert，2006）

A. 海胆第一次卵裂早后期（early anaphase）的共聚焦显微照片，微丝分布于细胞皮质（红色示肌动蛋白微丝，绿色示微管）；B. 海胆第一次卵裂最后阶段的共聚焦显微照片（蓝色示肌动蛋白，橙色示微管）；C. 海胆第一次卵裂末期示意图，有丝分裂器与收缩环相互垂直

在卵裂时，有丝分裂器中的星体起着控制卵裂沟的数量和位置的作用。受精卵中仅有一对星体，卵裂沟也仅有一个。如果在昆虫卵裂的早期，细胞核尚未迁移到卵子后端时就让中心粒先行到达卵子的后端，那么在卵子的后端就会形成极细胞（此时极细胞中没有细胞核）。由此可知，星体是胞质分裂的必备条件。

（四）新细胞膜的形成

随着卵裂的进行，分裂球的数量不断增加，其细胞膜的总面积远比受精卵质膜的面积大得多，新的细胞膜有两个来源：一是合子膜的扩展，二是新产生的细胞膜。例如，海胆合子表面有大量的微绒毛，在卵裂沟形成时，这些微绒毛缩短使卵的质膜得以伸展而组成新膜。这是通过合子膜的扩展形成新膜的方式。

对两栖动物胚胎发育进行研究后发现，新的细胞膜是在卵裂的早期合成的。两栖动物卵的质膜与皮质的色素颗粒贴在一起，因此是有颜色的。在两栖动物第一次卵裂中，当卵裂沟扩展形成时，位于沟内的膜是白色的新膜，而在表面的仍为有色素颗粒的原有旧膜，这两种膜的电导性是不同的。新膜的物质可由高尔基体合成，或由内质网联合形成，通过形成许多膜状小泡与原有的膜结合，或将合成的物质插入原有的膜等方式形成新膜。如果将非洲爪蟾受精卵的质膜用放射性同位素标记，并用放射自显影的方法跟踪这些具有放射性的质膜在卵裂球的分布，也可以判断卵裂过程中有无新质膜的形成。第一次卵裂将结束时，卵裂沟的前缘和原有细胞膜有很强的放射信号，而卵裂沟内的大部分细胞膜没有放射信号。这表明沟的前缘是从原有的细胞膜伸展而来，推测卵裂沟前缘的细胞膜与其下的收缩环微丝相锚定。另外，卵裂沟前缘的细胞膜也含有放射状排列的短微管，这些微管可能起运输膜泡的作用，使新合成的膜泡整合到细胞膜中。

第二节　囊　　胚

卵裂晚期，有的动物形成实心的多细胞的球状结构，外表如桑椹，称为桑椹期（morula stage）。哺乳动物具有比较典型的桑椹期。随着进一步发育，胚胎中央出现一个空心的结构，称为囊胚腔，此时的胚胎为囊胚（blastula）。

一、囊胚类型

由于卵子类型和卵裂类型不同，形成的囊胚的类型也不同。

（一）腔囊胚

海胆属于典型的腔囊胚，由 120 个细胞组成。细胞围绕囊胚腔形成一个中空的球状结构（图 3-14）。从这时开始，细胞分裂的模式变得更加不规则。

在囊胚期，海胆中所有细胞的大小相同，小分裂球减缓了分裂速度，甚至停止了分裂。每个细胞都在胚胎内部与囊胚腔中的蛋白液相接触，在外侧与透明层相接触。胚胎细胞之间通过紧密连接紧紧相连，这层细胞犹如上皮组织的细胞那样排列紧密，封闭了囊胚腔，使之不与外界相通。当细胞继续分裂时，囊胚维持一层细胞的厚度，在扩展时变薄。这一过程伴随着卵裂球与透明层的黏附，以及水的流入而使囊胚腔扩大。随着卵裂的继续，囊胚腔扩

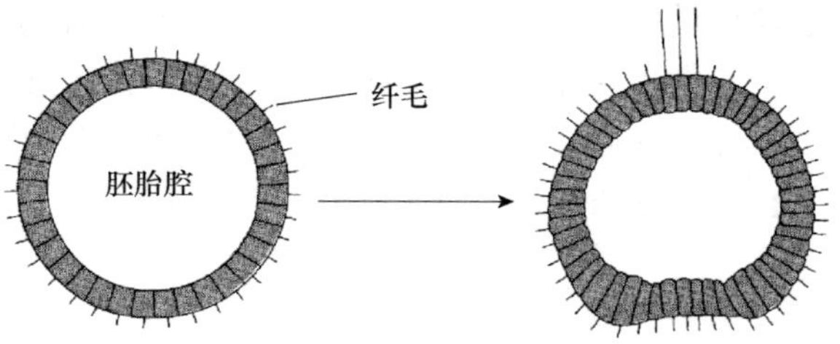

图 3-14　海胆囊胚（从早期囊胚向晚期囊胚的转变）

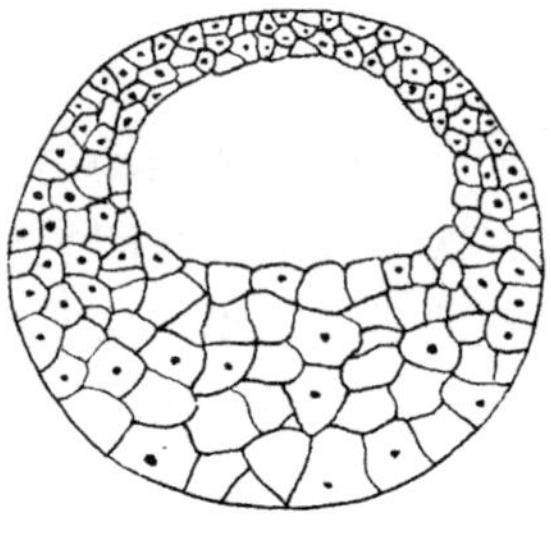

图 3-15　蛙的囊胚

大，细胞变细。海胆囊胚的细胞表面长出许多纤毛，纤毛摆动，使胚胎在受精膜内转动。囊胚植物极的细胞开始变厚，形成植物极板（vegetal plate）。动物半球的细胞合成并分泌孵化酶，消化受精膜。囊胚孵化出膜后，成为囊胚幼虫，开始游泳生活。

两栖类卵裂为不等全裂，形成的囊胚由多层细胞组成，植物极细胞比较大，因而把囊胚腔挤向动物极的一端，所以这种囊胚又称为偏腔囊胚（图 3-15）。两栖动物的囊胚腔具有两个主要功能。第一，能够改变形状，利于使原肠胚形成过程中的细胞迁移；第二，阻止其下部的细胞过早地与上部的细胞发生相互作用。当 Nieuwkoop 从蝾螈胚胎动物半球的囊胚腔顶部被称为动物极帽（animal cap）的区域取出一些细胞，将它们与来自囊胚腔底部富含卵黄的植物极细胞放在一起时，动物极帽细胞分化成中胚层组织而不是原有发育命运的外胚层。因此，囊胚腔阻止植物极细胞与动物极细胞提前接触，使动物极帽细胞维持未分化的状态。

哺乳类卵裂过程中会出现致密化现象，致密化的 8 细胞胚胎继续卵裂，产生一个 16 细胞的胚胎，称为桑椹胚（morula）。桑椹胚由一小组内部细胞和一大组环围在外部的细胞组成。外部细胞的大部分后代细胞形成滋养层细胞（trophoblast）或滋养外胚层（trophectoderm），而内部细胞形成内细胞团（inner cell mass，ICM）。桑椹胚继续分裂，位于表层的滋养层细胞能够分泌一些液体进入内细胞团和滋养层之间，使得内细胞团和滋养层之间的空间变大，此时的胚胎称为囊胚（图 3-16）。由于哺乳动物囊胚的囊胚腔大，而且充满液体，像是一个大水泡，因此哺乳动物的囊胚又称为胚泡（blastocyst）。滋养层细胞将分化形成的结构非胚胎本体结构，而是形成绒毛膜等组织和胚胎的外部结构。这些组织能使胎儿从母体获得氧气和营养物质，并能分泌激素使母体的子宫接纳胎儿。内细胞团将来发育分化为胚胎。这些细胞不仅形态上与滋养层细胞不同，而且在发育早期就合成不同的物质。内细胞团和滋养层代表了哺乳动物胚胎发育过程中最早出现的两类分化了的细胞。最早的卵裂球（如 2 细胞胚胎的每个卵裂球）都可以形成滋养层细胞或内细胞团的胚胎前体细胞。这些非常早期的细胞被认为具有全能性（totipotency），内细胞团被认为具有多能性（pluripotency）。也就是说，内细胞团的每个细胞可以产生身体的任何细胞类型，但不能形成滋养层。所谓胚胎干细胞（embryonic stem cell，ES 细胞）就是从内细胞团分离培养而来的。

在哺乳动物胚泡形成之前，每一个卵裂球都表达两个相互抑制的转录因子 Oct4 和 Cdx2，它们能够使细胞发育为滋养层细胞或内细胞团细胞，但是一旦这两种细胞的命运决定之后，细胞就会表达一套区域特异的基因。内部的内细胞团通过三个核心转录因子 Oct4、Sox2 和

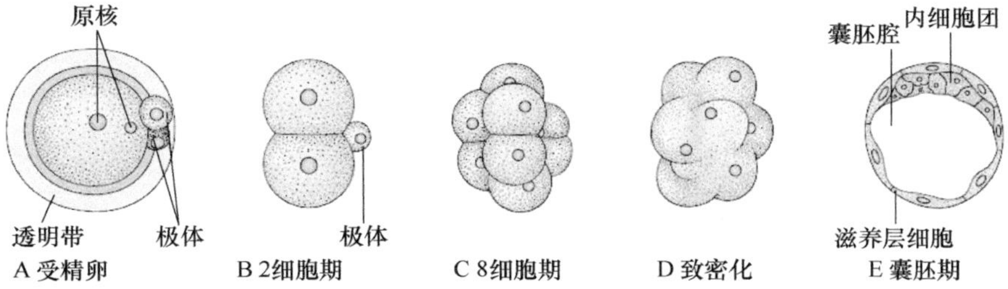

图 3-16 哺乳类卵裂细胞致密化及囊胚的形成（Slack，2013）
B～E 有透明带，图中未显示

Nanog 的表达来维持其多能性，这些蛋白质结合在它们自己基因的增强子上维持其自身基因的表达，同时也激活彼此的增强子。这样，当这些基因中的一个被激活时，其他的也就被激活了。Oct4 和 Sox2 同时被激活，形成二聚体，经常停留在 Nanog 附近的增强子上，以激活那些能够维持胚胎干细胞多能性的基因，且抑制那些引起细胞分化的基因。这些转录因子通过招募 RNA 聚合酶来促进那些基因的激活，同时招募组蛋白乙酰转移酶来抑制另一些基因的转录。而只有外部的滋养层细胞表达转录因子 Cdx2，它能下调 Oct4 和 Nanog。*Cdx2* 的激活是由 Yap 蛋白调节的，Yap 是转录增强相关域（TEAD）转录因子的辅因子。在胚泡内部和外部细胞的核中都有 TEAD，但是仅外部（滋养层）细胞的 TEAD 被 Yap 激活，因为外部细胞的顶部蛋白质能抑制 Amot，从而使得 Yap 能进入细胞的核中，允许 TEAD 转录滋养层特异的基因，如 *Cdx2* 和 *eomes*（图 3-17）。与此相反，在内部（内细胞团）细胞中，由于每一个细胞表面都被其他细胞所包围，没有顶部蛋白质抑制 Amot，E-cadherin 和 Amot 结合激活了 Hippo 信号，因而 Lats 被激活，这是一个能磷酸化 Yap 的蛋白，磷酸化的 Yap 不能入核，被靶向降解，因此内部细胞中 TEAD 不能发挥功能，*Cdx2* 不能转录（图 3-17）。由于 Cdx2 抑制 Oct4 的表达，Oct4 又阻止 Cdx2 表达，这样外部的滋养层细胞（失去多能性）和内部的内细胞团细胞（保持多能性）就分开了。

（二）盘状囊胚

硬骨鱼囊胚属于盘状囊胚。囊胚早期胚盘在卵黄上方很高，成为盘状囊胚，经几次分裂，细胞变小，胚盘变矮。在大约第 10 次细胞分裂时，胚胎进入中囊胚过渡期（见本章第二节中“三、中囊胚过渡”），此时合子型基因开始转录，细胞分裂速度减慢，细胞开始迁移运动。此时，胚胎可以区分出三个不同的细胞群体。第一个是卵黄合胞体层（yolk syncytial layer，YSL）。卵黄合胞体层不向胚胎贡献细胞或者细胞核，但它对鱼的组织者的产生、中胚层的图式形成及引导外胚层的外包具有关键作用。此时，胚盘的植物极边缘细胞与下面的卵黄细胞融合。这种融合在紧邻胚盘下部的卵黄中产生一圈细胞核。之后，胚盘向植物极扩展，包围卵黄，一些卵黄合胞体细胞核运动至胚盘之下，形成内部卵黄合胞体层，其他卵黄合胞体细胞核向植物极运动，维持在胚盘边缘的前部，形成外部卵黄合胞体层（图 3-18）。卵黄合胞体层对引导原肠胚形成中的一些细胞运动起重要作用。第二个细胞群是包被层（enveloping layer，EVL）。它由胚盘的最表层细胞组成，形成一个单层细胞厚度的上皮细胞层。包被层是一个保护性的覆盖层，在后期发育过程中逐渐脱落。它使胚胎能够在一个低渗的溶液（如淡水）中发育，否则细胞将会胀破。在包被层和卵黄合胞体层之间是第三组细胞

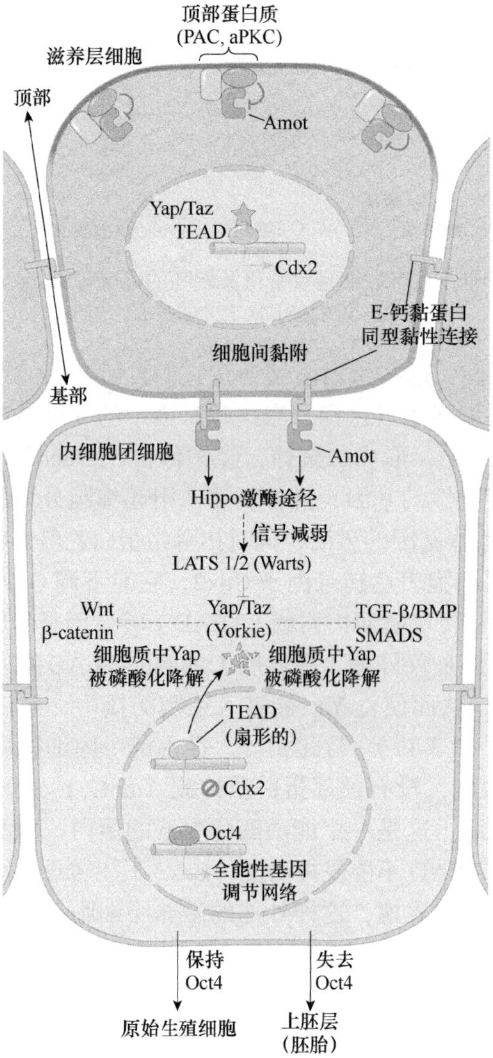

图 3-17　Hippo 信号在滋养层细胞（上）和内细胞团细胞（下）分化过程中的作用途径（Barresi and Gilbert，2019）

外部细胞顶端没有其他细胞环绕，由顶部蛋白质来抑制 Amot，从而抑制 Hippo 途径激活，Yap 转录辅因子结合 TEAD，激活 Cdx2，特化外部细胞分化为滋养层细胞。在内细胞团中，Hippo 途径被激活，Yap 被降解，因此 Cdx2 不能表达

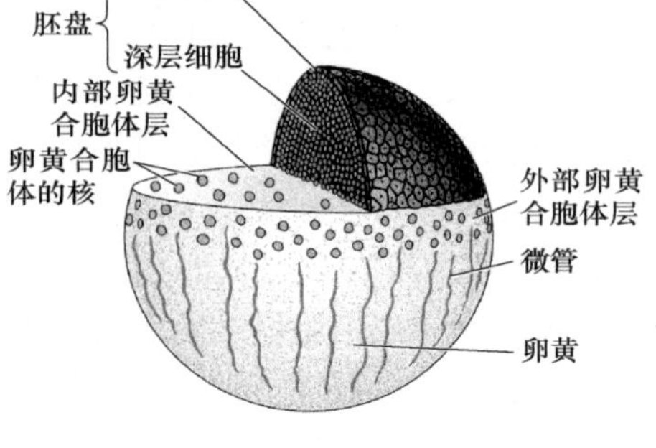

图 3-18　硬骨鱼囊胚（Gilbert，2006）

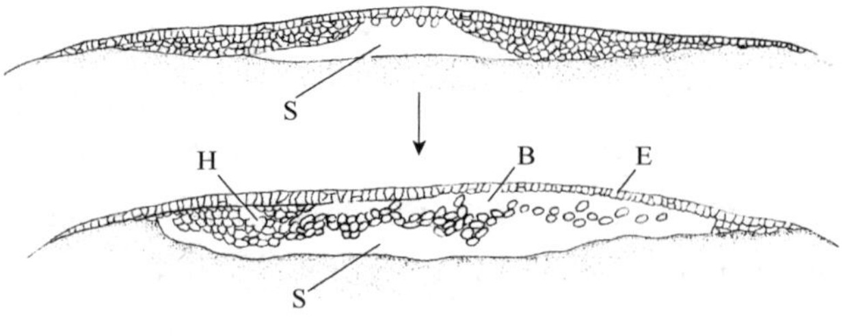

图 3-19　鸟类囊胚

B. 囊胚腔；E. 上胚层；H. 下胚层；S. 胚盘下腔

群体，称为深层细胞（deep cell），这些细胞形成胚胎本体。

鸟类的囊胚也是盘状囊胚，但它不像鱼类囊胚那样突起，仅仅是一层薄膜贴在球形的卵黄上，胚盘显得很小，其下的腔为胚盘下腔，是胚盘细胞从清蛋白中吸收水分并在细胞自身和卵黄之间分泌液体时形成的。卵黄上没有细胞覆盖，而呈裸露状态。以后随着下胚层的发育，在上、下胚层之间出现一个腔，即囊胚腔（图 3-19）。

（三）表面囊胚

昆虫的卵经过表面卵裂后，形成表面囊胚（图 3-10 中的 10～14 次核分裂时的胚胎）。最初细胞核迁入表面以后，每个细胞核被细胞质小丘包围，但未被细胞膜分开，呈合胞体状。随着发育的进行，细胞逐渐变小，每个细胞都由细胞膜包围，成为完整的细胞层，但在内部与卵黄之间无囊胚腔出现。

二、囊胚形成机制

各种动物囊胚的类型不同，形成的机制也不尽相同。以哺乳动物囊胚形成为例，多肽生长因子在囊胚腔形成中起重要作用。虽然小鼠的胚胎在缺乏生长因子的培养基中能从 1 个细胞发育至囊胚期，但在培养基中添加胰岛素样生长因子（IGF）和表皮生长因子（EGF）家族的生长因子能产生一系列的效应，如增加 RNA 和蛋白质的合成，有利于胚胎从透明带中孵化出来。转化生长因子 -α（TGF-α）和 EGF 在小鼠的胚胎发育中能促进囊胚腔的扩展膨大。这种作用是通过存在于胚胎表面的 EGF 受体来实现的。由于小鼠胚胎仅表达 TGF-α 而不表达 EGF，因此 EGF 和 TGF-α 刺激囊胚腔扩展膨大可能是通过 TGF-α 自分泌作用和 EGF 的旁分泌作用（子宫上皮细胞分泌）来进行的。

生长因子的作用可能是通过细胞内信号通路来传递的，用环腺苷一磷酸（cAMP）处理囊胚腔正在形成的胚胎，能增加液体的积聚，表明 cAMP 在囊胚腔形成中有明显的作用。而刺激 EGF 受体能导致细胞内 cAMP 水平的提高，cAMP 的提高能激活滋养层细胞中的 Na^+/K^+-ATP 酶，Na^+/K^+-ATP 酶能将 Na^+从浓度低的滋养层细胞运输到囊胚腔中，使囊胚腔中 Na^+浓度比胚胎外面的高，由于渗透压的影响，水分也随之从外面进入囊胚腔，并使囊胚腔扩大。此外，生长因子与受体结合能引起细胞质中许多变化，如引起滋养层细胞中的 Na^+/H^+交换增加，使细胞质碱性化。Na^+/H^+的交换还会改变跨滋养层细胞 Na^+的浓度梯度，进一步影响新形成的囊胚腔液体的渗透压，调节囊胚腔的形成。

三、中囊胚过渡

卵细胞在生长和成熟过程中，会贮存大量母源的 RNA、蛋白质和营养物质以供早期胚胎发育所用，尤其是卵生生物，因为受精卵在体外发育，其早期胚胎发育过程完全依赖于贮存在卵细胞中的母源物质，因此卵细胞的体积通常远大于体细胞。相比于体细胞的大小（约十几微米），海胆和人类的卵子直径约 100μm，果蝇卵长约 500μm，斑马鱼和爪蟾卵的直径可达 700～1200μm。受精卵形成之初，只拥有一个二倍体的合子基因组，无法通过自身的转录改变巨大细胞质中 RNA 的组成，因此胚胎发育早期的卵裂完全受母源程序调控。当卵裂产生越来越多的细胞时，细胞质与细胞核的比例不断缩小，合子基因组的转录能力不断增强，逐步开始主导胚胎的后续发育过程。这一胚胎发育过程中的第一个重要转折点，称为母型-合子型过渡（maternal-zygotic transition，MZT）。对于有些动物，如果蝇、斑马鱼、爪蟾，母型-合子型过渡的时期正好处于囊胚中期，因此在这些动物中，母型-合子型过渡也被称为中囊胚过渡（mid-blastula transition，MBT）。中囊胚过渡主要包括卵裂速度的显著减慢、合子基因组的大范围激活（ZGA）、母源基因产物的降解等发育事件。

中囊胚过渡最重要的特征是卵裂速度显著减慢。果蝇的早期胚胎在受精后会经历 13 次快速、同步的核分裂，除第一次分裂较为特殊之外（有雌雄原核融合的过程，所以时间稍长），第 2～9 次分裂发生于受精卵内部，平均每 8min 分裂一次，其 DNA 复制的 S 期仅不到 4min；第 10～13 次分裂发生于受精卵的表面，细胞周期逐步延长，第 13 次分裂约耗时 21min，其中 S 期约为 15min。果蝇胚胎第 13 次卵裂的完成，标志着胚胎进入中囊胚过渡阶段，此时细胞周期的间期显著延长，其中 S 期延长到 50～60min，并且第一次出现了 G_2 期（图 3-12）。同时，大量母源基因产物被降解，合子基因组显著激活，多种重要的组蛋白修饰开始出现，合子基因组的染色质三维结构也开始成型。爪蟾的受精卵在经过 12 次快速卵裂后，分裂速度大大减慢，合子基因组的转录被激活，从而进入中囊胚过渡阶段。与之对应的，斑马鱼则在经历了 10 次快速、同步的卵裂之后，进入中囊胚过渡阶段。

中囊胚过渡不能理解为一个单一的过渡，它所包含的许多发育事件，特别是合子基因组的激活和母源基因产物的降解，以及由此引发的转录组从母型向合子型的过渡，是一个逐渐变化的过程。以果蝇为例，参与性别决定等过程的大约 20 个基因在第 9 次卵裂时就开始转录，这些基因往往长度较短且缺乏内含子。由于细胞进入有丝分裂期会抑制转录的发生，因此卵裂速度的放慢为合子基因组的转录激活提供了先决条件；另外，合子基因组转录所新形成的有丝分裂抑制因子和由转录所带来的染色质结构的改变等，又会反过来抑制快速卵裂的过程。这些发生于中囊胚过渡阶段的发育事件相互交织、相互影响，共同组成了发育的第一个重要转折点。哺乳动物受精卵的卵裂速度从一开始就相对较慢，其中囊胚过渡还没有明确界定。有意思的是，哺乳动物合子基因组的激活发生较早，处于 2 细胞期的小鼠受精卵和 8 细胞期的人类受精卵的合子基因组已开始大规模转录。

随着卵裂的进行而不断改变的细胞核与细胞质之间的比例，是触发中囊胚过渡的重要信号，然而核质比的变化如何被解读成细胞周期长短和合子基因组转录活性的变化，其具体分子机制仍不完全清楚。与此同时，其他的信号如受精后所经历的绝对时间，也可能是早期胚胎发育过程的重要调控信号。

小鼠基因敲除实验显示，母源效应基因如 *Mater*、*Nalp5*、*Nalp9*、*Zar1*、*Stella*、*Hsf1*、*Dnmt1*、*Brg1* 和 *Nmp2* 等都在胚胎发育的早期，特别是在 1 细胞期向 2 细胞期的转变过程（MZT）中起作用。合子阻滞基因 1（*Zygotic arrest 1*，*Zar1*）是第一个被发现的在卵母细胞向合子的转变过程中起重要作用的基因。*Zar1* 纯合突变母鼠不育，由这些个体产生的卵子得到的胚胎发育阻滞于 1 细胞期。Zar1-like（或称 Zar2）与 Zar1 在蛋白质结构上相似，但位于不同染色体上，Zar1-like 活性的抑制也导致胚胎的 2 细胞期阻滞。在 MZT 中，一些合子基因被迅速转录并以时序调控的方式进行。在斑马鱼、果蝇和小鼠中，12%～15% 的基因开始转录和翻译。在果蝇中，最早激活的合子基因是一个转录因子 Zelda（Zld）的基因。Zld 与早期基因的调控区域的 TAGteam 基序（CAGGTAG）结合。斑马鱼的合子基因组的大范围激活（ZGA）由母源转录因子 Pou5f3、Nanog 和 Sox19b 共同调控。Pou5f3 和 SoxB1 大多与最早的合子表达基因调控区域结合，而 Nanog 与更广泛的基因包括器官发生期间表达的一些基因的调控区结合。斑马鱼的 Pou5f3 和 SoxB1 激活成百上千与发育相关的早期合子基因表达。因此，早期合子基因的激活与胚胎发育是协调控制的。

第三节　原　肠　胚

原肠胚是早期胚胎发育的一个重要时期。在囊胚期时，卵裂球从形态上来看，大体相似。到原肠胚时，细胞核开始起主导作用，合成新的蛋白质，分化成不同形态和不同功能的细胞，通过原肠作用，许多细胞发生迁移，细胞的位置进行了重排，形成外胚层、中胚层和内胚层，建立了胚胎的雏形。

一、原肠胚形成的方式

原肠胚形成过程中，细胞运动涉及整个胚胎，胚胎各处的细胞运动总是协调一致的。尽管不同的动物原肠形成的方式有很大的差异，但一般有下列几种主要方式（图 3-20）。

图 3-20　原肠作用中几种细胞运动的方式（Gilbert，2006）

（1）内陷（invagination）：某个区域的细胞向内凹入或陷入，一般为囊胚植物极细胞先内凹。内陷的细胞将逐渐挤掉囊胚腔，而形成一个新的腔，叫原肠腔。原肠腔朝外的开口叫胚孔或原口。

（2）内卷（involution）：外面铺展的细胞向胚胎内部成批地卷入。

（3）内移（ingression）：细胞从胚胎表层单个地向胚胎内部迁移。

（4）分层（delamination）：一层细胞被割裂成两层平行的细胞。

（5）外包（epiboly）：表层细胞运动，细胞铺展、变薄、面积扩大，包住胚胎内层的细胞。

二、胚层的分化

所谓胚层，是指在原肠作用时所形成的胚胎的细胞层，它是将来形成各种组织和器官的基础。一般来说，在原肠作用之前，由卵裂而得的胚胎细胞还没有显著的形态上的差异，但从原肠作用开始，细胞分裂就不再同步，细胞分裂的速度不一，分裂的方向也不断改变。所有这些使得各个胚层之间产生了显著的差异。这种导致同种胚胎细胞出现差异的过程称为分化。经过胚层的分化，进而形成各种组织和器官。所有多细胞动物每一个胚层的分化方向都基本相同（图 3-21）。

（1）外胚层：在原肠形成过程中，外胚层始终保持在外表面与外界相接触的位置，因而具有保护作用。它将演变成表皮及其衍生物（毛发、指甲、鳞片及皮肤腺等）、神经系统、感觉器官、消化管的两端等。

（2）中胚层：将分化为真皮、肌肉组织、结缔组织、血管和淋巴管的内皮、体腔内表面的间皮、泌尿生殖器官的上皮等。

（3）内胚层：内胚层细胞较外胚层细胞大，形状较不规则。由它演变为消化道和消化腺

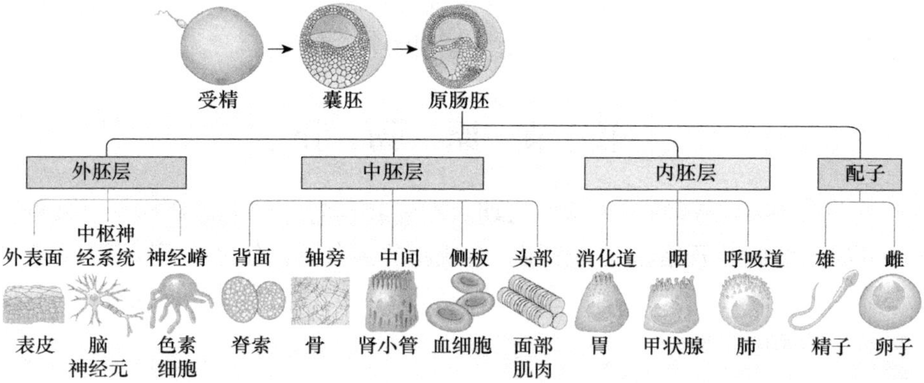

图 3-21　三个胚层的分化产生的不同的细胞类型及器官系统（Barresi and Gilbert，2019）

图示的仅仅是一部分代表性的细胞类型，生殖细胞在胚胎早期就被单独分出，不来自任何一个特定的胚层

的上皮、呼吸道的上皮及某些内分泌腺的上皮等。

但是应该指出，三个胚层并非各自分化、各自演变的。胚体是一个统一的整体，三个胚层在演变过程中紧密地相互联系、相互影响和相互依赖，并不是孤立地进行演变。实验证明，当某一个胚层演变为某一器官时，如果缺少它附近的另一胚层组织的诱导或感应作用，就不可能完成它的分化过程。

三、海胆的原肠作用

海胆的早期发育是腔囊胚的代表。在原肠作用开始之前，海胆胚胎由一单层细胞构成，环绕一中央充满液体的囊胚腔。大部分植物极为预定的中胚层，与之相邻的为预定的内胚层（图 3-22），胚胎的其余部分均为预定的外胚层。胚胎细胞外表面与透明层相连，透明层由透明蛋白（hyalin）和海胆粘连蛋白（echinonectin）构成。透明层可分为内外两层。相邻细胞之间通过细胞侧膜上的连接复合物相连形成极化的上皮。朝向囊胚腔内的为细胞外基质纤丝。

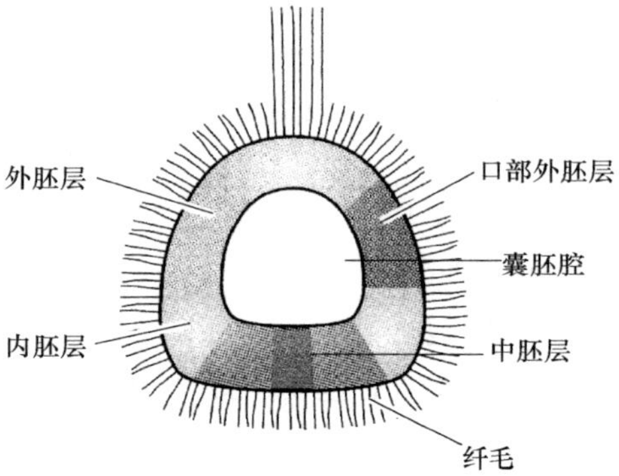

图 3-22　海胆原肠作用前的囊胚（Gilbert，2006）

海胆的囊胚幼虫大约在受精后 14h 从受精膜内孵化出来，此时球形囊胚的植物极一端开始变得扁平，然后内陷，当细胞内陷时，还发生细胞内移。内移的细胞有丝状伪足，沿囊胚内壁做变形虫状运动，这些内移的细胞就是初级间充质细胞（primary mesenchymal cell），它们来源于第 4 次不对称卵裂所形成的 4 个小卵裂球。这些细胞内有许多微管和微丝，对细胞起支持和定形的作用，对细胞的运动也起着重要作用。丝状伪足可以有 40μm 长并可向各个方向延伸。在任何一次延伸中，每个细胞平均有 6 个丝状伪足，且大部分呈分支状。一旦与囊胚腔内壁接触并黏附于其上，伪足便开始收缩将细胞拉向接触点。因为每个细胞可以同时伸出数个伪足，其中一些或全部伪足便同时收缩，伪足之间似乎存在竞争，细胞将被拉向与伪足连接最稳定的区域。因此，初级间充质细胞的运动类似于随机地寻找最稳定的连接，伴随细胞的移动，伪足发生融合，呈索状延伸（图 3-23）。

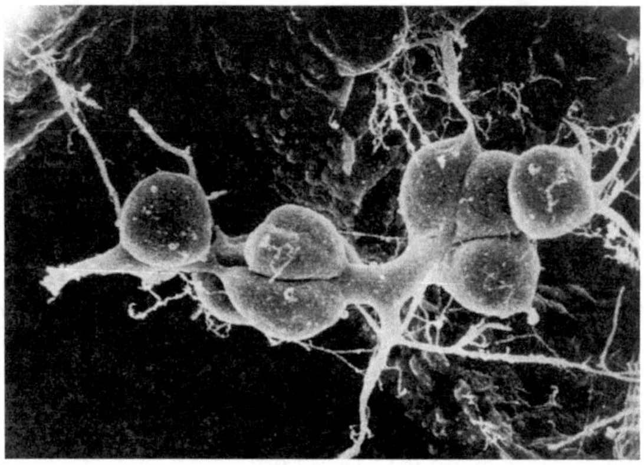

图 3-23 海胆初级间充质细胞的丝状伪足（Morrill and Santos，1985）

随着初级间充质细胞内移，植物极细胞内陷更加深入，原肠腔逐渐形成。原肠的形成可分为两个阶段。在第一个阶段，预定内胚层内陷呈矮而粗的柱状，延伸到囊胚腔的一半。短暂的间歇后，延伸继续。在第二个阶段，在原肠腔的顶部分化出次级间充质细胞（图 3-24），这种细胞同样有丝状伪足，并且附着于原肠胚动物极的内壁，细胞相互连接，伪足收缩，使原肠腔向囊胚腔推进，直到最终与预定形成口的区域接触并融合。分散在原肠腔两侧的次级间充质细胞向两侧扩张，形成两个体腔囊。部分次级间充质细胞形成食道外的肌肉壁。

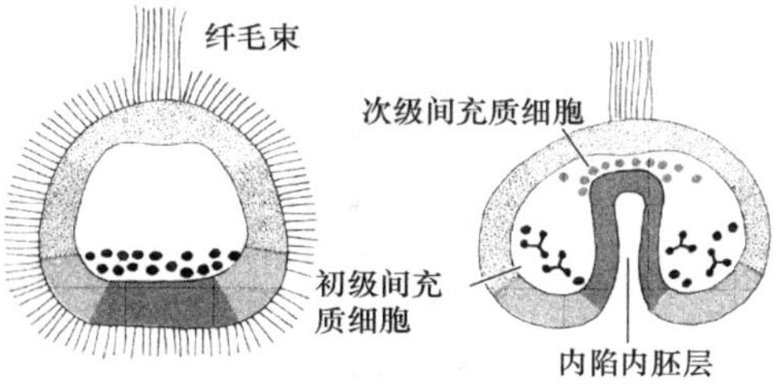

图 3-24 海胆的原肠作用（Gilbert，2006）

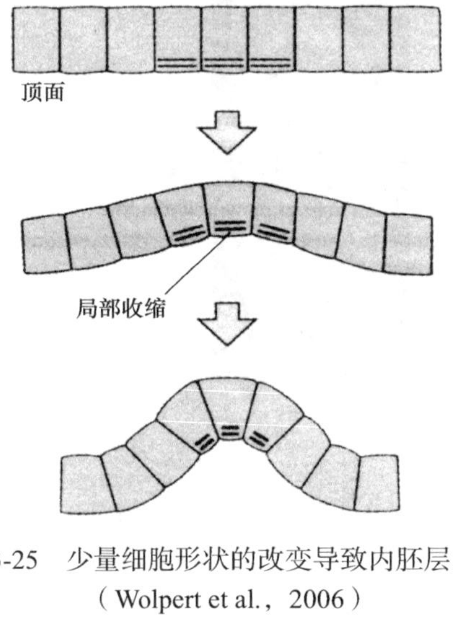

图 3-25 少量细胞形状的改变导致内胚层内陷（Wolpert et al.，2006）

那么预定内胚层内陷是如何起始的呢？最简单的解释就是由内胚层细胞形状的改变，并维持细胞层的弯曲导致的（图 3-25）。在内陷的位点，原本立方体的细胞变成瘦长、楔形的细胞。这种细胞形状的改变是细胞顶部被压缩的结果，可能是细胞骨架元件的收缩。细胞形状的改变最初足以拉动表层向内运动并保持内陷。关于内陷的另一个机制是，植物极板细胞分泌硫酸软骨素导致透明层内层膨胀，而透明层外层不膨胀，从而使植物极板朝里弯曲。

最初的内陷只能使其延伸到最终长度的 1/3。原肠作用的第二个阶段包括两种不同的机制：①与胚胎对侧的口区相接触的细胞伪足发生收缩，干扰伪足与囊胚腔内壁的接触将导致原肠完整延伸的失败，但仍能够延伸到最终长度的 2/3。②独立于伪足延伸的过程。这种不依赖伪足延伸的机制是预定内胚层细胞的活跃重排，即细胞相互插入，使所在组织变窄、变薄，并推动组织向前移动。这种活跃的细胞重排叫汇聚延伸（convergent extension）。

是什么引导原肠的顶部朝向口区？当原肠顶端长长的伪足在囊胚腔壁探索时，在动物极并最终在口区的位置形成更稳定的联系。黏合性的差异使得中胚层细胞移向它们正确的位置。海胆的原肠作用清晰地表明细胞形状的改变、细胞黏合性的差异以及细胞迁移共同作用从而使胚胎形式发生变化。

四、果蝇的原肠作用

中囊胚过渡发生之后，果蝇立即开始原肠作用。果蝇原肠作用中最初的运动是将预定的中胚层、内胚层和外胚层隔离。预定的中胚层（大约1000个细胞组成的胚胎腹中线）内陷形成腹沟（ventral furrow）（图3-26A）。腹沟最终与表面脱离，形成胚胎内部的腹管。腹管变平，形成一层中胚层细胞，位于腹部外胚层之下。

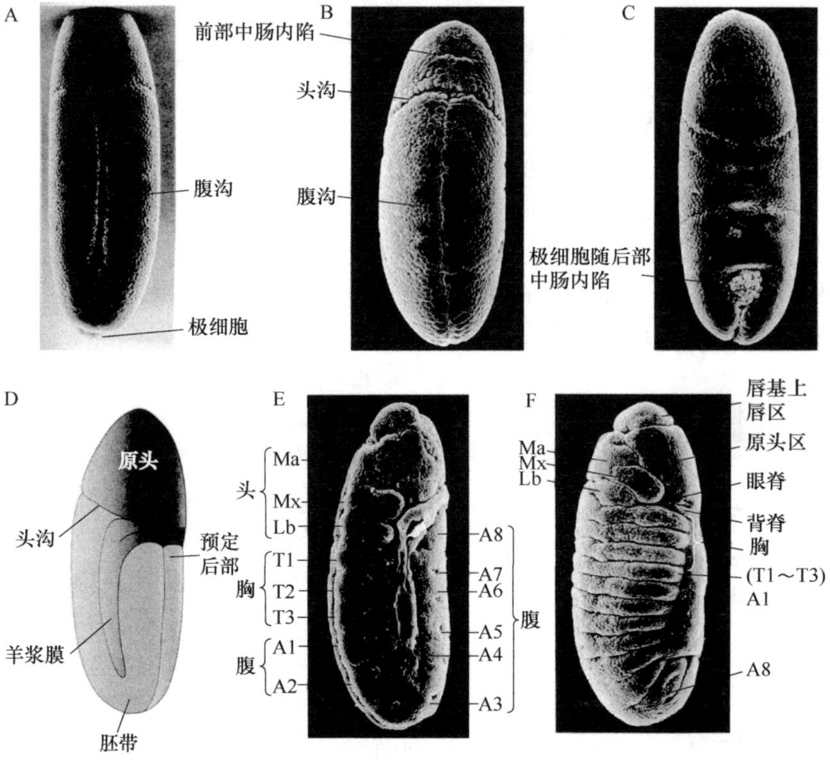

图3-26 果蝇的原肠作用（Campos-Ortega and Hartenstein，1985）

A. 腹沟开始形成，腹部中线两侧的细胞内陷；B. 腹沟闭合，中胚层细胞位于胚胎内部，表皮外胚层位于腹部中线两侧；C. 胚胎背面观，极细胞和后部内胚层内陷；D. 果蝇胚胎背侧观示意图，体节形成之前胚带延伸最充分，头沟将未来头区从胚带分开，胚带将形成胸部和腹部；E. 侧面观，示胚带的最充分延伸及体节开始形成，微小的凹痕为沿胚带排列的最初的体节，Ma、Mx和Lb对应于上颚节、下颚节和下唇节，T1～T3示胸部体节，A1～A8示腹部体节；F. 胚带改变方向，体节形成，背面头部的其他区域，如唇基上唇区、原头区、眼脊和背脊可见

关于腹部中线细胞内陷的原因，目前认为是通过细胞形状的改变而实现的。在中胚层内陷之前，这些细胞中的肌球蛋白变得最活跃，它能与细胞的肌动蛋白微丝关联组成亚细胞的收缩装置。这些活性很高的肌球蛋白不仅在中线细胞的表面顶部聚集，而且沿细胞的前后轴组织成几排（图3-27），沿未来腹沟长度产生不对称的张力，使得中线细胞顶部收缩，细胞变为楔形，导致产生了腹沟。

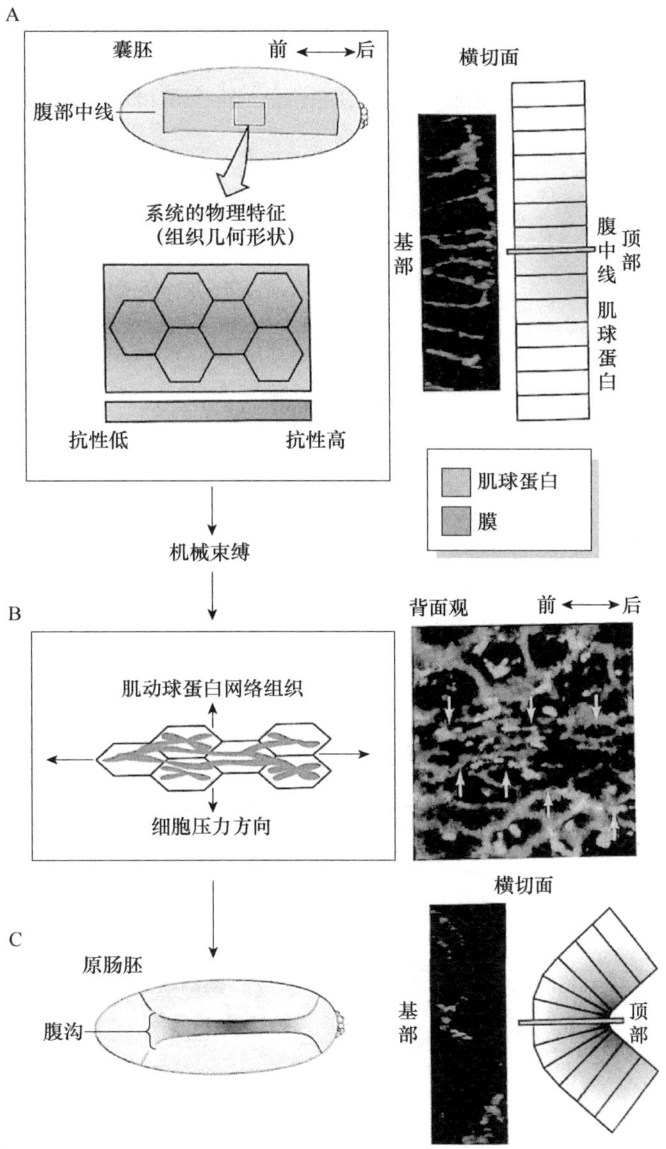

图 3-27　物理的力量导致腹部中线细胞内陷产生腹沟（Barresi and Gilbert，2019）

预定的内胚层分别在前端的腹面和后端的背面内陷。腹部内胚层内陷，形成前部中肠；背部内胚层内陷，形成后部中肠。最终，内陷加深，前部中肠和后部中肠融合，形成中肠（midgut）。

胚胎表面的外胚层细胞和中胚层聚集延伸，迁移到腹中线形成胚带（germ band），包括所有将要形成胚胎躯干的细胞。胚带向后延伸，包绕胚胎背部表面（图 3-26D）。因此，在胚带形成末期，未来形成幼虫最后端的结构（第 8 个腹部体节，A8）正好位于未来头区之下（图 3-26E）。之后，胚带收缩，将预定的后部体节置于胚胎的最后端（图 3-26F）。

部分腹面外胚层细胞内移，离开腹部表面，在腹部外胚层和中胚层之间形成一层细胞，它们将发育为神经系统。因此，在昆虫如果蝇中，神经系统定位于腹面，而不是像脊椎动物那样来源于背面神经管（图 3-28）。其余的腹面外胚层形成胚带向后移动，将来发育为表皮（epidermis）。部分外胚层从前端腹面内陷，将来形成前肠，另外一部分外胚层从背面随内胚层内陷，将形成后肠。背面的羊浆膜（amnioserosa）的作用可能是分泌信号分子，指导胚带的收缩，它最后将退化。

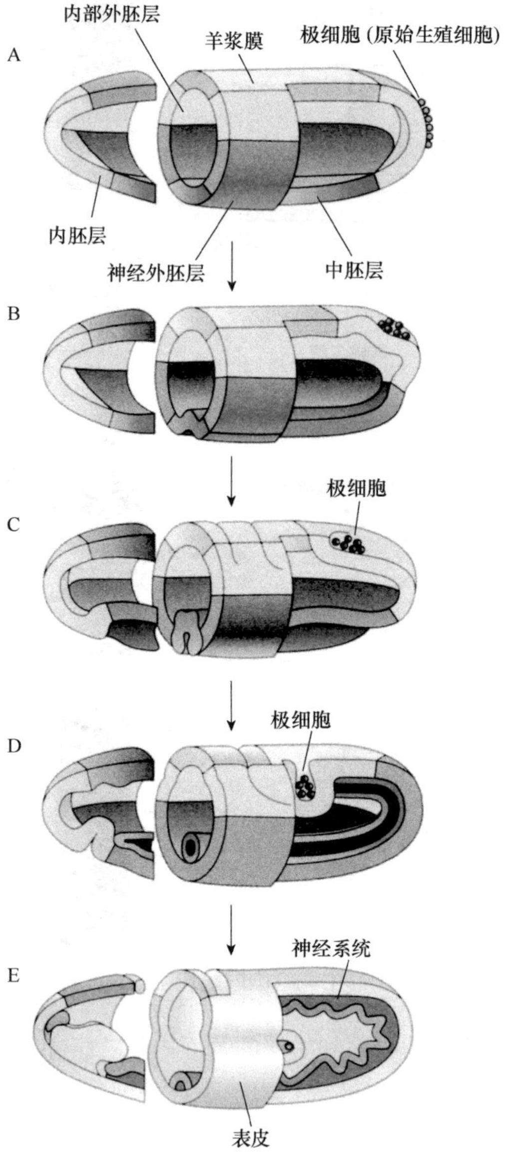

图 3-28　果蝇原肠作用示意图（Campos-Ortega and Hartenstein，1985）

A、B. 胚胎表面观和切面观，示原肠运动之前的组织命运；C. 原肠运动起始，腹部中胚层内陷；D. 腹沟闭合，中胚层已位于胚胎内部，极细胞和后部内皮层内陷；E. 胚带充分延伸，将形成胸部和腹部，神经外胚层将分化为神经系统和表皮

腹面中胚层前体细胞核中含大量 Dorsal 蛋白，Dorsal 蛋白能激活一些特殊的基因，如 *twist* 和 *snail*，Twist 蛋白激活中胚层基因，而 Snail 蛋白则抑制非中胚层基因的表达，从而使得这些细胞呈现中胚层的表型。神经外胚层前体表达 *twist* 和 *rhomboid*，背面表皮和羊浆

膜表达 *zen* 和 *dpp*，这样就形成了从腹面到背面不同的细胞类型。

原肠作用过程中上皮组织快速而有序的折叠需要细胞形状变化的精确协调，母源蛋白 TORSO 样（TORSO-like，Tsl）蛋白在该过程中发挥重要作用。*tsl* 基因突变导致果蝇胚胎中胚层不能正常内陷，形成一个腹侧表皮孔，该表皮孔是腹侧细胞顶端收缩不协调，腹沟形成不完全导致的。Folded gastrulation（Fog）蛋白能促进细胞顶端收缩，缺失 tsl 表达则强烈抑制 Fog 异位表达的影响。因此，Tsl 蛋白可能通过调控细胞外 Fog 蛋白的活性，同步细胞形态变化并协调腹沟形成（Johnson et al.，2017）。

五、鱼类的原肠作用

鱼类原肠作用过程中最初的细胞运动是胚盘细胞的外包（epiboly）。这种外包运动的动力并非来自分裂球本身，而是由卵黄合胞体层（yolk syncytial layer，YSL）的自动扩展所引起的。

在第 9 次卵裂和第 10 次卵裂之间，由于近卵黄的边缘卵裂球的塌陷，卵黄与其邻近的卵裂球之间的边界消失，待完成第 10 次卵裂时，这些卵黄中的细胞核围绕着胚盘细胞排列成一圈，这就是卵黄合胞体层。在细胞运动的起始，胚盘深层细胞向下铺展迁移，沿卵黄表面向植物极连续运动，直至将其完全包裹（图 3-29）。包被层（enveloping layer，EVL）与 YSL 紧密结合并在其牵引下向下扩展。YSL 扩展拉动 EVL 的向下运动可以通过切断 YSL 和 EVL 之间的联系来证实，一旦切断 YSL 和 EVL 之间的联系，EVL 和深层细胞重新缩回卵黄的顶端，而 YSL 则继续在卵黄细胞上扩展。E-cadherin 对这种形态发生运动，以及 EVL 和深层细胞的附着至关重要。YSL 的扩展部分依赖于其中的微管网络，阻碍微管聚合的辐射或药物可以延缓外包过程。

囊胚层的细胞沿着卵黄的表面向四周扩展，由于卵黄的阻碍，外包到一定距离时，就有大量细胞积聚在囊胚层外周的边缘，形成环状隆起，称为胚环（图 3-30）。胚环相当于胚孔唇，根据与未来胚胎的位置的关系，可分背唇、腹唇和侧唇（图 3-31）。在胚环的一定区域，也就是胚孔背唇的地方不断有胚胎细胞向内卷入。背唇的位置就是未来胚胎背部的后端。背唇的出现造成了胚胎外形两侧对称。由于卷入的囊胚层细胞越来越多，背唇的前方出现一个盾形的隆起，称为胚盾，它是由卷入的细胞集中形成的。胚盾是未来胚体的原基。以后胚盾不断伸长，胚体的形态也逐渐显露，胚盾的长轴相当于未来胚胎的主轴。

从囊胚层细胞迁移的情况看，最早卷入的是内胚层细胞，它们卷入后便构成原肠胚的下胚层，位于卵黄合胞体层的上方，未卷入的囊胚层则构成上胚层。部分上胚层细胞也会通过内移的方式进入下胚层。随着预定的内胚层卷入的是预定的脊索，它分布在上胚层和下胚层之间。预定的中胚层在卷入后便和新形成的脊索原基合并成连续的细胞层，但是脊索很快又与中胚层分离，形成与胚体的前后轴方向一致的索状结构。当预定的中胚层向内卷入时，这层的胚胎细胞也同时向胚体的中轴汇集，结果使中胚层在靠近脊索的部分变得比较厚，这部分就是体节中胚层（或轴旁中胚层），以后就变成许多节段，形成体节；在体节中胚层两侧的部分称为侧板中胚层。真骨鱼的胚胎没有典型的原肠腔，其相当于原肠腔的裂隙位于下胚层与卵黄合胞体层之间。

在囊胚层的表面仍保留一部分未卷入的胚胎细胞（上胚层），它们向下扩展，包裹整个胚胎，成为外胚层。

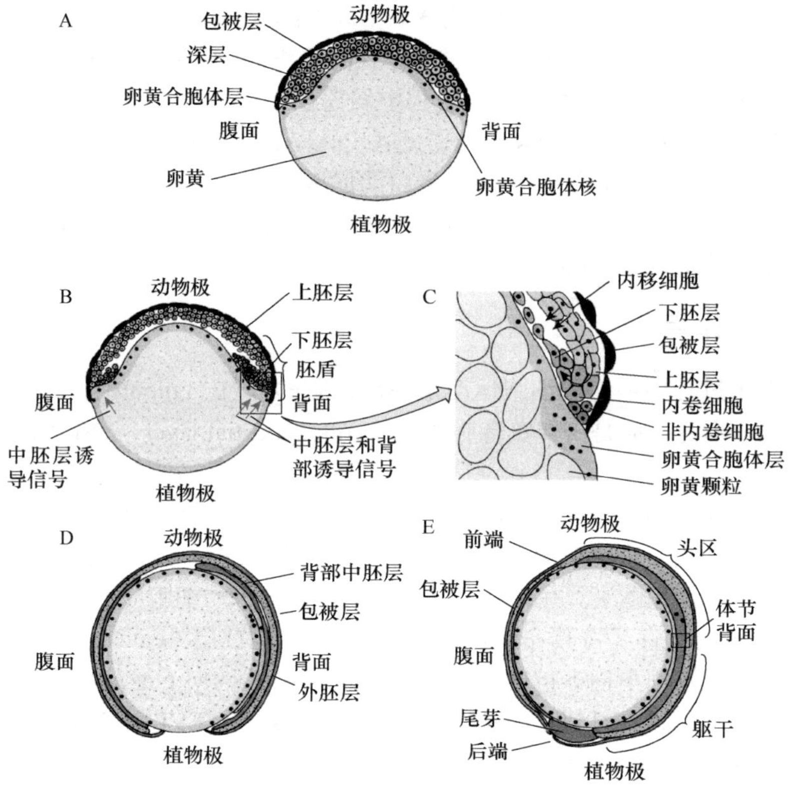

图 3-29　斑马鱼原肠胚形成时的细胞运动（Driever，1995；Langeland and Kimmel，1997）

A．外包 30% 的胚盘（约 4.7h）；B．通过外包胚盘边缘细胞内卷或上胚层细胞分层和内移形成的下胚层（6h）；C．边缘区域的放大；D．外包 90%（9h），中胚层包绕卵黄，介于内胚层和外胚层之间；E．原肠作用完成

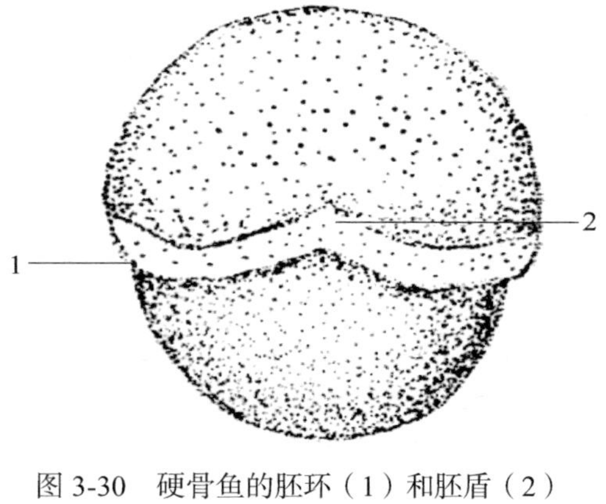

图 3-30　硬骨鱼的胚环（1）和胚盾（2）

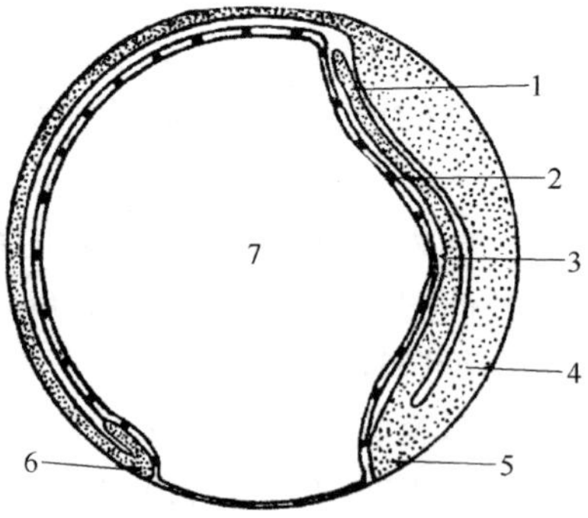

图 3-31　硬骨鱼的原肠作用

1．脊索-中胚层-内胚层；2．卵黄合胞体层；3．原肠腔；4．外胚层；5．背唇；6．腹唇；7．卵黄

六、两栖类的原肠作用

由于大量卵黄的存在，两栖类的原肠作用包括剧烈和复杂的细胞运动。通过将带有无毒染料的琼脂块贴在两栖动物的囊胚表面，使得相应的细胞染上颜色，再观察色素的运动来确

定原肠作用中细胞的运动情况，并以此来判断囊胚中各部分细胞的发育命运。这种活体染色技术表明，位于爪蟾囊胚表层和深层的卵裂球具有不同的发育命运，动物半球的表层细胞将发育为外胚层，植物半球的表层细胞将发育为内胚层，动植物半球结合部深层细胞将发育为中胚层（图 3-32）。而在其他两栖动物中，胚胎的表面和深层都存在中胚层组织。

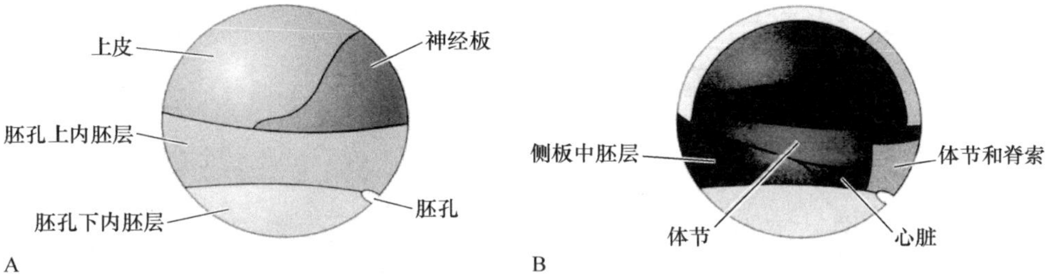

图 3-32　爪蟾囊胚命运图（Lane and Smith，1999）

A．表面观；B．切面观

下面主要以爪蟾为例，介绍两栖类原肠作用的过程。

1．两栖类原肠作用的基本过程　与海胆原肠作用不同，爪蟾原肠作用过程中，许多细胞的运动都是同步进行的，尽管如此，我们仍然能够区分出细胞的不同运动方式：外包、植物极旋转、瓶状细胞形成及内陷、内卷及细胞迁移、汇聚延伸。

1）预定外胚层外包　起初仅位于动物半球的细胞通过外包运动向下面的胚胎表面移动，最后包裹着整个胚胎，形成外胚层。这主要是通过细胞数量的增加（细胞分裂）和细胞层数的合并（数个深层的细胞通过径向插入挤到上面的细胞层）而实现的。囊胚腔顶部的外胚层由 3～4 层细胞的厚度逐渐变成两层扁平的细胞，深层的细胞向表层细胞伸出伪足，然后挤入表层的细胞之间，引起外胚层向外扩展（图 3-33）。

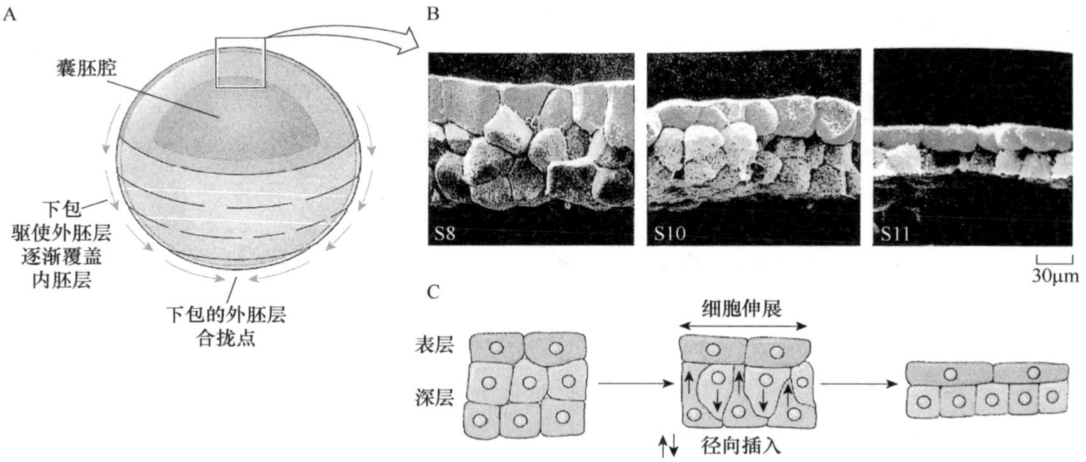

图 3-33　外胚层细胞通过径向插入驱动外包的进行（Barresi and Gilbert，2019）

A．外胚层外包，逐渐包裹内胚层；B．扫描电镜显示囊胚腔顶部细胞径向插入和细胞形态变化过程，S8 为囊胚期，S10 和 S11 为原肠晚期；C．囊胚腔顶部细胞在相应阶段的示意图

2）植物极旋转及瓶状细胞内陷　两栖类的原肠作用起始于未来胚胎的背面，即在灰色新月区先出现一个横的浅沟，形成背唇（dorsal lip），而凹陷的小孔称为胚孔（blastopore）。此时背唇处的细胞发生一些戏剧性的形态变化，其内部（朝向胚胎内部）细胞膜间失去连接，而外部细胞膜仍与邻近细胞间紧紧相连。内陷时细胞外面部分被拉成细杆状，整个细胞就成长颈瓶形，故称瓶状细胞（bottle cell）（图 3-34）。这些瓶状细胞内陷，开始形成原肠。

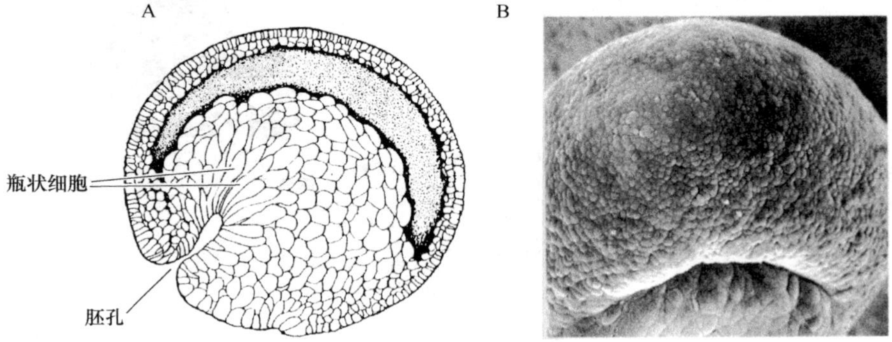

图 3-34　胚孔唇的结构（Gilbert，2006）

A. 蝾螈原肠期胚胎切面图，示胚孔处向内延伸出的瓶状细胞；B. 爪蟾早期胚孔背唇的表面观，动植物极之间的卵裂球大小差异已经很明显

事实上，背唇形成并不是原肠作用的第一个事件。在瓶状细胞形成前至少 2h，内部细胞重新排列，推动囊胚腔背下部的细胞朝向动物极。植物极旋转将咽内胚层细胞推向前，位于内卷的中胚层之上，这些细胞带动中胚层细胞进入内部朝动物极方向移动。然后这些细胞沿囊胚腔的顶部迁移。咽内胚层和头部中胚层带动内卷细胞前行。边缘带的表层细胞由于和迁移的深层细胞相连而被拖入内部（图 3-35）。

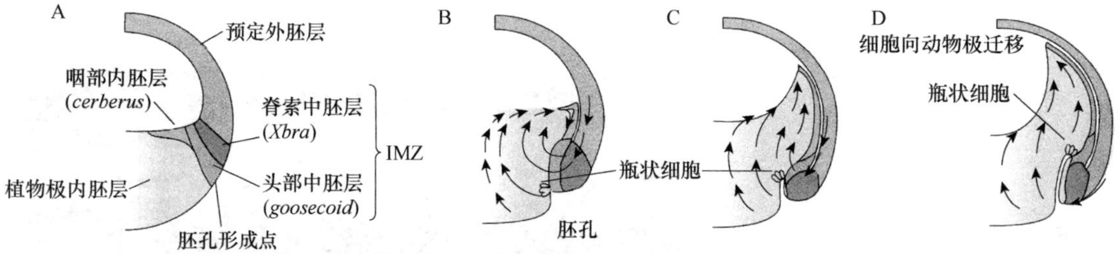

图 3-35　爪蟾早期原肠作用时细胞的运动（Winklbauer and Schürfeld，1999）

A. 原肠作用开始时，内卷边缘带（IMZ）形成；B. 植物极旋转（箭头所指）将预定的咽部内胚层推到囊胚腔的边上；C、D. 植物极内胚层移动，将咽部内胚层向前推移，带动中胚层进入胚胎内部，并向动物极方向迁移

3）内卷及细胞迁移、汇聚延伸　随着瓶状细胞内陷，原肠作用的下一阶段就是边缘带的细胞向内卷入。动物极的细胞向下包并在胚孔处集中。当迁移的边缘细胞到达胚孔唇时，它们内转并且沿外细胞层的内表面前行。外胚层与其下面内卷的中内胚层（mesendoderm）之间由一个狭小空间分隔开，其中含有细胞外基质，这个小裂隙叫“乳囊裂”（cleft of Brachet）。组成胚孔唇的细胞总是处于变化之中：首先组成背唇的细胞是内胚层细胞，它们内陷，形成原肠的前缘，这些细胞后来成为咽细胞；当第一批细胞进入胚胎内部之后，胚孔

唇又由内卷的细胞组成，这些细胞是头部中胚层的前体；下一批卷入胚孔背唇的细胞是脊索中胚层细胞，这些细胞将形成“脊索”—— 这是神经系统分化所必不可少的诱导者。

在两栖类原肠作用过程中，瓶状细胞仅起一个启动形成浅沟的作用，而深层内卷边缘带（dIMZ）细胞（头部中胚层和脊索中胚层）的形态发生运动是原肠作用的主要动力。内卷边缘带（IMZ）原先朝向植物极的一端（头部中胚层）细胞卷向动物极，引导细胞向囊胚腔运动。在通过胚孔之前，dIMZ 数层柱状细胞相互插入，使其变成一层薄的向下扩展的深层细胞，导致胚孔逐渐向植物极移动。当这些细胞卷入胚胎内部时，柱状深层细胞变平扩展，彼此之间也相互插入，汇聚延伸，形成一条窄而长的中胚层流，向动物极方向迁移（图 3-36）。

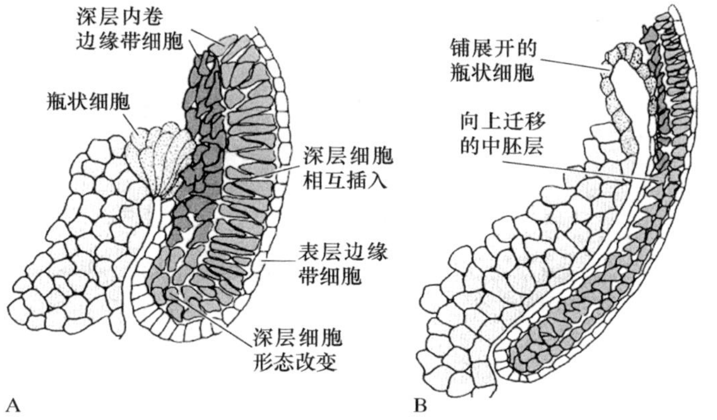

图 3-36 爪蟾早期原肠作用过程中内卷边缘带细胞的运动（Wilson and Keller，1991）

A. 深层内卷边缘带细胞相互插入；B. 原肠作用晚期，深层内卷边缘带细胞变成扁平状

4）三个胚层的形成　在原肠作用过程中，动物极帽和非内卷边缘带细胞通过外包扩展，覆盖整个胚胎，形成外胚层。深层内卷边缘带是动植物半球结合部深层的一个细胞环，在原肠作用过程中，该细胞环沿胚孔唇内卷，形成中胚层。内卷进行时，预定中胚层细胞伸出伪足，表明细胞正在主动迁移。当新的细胞进入胚胎内部以后，原有的囊胚腔被挤到背唇相对的一侧，而原肠腔开始形成。随着动物半球的细胞不断在背唇处集中、内卷，胚孔也逐渐拓宽，形成侧唇和腹唇。预定脊索中胚层从背唇内卷，体节（轴旁）中胚层从侧唇卷入，未来的侧板中胚层从腹唇卷入。中胚层细胞内卷时，表层边缘带细胞由于和主动迁移的深层中胚层细胞相连而被其一起拉入，这样同时也形成了原肠腔顶部的内胚层壁。胚孔下面的植物极细胞被外包的非内卷边缘带细胞覆盖，形成原肠腔底部的内胚层（图 3-37）。

2. 原肠作用的机制　原肠作用并非独立于其他发育过程的一个发育阶段。实际上，原肠作用的准备可以追踪到精卵融合的时刻。受精时精子的穿入引起卵细胞质的重排，在精子穿入点的对面形成灰色新月区。最早的原肠作用就是在动物半球和植物半球之间边缘带的灰色新月区出现背唇。许多研究表明，灰色新月区含有原肠作用起始所需的因子，它们位于深层的细胞质中。如果将卵裂期的胚胎灰色新月区的细胞质取出，移到第一次卵裂的胚胎腹侧，结果得到灰色新月区成分的胚胎区也能形成原肠，最终形成两个胚胎轴。一种 Rho 鸟苷酸交换因子（Rho guanine nucleotide exchange factor，RhoGEF）Plekhg5 在爪蟾原肠作用过程中的胚孔唇表达，是瓶状细胞顶端收缩所必需的。敲降 *plekhg5* 基因表达的胚胎，其瓶

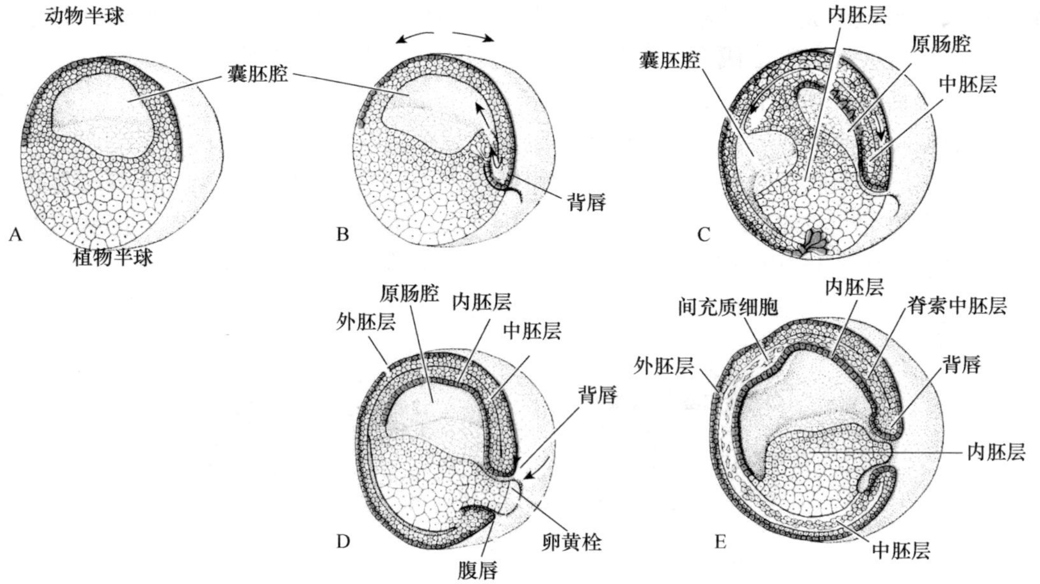

图 3-37　蛙原肠作用过程中的细胞运动（Keller，1986）

A. 囊胚；B. 原肠作用早期，边缘瓶状细胞内陷形成胚孔的背唇，中胚层前身在胚孔背唇处开始内卷；C. 原肠作用中期，原肠腔形成，将囊胚腔挤到一边；D. 细胞从胚孔侧唇和腹唇进入胚胎，动物半球的细胞下包移向植物极，将胚孔移向靠近植物极的区域，原肠腔逐渐取代囊胚腔；E. 接近原肠作用末期，囊胚腔消失，胚胎被外胚层包围，内胚层已经进入内部，中胚层细胞在内、外胚层之间

状细胞顶端肌动球蛋白不能富集，细胞顶端不能收缩，从而影响瓶状细胞和胚孔唇的形成（Popov et al.，2018）。

两栖类原肠作用中外包的主要机制除通过细胞分裂增加细胞的数量之外，就是细胞层数的合并，深层细胞插入表层细胞之间，造成细胞被动地向植物极铺展。补体成分 3a（C3a）仅在表层的单层细胞中表达，而在深部的多层细胞中未表达，敲降 C3a 导致细胞不能进行径向插入，外胚层不会变薄；外源表达 C3a 使得外胚层细胞在表达 C3a 的细胞下大量聚集。因此 C3a 可作为短距离的化学吸引剂，引导深层的外胚层细胞径向插入表层。

当内卷的细胞进入胚胎内部后，它们怎么知道要往动物极方向迁移呢？原来，在原肠作用前，囊胚腔顶部的预定外胚层分泌一种细胞外基质，其中含有纤维粘连蛋白（fibronectin）纤丝，它不仅让细胞附着在上面进行移动，也为细胞的迁移提供了方向。

因此两栖类的原肠作用是比较复杂的，由几种细胞形态同时发生运动或陆续进行，它们相互配合、相互联系才能完成整个原肠作用。

七、鸟类的原肠作用

1. 鸟类原肠作用的一般过程　在鸟类胚盘中央，由于胚盘下腔的形成，胚盘中央和卵黄分开，显得比较透明，称为明区（area pellucida），而胚盘边缘细胞与卵黄直接接触，显得较暗，称为暗区（area opaca）（图 3-38）。

在一个有两性的鸡群中，当一只母鸡产下一枚鸡蛋（受精卵）时，这枚鸡蛋实际上已经包含约 5 万个细胞了。此时，大多数明区的细胞都在表面，形成上胚层（epiblast）。不久，明区后端的上胚层局部加厚，形成科勒氏镰刀（Koller’s sickle）。明区和科勒氏镰刀之间的一个带状区域称为后缘区（posterior marginal zone，PMZ）。在明区和边缘区之间的后端交界处，一条细胞带在表层细胞下面向前迁移，同时在上胚层较前面区域的细胞分层，停靠在上胚层的下面形成下胚层小岛，每个“小岛”包含 5～20 个细胞，此后“群岛”的细胞迁移相连变为初级下胚层（图 3-38）。从科勒氏镰刀向前生长的细胞带形成次级下胚层。之后次级下胚层与初级下胚层汇合，形成完整的下胚层，此时的囊胚由上胚层和下胚层两个细胞层组成，二者之间形成一个囊胚腔。胚胎的三个胚层以及一些胚外成分均由上胚层发育而来，下胚层不形成胚胎本体，而是形成胚胎外膜的成分，给胚胎以营养和保护作用，还为上胚层细胞的迁移方向提供化学信号。

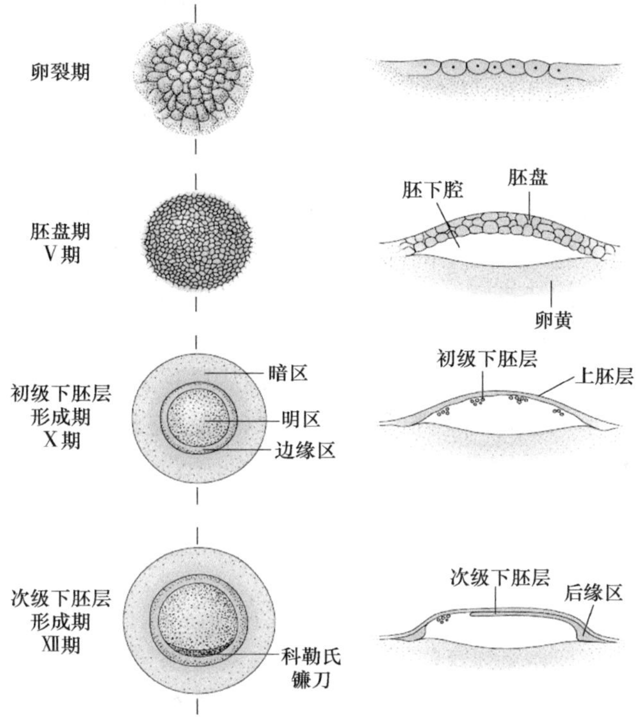

图 3-38 鸡胚上、下胚层及囊胚的形成（Slack，2013）

鸟类、爬行类、哺乳类原肠作用的特点就是形成原条（primitive streak）。首先，胚盘表面细胞向明区一端（未来胚胎的后端）迁移聚集，形成一个三角形的细胞聚集加厚区，此为初期原条。以后细胞继续迁移集中，原条向明区中央延伸，明区的后端向后延伸。胚胎伸展使原条变得狭窄，长度增加，此时原条内细胞内陷，形成原沟（primitive groove），此为定形期原条（图 3-39）。

原沟相当于两栖类胚胎的胚孔，细胞通过内移的方式从原沟迁移到囊胚腔内。在原条的前端，细胞积聚加厚，形成原结，即亨森氏结（Hensen’s node），相当于两栖类的背唇。从亨森氏结内移到囊胚腔的细胞是未来的头部中胚层和脊索，而从原条侧部进入的细胞将形成内胚层和其他中胚层。留下的上胚层细胞外包，包围卵黄，形成外胚层。由于细胞的内移前推，亨森氏结前方沿中轴线形成一个长形的隆起，称为头突。细胞进入囊胚腔内，向下胚层

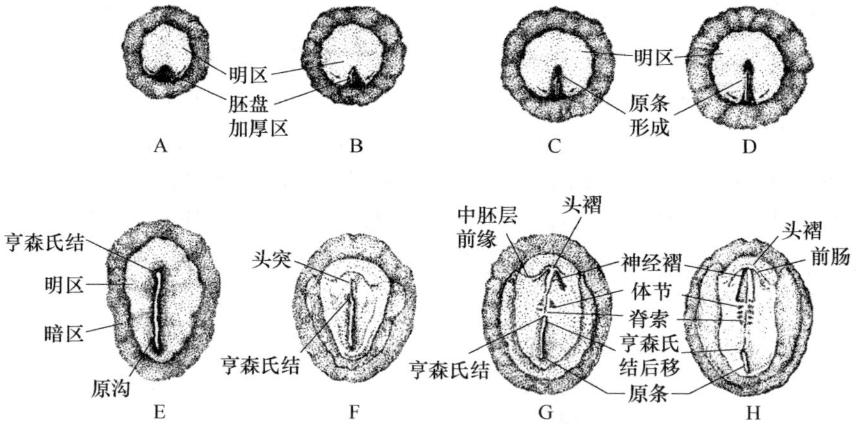

图 3-39 鸡胚原条细胞的运动（Spratt，1946）

A～E. 原条形成（背面观）。A. 受精后 3～4h；B. 5～6h；C. 7～8h；D. 10～12h；E. 15～16h；箭头示细胞运动的方向。F～H. 原条回缩，脊索和体节逐渐形成。F. 19～22h；G. 23～24h；H. 4 体节期

方向迁移，同时也向两侧扩展，并从原条前端向前方扩展。内移入囊胚腔的细胞很快分成两部分，一部分向下迁移，将下胚层中间的细胞挤走，并取而代之，形成胚胎的内胚层；另一部分细胞在上、下胚层之间的囊胚腔内形成一层松散的细胞，它们将发育为中胚层和胚外膜（图 3-40）。随着细胞内移的进行，由于头部中胚层和脊索从亨森氏结向前推进，原条开始向后回缩，使得原先大概位于明区中央的亨森氏结向后推移。当原条回缩时，通过后移的亨森氏结内移下来的细胞形成脊索。在外胚层，大多数神经板将发育为未来的脑区，紧靠着亨森氏结的侧面和后面的一小部分神经外胚层（有时也叫尾侧上胚层）将产生神经系统的其余部分，包括后脑的后端以及所有脊髓。随着原条的收缩，尾侧上胚层区随着亨森氏结一起收缩，并将细胞加到伸长的神经板的尾端。受精后 24h，亨森氏结后移至脊索、神经板和体节之后，最终亨森氏结回缩到最后端区域。

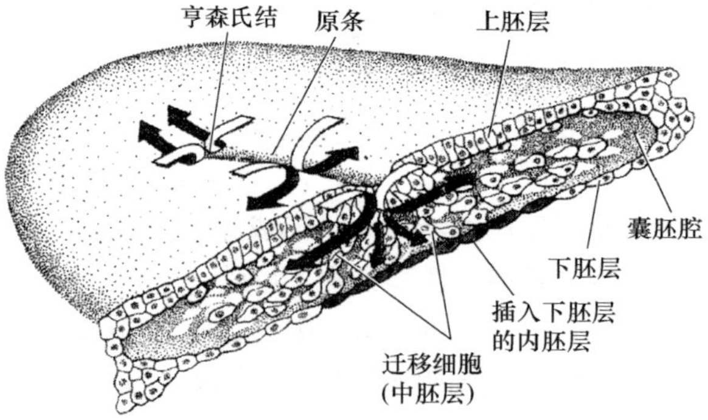

图 3-40 鸡胚原肠作用时中胚层和内胚层细胞通过原条向胚胎内部迁移（Balinsky，1975）

2. 鸟类原肠作用的机制

1）下胚层对胚轴的影响　　虽然下胚层不构成鸟类胚胎的本体，但它对胚胎发育是至关重要的，主要表现在对胚轴的影响方面。在原条形成后不久，如果将鸡上、下胚层分开，将两个胚层改变方向，使其长轴相互垂直重新放置在一起，结果发现原条沿下胚层的长轴发

生弯曲。如果去掉下胚层，则所有后面的发育都会停止，直到上胚层重新产生下胚层为止。如果下胚层消失，则原条不能形成，明区发育成一团无规则的中胚层样组织，因此下胚层可以直接诱导原条的形成。

2）细胞运动　在原条开始形成之前，上胚层细胞就出现了分化，部分上胚层细胞的表面表达一种特殊的硫酸化葡萄糖醛酸（HNK-1）分子。后来，这些细胞内移到囊胚腔中，并向后端迁移。可能后缘区细胞可以分泌一种化学物质，能吸引 HNK-1 阳性细胞，而前端细胞则分泌一种排斥分子，因而不能吸引 HNK-1 阳性细胞。HNK-1 阳性细胞将发育为内胚层和中胚层，而不表达 HNK-1 的细胞将形成外胚层。如果细胞表面的 HNK-1 被抗体特异结合，使其失去活性，则这些细胞将不会发生迁移，仍停留在上胚层中，胚胎也不会形成中胚层和内胚层。当原条即将延伸到其最大长度时，HNK-1 阳性细胞把上胚层中部的细胞外基质片层溶解掉，形成原沟。

如同两栖类原肠作用一样，鸟类原肠作用开始时也形成瓶状细胞，这些细胞一旦从原条迁移到囊胚腔，就变扁变平，形成伪足，借此迁移运动。在迁移过程中，细胞外的黏多糖（如透明质酸）可能起了重要作用。透明质酸由外胚层细胞分泌，并在囊胚腔中积累。透明质酸在囊胚腔中积累时，正是第一批细胞进入囊胚腔时。进入囊胚腔的细胞会覆盖一层透明质酸，它能使正在迁移的细胞彼此分离，从而能单个地迁移运动。如果将透明质酸酶注射进囊胚腔，消化掉透明质酸，细胞就会集结在一起，不能迁移。

3）原条收缩及体轴延伸的信号调控　原条和轴旁（未来的体节）中胚层中的 Fgf 信号使得原条收缩时这部分区域保持未分化状态，而当细胞离开这个区域时产生的视黄酸则对 Fgf 信号产生拮抗作用。例如，在第 10 期的鸡胚中，Fgf8 抑制视黄酸合成酶 Raldh2 在未来的体节中胚层表达（图 3-41 中 1），并抑制视黄酸受体 RARβ 在神经外胚层表达，这样就阻止了视黄酸促进尾侧上胚层细胞（这些细胞靠近原条和亨森氏结的边界，将产生侧面和背面神经管）和最后端轴旁中胚层的分化（图 3-41 中 1，5）。此外，Fgf8 抑制 Shh 在神经管底板处表达，控制着腹面特化基因的启动（图 3-41 中 1）。Fgf 信号对于 Delta1 在尾侧中部上胚层细胞的表达也是必需的（图 3-41 中 2），Fgf 信号也能促进 Wnt8c 的表达（图 3-41 中 4）。随着 Fgf8 信号在尾部轴旁中胚层减弱，Wnt 信号（很可能是 Wnt8c）就可以在邻近的轴旁中胚层促进 Raldh2 的表达（图 3-41 中 4），Raldh2 产生的视黄酸抑制 Fgf8（图 3-41 中 1）和 Wnt8c 的表达（图 3-41 中 3，4）。

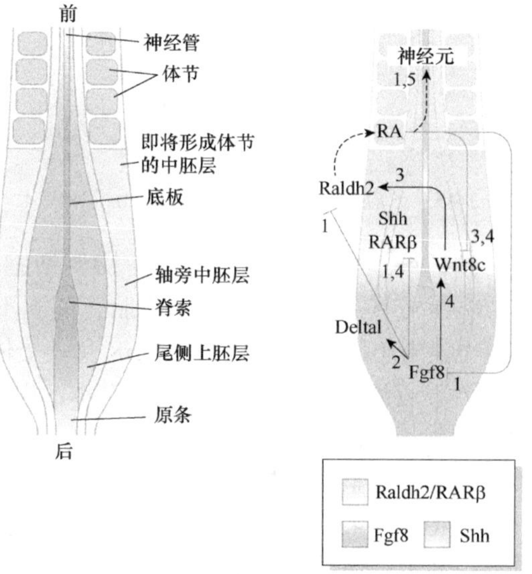

图 3-41　鸡胚前后轴延伸的调控机制
（Barresi and Gilbert，2019）

八、哺乳类的原肠作用

哺乳类的发育模式与鸟类、爬行类较为相似，但也有一些区别。鸟类、爬行类胚胎含大量卵黄，行体外发育。而除原始卵生哺乳类以外，大多数哺乳动物的胚胎缺乏卵黄，因为哺乳类胚胎能直接从母体获得营养物质，无须卵黄提供。这种进化使母体解剖结构发生巨大的变化，如输卵管膨大以形成子宫，以及专门用于吸收母体营养的胎儿-母体组合器官的出现，即胎盘（placenta）。

哺乳类胚胎早期发育过程大致如图 3-42 所示。首先从内细胞团分出下胚层（也称初级内胚层）。这些从内细胞团分出的细胞在囊胚腔内排成一行，将来形成卵黄囊的内胚层，下胚层以上的细胞就是上胚层细胞，上胚层又分离成两层细胞，一层细胞构成胚胎上胚层，另一层细胞则形成羊膜（amnion）（图 3-43）。一旦羊膜形成后，它就分泌羊水。

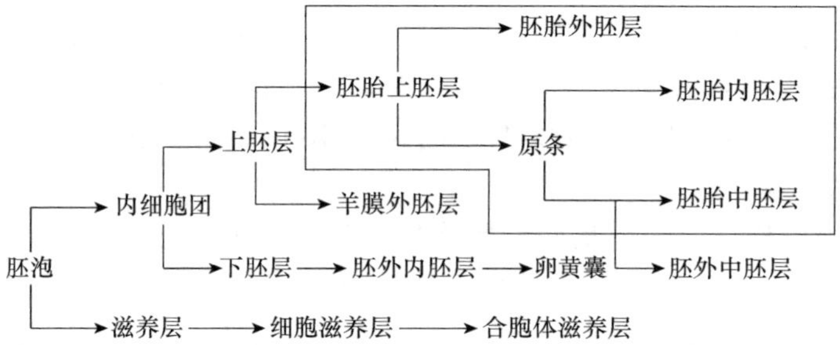

图 3-42　早期人类胚胎组织和胚层形成示意图

框内部分为胚胎组织，其余部分为胚外组织

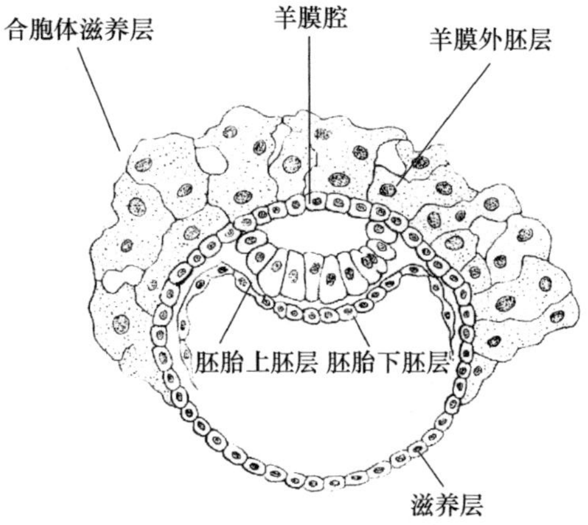

图 3-43　人胚胎羊膜的形成（Larsen，1993）

胚胎上胚层才是真正产生胚胎本体的细胞，在胚胎上胚层的后端边缘，细胞集结变厚，产生原条。和鸟类胚胎一样，内胚层和中胚层细胞都来自上胚层。通过原条迁移到上、下胚层之间并铺展开的细胞将形成中胚层结构。部分细胞向下插入下胚层，形成内胚层。与上胚层接触的初级内胚层将形成脏壁内胚层，而那些与滋养层接触的卵黄囊细胞将发育为体壁内胚层。与鸡的脊索形成不同的是，形成小鼠脊索的细胞是整合在原肠胚内胚层的，这些细胞形成一个小的有纤毛的细胞带，从原结向前端延伸，它们向中间汇聚，从肠的顶部在背面以“出芽”的方式形成脊索。

成纤维细胞生长因子（Fgf）协调细胞的迁移和特化，原条细胞能够合成和响应 Fgf 信号。Fgf8 或其受体纯合突变的胚胎，细胞不能从原条中迁离，因原条发育得很厚，既没有中胚层也没有内胚层形成，表明 Fgf8 及其受体的功能是驱使中、内胚层离开原条。

滋养层细胞开始时分裂比较正常，以后仅细胞核分裂而细胞质不分裂，产生一些多核细胞，那些单核细胞就构成细胞滋养层，而多核细胞就是合胞体滋养层。细胞滋养层位于内部，细胞排列整齐，界限清楚。而合胞体滋养层位于外部，细胞融合成一层，并能与子宫组织愈合（图 3-43）。合胞体滋养层向子宫壁侵入时形成原始绒毛，滋养层间出现裂隙，成为滋养层间隙。原始绒毛中央无间叶细胞索，以后原始绒毛长大伸长并成为次级绒毛。每个次级绒毛中央有胚胎的血管，血管外围有间叶细胞组成的中胚层索。当胚胎继续长大时，大部分绒毛逐渐被吸收消失，成为平滑绒毛膜。仅与母体子宫深层的底蜕膜处接触的绒毛由于供血充足，生长茂密，反复分支，成为丛密绒毛膜。

最后，母体子宫的底蜕膜和胚胎的丛密绒毛膜组成胎盘。胎盘的生理功能主要是提供胚胎发育时所需的养料，排出废物。但在胎盘中，母体和胚胎的血液并不相混，物质和气体可通过半透性的膜相互交换。此外，胎盘还能分泌激素，不仅能分泌雌激素和黄体酮，促进胚胎和胎盘的正常发育，而且能分泌促乳素，促进母体乳房发育，以便以后分泌乳汁。胎盘还能保护胎儿，阻挡母体免疫系统的影响。胎盘的合胞体滋养层细胞膜上有一种物质能阻止免疫应答。

实验表明，仅有父本染色体的胚胎可以有发育完好的绒毛膜，但由于缺失正常的胚胎体而死亡。仅有母本染色体的胚胎，即使有似乎正常的胚胎体，但由于缺少绒毛膜而死亡。这似乎表明，由精子而来的基因对绒毛膜的正常发育是必需的，而由母本而来的基因，对胚胎本身的正常发育起着重要作用。

人类的双胞胎可以分为两种，即同卵双生和异卵双生。异卵双生是两个卵分别受精的结果，而同卵双生则是由一个胚胎形成的，胚胎细胞以某种方式发生分离。同卵双生可能是由早期的卵裂球分离导致的，或者是同一囊胚的内细胞团发生分离产生的。如果分离发生在绒毛膜形成之前，同卵双生的胎儿各具有独立的绒毛膜（图 3-44A）；如果分离发生在绒毛膜形成（第 5 天）之后、羊膜形成（第 9 天）之前，那么双胎将共用一个绒毛膜，但各具一个羊膜（图 3-44B）；如果分离发生在羊膜形成之后，则胎儿将共用一个绒毛膜和一个羊膜（图 3-44C）。

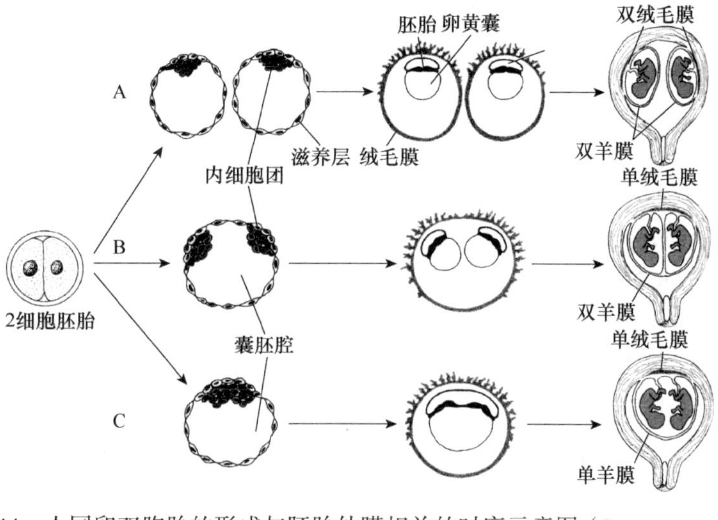

图 3-44　人同卵双胞胎的形成与胚胎外膜相关的时序示意图（Langman，1981）

A．分离发生在绒毛膜形成之前；B．分离发生在绒毛膜形成之后，羊膜形成之前；C．分离发生在羊膜形成之后

胚胎早期发育过程中，细胞的空间位置对于其命运具有重要的影响。借助单细胞转录组测序技术可以重建胚胎细胞的发育轨迹。例如，通过对受精后 6.5～8.5 天小鼠胚胎中 116 312 个单细胞的基因表达模式进行分析，连续检测了原肠胚形成的 48h 内不同时间点的各个细胞的基因转录信息，从而拼接出小鼠胚胎中早期细胞的分子图谱（Pijuan-Sala et al.，2019）。由

于收集处于发育早期胚胎标本有困难，以及法律严禁在实验室培养的人类胚胎超过 14 天的限制，目前对人类原肠胚形成过程的理解还很有限。利用人类胚胎干细胞可以构建“类原肠胚”（gastruloid）的三维结构，该结构分化形成空间上组织的三个胚层衍生物，具有前后端，再现了人类早期胚胎发育的关键事件，为研究人类胚胎早期发育的基因调控、药物筛选等提供了一个实验性的可操纵的模型系统（Moris et al.，2020）。

第四节　胚轴的特化与体轴的建立

雌性生殖细胞——卵细胞是上、下世代间生命延续的纽带。作为新一代个体的开端，它们是未分化的细胞，受精后通过细胞分裂、分化，形成个体的各种组织细胞，包括生殖细胞。在个体发育终期，它们又是个体中终末分化的细胞。成熟的卵细胞不仅外表具有极性，细胞内的物质（如形态发生素等）也呈极性分布。正是这些物质极性分布所体现的位置信息决定了未来胚胎的体轴。

一、果蝇胚轴的特化与体轴的建立

虽然胚胎发育是指受精后发生的过程，但实际上果蝇胚胎发育的许多分子事件在卵子发生过程中就在进行，因此卵细胞就是具有极性的细胞。果蝇卵细胞的极性是通过卵室内的生殖细胞和体细胞（滤泡细胞）之间一系列交互信号转导，以及所引发的基因表达或抑制而建立起来的（Gonzalez-Reyes et al.，1995；Roth et al.，1995）。无论是卵的前后轴还是背腹轴的建立，都经历这两种细胞双向信号转导，并使用了相同的起始信号传递途径。起始信号的配体是由转化生长因子 -α（TGF-α）的同源基因 *gurken*（*grk*）编码，由卵细胞产生。信号受体则是由上皮生长因子受体同源基因 *torpedo*（*top*）编码，由体细胞来源的滤泡细胞产生。卵细胞与滤泡细胞之间第一次双向信号交流，以及卵细胞内细胞骨架极性的改变首先建立了卵细胞的前后轴，随后导致背面化信号定位在卵的背前方，再建立起卵的背腹轴。

1. 前后轴的形成　细胞极性要求许多蛋白质定位在细胞内的特定区域。两个主要的母源性 mRNA，*bicoid* mRNA（*bcd* mRNA）和 *nanos* mRNA，在果蝇前后轴的形成过程中起关键作用。*bicoid* mRNA 定位到卵母细胞的前部，而 *nanos* mRNA 则位于卵母细胞的后部，它们在受精后翻译成蛋白质，并向胚胎的中部扩散，形成两个相对的蛋白质浓度梯度，Bicoid 的浓度由前向后逐渐降低，Nanos 的浓度则从后向前逐渐降低，这两种蛋白质的浓度梯度对前后轴的决定起主要作用。

Swallow（Swa）和 Exuperantia 在维持卵子前部 Bicoid 信号方面起重要作用。研究表明，Swa 通过调节肌动蛋白的组装从而对 *bicoid* mRNA 的定位起着间接的调控作用，它并没有直接将 *bicoid* mRNA 连接到动力蛋白上，而是锚定在前部的微管上。Staufen（Stau）则与动力蛋白（dynein）、*bcd* mRNA 以及一些尚未鉴定出来的因子一起组成复合体依靠动力蛋白通过微管直接参与了 *bcd* mRNA 的转运和定位（图 3-45）。

bicoid 突变体造成 Bicoid 产物缺失，则幼虫无头和胸部，原头区也被一个反向的尾节代替。与之形态相似的是 *bicephalic* 突变体，其幼虫两端各有一个头，且两个头是镜像对称排列。这是因为卵细胞与两端的滋养细胞邻接，接受两端的 *bicoid* mRNA 信号所产生的。另外，如果将纯化的 *bicoid* mRNA 注射到卵裂早期胚胎，得到 *bicoid* 信息的任何部位都将变成

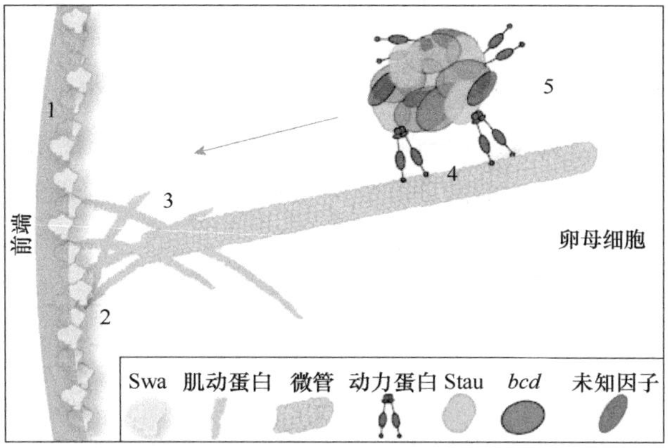

图 3-45　卵子发生后期 *bicoid* mRNA 定位的模式图（Weil et al.，2010）

1．在后期卵母细胞中，Swa 蛋白存在于整个卵母细胞的质膜中；2．Swa 蛋白的作用在于组织肌动蛋白（actin）细胞骨架；3．这些细胞骨架能够锚定前部的一群微管（MT）；4．这些微管对于 *bcd* mRNA 持续活跃地转运到前部是非常重要的；5．无膜的 bcd 核糖核蛋白包含 *bcd* mRNA、Stau 和动力蛋白复合体，可能还有一些尚未鉴定出来的因子

头部。如果 *bicoid* mRNA 被注射到胚胎的中央，则中间将变成头部，而它的两边则变成胸部结构。如果把 *bicoid* mRNA 注射到野生型果蝇胚胎的尾部，那么将发育出两端各有一个头的双头胚胎（图 3-46）。

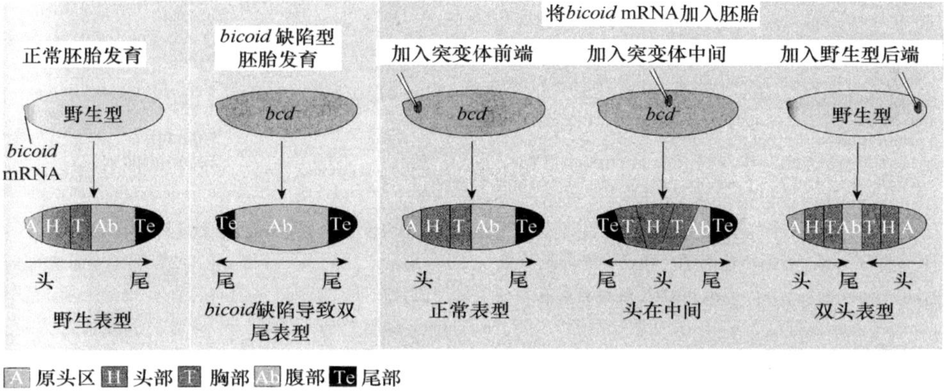

图 3-46　*bicoid* 基因编码果蝇头部结构的形成发生蛋白（Driever et al.，1990）

另两种母源性 mRNA（*hunchback* 和 *caudal*）分别对特化体轴的前部区域和后部区域起重要作用。这两种 mRNA 是由卵巢的滋养细胞合成，被转运到卵母细胞中的。它们在胚胎中广泛分布，然而其翻译受到 Bicoid 和 Nanos 蛋白浓度梯度的调节。Bicoid 蛋白含一个螺旋-转角-螺旋结构区（helix-turn-helix domain），是一种转录因子，它可以结合到其他基因（如 *orthodenticle*、*hunchback*）的调控区，并把这些基因置于自己的控制之下。在胚胎前部，由于 Bicoid 结合到 *caudal* 的 3′-UTR 的一个特殊区域，阻止了 *caudal* 在胚胎前部翻译，这样胚胎的头、胸部区域才能正常形成。Caudal 对后部区域的特化起着非常重要的作用，它能激活

一系列下游基因，引起后肠内陷。在胚胎后部，Nanos 与 Pumilio 蛋白结合，使得 *hunchback* mRNA 去腺苷化，从而阻止了 *hunchback* 的翻译。由于 Hunchback 抑制 *knirps*，因此 *knirps* 在后部得以表达，这样胚胎的后部区域才能正常发育（图 3-47）。这样在早期胚胎中形成了 4 种母源性蛋白的浓度梯度：Biocoid 蛋白从前向后浓度逐渐降低；Hunchback 蛋白从前向后浓度逐渐降低；Nanos 蛋白从后向前浓度逐渐降低；Caudal 蛋白从后向前浓度逐渐降低。

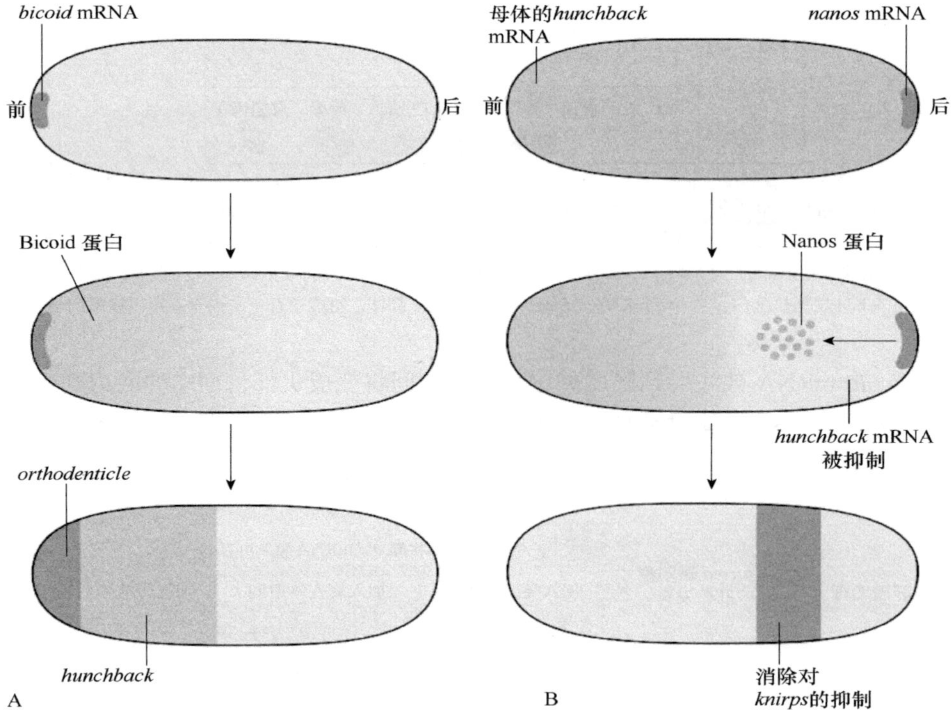

图 3-47　果蝇母源性基因特化前后轴的模式图（Slack，2013）

A．前部特化因子；B．后部特化因子。卵巢中滋养细胞将 *bicoid*、*nanos*、*hunchback* 等 mRNA 置于卵母细胞的不同区域，*bicoid* mRNA 被运到前端，而 *nanos* mRNA 被运到后端；一旦翻译成蛋白质，Bicoid 从前向后蔓延；Nanos 蛋白从后向前扩散；Nanos 抑制 *hunchback* 在后端翻译，由于 Hunchback 抑制 *knirps*，因此 *knirps* 在后部得以表达

除前部和后部的形态发生素之外，还有第三套母源性基因调控胚胎前后两端非体节的端部（原头区和尾部）的发育。这些端部基因的突变将导致原头区和头部体节的前面部分以及尾部和腹部体节后面部分丢失。调节端部发育的一个关键基因是 *torso* 基因，它编码一种细胞外信号分子受体的一个跨膜蛋白。TORSO 蛋白的分布并没有局限于卵的两端，而是均匀分布于整个卵质膜。然而，TORSO 蛋白仅仅被位于卵母细胞两端的滤泡细胞所激活，该激活因子可能是 TORSO 样蛋白，*torso-like* 基因通常仅在前端和后端的滤泡细胞中表达，合成的 TORSO 样蛋白可穿过卵周隙，激活卵膜上的 TORSO 蛋白。TORSO 蛋白的活性打开了酪氨酸受体激酶的通路，在卵子两端产生的这些基因产物在胚胎中向细胞质弥散，在 Bicoid 蛋白的共同作用下，前端形成了原头区，后端形成了尾部。

2. 影响身体分节的基因　在体节沟真正形成之前，一个未来体节的后半部与后面相邻体节的前半部形成一个副（旁）体节（parasegment）。在合胞体囊胚层中，胚胎细胞开始产生它们自身的 mRNA 和蛋白质。其中许多新蛋白质是基因调控因子。这些因子并不沿身体均匀表达，而是在空间上被限制在表达区内。形态一致的囊胚层中，基因表达顺序为：①间隙基因（gap gene），出现在宽的、重叠的带内，包括基因 *orthodenticle*、*hunchback*、*Krüppel* 和 *Knirps* 的表达带。这些基因突变产生的缺陷产物将引起幼虫体内成串的副体节丢失。间隙基因表达之后接着是配对法则基因表达。②配对法则基因（pair-rule gene），每隔一个体节，以 7 条条纹图式表达。它包括许多基因，如 *hairy*、*even-skipped* 和 *fushi tarazu*。*fushi tarazu* 在奇数副体节表达，而 *even-skipped* 在偶数副体节表达。这些基因的突变将产生仅有奇数或仅有偶数体节的幼虫。③体节极化基因（segment polarity gene），把不同体节再分成更小的条纹。在副体节中间划分最后的、可见的体节分界线中，有几个基因起了关键性的作用，如 *engrailed*（*en*）、*wingless*（*wn*）和 *hedgehog*（*hh*）、*patched*（*ptc*）。En 蛋白出现在 14 条只有几个细胞宽的窄条纹中。当缺少适量的 En 蛋白时，每个体节后部的条纹会被完全一样但方向相反的前部条纹取代（图 3-48）。

体节极化基因簇所编码的蛋白是 Wnt（果蝇中是 Wingless）和 Hedgehog（Hh）信号途径的成员，这些基因的突变会导致体节的发育缺陷，且会改变每一个副体节的基因表达图式。*engrailed*（*en*）转录的细胞条带标志着每一个副体节的前面部分（每一个体节的后面部分），*wingless*（*wg*）在那些收到很少或没有 Even-skipped（Eve）或 Fushi tarazu（Ftz）蛋白的细胞带中被激活，但是这些细胞中含有 Sloppy-paired，这种模式使得 *wg* 仅在 *en* 转录的细胞的前一列细胞带中表达（图 3-49A）。一旦 *wg* 和 *en* 的表达模式在毗邻的细胞中建立起来，这种模式必须得以维持才能保障身体副体节的周期性，启动这种表达模式的 mRNA 和蛋白质的存在时间很短，因此维持这种表达模式是依靠邻近细胞的相互作用来调节的：Wg 蛋白能扩散到周围的细胞，在那些表达 *en* 的细胞中（含 Eve 或 Ftz 蛋白），Wg 蛋白被受体 Frizzled 和 Lrp6 结合，它们通过 Wnt 信号途径（Wnt 途径中的 β-catenin 在果蝇中叫 Armadillo）激活 *en* 基因，产生的 En 蛋白又激活它自己（*en*）基因的转录，也激活 *hh* 基因的转录。Hh 蛋白从这些细胞中扩散，与邻近细胞的 Patched 受体结合，这个 Hh 信号途径又能激活 *wg* 基因并分泌 Wg 蛋白（图 3-49B）。

3. 同源异型基因 同源异型基因（homeotic gene）最终决定身体体节将出现哪一种类型。负责做出决定的基因是同源异型选择基因或同源异型主导基因。在果蝇中，大多数同源异型基因位于第三条染色体上，主要集中在两个区域，一个区域叫触角足复合体（antennapedia complex，Antp-C），包含同源异型基因 *labial*（*lab*）、*Antennapedia*（*Antp*）、*sex comb reduced*（*Scr*）、*Deformed*（*Dfd*）和 *proboscipedia*（*pb*）。*labial* 和 *Deformed* 基因参与了头部体节的特化，而 *sex comb reduced* 和 *Antennapedia* 的贡献在于使胸部体节一致。特化有翅的中胸需要基因 *Antennapedia*，当该基因在头部表达时，头的部分转变为胸部体节的特征，应该长触角的地方却长出了一对附肢（图 3-50A）。同源异型基因集中的第二个区域是双胸复合物（bithorax complex，BX-C）。在这个复合物中，有三个蛋白编码基因：*Ultrabithorax*（*Ubx*）对于第三胸节的特化是必需的；*abdominal A*（*abdA*）和 *abdominal B*（*abdB*）负责腹部体节的特化。当 *Ultrabithorax* 基因缺失突变时，第三胸节（特征是具有平衡棒）转变成另一个第二胸节，一对平衡棒转变成了一对翅膀，结果形成一个拥有 4 个翅膀的果蝇（图 3-50B）。包含触角足复合体和双胸复合物的染色体区经常被看作同源异型复合体（homeotic gene complex，Hom-C）。

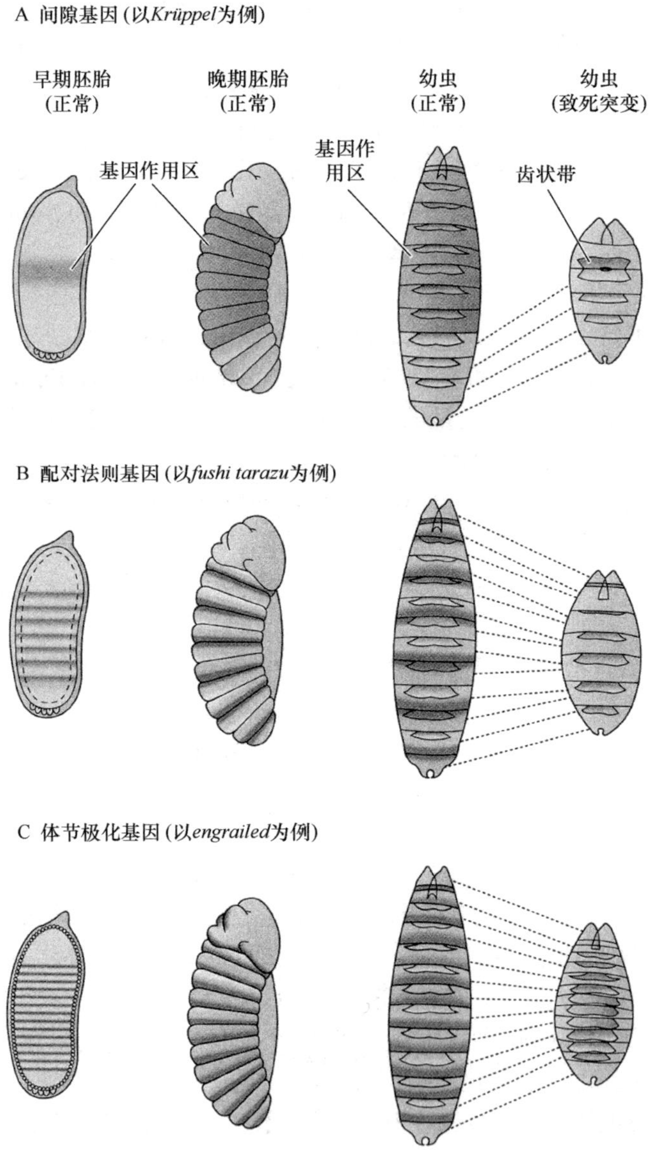

图 3-48　体节基因突变的三种表型（Gilbert，2006）

左边一列三个图表示卵裂早期胚胎，深色显示基因正常表达区域。在突变体中（右边一列三个图），这些区域都丢失了

Antp-C 和 *BX-C* 基因排列在第三对染色体上，它们在染色体上的直线排列顺序大致反映了它们表达上的时间和空间次序。

4. 背腹轴的形成　在卵子发生的第 9～10 期，卵细胞将形成第二个极性，即背腹轴。此时 *gurken* mRNA 呈新月形位于卵母细胞核和质膜之间，其蛋白沿着卵母细胞背部表面形成由前向后的梯度，然而它只能扩散有限的距离。因此，Gurken 蛋白只能到达离卵母细胞核最近的那些滤泡细胞，并指导这些细胞变成背面滤泡细胞，这样在围绕卵母细胞的滤泡细胞层就产生了背-腹极性。滤泡细胞中的 *torpedo* 基因也对卵子的背腹轴极性产生重大影响，正常的极细胞（果蝇原始生殖细胞）移植到 *torpedo* 突变母体产下的胚胎中后，这些正常的卵

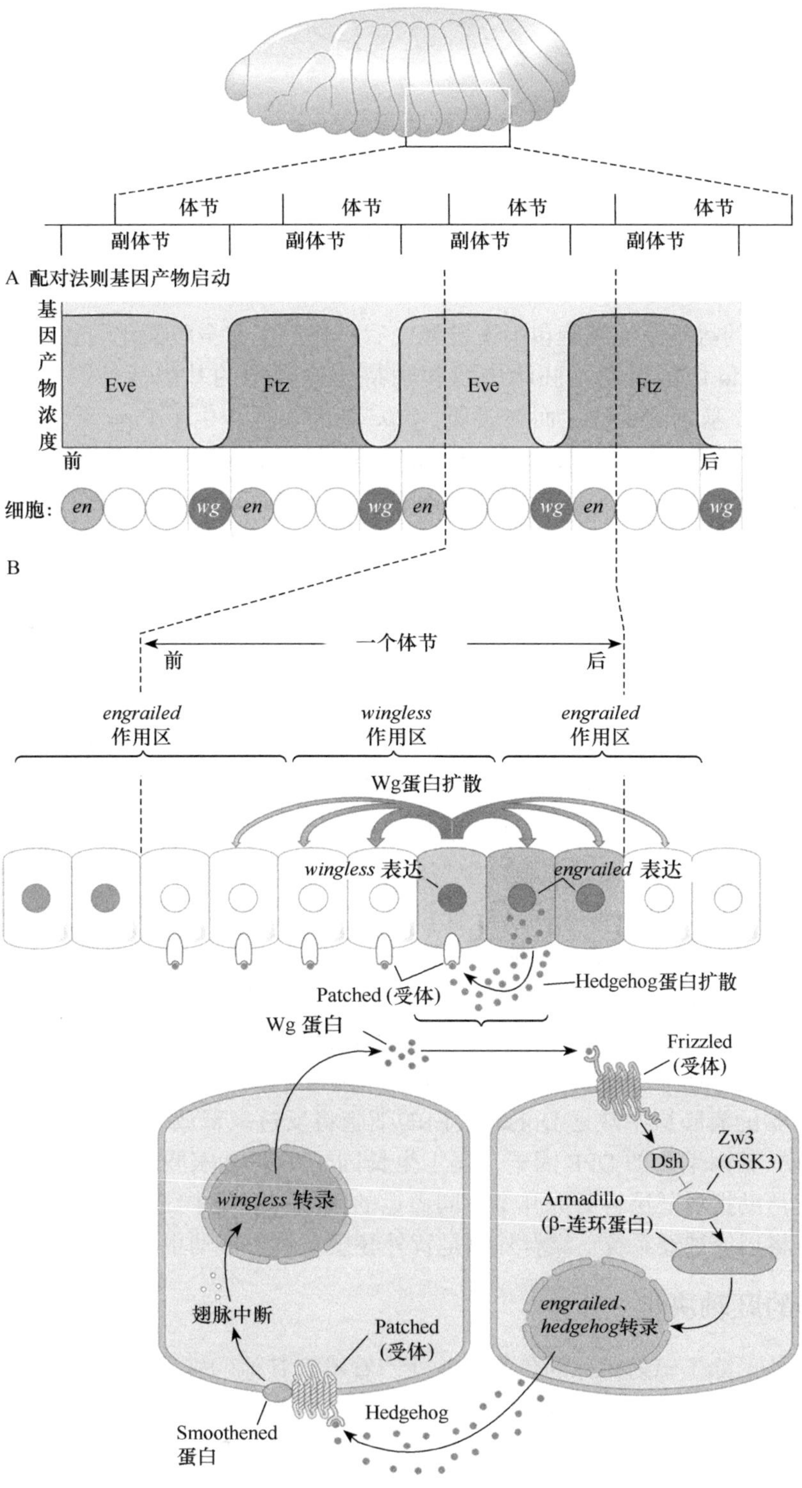

图 3-49 体节极化基因簇 *engrailed*（*en*）和 *wingless*（*wg*）转录表达模式图（Barresi and Gilbert，2019）

A．*en* 和 *wg* 的表达被配对法则基因簇所抑制，*en* 基因在含有高浓度的 Eve 或 Ftz 蛋白的细胞中表达，*wg* 基因在既没有 *eve* 也没有 *ftz* 活性，但有第三个基因（可能是 *sloppy-paired*）表达的那些细胞中表达；B．*wg* 和 *en* 的持续表达依靠 *wg* 和 *en* 表达细胞之间的相互作用来调节

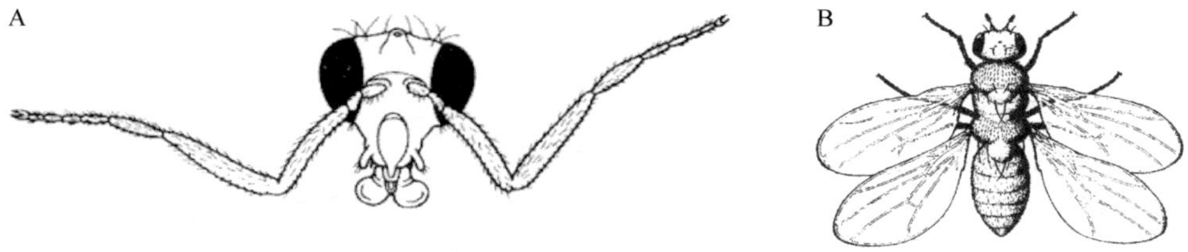

图 3-50　同源异型基因突变形成的表型（Müller，1998）
A. 触角足基因（*Antennapedia*）突变体；B. *Ultrabithorax* 基因缺失突变体

子在 *torpedo* 突变的雌蝇滤泡细胞包围下发育之后，将产生完全腹面化的胚胎。

Gurken-Torpedo 信号启动了胚胎中背腹轴特化途径中的基因活性。背面的 Torpedo 受体蛋白抑制了 *pipe* 基因的表达。而在腹面，*pipe* 基因表达产生了 Pipe 蛋白，该蛋白激活了 Nudal 蛋白。数小时后，Nudal 激活了 Gastrulation-defective 蛋白酶，该蛋白酶又使得 Snake 蛋白断裂，从而活化了 Snake 蛋白酶。Snake 蛋白酶又将 Easter 蛋白割裂，活化了 Easter 蛋白酶，接着 Easter 蛋白酶又使得 Spätzle 蛋白断裂。断裂后的 Spätzle 蛋白能够结合卵母细胞中的受体（Toll 蛋白），激活了 Toll 蛋白，从而该处发育为腹面（图 3-51）。已有研究表明，Toll 蛋白并不像以前认为的那样位于质膜上，它从质膜通过内吞作用进入内涵体中。内吞作用对于 Toll 受体激活、信号转导、核中 Dorsal 浓度梯度的定位都起着关键作用（Lund et al.，2010）。

胚胎背腹轴的建立，需要卵内的形态发生素，即 Dorsal（背面）蛋白。卵子发生时储存了 *dorsal* mRNA，但在受精后 90min，它才翻译成背面蛋白。开始时这种蛋白与 Cactus 形成复合体分布于整个胚胎的细胞质中，但以后由于腹面的 Toll 受体被激活，Dorsal 和 Cactus 分离，这样 Dorsal 才能进入腹面的细胞核中与核基因结合，抑制其中的背面化基因，激活腹面化基因 [如 *snail*（*sna*）和 *twist*（*twi*）]，使得此处发育为腹面中胚层。腹面往上的神经外胚层前体细胞核中 Dorsal 蛋白较少，细胞表达 *twist*（近腹面处）和 *rhomboid*。而背面 Dorsal 蛋白没有进入细胞核中，则背面化基因 *zen* 和 *dpp* 得以表达，胚胎的这个区域就会发育为羊浆膜（图 3-52）。如果使 Dorsal 蛋白不进入任何细胞核中，则胚胎只有背面，没有腹面。如果使 Dorsal 蛋白进入所有细胞核中，则胚胎所有细胞都具有腹面的表型。

在正常胚胎的囊胚层中缺乏 Dorsal 蛋白的细胞将反过来释放一种因子到背侧卵周隙中。这种因子为 *ddp* 基因编码的 DPP 因子，属于生长因子 TGF-β 家族。细胞外 DPP 梯度和细胞内 Dorsal 梯度帮助把囊胚层再分成几个不同命运的区域：沿腹中线将形成中胚层；双侧是神经外胚层带，将形成神经系统；靠背外侧是背外胚层，将形成幼虫表皮。

二、两栖类的胚轴决定

爪蟾卵的外形除了辐射对称的色素模式外，看不到其他的极性轴。前后、背腹以及左右轴的特化在受精时才被启动，在原肠作用过程中才逐渐显现出来。

精子随机地附在动物半球的任何一点上，受到精子诱导和重力的影响，卵内部细胞质下沉并保持稳定。卵膜和靠近卵膜的细胞皮层相对于内细胞质，朝精子进入点方向移动约 30°。皮层相对于内细胞质的这种旋转也造成动物半球色素颗粒重新分配。在蛙卵中，重新分配有时引起相对于精子进入点的一侧部分失去色素。色素减少的这个区称为灰色新月区。灰

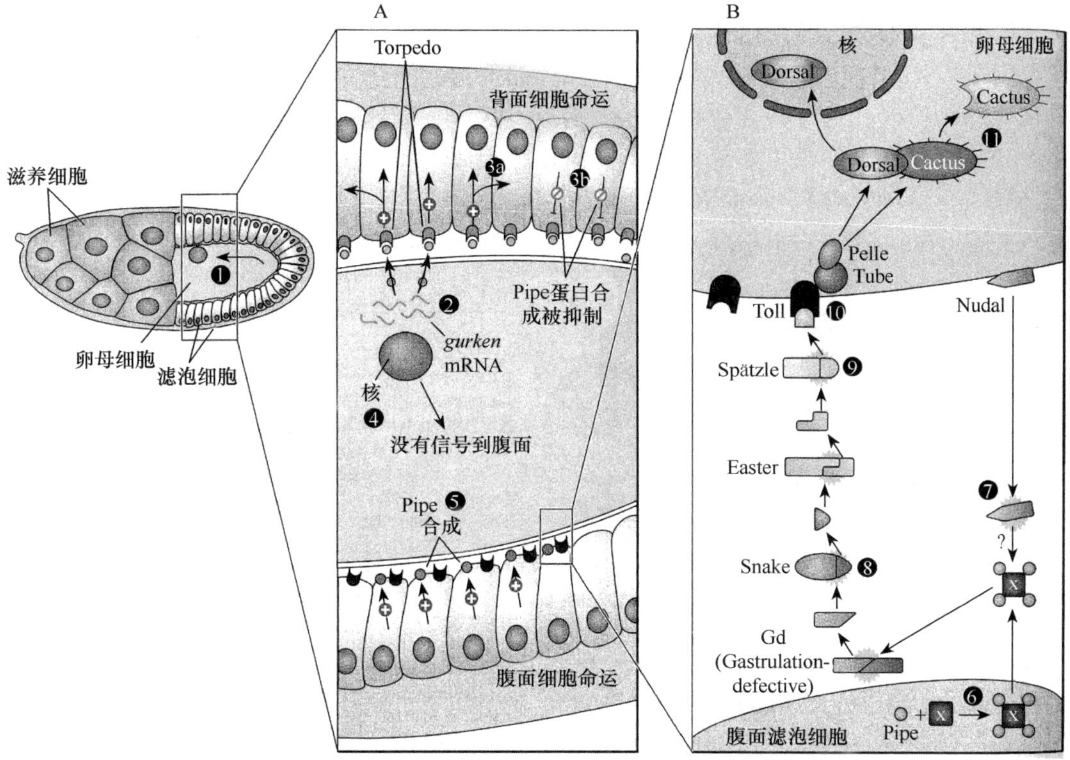

图 3-51　果蝇背腹轴的产生（van Eeden and Johnston，1999）

A．卵母细胞的核迁移到未来胚胎的背面；B．稍后发育阶段的腹面区域。①卵母细胞核移至卵母细胞的背面前端，它将 *gurken* mRNA 定位在那里；② *gurken* mRNA 翻译成蛋白质，在卵子发生中期，Torpedo 蛋白接收到 Gurken 蛋白的信号；③a Torpedo 信号使滤泡分化为背面形态；③b 背面滤泡细胞中 Pipe 的合成被抑制；④ Gurken 蛋白无法扩散到腹面；⑤腹面滤泡细胞中合成 Pipe；⑥在腹面滤泡细胞中，Pipe 修饰了一个未知因子 x；⑦ Nudal 和未知因子 x 协同作用，把 Gastrulation-defective（Gd）蛋白断裂开；⑧激活的 Gd 蛋白将 Snake 蛋白切割开，使其激活，激活的 Snake 又将 Easter 蛋白切断；⑨激活的 Easter 蛋白把 Spätzle 蛋白切开，激活的 Spätzle 蛋白与 Toll 受体结合；⑩有活性的 Toll 又激活了 Tube 和 Pelle，它们使 Cactus 蛋白磷酸化，Cactus 降解，从而与 Dorsal 蛋白分离；⑪ Dorsal 蛋白进入细胞核中，使得该处的细胞变成腹面化的形态

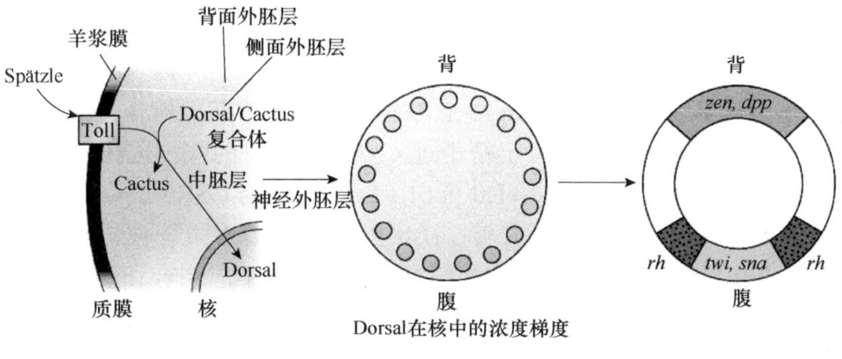

图 3-52　Dorsal 蛋白在果蝇背腹轴特化过程中的作用（Slack，2013）

Dorsal 蛋白进入腹面细胞的核中，在核中的浓度由腹面向背面逐渐减少。*dpp*．*decapentaplegic*；*rh*．*rhomboid*；*sna*．*snail*；*twi*．*twist*；*zen*．*zerknüllt*

色新月区或功能上相当的结构出现在精子进入处的反向对角位置上，它的出现标志着原肠形成开始和胚孔形成区域的产生。此时，卵有了两侧对称结构。灰色新月区含有若干重要的发育因子，从而决定了该处就是原肠期胚孔的位置。灰色新月区（爪蟾中看不到）决定了将来背部的位置。这时头背尾线将在动物极（蝾螈）或靠近北回归线（无尾类，如蛙和蟾蜍）开始沿零点子午线（如果把卵子看作地球的话）向下延伸到北回归线的灰色新月区（图 3-53C）。内部的结构，如动植物极的不对称性，与外界因子（精子进入点和重力）共同作用，决定了两侧对称的特性。

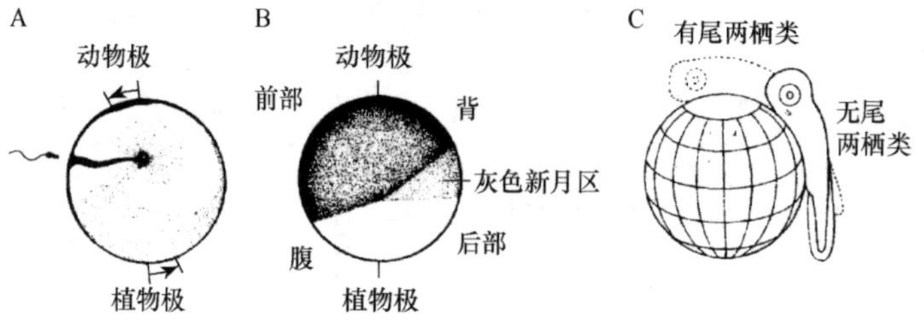

图 3-53　两栖类体轴的形成（Müller，1998）
与精子相对的一侧将发育为未来胚胎的背部。A．精子入卵；B．灰色新月区形成；C．两栖类未来头尾轴与卵子的相对位置

Spemann 和他的学生利用不同体色的蝾螈间的移植实验来研究两栖类的发育问题。他们把有黑色素的蝾螈 *Triturus taeniatus* 早期原肠胚的背唇移植到无色素的蝾螈 *Triturus cristatus* 早期原肠胚的腹部外胚层（预定形成腹部表皮）处。结果发现，在受体本身背唇内陷进行原肠作用时，移入的供体背唇处也开始内陷，而且其周围的细胞围绕着这个新的内陷区发育，进而形成一个新的体轴（神经管、脊索等）以及头部结构，最后在本身发育而成的胚胎的腹面又形成了第二个胚胎，成为一个联体双生子（图 3-54）。由于使用的是不同体色的蝾螈胚胎，研究人员发现第二个胚胎绝大部分都是由宿主制造的。宿主细胞改变了自己原来的发育命运，被移入的新背唇诱导参与第二个胚胎的形成。Spemann 把背唇称为“组织者”（organizer），因为这部分细胞对其相邻的细胞产生影响，并决定其命运，这就是胚胎诱导。这个实验也掀起了胚胎诱导研究的热潮。

那么，背唇是怎样形成的？它产生了什么特殊的分子能够诱导形成神经管并产生前后、背腹、左右体轴呢？

1．背腹轴的形成　研究发现，囊胚最背面的植物极细胞（称为 Nieuwkoop 中心）核中聚集了大量的 β- 连环蛋白（β-catenin），它在背部的形成中起关键作用。β-catenin 早期分布于整个胚胎，它是怎样特异地定位于精子进入点相对位置的呢？这还要追踪到受精的时候。在受精前，植物极聚集着 Disheveled 蛋白（Dsh），它与 GSK3 结合蛋白（GBP）结合在一起。受精使得细胞质皮层发生了旋转，Dsh 和 GBP 也沿着微管被送到了胚胎未来的背部（与精子进入点相对的位置），使得该处的 GSK3 失活，不能结合和降解 β-catenin，这样 β-catenin 就能够聚集在背部的细胞核中。而在腹面，GSK3 使 β-catenin 降解，因此在腹面的细胞核中没有 β-catenin（图 3-55）。

然而，仅仅背部的这些蛋白还不足够保护 β-catenin，那里还必须有一种 Wnt 旁分泌因子 Wnt11 来激活 β-catenin 保护途径。注射 Wnt11 反义寡核苷酸抑制 Wnt11 的合成，则导致组织者不能形成。*Wnt11* 的 mRNA 在卵子发生过程中也位于植物极，随着皮层旋转被转到未

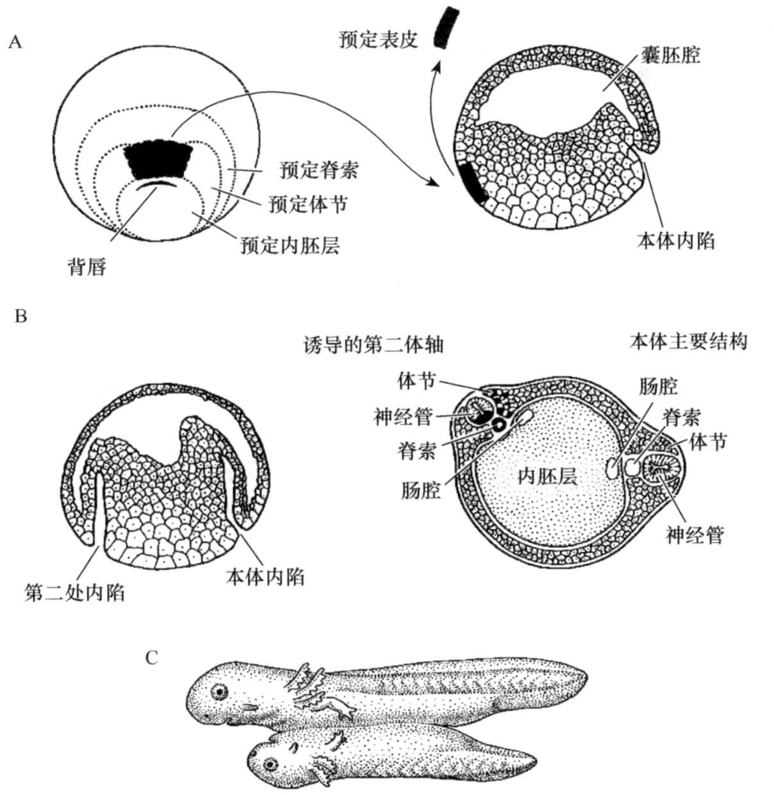

图 3-54　由背唇诱导产生的第二体轴（Hamburger，1988）

A. 将一个早期囊胚的背唇移植到另一个早期囊胚的腹部表皮处；B. 供体组织诱导第二处内陷，进而形成第二体轴（包括神经管、脊索、体节等）；C. 最终在本体胚胎的腹面形成了第二个胚胎

来的背面，翻译成蛋白质。因此，在第一次卵裂过程中，GBP、Dsh 和 Wnt11 被转移到胚胎的背面，GBP 和 Dsh 使得 GSK3 失活，从而保护 β-catenin。从 Wnt11 来的信号稳定 GBP 和 Dsh，因而也对 β-catenin 具有保护作用。

β-catenin 转录因子能与其他转录因子相互作用，比如它可以与一种广泛存在的转录因子 Tcf3 结合，β-catenin/Tcf3 复合体可结合到一些基因的启动子上，促进基因转录。其中两个基因是 *twin* 和 *siamois*，它们在中囊胚过渡之后立刻在 Nieukoop 中心表达，其蛋白产物对于组织者特异基因的表达起关键作用。Twin 和 Siamois 与 TGF-β 途径激活的转录因子相互作用，如在 Nieukoop 中心的一个 TGF-β 相关蛋白能诱导 Nieukoop 中心上面的背部边缘区细胞表达 Smad2/4 转录因子，这些转录因子结合 *goosecoid* 基因的启动子，并与 Twin 和 Siamois 协作激活组织者功能相关基因 *goosecoid*。Goosecoid 对背部中胚层的特化起重要作用（图 3-56）。

许多位于内胚层的 TGF-β 家族成员能诱导其上面的细胞变成中胚层细胞，其中位于植物极的两个母源性 RNA 可能作用较大，一个编码 Vg1，另一个编码 VegT。VegT 是一个转录因子，它能指导内胚层合成并分泌 Activin、Derrière 以及 Nodal 蛋白（这些都是 TGF-β 家族成员）。这些蛋白又激活 *brachyury*（*Bra*）基因，该基因编码一种指导细胞变为中胚层的转录因子。关于爪蟾背腹轴特化的分子机理，Agius 和他的同事提出了这样一个模型（图 3-57）：

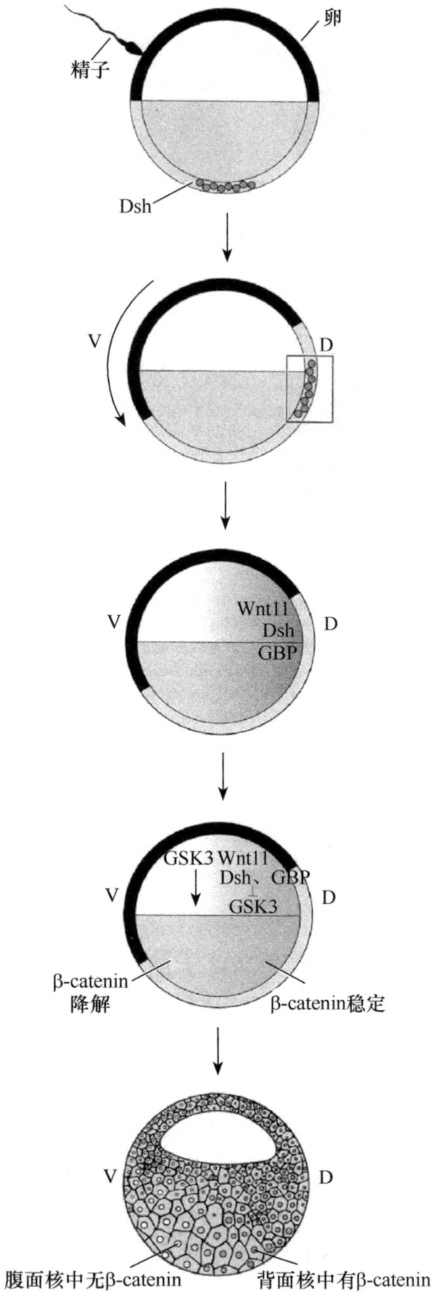

图 3-55　两栖类背腹轴的特化
（Weaver and Kimelman，2004）
V. 腹面；D. 背面

位于背部的β-catenin和位于植物极的Vg1信号相互作用，在内胚层产生了一个Nodal相关蛋白（Xnr1、Xnr2、Xnr4）的浓度梯度，含有极少或无Nodal相关蛋白的区域BMP4和Xwnt8水平较高，将变成腹面的中胚层，含有中等浓度Nodal相关蛋白的区域将变成侧面中胚层，含有大量Nodal相关蛋白的区域将发育为组织者，即背部中胚层。Activin和Derrière可能以相同的方式发挥作用，因此Nodal样的TGF-β旁分泌因子启动了背腹轴中胚层的特化。

Nieuwkoop中心的细胞将成为内胚层，组织者细胞沿背部外胚层之下迁移形成背部中胚层，这样背部中胚层又诱导其外面的外胚层形成中枢神经系统。胚胎部分区域通过分泌骨形态发生素（BMP）诱导外胚层变成表皮，组织者通过分泌抑制BMP的信号分子允许外胚层发育为神经组织。现已分离出几种抑制BMP的信号分子，它们中有Noggin蛋白、Chordin蛋白以及Follistatin蛋白等，它们阻止BMP结合外胚层和靠近组织者的中胚层。Noggin和Chordin蛋白都在正确的地点和正确的时间表达，以调控原肠作用的启动。在前腹部显微注射它们的mRNA即导致第二体轴的产生，并因此或多或少生出多余的胚胎（头和躯干部），这与移植早期胚孔唇一样。

在爪蟾中，表皮的诱导者是BMP4和它的近缘蛋白BMP2、BMP7以及ADMP（抗背部化形态发生蛋白）。在囊胚晚期，BMP4在整个胚胎的外胚层和中胚层表达。原肠作用开始时，组织者（背部中胚层）产生了Xiro1，这个转录因子抑制了BMP4的转录，BMP4就被限定到腹侧边缘区。在外胚层，BMP阻止形成神经组织的相关基因，而激活其他与表皮特化相关的基因。在中胚层，BMP4以浓度梯度的方式调控不同基因的表达，从而调节背腹轴的形成：在Noggin和Chordin表达区，BMP4被完全抑制，细胞发育为脊索（组织者）；距离组织者稍远区，背侧肌肉的标志基因*myf5*被激活；随着与组织者的距离越来越远，越来越多的BMP4分子与细胞结合，*Xvent2*（腹侧面）和*Xvent1*（腹面）基因得以表达，因而这些区域形成胚胎的腹面（图3-58）。

2. 前后轴的形成　在许多脊椎动物中，前后轴的形成与背腹轴的形成有着密切的联系。一旦爪蟾的胚胎背部确定，中胚层内卷迁移就建立了前后轴，首先经过背唇的内胚层、中胚层将发育为前部的结构，从侧唇和腹唇卷入的中胚层将发育为后部的结构。组织者可以

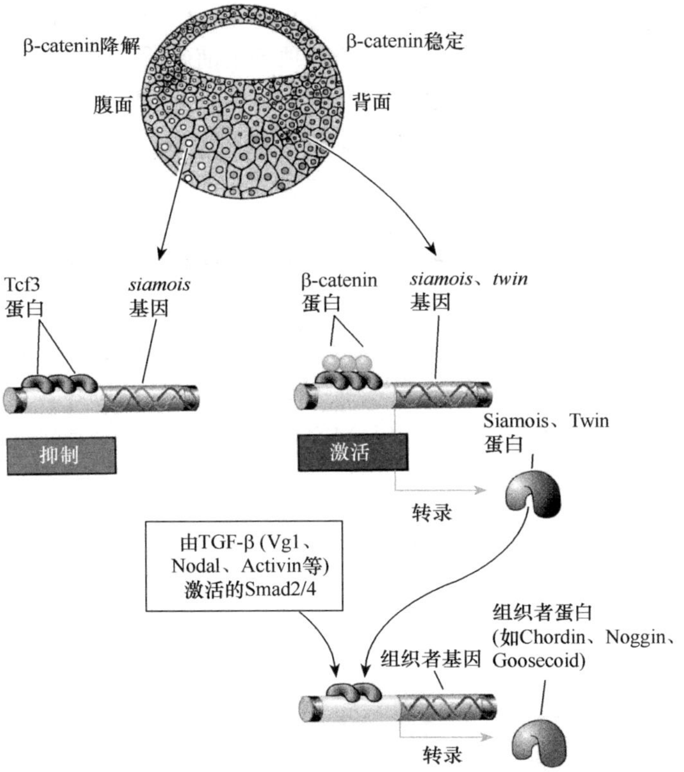

图 3-56　组织者诱导产生中胚层的途径（Moon and Kimelman，1998）

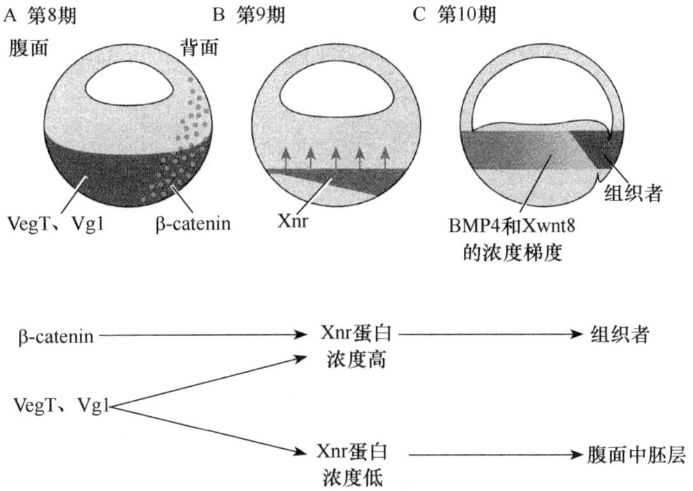

图 3-57　β-catenin 和 TGF-β 协同作用，诱导背腹轴的产生（组织者所在区即未来背部）（Agius et al.，2000）

形成 4 种类型的细胞：咽部内胚层、头部中胚层（脊索前板）、背部中胚层（主要是脊索）和背唇。咽部内胚层和脊索前板引导组织者内卷迁移，且诱导前脑和中脑的形成，背部中胚层诱导后脑和躯干部的形成，背唇最终形成脊索神经交联，它能诱导尾端的形成。这也可以

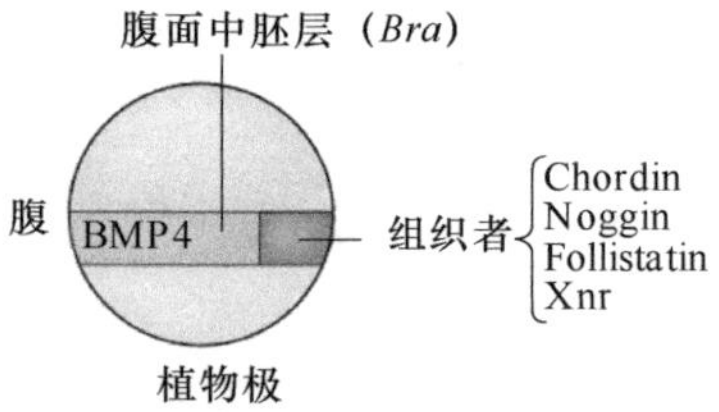

图 3-58　组织者作用途径

BMP4 是一个有效的腹面化因子，组织者分子以浓度梯度的方式阻止 BMP4 的活性，背部组织者分子浓度最高，BMP4 被完全抑制

从 Otto Mangold 的移植实验得以证实，他将蝾螈晚期原肠胚的原肠腔顶部由前到后分成 4 段，再分别植入早期原肠胚的囊胚腔中，结果发现，原肠腔顶部的最前端部分诱导产生了新的平衡棒和部分口器（图 3-59A）；接下来的第二段诱导产生了各种头部结构，包括鼻、眼睛、平衡棒和耳泡（图 3-59B）；第三段（包括脊索）诱导产生了后脑结构（图 3-59C）；最后一段诱导产生了背部躯干和尾部中胚层（图 3-59D）。

除区域特异性之外，还有时间特异性诱导。如果把早期背唇（将形成组织者的前端部分）移植到蝾螈早期的原肠胚中将诱导产生第二个头部及前部结构；而如果移植的是晚期背唇，则诱导产生第二个尾及后部结构。

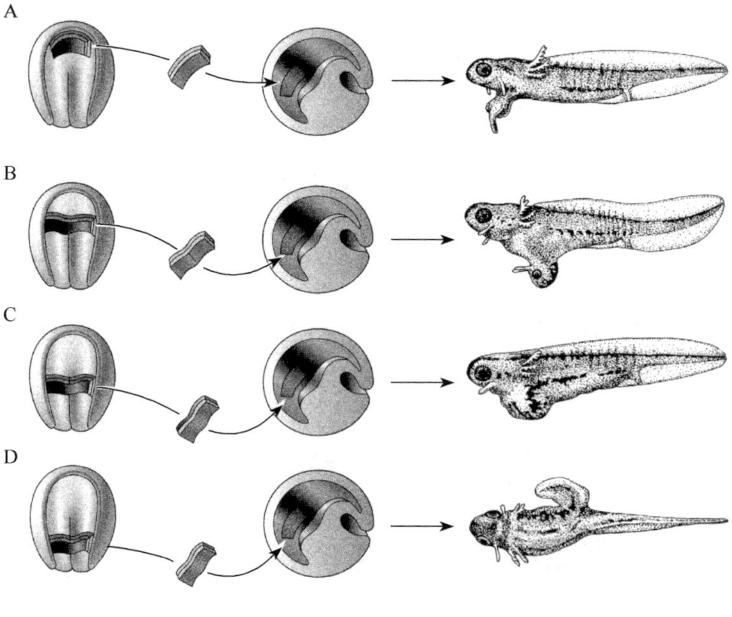

图 3-59　原肠诱导的区域特异性（Mangold，1933）

那么，组织者分泌了一些什么信号分子使得内卷的前一批细胞产生头部结构，而后面卷入的细胞形成躯干和尾部结构的呢？ Wnt 蛋白可能在前后轴的特化过程中起着至关重要的作用。在爪蟾胚胎中，内源性的 Wnt 信号分子浓度和 β-catenin 浓度在后部最高，而前端没有。如果用 Frzb 或 Dickkopf 抑制 Wnt 信号则导致前端的分子标志物（如 *Bf1*，是前脑神经细胞的标志物）表达区域向后扩展。

除 Wnt 蛋白之外，可能还有其他成分参与了前后轴的形成。组织者的前部细胞在原肠作用过程中迁移到动物极，且表达一定的转录因子编码基因，如 *gooscoid*，它将诱导外胚层前部特征的一些基因表达，包括 *otx2* 和 *ag1*。其前端诱导活性是由于能分泌一些诱导因子，如 Cerberus（Wnt、BMP 和 Nodal 相关因子的抑制子）和 dickkopf（Wnt 抑制子）。组织者的后部将诱导外胚层前部和后部特征的一些基因（如 *otx2*、*Hox* 基因簇）表达，这是由于它分泌成纤维细胞生长因子（Fgf）、胰岛素样生长因子（IGF）以及 Wnt。原肠作用过程中有数个 Fgf 和 Wnt 在组织者的后部区域（胚孔周围）表达，如激活的 ERK（Fgf 靶）、核中的 catenin（Wnt 靶）。视黄酸（RA）也以浓度梯度的方式调控 *Hox* 基因簇不同成员的表达，参与前后轴的形成，在神经管的后端浓度最高（图 3-60）。

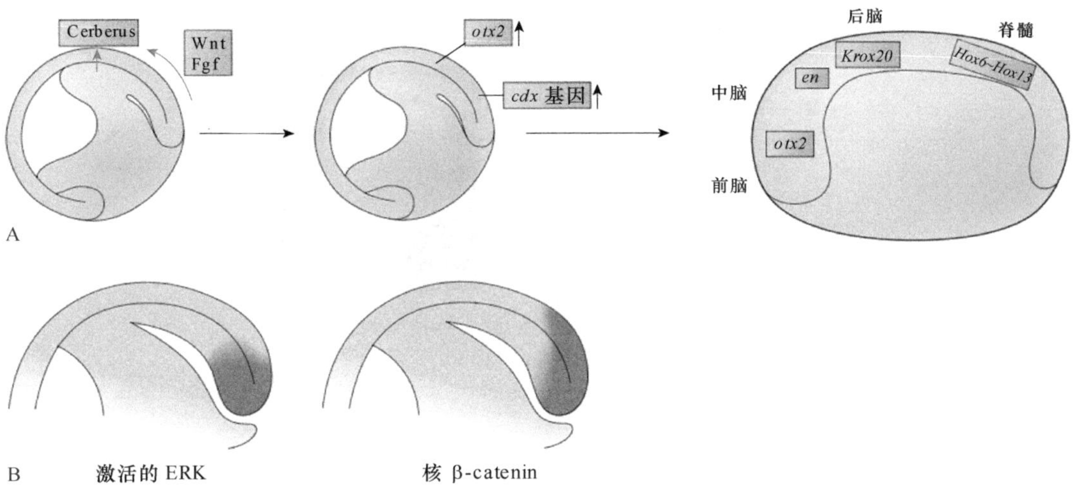

图 3-60　爪蟾组织者的作用和体轴特化的模式图（Slack，2013）

A. 从前部组织者而来的 Cerberus 的活性区及从后部组织者而来的 Wnt 和 Fgf 活性区；B. 原肠晚期磷酸化的 ERK（Fgf 靶）和核中 β-catenin（Wnt 靶）的位置

3. 左右轴的特化　两栖类胚胎除有背腹轴和前后轴之外，还有左右轴，因为一些内部器官如心脏、肠管等并不是左右平衡分布的。特化脊椎动物左右轴形成的关键是 *Nodal* 基因在左边的侧板中胚层表达。爪蟾中这个基因是 *Xnr1*，如果该基因在右边表达，则本该在左边形成的心脏和肠管弯曲就会变得随机化而没有规律。

什么使得 *Xnr1* 基因仅限于在左边表达呢？事情可能还要追踪到受精。受精时与细胞质旋转相关的微管似乎对左右轴的形成起关键作用。因为如果抑制微管形成，则左右轴不能形成，这可能与位于植物半球的 Vg1 蛋白主要在胚胎的左边有活性有关。Xnr1 激活 *pitx2*，Pitx2 蛋白在胚胎的左边持续表达，调控心脏和肠在正常的位置发育。

总之，在两栖类，首先由 Nodal 样的 TGF-β 和位于植物极细胞的 β-catenin 启动体轴的特化，之后 BMP 浓度梯度特化了背腹轴，Wnt 浓度梯度特化了前后轴，*Nodal* 基因在左边表达使得胚胎产生了左右轴。

三、鱼类体轴的形成

鱼类的胚盾与两栖类的背唇类似，在原肠作用过程中，胚胎细胞内卷形成胚盾，并沿着卵黄向动物极移动，这就形成了胚胎的极性。胚盾诱导侧面中胚层和腹面中胚层（血液及连接组织前体）转变为背中胚层（脊索和体节）。当把早期原肠胚的胚盾移植到另一个胚胎的腹侧时，该胚胎将发育形成两个体轴而共用一个卵黄（图 3-61）。在第二个体轴中，神经板和脊索来源于供体细胞，而其他组织由受体胚胎的细胞形成。这些受体细胞改变了原来形成腹部结构的发育分化途径。去掉胚盾的胚胎就不能发育出背部结构，胚胎缺乏神经系统。这

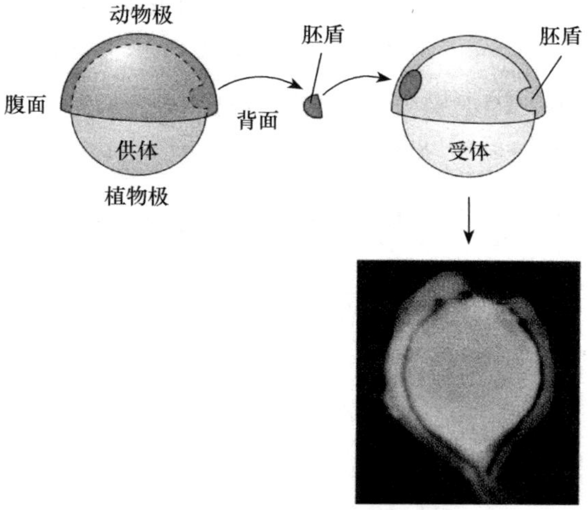

图 3-61 鱼类胚胎的胚盾移植实验
（Shinya et al.，1999）

说明胚盾与两栖类的背唇具有相似的功能。

鱼类的胚盾也是鱼类胚胎的组织者。胚盾细胞下面的卵黄合胞体层（YSL）细胞与蛙背唇内胚层细胞类似，累积 β-catenin。β-catenin 是区分背部 YSL、腹部 YSL 和侧部 YSL 的重要标志。在卵子的腹侧诱导 β-catenin 的累积，可以诱使该部分成为背部组织并且形成第二个体轴。

分子生物学研究者发现，早在中囊胚过渡后、胚盾产生前，分子水平上的背腹轴就已经建立。例如，同源框基因 *goosecoid*（*gsc*）和叉头（forkhead）基因 *axial* 在中囊胚过渡后，其表达就限制在胚胎未来的背侧。相反，在早期原肠胚，同源域（homeodomain）基因 *eve1* 的表达只在腹侧边缘区；锌指蛋白基因 *gta3* 在中期原肠胚时成为腹侧专有。BMP 和 Wnt 蛋白在鱼类胚胎中也诱导腹部和体侧结构的分化，如诱导外胚层形成表皮。而胚盾将发育为脊索前板和脊索，它们可以诱导外胚层形成神经外胚层（背部）。TGF-β 超家族成员 Nodal 和 BMP 沿背腹轴诱导胚层不同的命运，胚盾分泌的信号分子 Chordin、Noggin 及 Follistatin 阻止产生腹面结构而促进背部发育，受到 Chordin 抑制的 BMP 则诱导所有胚层发育为腹面结构。沿胚孔唇从腹面到背面，形成了一个 Nodal 和 BMP 的浓度比例的梯度，BMP 在腹面边缘的浓度最高，在背侧面浓度较低，而在最背部区域浓度几乎为 0，此处只有 Nodal 有活性。

斑马鱼前后轴的特化似乎也与 Nodal 和 BMP 蛋白的浓度梯度相关。当外源注射 Nodal 和 BMP 的方向（图 3-62A，黄色箭头）与胚胎本身轴的方向（图 3-62A，白色箭头）（Nodal 在背面活性最强，BMP 在腹面活性最强）一致时，胚胎本身发育出来的轴（图 3-62B，蓝色箭头）和外源物质诱导产生的第二个体轴方向（图 3-62B，红色箭头）也一致。当外源注射 Nodal 和 BMP 的方向与胚胎本身轴的方向垂直时（图 3-62C），则外源物质诱导产生的第二个体轴方向与胚胎本身发育出来的轴垂直（图 3-62D）。而当外源注射 Nodal 和 BMP 的方向与胚胎本身轴的方向相反时（图 3-62E），则外源物质诱导产生的第二个体轴方向与胚胎本身发育出来的轴相反（图 3-62F）。注射不同量的 *Bmp* 和 *Nodal* 的 mRNA 进入囊胚的动物极帽细胞，也会产生不同的结果。当注射的 *Bmp* 和 *Nodal* 的 mRNA 比值较高时，将诱导胚胎从动物极长出一条新的尾巴，在这些细胞中产生一种后端的形态发生素 Wnt8。当注射的 *Bmp*

和 *Nodal* 的 mRNA 比值较低时，将诱导胚胎从动物极形成第二个躯干。当注射等量的 *Bmp* 和 *Nodal* 的 mRNA 时，在胚胎后端诱导产生一个头。因此，与爪蟾一样，Nodal 蛋白对于组织者的形成是至关重要的，如果在斑马鱼的腹面外源表达 Nodal，就会导致腹唇逆转形成胚盾，诱导出一个完整的第二体轴。在斑马鱼体轴形成过程中，胚盾似乎是“头部组织者”，而在其 180° 方向的胚孔唇则变为“尾部组织者”。

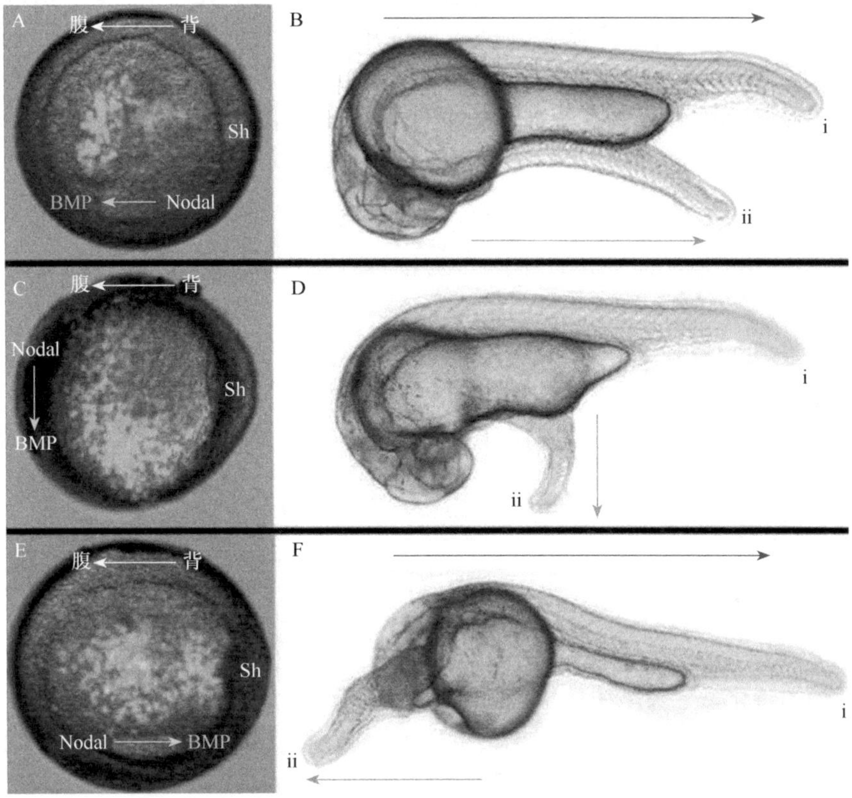

图 3-62　斑马鱼胚胎中 BMP 和 Nodal 分泌的相对位置与诱导出的第二胚轴的关系（Barresi and Gilbert，2019）

Sh. 胚盾；i. 原来的胚胎；ii. 产生的第二胚胎

在研究鱼类体轴形成机制时，发现其他一些基因也参与了体轴的形成。*squint*（*sqt*）的缺乏会导致斑马鱼胚胎前后中轴线分叉和独眼畸形，并导致 *wnt5b* 表达缺陷。Wnt5b 是背部汇聚的基本因子，*wnt5b* 基因的突变增加了中线分叉的严重程度。Fundc1 是一个线粒体膜蛋白，与线粒体自噬相关。斑马鱼及稀有鮈鲫胚胎 *Fundc1* 的敲降可能通过引起自噬和凋亡的异常，导致胚胎中线分叉和头部发育异常（Xu et al.，2017，2019）。

四、鸟类体轴的建立

1. 背腹轴的形成　鸟类卵子由于富含卵黄，故背腹极性是预先决定的，动物极构成了囊胚胚盘上表面的中心，确定了背侧。

明区后缘区（PMZ）在鸟类发育过程中的作用等同于两栖类的 Nieuwkoop 中心，该区域也表达 Vg1 蛋白。鸡胚的组织者在 PMZ 的前边形成，即亨森氏结（Hensen's node）。当把一个鸭胚胎的亨森氏结移植到一个鸡早期原肠胚的上胚层时，它能诱导形成第二个胚轴（图 3-63）。鸡胚组织者中表达的基因可分为两组：第一组包括那些首先在 PMZ 中表达帮助形成 Nieuwkoop 中心的基因，如 *vg1* 和 *Nodal*，它们能够在整个原条中表达。Vg1 对于原条的形成起关键作用。第二组基因包括那些在原条前端表达，最终在亨森氏结表达的基因，如 *chordin* 和 *sonic hedgehog* 等。它们也能产生 BMP 的拮抗因子，如 Chordin、Noggin 和 Nodal 等，这些蛋白能抑制 BMP 的信号，使得外胚层和中胚层背面化。在原肠作用之前，亨森氏结前体细胞中合成的成纤维细胞生长因子（Fgf）也阻止 BMP 信号，导致中央的外胚层细胞形成神经板。SIP 使得神经板前体细胞对 BMP 拮抗因子产生反应，从而对 BMP 信号具有更强的抵抗作用，Fgf 诱导 *ERNI* 和 *Sox3* 这两个前神经基因表达，从而启动了神经组织发育的途径。

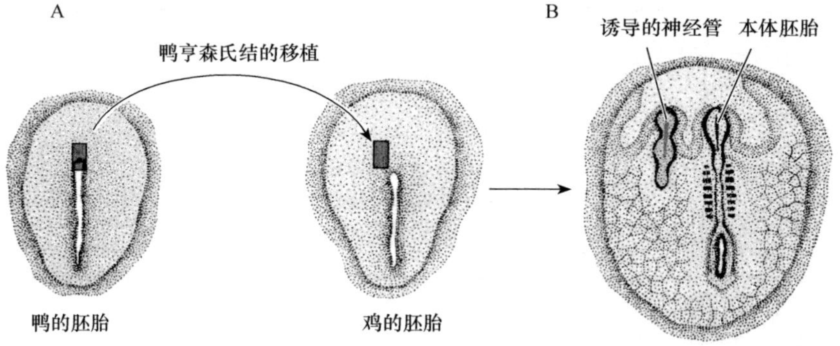

图 3-63　移植的亨森氏结诱导产生了第二个胚胎（Waddington，1933）

2. 前后轴的特化　头尾线的位置被认为是当卵子沿着输卵管下行时，由重力和旋转共同决定的。在鸡蛋旋转过程中，卵黄被移到胚盘下的一侧，胚盘一侧被举起。囊胚的胚盘始终位于卵细胞的顶端，但它的平面是倾斜的。卵子旋转的方向被认为有决定头尾轴的作用。

在囊胚期，明区形成时，原肠作用开始前，鸟类胚胎已出现前后轴的极性。在胚盘的后端，明区开始变薄，从 PMZ 开始细胞集合形成下胚层。这一端的明区似乎决定着将来形成胚胎的后端（尾端），而与它相对的一端则会形成前端（头部）。因为如果将胚胎的整个明区旋转 180°，即明区的后缘也被旋转了 180°，那么胚胎就以相反的前后轴方向发育。假如从明区切下中央方块但不包含明区后缘，再旋转 180°，结果并不影响胚胎前后轴的极性（图 3-64）。

在初期，整个边缘区都有启动原条形成的能力，因为如果将囊胚分成几个部分，每一个部分都有它自己的边缘区，那么每一个部分都会形成自己的原条。但是，一旦后缘区（PMZ）已经形成，它就能控制其他边缘区部分，即 PMZ 的细胞不仅能启动原肠作用，而且能阻止其他的边缘区形成额外的原条。有研究表明，*Nodal* 的表达对于启动原条形成是必需的，而当亨森氏结诱导神经胚形成时，初级下胚层细胞（下胚层和部分内胚层）在其前端分泌 Cerberus 和其他的头部诱导者。因此，如在爪蟾中一样，前部内胚层对于鸡胚头部的形成起关键作用。后部中胚层产生并分泌的视黄酸负责神经板的尾部化发育，这和鱼类及两栖类中的类似。初级下胚层细胞分泌的 Cerberus（Nodal 蛋白的一种拮抗因子）阻止其他的边缘区再形成原条。当初级下胚层细胞从后部边缘区移走时，由于 Cerberus 消失，后部边缘区

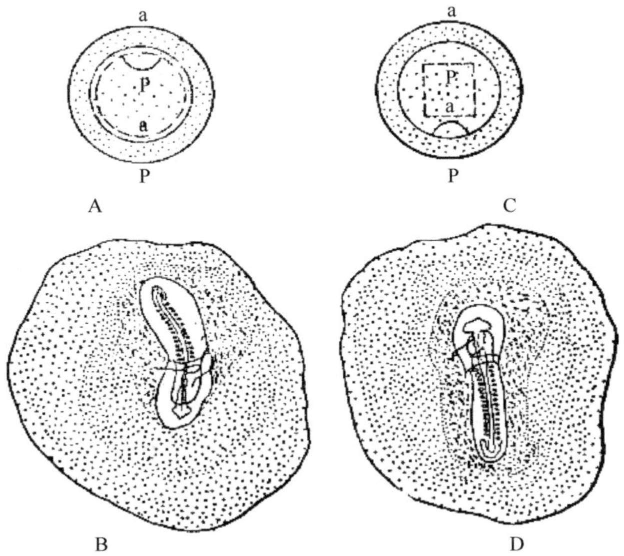

图 3-64　鸡胚明区后缘对胚体前后轴影响的实验图（Spratt and Haas，1960）

A、B. 将整个明区切下旋转 180°，结果导致胚胎前后轴颠倒；C、D. 将明区中央切下旋转 180°，不影响前后轴的极性。a. 前端；P. 后端

Nodal 得以表达，从而启动原条在那里形成。一旦原条形成，它就分泌另一种 *Nodal* 拮抗因子 Lefty，阻止其他部位形成原条。最终，分泌 Cerberus 的初级下胚层细胞被推向未来胚胎的前部，帮助诱导头部的形成。

3. 左右轴的形成　脊椎动物左右轴的形成主要由两种蛋白调控：旁分泌因子 Nodal 和转录因子 Pitx2。

当鸡胚的原条发育至最大长度时，由于 Activin 和其受体 lla 在右边表达，右侧的 *sonic hedgehog*（*Shh*）表达受到抑制，*Shh* 仅在胚胎的左边得到转录。Shh 激活 Cerberus，后者刺激 BMP 诱导 Nodal 表达，Caronte 在左侧使得 Nodal 在左侧扩散。当 Nodal 存在时，*pitx2* 基因被激活，Pitx2 在各种器官原基中表达，使得这一边特化为左侧。而在右侧，Activin 信号、Fgf 和 BMP 一起阻止 Shh 和 Cerberus 的产生，缺乏 Cerberus 时 Nodal 不能表达，没有 Nodal 时 Pitx2 也不会表达（图 3-65）。Fgf8 可能通过激活一个信号途径指导中胚层发育为右侧的结构。此外，在腹部中线的 Lefty-1 阻止 Cerberus 信号进入胚胎右侧。

五、哺乳类体轴的建立

1. 胎体（包括胚胎本体和胚外所有结构的总体）轴的形成　原来认为，哺乳类（包括人类）的胚胎内细胞团（ICM）分隔的位置是随意的，该位置规定了将来的背侧。但通过最近的研究发现，受精卵中极体的位置不是随机定位的，它们几乎总是与 ICM 的囊胚腔表面定位在一条线上，且在两侧对称轴的一极或另一极，这说明卵子的动物极就是早期胚胎两侧对称轴的一极。进一步研究发现，lptin 和 STAT3 蛋白清楚地定位到鼠和人类卵母细胞的动物极，且在卵裂过程中，这些蛋白被分离到滋养层中而不是 ICM 细胞系中。这意味着，哺乳动物卵子的极性确实影响了胎体的模式形成，且很可能影响胚胎本身。

2. 背腹轴和前后轴的形成　关于哺乳动物背腹轴特化的机制还了解甚少。在人和小

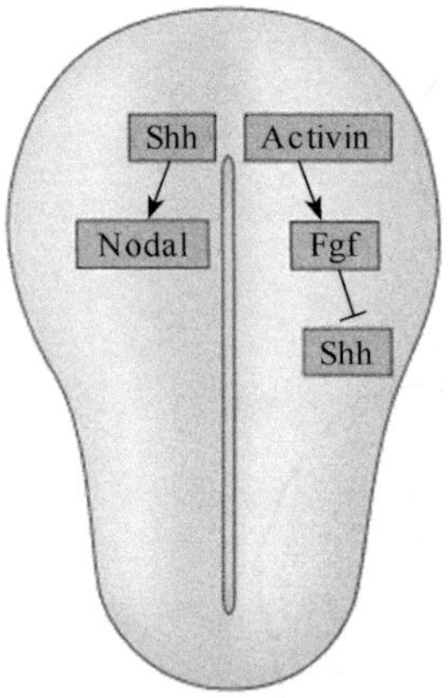

	左	右
Activin	−	+
Fgf	−	+
Shh	+	−
Nodal	+	−

早期

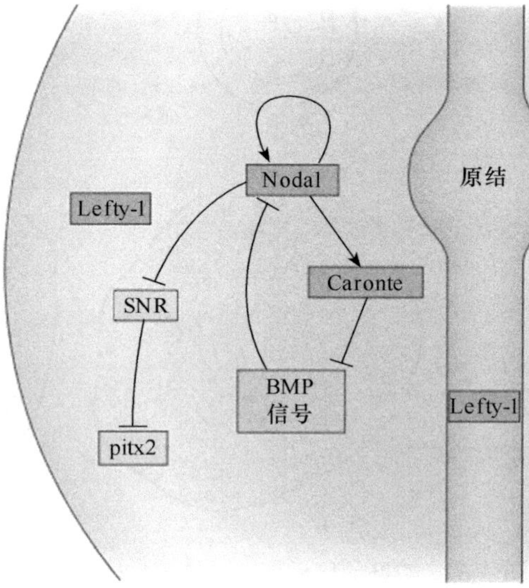

晚期

图 3-65　鸡胚左右轴特化的途径（Slack，2013）

鼠中，与囊胚液接触的那一边的内细胞团（ICM）形成下胚层，而与滋养层和羊膜腔接触的内细胞团的细胞形成背轴，这样胚胎的背腹轴由囊胚的胚胎-胚外轴部分决定，胚胎部分包括内细胞团，胚外部分则是除内细胞团以外的其他部分。当胚胎进一步发育时，脊索和外胚层特异基因的表达进一步特化了背腹轴。

哺乳动物前后轴特化的研究较多。哺乳动物的胚胎有两个信号中心：一个是原结（亨森氏结），另一个在前部肠内胚层（AVE）（相当于鸡的下胚层），这两个信号中心协同作用，形成胚胎的前部区域。尽管原结和 AVE 的功能有一些重叠，但二者也有区别，原结主要负责诱导神经管及特化最前端的结构，而 AVE 对原条的定位是最关键的。

小鼠 AVE 的形成原因说起来有些令人难以置信，是子宫的环境压力。在小鼠胚胎发育的第 5 天，胚胎可以在子宫内向各个方向生长，然而大约 12h 后，胚胎生长受限，由于子宫形态的限制，胚胎仅能沿近—远端方向生长，远端的基膜破裂，最远端的上胚层细胞进入肠内胚层并表达新的基因，这些新基因的表达产物使得细胞向前面迁移，形成了 AVE。如果一个胚胎在不受限制的小室内生长，前后轴就不能形成。因此，由子宫产生的机械压力对胚胎前后轴的形成起着关键作用。

滋养层来源的胚外外胚层和上胚层的相互作用启动了原条形成，来自胚外外胚层的 BMP4 指导邻近的上胚层细胞产生旁分泌因子 Wnt3a 和 Nodal。AVE 向前迁移时，分泌拮抗因子 Lefty-1、Dickkopf 和 Cerberus 来阻止 Wnt3a 和 Nodal 对胚胎前部的影响，缺乏 Wnt3a 和 Nodal 活性的 AVE 开始表达前区标志物 Otx2，形成前部区域。后部区域有 Nodal、Wnt、BMP、Fgf 以及视黄酸（RA）的表达，Wnt、BMP 以及 Fgf 蛋白在后部浓度最高，从后向前浓度逐渐降低（图 3-66）。Fgf 的浓度梯度通过尾部化相关基因 *Cdx* 家族来特化胚胎的后部，

Cdx 基因整合各种后部化基因，激活特定的 *Hox* 家族成员沿前后轴的特定位置表达。后端的 Nodal 信号与原条形成有关，近端上胚层的尾部细胞运动导致原条在 AVE 相反的一端形成，原结一旦形成，就分泌 Chordin，头部突起和脊索随后加入 Noggin，这两种 BMP 拮抗因子不在 AVE 中表达。在发育后期，Nodal 也在前部表达，与原结产生的中胚层、内胚层协作，促进那些负责头部形成的基因在上胚层前部表达。

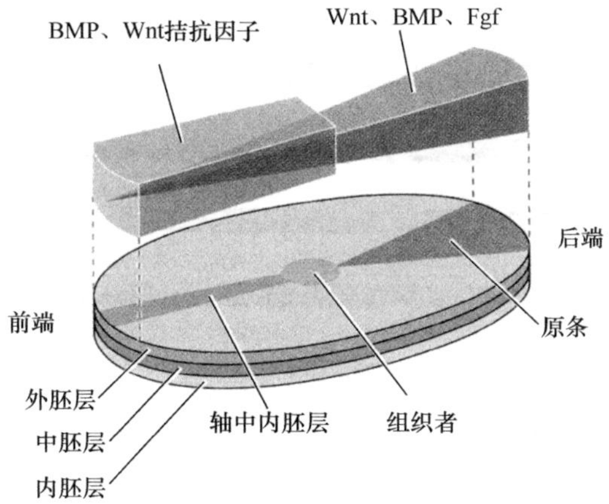

图 3-66　小鼠胚胎前后轴的特化（Robb and Tam，2004）

所有脊椎动物前后轴的特化都是通过 *Hox* 基因的表达来实现的。*Hox* 基因是果蝇同源选择基因（*Hom-C*）的同源物，哺乳动物每个单倍体基因组包含 4 个拷贝的 Hox 复合物，它们分别位于不同的染色体上。在小鼠每个 Hox 复合物中既有一定关系却又不相同的基因（如 *Hoxa1*、*Hoxb1* 和 *Hoxd1*）称为旁系同源物（paralogues）。*Hox* 基因沿背轴从后脑前部边缘到尾部表达，3′ 的 *Hox* 基因［果蝇 *labial*（*lab*）、*proboscopedia*（*pb*）以及 *Deformed*（*Dfd*）的同源物］在 5′ 的 *Hox* 基因（果蝇 *Ubx*、*AbdA* 及 *AbdB* 的同源物）的前面表达，因此旁系同源物组 4 在旁系同源物组 5 的前面表达，以此类推（图 3-67）。一定的 *Hox* 基因的组合特化了前后轴具体区域的特征。

3. 左右轴的特化　在小鼠中，*inversus viscerum*（*iv*）基因突变导致心脏和体位随机分布，而哺乳动物 *inversion of embryonic turning*（*inv*）基因的纯合突变使得胚胎体位完全反转。遗传学实验提示，左右分化的途径是在不同水平、不同级别经过强加的干扰、精细的平衡才造成最后的体位。早期的干扰可使全部体位随机化或反转，而晚期的干扰仅改变部分器官。

尽管脊椎动物中左右轴特化的途径不同，但这个途径的终点都是 Nodal 和 Pitx2 在左边的侧板中胚层被激活。蛙的左右轴特化途径起始于 Vg1 的定位，鸡胚中该途径起始于 *Shh* 的表达被抑制，而在哺乳动物中，左右区别起始于原结的纤毛细胞，纤毛使得原结的液体从右边流向左边，这样就可能将包含 Shh 蛋白和视黄酸的膜结合小颗粒［叫原结囊泡（nodal vesicular parcel，NVP）］带到身体左侧，同时钙离子也被带到了身体的左侧（图 3-68），从而引起了左右的区别。这就可以解释，有动力蛋白缺陷的人，其体内的纤毛不能运动，他们的心脏随机地出现在左边或右边。有研究者曾经将早期小鼠胚胎在一种人工培养基中进行培养，让其中液体的流动方向从左向右，结果使得左右轴完全反转。

靠近原结的冠状细胞能感知液体流动的方向，冠状细胞的纤毛不能运动，但能接受液流

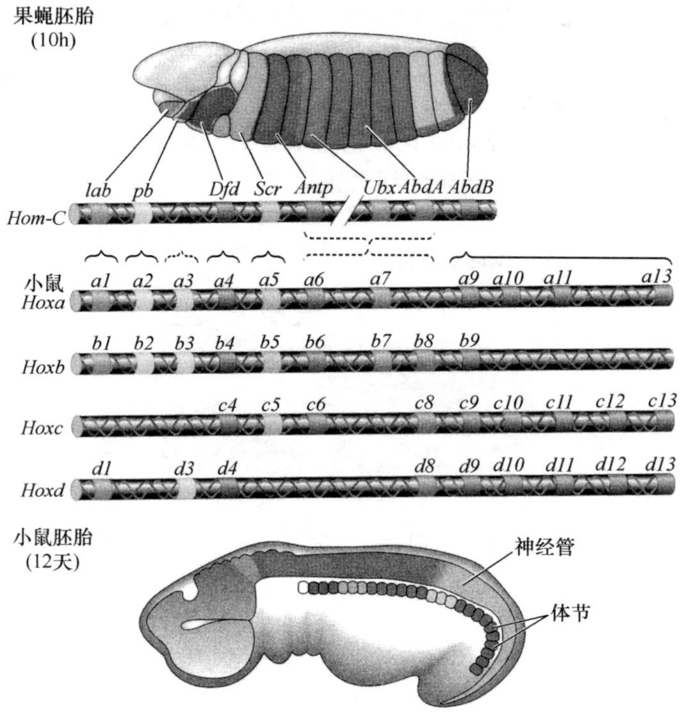

图 3-67 果蝇 *Hom-C* 基因簇（在第三条染色体上）和小鼠 *Hox* 基因簇（在 4 条染色体上）在基因排列以及转录表达方面的保守性（Carroll，1995）

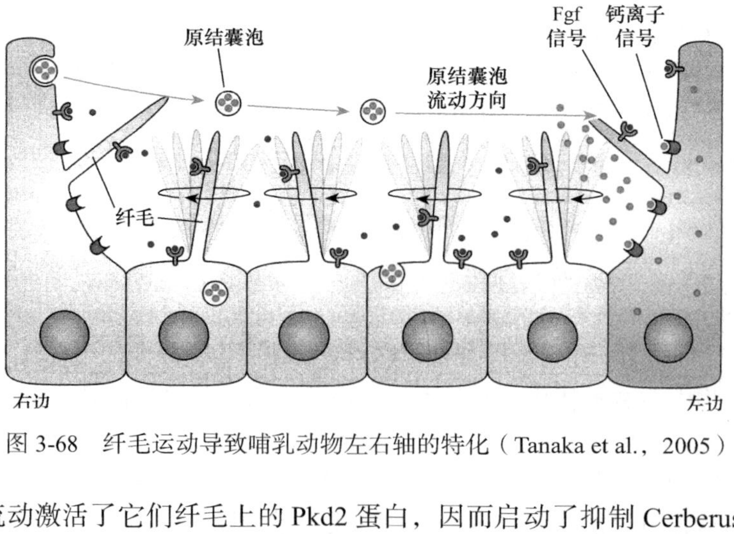

图 3-68 纤毛运动导致哺乳动物左右轴的特化（Tanaka et al.，2005）

的影响，液体流动激活了它们纤毛上的 Pkd2 蛋白，因而启动了抑制 Cerberus 合成的级联反应，激活了 Nodal 的表达。Nodal 以自分泌的方式结合在冠状细胞上维持其自身的转录，激活 *pitx2*，决定了左侧结构的形成。而冠状细胞在右边产生的 Cerberus 则抑制 Nodal 在右边维持表达，因此右侧没有 *pitx2* 的表达，从而形成右侧结构。

第四章 胚层分化和器官发生

本章彩图
扫码可见

原肠作用后，胚胎形成了外、中、内 3 个胚层，它们将分别向不同的方向发育。在脊椎动物中，鱼类、两栖类、爬行类、鸟类和哺乳类的胚层分化方向基本一致。

第一节　外胚层的分化

外胚层主要向 3 个方向进行发育：①神经管——中枢神经系统的前体，将发育为脑和脊髓、视网膜等；②神经嵴，将发育为周围神经系统、色素细胞、面部软骨、牙本质等；③表皮外胚层，将来主要发育为表皮、毛发、指甲、鳞片、皮脂腺等。这 3 个外胚层区在空间和功能上分化的过程就称为神经胚形成（neurulation），处于这一发育阶段的胚胎称为神经胚（neurula）。外胚层不同区域的特化主要是通过 BMP 的水平来实现的，高水平 BMP 将特化细胞变为表皮；很低水平的 BMP 将使细胞发育为神经板（neural plate），进而发育为神经管（neural tube）；中等水平的 BMP 将细胞特化为神经嵴。

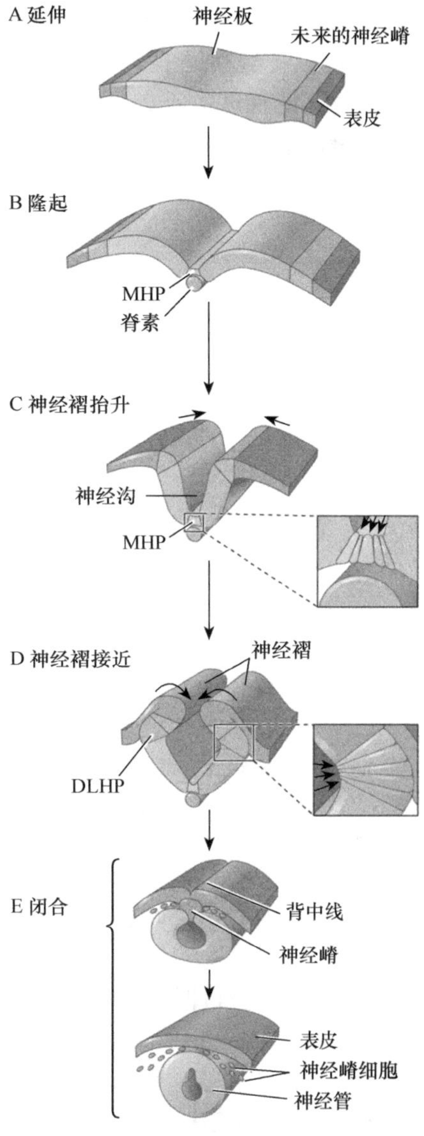

图 4-1　初级神经胚形成：鸡胚神经管的形成（Barresi and Gilbert，2019）
MHP．中间铰链点；DLHP．背侧铰链点

一、中枢神经系统的发育

神经板的特征是表达 Sox 家族转录因子，这些因子可以激活把细胞特化成为神经板的基因，且通过阻止 BMP 信号来抑制表皮和神经嵴的形成。发育的重要原则之一就是，促进一种类型细胞特化的信号要同时抑制细胞发育为其他类型。

神经管是中枢神经系统的原基。其形成方式有两种：一种是初级神经胚形成（primary neurulation），另一种是次级神经胚形成（secondary neurulation）。

1．初级神经胚形成　首先，预定的神经外胚层细胞纵向伸长，使细胞层加厚，形成神经板。神经板的细胞还倾向沿前后轴方向进行分裂增殖，促进前后轴的延伸（图 4-1A）。随后，神经板弯曲。神经板的弯曲与神经板和周围组织接触形成铰链区有关（图 4-1B）。神经板的中线细胞锚定在其下面的脊索上，形成中间铰链点（MHP），这样在背部中线形成一条神经沟（neural groove）（图 4-1C）。接着，在神经板两个背侧面与表皮外胚层接触处形成背侧铰链点（DLHP），每一个铰链都是其周围的细胞进行旋转的枢轴。表皮外胚层细胞持续向胚胎中线移动，为神经板弯曲提供了另一种动力，使表皮与神经板交接处突起形成神经褶（neural fold）。最后，两个神经褶向胚胎中央靠拢、接近（图 4-1D）。最终神经褶融合在一起，脱离外胚层表面而形成中空的神经管（图 4-1）。这是绝大多数脊椎动物前部神经管的形成方式。

BMP 在表皮外胚层表达，当 BMP 水平较高时，它们招募蛋白质维持细胞顶端和底端大小一致，抑制 MHP 和 DLHP 的形成。脊索诱导 MHP 细胞变成顶部窄、底部宽的楔形，启动神经板的弯曲。从脊索来的 Shh 及其他信号保障 MHP 在准确的时间和地点形成。而 Noggin 在背面神经褶处表达，抑制 BMP 信号，允许细胞顶端收缩变窄。基于 Noggin 和由底板而来的 Shh 梯度的距离，DLHP 才在正确的背侧部位的一定细胞范围内形成，细胞顶端收缩仅在表达足够低浓度的 BMP（MHP 和 DLHP）和 Shh（DLHP）的细胞中发生（图 4-2）。

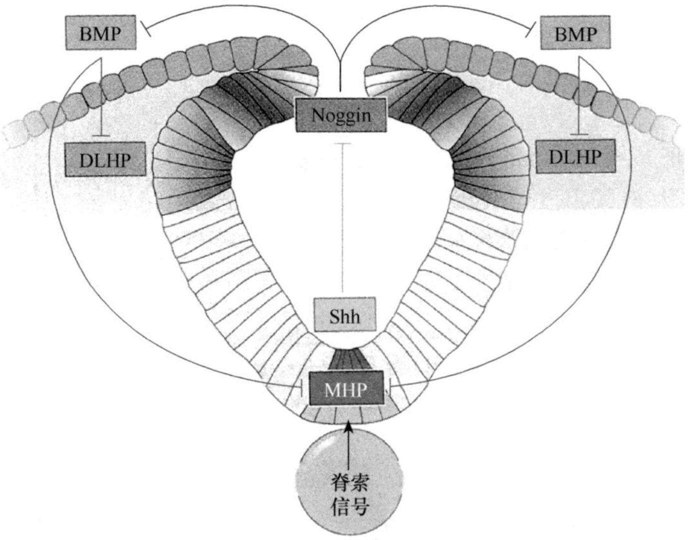

图 4-2　初级神经胚形成过程中铰链点（MHP、DLHP）的发育调控（Barresi and Gilbert，2019）

在鸡胚中，神经管闭合从未来的中脑处开始，以拉拉链的方式向两个方向进行闭合。而在哺乳动物中，神经管在外胚层的闭合并不是同步进行的。在小鼠胚胎中，有 3 个起始闭合点（图 4-3A）。而在人类胚胎中，可能有 5 个起始神经管闭合点（图 4-3B）。人类胚胎在 22 天（8 体节期）时就开始形成神经胚，神经管闭合（图 4-3C）；到 10 体节期时，可以看到有数个闭合点同时进行神经管闭合（图 4-3D）。在 23 天的胚胎背面，中间主要的神经管闭合已经完成，只有前端和后端的神经孔还保持开放（图 4-3E）。每个点的闭合机制也不尽相同，人类起始闭合点 1 位于脊髓和后脑结合处，由它开始的 1 区闭合的方式与鸡胚类似，以拉拉链的方式将神经褶拉到一起；同样，闭合点 2 位于中脑和前脑的交界处，以拉拉链的方式闭合，伴随细胞的动态延伸；在前脑前端的闭合点 3，背侧铰链点完全负责神经管的闭合。

神经管不能正常闭合，就会引起人类胚胎的神经管闭合缺陷症。神经管闭合区 2 或 3 闭

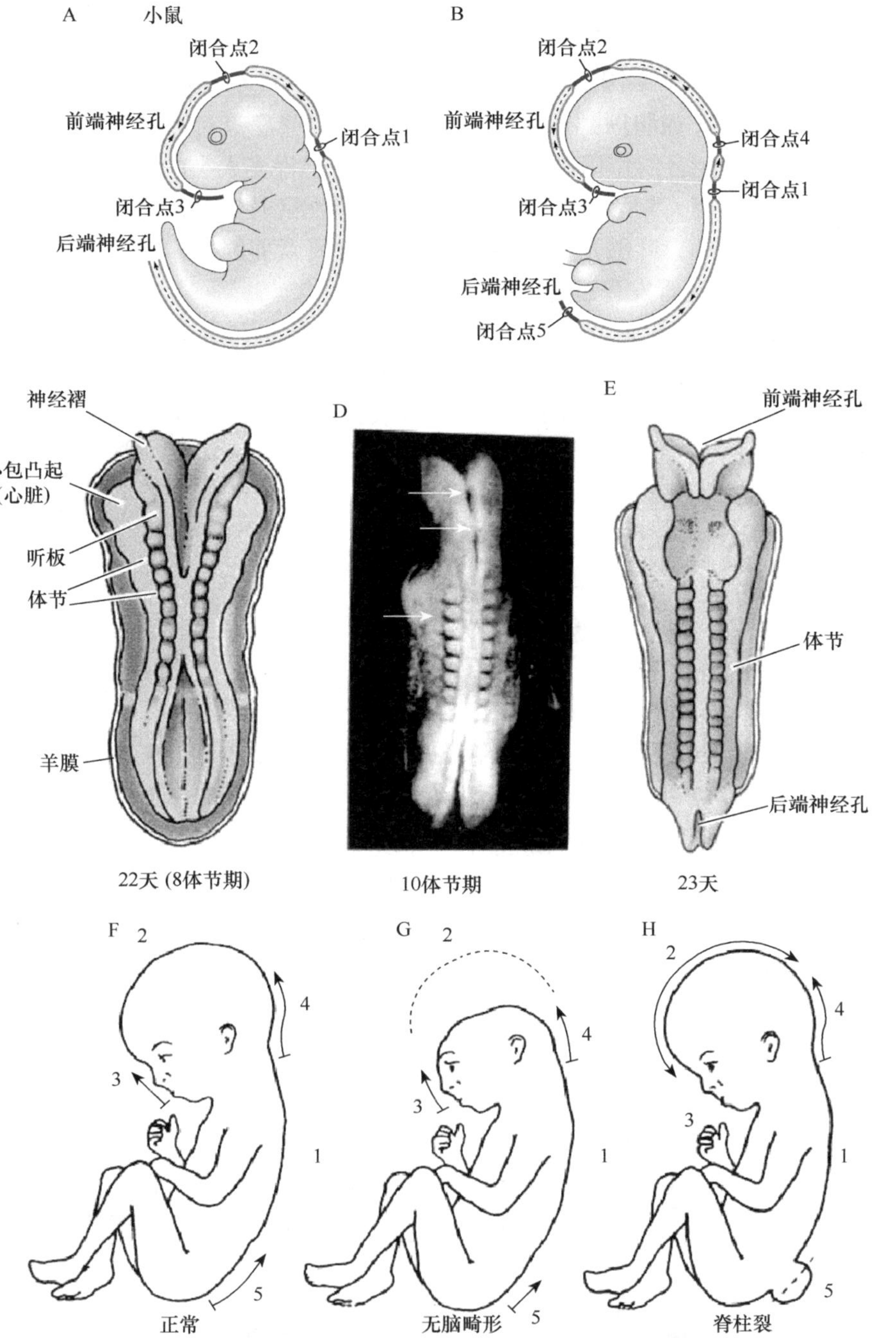

图 4-3　小鼠和人类胚胎的神经管闭合（Gilbert，2006；Barresi and Gilbert，2019）

A．小鼠胚胎的神经管起始闭合位点；B．人胚的神经管起始闭合位点；C．人胚龄 22 天，8 体节期；D．人胚 10 体节期（箭头指 3 个主要的神经管闭合点）；E．胚龄 23 天，神经管中部已全部闭合；F．神经管正常闭合的胎儿；G．2 区闭合失败导致的无脑畸形；H．5 区未闭合导致的脊柱裂；F～H 中的 1～5 指闭合区编号，箭头指闭合方向

合失败，胚胎的前端神经孔就会保持开放状态，通常导致致死性的无脑症（图 4-3G）；闭合区 5 不能正常闭合导致脊柱裂（图 4-3H）。整个神经管都不能发生闭合，即产生颅脊柱裂畸形。人类神经管闭合受遗传和环境等多种因素的影响，*Sonic Hedgehog*、*Pax3*、*Grainyhead*、*Tfap2* 以及 *openbrain* 等多个基因对于哺乳动物神经管的形成都是必要的，然而环境因子如药物、母源性营养因子（如胆固醇、叶酸）、糖尿病、肥胖症等对神经管的闭合也有重要影响。尽管叶酸对神经管闭合的作用机制尚未完全明了，但许多人类的病例表明，神经管闭合缺陷症与叶酸缺乏明显相关，孕妇服用叶酸可大大降低胎儿神经管缺陷的风险。已有研究表明，在脑细胞分裂过程中，叶酸是调节 DNA 合成的重要营养因子，它可能通过调控表观遗传（DNA 甲基化）在神经管发育过程中起重要作用。

神经管与相邻外胚层细胞分离可能和细胞粘连分子如钙黏着蛋白（cadherin）有关。在爪蟾神经管形成时，神经板的细胞表达 N-cadherin，而与其相邻的外胚层细胞则表达 E-cadherin。如果 N-cadherin 在一边的外胚层异位表达，则会导致神经管在那一边无法与外胚层分离（图 4-4）。

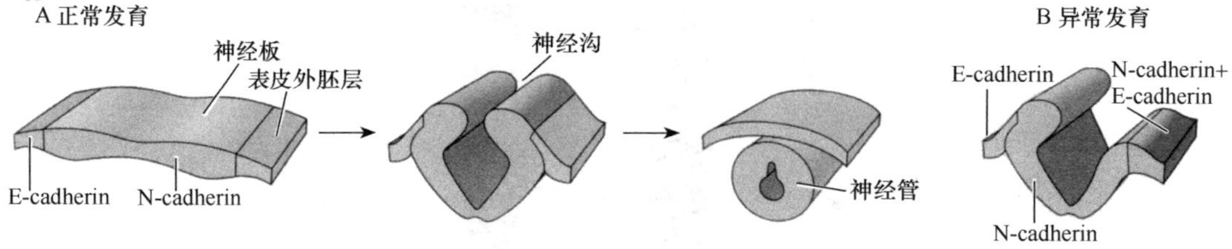

图 4-4　初级神经胚形成（Barresi and Gilbert，2019）

A．正常发育状况；B．将 N-cadherin 注射到蛙胚的神经板一边，导致神经管与表皮外胚层无法分离

2．次级神经胚形成　神经管由胚胎内细胞组成的实心髓索中空而形成（图 4-5），即次级神经胚形成。由预定的外胚层和中胚层形成间充质细胞，然后这些细胞聚集，在表皮外胚层下面形成实心的髓索。接着，间充质转变为上皮，实心髓索中部空腔化，形成几个中空的区域，最后这些中空区结合成一个中央的空腔。鸟类、哺乳类、两栖类动物胚胎的后部神经管都是以这种方式形成的。

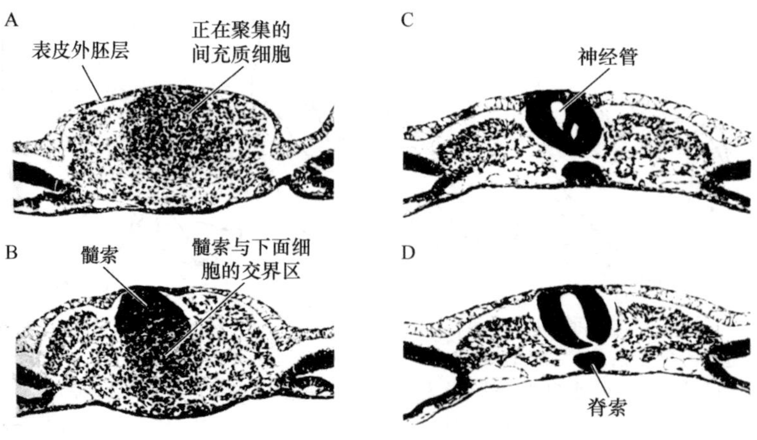

图 4-5　鸡胚尾区的次级神经胚形成（Catala et al.，1995）

A．间充质细胞在尾芽的尾部；B．在尾牙鞘前面的髓索；C．由髓索形成的神经管；D．管腔形成神经管的中央管道

在人和鸡的胚胎中，前部（初级神经胚形成）和后部（次级神经胚形成）神经管之间有一个过渡区（transition zone）（图 4-6）。在该区域，既有初级神经胚形成的方式，也有次级神经胚形成的方式。过渡区的大小随动物种类不同而不同，在小鼠胚胎中过渡区比较小，转变很快；而在鸡胚中，过渡区则横跨胸部脊椎区；在人胚中则横跨胸腰部区域。过渡区神经管的形成叫作交界神经胚形成（junctional neurulation）。在人胚的过渡区，可以看到正在结合的几个空腔，也可以看到神经板细胞弯曲形成神经管。

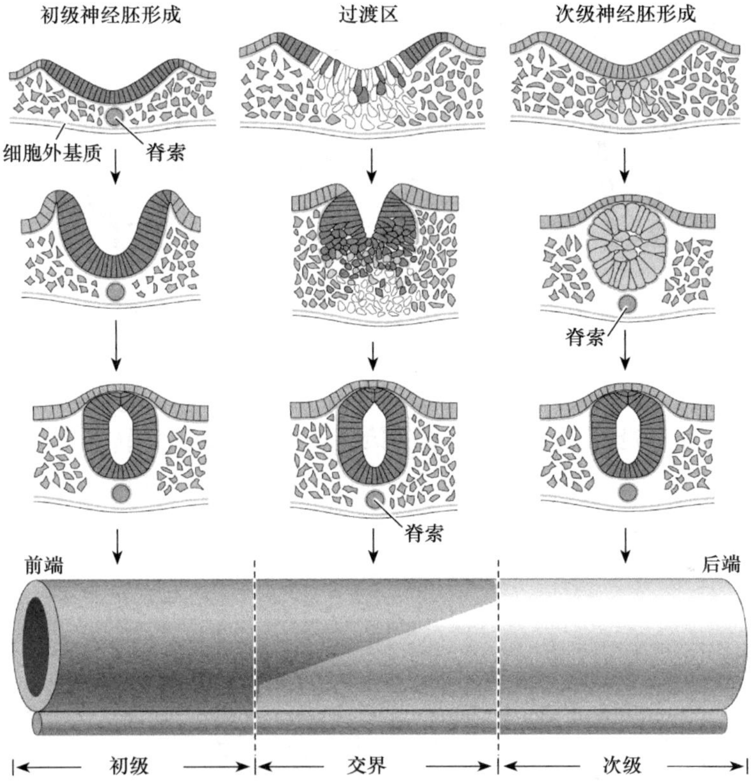

图 4-6 初级神经胚和次级神经胚形成以及二者之间的过渡区（Barresi and Gilbert，2019）

硬骨鱼类神经管的形成方式很特别。例如，斑马鱼的神经板并不隆起形成神经褶，相反，这些细胞一边分裂增殖，一边在背中线集中，并从前向后逐渐下陷，与表皮外胚层脱离，形成从前向后的一个细胞柱——神经龙骨脊（neural keel），神经管中间的空腔通过中空的方式形成。

3. 神经管的分化 神经管形成后，再分化为中枢神经系统的不同区域，行使不同的功能。

1）脑的分区 神经管及其管腔经膨大和缢缩，形成脑腔和脊髓腔。

哺乳动物早期神经管是直管状结构，在其后端尚未形成时，前端已经开始发生变化，先形成 3 个初级脑泡，为前脑、中脑和后脑（菱脑）（图 4-7）。当神经管后端完全封闭后，进而发育为 5 个次级脑泡。前脑进一步分化为前面的端脑和后续的间脑。端脑最终形成大脑半球，间脑将发育为丘脑和下丘脑及视觉感受区。与前脑不同，中脑不再细分为更小的区域，它最终发育为连接前后脑、视叶、顶盖之间的纤维索（fiber tract）。菱脑也在纵向上分化为两个区域，即前部的后脑（metencephalon）和后面的髓脑（myelencephalon），后脑最终形成小脑，负责协调身体的运动和平衡，而髓脑将发育为延脑，调节呼吸、消化道和心血管运动。

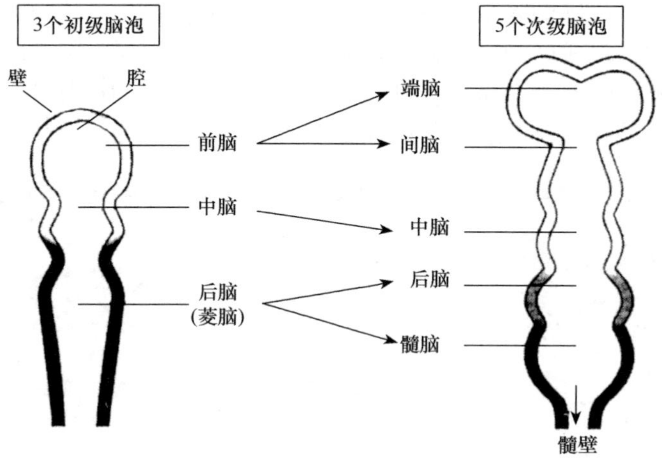

图 4-7 人类脑的早期发育（Moore and Persaud，1993）

2）神经管前后轴的特化　神经组织在最初被诱导形成时，部分由于 Fgf 的影响，部分由于 BMP 抑制子（如由组织者释放的 Chordin）的抑制作用，这些物质诱导神经板呈现“前部”的特征，即如果没有其他信号影响的话，它将表达 Otx 等转录因子，形成前脑的结构。后部结构的发育起始于各种后部化因子的活性，其中 Fgf 和 Wnt 是主要的影响因子，它们诱导 Cdx 转录因子的表达，进而诱导躯干部和尾部 *Hox* 基因的表达（图 4-8）。在后脑区，视黄酸（RA）发挥很重要的后部化的功能。

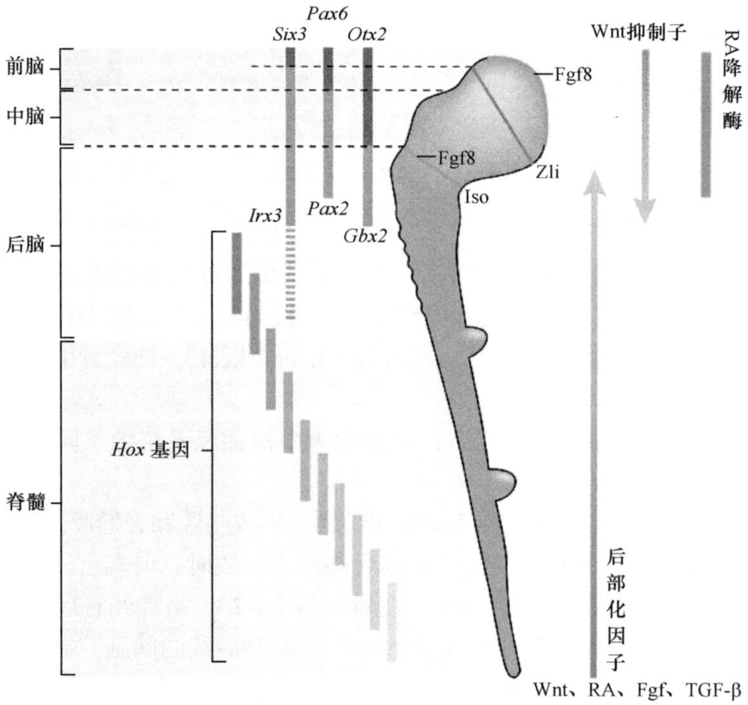

图 4-8 脊椎动物中枢神经系统前后轴特化的分子调控（Gómez-Skarmeta et al.，2003）

在神经管前后轴特化过程中，一些组织者中心发出信号，诱导其周围的细胞向特定方向进行发育。例如，位于前脑最前端的前神经外胚层嵴（anterior neuroectodermal ridge）表达 Fgf8，对于前脑前后轴的发育具有重要作用。位于中脑和后脑交界狭窄处的峡部组织者（isthmus organizer，Iso）在中后脑的前后轴形成过程中发挥重要功能，它可以诱导预定的间脑形成中脑，也可以诱导预定的中脑发育为后脑。

通过 Six3 和 Irx3、Pax6 和 Pax2/En1 以及 Otx2 和 Gbx2 之间的相互抑制，在前脑的端脑和间脑、前脑和中脑以及中脑和后脑之间建立了边界。在预定的脑区，Wnt 和 RA 的抑制子被表达，因此在前端，Wnt 和 RA 被抑制。后来，在中脑和后脑边界也表达成纤维细胞生长因子 8（Fgf8），进一步细分脑的结构区。后脑和脊髓是由 *Hox* 基因的产物特化形成的，这些 *Hox* 基因家族成员在前后轴的不同区域表达（参见第三章中的“哺乳类体轴的建立”部分）。这些 *Hox* 基因的正确表达需要后部化因子信号，如 Wnt、RA、Fgf 和 TGF-β 的浓度梯度来调节（图 4-8）。比如，视黄酸水平低的地方，允许前端 *Hox* 基因表达；视黄酸水平高的地方，允许后端 *Hox* 基因表达。

3）神经管背腹轴的特化　　神经管也有背腹极性，比如在脊髓处，背面是接受信息输入的感觉神经元，而腹面是运动神经元所在地。

神经管的背面紧靠表皮外胚层，腹面紧邻脊索，因此其背腹轴的特化主要受到表皮和神经管的影响。神经管背腹轴的特化起始于两个主要的旁分泌因子：从背面表皮而来的 TGF-β 和从脊索而来的 Shh，这些因子进入神经管内再诱导第二级信号中心（图 4-9）。Shh 诱导神经管的中间铰链点细胞变为神经管的底板，底板细胞也分泌 Shh，向上形成一个浓度梯度，神经管腹面浓度最高。表达最高浓度 Shh 的细胞发育为运动神经元及一组中间神经元的祖细胞，而中等和低浓度的 Shh 则诱导逐渐靠近背面的祖细胞群。神经管背侧的命运是在 TGF-β 超家族蛋白的调控下建立起来的，特别是 BMP4、BMP7 以及 Dorsalin、Activin 等在神经管背侧特化过程中起关键作用。起初，在表皮中发现有 BMP4 和 BMP7，当脊索在神经管底板建立起第二级信号中心时，表皮通过诱导 BMP4 在神经管顶部表达建立起第二级信号中心，顶部的 BMP4 蛋白在邻近细胞诱导产生一个 TGF-β 家族成员的梯度，背面的细胞群处于高浓度的 TGF-β 蛋白中（图 4-9）。

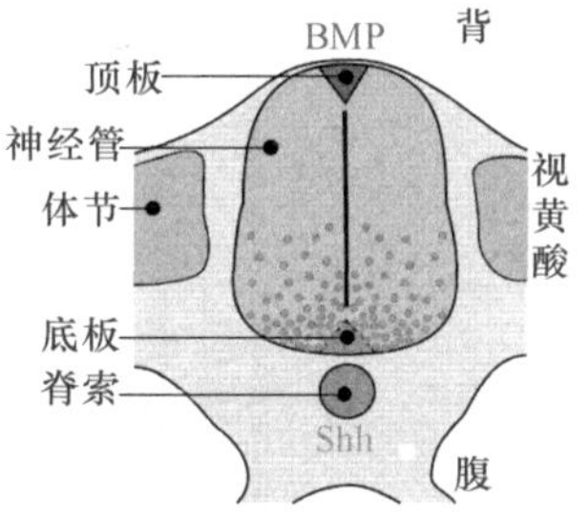

图 4-9　神经管背腹轴的特化
（Dessaud et al.，2008）

神经管背腹轴的特化是在 BMP4 建立起来的 TGF-β 的浓度梯度和 Shh 的浓度梯度共同作用下决定的，不同位置的细胞究竟要发育为什么类型的神经元依赖它们与信号中心之间的距离，即接收到不同信号分子的不同浓度。靠近底板的细胞接收到高浓度的 Shh，它们将合成转录因子 Foxa2、Nkx6.1 和 Nkx2.2，进而发育为腹面中间神经元（V3）；其上面的细胞接触浓度稍低一些的 Shh 以及多一点的 TGF-β，将表达 Pax6 和 Olig2，将发育为运动神经元（MN）；再上两层的细胞，接收到更少的 Shh，仅表达 Pax6，将发育为 V2 和 V1 中间神经元；最后到神经管的最背面细胞，表达 Pax7，形成背部的祖细胞（图 4-10）。

4）神经细胞的特化　　神经上皮细胞分化为各种神经元和胶质细胞。

一个成熟的神经细胞的发生大约要经历 3 个阶段：①神经细胞命运的决定，即该细胞将来只能向神经细胞方向分化；②神经细胞类型的决定，神经元和神经胶质细胞的分化可能就

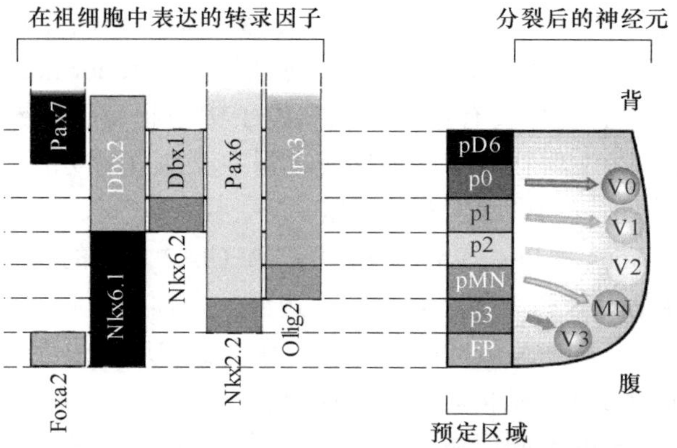

图 4-10　转录因子的差异表达决定了脊椎动物神经管沿背腹轴的祖细胞群及由此而来的不同细胞类型（Dessaud et al., 2008）

D. 背；FP. 底板；MN. 运动神经元；p. 预定的；V. 腹

是从这时开始的；③个别神经元特殊性质的决定。

神经管最初是由一层快速分裂的神经干细胞组成的。由于处于不同细胞周期的细胞核位置不同，神经管壁看起来似乎由多层细胞组成。当细胞处于 DNA 合成期（S 期）时，细胞核位于管壁外部。然后细胞核逐渐向管壁内壁（近管腔）迁移，在神经管的内壁完成细胞分裂。分裂后的细胞核又开始向管壁外部迁移，进入 G_1 期（图 4-11）。

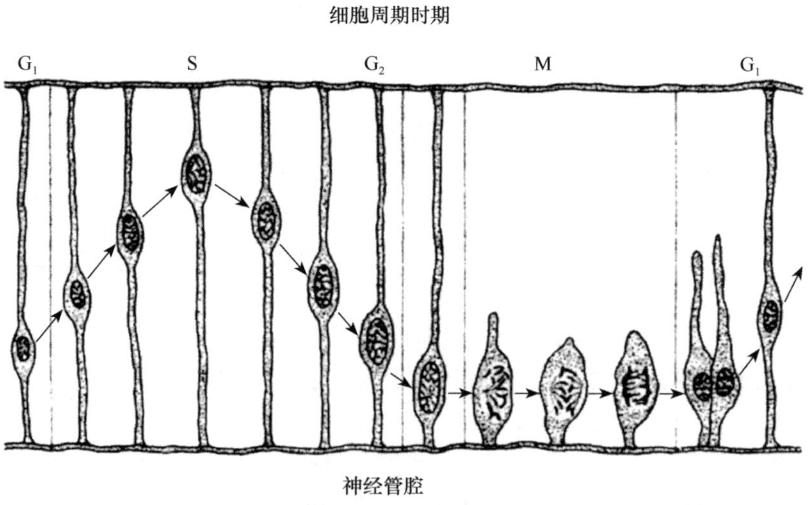

图 4-11　鸡胚神经管中神经上皮细胞细胞核的位置与分裂时期的关系（Sauer, 1935）

处于分裂期的细胞核位于靠近管腔的区域

早期神经上皮干细胞都进行垂直分裂，即分裂面垂直于腔面，纺锤体平行于腔面，形成两个同样的干细胞，这是对称分裂。当神经管逐渐成熟时，神经上皮干细胞的子细胞变为放射状胶质细胞（RG），意味着它们维持着与脑腔面的接触，它们可以进行对称和不对称分裂。所谓不对称分裂，就是放射状胶质细胞的垂直分裂产生两个不同的子细胞，如产生一个放射状胶质细胞和一个成神经细胞，通常这时的分裂面是有些倾斜的。

成神经细胞将沿着放射状胶质细胞的突起向外迁移，随着迁移细胞的增多，围绕原先的神经管形成了逐渐加厚的第二层区域，叫中间区（intermediate zone）或套膜区（mantle zone），原先的神经上皮区现在叫脑室区（ventricular zone，VZ）。中间区的细胞分化为神经元和神经胶质细胞，神经元之间彼此连接，并向远离管腔的方向伸出轴突，这些突起形成一个几乎没有细胞的边缘区（marginal zone）（图 4-12A）。最终，少突胶质细胞（oligodendrocyte）以髓鞘的形式覆盖在边缘区的许多轴突上，使该区呈白色，因此该区域经常称为白质（white matter）。包含神经元胞体的中间区则称为灰质（gray matter）。脑室区的增殖上皮后来下沉变为围绕脑腔的室管膜。在脊髓处，脑室区是神经元和神经胶质细胞的唯一来源（图 4-12B）。在小脑处，距离脑室区最远的地方形成第二个细胞分裂层，即外颗粒层，一种称为颗粒细胞的神经元从这里迁回中间区，形成内部颗粒层（图 4-12C）。在大脑皮层发育过程中，大部分细胞的胞体从脑室区移向中间区，分裂产生的一些祖细胞迁移到脑室区与中间区的交界处，这些细胞还可以继续分裂增殖，形成脑室下区（SVZ）。最早完成分裂向外迁移的成神经细胞到达边缘区下面形成皮层板（cortical plate），将来发育为新皮层，由于成神经细胞分批产生和迁移，因此皮层板中的神经细胞成层状排列，迁移的神经元和成神经胶质细胞最终形成一个包含 6 层结构的新皮层，由内（神经管腔面）向外分别为：脑室区、脑室下区、中间区、皮层板、边缘区、分子层（图 4-12D）。

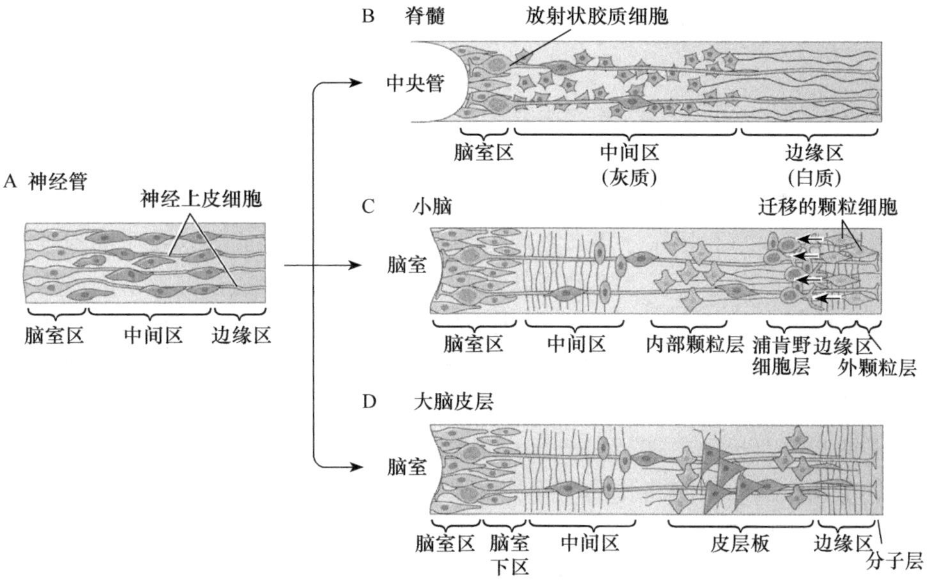

图 4-12　神经管壁的分化（Barresi and Gilbert，2019）

A．5 周人胚神经管呈现 3 个区；B．脊髓处的神经管；C．小脑处的神经管；D．大脑皮层处的神经管

放射状胶质细胞的分裂发生在脑室区（脑室的内衬，因此接触脑脊液）。脑室的放射状胶质细胞（RGC 或 vRG）除了能产生神经元，还能产生基部（或外层）放射状胶质细胞（bGR 或 oRG）和中间祖细胞（IP）。在大脑处，当祖细胞与脑室分离，迁移到脑室区与中间区的交界处时，形成脑室下区。这些区域形成产生神经元的生发层。生发层主要有 3 种细胞类型：①脑室的放射状胶质细胞；②外层放射状胶质细胞；③中间祖细胞。生发层产生的神经元迁移到皮层板中，形成新的大脑皮层。早期形成的神经元位于皮层板的深层，称为深层神经元；晚期形成的神经元位于皮层板的上层，称为上层神经元（图 4-13）。

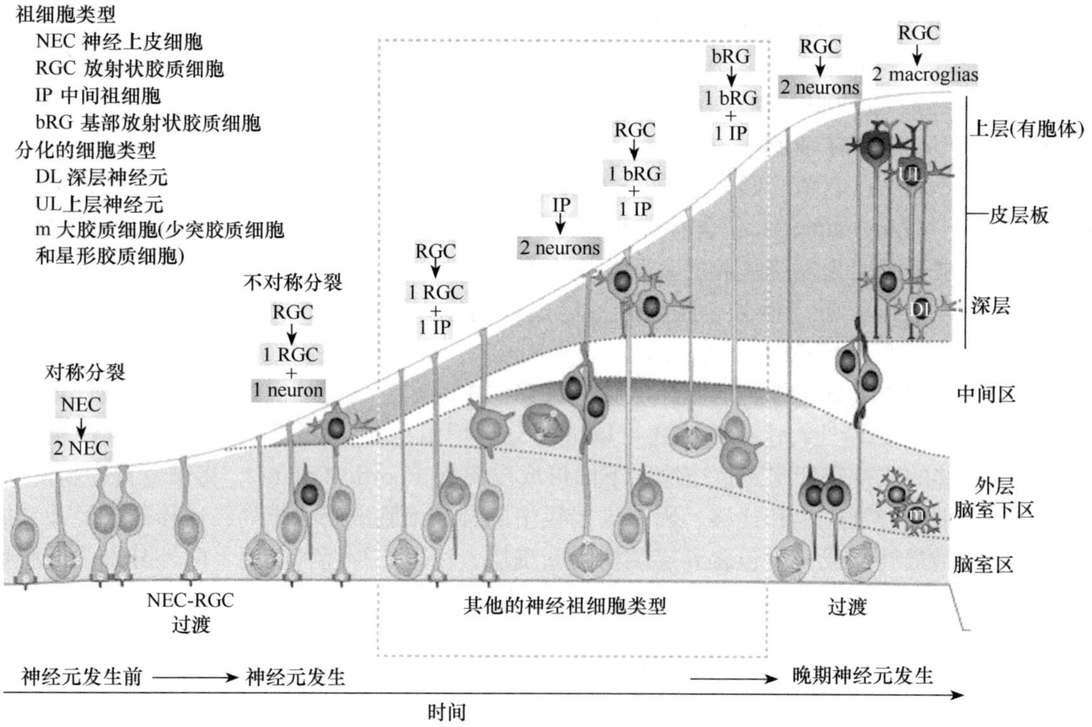

图 4-13　大脑皮层神经发生的模式图（Paridaen and Huttner，2014）

neuron. 神经元；macroglia. 大胶质细胞

神经发生的早期，脑室的放射状胶质细胞主要进行对称分裂来扩充祖细胞库。随着发育的进行，细胞进行较多的不对称分裂来实现祖细胞的分化。外层放射状胶质细胞维持其基部突起与脑膜表面接触，但它们不再接触顶部表面，它们的胞体停留在脑室下区。脑室的放射状胶质细胞和外层放射状胶质细胞都能分裂产生中间祖细胞。中间祖细胞的分裂能力有限，通常只能经历一次分裂，但是在神经发生期，它们作为一种祖细胞对特殊细胞谱系的特定扩张具有关键作用。

分裂后子细胞的命运与它遗传得到的中心粒相关，如果子细胞得到的是“老”的中心粒，即母本中心粒，则该细胞将作为一个干细胞继续停留在脑室区；如果子细胞得到一个“年轻”的中心粒，即由母本中心粒复制产生的新中心粒，则该细胞将离开脑室区进一步分化。这主要是由于这两种中心粒结合不同的蛋白质，那些影响基因表达和细胞命运的因子分布不对称，其中特别重要的是，在细胞分裂过程中与“老”的中心粒联系在一起的初级纤毛（primary cilium）。遗传到“老”中心粒的子细胞能够很快地将初级纤毛伸展在腔里，也就是在脑脊液中，脑脊液含有胰岛素样生长因子（IGF）、Fgf 以及 Shh 等因子，它们能诱导增殖，并向细胞发出信号，指导细胞维持其放射状胶质干细胞的命运。遗传得到“年轻”中心粒的子细胞最终形成新的初级纤毛，这些纤毛将从细胞的基部突起延伸而不是从它的顶部表面延伸，因此将接触到一套不同的信号，这些信号将指导它发育为一个祖细胞或神经元。

决定子细胞命运的另外一个机制是顶部蛋白 Par-3 的分布。在处于发育期的脑中，Par-3 招募一些复合体到细胞的顶部（近管腔）区域，这些复合体能够对细胞命运诱导因子（如 Notch 信号蛋白）产生不同的效应。在不对称分裂时，一个子细胞接收到较多的 Par-3 蛋白，这个子细胞将表达高水平的Notch信号分子，从而维持干细胞的状态；而另一个子细胞则表达大量的Delta（Notch受体），因而向神经元方向进行分化（图4-14）。Notch的高低是由Notch抑制子Numb和Par-3协同调控的，Par-3能够使Numb失活，因此有大量Par-3的子细胞Notch水平高，发育为干细胞；而Par-3水平低的子细胞包含有活性的Numb，这使得Notch活性降低，导致细胞变为神经元祖细胞，向远离管腔的方向迁移，并逐渐分化为神经元。

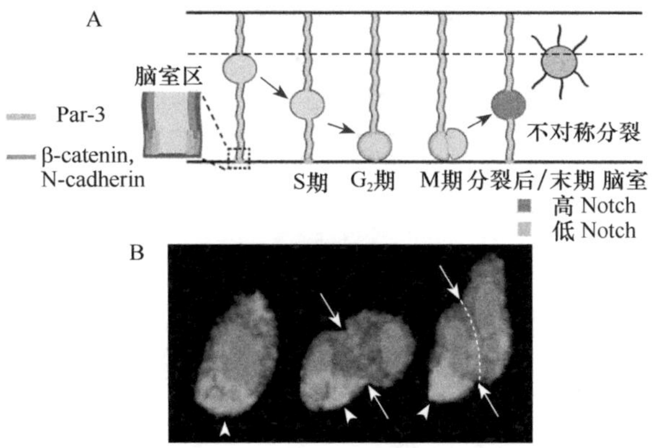

图4-14　由Par-3和Notch调控的放射状胶质细胞不对称分裂
（Bultje et al., 2009； Alexandre et al., 2010）

A. 鸡胚神经管中一个放射状胶质细胞不对称分裂模式图；B. 融合GFP的Par-3在斑马鱼胚胎后脑细胞不对称分裂过程中的分布。Par-3（短箭头所指，亮绿色）主要在左边的一个子细胞中表达；长箭头所指的为分裂面

二、神经嵴的发育

1. 神经嵴细胞的来源　神经嵴（neural crest）是在神经管将要完全闭合时，沿着原来神经板的左右两侧从背部外胚层形成的（图4-15）。尽管它们来源于外胚层，但由于其在发育中的重要作用，有时也被称为“第四胚层”（fourth germ layer）。

神经嵴在神经板和表皮交界处的特化经历了多个步骤。第一步是神经板边界的特化，神经板和表皮的交界处将变为神经嵴和基板（表皮外胚层的加厚区，将产生眼睛的晶体、内耳、嗅觉上皮以及其他感觉结构）。在两栖类胚胎中，这个边界是由许多神经板诱导信号，如BMP、Wnt和Fgf相互作用而特化形成的。尽管未来的脊索既能诱导神经板，又能诱导神经嵴，但体节和侧板中胚层只能诱导神经嵴（图4-15A）。第二步，神经嵴在神经褶顶部定位（图4-15B）。第三步，神经嵴在神经管闭合处与神经管分离（图4-15C）。第四步，神经嵴细胞迁移，最终离开外胚层组织（图4-15D）。

在前部区域，BMP和Wnt表达的时间对于区分神经板、表皮、基板以及神经嵴起着关键作用。如果BMP和Wnt信号持续表达，外胚层将发育为表皮；如果Wnt诱导BMP，然后Wnt信号关闭，细胞就会发育为前部的基板；相反，如果Wnt信号诱导了BMP，但Wnt信号仍然开启，细胞就将发育为神经嵴；如果BMP拮抗因子（如Noggin或Fgf）阻止了BMP信号，外胚层细胞仅接收到Wnt信号，这部分细胞将发育为神经细胞（图4-16）。

一系列的研究已经基本建立了神经嵴细胞成熟的基因调控网络，该网络起始于Wnt和BMP，它们诱导一系列转录因子在外胚层表达，如Gbx2、Zic1、Msx1和Tfap2。这些转录因子的表达又调节神经板边界特化因子，这些特化因子（包括Pax3/7和dlx5/6）共同作用，

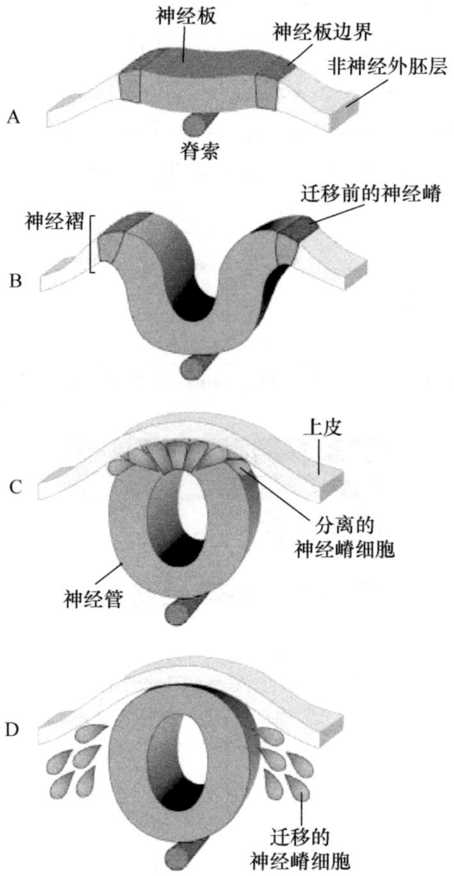

图 4-15 神经嵴发生模式图（Simões-Costa and Bronner，2015）

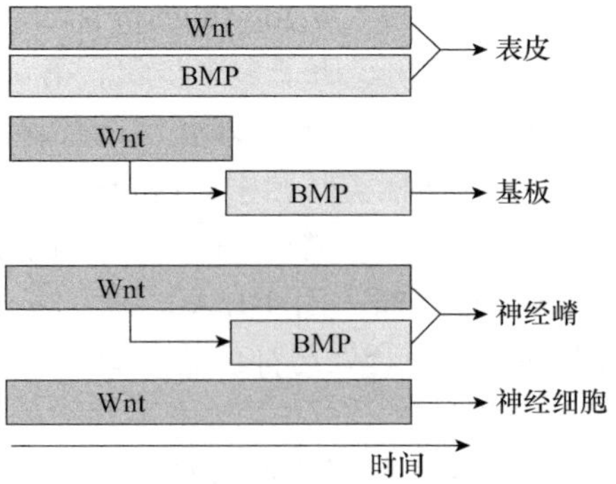

图 4-16 神经嵴细胞的特化（Patthey et al.，2009）

使得边界区有形成神经嵴和背部神经管细胞的能力。接着，边界特化因子又诱导下一级的更特异的转录因子，即神经嵴特化因子，在未来神经嵴细胞中表达，这些神经嵴特化因子包括 Foxd3、Sox9、Snail 及 Sox10。如果让这些神经嵴特化因子在神经管侧面表达，那神经管侧面的神经上皮细胞就将显示出神经嵴细胞一样的表型。例如，由上皮细胞转变为间充质细胞，并与神经上皮分离。Sox9 和 Snail 能诱导神经上皮细胞转变为间充质细胞，神经嵴细胞脱离神经管后向躯干部迁移也需要 Sox9 的作用，如果缺乏 Sox9，这些细胞在脱离后就会发生凋亡。Foxd3 具有多种功能，它对于外胚层特化为神经嵴是至关重要的，如果抑制了 Foxd3 的功能，神经嵴的特化也会被阻止。相反，如果使其在神经板异位表达，则该处的神经板会表达神经嵴特有的蛋白质。此外，Foxd3 对于细胞表面蛋白的表达也是必需的，这些表面蛋白对细胞的迁移至关重要。Sox10 不仅调控神经嵴细胞与神经管的分离，而且对于许多神经嵴细胞谱系的分化也很关键，它能结合许多编码神经嵴靶基因的增强子区域，促进这些靶基因表达神经嵴的效应子，使神经嵴细胞进一步分化。这些靶基因编码的效应子包括一些小 G 蛋白，如 Rho GTPase，它们可以允许细胞改变形状，并进行迁移；细胞表面受体，如受体酪氨酸激酶和内皮素受体（ENDRB2），它们能允许神经嵴细胞对其所处环境中的模式蛋白和趋化蛋白产生响应；一些转录因子，如色素细胞系中的小眼畸形相关转录因子（MITF），促使这些细胞分化为色素细胞。

2. 神经嵴细胞的特征　绝大多数神经嵴细胞是可迁移的多能性细胞，将广泛迁移，产生多种细胞类型，包括：感觉、交感及副交感神经系统的神经元和胶质细胞；肾上腺髓质细胞；表皮中的色素细胞；头部骨骼和结缔组织等（表 4-1）。少数神经嵴细胞是单能的，只能发育为一种细胞类型。

表 4-1　神经嵴的一些衍生物

衍生物	产生的细胞类型或结构
周围神经系统	神经元，包括感觉神经节、交感和副交感神经节、丛状神经节细胞；施万细胞和其他胶质细胞
内分泌和旁分泌衍生物	肾上腺髓质；降钙素分泌细胞；颈动脉体 I 型细胞
色素细胞	表皮色素细胞
面部软骨和骨	面部和前部腹面骨架的软骨和骨
结缔组织	角膜内皮和基质；牙乳突；真皮、平滑肌以及皮肤、头部和颈部的脂肪组织；唾液腺、泪腺、胸腺、甲状腺、垂体腺的结缔组织；源自主动脉弓的动脉内的结缔组织和平滑肌

神经嵴是一个临时性的结构，在脊椎动物晚期胚胎和成体中没有神经嵴细胞。神经嵴细胞在神经管背侧经历一个上皮到间充质的转变，之后它们就可以进行广泛迁移并发育为许多不同的细胞类型。

3. 神经嵴细胞的迁移及调控　在神经管闭合后不久，神经嵴细胞就要进行迁移分散。神经嵴可分为 4 个主要的（但有重叠的）功能区，分别为头部神经嵴、躯干神经嵴、迷走和骶骨神经嵴、心神经嵴。

躯干神经嵴的迁移途径主要有两条：一是腹面迁移途径，二是背侧迁移途径（图 4-17）。较早离开的那些沿腹面迁移的神经嵴细胞将穿过生骨节（图 4-18）的前面，发育为背根神经节、交感和副交感神经节、肾上腺髓质细胞以及神经鞘细胞等；稍后迁移的细胞沿着背侧面迁移，进入外胚层下面，将发育为色素细胞。

1）腹面迁移途径　神经嵴细胞特化后不久就面临着向哪一个途径迁移的选择。最早迁移的细胞受到硫酸软骨素蛋白多糖、Ephrin、Slit 蛋白的阻碍，可能也受其他分子的阻碍，不能进入背侧迁移途径，因此转向腹面迁移途径，并形成周围神经系统的神经元和胶质细胞。在小鼠胚胎中，最初形成的少数神经嵴细胞在体节之间前行，但不久就被 semaphorin-

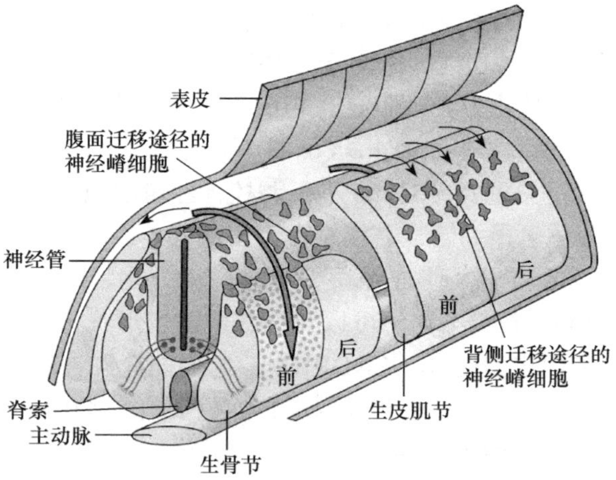

图 4-17　鸡胚神经嵴细胞在躯干中的迁移途径（Slack，2013）

途径 1（大箭头）. 细胞通过前生骨节向腹面迁移，这些细胞形成交感神经节、副交感神经节、肾上腺髓质细胞和背根神经节；途径 2（小箭头）. 细胞沿表皮和生皮肌节之间向背侧面迁移，这些细胞变为成色素细胞

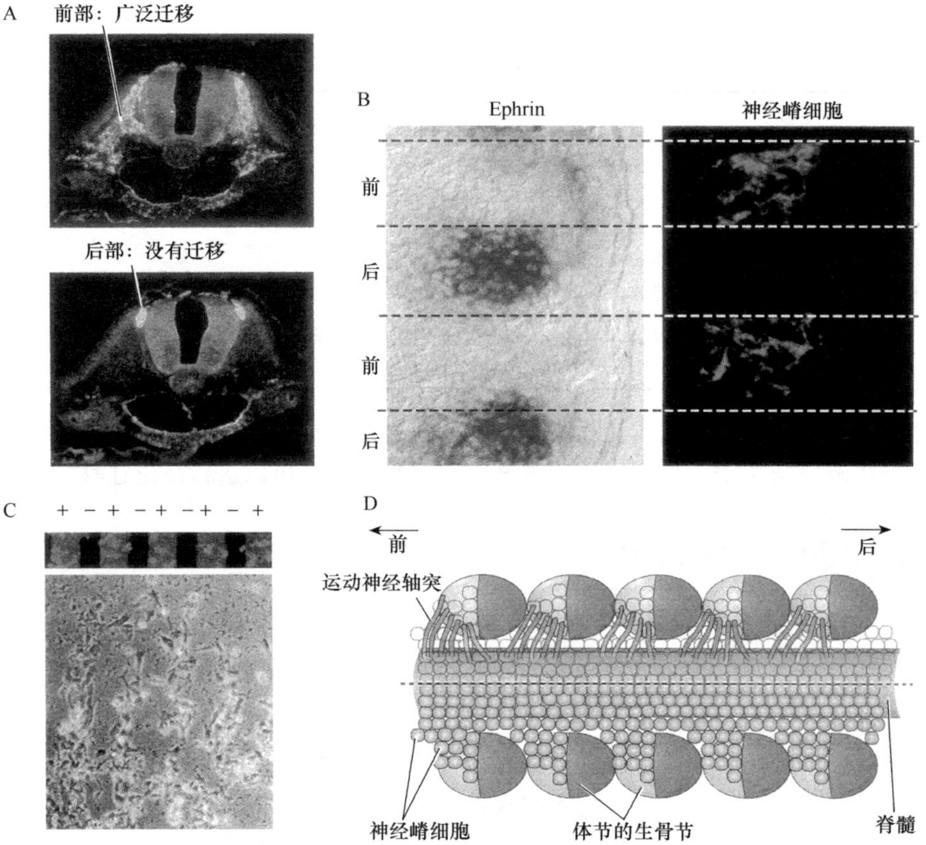

图 4-18　生骨节的 Ephrin 蛋白调控神经嵴细胞和运动神经元在体节的特定位置迁移（Gilbert and Barresi，2016）

A. 体节的横切面，显示神经嵴细胞通过生骨节前部广泛迁移（上），而在后部则没有迁移；B. Ephrin 阻碍神经嵴细胞，生骨节中有 Ephrin 的区域没有神经嵴细胞；C. 神经嵴细胞在培养皿中培养时，它们结合那些没有 Ephrin 的细胞外基质区；D. 脊索神经嵴细胞和运动神经元穿过生骨节前部 Ephrin 缺失的模式图（展示的仅为脊索的一边）

3F 阻止了，这是一种排斥神经嵴细胞的蛋白质，因此后来的大多数神经嵴细胞穿过体节向腹面迁移。这些细胞穿过每一个生骨节的前部，这种迁移与细胞外基质如纤维粘连蛋白和层粘连蛋白有关，它们允许细胞进行迁移。每一个体节前部和后部的细胞外基质是不一样的，只有前部生骨节的细胞外基质才允许神经嵴细胞迁移（图 4-18A），而后部生骨节的细胞外基质则包含排斥神经嵴细胞的蛋白质（图 4-18B），除了 semaphorin-3F 之外，这些蛋白质还包括 Ephrin，Ephrin 可被神经嵴细胞中的受体 Eph 识别，semaphorin-3F 也可被迁移的神经嵴细胞中的受体 neuropilin-2 识别。如果把神经嵴细胞放在含固定的细胞膜蛋白条带的培养皿中培养，细胞膜蛋白条带中加入或不加 Ephrin，会发现细胞会离开加 Ephrin 的条带，而沿着没有 Ephrin 的条带移动（图 4-18C）。这种神经嵴迁移的模式产生了整个周围神经系统的体节特征，因此才有了背根神经节及其他源自神经嵴结构的特殊定位（图 4-18D）。

2）背侧迁移途径　选择背侧迁移途径的细胞已经特化为成色素细胞，即色素细胞的祖细胞，它们在趋化因子和细胞基质糖蛋白的引导下沿背侧途径迁移。在鸡胚中，后来迁移的细胞在神经管的上面，这些细胞将特化为成色素细胞。Foxd3 转录因子可能调控这些细胞变为成神经细胞或成色素细胞，如果有 Foxd3，它将抑制 MITF 表达，MITF 是成色素细胞特化和产生色素所需要的转录因子。如果 Foxd3 表达下调，MITF 就得以表达，因此细胞将发育为成色素细胞。MITF 与 3 个信号级联反应相关，第一级是激活那些负责产生色素的基因；第二级是允许这些神经嵴细胞沿背侧途径迁移到皮肤；第三级是阻止迁移过程中的细胞发生凋亡。

一旦特化为成色素细胞，它们就上调表达 Ephrin 受体（Eph-B2）和内皮素（Endothelin）受体 EDNRB2，允许成色素细胞沿着含有 Ephrin 和 endothelin-3 的细胞外基质迁移，这些细胞谱系的迁移途径正好含有排斥神经细胞谱系的神经嵴细胞的分子。Ephrin 沿着背侧迁移途径表达，在神经嵴细胞膜上激活其受体 Eph-B2，因此促进成色素细胞迁移到它们的分化地点。

对于哺乳动物来说，Kit 受体蛋白在成色素细胞沿背侧迁移至关重要。Kit 蛋白结合由真皮细胞产生的干细胞因子（SCF），阻止细胞凋亡，刺激成神经细胞前体分裂增殖。如果小鼠或人类没有足够的 Kit，神经嵴细胞就不能增殖到足够多的量，以至于不能覆盖整个皮肤。此外，SCF 对于背侧迁移途径也很关键，如果让 SCF 在通常没有色素细胞的部位（如足垫）处表达，神经嵴细胞将进入这些部位并发育为色素细胞。

4. 神经嵴细胞的分化　如上所述，躯干部神经嵴细胞的分化受到三方面因素的调控：①自主因素，如 MITF 等；②环境中的特殊条件（如肾上腺皮质，能诱导其附近的神经嵴细胞变为肾上腺髓质细胞）；③上述两因素的共同作用。单个神经嵴细胞的命运由它开始时沿神经管前后轴的位置以及其迁移的途径共同决定。

细胞迁移途径的环境对神经嵴细胞的发育命运至关重要，因为这些环境中的组织所分泌的旁分泌因子能逐渐影响神经嵴细胞的分化命运（图 4-19）。比如，从神经管而来的脑源性神经营养因子（BDNF）促使细胞形成背根神经节中的感觉神经元；BMP 能使细胞分化为自主神经元；内皮素 3（endothelin 3）、α- 色素细胞刺激素和铁因子可指导细胞特化为色素细胞；旁分泌因子神经调节蛋白和内皮素 3 指导细胞向施万细胞、神经胶质细胞方向分化。

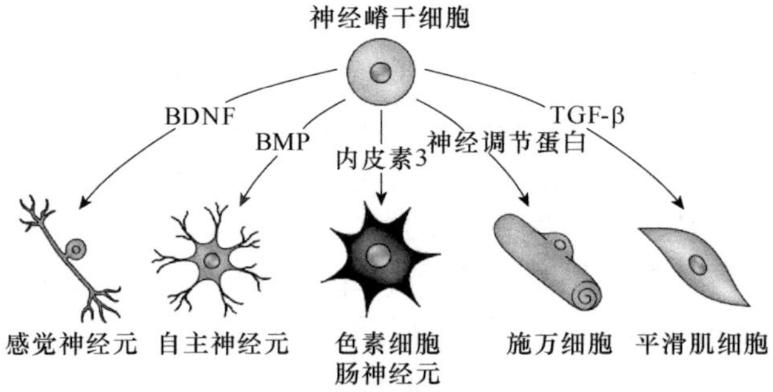

图 4-19 神经嵴细胞分化模式图（Slack，2013）

三、基板的发育与分化

在神经板形成时，位于胚胎前端的神经板和表皮外胚层交界处细胞增厚，形成外胚层基板（图 4-16），它将参与许多头部感觉器官的形成。外胚层基板包括头部感觉基板（如嗅觉、听觉、晶状体基板）以及那些产生非感觉的皮肤结构（如毛发、牙齿、羽毛、乳腺、汗腺）的基板。

脊椎动物的头部汇聚许多感知神经元，除脑以外，眼、鼻、耳、味蕾等都在头部。头部也有其自身高度整合的神经系统来感知疼痛（如支配牙齿的三叉神经）和愉悦（接受来自唇和舌的信号），这个神经系统的组成成分就来自头部感觉基板，这个基板产生大多数的头部周围神经元，这些神经元与听觉、平衡觉、嗅觉和味觉相关，头部神经嵴贡献了所有的胶质细胞。嗅觉基板产生与嗅觉相关的感觉神经元以及可迁移的神经元，它们可迁移到脑，并分泌促性腺激素释放激素。听基板产生耳朵的感觉上皮，且帮助形成耳蜗-前庭神经节。而对于三叉神经节来说，远端神经元由三叉神经基板发育而来，近端神经元则由神经嵴细胞形成。晶状体基板是唯一一个不形成神经元的头部感觉基板（图 4-20）。

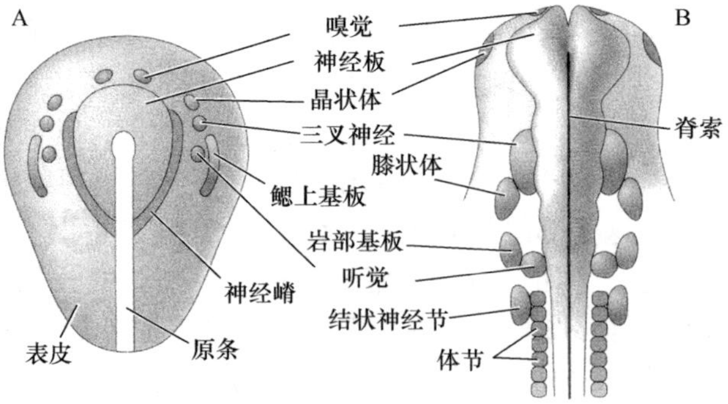

图 4-20 鸡胚神经板期（A）和 8 体节期（B）头部感觉基板的发育命运图（Gilbert and Barresi，2016）

除了产生特殊感觉的这些前端基板之外，鳃上基板提供面部的感觉神经元，它们形成于背面咽囊和表皮的接触处，鳃上基板产生面部感觉神经元、舌咽神经元、迷走神经元，正是这些基板神经元产生的连接才使得动物有了味觉和其他面部感觉。后期迁移的神经嵴细胞产生的胶质细胞引导神经元从鳃上基板到达后脑，因此这些胶质细胞在后脑的神经分布过程中发挥重要作用。

整个基板区域以及各个具体的特殊基板区的特化涉及其所处的位置和邻近细胞旁分泌因

子及其拮抗因子的表达时间。有证据表明，不同的基板是一个早期的“泛基板区”的一小部分。头部基板由咽部内胚层和头部中胚层发出的一套共同的信号诱导产生，“泛基板区”的前后和侧面边界都由视黄酸与Fgf8共同作用而界定。在神经胚期，所有的基板前体都位于一个马蹄形的区域中，这个区域围绕前部神经板和头部神经褶。泛基板上皮含有转录因子Six1、Six4和Eya2，这些蛋白质存在于所有的基板中，而在基板之间的区域下调。后来，泛基板区分成数个不相连的基板，不同的旁分泌因子诱导每一个具体的基板向其特殊的方向发育，即每一个基板表达其特殊的一套转录因子。比如，鸡的听觉基板由Fgf和Wnt信号共同诱导，将产生内耳的感觉细胞。Fgf2、Fgf3、Fgf8、Fgf19诱导产生嗅觉基板，Wnt和PDGF诱导产生三叉神经基板，Fgf3、Fgf8诱导产生鳃上基板。

在整个头部，神经嵴和感觉基板为人类提供了耳、鼻、舌、面部皮肤以及平衡系统的感觉神经元。

四、表皮及外胚层附属物的发育

1. 表皮 神经胚形成后，覆盖在胚胎上的外胚层细胞形成表皮。起初，表皮组织只有一个细胞层厚。然而在大多数脊椎动物中，它很快就变为两层，外层形成胎皮（periderm），这是一个临时性的外皮，一旦内层分化形成真正的表皮之后，它就自行脱落。内层也叫基层（basal layer），包含能自我更新的表皮干细胞（图4-21）。基层通过整联蛋白与其下方含丰富层粘连蛋白的基膜相连，基膜将表皮与其下面的真皮分开。基层表皮干细胞能够分裂，持续补充表皮上层脱落的细胞。表皮干细胞不对称分裂，与基膜相接的细胞继续维持干细胞的状态，未与基膜接触的细胞向外迁移、分化，并产生角蛋白。这种分化是由Notch信号途径正向调控的，如果缺乏Notch信号，分化受阻，细胞就会过度增殖。Notch信号促进皮肤角蛋白的合成，并将它们加进致密中间丝中。这些分化的上皮细胞（角质细胞）紧紧连在一起，产生一层不透水的磷脂和蛋白质层。也有研究显示，不对称分裂和对称分裂可能在形成和维持表皮的过程中都起重要作用。

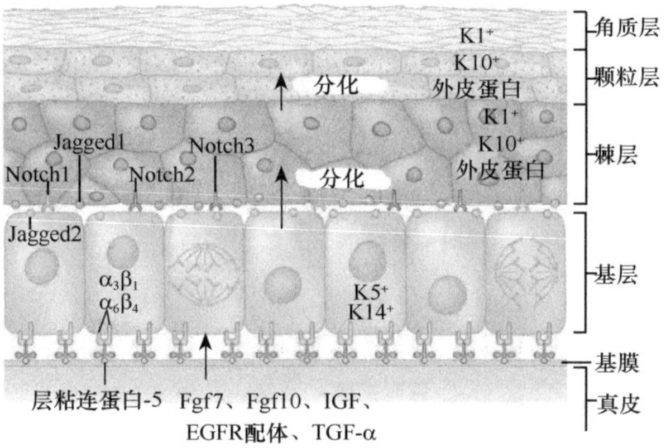

图4-21 人类表皮分层及维持皮肤再生的信号示意图（Hsu et al., 2014）

随着胞龄的增加，基层细胞分裂产生较年轻的细胞，把老细胞推向皮肤的边缘。在分化产物合成后，这些老细胞就停止转录和代谢，即细胞是死的、扁平的角蛋白囊，它们的核被推到细胞的一边，这些细胞组成了角质层。在一生中，角质层细胞处于持续更新之中，如人每天脱落的角质层细胞大约有 1.5g。

部分生长因子的活性与表皮的发育有关。真皮成纤维细胞通过产生 Fgf（Fgf7、Fgf10）、胰岛素样生长因子（IGF）、表皮生长因子（EGF）以及 TGF-α，促进表皮干细胞分裂。在基层中，BMP 通过诱导 p63 转录因子帮助启动产生表皮的过程。p63 转录因子具有多种功能，这依赖于其不同的剪接异构体，它对于角质细胞的增殖和分化至关重要，而且能刺激产生 Notch 配体 Jagged。Jagged 在基层细胞中是一种近分泌的蛋白质，能激活其上面细胞中的 Notch 蛋白，促进角质细胞的分化，阻止细胞进一步分裂增殖，因此 Notch 信号在基层到棘层的转变过程中起重要作用。分裂的基层祖细胞产生一层有 Notch 活性的终末分化的细胞，它们将经过 3 个阶段：棘层、颗粒层、角质层，每一层会表达特殊的角蛋白，最终角质层从表面脱离（图 4-21）。

2. 外胚层附属物 外胚层表皮和间充质真皮在特定的位点相互作用，就形成了外胚层附属物，根据动物种类不同，这些附属物可以是毛发、鳞片、盾板、牙齿、汗腺、乳腺或羽毛等。间充质和外胚层上皮之间经历一系列的诱导互作，形成表皮基板，这是外胚层附属物的前体。

哺乳动物毛囊基板（毛干）形成的第一个标志是上皮基层的细胞在特定位置聚集（图 4-22）。毛囊由干细胞驱动在隆起（bulge）区及下方的毛胚（hair germ）区经历静息期、生长期、退化期的循环。毛囊的再生能力依赖于胚胎发育晚期毛囊隆起区形成的干细胞群，这个隆起提供了一个重要的微环境，能够让成体细胞维持“干性”的特征。有两个毛囊干细胞的细胞群：一个是隆起区的静息群，另一个是隆起下方准备分裂的相对活跃的细胞群，即毛胚。色素细胞干细胞（MSC）与毛囊干细胞（HFSC）混合在隆起和毛胚中。色素细胞干细胞产生成熟的色素细胞，这些细胞产生色素，赋予皮肤和头发独特的颜色。真皮成纤维细胞在毛胚下形成了一个小的突起，即真皮乳突。位于毛胚下方的真皮乳突是启动毛发再生的重要微环境（niche），如果真皮乳头被去除，静息期的毛囊就再也不能重新进入生长的周期。

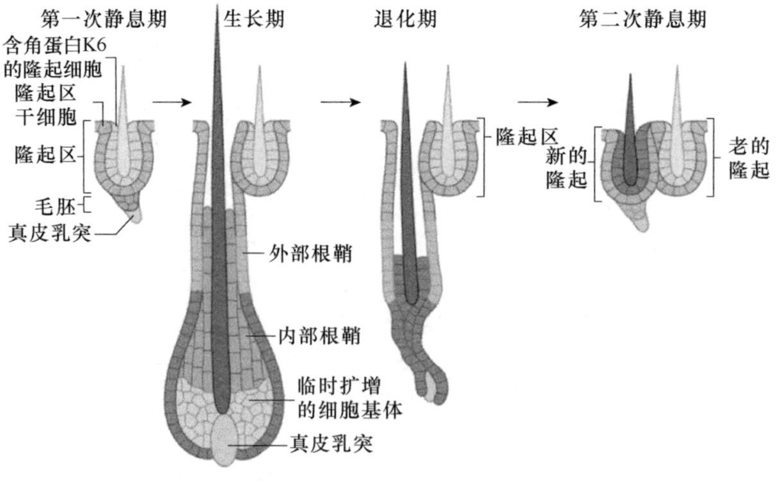

图 4-22 毛发生长周期（Hsu et al.，2014）

毛囊干细胞停留在隆起的外层，隆起区的内层细胞［含角蛋白 K6（$K6^{+}$）］虽然是毛囊干细胞的子细胞，但在静息期，是这些内层细胞在抑制外层细胞。静息期真皮乳突与隆起的外层干细胞接触，由于隆起内层细胞产生的 BMP6 和 Fgf18 的抑制，以及真皮成纤维细胞和皮下脂肪细胞产生的其他 BMP 的抑制，毛囊干细胞处于静息状态（图 4-23A）；在静息期到生长期的过渡期，真皮乳突被其微环境激活，其下面的真皮产生较多的 Wnt 和较少的 BMP，而脂肪细胞前体产生较多的旁分泌因子 PDGF-α，它能够刺激真皮乳突产生毛发生长的激活子（Fgf 和 Wnt）以及 BMP 信号的抑制子，这些因子指导毛囊干细胞增殖和分化，毛胚细胞首先对这些因子产生响应（图 4-23B）；毛胚细胞的增殖产生一群特殊的祖细胞——临时扩增细胞（transit-amplifying cell，TAC），形成基体。基体迅速增殖，经过几轮分裂后，进行分化，产生 7 个同心的细胞柱，形成发柄及内部根鞘。而隆起处的干细胞比毛胚细胞晚 1～2 天才分裂，它们是外部根鞘的主要细胞来源，当毛囊向下生长，拉长了隆起区和基体之间的距离时，外部根鞘包绕着刚再生出的毛囊（图 4-23C）。临时扩增的细胞产生的 Shh 在隆起区毛囊干细胞的分裂过程中起重要作用。由于细胞向下增殖生长，真皮乳突被推到下方，干细胞接收不到它发出的信号，就又恢复到静息状态。在生长期后期，前列腺素 PGD_2 抑制临时扩增细胞的形成。在衰退期，基体发生凋亡，但一些外部根鞘细胞得以保留，形成新的隆起和毛胚细胞，细胞凋亡使得外层细胞与真皮乳突接触，这些都是为下一个周期做准备的。

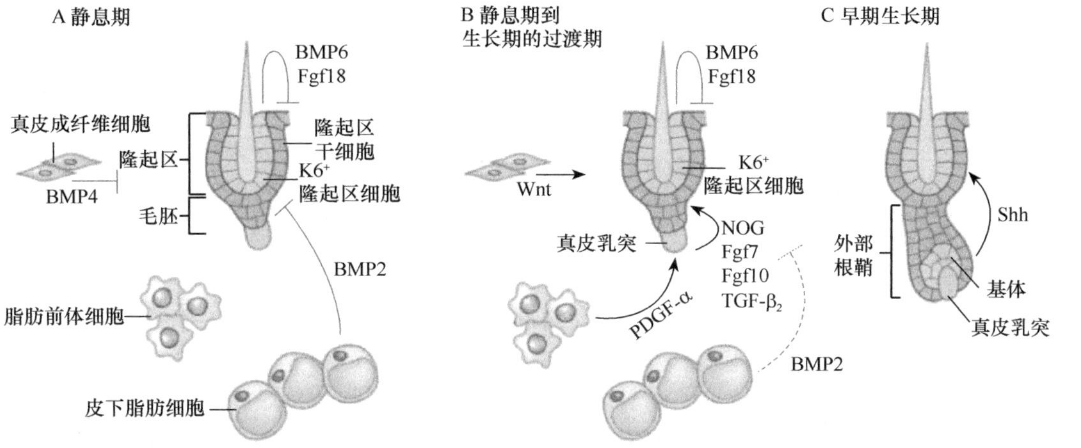

图 4-23 隆起区毛囊干细胞激活致使毛囊再生示意图（Hsu et al., 2014）

近期的研究发现，寒冷可以刺激毛囊再生。立毛肌和交感神经元形成一个调节毛囊干细胞活性的双组分微环境，交感神经元通过去甲肾上腺素形成突触样结构，直接调节毛囊干细胞，而立毛肌保持交感神经对干细胞的神经支配。如果没有去甲肾上腺素信号，毛囊干细胞就会上调静息调节因子 Foxp1 和 Fgf18 从而进入深度静息状态。在发育过程中，短暂增殖细胞产生的 Shh 指导立毛肌-交感神经微环境的形成，这个微环境反过来又控制成体毛囊的再生。当受到寒冷刺激时，受皮肤表面交感神经系统支配的立毛肌会收缩并竖立毛囊中的毛发，毛孔周围的皮肤也会“扭转”，形成鸡皮疙瘩，同时受冷刺激而增强的交感神经活性导致去甲肾上腺素水平上升，毛囊干细胞激活，提前进入生长期。因此，通过这 3 种不同类型细胞（立毛肌、交感神经元、毛囊干细胞）的互相接触，寒冷不仅产生鸡皮疙瘩，而且刺激干细胞活化（图 4-24）。

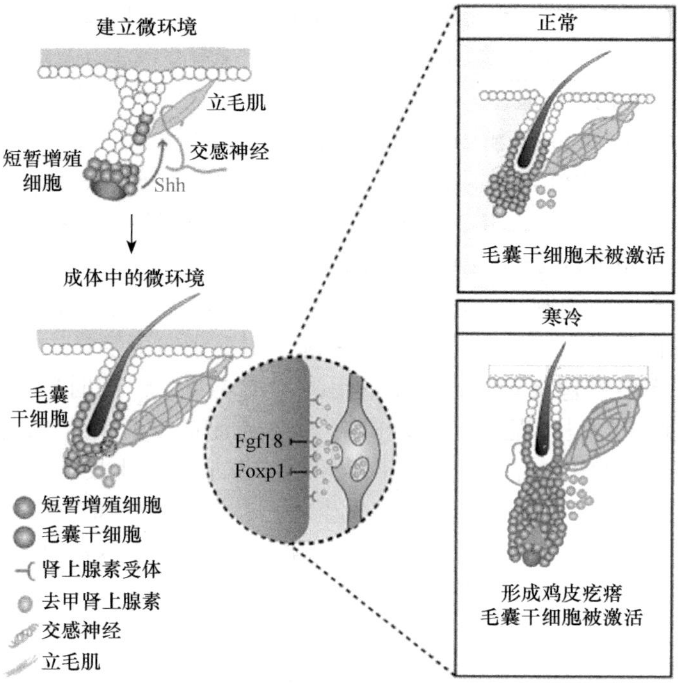

图 4-24　寒冷引起鸡皮疙瘩形成的细胞组成一个微环境调节毛囊干细胞的活性（Shwartz et al.，2020）

第二节　中胚层与器官形成

一、概述

神经胚阶段的躯干部中胚层可分为以下 4 个区域（图 4-25）。

（1）中间区域是脊索中胚层。它将形成脊索，这是一个临时性的器官，其功能在于诱导神经管的形成、建立前后体轴。随着发育的进行，脊索细胞被挤压，为发育中的胚胎提供了一个坚固的杆状结构。尽管许多脊索细胞将被凋亡清除，但是椎间盘中间的胶状核（叫髓核）（图 4-26）是由脊索细胞发育而来的。

（2）脊索的两边是轴旁中胚层，或叫体节中胚层。从轴旁中胚层发育而来的组织沿脊索两边分布于胚胎的背面，这些区域的细胞将变为体节，它将产生许多背部结缔组织（骨骼、肌肉、软骨、真皮等）（图 4-26）。最前面的轴旁中胚层不分节，而是发育为头部中胚层，它将和神经嵴一起形成面部和颅骨的骨骼、肌肉及结缔组织。

（3）中间中胚层。位于轴旁中胚层的两侧，将形成泌尿生殖（urogenital）系统，包括肾脏、性腺以及相关的管道系统，肾上腺外层（皮质）部分也来源于这个区域。

（4）距离脊索最远的区域称为侧板中胚层。它将形成循环系统，包括心脏、血管、血细胞等；还形成体腔内壁、盆骨、肢体中除肌肉（来自体节）以外的其他中胚层成分。它也帮助形成一系列胚外膜，使得营养能从母体传输给胎儿。

在躯干部中胚层的前面是原脊索板中胚层，它们将产生头部间充质细胞，形成许多面部结缔组织和肌肉组织。

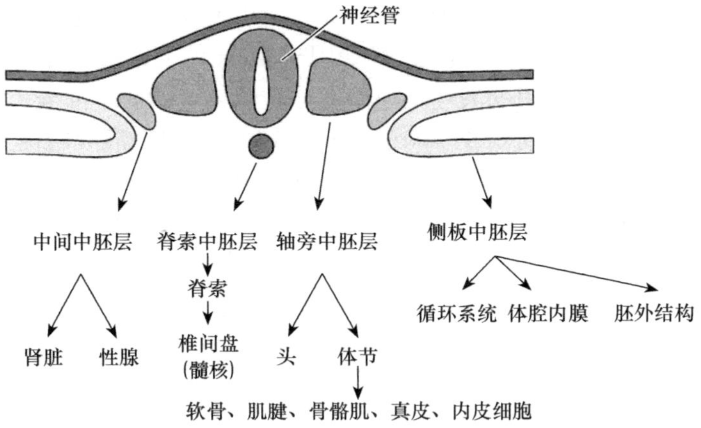

图 4-25　羊膜动物胚胎的中胚层分区示意图（Gilbert and Barresi，2016）

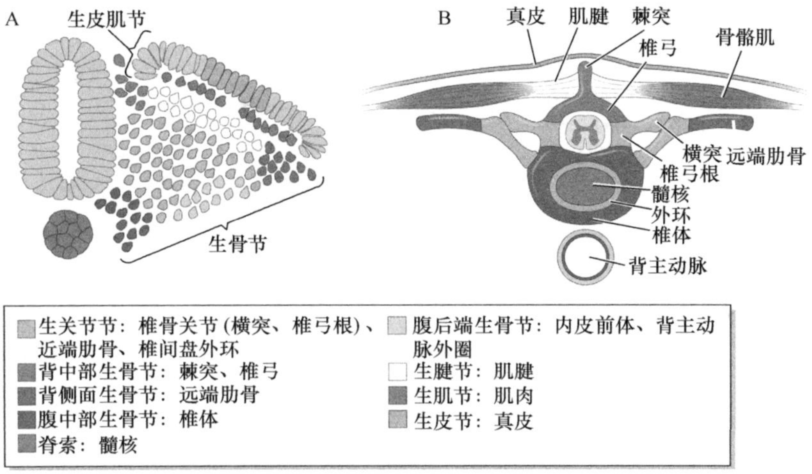

图 4-26　鸡胚横切示细胞发育模式图（Scaal，2016）

颜色表示半边体节细胞的发育命运（A）及对应的未来成体结构（B）

二、体节的形成和分化

1．体节的形成　对于一个物种来说，其体节的数量在原体节中胚层形成的开始阶段就确定了，即使遗传或实验的原因导致动物的体积减小，其体节的数目也不会改变。体节的数目是一个物种的特征之一，鸡有 50 个体节，小鼠有 65 个体节。在无脊椎动物果蝇中，所有的体节都是同时形成的。而脊椎动物体节的形成则与此完全不同，脊椎动物体节是由前体节中胚层（presomitic mesoderm，PSM）发育而来的。对于羊膜动物来说，在原条收缩、神经褶开始在胚胎背部中央靠拢时，前体节中胚层细胞就形成体节了。

当轴旁中胚层细胞成熟时，它们组织成螺旋状（也叫体节球），体节就开始形成了。然后体节球内的间充质细胞致密化，外面的细胞粘在一起形成上皮，导致其与后面的体节球分开，成为体节。第一个体节出现在耳泡区后，新的体节再以规律的间隔从前向后以“出芽”的方式形成。

前体节中胚层只提供了间充质细胞，而体节的结构是由上皮块建立起来的，因此胚胎需要经历一个间充质细胞向上皮细胞转变的过程。转录因子 Mesp 的上调表达启动了这个转变，当一个体节（S1）形成时，*Mesp* 基因的表达迅速限定在这个体节的前半部分（图 4-27），Mesp 蛋白的主要功能是上调体节前半部分的 *Eph*（如 *Eph-A4*）。在即将形成的体节球（S-Ⅰ）前部的 Eph 蛋白活性，能够促进它的配体 Ephrin（如 *Ephrin-B2*）在它的前一个正在形成的体节（S0）的后半部上调表达（图 4-27），这将促进细胞向上皮细胞转变且形成一个边界。*Ephrin-B2* 抑制 *Cdc42* 的表达，激活整联蛋白 α5（Integrin α5）- 纤维粘连蛋白 Fnf，从而导致前一个体节（S0）的后端与后面即将形成的一个体节（S-Ⅰ）的分离，这个位置在表达 Ephrin 和 Eph 的细胞之间。后续的体节形成过程也将如此重复进行。

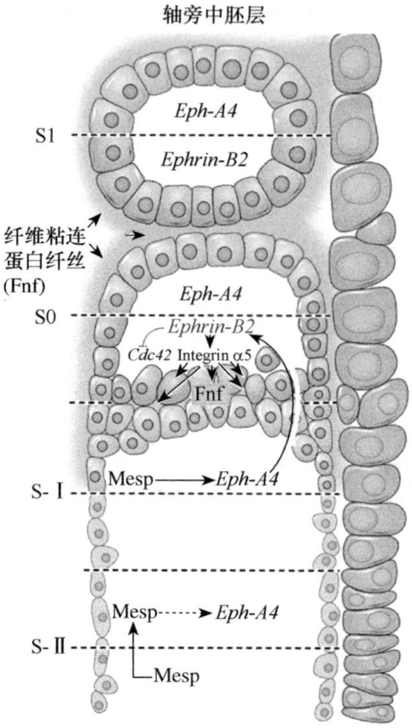

图 4-27　体节边界形成过程中 Eph-Ephrin 信号调控间充质细胞向上皮细胞转变的模式图（Barresi and Gilbert，2019）

鸟类体节形成依赖于时钟-波峰模型（clock-wavefront model），这个模型由两个系统协同作用来调控：①能形成边界（波峰）的地点；②上皮边界形成的时间。前体节中胚层中，与视黄酸浓度梯度（从前向后逐渐降低）正好相反的 Fgf 浓度梯度（从尾部到前端浓度逐渐降低）提供一个移动的 Fgf 波峰，前体节中胚层细胞中 Fgf 浓度低到一个阈值时，就能形成一个边界，但是只有既有这个能力又接受时间上形成边界的指令的那些细胞才会真正经历上皮化过程。时间指令主要由 Notch 信号途径（包括 Notch 蛋白及其配体 Delta）的时钟信号调控，每一轮 Notch-Delta 的钟摆表达都会使得一组细胞在恰当的 Fgf 浓度阈值的地方形成体节。在斑马鱼胚胎中，每 30min 会形成一个体节；鸡胚中，大约每隔 90min 形成一个新的体节。小鼠体节形成的时间在一定范围内可变，但大约每 2h 会形成一个新体节。体节以一定的速度从前向后逐渐生成，因而体节数常用于表示动物胚胎发育所处的时期。

Notch 信号途径成员（包括 Notch 蛋白本身及其靶基因 *Lfng*、配体 Dll1 和 Dll3）的突变都会引起体节形成的缺陷。在小鼠和人类中，影响 Notch 信号途径的突变都会导致脊椎形成异常。脊椎肋骨发育异常的人有多个脊椎和肋骨发育缺陷，这与 *Dll3*（*Delta-like3*）及 *Lfng*（*lunatic fringe*）基因的突变有关。*Dll3* 基因敲除的小鼠也有与人类相似的表型（图 4-28）。

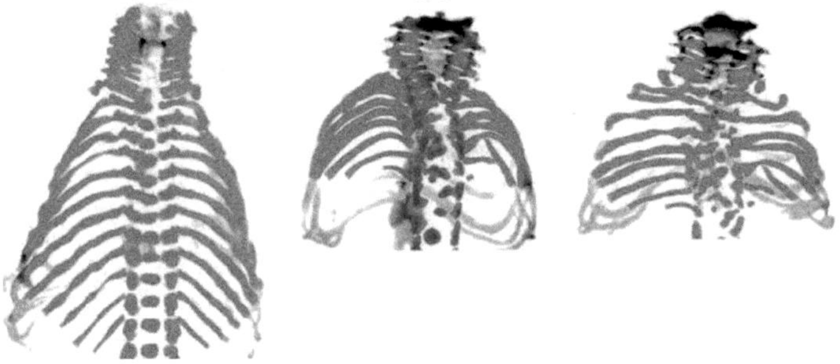

图 4-28 Notch-Delta 在体节发生过程中所起的关键作用（Fisher et al., 2012）
失去 *Lfng* 或 *Dll3* 基因都导致小鼠脊椎严重畸形

Notch 蛋白控制一连串的基因表达，最终将体节分开。Notch 控制的基因之一是 *hairy1*（*Hes*），与果蝇 *hairy* 基因同源，是调控果蝇体节的配对法则基因。它在前体节中胚层周期性地表达，在鸡胚中每隔 90min 达到一次高峰。*hairy1* 基因起初在鸡前体节中胚层末端一个较广的范围内表达，然后这个表达区逐渐向前推移，同时表达区域逐渐变窄，在将要形成的体节后部以一个细带的形式表达，这里将形成一个体节的末端（图 4-29A）。当一个末端的裂隙开始分离新体节时，*hairy1* 基因表达区域向前扩展（图 4-29B），新形成的体节（S1）末端仍保持 *hairy1* 的表达（图 4-29C），前面形成的体节（S2）已经开始分化。当新的体节发生完成时，在其后部又有一次 *hairy1* 表达的高峰（图 4-29D）。在鸡胚中，每一波 *hairy1* 的表达即每一个体节的形成需要 90min。

2. 体节的分化 体节将发育为以下的一些结构：形成生骨节，最终形成脊椎和肋骨的软骨；胸腔、肢体、腹壁、背部和舌头的肌肉；连接骨头和肌肉的肌腱；背部皮肤的真皮；血管细胞，将来形成主动脉及椎间血管。

当体节成熟时，其不同的区域将形成不同的细胞类型。成熟的体节主要包含两个大的部分：生骨节（sclerotome）和生皮肌节（dermomyotome）（图 4-26A）。

体节腹中线细胞（离背部最远，但距脊索最近）进行分裂，失去了其圆形的上皮细胞的特征，而再次变为可迁移的间充质细胞，这一区域称为生骨节（图 4-30A、B）。就在上皮细胞转变为间充质细胞之前，生骨节前体细胞表达转录因子 Pax1，这对于细胞类型的转变及后续分化为软骨都是至关重要的。在这个转变过程中，上皮细胞不再表达粘连蛋白，变为可迁移的间充质细胞。之后，生骨节又分成几个区域，大多数生骨节细胞将发育为脊椎和肋骨的软骨；生骨节的背部将形成肌腱；离神经管最近的中间的生骨节细胞将形成覆盖脊髓的髓膜以及为脊髓提供营养和氧气的血管；体节中央的间充质细胞将发育为椎骨连接（vertebral joint）、脊椎之间的软骨盘（椎间盘）、最靠近脊椎的肋骨。

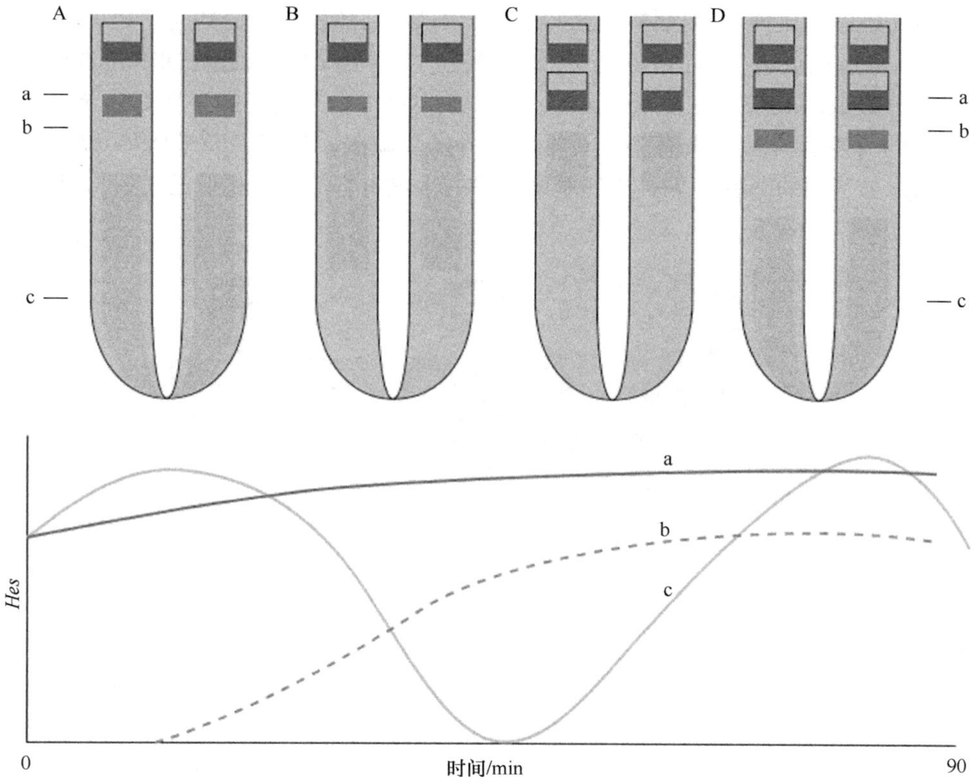

图 4-29 鸡胚中体节形成与 *hairy1* 波浪式表达的关系（Slack，2013）
hairy1 在一个周期的 4 个时期 3 个位点（a、b、c）的表达特征

生皮肌节位于体节背侧部。与生骨节不同，生皮肌节没有完全经历上皮细胞向间充质细胞的转变，它们大多数仍然维持上皮细胞的结构。生皮肌节又可以分为 3 个功能不同的区域：生皮节（dermatome）、生肌节（myotome）和可迁移的成肌细胞（肌肉前体细胞）。生皮肌节的背部中央区为生皮节，将发育为背部的真皮及其他一些衍生物。两个最侧面部分（一个离神经管最近，一个离神经管最远）的细胞组成生肌节，将形成躯干和肢体的骨骼肌，背中部和腹侧部的成肌细胞在生皮肌节下面迁移，形成生肌节。生肌节中最靠近神经管的成肌细胞将发育为近轴肌，这些肌肉包括肋骨之间的肌肉组织以及背部深层肌肉；那些离神经管最远区域的成肌细胞将发育为远轴肌，将形成体壁、肢体和舌头的肌肉（图 4-30C、D）。

体节不同区域的位置决定了该区域的细胞接收到的信号的差异，从而决定了它们不同的发育方向。生骨节前体细胞位于体节的腹面中部，离脊索最近，这些细胞受到从脊索而来的旁分泌因子，特别是 sonic hedgehog（Shh）的诱导。从脊索和神经管底板来的高浓度的 Shh 诱导这些细胞表达 Pax1，从而使得这些细胞形成生骨节（图 4-31）。如果将鸡的脊索移植到体节其他区域附近，其他区域的细胞也将变成生骨节。背部神经管的 BMP4 诱导产生 Wnt 信号（可能是 Wnt1 和 Wnt3a）组合，结合从脊索和神经管底板来的低浓度的 Shh（此处已经离脊索和神经管底板较远），诱导产生了近轴生肌节，它们将合成生肌转录因子 Myf5。从背部神经管而来的一定浓度的神经营养因子 3（NT3）特化了生皮节，这些细胞将发育为真皮。从背面表皮而来的 Wnt 蛋白，结合从侧板中胚层而来的 BMP4 和 Fgf5 诱导了远轴生肌

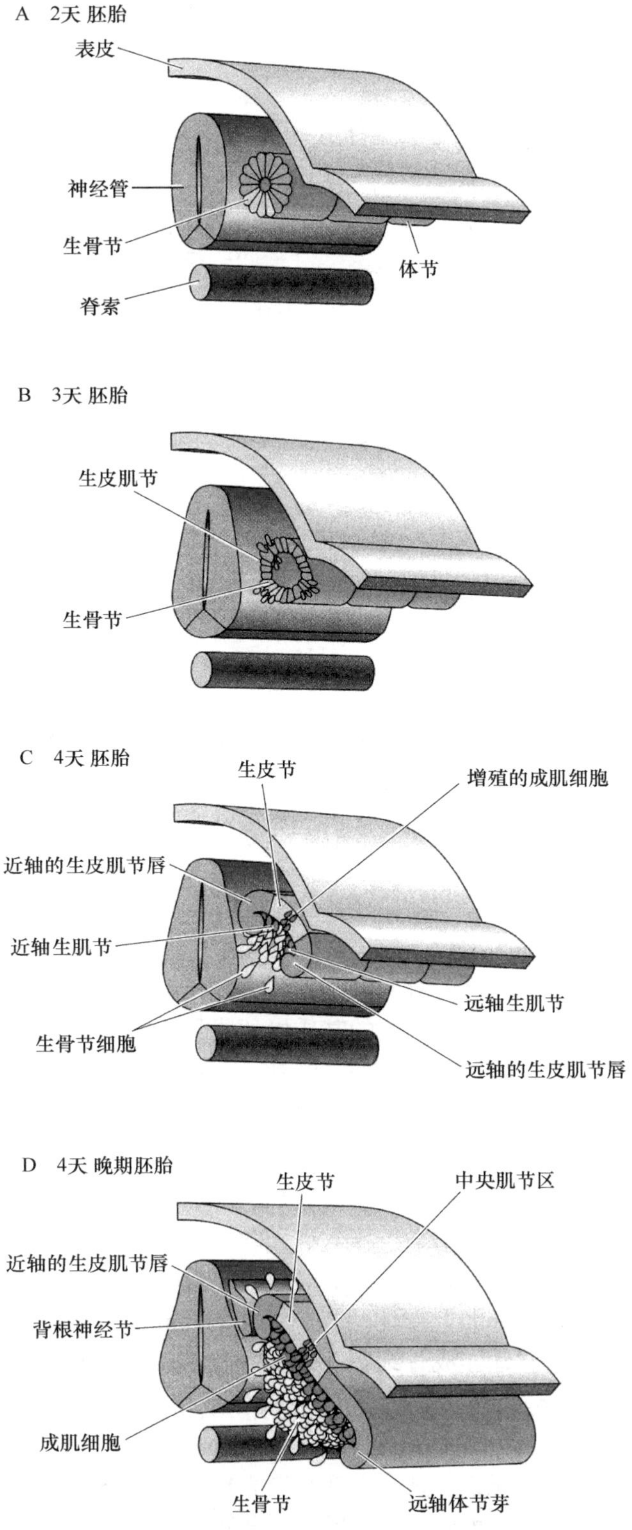

图 4-30 2～4 天（日龄）鸡胚躯干横切面模式图（Langman，1981； Ordahl，1993）

节的产生。由背面表皮而来的 Wnt 诱导产生增殖中的成肌细胞，它们的特征是表达 Pax3 和 Pax7（图 4-31）。

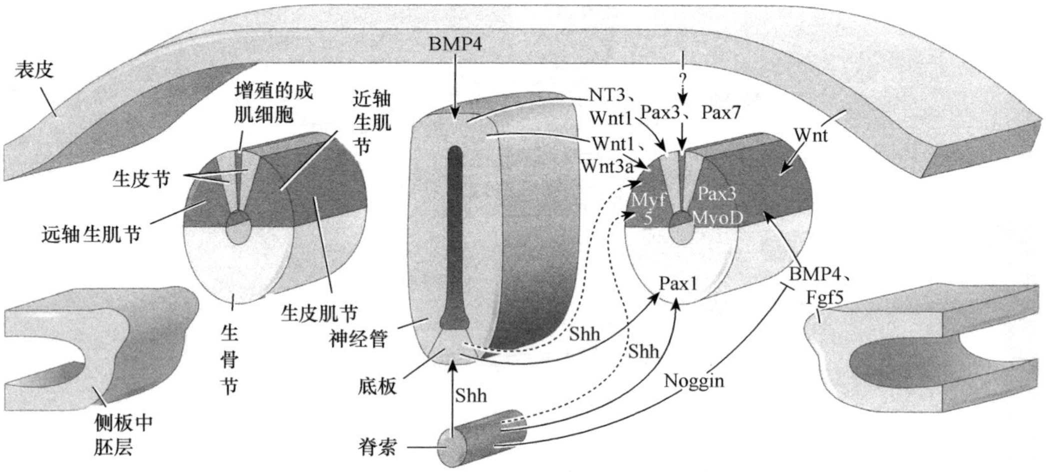

图 4-31　体节图式形成过程中主要的分子互作模式图（Gilbert and Barresi，2016）

三、骨骼的发生

骨骼有 3 个来源：体节产生椎骨和颅面骨；侧板中胚层形成肢体的骨；头部神经嵴形成一些颅面骨和软骨。骨骼发生有两种主要模式，二者都与间充质组织转变为骨组织相关。由间充质直接转变为骨的方式叫作膜内成骨。由间充质细胞先分化为软骨，再由骨取代软骨的方式称为软骨内成骨。

1. 膜内成骨　一些头部神经嵴细胞即通过膜内成骨（图 4-32）的方式形成骨骼。在头部，神经嵴来源的间充质细胞增殖，压缩成致密小节，其中一些细胞形状发生改变，形成成骨细胞（osteoblast），它们是骨骼的前体。成骨细胞分泌胶原-蛋白多糖骨基质，这些骨基质能够与钙结合，使基质钙化，陷入钙化的基质中的成骨细胞就会变成骨细胞。随着钙化的进行，从骨发生开始的位置呈放射状伸出许多骨针，而且整个钙化的骨针区域被致密的间充质细胞所包围，形成骨膜（periosteum）。在骨膜内面的细胞也变成成骨细胞，可形成新的骨基质加在骨针上。通过这种方式形成骨的多层结构。

当头部神经嵴细胞在头部表皮而来的 BMP（BMP2/4/7）的影响下增殖并压缩成致密结节时，从神经嵴到膜内骨的发生就开始了。较低水平的 BMP 诱导细胞变为成骨细胞前体细胞，这些细胞表达 Runx2（即 CBFA1）等转录因子以及胶原蛋白的 mRNA，然后这些细胞下调表达 Runx2，表达成骨素（osteocalcin）、骨桥蛋白（osteopontin）以及其他骨特异性的细胞外基质蛋白，这个阶段的细胞叫软骨样成骨细胞（chondrocyte-like osteoblast）。这些细胞在可能是自分泌的 Ihh（Indian hedgehog）和 PTHrP（甲状旁腺激素相关蛋白）的影响下，软骨样成骨细胞发育为成熟的成骨细胞。*Cbfa1* 基因敲除的纯合突变小鼠的骨架系统完全缺乏骨（图 4-32B、C），出生后不能呼吸，不久就死亡。杂合突变小鼠表现出的骨骼发育缺陷与人类颅骨锁骨发育不全（CCD）患者类似。在这些患者中，颅骨缝合处不能闭合，生长受到抑制，经常出现锁骨缺失或畸形的症状。对 CCD 患者的 DNA 进行分析发现，每个患者的 *Cbfa1* 基因不是出

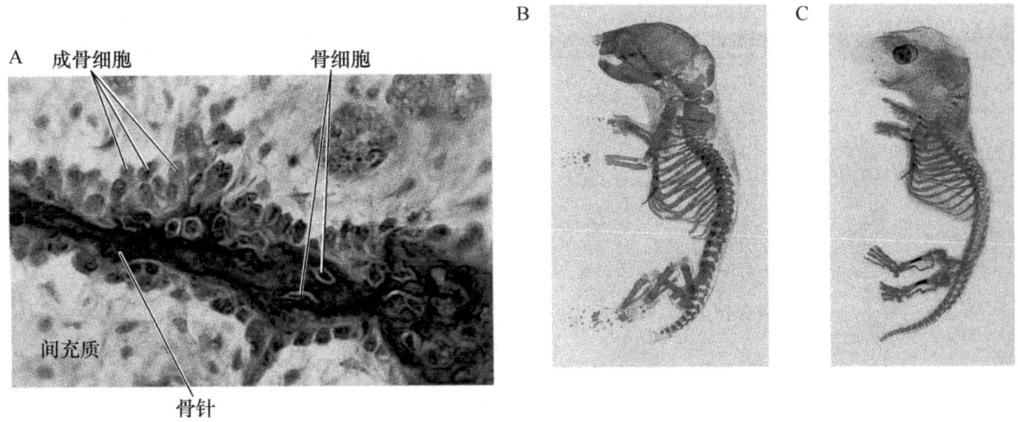

图 4-32　膜内成骨（Gilbert，2006）

A. 间充质细胞压缩变形为成骨细胞，成骨细胞围绕钙化的基质区排列，陷入钙化基质区的成骨细胞就变为骨细胞；B. 正常新生小鼠的骨骼；C. *Cbfa1* 基因敲除的新生小鼠，软骨（蓝色）可以发育，但缺乏骨（红色）

现缺失就是发生了点突变。因此，*Cbfa1* 基因的杂合化是人类颅骨锁骨发育不全的原因。

由脑颅（颅盖骨及基部）和面颅（颚及其他咽弓的衍生物）组成的颅骨是由神经嵴和头部中胚层共同发育而来的。面颅由神经嵴发育而来早有定论，但颅盖骨是否从神经嵴发育而来一直存在争议。后续有研究者发现，神经嵴来源的头骨和中胚层来源的头骨分界线位于额骨和顶骨之间，顶骨是由轴旁中胚层形成的，而额骨是由神经嵴发育而来的。尽管在不同的脊椎动物中有一些变化，但一般来说头部前面的骨来自神经嵴，而颅骨的背面是神经嵴和中胚层共同发育而来的。

考虑到神经嵴形成人类的面部骨架，那么头盖骨神经嵴细胞的分裂速度和分裂方向将决定我们看起来像谁。因为我们看起来一般都比较像我们的生物学的父母亲，那么在神经嵴生长方面的一些细微的变化一定是遗传性的。面部特征可能在很大程度上由旁分泌因子协助调节，许多旁分泌因子在面部和颅骨的发育中起关键作用。骨发生蛋白（BMP，特别是 BMP3）和 Wnt 信号引起前鼻翼和上额骨突起的伸长，产生面部形状。由咽部内胚层而来的成纤维细胞生长因子（Fgf）负责将头盖的神经嵴细胞吸引到咽弓，并且特化咽弓处的骨架因子。Fgf8 既是头盖神经嵴细胞的存活因子，也对形成面部骨架的细胞增殖起重要作用。Fgf 与 BMP 共同作用，有时激活它们，有时抑制它们。

2. 软骨内成骨　由间充质细胞聚集形成软骨，再由骨取代软骨，这一过程称为软骨内成骨，它是脊椎、肋骨和肢体骨形成的方式。脊椎和肋骨从体节发育而来，肢体的骨从侧板中胚层发育而来。

软骨内成骨的过程可分为 5 个阶段：第一阶段，Shh 诱导邻近的生骨节细胞表达 Pax1 转录因子，Pax1 又启动了一连串依赖于外部旁分泌因子和内部转录因子的反应，从而使得间充质细胞获得向软骨细胞发育的命运（图 4-33A）。在软骨内成骨的第二阶段，间充质细胞压缩成致密的结节，结节内部细胞质产生软骨，外面的将发育为骨（图 4-33B）。BMP 在这个阶段起关键性作用，它们负责诱导粘连分子 N-cadherin 和 N-CAM 及转录因子 Sox9 的表达，N-cadherin 启动细胞压缩，N-CAM 则使细胞维持压缩状态，Sox9 能够激活其他的转录因子以及编码胶原蛋白Ⅱ和聚集蛋白聚糖，它们使得软骨产生其应有的功能。

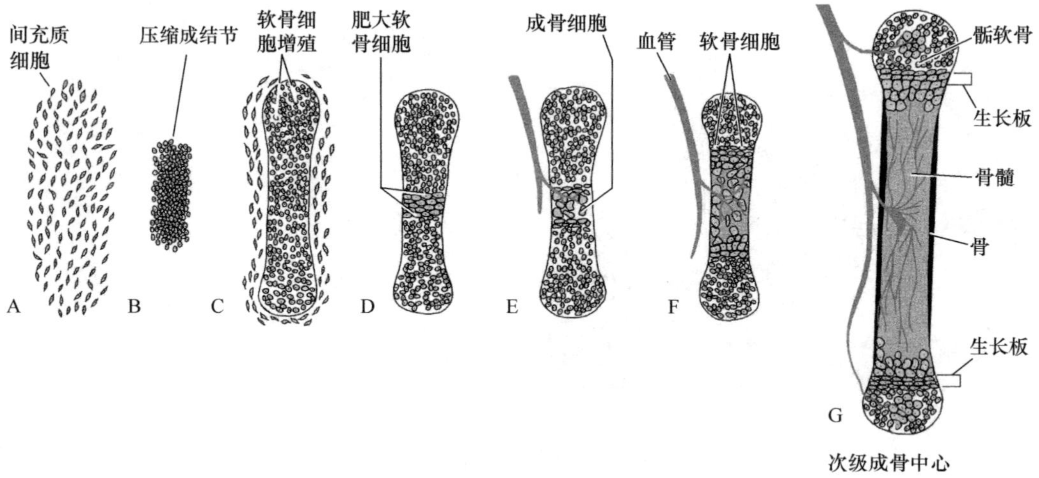

图 4-33 软骨内成骨示意图（Horton，1990）

A．将成为软骨细胞的间充质细胞；B．间充质细胞浓缩成致密结节；C．结节分化为软骨细胞，并增殖形成软骨模型；D．软骨细胞在发生变化和将细胞外基质矿化的同时也发生肥大和凋亡；E．软骨细胞凋亡使得血管进入；F．血管带来成骨细胞，这些细胞与退化的软骨基质结合，沉积骨基质；G．骨形成与生长包括有序的软骨细胞增殖、肥大、矿化。当血管进入骨顶部附近时，也形成次级成骨中心

在第三阶段，软骨细胞快速增殖，形成骨的软骨模型（图 4-33C）。在软骨细胞分裂时，它们分泌一种软骨特异性的细胞外基质。最外面的细胞变成包围软骨的软骨膜。第四阶段，软骨细胞停止分裂，体积迅速增大，形成肥大软骨细胞（图 4-33D），这一步由转录因子 Runx2 调节。Runx2 既参与了膜内成骨，也参与软骨内成骨的过程。仅在前肥大软骨细胞中表达的组蛋白去乙酰基酶 4（HDAC4）调控 Runx2 的表达，如果在软骨的肋骨或肢体中过量表达 *HDAC4*，骨发生会严重滞后。在小鼠中敲除 *HDAC4*，肢体骨和肋骨将会提早骨化成骨。肥大软骨细胞分泌的旁分泌因子 Ihh 阻遏 Runx2 的抑制子 Twist，进而使软骨膜细胞（perichondrial cell）产生 Runx2，Runx2 激活 Osterix，这对于指导细胞向骨的方向发育是至关重要的。

第五阶段，肥大软骨细胞分泌的血管内皮生长因子（VEGF）诱导产生血管，侵入软骨模型，同时带入成骨细胞（图 4-33E～G）。肥大软骨细胞通过凋亡的方式死亡，围绕着软骨模型的内面和外面的细胞都被骨细胞取代。在外面，成骨细胞开始形成骨基质，围绕钙化的和部分降解的软骨基质形成一圈骨领（bone collar）。这些成骨细胞对 Wnt 信号产生反应，Wnt 信号上调转录因子 Osterix，Osterix 激活骨特异性蛋白，指导细胞变成成熟的骨（图 4-34）。新的骨质从骨膜的内表面沿周边加入，同时骨的内部区域变空成为骨髓腔。由于软骨细胞死亡，细胞外基质发生了改变，释放 VEGF，因此在凋亡的软骨周围形成许多血管，这些血管既带入成骨细胞，也带入多核的破骨细胞，破骨细胞能吞噬凋亡的软骨细胞碎片，因而形成中空的骨髓腔。破骨细胞不是来源于体节，而是来自血细胞系（侧板中胚层），与巨噬细胞具有相同的前体。

四、肌肉的发生

如前面所述，肌肉细胞来源于体节的两个细胞系，一个是近轴肌，另一个是远轴肌。在这两种细胞系中，旁分泌因子诱导它们合成 MyoD 蛋白，决定了它们向肌肉细胞发育的命运。在

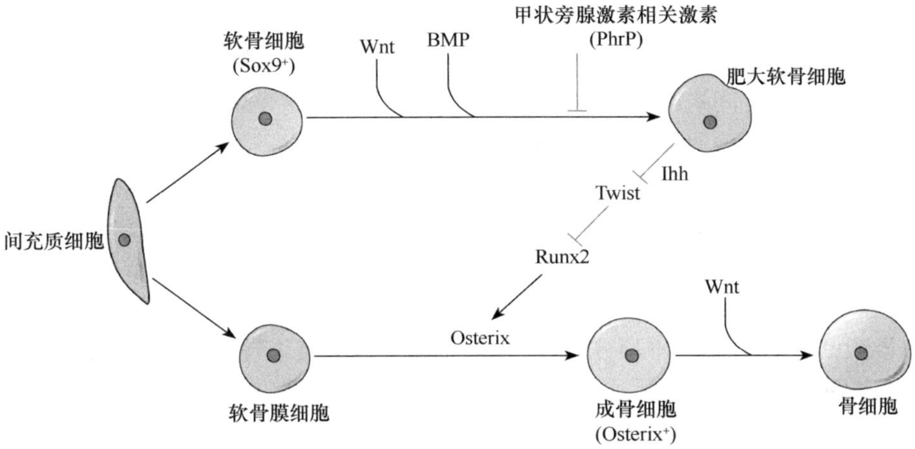

图 4-34 旁分泌因子和转录因子使软骨转变为骨示意图（Gilbert and Barresi，2016）

生骨节的间充质细胞能够形成一个软骨细胞（表达 Sox9 转录因子）或一个骨细胞（表达 Osterix 转录因子），主要依赖于它们接触的旁分泌因子类型。由生长的肥大软骨细胞分泌的旁分泌因子 Ihh，抑制 Runx2 的抑制子 Twist。Runx2 激活 Osterix，Osterix 又激活骨特异性的蛋白

近轴肌和远轴肌这两种细胞系以及不同等级的脊椎动物中，形成肌肉的途径有少许不同之处。在小鼠侧面的真皮肌节处，来自周围环境中的因子诱导 Pax3 转录因子，从而指导它们发育为脊柱轴下方的肌肉。在没有其他抑制性的转录因子存在时，Pax3 激活 *MyoD* 基因。在中间的真皮肌节区，Myf5 蛋白诱导产生 MyoD 蛋白，指导这些细胞形成脊柱轴上方的肌肉。MyoD 和 Myf5 都属于生肌的 bHLH（碱性的螺旋-环-螺旋）转录因子蛋白家族［有时也被称为生肌调节因子（MRF）］，这个蛋白家族都结合 DNA 上的相同位点，激活肌肉特异的基因。

在骨骼肌形成过程中，MyoD 建立了临时性的基因活性的级别。首先，MyoD 与基因一定的调节区直接结合，激活这些基因表达。例如，MyoD 可与肌肉特异性的肌氨酸磷酸激酶基因上游的 DNA 区结合，直接激活这个基因。MyoD 也直接激活其本身，因此一旦 *MyoD* 基因被激活，其蛋白质产物就与 *MyoD* 基因上游的 DNA 结合，保持该基因的活性。其次，MyoD 也能激活其他一些基因，这些基因产物能够辅助 MyoD 结合到后边的一组基因的增强子上。例如，MyoD 激活 *p38*（它不是肌肉特异性的）和 *Mef2* 基因，p38 蛋白能够为 MyoD 和 Mef2 结合到新一组增强子上提供方便，从而激活第二套肌肉特异性基因。Pax3 在其他的细胞类型中也有，而生肌的 bHLH 蛋白仅在肌肉细胞中出现。任何产生生肌的 bHLH 转录因子（如 MyoD 或 Myf5）的细胞都将发育为肌肉细胞。

产生生肌的 bHLH 蛋白的生肌节细胞是成肌细胞，它们将变成肌细胞的前体。与大多数细胞不同，肌肉细胞并不单独发挥功能，而是有一些成肌细胞排列在一起，细胞膜发生融合，形成肌纤维，相当于一个很大的细胞内部有多个核，这是肌肉组织的特征。

成肌细胞的融合是一个复杂的过程：第一步，细胞退出细胞周期，但如果培养基中含有特定的细胞生长因子（特别是成纤维细胞生长因子），则成肌细胞将继续增殖，而不进入分化途径。当这些因子耗尽时，细胞就停止分裂，这是由周期蛋白 D3 来调控的。第二步，细胞分泌纤维粘连蛋白即其他蛋白进入细胞外基质中，并通过 α5β1 整联蛋白（纤维粘连蛋白的受体）与纤维粘连蛋白结合。如果这种结合被阻断，肌肉就停止发育，因此整联蛋白-纤维粘连蛋白信号对成肌细胞分化为肌细胞是一个关键因素。第三步，是成肌细胞排成链状。

这一步是由细胞膜糖蛋白介导的，包括几种钙黏着蛋白，只有当细胞处于成肌细胞的状态时，细胞之间的识别和排列才能进行。不同物种的成肌细胞也能发生融合。例如，在培养的鸡和大鼠的成肌细胞之间也能够发生融合。因此对于细胞融合来说，细胞是否来自同一物种并不重要。同时，内部的肌动蛋白在细胞之间的接触区调节细胞质进行重排，为细胞融合做准备。第四步是细胞融合。和大多数的膜融合一样，在成肌细胞的融合过程中，钙离子是关键因素。钙离子载体如 A23187 能促进细胞间的融合。一系列被称为 meltrin 的金属蛋白酶能调节细胞的融合，该蛋白与受精中精卵膜融合时出现的受精素（fertilin）是同源蛋白，其中的 meltrin-α 反义 RNA 能抑制成肌细胞的融合。当成肌细胞发生融合时，另一种生肌蛋白 myogenin 被激活。当 MyoD 和 Myf5 在特化的肌肉细胞中表达时，myogenin 能够结合到数个肌肉特异性基因的调节区，激活这些基因，从而调节肌肉细胞的分化。

在成肌细胞融合刚刚变成生肌小管之后，新形成的生肌小管分泌旁分泌因子——白细胞介素 4（IL-4），它能召集其他的成肌细胞与生肌小管融合，从而形成成熟的生肌小管（图 4-35）。

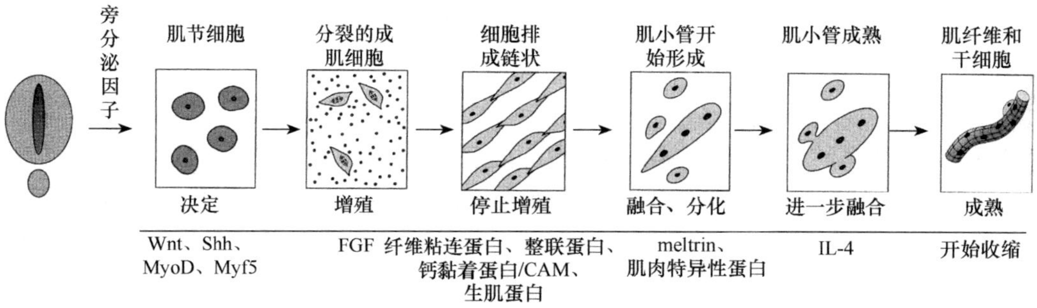

图 4-35 成肌细胞在培养时变成肌肉的过程（Gilbert and Barresi，2016）

胚胎中肌纤维的数量以及出生后肌纤维的生长，都受到肌肉生长抑制素（myostatin）的负调控。myostatin 是 TGF-β 家族的一个成员，由发育中的以及成体的骨骼肌形成，可能以自分泌的方式发挥功能。*myostatin* 功能缺失突变将导致肌肉增生（肌纤维数量增加）和肌肉肥大（肌纤维增大）（图 4-36）。

五、循环系统的发生

1．心脏发育 心脏是胚胎的第一个功能器官，胚胎心脏早期发育过程和基因调控机制在各种模式动物与人类中都具有保守性，脊椎动物的心脏起源于内脏中胚层两边的两个对称区域，它们与邻近组织相互作用，最后特化为心脏。

1）*果蝇的心脏结构和发育过程* 果蝇的心脏是一个简单的管状结构，位于背中线的表层下，从胸部第三节起至腹部第七节，覆盖了胚胎和幼虫的绝大部分体长。果蝇心脏主要由两种细胞类型组成，即位于心管内壁、具有收缩能力的心肌细胞（cardial cell）和位于心管外侧与周围、无收缩能力的围心细胞（pericardial cell）。心肌细胞围绕成一个中空心腔，称为心内腔。围心细胞靠近心肌细胞，不包含肌肉分化蛋白，排列不规则，为两侧对称细胞群，与淋巴腺的形成有关。心管前端还有两个腺体：淋巴腺和环腺，它们与淋巴和血细胞的发生有关（图 4-37）。

果蝇的心脏起源于中胚层细胞。早期中胚层细胞向背部延伸，当到达背部后，背部中胚

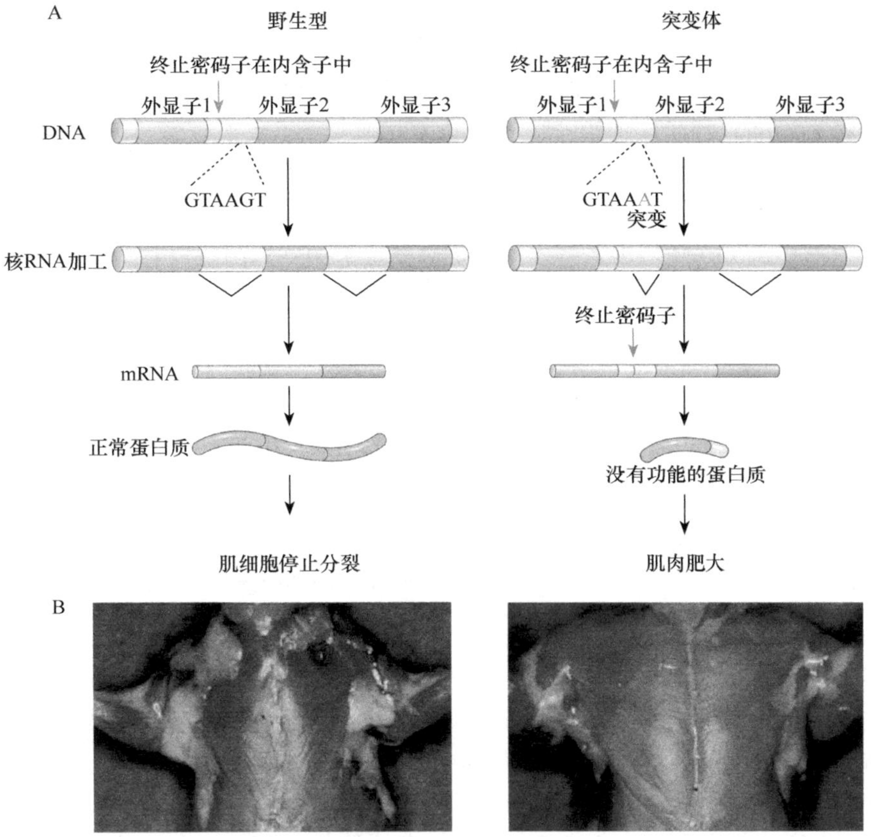

图 4-36 *myostatin* 功能缺失突变导致肌肉肥大示意图（Gilbert and Barresi，2016）

A. 突变的分子分析，基因的外显子区没有突变，但第一个内含子区一个 G 突变为 A，导致产生了一个异常的终止密码子，最后形成一个无功能蛋白；B. 突变小鼠胸肌（右）与野生型小鼠胸肌（左）比较

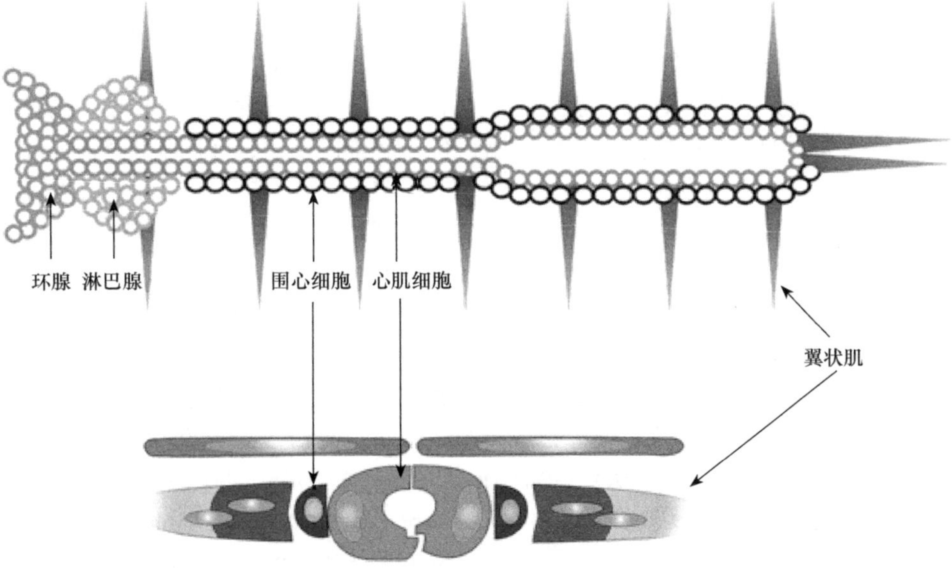

图 4-37 果蝇胚胎心脏结构模拟图（Han and Bodmer，2003）

层细胞将分化成内中胚层和外中胚层两部分。其中，背部外中胚层细胞将特化成心脏前体细胞（图 4-38），前体细胞再衍生出心肌细胞和围心细胞。随着整个胚带向背部延伸，心脏前体细胞从胚胎的两侧相向移动，最后在背中线愈合，形成心管（heart tube）。在心管形成之前，沿前后轴分布的心脏前体细胞在形态上并无区别。在心管形成后，心脏的前端将略窄于后端。当发育到幼虫晚期阶段时，心脏的前后部分被瓣膜分开。果蝇的心脏具有心门瓣和动脉瓣，两者协调开关，共同控制血液流经胚胎。心脏的收缩具有节律性，当心门瓣关闭时，动脉瓣打开，血液流入动脉；当心脏舒张时，动脉瓣关闭，心门瓣打开，血液流回心脏。

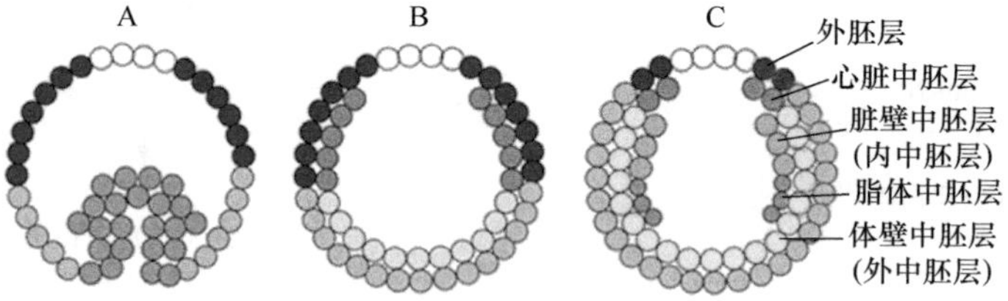

图 4-38　果蝇心脏的早期发育（Han and Bodmer，2003）

A．在胚胎腹侧衍生出中胚层；B．单层中胚层细胞向背部延伸；C．背中胚层细胞分化成内中胚层和外中胚层，外中胚层前部特化出心脏前体细胞

果蝇的 *tinman* 基因是第一个被鉴定出来与心脏发育相关的基因，当 *tinman* 基因突变时会导致果蝇心脏发育异常，甚至整个心脏缺失。*tinman* 基因属于 *NK* 基因家族的 *NK-2* 型基因。在外胚层表达 Dpp 能使 *tinman* 特异地在背部中胚层表达。果蝇中 Dpp 的一型受体 Thickveins 能使 *tinman* 异位表达并导致心脏前体细胞的异位形成。

2）斑马鱼的心脏结构和发育过程　　斑马鱼成体的心脏是一个两腔室器官，分别只含有一个心房和一个心室，心脏的最前端有一个动脉瓣，最后端有一个静脉窦。斑马鱼中没有分开的肺部循环，血液离开心室通过鳃得到氧气，穿过脉管系统，最后到达心房。

斑马鱼的心脏发育过程分为 7 个阶段：A. 前心中胚层的诱导；B. 成型心管的形成；C. 心内膜细胞的分化；D. 心脏功能的开始；E. 腔室的形成；F. 环化；G. 心脏瓣膜的形成（图 4-39）。

前心中胚层的诱导出现在中胚期的早期，原肠胚将要形成时（40% 外包，大约 5hpf，hpf 指受精后的小时数），细胞遍布于胚胎的腹外侧。在第五体节期（12hpf），心肌的前体细胞看起来就像一大群卵圆形的松散堆积的细胞，位于胚轴的两边；在随后的几小时，这些细胞会堆积得更加紧密，并逐渐延伸，到了 15 体节期（16hpf），将组装成两个原始的心肌管。接着，这些原始的心肌管开始相互靠近，到了 26 体节期（接近 22hpf）将融合形成成型的原始心管。原始心管融合产生一个锥形结构，这种结构的底部位于卵黄上，顶点与腹主动脉相连，导致原始心管与胚胎自身的前后轴开始是正交的，在发育后期，随着头部的伸出和卵黄的吸收，心脏的前后轴最终与胚胎排列在一起。

随后心脏发育过程较快，在原始心肌管融合成成型心管之前，偶尔可以看到原始心肌管中细胞的收缩现象。融合之后马上进行有规律的、相同的搏动，开始较慢（大约 25 次 /min，22hpf），然后随时间而逐渐增快（大约 90 次 /min，24hpf）；另外，循环也在 24hpf 开始发生。但是心房与心室之间的明显形态学分界要在近 30hpf 才会出现。到了 36hpf，心脏已完成了向右环化，使得心房偏左，心室偏中央。最后，位于腔室边缘区域的心内膜细胞将发生由上皮细胞到间叶细胞的转变，形成心内膜垫，随后形成心瓣。

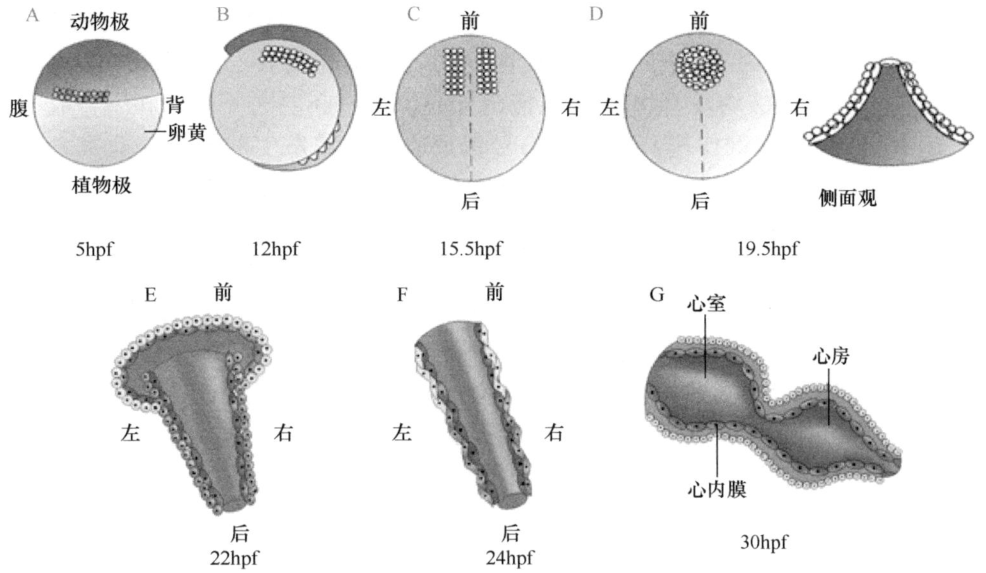

图 4-39　斑马鱼的心脏发育（Stainier，2001）

A. 在原肠胚将要形成时（5hpf），心脏前体细胞位于胚胎腹部和侧部的整个区域。B. 在内转发生后（第 5 体节期，12hpf），这些细胞会朝胚轴方向聚集，并出现 3 行细胞，其中心内膜细胞前体细胞位于最靠中央的位置，心肌细胞前体则位于最侧边。C. 在第 13 体节期（15.5hpf），心肌细胞前体将隔离成为前心室细胞群和前心房细胞群。D、E. 从 19hpf 开始，心肌前体细胞将向后融合并形成一种马靴状结构；在 19.5hpf，当前体细胞向中央移动时，这种马靴状结构会转变成一种锥形体，其中心室细胞（红色）位于它的中央和顶点，心房细胞（黄色）位于底部，心内膜细胞（蓝色）则环绕在锥形体的内部。22hpf 时，锥形体向外压缩形成心管。F. 24hpf 时，心管会沿着前后轴排列，同时心房端会位于胚胎中线的左边。G. 30hpf 时，形成了明显可见的心室腔和心房腔。到了 36hpf，心脏经历环化形态建成；到了 40hpf，将形成有功能的脉管

3）羊膜动物的心脏发育　　在羊膜动物中，胚胎为扁盘状，侧板中胚层没有完全包围卵黄囊，预定的心脏细胞来自早期原条，紧接着亨森氏结之后直到原条的中部，这些细胞从原条迁移，在亨森氏结两侧形成两组侧板中胚层细胞（图 4-40），这些细胞组称为心源性中胚层，它们将产生心房和心室的肌肉组织、心脏瓣膜垫细胞、浦肯野细胞指导纤维以及心脏内皮等。

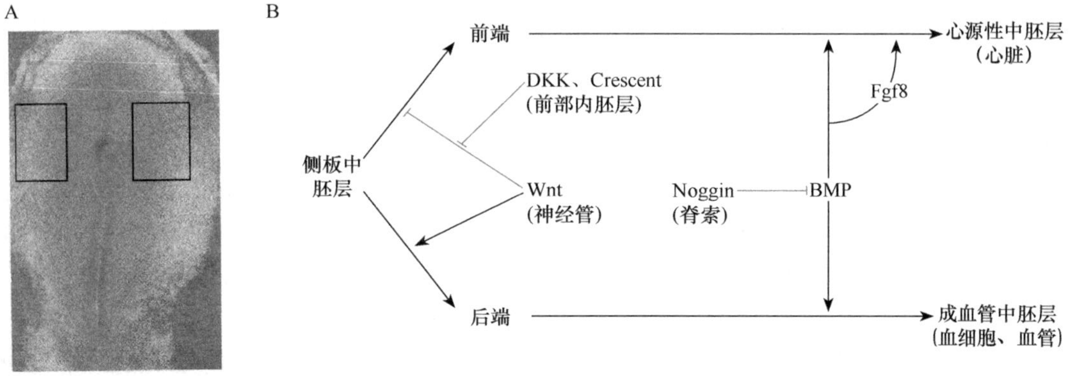

图 4-40　鸡胚心脏形成的细胞及分子途径（Gilbert，2006）

A. 鸡原肠作用时形成两个对称的心源性区域（方框内）；B. 与 Wnt 和 BMP 途径相关的信号分子相互作用略图

心源性中胚层细胞的特化是由邻近心脏的内胚层通过BMP和Fgf信号途径诱导的。去除前部的内胚层，心脏就不会形成，后面的内胚层不能诱导心脏形成。从内胚层而来的BMP促进心脏和血液的发育，BMP也能诱导心源性中胚层之下的内胚层合成Fgf8，它对心脏蛋白的表达起关键作用。抑制性信号保证心脏在该发生的地方才能发育，脊索分泌Noggin和chordin，在胚胎中央阻止BMP的信号。从神经管而来的Wnt蛋白，特别是Wnt3a和Wnt8，抑制心脏形成，但促进血液发生。然而，前部的内胚层产生Wnt抑制子，如Cerberus、Dickkopf（DKK）、Crescent，它们阻止Wnt与其受体结合，因此心脏前体细胞只能在BMP（侧板中胚层和内胚层）和Wnt拮抗子（前部内胚层）共同存在的地方形成。

在18～20h大的鸡胚中，这些预定的心脏细胞在外胚层和内胚层之间向前，朝胚胎中线迁移，与内胚层表面紧密接触。当到达前肠管侧壁时，这些细胞停止迁移。预定心脏细胞的迁移方向是由前肠内胚层提供的，因为如果将心区的内胚层倒置，心源性中胚层细胞的迁移方向也发生倒转。内胚层的这种引导作用可能是由于在内胚层中存在一个纤维粘连蛋白前后轴的浓度梯度。

在鸡胚中，脏壁层向内折叠形成前肠，这使得将来形成心脏的管状结构靠拢到一起，最终将心外肌膜连成一个整体的单管结构，两个心内管在同一空腔中共存一段时间后融合在一起（图4-41），此时原来的一对体腔也合并为一个，心脏就位于其中。随后，两个融合在一起的心内膜形成一个搏动的空腔。在心内膜融合时，其后端部分不发生融合，这一未融合的部分成为卵黄静脉进入心脏的开口。该静脉的功能是将卵黄囊中的养料运输到静脉窦（两个主静脉融合处的后部区域）。血液再通过一个瓣状结构流入心房，动脉干的收缩加速血液进入主动脉。

在3日龄鸡胚和5周龄人胚中，心脏为一心房和一心室的管状结构（图4-42左图）。在28天的人胚中，心脏回路开始形成，将预定心房置于预定心室的前面。心脏环路的形成将心脏管原来的前后轴极性转变为成体中的左右轴极性，心脏环路的形成依赖左右轴特化蛋白（Nodal和Lefty-2）。在心脏原基处，Nkx2-5调节Hand1和Hand2转录因子。尽管这两种蛋白都是在整个早期心脏管中合成的，但当心脏环路开始形成时，Hand1仅限于未来的左心室，而Hand2则被限定在右心室。如果没有这些蛋白质，心脏回路就会发育异常，因为心室不能正常形成。细胞外基质也在回路形成的过程中起重要作用：第一，细胞外基质flectin调节心脏组织不同部位的物理张力。第二，转录因子Nkx2-5和Mef2C能够激活*Xin*（心）基因，其产物可调节细胞骨架的改变，这对于形成心脏回路是十分重要的。第三，金属蛋白酶，特别是MMP2对于细胞骨架的重组起关键作用，如果用其抗体抑制MMP2表达，细胞外基质就不能发生改变，细胞就无法进行不对称分裂，环路形成也就会停止。

在哺乳动物中，一个心内膜垫将心脏管分为左右两个房室沟，同时原来的心房也被两个隔膜分开。心内膜垫在早期心脏发育时发挥瓣膜的作用，但是当心脏扩大时，又发育出特殊的瓣膜用来阻止血液回流入心房，并且阻止心脏两边的血液混合（图4-43）。然而，在心房之间的隔膜有孔，便于血液由一侧流向另一侧，这对于胎儿的存活是至关重要的，因为出生前肺还没有行使功能。但是，胎儿一出生，隔膜的开口就会关闭，左右循环回路建立。隔膜形成后，心脏就成为一个四室的结构，肺动脉与右心室相连，主动脉与左心室相连。心内膜垫的发育起始于心肌细胞的信号传递到心内膜细胞使其表达*twist*基因，Twist蛋白是一种转录因子，能启动上皮细胞到间充质细胞的转变及细胞迁移过程，这些心内膜细胞离开心内

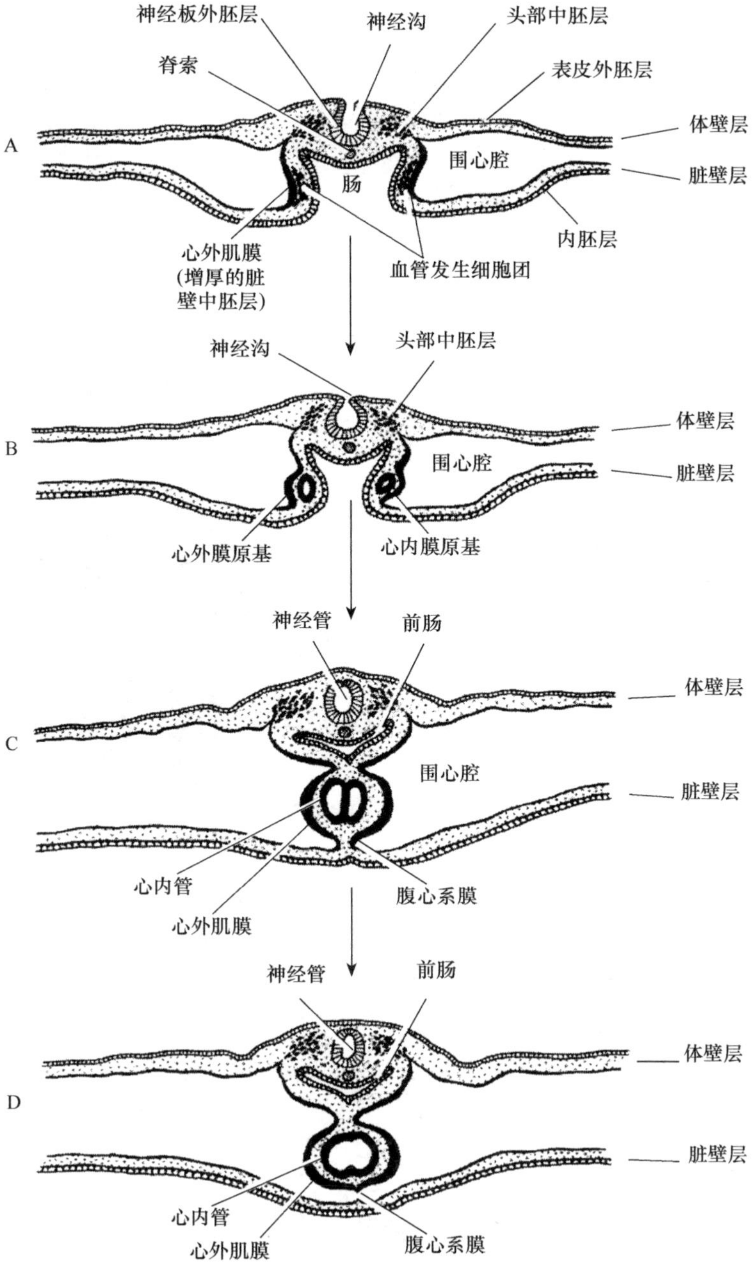

图 4-41　不同发育期鸡胚心脏形成区的横切面（Carlson，1981）

A．25h 胚胎；B．26h 胚胎；C．28h 胚胎；D．29h 胚胎

膜，迁移形成心内膜垫。Twist 也激活 Tbx20 的表达，Twist 和 Tbx20 一起激活一些蛋白质，使得瓣膜增殖并加固。

2．血管发生　血管发生有两种时间上分开的过程：血管形成（vasculogenesis）和血管新生（angiogenesis）（图 4-44）。在血管形成过程中，血管网络由侧板中胚层开始发育形成，内皮细胞相互连接，在原位形成血管，主要发生在胚胎发育的早期；血管新生是指内皮细胞从已经存在的初级血管以向外出芽、迁移的方式形成不同的毛细血管网、动脉和静脉。

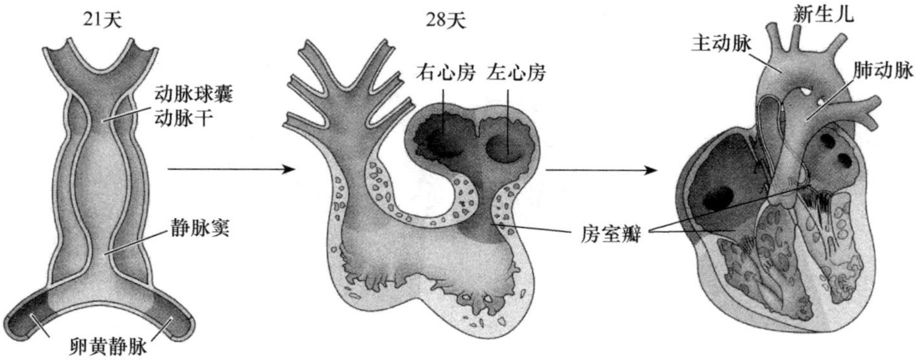

图 4-42　人类心脏发生的示意图（Srivastava and Olson，2000）

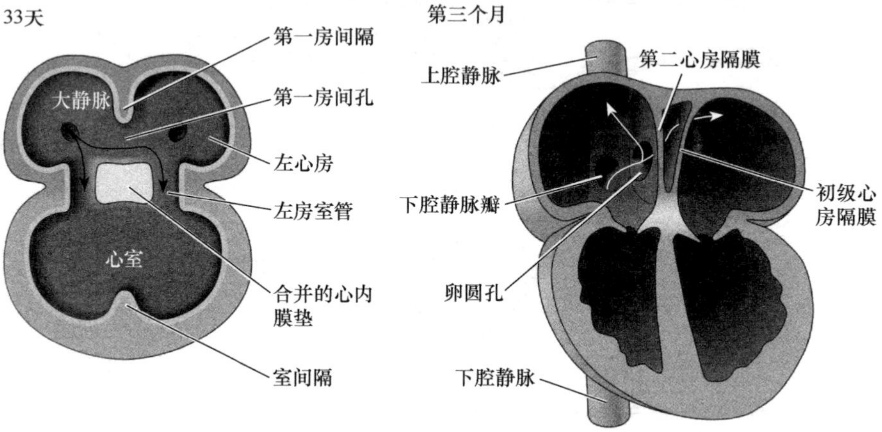

图 4-43　人类心室和心房的形成（Larsen，1993）

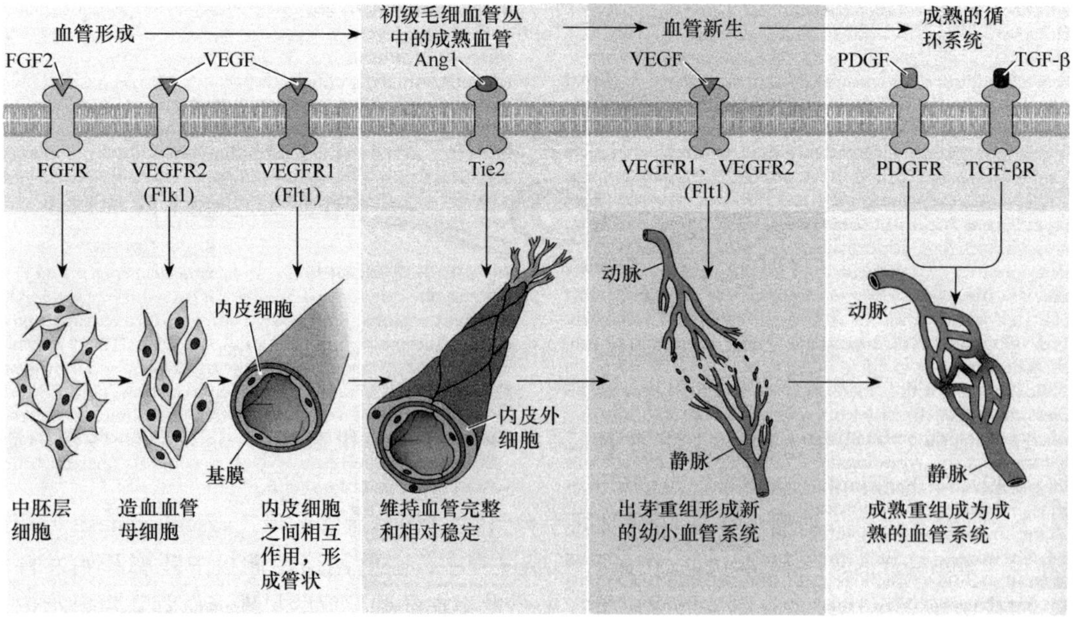

图 4-44　血管形成和血管新生（Gilbert and Barresi，2016）

体内绝大部分的血管是以血管新生的方式形成的。

在羊膜动物中，初级血管网络在两个不同的区域产生。第一，胚外血管形成是在卵黄囊的血岛处发生的（图 4-45），这些由造血血管母细胞形成的血岛将发育为早期脉管系统。首先，由未分化的间充质细胞聚集形成血管的细胞簇，即血岛。血岛的中央形成血细胞，外周细胞形成血管内皮细胞。这些早期脉管系统对于胚胎的营养以及初级血细胞的形成都是必需的。第二，胚胎内的血管形成主要在每个器官内进行。

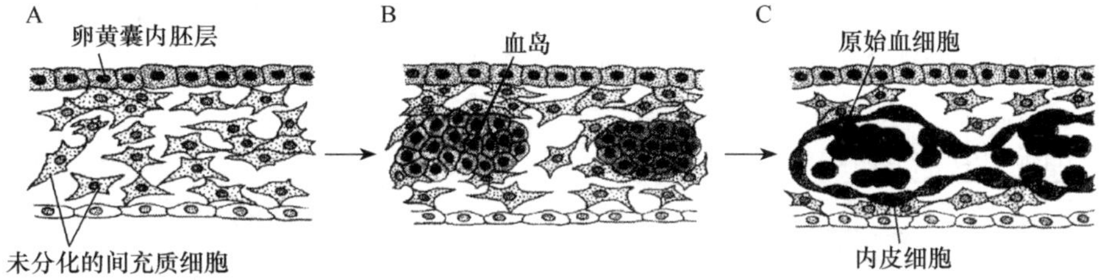

图 4-45 卵黄囊的血管形成（Langman，1981）

A．血管形成初期，未分化的间充质细胞开始聚集；B．围绕卵黄囊的中胚层形成血岛；C．血岛中央发育为血细胞，外周细胞发育为血管内皮细胞

血管形成需要 3 种生长因子：一是碱性成纤维细胞生长因子（Fgf2），它负责造血血管母细胞的产生。如果把分离的鹌鹑胚盘细胞放在体外培养时，它们不能形成血岛或内皮细胞。然而如果将细胞培养在含 Fgf2 的培养基中时，则血岛出现并形成内皮细胞。二是血管内皮生长因子（VEGF），它能使成血管细胞发生分化，并且使成血管细胞倍增形成内皮管。VEGF 由靠近血岛的间充质细胞分泌，它通过其受体发挥作用。如果鼠胚中缺乏编码 VEGF 或 VEGF 主要受体的基因，胚胎就不能形成卵黄囊血岛，血管也就不能发育。三是血管生成素（angiopoietin），它主要负责介导内皮细胞和覆盖内皮细胞的外膜细胞之间的相互作用。无论是血管生成素基因还是其受体基因发生突变，都将导致血管发育畸形，缺少围绕血管的平滑肌。

在血管形成的启动阶段之后，血管新生（angiogenesis）就开始了。通过血管新生，形成动脉、静脉，初级毛细血管网络得以重新组建（图 4-44）。血管新生的关键因子是 VEGF-A，一个器官分泌 VEGF-A，诱导内皮细胞从所在的血管处迁移到这个器官，使得内皮细胞在那里形成毛细血管网。其他一些因子，如低氧，也能诱导 VEGF-A 的分泌，从而导致血管形成。在血管新生过程中，一些内皮细胞在原来的血管处响应 VEGF 的信号开始“出芽”形成新的血管，这些细胞叫作“顶端细胞”（tip cell），它们与其他的血管细胞不同。顶端细胞在其细胞表面表达 Notch 配体 Delta-like-4（Dll4），Dll4 在其邻近细胞激活 Notch 信号，阻止它们响应 VEGF-A 信号。顶端细胞产生伪足，伪足表面聚集 VEGF 受体 2（VEGFR2）和 VEGF 受体 3（VEGFR3），抑制 VEGFR3 会大大减少“出芽”。这些受体能够使顶端细胞向 VEGF 源区延伸，并且当细胞分裂时，也沿着 VEGF 的梯度分裂。

正在形成的血管还包含金属蛋白酶抑制子，只有当这些抑制子下调时血管新生才能进行。胶原蛋白 XVⅢ 也是血管新生的重要调节者，它不仅能够稳定毛细血管的结构，还对血管产生化学保护作用，使其免受外部金属蛋白酶的影响。当金属蛋白酶把胶原蛋白 XVⅢ 裂解后，其 C 端的 184 个氨基酸形成一个叫作内皮他丁（endostatin）的蛋白，其功能与胶原蛋白完全不同，它能抑制周期蛋白表达，干扰 VEGF 与其受体结合，从而阻止血管新生。因此，当新的血管形成时，内皮他丁就下调。此外，内皮他丁能阻止肿瘤生长和传播，因为肿瘤之所以能成功生长，就是因为它们能指导血管发生，并进入其内部。肿瘤细胞能分泌血管新生因子，所以抑制肿瘤细胞分泌血管新生因子可能对于阻止肿瘤细胞的生长和转移至关重要。

了解动脉和静脉产生机制的一个突破是，发现小鼠的初级毛细血管丛中确实包含两种内皮细胞，动脉前体的细胞膜上有 Ephrin-B2，静脉前体细胞的膜上存在 Ephrin-B2 的一个受体 Eph-B4 酪氨酸激酶。敲除 Ephrin-B2 的小鼠有血管形成，但血管新生无法进行。在血管新生过程中，Eph-B4 通过两种方式与其配体 Ephrin-B2 相互作用：第一，在静脉和动脉毛细血管的边界，它确保动脉毛细血管仅与静脉毛细血管相连；第二，在非边界区，它确保仅让同一类型血管之间的血管融合，从而形成大的血管（图 4-46）。

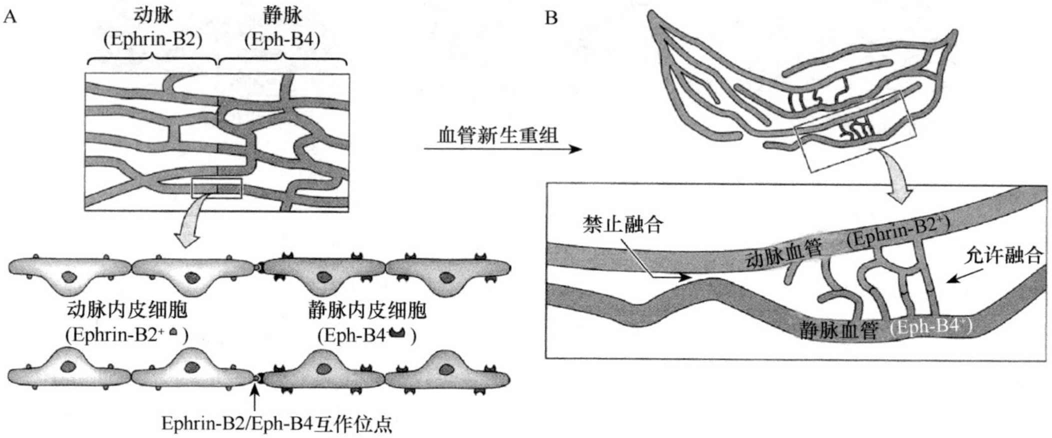

图 4-46　血管发生过程中 Ephrin 和 Eph 受体作用的模式图（Yancopoulos et al.，1998）

3. 血细胞的分化　哺乳动物的血细胞发生分为两个阶段：一个是临时性的胚胎造血阶段；另一个是后来的成体造血阶段。这两个阶段血细胞产生的位点、血细胞发生的时间、产生细胞的形态，甚至红细胞中有活性的球蛋白基因的类型都不相同。胚胎阶段的血细胞发生只是临时的，可能为胚胎提供初始的血细胞和到内胚层或卵黄的毛细血管网。成体阶段的血细胞发生则产生较多的细胞类型及干细胞，这些干细胞将维持机体的一生。

1）*血细胞的形成位点*　胚胎期的造血作用与卵黄囊附近的腹面中胚层的血岛有关。鸡胚中第一批血细胞在靠近下胚层起始位点的后缘区形成的血岛中被发现，小鼠的卵黄囊产生了第一批血细胞。尽管这些血岛的造血干细胞（HSC）似乎能够产生除淋巴细胞以外的所有血细胞，但它们通常只产生红细胞。维持机体一生的造血干细胞来自围绕主动脉的中胚层区，在 4 日龄的鸡胚中，主动脉壁是新血细胞最重要的来源，其中含有大量的造血干细胞。此外，鱼、蛙类、鸡和哺乳动物成体的造血干细胞在靠近主动脉的侧板中胚层处产生，这一区域叫主动脉性腺中肾（aorta gonad mesonephros，AGM）区。小鼠胚胎中第一批血细胞在围绕卵黄囊的中胚层处产生，但当小鼠胚胎发育至 11 天时，在 AGM 区出现了多能造血干细胞，这些细胞后来转到胎儿的肝脏中，形成克隆，大约到出生时，肝脏中的干细胞移到骨髓，以后成为维持一生的血细胞形成的主要位点。

后来，又有人提出了血细胞产生的新机制，研究者发现在 AGM 区有一种新的细胞类型，即造血内皮细胞（hemogenic endothelial cell）。成骨细胞产生成血管细胞，它们迁移到背动脉处，取代了大部分背主动脉细胞。在它们取代之前，侧板中胚层来源的背动脉内皮细胞产生造血干细胞，迁移到肝脏和骨髓，这些血管来源的造血干细胞是成体造血干细胞的主要来源。转录因子 Runx1 激活并调节内皮细胞转变为造血干细胞，缺失 *Runx1* 基因的小鼠在卵黄囊、脐带动脉、背动脉以及胎盘血管处都不能产生造血干细胞。

2）造血干细胞的分化　血细胞的分化是一个干性潜能逐渐降低的过程，干性最高的是多能造血干细胞，它们能产生干性逐渐缩小的干细胞，如髓系祖细胞（CMP），最终分化为特定方向的祖细胞。内分泌、旁分泌及近分泌因子在血细胞分化过程中发挥重要作用。主要的内分泌因子之一就是促红细胞生成素，它能使 CMP 产生更多的巨核细胞 / 红细胞的前体细胞，最终这些细胞产生能分裂但仅能产生一种细胞类型（还有自我更新）的祖细胞（progenitor cell）。例如，红细胞的祖细胞是一种仅能产生红细胞的干细胞。红细胞祖细胞的直接子代能够产生第一种可识别的红细胞谱系的分化成员——前成红细胞（proerythroblast）。该细胞开始合成球蛋白，当前成红细胞成熟时，它变为成红细胞（erythroblast），合成大量的血红蛋白。最后哺乳动物的成红细胞排出了细胞核，变为网织红细胞（reticulocyte）。尽管网织红细胞没有核，无法再合成球蛋白的 mRNA，但它们仍然能够将已有的信息翻译成球蛋白。分化的最后阶段就是成熟的红细胞，在这些细胞中，没有细胞分裂以及 RNA 和蛋白质合成。两栖类、鱼类和鸟类红细胞都保存着其无功能的细胞核，哺乳动物则将其从红细胞中去除。然后，红细胞离开骨髓进入循环系统，将氧气输送到身体的各个组织。

与血细胞和淋巴细胞形成相关的旁分泌因子是细胞因子。虽然几种细胞都可以产生细胞因子，但是它们只在基质（间充质）细胞的细胞外基质中高浓度聚集。例如，粒细胞-巨噬细胞集落刺激因子和多系生长因子白细胞介素 3 都结合骨髓基质的硫酸乙酰肝素氨基葡聚糖，然后细胞外基质能将这些旁分泌因子以足够高的浓度递给干细胞，与其各自的受体结合，在不同的成熟期，这些干细胞能够响应不同的因子。

六、肢体的发育

顾名思义，四足动物就是有四肢的动物，包括两栖类、爬行类、鸟类、哺乳类等，它们都具有一对前肢（或称为上肢、胳膊、翅膀、腿）和一对后肢（或称为腿）。

1. 肢体的结构　成形的肢体具有明显的三维结构：近远轴、前后轴、背腹轴。

近远轴是指从肩部到指头，或臀部到脚趾的轴，即从靠近躯干部到远离躯干部的肢体的轴。其中的骨骼主要分为 3 部分：①靠近躯干部的基骨（stylopod），在人的胳膊上称为肱骨，在人的腿上称为股骨；②中间部分两块连接骨（zeugopod），为前肢的桡骨和尺骨，或后肢的腓骨和胫骨；③远端的活动骨（autopod），为前肢的腕骨和指骨，或后肢的跗骨、趾骨等（图 4-47）。

前后轴是从大拇指到小指方向的轴。大拇指或大脚趾为前端，小手指或小脚趾为后端。

肢体也有背腹轴，掌（手掌、脚掌）面为腹面，而指关节能拱起来的那一面（手背、脚背）或有表皮附属物（如指甲、鳞片、爪）的那面为背面。

2. 肢芽的发育　肢体的发育是从肢芽（limb bud）开始的，第一个可以见到的肢体发育的标志是在两侧预定前肢和后肢的位置有两对小突起。在侧板中胚层的这两个细胞“盘”的中心将发育为肢体，而其附近的则将发育为围绕肢的侧翼组织和肩带的细胞。但是，如果将所有这些细胞都从胚胎中去除，肢芽仍然能够从围绕着这个区域的环状细胞带发育而来，尽管有些延迟，也不太正常。然而如果去除的组织包含此环状细胞带，那将不会再发育出肢

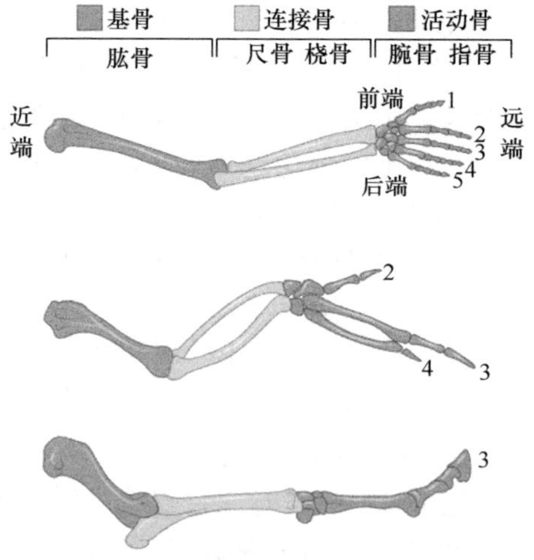

图 4-47 人的胳膊、鸡翅和马前腿的骨骼图（Gilbert and Barresi，2016）

1～5. 第 1～5 指（趾）骨

体。这个包含所有能够发育为一个肢体的细胞的较大区域叫肢场（limb field）。

形成肢芽的细胞来自后面的侧面中胚层、附近的体节以及覆盖在肢芽上面的外胚层，侧板中胚层的间充质细胞迁移到肢体区内形成肢的骨骼前体细胞，从体节来的间充质细胞形成肢的肌肉前体细胞，这群聚集的杂合间充质细胞在外胚层下分裂增殖，形成肢芽（图 4-48）。

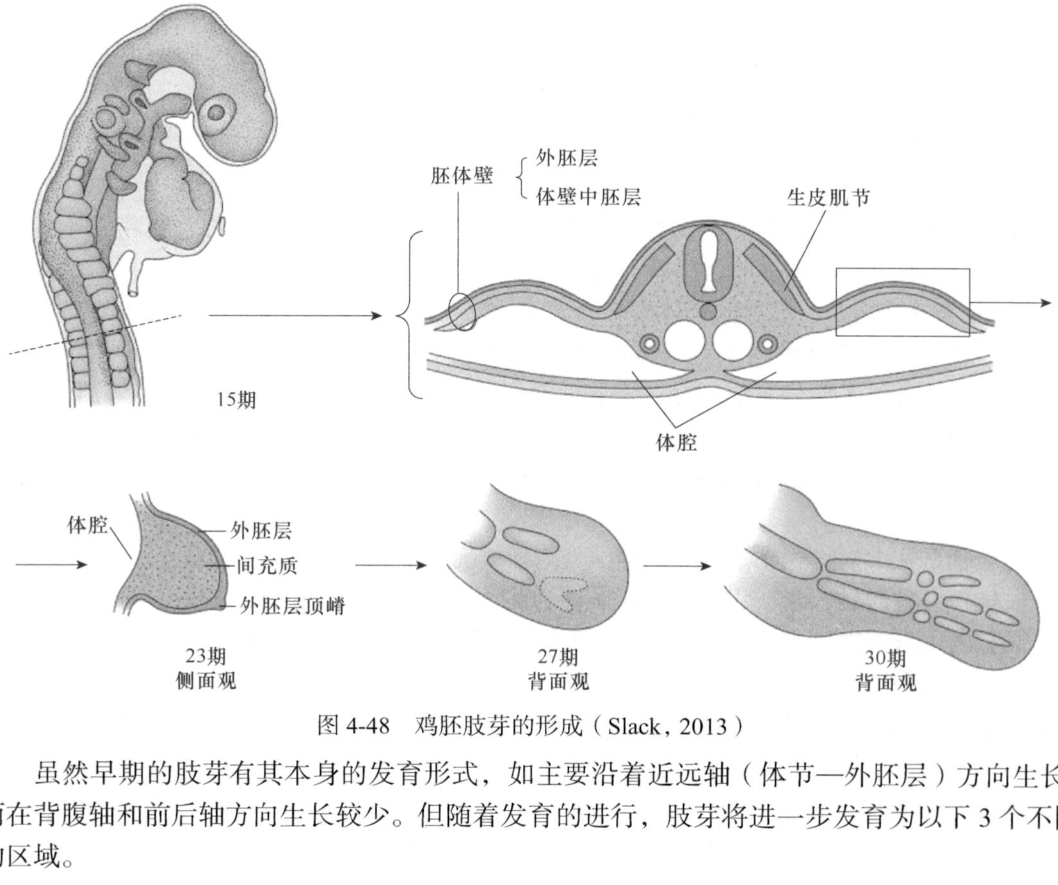

图 4-48 鸡胚肢芽的形成（Slack，2013）

虽然早期的肢芽有其本身的发育形式，如主要沿着近远轴（体节—外胚层）方向生长，而在背腹轴和前后轴方向生长较少。但随着发育的进行，肢芽将进一步发育为以下 3 个不同的区域。

（1）肢芽远端的间充质细胞分裂增殖旺盛，刺激肢芽生长，这些细胞还保持未分化状态，这块区域叫渐进区（progress zone，PZ）。

（2）渐进区最前端内的细胞，靠近后端的一部分区域，能够决定前后轴的发育图式，叫极性活性区（zone of polarizing activity，ZPA）。

（3）在发育中的肢芽的最顶端，外胚层加厚，形成外胚层顶嵴（apical ectodermal ridge，AER）（图 4-48）。Fgf10 诱导产生的 AER 是影响肢体图式形成的多个信号的中心，其作用包括：①维持其下面的间充质细胞呈一种可塑的、分裂活跃的状态，这样能够使肢体的近远轴得以生长；②维持一些产生肢体前后轴的分子的表达；③与特化前后轴和背腹轴的蛋白质相互作用，指导每个细胞的分化方向。

3. 肢体近远轴的特化　肢芽近远轴的生长和分化可能是通过 AER 和其下面渐进区的间充质细胞直接相互作用来实现的。在肢体发育的任何阶段，如果将 AER 移走，远端肢骨骼的进一步发育就会停止（图 4-49A），说明 AER 是维持间充质细胞分裂、推动肢体向外发育所必需的。如果将一个额外的 AER 移植到现存的肢芽中，就会在肢芽的远端发育出多余的结构（图 4-49B）。如果把腿的 PZ 直接放到翅的 AER 下面，在肢的远端就会发育出后肢（趾）（图 4-49C）（但是，如果放在距离 AER 较远的地方，后肢的 PZ 细胞将整合入翅的结构中）。如果在 AER 下面，用非肢芽的 PZ 来取代肢的间充质细胞，AER 就会萎缩，肢的发育也会停止（图 4-49D），说明 PZ 的间充质细胞是维持 AER 所必需的。

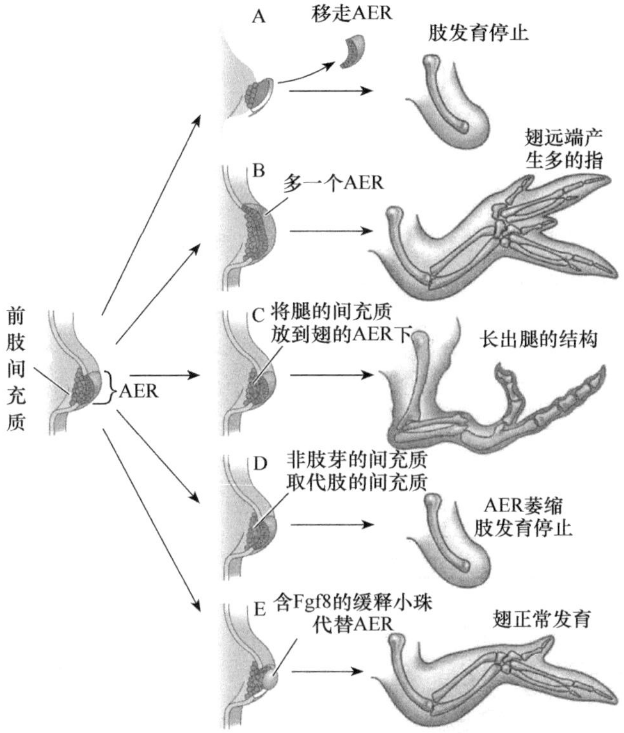

图 4-49　外胚层顶嵴与其下面的间充质细胞相互作用对肢芽发育的影响（Barresi and Gilbert，2019）

Fgf 和 Wnt 蛋白调节早期肢芽的生长和形态。肢的间充质细胞起初并不是随机分布的，相反，它们是极性分布的，以垂直于外胚层的方向延伸其长轴，Wnt 信号决定这种方向安排，且在外胚层平面促进细胞分裂，因此肢芽向远端延伸。Fgf 信号增加细胞迁移的速度，使得细胞向远处移动。Fgf8 是 AER 中的主要活性因子，含 Fgf8 的缓释小珠能够代替 AER 的功能，诱导肢的生长（图 4-49E）。AER 还产生其他的 Fgf，包括 Fgf4、Fgf 9、Fgf17。然而失去其中的一员，仅能引起较弱的缺陷表型或没有缺陷，表明这些家族成员在肢的图式形成过程中的功能有重叠，但是如果敲除多个 Fgf 家族的基因，肢的骨架发育将产生严重缺陷。

基于对鸡的肢体发育的实验结果，有研究者提出了一种近远轴特化的双梯度模型。该模型认为，有两个浓度相反的分子梯度特化了肢体的近远轴，一个是从远端 AER 而来的 Fgf 和 Wnt 的浓度梯度，另一个是从近端侧翼组织而来的视黄酸（RA）浓度梯度。在侧板中胚层形成肢体之前，特化的信号已经设定了，视黄酸在那里高表达，诱导 *Meis1/2* 在整个肢场和早期肢芽表达，支持基骨的特化。不久，从 AER 而来的反向的 Fgf8 和 Wnt 沿着近远轴拮抗 RA 信号。由于细胞分裂增殖，AER 向远端生长，远端的 RA 信号减弱，Fgf8 信号增强，在 RA：Fgf8 达到一个阈值时，*Hoxa11* 基因表达，*Meis1/2* 下调表达，引起中间连接骨分化。随着肢体向远端进一步发育，*Meis1/2* 功能进一步下降，CYP26b1 调节 RA 降解到另一个阈值，导致最远端活动骨的发育。

然而，对小鼠肢发育的研究结果却与此模型不符，于是又有人提出了单分子梯度模型，认为主要是 AER 发出了指导肢体近远轴图式形成的分子信号，*Meis1/2* 在早期肢芽处表达，特化了基骨的发育命运。然后远端的 Fgf 表达，一方面抑制了 *Meis1/2*，阻止远端间充质细胞获得近端发育命运，另一方面通过 CYP26b1 抑制 RA，阻止 RA 干扰远端的发育。另外，*Hox* 基因家族沿近远轴自主地定时表达在肢体图式形成过程中起关键作用。

旁系同源基因 *Hox9* 和 *Hox10* 特化基骨，*Hox11* 特化中间部分的两块连接骨，*Hox12* 和 *Hox13* 特化远端的活动骨（图 4-50）。当在小鼠胚胎中敲除 3 个 *Hox10* 的所有 6 个等位基因（Hox10aaccdd）后，小鼠不仅发生严重的轴向肌肉缺陷，而且缺乏股骨或膝盖骨，但是它们有肱骨，这是因为 *Hox9* 在前肢的基骨处表达，而在后肢基骨处不表达。同样，*Hox11* 敲除小鼠没有中间部分的连接骨，敲除所有的 *Hoxa13* 和 *Hoxd13* 导致小鼠缺乏远端的活动骨。人类 *Hoxd13* 的纯合突变导致手和脚发生异常，指头融合在一起，*Hoxa13* 纯合突变也导致远端活动骨的畸形。

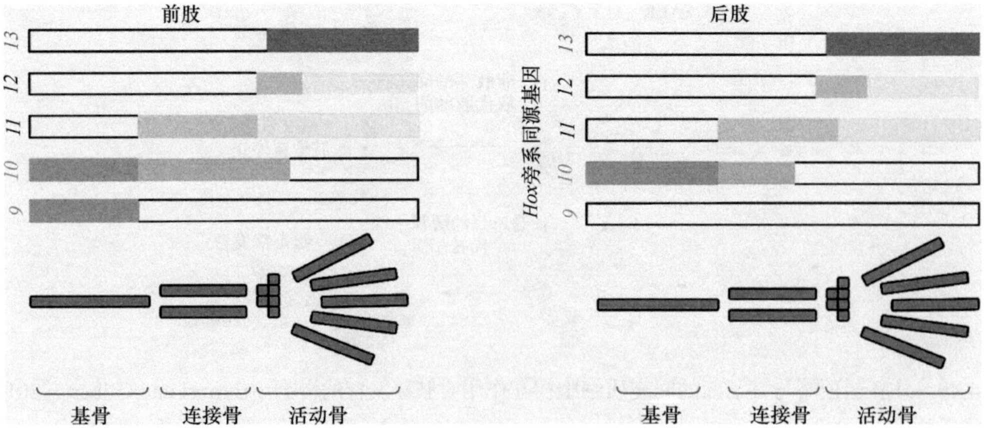

图 4-50　*Hox* 旁系同源基因沿近远轴表达在肢体图式形成过程中所起的关键作用

（Wellik and Capecchi，2003）

4. 肢体前后轴的特化　　在肢芽尚未明显形成之前，其前后轴就确定了，极性活性区（ZPA）在肢体前后轴发育过程中起重要作用。当把一个小的肢芽的 ZPA 移植到另一个肢芽的前端时，受体指的数量加倍，而且多出来的一套指与正常产生的指的结构呈镜像对称的特征。维持原来的极性，但排列方式是从两个前端到一个后端，反向对称（图 4-51）。

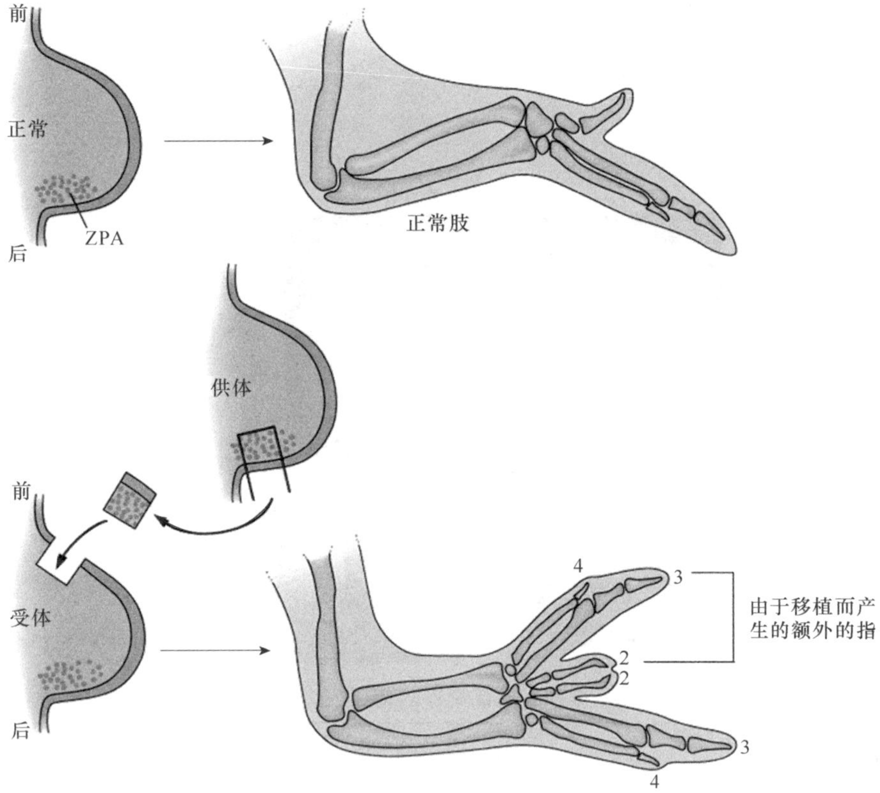

图 4-51　极性活性区移植导致指的数量加倍示意图（Slack，2013）

那么 ZPA 中调节前后轴特化的分子是什么呢？原位杂交显示，*sonic hedgehog*（*Shh*）基因在肢芽 ZPA 特异表达。将鸡的成纤维细胞诱导表达 *Shh* 基因，产生 Shh 蛋白，然后将这些成纤维细胞移植到鸡的早期肢芽前端外胚层下，结果也产生了一个影响对称的加倍的指，就如同 ZPA 移植的结果一样。此外，包含 Shh 蛋白的缓释小珠也能产生同样的效果，因此表明，Shh 是 ZPA 中的活性因子。

功能获得性实验也证明了同样的结论。*hemimelic extra-toes*（*hx*）突变小鼠在爪子的大拇指端产生了额外的指头（图 4-52A、B），这个多指症表型与肢特异性 *shh* 基因增强子区的单碱基对突变有关，这个增强子位于 *shh* 基因长距离（约 1000kb）上游处，是一个高度保守区。将 β- 半乳糖苷酶报告基因与野生型或 *hx* 突变的长距离肢增强子区融合，注射到刚受精小鼠卵的原核中，然后观察胚胎发育情况。在携带野生型肢增强子报告基因的转基因小鼠胚胎中，报告基因仅在每一个肢芽的后端（即 ZPA）表达（图 4-52C），但是携带突变的 *hx* 报告基因的小鼠胚胎，报告基因在肢芽的前端和后端都表达（图 4-52D）。这表明，这个增强子既有正调控作用，也有负调控作用；在肢芽的前端，一些抑制子可抑制该增强子的激活 *Shh* 转录的功能；这抑制子可能不能与突变了的增强子结合，因此在 *hx* 突变小鼠中，Shh 在肢芽的前端和后端都表达，Shh 在肢芽的前端表达就发育出了额外的趾。在人类和其他哺乳动物中，如果在 Shh 长距离肢增强子区发生突变也会产生类似的表型，如人类的多指症、海明威猫的多趾症（图 4-52E、F）。

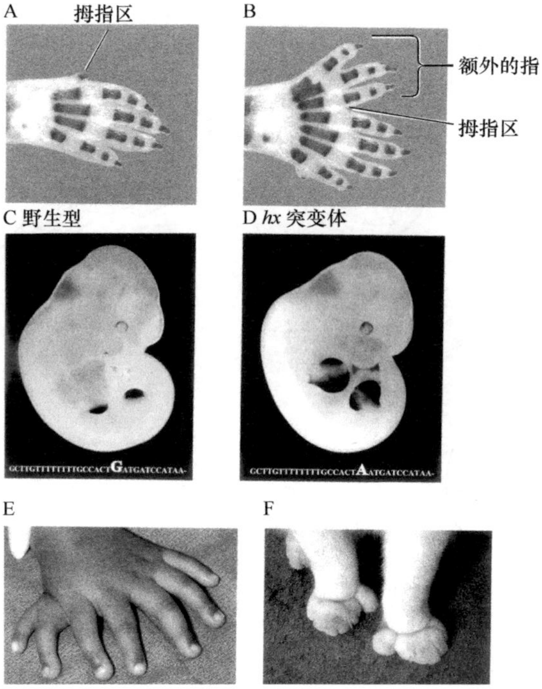

图 4-52　在肢的前端异位表达 Shh 导致额外的指形成（Gilbert and Barresi，2016）

A. 野生型小鼠爪；B. *hx* 突变小鼠爪；C. 带有野生型肢增强子报告基因的转基因小鼠胚胎；D. *hx* 突变小鼠胚胎；E、F. 人类（E）和猫（F）的多指（趾）表型（由同样的突变引起）

当肢芽较小时，在中胚层产生的 Fgf10 和外胚层产生的 Fgf8 之间就建立了一个正向反馈机制，Fgf10 激活外胚层中的 Wnt，Wnt 又激活 β- 粘连蛋白途径，诱导靠近 AER 的区域合成 Fgf8，促进肢芽向外生长（图 4-53A）。当肢芽向外生长时，随着 ZPA 的产生，肢芽后端间充质细胞中的 Shh 建立了一个新的信号中心，激活 Gremlin（Grem1），阻止中胚层 BMP 抑制 AER 中 Fgf8 合成的功能。此外，Fgf8 还沿肢芽前后轴部分参与了对 Shh 抑制子 Etv4/5 的不同调节方式，在后端抑制 Etv4/5，在前端激活 Etv4/5（图 4-53B），这样进一步巩固了 Shh 从后向前的浓度梯度。具体的调节涉及两个反馈机制，依赖 AER 中 Fgf 的水平，ZPA 或者被激活或者被关闭。一方面，在肢芽后端，AER 中低水平的 Fgf（4、9、17）激活 Shh，维持 ZPA 的功能，这是正向调控（图 4-53C 下方）；另一方面，ZPA 中的 Shh 激活 Gremlin（Grem1），阻止 BMP 抑制 AER 中 Fgf8 合成的功能，这是反向调控（图 4-37C 上方）。由于受到低水平 Fgf 信号诱导产生的 Shh 的刺激，Gremlin 的水平增高，正向的 Fgf/Shh 调控环维持肢体的生长（图 4-53D）。只要 Gremlin 信号扩散到 AER，就会产生 Fgf，AER 就得以维持。但是，当 Fgf 水平升高时，就在远端的间充质细胞中启动一个负反馈环抑制 Gremlin 表达（图 4-53E）。伴随着肢芽的扩展延伸，Gremlin 与信号中心（AER 和 ZPA）的距离增加，当 Gremlin 不能扩散到 AER 时，BMP 就阻止 Fgf 合成，AER 消失，维持 ZPA 的信号也失去了，胚胎的肢体发育也就停止了（图 4-53F）。

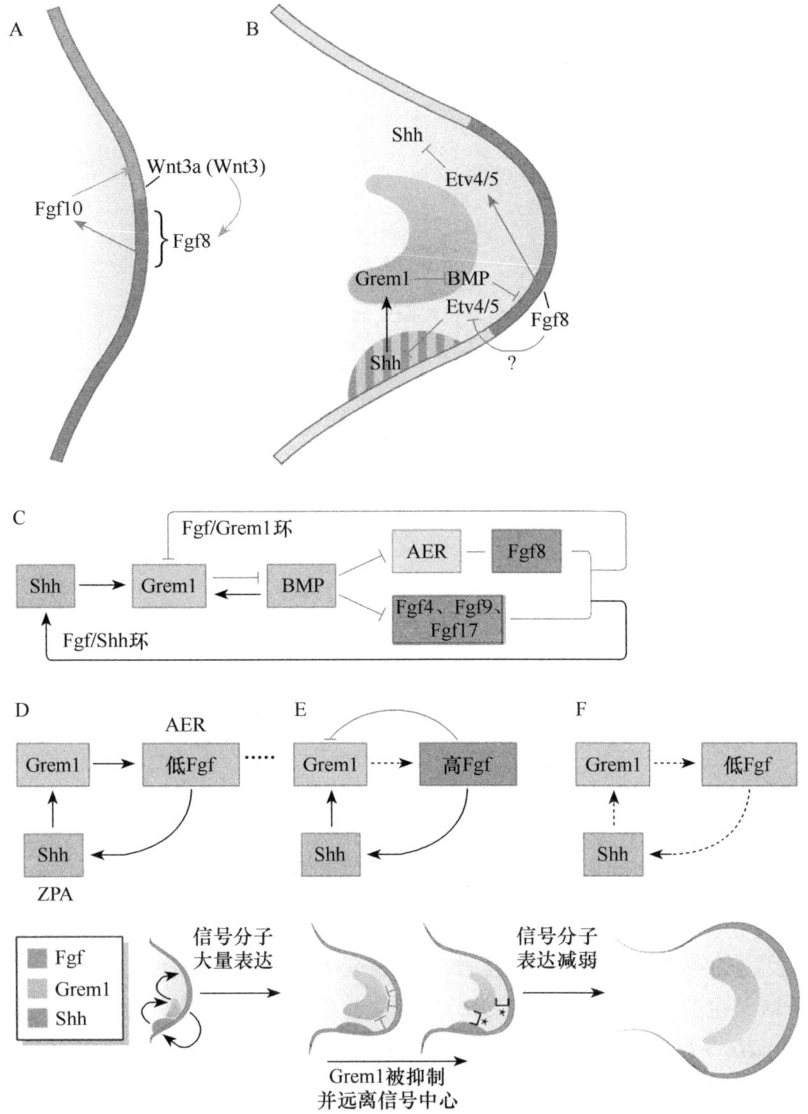

图 4-53 外胚层顶嵴（AER）与早期肢芽间充质细胞之间的早期相互作用（Barresi and Gilbert，2019）

A．初期肢芽中，中胚层的 Fgf10 和外胚层的 Fgf8 之间的正反馈环；B．早期肢芽中，肢芽后端的 Shh 建立了一个新的信号中心；C．AER 和 ZPA 之间的两个反馈环；D．反馈环路使 ZPA 中的 Shh 和 AER 中的 Fgf 合成双双加速；E．Fgf 浓度达到一个阈值时，就抑制 Grem1；F．随着肢芽向外生长，所有信号分子表达减弱

Hox 基因家族不仅在特化近远轴时发挥关键作用（图 4-54A），在特化肢体其他轴时也是必需的。例如，*Hoxd* 的表达帮助特化活动骨（aotopod）的前后轴，有两个主要的早期顺式调节区与此相关，该区域包含多个增强子，它们协同作用，在特定时间按照特定排列方式激活 *Hoxd*。随着肢芽的形成，*Hoxd* 表达的第一阶段就开始了。主要的早期调控区，或叫早期肢体调控（ELCR）区以依赖时间的方式激活转录，离 ELCR 区越近的 *Hoxd* 基因，越早被激活。第二个早期调控（POST）区影响 *Hoxd*（*Hoxd10*～*Hoxd13*）表达的空间模式。例如，越靠近此区域的基因（如 *Hoxd13*），其表达区域越被限定在离后端最近的区域（图 4-54B），

这种嵌套模式的 Hoxd 蛋白对于激活 *Shh* 基因长距离的增强子是必需的。此外，间充质细胞中出现的 Hoxb8 能帮助特化前肢肢芽的后端边界，如果在小鼠前肢肢芽的前端异位表达 Hoxb8，在那里也将形成一个 ZPA。

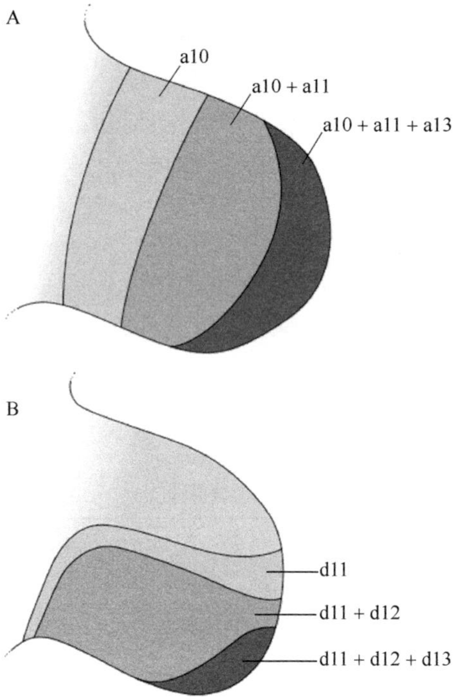

图 4-54 *Hox* 基因在肢芽中的嵌套式表达调控四肢近远轴和前后轴的发育（Slack，2013）
A. *Hoxa* 基因（a）；B. *Hoxd* 基因（d）

进入 *Hoxd* 表达的第二阶段，ZPA 被激活，改变 *Hoxd* 的表达模式。从后端来的 Shh 激活第二套增强子区，也叫全局调控区（GCR）。最靠近 GCR 的 *Hox* 基因表达范围最广，这种表达颠倒了原先 *Hoxd10*～*Hoxd13* 表达的模式，即 *Hoxd13* 表达水平最高，且向前端延伸的范围最广，*Hoxd12*、*Hoxd11*、*Hoxd10* 表达的范围较窄，因此最前端的指（大拇指）表达 *Hoxd13*，但没有其他 *Hox* 基因表达。所以，第一阶段 *Hoxd* 基因表达帮助特化 ZPA，第二阶段，ZPA 指导了 *Hoxd* 的表达模式，这个模式决定了趾头的前后发育方式，前端发育为大拇指，后端发育为小指。

5. 肢体背腹轴的特化 肢芽背腹轴极性与覆盖在上面的外胚层密切相关，肢芽背面的外胚层最初是覆盖于体节上，而腹面的外胚层最初是覆盖于侧板中胚层上面（图 4-55）。如果将外胚层相对于肢芽中的间充质翻转 180°，肢芽背腹轴就会发生部分翻转，趾本应向上的部分变得向下了，这表明外胚层中的成分调节肢背腹轴的晚期分化。

Wnt7a 在肢芽的背面外胚层特异表达，而在腹面不表达。如果在小鼠中敲除 *Wnt7a*，胚胎的爪子将发育为两面都是腹面足垫的模式，说明 *Wnt7a* 对于肢背面的发育至关重要。*Wnt7a* 诱导 *Lmx1b*（也叫 *Lm1*）在肢芽背面间充质表达，如果在腹面间充质细胞中表达 Lmx1b 蛋白，这些细胞将发育为背面表型。转录因子 Engrailed-1（En1）则在肢芽腹面外胚层特异表达，它是由 BMP 诱导的（图 4-55），如果在早期肢芽中敲除 BMP，En1 不表达，

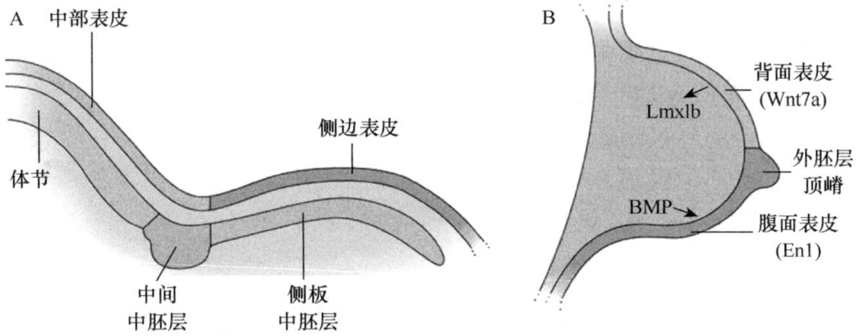

图 4-55　肢芽背腹轴起源（A）及特化机制（B）模式图（Slack，2013）

Wnt7a 就会在背面和腹面同时表达，将发育为两面都是背面表型的畸形肢。

其实，肢体 3 个轴的发育是协调进行调控的。*Wnt7a* 缺失小鼠不仅丧失了肢的背面结构，也缺失了远端趾的结构，说明它对于近远轴的发育也是必需的。如果从发育的肢中移走背部外胚层，肢后端的骨架成分也会失去，因为肢后端的 *Shh* 的表达大大降低。总之，在肢体模式形成的过程中，BMP 负责同时阻止 AER（从而间接抑制 ZPA）和背腹轴的 Wnt7a 信号，对所有 3 个轴的生长和图式形成都起关键作用，BMP 可抑制 AER 中 Fgf 的表达，而 Fgf 是维持 ZPA 中 Shh 的表达所必需的，ZPA 中产生的 Shh 也可以通过 BMP 抑制子 Grem1 调节 Fgf8 的表达。同时，来自背面外胚层的 Wnt7a 也参与调节后端 ZPA 中 Shh 的表达（图 4-56）。

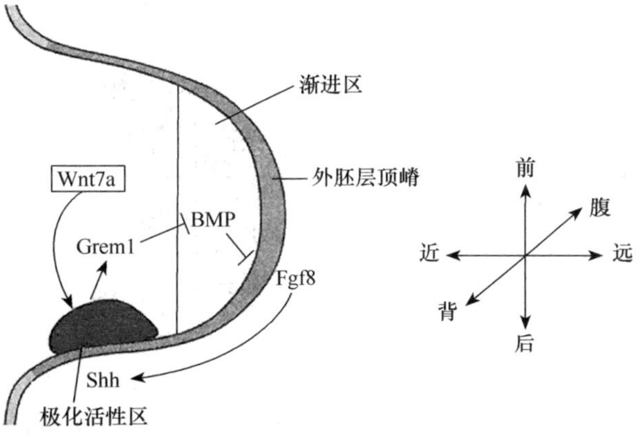

图 4-56　肢体发育过程中 3 个轴图式形成的协同调节图（张红卫，2018）

6. 细胞死亡和指（趾）的形成　鸡和鸭趾的不同主要在于趾间是否发生了细胞死亡。在一定的发育阶段之后，鸡的趾软骨之间的细胞注定要死亡，即使把它们移植到胚胎的另外一个区域，或放在一个培养液中，它们也会死亡。而在那个时间之前，如果把它们移植到鸭的肢中，这些细胞将不会死亡。在决定细胞死亡的时期和细胞死亡真正发生的时期之间，这些细胞中的 DNA、RNA 和蛋白质合成的水平急剧下降。鸡和鸭的嵌合实验显示，细胞凋亡是由中胚层决定的，只要有鸭足部的中胚层存在，足部趾间的细胞就不会凋亡，即使是与鸡的外胚层组合，也能形成蹼（图 4-57A）。

趾间区域产生的 BMP 信号分子（图 4-57B，蓝色）及其受体（图 4-57C，红色）触发了邻近细胞凋亡的关键信号途径。BMP 蛋白的表达依赖于趾间视黄酸的合成量上调，BMP2、BMP4、BMP7 都在趾间间充质中表达，阻止 BMP 信号将会导致趾间细胞不能发生凋亡。由于 BMP 在渐进区间充质表达，细胞死亡可能是一种默认状态，除非有活跃的抑制子抑制 BMP。这种抑制可能来自 Noggin 蛋白，它在趾发育中的软骨以及围绕它的软骨膜中产生。如果 Noggin 在整个肢芽中表达，那么细胞凋亡就不会发生。

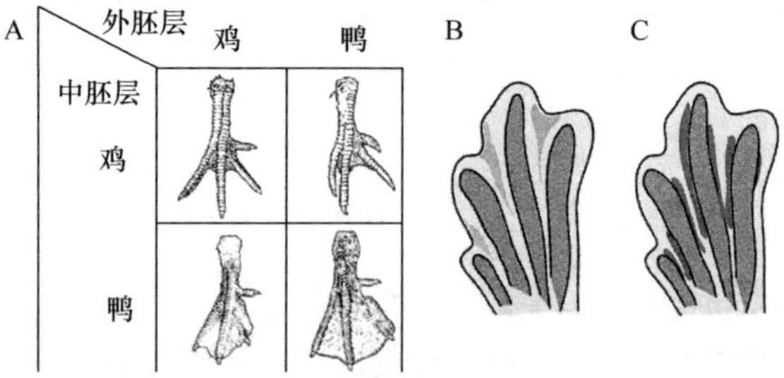

图 4-57　鸡和鸭胚胎中肢原基细胞凋亡模式（Arias and Stew，2006）

A. 鸡和鸭足部外胚层和中胚层不同组合的结果；B. 趾间的 BMP 分子（蓝色）；C. 趾间的 BMP 受体（红色）

除趾间的细胞死亡区之外，肢体还有 3 个区域需要通过细胞死亡来进一步成形。尺骨和桡骨的彼此分离也需要通过一个内部死亡区来实现，肢的前端和后端的细胞死亡区可为肢的发育进一步定形。这些细胞死亡的方式都是细胞凋亡。

第三节　内胚层与器官发生

胚胎内胚层具有 3 个主要功能：①诱导几个中胚层器官的形成，如脊索、心脏、血管等；②指导脊椎动物体内两个主要管道内皮的形成，这两种管道分别是消化道和呼吸道，从消化道出芽形成肝脏、胆囊和胰腺，呼吸道最后分成两个肺，消化道的前端和呼吸道分开的地方叫咽；③形成几个腺体的上皮。咽部上皮外面的囊将形成扁桃体、甲状腺、胸腺及甲状旁腺。

内胚层前体的命运从前向后可以分为 3 个区。如同脊椎动物前后轴的特化一样，内胚层前后的不同区域也是由 Wnt、Fgf 和 BMP 的浓度梯度特化的，浓度最高的地方都在后端（图 4-58），靠近头部的内胚层将形成前面的前肠细胞（AFG），进而产生肺和甲状腺；后端的内胚层将变成中肠和后肠前体细胞的聚集体（MG-HG），进一步形成小肠的祖细胞；在中间含有中量 Wnt、Fgf 和 BMP 的那段将发育为前肠后端的前体（PFG），这些细胞将产生胰腺和肝脏。

呼吸道与消化道均起源于原肠（图 4-59）。肠的前端和后端的开口处很特别，因为它们是仅有的胚胎内胚层与外胚层直接交汇的区域。开始时，前端被一些内胚层细胞封闭，这些内胚层细胞在口板处与口外胚层［口凹（stomodeum）］结合。后来（在人类胚胎发育至大约 22 天时）口板破裂，形成一个新的开口，通向消化道。口板外胚层与脑外胚层接触，这两个外胚层区相互作用，使得口区的顶部形成垂体的腺体部分，中脑底部的神经组织形成垂体的神经部分，因此垂体有两个来源。在哺乳动物的口中，有一个内胚层和外胚层的分界线，牙齿和大部分唾液腺来源于外胚层，前部的味蕾来源于外胚层，但是后部的味蕾以及后端的唾液腺和黏液腺来自内胚层。在肛门处也有一个同样的内胚层和外胚层交汇的地方，叫肛门直肠交界处。

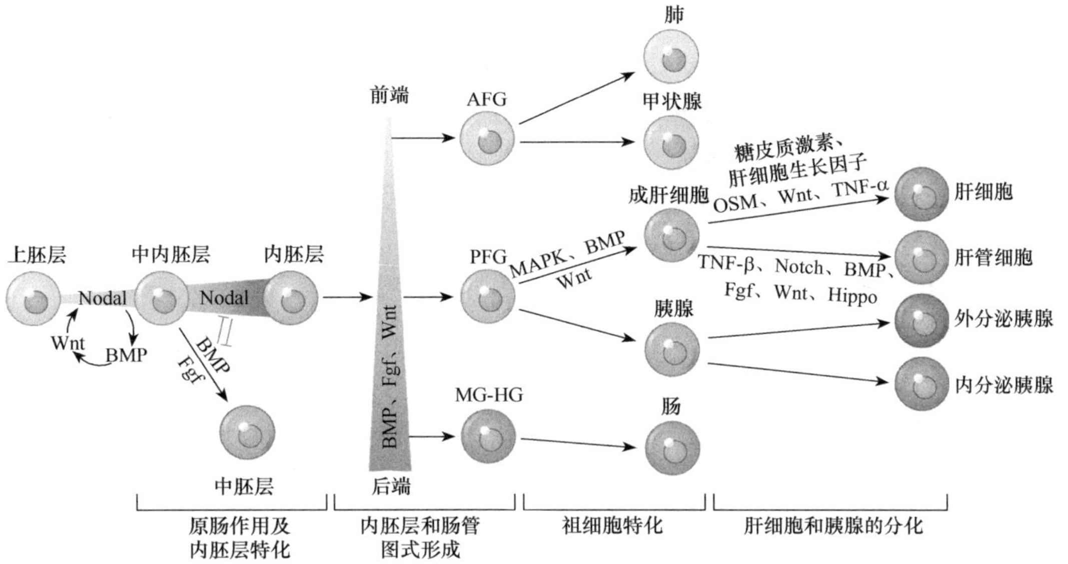

图 4-58　调节内胚层细胞发育命运的信号（Gilbert and Barresi，2016）

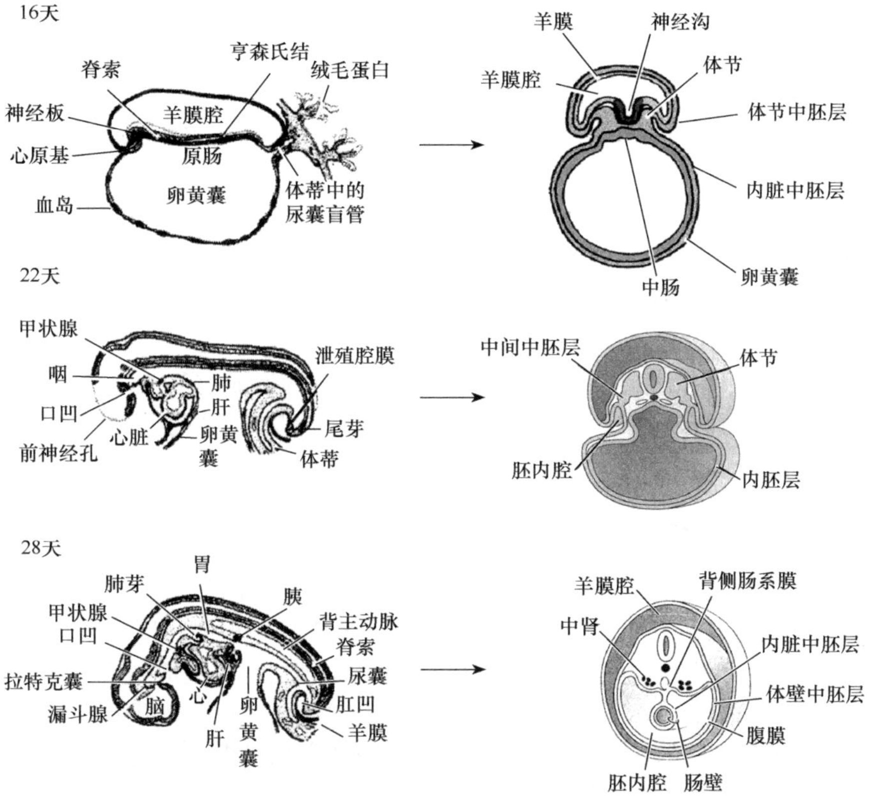

图 4-59　人类消化系统的形成（Crelin，1961；Sadler and Feldkamp，2008）

左．纵切面观；右．沿躯干中部的横切面观

一、咽的发育

消化道和呼吸道的前部内胚层部分从咽部开始。在哺乳动物中，胚胎产生 4 对咽囊，在这些咽囊之间是咽弓，第一对咽囊将发育为中耳听囊和咽鼓管，第二对咽囊形成扁桃体壁，第三对咽囊形成胸腺，在发育晚期，它指导 T 淋巴细胞的分化。一对甲状旁腺也来自第三对咽囊，而另一对甲状旁腺则来源于第四对咽囊（图 4-60）。除这些成对的囊之外，在第二对咽囊中央形成一个小的支囊，这个内胚层小囊和间充质将从咽部分离，迁移到颈部，形成甲状腺。呼吸道将从咽底部（第四对咽囊之间）出芽长出，将来形成肺。

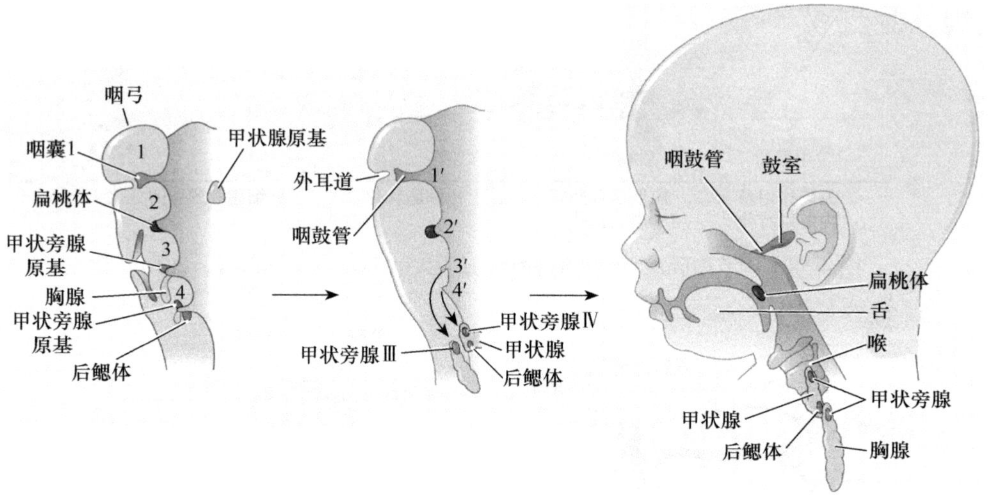

图 4-60　咽囊（仅右侧）及相关腺体的发育（Gilbert and Barresi，2016）

1～4. 第 1～4 对咽弓；1′～4′. 第 1～4 咽囊

许多头部神经嵴细胞迁移到咽囊处参与形成甲状腺、甲状旁腺和胸腺。从内胚层而来的 Shh 发挥着存活因子的作用，阻止神经嵴细胞发生凋亡，从外胚层和中胚层来的 Fgf 不仅对神经嵴细胞的迁移和存活起重要作用，对于咽囊本身的形成也很关键，因为缺失 *Fgf8* 和 *Fgf3* 基因的小鼠缺乏所有咽囊，即便内胚层仍然存在，但是这些内胚层没有向腹侧面迁移扩展，而是停留在前咽部。

二、消化道及其衍生物

在内胚层管道形成的过程中，由侧板中胚层内脏部分而来的间充质细胞包裹着内胚层，内胚层仅形成消化道及其腺体的内皮，其外围的平滑肌由侧板中胚层而来的间充质细胞形成，从而使得胃、肠产生蠕动收缩。紧接着咽后面的是消化道，从前到后分为食道、胃、中肠、后肠（图 4-61）。当肠靠近咽部发育出一个膨大的区域时，胃就开始发生了。肠在近尾部发育，肠和卵黄囊之间的连接最终断开。肠最先在内胚层的泄殖腔处终止，但在泄殖腔分离成膀胱和直肠区之后，肠与直肠连在一起，在直肠尾端最终破裂形成开口，发育为肛门。

1. 肠的特化　内胚层上皮能对不同来源的中胚层间充质细胞产生不同的反应，这些反应使得消化道和呼吸道发育出其特殊的结构，因此当消化道与不同的间充质细胞相遇时，它就分化为食道、胃、小肠和结肠。实际上，在鸡胚中，内胚层在形成管状之前就产生了区域的特化，视黄酸或其抑制子可能在特化消化道前后轴极性方面起重要作用，极少或没有视黄酸的部位才能形成咽部，视黄酸的浓度梯度决定了咽弓内胚层的分级发育模式，这可能是通过激活一系列区域特异的转录因子来实现的。消化道特化的第二阶段与围绕内胚层管道的间充质细胞相关，Wnt 信号在这个过程中尤为重要，从后端中胚层而来的 Wnt 信号（由视黄酸和 Fgf 梯度引导）诱导肠内胚层后端转录因子 Cdx1（CdxA）和 Cdx2（CdxC）的激活。在 1.5 天的鸡胚中，*CdxA* 在将来形成肠的区域表达，而 *Sox2* 则在胃和食道的前体处表达。这些以及其他一些转录因子的表达将伴随着肠管的整个发育过程（图 4-61）。当肠在前部和后部形成时，它诱导内脏中胚层产生区域特异性，Shh 在这个过程中起重要作用。在发育早期，*Shh* 仅在鸡后肠的后部内胚层和咽部表达。当消化道向胚胎中央延伸时，*Shh* 的表达区也增加了，最后扩展至整个肠内胚层。Shh 在不同区域产生的浓度不同，其作用的对象是围绕肠管的中胚层，后肠内胚层分泌的 Shh 诱导后端的 *Hox* 基因在中胚层呈嵌套式的表达图式。*Hox* 基因簇表达的前面边界勾画出了将形成泄殖腔、大肠、盲肠、中盲肠（在中肠和后肠的边界）以及中肠后部的区域形态。*Hox* 基因特化中胚层，以便中胚层能与内胚层管协作特化其区域性。转录因子的边界一旦建立，分化就开始了，中胚层的区域分化和内胚层的区域分化是同步进行的。

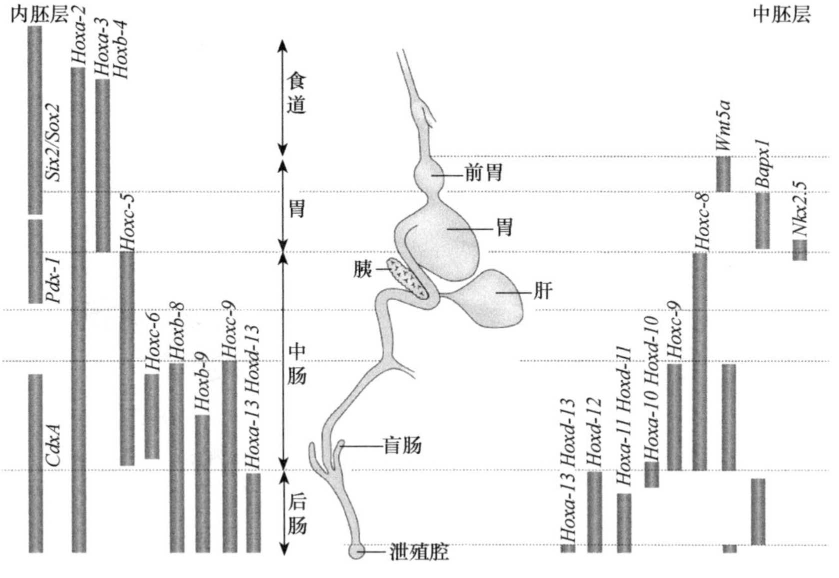

图 4-61 鸡胚早期肠道中转录因子在内胚层和中胚层区域特异性表达示意图（Slack，2013）

在哺乳动物中，围绕胃形成区的间充质表达 Barx1 转录因子，Barx1 能激活产生 Frzb 样的 Wnt 阻遏蛋白（sFRP1 和 sFRP2），这些 Wnt 拮抗子在胃附近阻止 Wnt 信号。在肠周围 Wnt 信号没有被阻止，因为它对于肠的形成是至关重要的。此外，肠的间充质细胞还分泌 BMP4，它能指导它前面的中胚层表达 Sox9 和 Nkx2.5 转录因子，这些因子能够指导中胚层变成幽门的括约肌而不是变成围绕胃和肠的平滑肌。

2. 肝脏、胰腺和胆囊 内胚层也形成消化道 3 个附属器官的内皮，从前肠内胚层向周围的间充质伸出一个芽，此即肝盲囊（hepatic diverticulum）。这个芽内胚层来源于两个细胞群，一个是侧面的细胞群，它们仅形成肝细胞；另一个是腹中部内胚层细胞，它们形成几个中肠区，包括肝。间充质诱导内胚层增殖、分支，形成肝的腺上皮。部分肝盲囊（最靠近消化道的区域）继续行使肝管的功能，从肝管中产生一个分支，形成胆囊（图 4-62）。背面和腹面肠盲囊原基都来源于紧靠着胃后端的内胚层，当它们生长时二者变得越来越近，最后相互分离的背面和腹面肠盲囊融合，形成胰腺（图 4-62）。在其他物种中，背胰管和腹胰管都向肠道运输消化酶，而在人类，只有腹胰管有向肠道运输消化酶的作用。

尽管肝脏特异性基因（如编码 α- 胎蛋白和白蛋白的基因）在靠近心源性中胚层的任何区域均表达，但是肝脏仅能在远离脊索的地方被诱导产生，也就是说，发育中的心脏能够诱导肝脏形成，而脊索则抑制肝脏发育。发育中的心脏和内皮细胞分泌的 Fgf 可能诱导肝脏的形成（图 4-63），从侧板中胚层而来的 BMP 信号对于肝脏的发育也是必需的。同时，前肠内胚层必须有响应 Fgf 信号的能力，这是由于在 Fgf 信号发出前，叉头转录因子 Foxa1 和 Foxa2 打开了肝脏特异性基因周围的染色质。内胚层 Foxa1 和 Foxa2 没有表达的小鼠胚胎不能产生肝芽，或表达肝脏特异性酶。

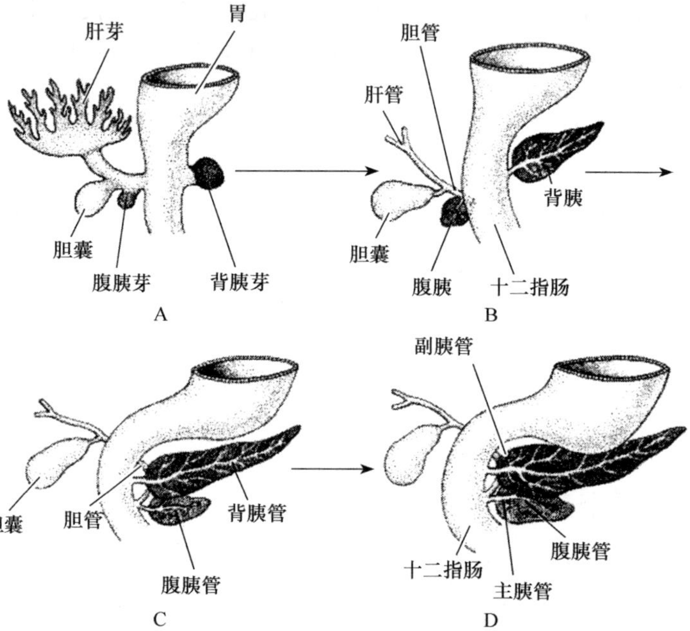

图 4-62 人类胰腺的发育（Langman，1981）

A. 30 天胚胎；B. 35 天胚胎；C. 40 天胚胎；D. 42 天胚胎

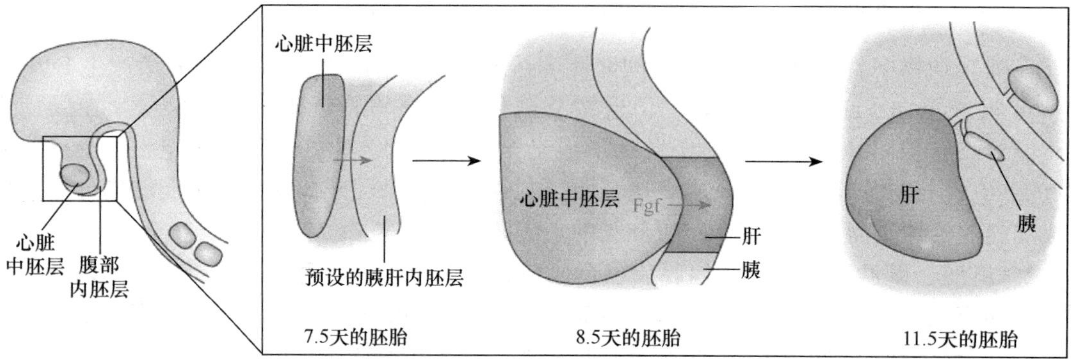

图 4-63 小鼠胚胎中由心脏中胚层而来的 Fgf 诱导肝脏形成示意图（Slack，2013）

胰腺形成与肝脏形成的调控机制相反。脊索促进胰腺形成，而心脏则抑制胰腺发育。消化道的这个特殊区域似乎既能发育为肝脏，也能发育为胰腺。只是有些条件（如靠近心脏，远离脊索）诱导了肝脏的形成，而另外一些条件（靠近脊索，远离心脏）则导致胰腺发育。脊索通过抑制 Shh 在内胚层表达来激活胰腺发育，Shh 在整个肠内胚层（除了形成胰腺的这个区域）表达。脊索在这个区域分泌 Fgf2 和 Activin，它们能够下调 *Shh* 的表达。如果在这个区域外源表达 *Shh*，这个区域就会逆转形成肠。

胰腺发育准确地起始于前肠内胚层与主要血管内皮接触处的 3 个部位，即内胚层管与动脉接触处、内胚层管与两个卵黄静脉的接触处，这些部位表达转录因子 Pdx1 和 Ptf1a。如果把血管从这个区域移走，该区域就不表达 Pdx1 和 Ptf1a，胰腺内胚层也不能出芽发育。Pdx1 与其他转录因子协同作用形成胰腺的内分泌细胞——胰岛细胞，产生消化酶的外分泌细胞和产生胰岛素、胰高血糖素、生长抑制素的内分泌细胞有同样的祖细胞，Ptf1a 的水平调节这些细胞谱系的比例，外分泌细胞中 Ptf1a 的水平高。

胰腺内分泌祖细胞分成两组：一组是胰岛的 β 细胞和 δ 细胞的祖细胞，另一组是 α 细胞和胰多肽（PP，调节肠内分泌的一种激素）细胞的祖细胞。β 细胞和 δ 细胞的祖细胞表达转录因子 Pax4，而 α 细胞和 PP 细胞表达 Arx。这是一种相互排斥的状态，细胞只能变成一种类型，如果细胞表达 Pax4，它将进一步选择变为 β 细胞或 δ 细胞，如果它表达 MafA，它就会发育为一个 β 细胞，如果它不表达 MafA，它就会发育为一个 δ 细胞（图 4-64）。

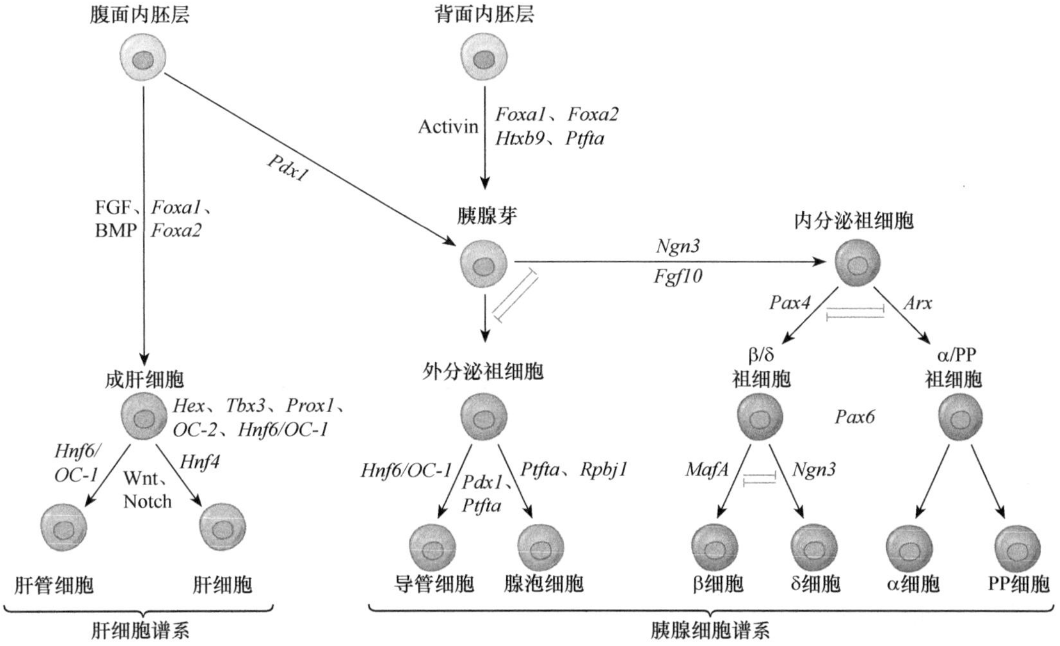

图 4-64 胰腺和肝脏细胞谱系分化的调控网络（Gilbert and Barresi，2016）

这些转录因子网络能够使一种细胞类型重编程而转变为另一种细胞，如 Pdx1 能够使发育中的肝脏组织重新特化，发育为既有外分泌细胞又有内分泌细胞的胰腺。Ngn3、Pdx1 以及 MafA 能够让成年小鼠已分化的胰腺外分泌细胞重编程发育为有功能的 β 细胞。

三、呼吸道的发育

肺尽管与消化功能无关，但它实际上也是消化道的一个衍生物。在咽底部中央，第四对咽囊之间，咽气管沟向腹面延伸，然后产生两个分支，形成一对支气管和肺。咽气管内胚层将变为气管、两个支气管以及肺泡的内皮。

咽气管沟的产生可能与腹面中胚层出现视黄酸有关，如果视黄酸被阻止，前肠就不会产生肺芽。如同在消化道中一样，间充质的区域特异性决定了呼吸道的分化。从间充质而来的 Wnt 信号引起 β- 粘连蛋白聚集到将要形成肺和气管的消化道区域，如果没有这些信号，气管就不能从消化道分离，肺也不能发育。呼吸道的背面与一些间充质接触，这些间充质含有 Barx1 转录因子，且正产生能够阻止 Wnt 的 sFRP，帮助特化食道上皮。然而，呼吸道的腹面接触另一群间充质细胞，它们不产生 sFRP，因此在这里，Wnt 信号能把这里的管道转变为气管有纤毛的呼吸上皮（图 4-65）。呼吸上皮以两种形式产生反应：在靠近脖颈处，它直着生长，形成气管；而在进入胸部后，呼吸上皮发生分支，形成两个支气管，而后形成肺。

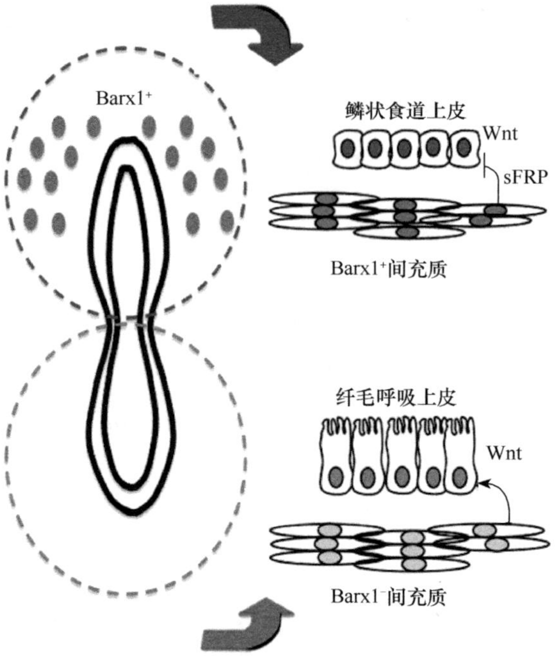

图 4-65　Barx1 和 Wnt 信号在食道和气管分化过程中的作用模式图（Woo et al., 2011）

肺是哺乳动物最后形成的器官之一，在新生儿第一次呼吸时，肺必须能够吸入氧气。为了完成这一功能，肺泡细胞分泌一种表面活性剂，这种表面活性剂含有特殊的蛋白质和磷脂（如鞘磷脂和卵磷脂），它们在妊娠后期才分泌，大约在人胚发育至 34 周时才能达到发挥正常功能的水平，该表面活性剂的功能在于使肺泡细胞之间相互接触而又不粘连在一起。

第五章 胚后发育

本章彩图
扫码可见

胚后发育（postembryonic development）即胚胎期之后的发育过程，包括幼体从卵壳中孵化出来或从母体产出后，经历一个或长或短的生长发育过程，成为具有繁殖能力的成体的过程，也包括成体以后的衰亡过程。有些动物需要经过变态发育阶段才能发育为成体，这种发育称间接发育，常见于昆虫、两栖类等。大多数动物不需要经过变态，这种发育称直接发育。

第一节 变 态

变态（metamorphosis）是一种特殊的发育形式。所谓变态就是失去纯属幼期的结构，而同时又分化出成体所特有的器官的过程。

在动物变态过程中，幼体和成体形态依序先后出现，意味着动物的基因组有了基因型上的更换，这对所有变态动物来说都是一致的。但从变态变化本身来看，则情形有所差异。例如，两栖类的变态是以鱼类形态为基础，所经历的变化包括四肢出现、后尾退化和呼吸器的更换等；而在许多无脊椎动物中，绝大部分幼体形态皆在变态中退化消失，以致成体结构几乎完全来自重建。

变态既是发育过程的转变，也是生态转变。通常来说，幼体形态是为了某些特殊的功能而建成的，如生长或疏散开，而成体形态主要是为了繁殖而建成的。例如，一种天蚕（*Hyatophora cecropia*）从卵中孵化出来之后成为无翅的幼体——毛毛虫，幼体期存活数月，而在变态发育为长有完整翅膀的蛾子（成虫）以后，成虫只存活约 1 天的时间，因此它们必须很快地完成交配繁殖的任务，这些成虫从不摄食，实际上它们在生活史的成虫期（繁殖期）没有口器。

一、昆虫的变态

变态是昆虫的一个重要生物学特点，这类动物的胚后发育、生长和性成熟都完成于变态期。不少昆虫种类的变态期占了其生活周期的绝大部分时间。

（一）变态方式

昆虫中有以下 4 种不同的变态方式。

（1）增节变态：仅见于原尾目，腹节由初孵幼体 9 节增至 12 节后达到性成熟。这种增节方式是节肢动物祖先遗留下来的特征。

（2）表变态：或称无变态，见于弹尾目、缨尾目和双尾目，如生活在书籍、衣服以及墙壁的衣鱼，衣鱼卵一孵化出来就有成虫的形态，只是比成虫小，至成熟时还要继续蜕皮（图 5-1）。

（3）不完全变态：又分为两种类型，即渐变态（paurometabola）和半变态（hemimetabola）。

蝗虫、蟋蟀等都是渐变态昆虫。渐变态昆虫的幼体称为若虫（nymph），它的形态、生活习性与成虫相似，只是翅未长成，生殖器官未成熟，经过几次蜕皮，若虫发育为成虫（图 5-1）。蜻蜓和豆娘等都是半变态昆虫，半变态昆虫的幼体称为稚虫（naiad），它们的形态和生活习性与成虫有很大的区别。稚虫生活于水中，胸部没有翅而是翅芽。此外，蜻蜓稚虫肛门内有叶状鳃、豆娘稚虫尾部有片鳃，以适应水中气体交换，为呼吸器官。稚虫经过多次蜕皮，鳃退化，气管系统及翅长成并转入陆地生活，成为成虫。

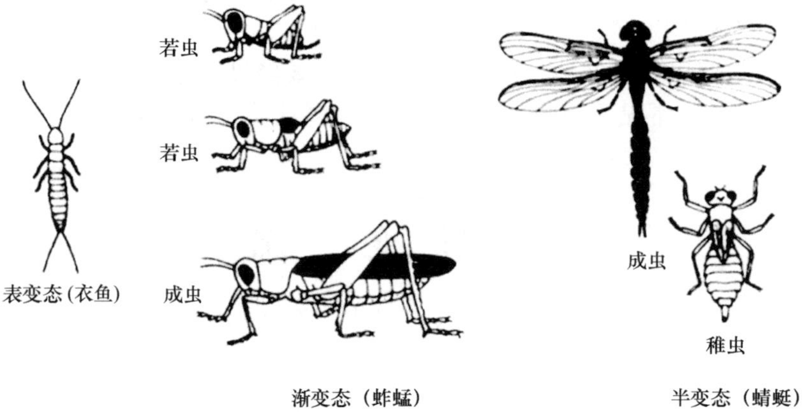

图 5-1　昆虫变态的不同类型（樊启昶和白书农，2002）

（4）完全变态：为有翅亚纲内翅类各目共有的变态类型，如蝇类、甲虫类、蛾类、蝶类，这些昆虫的发育要经过受精卵、幼虫、蛹和成虫 4 个阶段。幼虫经过多次蜕皮后逐渐长大，在最后一个龄期，幼虫经过一个变态过程，变为蛹（pupa）。在化蛹（pupation）过程中，幼虫特有的一些结构如唾液腺、幼虫的肌肉和肠等迅速退化；部分幼虫结构如脂肪体、中枢神经系统等经过重新改造分化为成体的结构；此外，还新形成许多成体特有的结构，如翅膀、附肢等。蛹期是从幼虫到成虫的一个过渡期，对完成变态起桥梁作用，蛹期的出现是变态进入最后阶段的标志。在发育的最后阶段，蛹期的昆虫经过最后一次成虫蜕皮（imaginal molt），从蛹壳中羽化出来，成为成虫（图 5-2）。

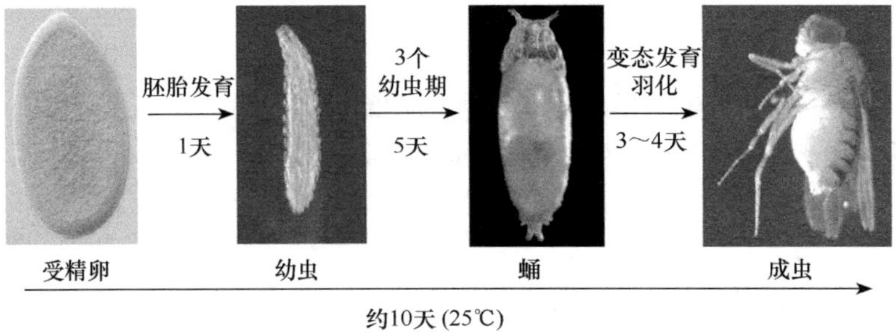

图 5-2　果蝇的完全变态发育

（二）成虫盘

以完全变态昆虫果蝇为例，在跨过蛹的阶段，果蝇幼虫和成虫之间在形态结构、生活习性上都发生了巨大的变化。在幼虫阶段，果蝇体内存在各种不同的成体结构的原基，称为成虫盘（imaginal disc），它们各自对应于不同的成体结构，因而分别称为翅成虫盘、附肢成虫盘、触角成虫盘、中肠成虫盘等（图 5-3）。这些成虫盘的细胞有 3 种主要类型：第一类将形成成虫的角质结构，如翅、腿、触角、眼睛、头、胸部以及生殖器；第二类为成组织细胞，将形成成体的腹部组织；第三类是每一个器官中的细胞，它们将增殖，当幼虫器官退化时它们形成成虫的器官。

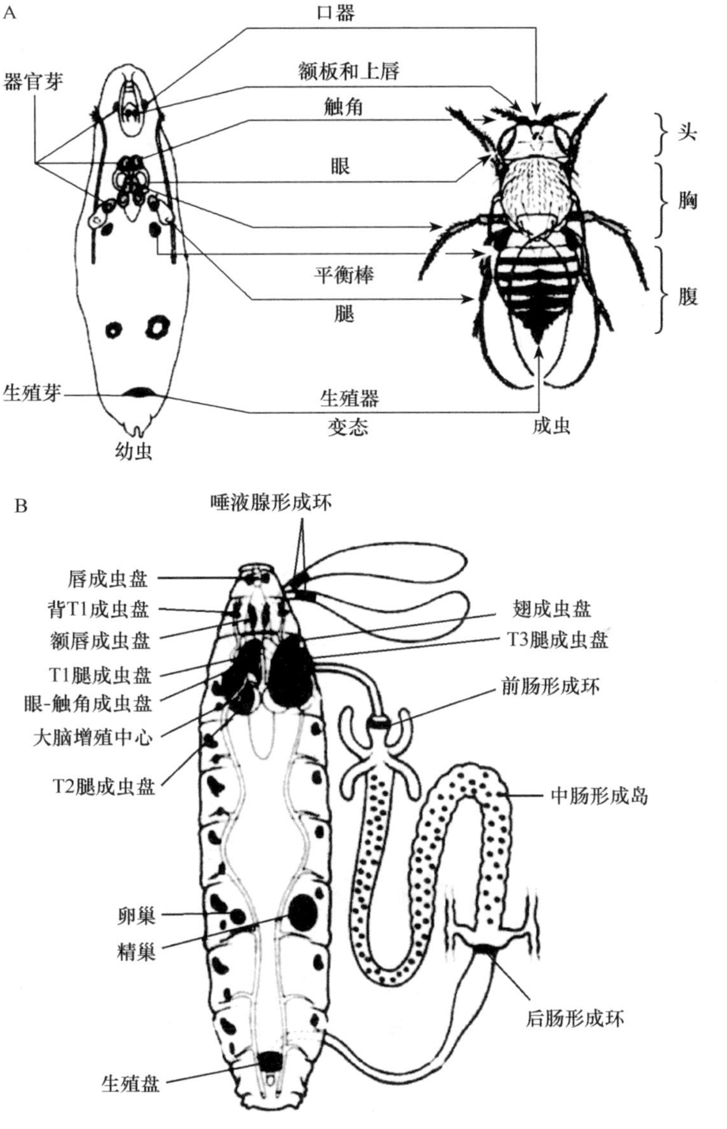

图 5-3　果蝇成虫盘（von Kalm et al.，1995）

A．幼虫成虫盘与成虫结构的对应；B．幼虫各成虫盘的定位

成虫盘是完全变态昆虫特有的一种发育过渡性结构。虽然大多数幼虫细胞的分裂能力已经很有限了，但是成虫盘能在特殊的时期快速分裂，随着细胞的增殖，腿成虫盘形成一个管状的上皮，向上折叠成一个压缩的螺旋状结构（图 5-4）。在变态时的分化和伸展过程中，这

些细胞进一步增殖。一条腿的命运图和伸展过程见图 5-4，在三龄幼虫末期，化蛹之前，腿成虫盘是一个上皮组成的囊，通过一根细带与幼虫表皮相连。在这个囊的一边，上皮被卷成一个同心圆圈。化蛹开始时，成虫盘中央的细胞翻出，形成附肢最远端的部分——爪和跗节，外部的细胞变为近端的结构——基节及其附近的表皮。分化以后，附肢及其表皮细胞为每一个特殊的区域分泌一种合适的外皮。尽管成虫盘主要由表皮细胞组成，但在发育早期，少量近上皮细胞（中胚层细胞）进入成虫盘，在蛹期发育成肌肉和神经组织。

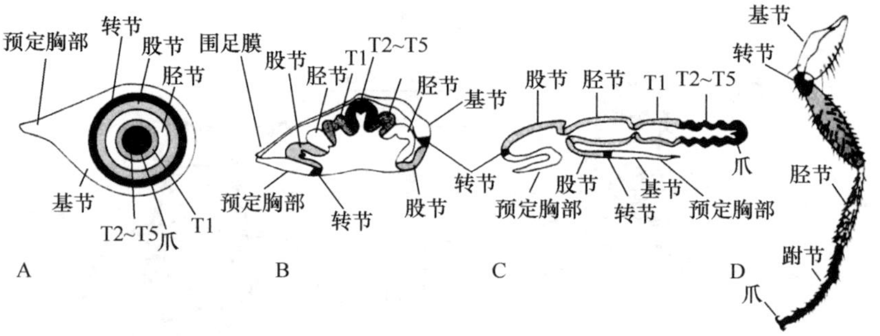

图 5-4 果蝇附肢成虫盘及其伸展（Fristrom and Fristrom，1975；von Kalm et al.，1995）

A．未伸展的腿成虫盘的表面观；B．腿成虫盘伸展前的纵切面；C．伸展中的腿成虫盘的纵切面，可见基跗节（T1）、第 2～5 跗节（T2～T5）等结构；D．成虫附肢

成虫盘的决定和发育开始于胚胎体节分化和 *homeobox* 基因表达的阶段。由于前后和背腹体轴信号的相互作用，在 *homeobox* 基因产物的诱导下，在体节中形成了一个水平方向上的 Decapentaplegic（Dpp）蛋白和垂直方向上的 Wingless（Wg）蛋白的表达条带及它们的十字交叉区域。两种蛋白质表达的交汇处出现一些 *Distal-less* 基因表达的细胞，成为成虫盘形成的前体细胞。随后，Dpp 生成细胞向背部移动，并“携带”部分 Distal-less 生成细胞向背部迁移。造成留在原处的 Distal-less 生成细胞发育为腿成虫盘，而迁移的 Distal-less 生成细胞发育为翅成虫盘（图 5-5）。

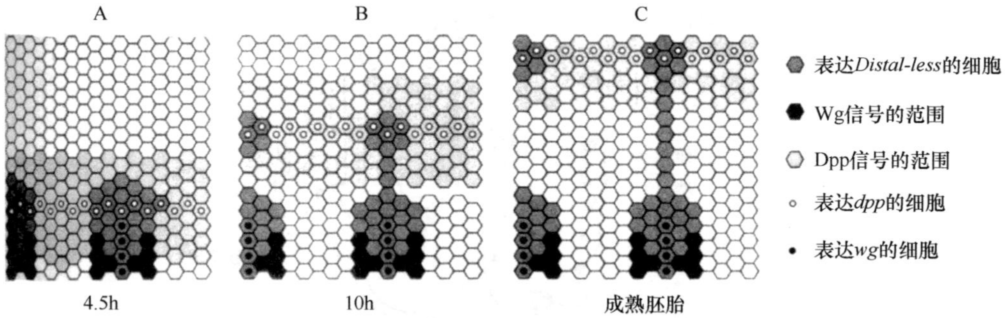

图 5-5 果蝇胸部附肢成虫盘和翅成虫盘的分化与定位示意模型（Cohen et al.，1993）

A．果蝇胚胎细胞分裂成栅栏结构，垂直带合成分泌 Wg（黑色圆点），水平带合成分泌 Dpp（白色小点），在这两条带交叉的区域，形成初始成虫盘（灰色区域）；B．分泌 Dpp 的水平细胞带向背部迁移，带走一部分成虫盘初始形成细胞；C．迁移的背部成虫盘产生翅成虫盘，留在原地的成虫盘细胞产生附肢成虫盘

腿的结构是由腿成虫盘中几种基因相互作用而产生的。在 3 龄幼虫（果蝇的最后一个幼虫期）的腿成虫盘中，中心区分泌最高浓度的两种形态发生素：Wg 和 Dpp。这些高浓度的

旁分泌因子诱导 *distal-less* 基因的表达，使得中心区发育为腿的最远端——爪和跗节；而中等浓度的这些旁分泌因子诱导 *dachshund* 基因的表达，从而产生股节和近端胫节；较低浓度的这些旁分泌因子诱导 *homothorax* 基因的表达，使得这些细胞发育为最近端的结构——基节；*dachshund* 和 *Distal-less* 表达的重叠区细胞发育为远端胫节和基跗节（图 5-6）。

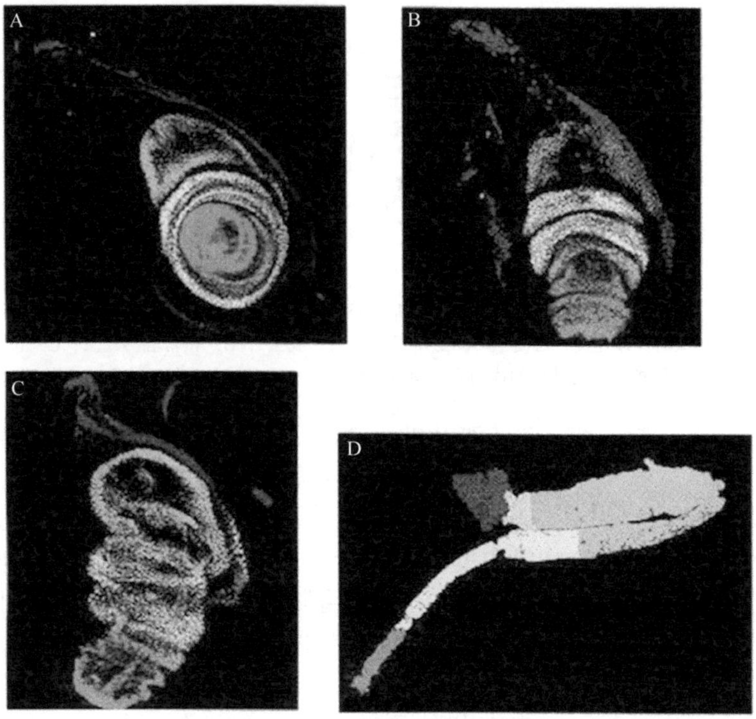

图 5-6 果蝇腿成虫盘中不同转录因子的表达区特化了腿的各部分结构（Gilbert and Barresi，2016）

Distal-less 基因在成虫盘的中心区表达（红色），使得此处细胞发育为爪和跗节；*dachshund* 和 *Distal-less* 表达的重叠区（黄色）细胞发育为远端胫节和基跗节；*dachshund* 基因的表达区（绿色）细胞产生股节和近端胫节；*homothorax* 基因的表达区（紫色）细胞发育为基节。A～C. 蛹后期基因表达区域及腿成虫盘的持续发育过程；D. 羽化前由基因表达分区特化而成的腿的相应结构

（三）昆虫变态的激素调控

昆虫的变态受到激素的调控。Wigglesworth 将一龄吸血蝽（*Rhodnius prolixus*）幼虫的头部切除后，将其身体与正在蜕皮的五龄幼虫的头用蜡块连在一起，结果无头一龄幼虫能形成成虫的表皮、身体结构和生殖器（图 5-7A）。无头一龄幼虫的这些变态过程与五龄幼虫头部释放的激素有关。

在昆虫中，与变态直接有关的激素是蜕皮激素（molting hormone，MH）和保幼激素（juvenile hormone，JH）。前者由前胸腺分泌，对幼虫新壳的形成和硬化、蛹化、蛹壳形成和表皮中蛋白质的合成等有重要作用。后者由咽侧体分泌，具有抑制上述各种活动的作用。如果将三龄幼虫的咽侧体摘除，则三龄幼虫经过一次蜕皮之后，直接变为成虫。如果将四龄幼虫的咽侧体植入五龄幼虫的体内，则五龄幼虫蜕皮后并不变为成虫，而是变为身体更大的“六龄幼虫”（图 5-7D）。从性质上来说，蜕皮激素和保幼激素同属于形态生成素，因为一系列

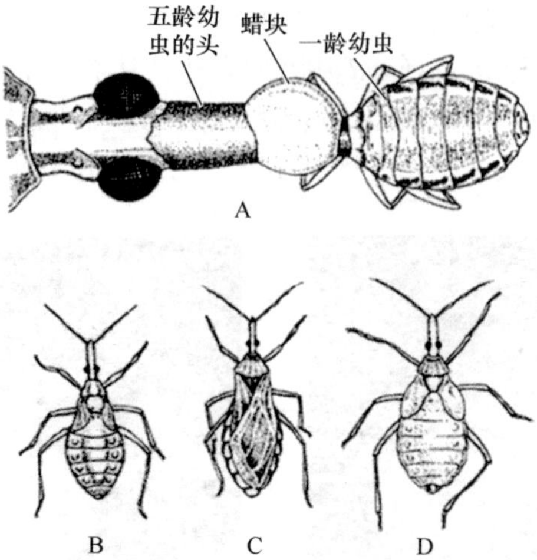

图 5-7 激素对吸血蝽变态影响的实验（Wigglesworth，1934）

A. 五龄幼虫的头与一龄幼虫的身体连接，可使一龄幼虫过早变态为“成虫”；B. 正常五龄幼虫；C. 正常成虫；D. 将四龄幼虫的咽侧体植入五龄幼虫的体内后，由五龄幼虫蜕皮后变成的身体更大的“六龄幼虫”

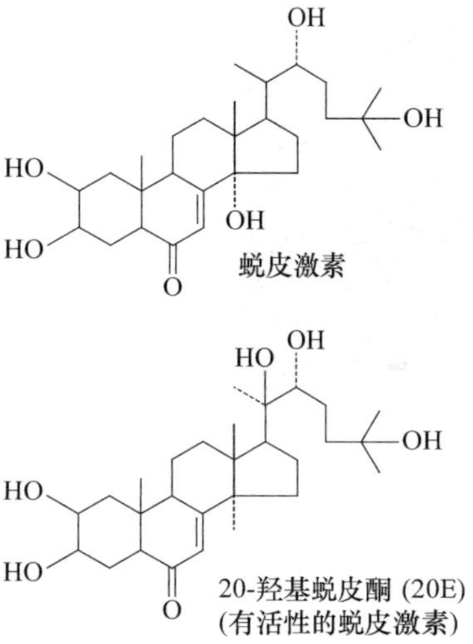

图 5-8 蜕皮激素及 20- 羟基蜕皮酮的结构式

变态变化的正常进行和完成都要靠这两种激素的交互作用。

其实，变态起始前就有蜕皮激素，在幼虫时每一次蜕皮都是由蜕皮激素释放引起的，但因有保幼激素的作用，昆虫的发育保持在幼虫阶段，防止了幼虫形成蛹。因此，在昆虫的不同发育阶段，MH 和 JH 都有不同的作用水平。

尽管不同昆虫变态的机制有所区别，但是激素对变态的控制模式非常相似。首先，由脑神经系统感受到内在和外源的信号，神经分泌细胞分泌促前胸腺激素（prothoracicotropic hormone，PTTH）。PTTH 是一种多肽激素，分子质量约为 45kDa，它可以刺激前胸腺（prothoracic gland）分泌蜕皮激素，并使其在脂肪体等外周组织中的线粒体或微粒体中转化为具有活性的蜕皮激素，即 20- 羟基蜕皮酮（20-hydroxyecdysone，20E）（图 5-8）。

昆虫的每一次蜕皮是 20E 的一个或多个激素波（pulse）作用的结果。在蜕皮开始时，血淋巴只有低浓度的蜕皮激素，此为第一个激素波，随后一次强大的激素波使激素浓度大大增高，使蜕皮中的各种变化包括上皮细胞的生长和细胞分裂、旧角质层的脱落、新角质层的产生等相继发生。

保幼激素（JH）的功能是抑制变态的发生，当 JH 维持较高浓度时，蜕皮激素刺激幼虫蜕皮后，只能进入下一龄阶段，而不能使其变态。在最后一个龄期，咽侧体的分泌活性受到抑制，同时虫体能降低已有的 JH 浓度，因而使得 JH 降低到临界浓度以下，促使脑释放 PTTH。PTTH 又刺激前胸腺分泌少量的蜕皮激素，活化后的蜕皮激素在没有 JH 的存在下，刺激虫体开始化蛹。此时，虫体内有新的 mRNA 开始合成，使虫体由幼虫变为蛹。因而第一个激素波的作用可能使幼虫特异基因表达失活，而为化蛹特异基因的转录做准备，第二个激素波才促使化蛹特异基因的表达（Nijhout，1994）。

昆虫的变态是一个由身体各部位协调活动的过程，变态过程中任何活动的失调，将导致昆虫发育的异常，这种协调性可能是由一条激素链所控制的，由脑分泌羽化激素（eclosion hormone），引起蜕皮触发激素（ecdysis-triggering hormone）的分泌，并由蜕皮触发激素来协调每一体节中腹神经节的活动。

（四）蜕皮激素作用的分子生物学机制

在蜕皮和变态期间，果蝇多线染色体的特异区域开始出现膨大区（puff），这表明该区的DNA已开始转录。如果向早期幼虫的唾液腺中注射蜕皮激素，可以诱导新膨大区的出现和一些原有膨大区的消失。这种新膨大区的出现是蜕皮激素与染色体特定区域结合的结果。

20-羟基蜕皮酮（20E）的功能是通过蜕皮激素受体（ecdysone receptor，EcR）途径实现的（图 5-9）。EcR 必须先与 *ultraspiracle*（*USP*）基因的产物结合形成异二聚体才有活性，否则它既不能与激素结合，也不能与 DNA 结合，一旦形成 EcR/USP 二聚体，它就能结合蜕皮激素。20E/EcR/USP 复合物与启动子上蜕皮激素反应元件（ecdysone response element）结合，从而激活最早的蜕皮激素反应基因（ecdysone-responsive gene）。蜕皮激素与 EcR/USP 受体复合物结合，首先激活一批早期基因，如 *Broad*、*E74*、*E75* 以及 *EcR* 基因，它们的产物能激活晚期基因。由这些基因编码的转录因子也能激活第二组基因，如 *E75B*、*DHR3*、*DHR4*，这些基因的产物都是转录因子，它们相互协作，共同行使功能。首先，它们激活 *βFTZ-F1* 基因，该基因产物是一种转录因子，能够启动新的一组基因，对蜕皮激素的第二次波产生反应。βFTZ-F1 蛋白修饰了染色体，以便第二次蜕皮激素波能够激活一组不同的晚期基因（图 5-9）。其次，这些基因的产物关闭了早期基因，以便它们不会对第二次激素波产生干扰。此外，DHR4 能调节幼虫的生长和行为，一旦幼虫达到一定的质量并开始寻找合适的地方化蛹时，它能使幼虫停止摄食（King-Jones et al.，2005）。

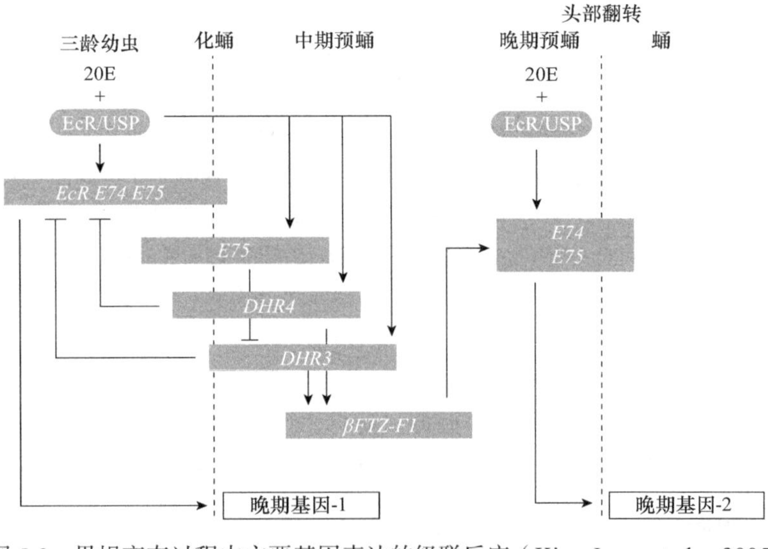

图 5-9　果蝇变态过程中主要基因表达的级联反应（King-Jones et al.，2005）

蜕皮激素受体基因可以产生 3 种不同的 mRNA，因而能合成 3 种不同但相关的蛋白质：EcR-A、EcR-B_1 和 EcR-B_2，它们有相同的 DNA 结合位点和蜕皮激素结合位点，而氨基酸组成却有很大差异（图 5-10）。

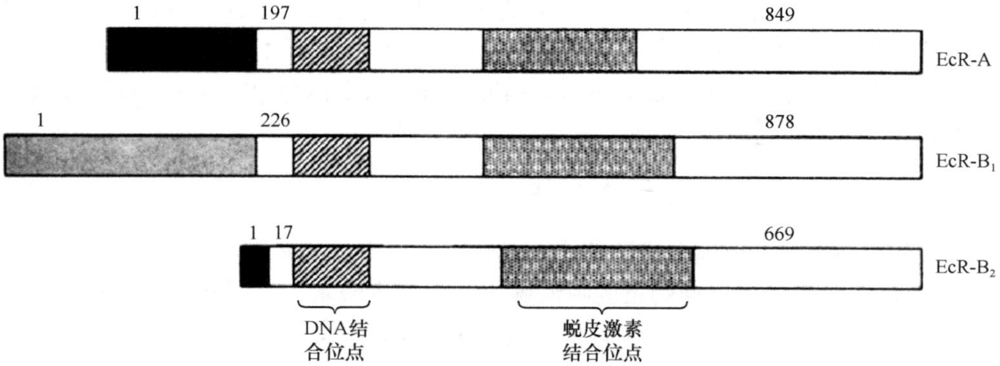

图 5-10　蜕皮激素受体蛋白的结构（桂建芳和易梅生，2002）

不同的蜕皮激素受体的表达模式不同。例如，在“真正的”幼虫组织（在变态过程中会凋亡退化，如幼虫的唾液腺和肠）和正在退化的神经元中有大量的 $EcR\text{-}B_1$，而 EcR-A 的含量却较低；反之，器官芽（将发育为成体结构）和改造分化中的神经元的 EcR-A 含量占有绝对优势，而 $EcR\text{-}B_1$ 的含量却较低。不同的细胞中基因表达的差异可能是蜕皮激素与不同的受体结合的结果。在昆虫中，变态事件发生的时间受到靶组织受体合成时间的严格控制，因为即使同一组织，其表达的蛋白质也受到发育时间的控制，部分蛋白质只在特定的发育时期表达。

Broad 基因可通过不同的起始和剪接方式产生一些不同的转录因子蛋白，蜕皮激素受体的变体能诱导特殊的 Broad 蛋白变体：对于那些在变态过程中注定要退化的器官，如幼虫的唾液腺，它们表达 Z1 型的 Broad 蛋白异构体；而对于那些在变态过程中要分化的结构，如成虫盘，它们将表达 Z2 型异构体；中枢神经系统在变态时要经历明显的重构，它将表达所有的异构体形式，但以 Z3 型为主。

蜕皮激素除了能够通过其核受体 EcR（genomic pathway）发挥作用外，还可以通过细胞膜受体（nongenomic pathway）快速地起作用。果蝇的一种 G 蛋白偶联受体（G-protein-coupled receptor，GPCR）DmDopEcR 既可以被多巴胺（dopamine）激活，又表现出与蜕皮激素较强的结合活性，被认为是蜕皮激素的细胞膜受体（Srivastava et al.，2005）。棉铃虫的 DopEcR 和 ErGPCR-2 也能够结合蜕皮激素，并作为蜕皮激素的细胞膜受体。蜕皮激素与多巴胺竞争结合 DopEcR，从而抑制幼虫取食并诱导棉铃虫变态（Kang et al.，2019）。

昆虫在变态前就停止了摄食。近期的研究发现，昆虫化蛹前，高浓度的 20E 能激活昆虫脂肪体中 AMP 依赖的蛋白激酶（AMPK）和蛋白磷酸酶 2A（PP2A），再通过去磷酸化作用抑制胰岛素受体（InR）、蛋白激酶 B（AKT）和整个胰岛素 / 胰岛素样（IIS）信号通路。脂肪体中 AMPK-PP2A 的激活和 IIS 信号的抑制都会减少昆虫摄食，并最终限制生长速率和个体大小，这就解释了昆虫“蜕皮时不摄食，摄食时不蜕皮”的重要生物学意义（Yuan et al.，2020）。

二、两栖类的变态

（一）两栖类变态期的形态变化

在两栖类中，变态发育是指只能在水中生活的蝌蚪发育成可以在陆地生活的成体动物的过程。无尾类（蛙、蟾蜍）变态发育过程中形态上的变化是非常明显的，蝌蚪期的角质齿、内鳃和尾在发育中都逐渐消失，同时四肢和皮脂腺等逐渐形成（图 5-11）。

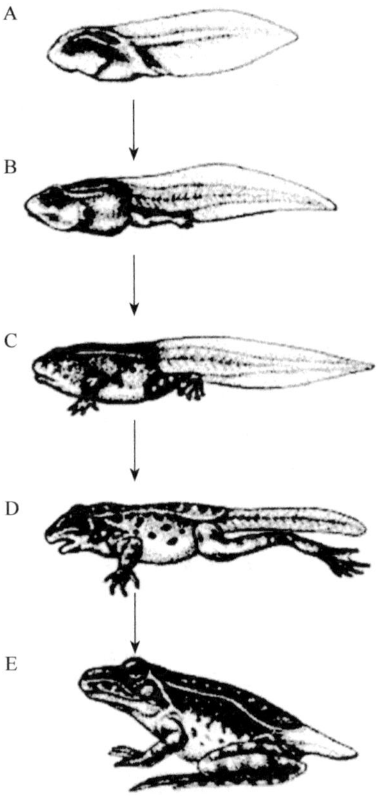

图 5-11 无尾两栖类豹蛙（*Rana pipiens*）的变态（桂建芳和易梅生，2002）
A．变态前的蝌蚪；B．开始变态的蝌蚪，后肢生出；C．变态顶峰期开始，前肢生出；D、E．变态顶峰期

两栖类的变态是从水生生活转向陆地生活。在动物变态时，形态的变化表现在有些器官进一步发展了，而有些部分退化了。主要表现为：①对于幼虫生活所必需的器官或结构因细胞凋亡而退化，因为它们在成年生活阶段是多余的。②某些器官仅在变态时和变态后发育并发挥作用。③第三类结构，在变态期前后都存在并具有功能，但为了成年动物的生活，这些结构将有一些变化。

1. 小蝌蚪变态时发生的形态形成 ①四肢的发育、体积增大并分化。前肢发育后，盖在鳃盖膜下，随着发育向外突出。②中耳，蛙和蟾蜍特有的鼓膜发育，由圆形鼓膜软骨支持。③眼从侧面移到头的背部，并长出瞬膜和眼睑。眼中的色素也发生了变化，蝌蚪视网膜中主要的感光色素是视紫质（porphyropsin），在成体中变为视紫红质（rhodopsin），这是一种陆生和海洋脊椎动物特有的感光色素。④舌从嘴的底部长出。⑤皮肤的分化发生改变。上皮组织细胞层次增加，细胞层表面角质化。多细胞黏液腺和浆液腺发育如囊状，从表面沉入皮下结缔组织层。皮肤的色素发生变化，出现新的颜色。⑥小肠的分化发生改变。小蝌蚪的小肠非常长，而在变态时仅在数日内就大大缩短，许多肠曲变直。这是食性改变的缘故，蝌蚪是植食性的，而成体以肉食为主。

2. 小蝌蚪变态时发生的退化过程 ①小蝌蚪的长尾巴和鳍褶被吸收并完全消失。②鳃被吸收，腮弓退化，围鳃腔消失。③角质凿和角质颚脱落，口加宽，嘴的形态发生变化，以适应从撕裂植物到扑食飞虫的摄食活动的改变。④泄殖腔管变短并且退化。⑤某些血管退化，包括部分主动脉。⑥小蝌蚪皮肤中存在的侧线感觉器官完全消失。

（二）两栖类变态时的生物化学变化

在变态过程中，部分器官发生退化，新的器官形成，导致很多代谢方面发生变化，也就引起了生物化学的变化。

（1）眼内色素物质的变化。如前所述，在蝌蚪中，其视网膜上的视紫质是视蛋白与维生素 A_2 的醛基结合形成的一种复合物。而成体眼中的视紫红质则是维生素 A_1 的醛基与视蛋白组成的复合物。

（2）血红蛋白的变化。由于在变态过程中，红细胞的生成器官由肾转变为脾脏和骨髓，血红蛋白也变得不同。在牛蛙（*Rana catesbeiana*）变态时，血红蛋白由蝌蚪中的 HbF 变为成体中的 HbA，二者在生理特点和电泳图谱方面都不同。蝌蚪的血红蛋白比成体的结合氧要快，释放氧要慢。此外，蝌蚪的血红蛋白结合氧与 pH 无关，而成体的血红蛋白与氧的结合随 pH 的升高而增加。

（3）排泄物发生改变，产生排泄物的酶也发生了改变。蝌蚪像大多数淡水鱼一样排氨，而成体的蛙或蟾蜍则像大多数陆生脊椎动物一样，是排尿的。以排出同样含氮废物为准，排尿比排氨可以减少水分损失，更有利于陆地生活。因此，在两栖类变态过程中，肝脏产生那些从二氧化碳和氨形成尿素所需要的酶，如甲氨酰磷酸盐合成酶等。

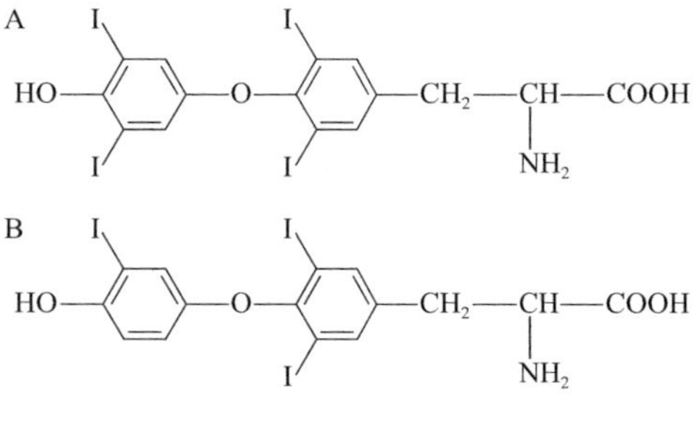

图 5-12 T4（A）和 T3（B）的分子结构

（三）两栖类变态的激素调控及其机制

从幼体到成体所发生的一系列变化，与甲状腺所分泌的甲状腺激素有关。甲状腺激素是甲状腺素（thyroxine，T4）和三碘甲腺原氨酸（triiodothyronine，T3）的混合物，它们的分子结构见图 5-12。

一般认为 T3 的活性比 T4 高，因为在切除了甲状腺的蝌蚪中，T3 引起变态变化的作用浓度比 T4 要低得多，它在变态发育中起主要作用。T3 的释放是由下丘脑控制的。在幼体生长阶段，下丘脑尚未发育成熟，不能产生信号分子控制垂体，因而垂体能分泌高水平的促乳素（prolactin），而基本上不分泌促甲状腺激素（thyroid-stimulating hormone，TSH），因而血液中具有高浓度的促乳素，而 T3 浓度极低，仅约 1.3×10^{-9}mol/L。当下丘脑完成发育以后，它可分泌促 TSH 释放因子（TSH-releasing factor，TSH-RF），使 TSH 的分泌量增加，刺激甲状腺增加 T3 和 T4 的分泌量。由甲状腺分泌的 T3 在血液中的浓度是逐渐增加的，当达到一定浓度水平（阈值）时，便引起幼体进入变态初期，此时甲状腺素的量为（4～26）$\times10^{-9}$mol/L，后肢开始生长。T3 浓度的升高同时也刺激垂体释放更多的 TSH，使 T3 的浓度进一步升高。与此同时，下丘脑开始分泌一种抑制垂体分泌促乳素的物质（可能为多巴胺），抑制促乳素的合成，因而使血液中甲状腺激素与促乳素的浓度比大大增加，导致进入变态顶峰期（metamorphic climax），此时甲状腺素的浓度高达 326×10^{-9}mol/L 左右（图 5-13）。

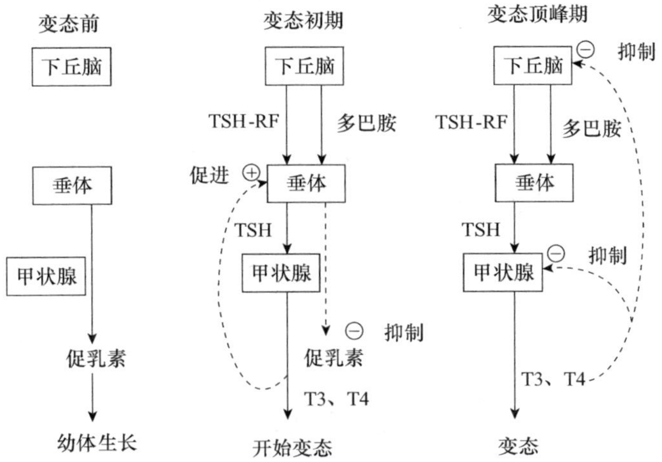

图 5-13 两栖动物分泌的与变态相关的激素的调控（桂建芳和易梅生，2002）

分子杂交实验（分别从未变态和变态中的蝌蚪提取的 mRNA 与克隆的基因杂交）表明机体对甲状腺激素有 3 种类型的应答方式。在变态过程中，有一组基因的转录活性是增加的；另一组基因的转录活性却下降；同时还有一组基因对甲状腺激素的作用没有明显的反应。在变态过程中甲氨酰磷酸盐合成酶大量增加，就属于转录增加的一组。

激素是与其受体相结合而行使功能的。甲状腺激素受体（thyroid hormone receptor，TR）的基因是甾类激素受体家族的成员，主要有两种存在形式：TRα 和 TRβ。在变态之前，TRα 和 TRβ mRNA 的浓度都很低。促乳素对 TRα 和 TRβ mRNA 的合成有抑制作用。如果 TR 的合成被促乳素所抑制，蝌蚪尾将不能被吸收，成体角蛋白基因也不能被激活。注射促乳素可刺激幼体的生长，对变态具有抑制作用。然而，当变态开始后，TR mRNA 的合成量大大增加。T3 受体信使的“自体诱导”（autoinduction）在变态发育的快速进行中具有重要作用。组织中 T3 受体分子越多，对 T3 分子的反应能力就越强，使所有变态变化都达到最快速度，即达到变态顶峰期。已有研究发现，在许多幼体组织的细胞质内都含有与 T3 亲和力不同的酸性蛋白质。牛蛙蝌蚪的肝细胞内约有 12 300 个 T3 结合位点，但与 T4 的结合位点只有 2300 个左右。在蝌蚪的尾部，每个细胞内 T3 的结合位点最多可达 1500 个，而 T4 的结合位点最多 800 个。尾鳍上的受体与 T3 的亲和力要比与 T4 的亲和力强 250 倍，因此可以解释为什么在正常情况下，T3 比 T4 更活跃。甲状腺激素与受体结合后，激活腺苷酸环化酶，它使得 ATP 转变为环腺苷一磷酸（cAMP）。cAMP 指导垂体细胞合成并释放 TSH，促使甲状腺激素的产生。甲状腺细胞上的 TSH 的作用也是由 cAMP 调节的。

（四）区域特异性发育程序

通过调节细胞中的 T3 和 TR，蝌蚪身体的不同区域能够在不同的时间对激素产生响应。但是，响应的方式（增殖、凋亡、分化、迁移）却由已经存在于不同组织中的其他因子来调控，同样的刺激信号能引起一些组织退化，而另一些组织则进一步发育分化。例如，蝌蚪的尾部发生退化，而四肢却得以生长发育。器官对激素的响应是特异的，即无论该器官长在什么部位，它都会对激素产生同样的反应。比如，将蝌蚪的尾巴末端移植到躯干部，在变态发育过程中，躯干部的尾巴和其本身后端的尾巴也一起逐渐退化。而如果将眼杯移植到蝌蚪的尾部，当变态过程中尾巴退化时，眼杯仍然保持完整（图 5-14）。因此，组织响应甲状腺激素的方式依赖组织本身，而不依赖其所在的位置。

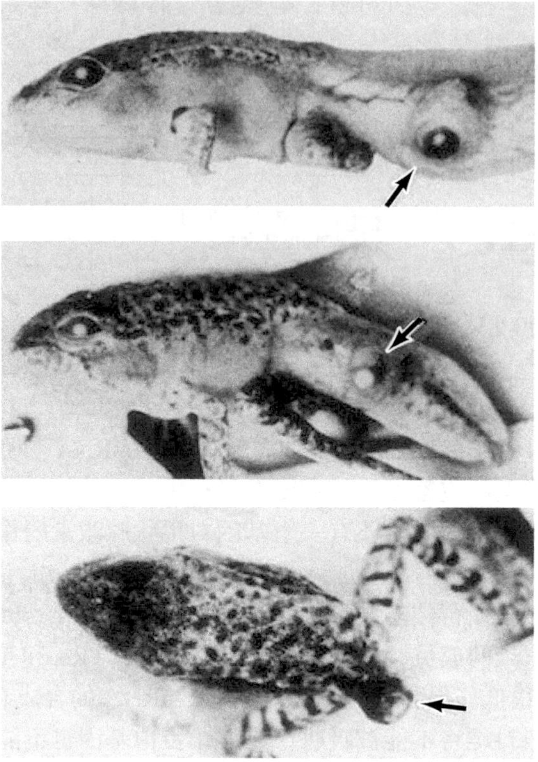

图 5-14　蛙变态发育过程中的区域特异性反应（Schwind，1933）
蝌蚪尾巴在变态过程中发生退化时，移植到尾部的眼杯（箭头所指）仍然保持完整

第二节　衰老与死亡

一、老化：衰老生物学

目前认为，老化（aging）是随着时间的推移，生理功能逐渐退化，导致存活和生殖能力逐渐减弱的过程。其影响的是一个物种的所有个体。老化的过程主要有两个方面：一是物种的寿命；二是生理方面的退化特征，即由于年龄增长而表现出的衰老（senescence）。这两个方面也是相互影响的。衰老的一般形态和功能特征比较容易见到。例如，老年人在形态上常表现为皮肤松弛、起皱褶，毛发变白而稀少，出现老年斑、牙齿脱落、骨质变脆、性腺及肌肉萎缩、血管硬化，肺和支气管弹力组织萎缩以及细胞结构改变等；在功能上常表现为视力和听力下降、记忆力和思维力减退、反应迟钝、行动缓慢、适应性衰退、心肺功能低下、代谢功能失调、免疫力减弱以及发生各种老年病（高血压、肺气肿、前列腺炎以及失眠和忧郁

等）等。尽管如此，试图给衰老下一个精确的定义却相当困难，尤其是很难找到适当的定量测量参数作为衰老的指标。这是因为衰老是依赖时间的缓慢渐进的过程，很少出现有意义的典型变化（如妇女绝经期到来过早并不是衰老的最好标志）。

二、衰老过程和最高寿限

衰老是生命过程中的晚期阶段。任何生物都要经过一个发育、成长、衰老和死亡的连续过程，特别是在各种哺乳动物（包括人类）中所观察到的衰老模式基本相似。

以人类为例，从 40 岁起，各种生理机能和精力都开始减退，但不显著，这时已到达渐衰期。到 50 岁，衰老现象逐渐明显，但也还是一个在事业上大有作为的时期。进入 60 岁以后，就真正进入了衰老期，多种衰老特征连续出现，衰老速度加快，各种器官功能显著下降，视力、听力和精神状态显著衰变，各种原因所致发病率迅速增加。研究抗衰老的目的之一，就是要使人在 40～60 岁的衰老速度放慢，延长其有效工作年龄。

各种生物的自然寿命都有一个相对稳定的极限，具有物种特异性。据推测，人的最大寿命是 121 岁，家养狗的最大寿命大约为 20 年，实验室小鼠的最大寿命约为 4.5 年。生物自然寿命的长短与物种在漫长的进化长河中逐渐形成的遗传特征密切相关。各种生物的自然寿命与其成长期或发育期的长短有一定关系。凡是成长期长者，自然寿命也长。一般认为，动物的自然寿命为其成长期的 5～6 倍。

三、衰老的基本学说

关于衰老原因的假说有很多，如突变积累学说、氧化损伤学说（自由基学说）、遗传学说、免疫学说、内分泌学说、端粒学说及交联学说等。目前比较流行的解释有突变积累学说、自由基学说以及遗传学说等，近期又出现了一个新的假说，即随机表观遗传漂移学说。

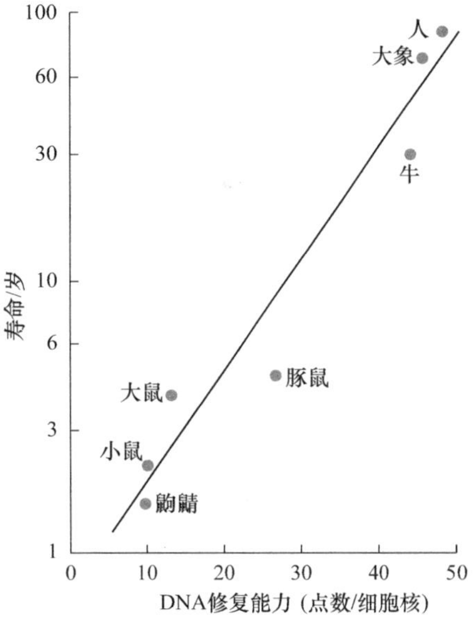

图 5-15　不同动物成纤维细胞的 DNA 修复能力与动物寿命的关系（Gilbert and Barresi，2016）

DNA 修复能力用每个细胞核中放射性胸腺嘧啶的点数来反映

1. 突变积累学说　该学说认为，随着机体变老，机体和其基因组的小损伤逐渐积累，DNA 分子的损伤会导致大量错误蛋白质的产生，严重影响了机体的功能。因此 DNA 损伤修复能力对于阻止衰老是十分重要的，寿命长的物种，其 DNA 修复能力较寿命短的物种要强，有较多有效的 DNA 修复酶（图 5-15）。人类和小鼠的一些早衰综合征就是由一些突变引起的，这些突变阻碍 DNA 修复酶发挥功能。

2. 自由基学说　生命活动离不开氧，而生物氧化过程中的中间产物能够导致细胞结构与功能改变，这就是细胞衰老的自由基学说。

所谓自由基，是指带有奇数电子数的化学物质，它们都带有未配对的自由电子，这些自由电子导致了这些物质的高反应活性。生物氧化、辐射、酶促反应等过程都会释放自由基。自由基本身可以损伤细胞结构，也可和其他物质反应产生另一种自由基进一步损伤细胞。自由基一旦生成，它们能不断扩大，对细胞膜等造成很大损伤。

美国的顿汉·哈门于 1954 年提出了衰老的自由基学说，认为引起衰老的主要原因就是细胞在代谢过程中不断产生的自由基持续地攻击细胞，损伤了组织中的蛋白质、DNA 等大分子。细胞中过多的自由基若不能清除，就会对许多细胞组分造成损伤，使细胞膜中的不饱和脂肪酸氧化；使蛋白质中的巯基氧化，造成蛋白质交联、变性，酶失活；使糖类化合物降解；使 DNA 链断裂、交联、碱基切除等。已有研究表明，随着老化的发展，组织内活性氧的量增加，而超氧化物歧化酶（SOD）的活性并没有改变，因此降低活性氧的产量可能是抗衰老的主要措施。然而，在其他一些研究中没有发现自由基和寿命的关联性，因此消除氧自由基对于延长寿命可能并不是很重要。

3. 遗传学说 该学说认为，衰老是遗传决定的自然演化过程，一切细胞内均存在内在的预定程序决定其寿命，细胞的寿命又决定着物种的寿命。动物都有相当恒定的平均寿命，这也反映出物种的寿命主要取决于其遗传物质。染色体上可能存在一类衰老基因，在衰老时，其表达十分活跃，表达水平大大高于年轻细胞。目前已经发现了多个与衰老相关的基因，如 *daf2*、*age1*、*WRN* 基因，而且部分衰老基因在不同物种中是保守的。果蝇体内也有类同于 *WRN* 的基因，若此基因被损害，果蝇会表现出类似人类维尔纳综合征的一些症状，即其基因组变得不稳定，使得 DNA 复制错误率大大增加，从而促进细胞突变和衰老。在线虫、果蝇和小鼠中发现了一个保守的衰老途径，即胰岛素 / 胰岛素样信号途径（图 5-16）。在线虫中，优越的环境条件激活了

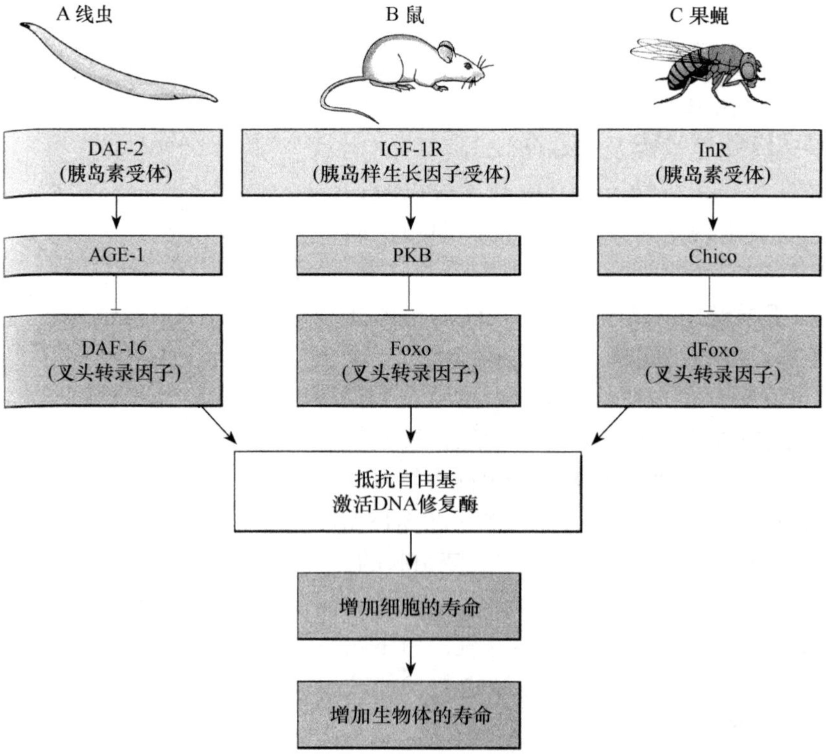

图 5-16 调节寿命的可能途径（Gilbert and Barresi，2016）

胰岛素信号途径抑制保护细胞免受氧化损伤的蛋白质的合成，当胰岛素信号下调时，叉头转录因子可能激活 DNA 修复酶，该酶能保护机体免受由自由基或其他因素引起的突变，这样即可延长细胞和机体的寿命

胰岛素受体同源物 DAF-2，该受体启动线虫向成年期发育。而恶劣的环境（如食物短缺）则不能激活 DAF-2，线虫形成永久性幼虫的状态。然而，如果该途径中有严重的基因功能缺失，那么在任何环境下都只能发育成永久性幼虫。下调胰岛素信号可以有以下影响：①影响代谢，降低线粒体的电子传递；②当 DAF-2 没有活性时，细胞会增加一些酶的产量，包括阻止氧化损伤的酶、DNA 修复酶等；③降低生育力。增加 DNA 合成酶以及抵抗活性氧（ROS）的酶是由于叉头转录因子 DAF-16 的作用，这个转录因子被 DAF-1 抑制。当缺失 DAF-2 信号时，DAF-16 就可以发挥其促进寿命延长的功能，这可能是通过其激活细胞内一些与抗胁迫有关的基因来实现的。

对哺乳动物的研究结果也证明，胰岛素信号途径的确影响寿命，胰岛素生长因子受体 IGF-1R 杂合突变的小鼠不仅寿命较野生型延长 30%，而且对氧化胁迫也具有较强的抗性。这个途径也能够调节果蝇的寿命，该途径中基因的功能缺失突变可大大延长果蝇的寿命，而且这些长寿果蝇不育，它们的代谢就像处于滞育中的果蝇一样。

从进化的角度来看，胰岛素信号途径可能调节着生殖和存活之间的一种平衡。许多长寿的突变体（不是所有的）的生殖能力都显著下降。有趣的是，另一个寿命的信号来源于性腺，当将线虫的生殖细胞去除之后，线虫的寿命就会延长。生殖细胞产生一种物质，能阻止一种诱导长寿的类固醇激素的影响。

4. 随机表观遗传漂移学说 随机表观遗传漂移使没有特殊环境诱导的重要基因失活，这一观点产生出一个全新的衰老学说。不像由诱变剂引起的随机积累突变，我们对由 DNA 甲基化和去甲基化引起的错误积累毫无办法。随着老化的发展，与老化相关的不同基因被随机地抑制或异常激活，引发各种表型，随机表观遗传漂移可能是引起这一现象的主要原因。随着年龄的增长，DNA 甲基化的错误积累越来越多，可能就导致了我们生理和组织方面的退化。比如，α- 雌激素受体和 β- 雌激素受体启动子区域的甲基化随着年龄的增加而呈线性增加，这就使得血管平滑肌细胞内的这些基因失活，阻止雌激素维持这些肌肉的弹性，因此导致血管硬化。雌激素受体基因甲基化增加对动脉粥样硬化斑块造成的影响更加明显，能够引起血管堵塞。在这些细胞中，与甲基化相关的雌激素受体基因失活在老化相关的血管系统退化方面起重要作用。有研究者对 50 个健康人在不同年龄段的 350 个可能的 DNA 甲基化位点进行分析，发现随着年龄的增长，这些位点的甲基化逐渐增强。采用这种分析方法，甚至有人用口腔细胞的 DNA 甲基化程度来预测人的年龄，其误差只有 2 年左右。

四、细胞死亡

生物体内的基因按照发育时空进行顺序表达，决定某些组织器官或细胞群按计划分裂、生长、分化、死亡。受有机体内基因调控的细胞自我消亡方式称为细胞程序性死亡（programmed cell death，PCD），或细胞凋亡。例如，鸡、鸭的足趾发生时，趾间的细胞在衰老基因控制下发生衰老，最后死亡，以致足趾形成。这种细胞的死亡是一个积极主动的代谢过程，是生物体生活循环中的一部分，属于正常现象。细胞皱缩，细胞膜完整，有凋亡小体出现，核基因组降解，在细胞内容物不泄漏的情况下被清除细胞（如巨噬细胞）所吞噬。而细胞坏死则由多种病理性刺激引起，会发生细胞膜解体，细胞内容物泄漏，并产生炎症反应。

细胞程序性死亡这一现象从低等生物到高等生物都存在，这种细胞死亡方式有其一定的生物学功能。

（1）清除无用的或多余的细胞。在生物体形态形成过程中，一些进化遗迹在发育的进程中不再有用而消失。例如，鸡趾发育过程中广泛的细胞死亡有利于各趾分开。在有些发育过程中细胞产生过多，则多余的细胞死亡。例如，人脑神经元在发育过程中约有 95% 的细胞死亡。

（2）除去不再起作用的细胞。一些细胞在发育过程中功能很短暂，之后很快死亡。例如，蝌蚪变态时尾部细胞的死亡；哺乳类子宫内膜上皮细胞在增生期很少死亡，而在月经期则大多数上皮细胞死亡，以利于开始新的生殖周期。

（3）除去发育不正常的细胞。例如，脊椎动物视觉系统的发育中，那些没有形成正确神经元连接的神经元被清除掉。

（4）除去一些有害细胞。例如，带有 T 细胞受体的胸腺细胞能识别并攻击自身组织，如果这些细胞发育成熟会严重损害机体，所以这些细胞必须在离开胸腺之前就被诱导死亡。

到目前为止，参与细胞程序性死亡调控的基因如 *c-myc*、*ras*、*bcl-2*、*p53* 等均已被分离和克隆。这些基因产物可通过影响细胞对程序性死亡诱导因素的敏感性，从而诱导细胞程序性死亡。按照基因表达产物对凋亡过程的作用可分为两类：促凋亡基因（当其激活时促进凋亡发生）和抗凋亡基因（当其激活时抑制凋亡发生）。

Ced 基因家族：PCD 的调控机制最先是从线虫研究上突破的。秀丽隐杆线虫（*Caenorhabditis elegans*）是细胞定数动物，成虫体细胞一共有 1090 个，其中有 103 个注定要程序性死亡。Horvitz 通过对线虫体细胞凋亡进行研究后发现，细胞的程序性死亡是受两个基因 *Ced-3* 和 *Ced-4* 控制的，而它们又受另一个基因 *Ced-9* 负向调控。当 *Ced-9* 被激活时，*Ced-3* 和 *Ced-4* 被抑制，细胞存活；当 *Ced-9* 失活时，*Ced-3* 和 *Ced-4* 被激活，导致细胞的程序性死亡。

Bcl-2 基因家族：*Bcl-2* 是从人滤泡性 B 淋巴细胞分离出来的一个原癌基因，有抗细胞凋亡的作用。*Bcl-2* 基因敲除小鼠出生时外观正常，但一周后即与正常鼠不同，耳朵小，面部轻度畸形，体重不增加，机体内部某些组织，特别是胸腺和脾脏在几次大量的细胞死亡之后基本消失。一个月之内，3/4 的小鼠死亡，另外 1/4 存活的小鼠可能是靠其他基因补偿途径使细胞免于凋亡。

Hid、reaper 和 grim：为果蝇中独有的 3 个蛋白质，它们对果蝇胚胎发育过程中多数细胞的凋亡是必需的。这些因子通过抑制 IAP（细胞凋亡阻碍剂）家族蛋白调节 caspase 的活性（图 5-17）。

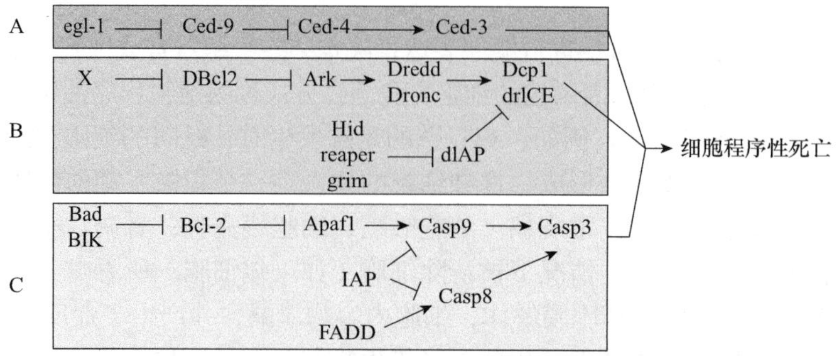

图 5-17 控制细胞程序性死亡的途径（Arias and Stewart，2006）

A. 秀丽隐杆线虫；B. 果蝇；C. 脊椎动物

caspase 家族：脊椎动物中至少有 13 种 caspase，它们经常参与不同的信号途径，不同的凋亡蛋白和途径可能控制不同类型细胞的凋亡。例如，淋巴细胞产生配体与靶细胞表面的“死亡受体”结合，受体聚集使得细胞内的接头分子聚集，进而使特定的 caspase 聚集，激活了 caspase 水解活性，启动凋亡。

五、死亡的生物学意义

在多细胞生物中，死亡已成为生命周期一个不可分离的组成部分。通过自然选择和长期的进化，细胞程序性死亡已经固定在基因组中。

有性生殖作为真核生物种族繁衍和进化的杰出手段，在生物演化的历史长河中脱颖而出，促进了等位基因的重组，使得变异能够被引入群体中，从而使得生物体能够为适应自然有更多的选择，进而使生物体能够在多变的环境条件下生生不息。

死亡为新生命让路，这个“新”，不仅意味着“新鲜”，更意味着“新奇”，生物体周而复始地发生、死亡，造就了绚丽多彩的自然，也造就了愈加聪明智慧的人类。

第六章　性别决定

本章彩图
扫码可见

发育生物学最引人关注的神秘问题之一，就是性别决定（sex determination）与性别分化（sex differentiation）。早在2500年以前，古希腊科学家亚里士多德就对性别的决定作了许多现在看来非常可笑的推测。直到20世纪，遗传学的进步、性染色体的发现才使人们认识到性别可以由遗传来控制。染色体控制的性别可以有XY型，如男性为XY染色体，女性为XX染色体；也可以是ZW型，如ZZ型的鸡为公鸡，而ZW型的鸡为母鸡；还可以有其他的染色体类型。

在自然界中，生物的生殖现象极其复杂，有有性生殖和无性生殖。无性生殖不需要两性配子的结合就可以繁衍后代，如出芽生殖。大多数高等动物行有性生殖，需要雌性配子（卵）和雄性配子（精子）的结合，成为受精卵，然后经过一系列的胚胎发育过程，成为新的有机体。有性生殖的动物也有单性发育现象，如雌核发育和雄核发育等。性别决定和性别分化的方式也多种多样，从无脊椎动物到高等的脊椎动物，目前尚未有统一的性别决定模式。性别由遗传决定的称为遗传性别决定（genetic sex determination，GSD），由环境条件决定的称为环境性别决定（enviromental sex determination，ESD）。遗传决定型也可以在环境的影响下，发生性别的转变，如遗传雄性转变为生理雌性，反之亦然。性别发育过程中受到遗传和环境因素的共同作用，有些会发生性别发育异常，即产生性畸形，如阴阳人等。

多数生物幼体性腺都具有两性的潜能。双重潜能的性腺发育为雌性卵巢或雄性精巢的过程，即性别决定过程，也称为初级性别分化；而在性激素影响下的生殖系统的发育及第二性征的发育，则是次级性别分化。

第一节　基因型性别决定

一、无脊椎动物的性别决定

1. 线虫的性别决定　秀丽隐杆线虫（*C. elegans*）体长约1mm，生活在土壤中，雌雄同体或异体（图6-1）。雌雄同体者称为雌性，有XX性染色体，雄性有XO染色体。雌虫外形和解剖学上看似雌性，但它不但能产生卵，其管状生殖腺还能产生精子。自体受精时，X染色体偶尔会丢失，产生0.2%的XO雄体。XO雄体与两性体交配，则产生约50%的雌性和50%的雄性。

线虫的一级性别决定开关，是X染色体与常染色体的比率（X∶A）。XX个体发育为雌体，而丢失一条X染色体的XO型发育为雄体。多倍体时，具有3条或4条X染色体的4倍体（3X∶4A或4X∶4A）个体为雌雄同体；2X∶3A的3倍体个体为雄性。线虫性染色体X的绝对数目并不重要，重要的是比率。这也说明，性别决定不仅与X染色体有关，也与常染色体有关。但X∶A并不能完全决定最后的性别，遗传学试验发现一系列的基因、蛋白质在线虫性别发育过程中发挥级联调控作用，从而决定了最后的性别（图6-2）。

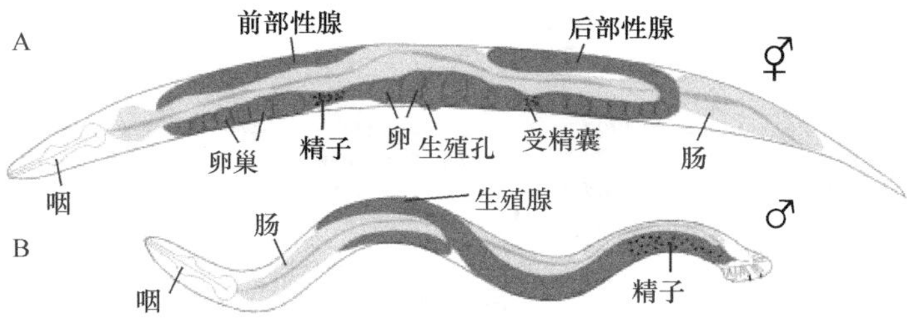

图 6-1 线虫的性别决定（Stothard and Pilgrim，2003）

A．雌雄同体；B．雄虫。雄虫通过特化的扇形尾部与雌雄同体虫交配。雌虫前后两个性腺先产生大约 150 个精子，然后转为产生卵子。第一批精子或交配得到的精子储存在受精囊中，卵子的受精通过肌肉收缩将受精囊中的精子挤出而完成

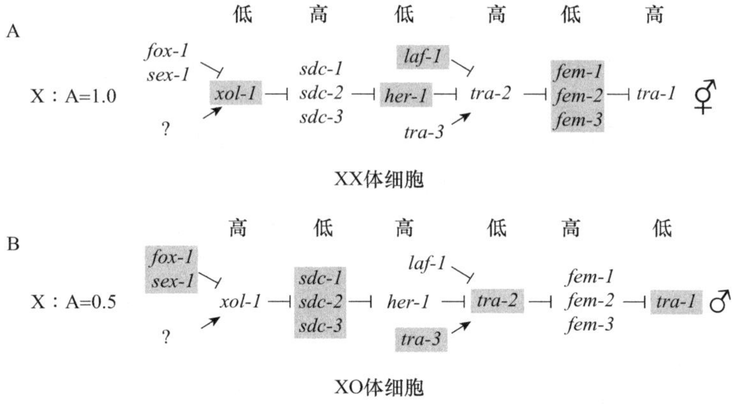

图 6-2 线虫体细胞性别控制通路模型（Stothard and Pilgrim，2003）

灰底字母显示该基因活性被抑制，→代表正向作用，⊣代表负向作用

在体细胞中，最下游的性别调控因子是 *tra-1*。如果 *tra-1* 活化，胚胎就转变为雌性；如果 *tra-1* 失活，胚胎就发育为雄性。

X 染色体和常染色体（A）的比率（X∶A）是性别决定通路的起始信号，其后的级联调控就像是一系列的开关。*fox-1* 和 *sex-1* 这两个基因作为 X 信号因子，它们降低 *xol-1* 的表达。当 *xol-1* 被抑制时（X∶A＝1.0），*sdc* 基因就表达，通过抑制 *her-1* 的转录，从而促进雌雄同体的发育（图 6-2A）。没有 HER-1 蛋白时，*tra-2* 基因编码的转膜蛋白 TRA-2 负向调节 FEM 蛋白，而使 *tra-1* 编码的转录因子表达 TRA-1，促使雌雄同体的发育。TRA-3 在 XX 虫中的作用是通过蛋白质水解，激活 TRA-2。除了抑制 FEM 蛋白外，TRA-2 还可以通过直接的相互作用增加 TRA-1 的活性。

当只有一个 X 染色体拷贝时，X∶A＝0.5，就造成雄性的发育（图 6-2B）。这时，*sdc* 基因被活性 *xol-1* 抑制。*her-1* 编码的胞外蛋白表达，HER-1 蛋白抑制 *tra-2* 基因，从而使 *fem* 基因表达，FEM 蛋白负向调控 *tra-1*。在没有 *tra-1* 活性时，雄性命运建立。

laf-1 基因与 *her-1* 基因平行发挥作用，它降低 *tra-2* 的活性。FEM-3 和 FEM-2 之间有相互作用，FEM-2 和 FEM-1 之间有相互作用，所以 3 个 FEM 蛋白可能作为复合体而发挥作用。但目前还不知道 FEM 蛋白是如何促进雄性发育的。

在生殖细胞中，存在与体细胞相似的调控通路，但更为复杂，有更多的基因参与其中（图 6-3）。第一种情况，在 XX 生殖系，雄性发育时，*her-1* 不表达。但是，*tra-2* 的翻译受

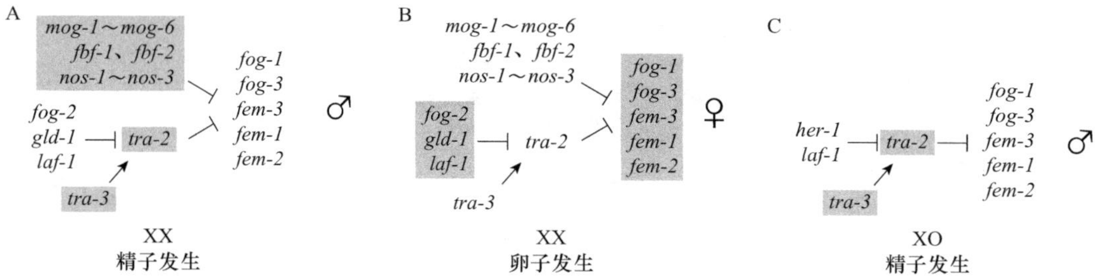

图 6-3　线虫生殖细胞性别控制通路模型（Stothard and Pilgrim，2003）

灰底字母显示该基因活性被抑制，→代表正向作用，⊣代表负向作用。A. XX 个体中的精子发生控制；B. XX 个体中的卵子发生控制；C. XO 个体中的精子发生控制

到 *fog-2*、*gld-1* 和 *laf-1* 的抑制。TRA-2 的低水平允许 *fem* 基因和生殖细胞特异基因 *fog-1* 与 *fog-3* 一起发挥功能，从而使生精过程完成。在此过程中，也需要 TRA-2 和 TRA-3 的参与。第二种情况，在 XX 体细胞中，XX 生殖细胞的 *tra-2* 被激活并能够抑制下游基因时，就会接受雌性命运，发育为卵子。同时，还需要其他一些基因也直接或间接参与抑制 *fem-3* 的翻译，如 *mog*、*fbf* 和 *nos* 基因。第三种情况，在 XO 雄性个体中，生殖系的 TRA-2 被 *her-1* 和 *laf-1* 所抑制，而使得下游的 *fem* 和 *fog* 基因发挥功能，从而使生殖细胞进行生精作用。*tra-1* 在 XX 和 XO 个体的精子发生过程中都发挥复杂的作用。

2. 果蝇的性别决定　果蝇染色体组有一 Y 染色体，XX 果蝇为雌性，XY 为雄性（图 6-4）。与哺乳动物不同，Y 染色体不能决定果蝇的性别，而是与线虫类似，果蝇的性别也是由性染色体与常染色体的比率决定的。果蝇的 X 或 Y 染色体上，没有决定性别的显性基因。X∶A（X 染色体的倍性与常染色体的倍性）是性别决定的一级开关。在二倍体中，

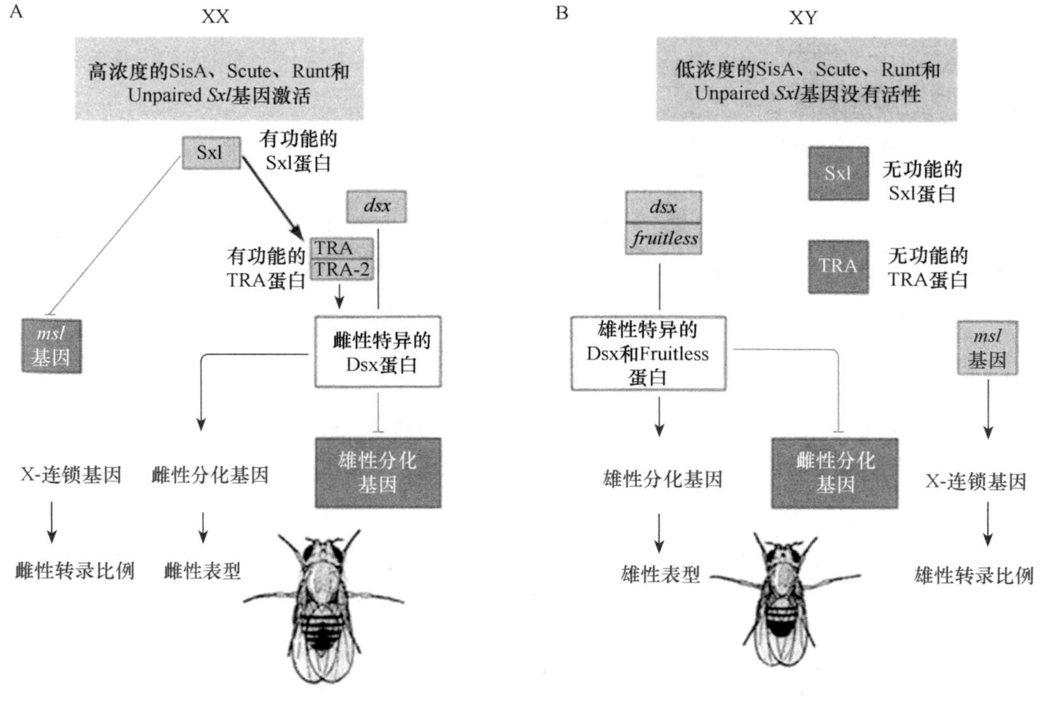

图 6-4　果蝇性别决定的模型图（Baker et al.，1987）

常染色体有两组，如果有两条 X 染色体，即 2X：2A＝2：2，为 1：1（X 染色体为 2 倍，常染色体为正常 2 倍体）的个体（XX）为雌性。如果只有一条 X 染色体，即 1X：2A 为 1：2 的个体为雄性（XY）。XXY 个体的 X：A 也为 1：1，因此是雌性,XO 个体的 X：A 为 1：2，所以是雄性。果蝇 Y 染色体虽与性别决定无关，但存在一些与精子发生有关的基因，对雄性精细胞的分化有重要作用，因此 XO 个体是不育的雄性。

在果蝇中也会发现有趣的雌雄两性型现象，即身体的一部分是雌性表型，而另一部分是雄性表型。这是由于在发育中，某个细胞中的 X 染色体丢失，使该细胞的核型为 XO 型，因而其后的子孙细胞核型也是 XO 型。这部分 XO 型细胞就发育为雄性表型，而含 XX 的正常核型部分发育为正常的雌性表型，这就形成两性型。

果蝇性别决定的调控机制模型都建立在如何解释 X 染色体与常染色体比率在性别控制中的作用。图 6-4 就是一个简单的模型，以解释 X：A 在性别控制中的作用。那么在染色体中，哪些基因代表 X 染色体，又有哪些基因代表常染色体呢？ X 染色体编码的一些蛋白质就是代表 X 染色体的分子蛋白质，这些蛋白质的编码基因有 3 个无姐妹（*sisterless*）基因 *sis-a*、*sis-b*、*sis-c* 和 *runt*。常染色体编码的一些蛋白质称为分母如 *dpn*（*deadpan*）等。分子与分母间经过精细的计量，然后与母源性蛋白质 da 和 emc、groucho、her 及 snf 等结合，作用于性致死基因 *Sex-lehtal*（*Sxl*），确定果蝇的性别。如何计算目前还不清楚，似乎分子的雌性化效应以母源因子作为参照，对比雄性化的分母计算。

在控制果蝇性别决定与分化的基因中，性致死基因 *Sxl* 非常关键。正常果蝇的 *Sxl* 是否处于活性状态，取决于 X：A。但 *Sxl* 的作用（开或关）在胚胎发育的前 2h 内即胚盘期前后即已确定，之后不再受 X：A 左右。这是因为 Sxl 蛋白可以自我激活，使 *Sxl* 持续处于开放状态。*Sxl* 的开放状态使得个体向雌性发育；反之，*Sxl* 的关闭使个体向雄性发育。

Sxl 蛋白有三方面功能：首先，它能激活它本身的转录，确保 Sxl 蛋白的产生；其次，它能抑制 *msl2* 的转录，这个基因的产物能够方便地从 X 染色体进行基因转录，其被抑制之后能确保从雌性两条 X 染色体基因转录的水平与从雄性一条 X 染色体基因转录的水平相等；最后，Sxl 能够将 *transformer*（*tra*）的 pre-mRNA 剪接翻译成有功能的蛋白质。*Sxl* 基因有两个启动子：早期启动子和晚期启动子。早期启动子仅在含 XX 染色体的细胞中有活性，晚期启动子在含 XX 和 XY 的细胞中都有活性。X 染色体编码的 4 个蛋白质因子的量高于一定的阈值，就会激活 *Sxl* 基因的早期启动子（图 6-4A），使得 *Sxl* 基因在早期的 XX 胚胎中得到转录。

从早期启动子转录而来的 *Sxl* 的 pre-mRNA 缺乏外显子 3（其中含一个终止密码子），因此 Sxl 蛋白在 XX 早期胚胎中被合成，并发挥调控功能。而在 XY 早期胚胎中缺乏有功能的 Sxl 蛋白。然而，随着发育的进行，晚期启动子开始发挥功能，*Sxl* 基因在雄性和雌性胚胎中都开始转录。但是，在含 XX 染色体的细胞中从早期启动子而来的 Sxl 蛋白能够结合新转录（从晚期启动子而来）的 *Sxl* 的 pre-mRNA，并将其剪接成雌性的特性，即缺乏外显子 3，从而产生有功能的 Sxl 蛋白。而在 XY 胚胎中，由于没有早期启动子而来的 Sxl 蛋白，因此转录出的 *Sxl* 的 pre-mRNA 中有含终止密码子的外显子 3，蛋白合成终止于外显子 3 处，因此形成的 Sxl 蛋白是没有功能的（图 6-4B）。

Sxl 作用于通路中的 3 个基因：*tra*、*tra-2* 和 *ix*（intersex，间性），这 3 个基因与 *Sxl* 的活性状态是一致的，即 *Sxl* 激活时，*tra*、*tra-2* 和 *ix* 也具有活性。遗传实验表明，*sxl*、*tra* 和

tra-2 的缺失导致雌性 XX 个体转变为雄性，但对 XY 个体无影响。*ix* 的缺失使 XX 个体发育为间性型，在同一器官中，既有雄性组织也有雌性组织。通路中最后一个基因是 *dsx*（*double sex*，双性），它可以表达两种产物，一是 Dsx^{M}，其功能是抑制雌性基因表达；二是 Dsx^{F}，其功能是抑制雄性基因表达。如果 *dsx* 的功能缺乏，则雄性和雌性分化基因都将持续表达，导致间性果蝇出现。突变实验表明，*tra-2* 和 *tra* 的功能是抑制 Dsx^{M} 的表达，而 Dsx^{F} 的表达则需要 *ix*。当 *Sxl* 和 *tra-2*、*tra*、*ix* 同时处于活性状态时，果蝇向雌性分化；当这些基因处于非活性状态时，果蝇则向雄性分化。

dsx 基因在雌性（XX）的表达产物 Dsx^{F} 与 *ix* 基因产物 Ix 结合形成一个转录因子，负责雌性特征的发育。该复合体促进生殖器官成虫盘的生长，抑制雌性果蝇中与雄性器官发育有关的 Fgf 的表达，抑制 *Dpp*，促进无翅（*wingless*，*wg*）基因的表达，使生殖器官成虫盘发育成雌性性器官卵巢。该转录因子还能促进卵黄蛋白基因的活化，促进纳精囊的生长，修饰 *bric-a-brac*（*bab*）的表达，从而促进雌性特有的色素模式形成。

在雄性，*dsx* 的表达产物 Dsx^{M} 就直接作为转录因子，促进雄性发育。它会促进 Fgf 和 Dpp 的表达，而抑制 *wg* 和卵黄蛋白基因的表达，形成雄性特有的色素模式。

果蝇雌雄两性基因的表达控制主要体现在转录水平（图 6-5）。基因转录后，在不同转录因子的控制下，经过剪切拼接加工成不同的 mRNA。*Sxl* 基因在 X：A 信号作用下，在雌性就转录拼接成不含外显子 3 的 mRNA，可以翻译出有功能活性的 Sxl。而雄性的 *Sxl* mRNA 含有外显子 3，由于外显子 3 上存在终止密码子，因此在雄性就不能产生有功能的 Sxl。而 Sxl 可以自我激活，使得雌性持续产生有功能的 Sxl。Sxl 作用于下游的 *tra* 和 *tra-2* 基因，也使 *tra* 和 *tra-2* 转录出有功能的转录本，而翻译出有正常功能的 TRA 和 TRA-2 蛋白，TRA 和 TRA-2 蛋白又作用于 *dsx* 基因，转录出雌性特有的 *dsx*^{f} mRNA，翻译得到 Dsx^{F} 蛋白，最终使其发育为雌性。而在雄性，由于 *Sxl* 没有功能，*tra* 和 *tra-2* mRNA 的翻译提前终止，不能产生有功能的 TRA 和 TRA-2，因而 *dsx* 基因也转录拼接成雄性特有的 *dsx*^{m} mRNA，翻译成

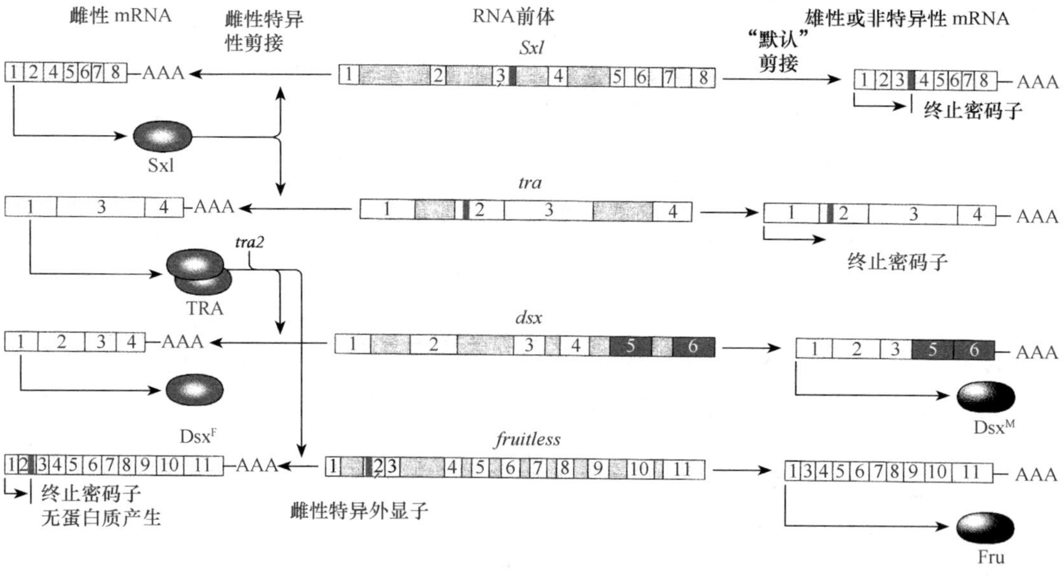

图 6-5　果蝇性别相关基因的转录拼接调控示意图（Gilbert，2006）

雄性 Dsx^M，使其发育为雄性。

fruitless 基因的转录模式决定着果蝇交配行为特征。在含 XX 性染色体的胚胎中，TRA 和 TRA-2 蛋白把 *fruitless* 的 pre-mRNA 剪接成雌性特异的 mRNA，其中在一个前端的外显子中含有一个终止密码子，因此雌性不能产生有功能的 Fruitless（Fru）蛋白。而在雄体中，因为没有 TRA 和 TRA-2 蛋白，*fruitless* 的 pre-mRNA 被“默认”剪接（“default” splicing）成雄性特异的 mRNA，其中不含终止密码子，因此可产生 Fru 蛋白（图 6-5）。在雄体中，*fruitless* 基因在与雄性行为相关的一套神经元中表达，这些神经元与味觉、听觉、嗅觉和触觉等相关联，因此雄性才能完成求偶、交配过程中的一系列行为，包括识别雌体、轻拍、振动其翅膀“唱情歌”以及交尾等。

二、脊椎动物（不含哺乳动物）的性别决定

（一）鱼类的性别决定

鱼类是脊椎动物中物种数量最多的类群，大约 24 000 种，其水生生态环境千差万别，性别决定方式也多种多样。某些鱼类性别是由环境决定的，某些鱼类是由染色体决定的，还有一些鱼类在一生中会有性反转，有先雄后雌，也有先雌后雄。

通过组织形态学研究发现，有近 400 种鱼类在同一个体中出现雌雄两性性腺的现象，即雌雄同体（hermaphroditism），它是性转变过程中的过渡现象。较为常见的有黄鳝（*Monopterus albus*）和石斑鱼属（*Epinephelus*）的一些种类。早在 1944 年，刘建康就发现了黄鳝的雌雄同体现象。对黄鳝性逆转时生殖腺的组织结构进行研究发现，雌性时期黄鳝的性腺中充满着不同发育期的卵母细胞。进入雌雄间期，滤泡细胞吞噬卵黄颗粒，卵母细胞退化吸收而产生空泡，这些空泡被新形成的生殖褶填充，褶上分布着精细胞。然后进入雄性时期，卵巢完全退化消失，生精小管逐渐形成并扩大，占领整个生殖腔。而一些鱼类在一生中会经过无数次的雌雄、雄雌转变过程。例如，日本冲绳的一种鱼——冲绳磨塘鳢（*Trimma okinawae*）就会在两条鱼相遇后，根据身体的大小决定各自的性别，大鱼永远是雄性，而相对小的就变为雌性（图 6-6）。如果有更大的鱼，较小的鱼就都成为雌性。移去大鱼，相对较大的又变为雄性。那么，冲绳磨塘鳢的性别是如何变换的？研究者发现该鱼性腺同时具有雄性的精巢部分和雌性的卵巢部分，即雌雄同体。只是在表现为雄性时，精巢部分比较发达，而卵巢部分就比较小；雌性与之相反。性腺及性别角色的迅速转换在于促性腺激素受体的变

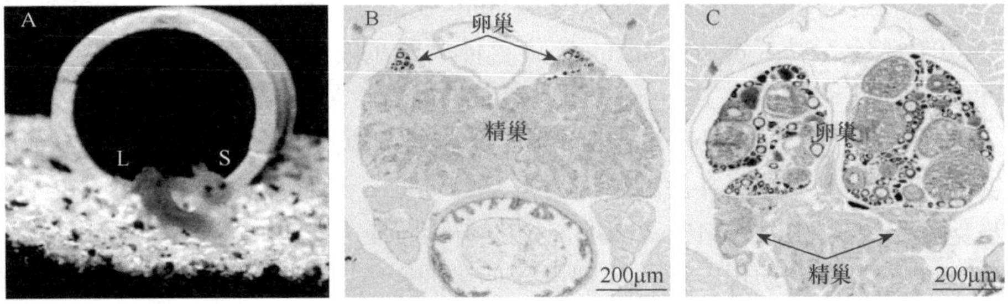

图 6-6　冲绳磨塘鳢及其变化中的性腺（Kobayashi et al.，2009）

A. 两条鱼（L. 大；S. 小）互相比大小，以确定各自的性别；B. 在雄性时期的鱼性腺中有发育的精巢，卵巢被抑制；C. 在雌性时期的性腺有发达的卵巢和缩小的精巢

化。在表现为雌性时，卵巢部分的促卵泡素受体（FSHR）和促黄体素受体（LHR）的表达量远大于其在精巢部分中的表达量。当其转变为雄性时，卵巢部分的 FSHR 和 LHR 表达量就会下降，而精巢部分的 FSHR 和 LHR 表达量就会上升，从而转换为雄性（Kobayashi et al.，2009）。

目前，对约 1600 种鱼进行了染色体分析，能从染色体分辨雌雄的只有约 30 种，大多数不能分辨雌雄染色体。鱼类性染色体也具有多样性，其性别决定型有 XX/XY 型，如青鳉（*Oryzias latipes*）、虹鳟（*Oncorhynchus mykiss*）、罗非鱼（*Oreochromis niloticus*）和鲫（*Carassius auratus*）；ZZ/ZW 型，如斑马鱼（*Danio rerio*）和大鳞副泥鳅（*Paramisgurnus dabryanus*）；XO/XX 型，如褶胸鱼（*Sternoptyx diaphana*）；ZO/ZZ 型，如短颌鲚（*Coilia brachygnathus*）；复杂染色体型，如月鱼（*Xiphophorus maculates*）存在 3 个性染色体 W、X、Y，雌性个体的性染色体类型为 WY、WX 或 XX，雄性个体的性染色体类型为 XY 或 YY。人和小鼠等哺乳动物的性染色体绝大多数为 XY 型，鸟类为 ZW 型。哺乳动物的 Y 染色体和鸟类的 W 染色体非常小，普遍认为 Y 和 W 染色体将会进一步缩小，基因含量减少、萎缩而成为异染色质。人类 Y 染色体甚至被认为可能消失。但在鱼类、两栖类、爬行类等动物中，一些性染色体 XY 或 ZW 型中的 Y 或 W 染色体较大，甚至大于 X 或 Z 染色体，通常含有大量的重复 DNA 和转座子（Schartl et al.，2016）。

从青鳉中分离得到一个基因，该基因位于 Y 染色体上，编码含有 DM 结构域的 267 个氨基酸。DM 结构域是一个 DNA 结合区域，是果蝇 Dsx 和线虫 Mab-3 都有的一段区域。所以，该基因被命名为 *DMY* 或 *Dmrt1bY*，意为 Y 染色体特有的含 DM 结构基因。该基因的突变将使青鳉 XY 个体发育为雌性。

青鳉 *DMY* 基因源自 DM 相关转录因子 1（*DM-related transcription factor 1*，*DMRT1*）基因，经过基因重复和移位，来到 Y 染色体，从而进化为青鳉的雄性性别决定基因。*DMRT* 基因家族广泛存在于动物界，或多或少都与性别发育有关。人 *DMRT1* 基因一个拷贝的丢失就会造成 XY 男性转变为女性。

虽然 *DMY* 基因是青鳉性别的决定基因，但在天然群体中可以发现一些没有 *DMY* 基因的 XX 雄性鱼。这说明在青鳉中可能还存在一些其他的性别决定基因，*DMY* 并不是唯一的；也可能是与雌性发育有关的基因发生突变而导致的结果。

在鱼类中，还有其他一些性别决定基因被发现（Pan et al.，2016）。例如，黑点青鳉（*Oryzias dancena*）的性别决定基因为 Y 染色体上的 *Sox3*。吕宋青鳉（*Oryzias luzonensis*）和裸盖鱼（*Anoplopoma fimbria*）中，TGF-β 家族成员的异构体，命名为 *gsdfY* 的基因决定雄性发育。在红鳍东方鲀（*Takifugu rubripes*）中，amh- 受体 2（*amhr2*）基因具有性别决定能力。哈奇氏牙汉鱼（*Odontesthes hatcheri*）的 Y 染色体关联重复 *amh* 基因驱动雄性发育。尼罗罗非鱼 Y 染色体上的一个串联重复 *amh* 基因决定雄性发育。另一个 TGF-β 成员，命名为 *gdf6Y* 的基因在弗氏假鳃鳉（*Nothobranchius furzeri*）中有性别决定的潜力。性别决定基因一般都来源于常染色体上一个与性别有关的基因的重复与突变。然而，在虹鳟中的一个干扰素调节因子 9（与免疫相关）的重复基因 *sdY* 决定了虹鳟的性别。

青鳉与其他低等脊椎动物一样，性别也受环境的影响。例如，用雌激素处理，就可使青鳉 XY 雄性转变为雌性；用雄激素处理，就可使 XX 雌鱼转变为雄鱼。温度也可以影响其性别。例如，在 32℃培育胚胎，就可使 24% 的 XX 型 Hd-rR 青鳉和 50% 的 XX 型 HNI 青鳉鱼发育为雄性，而对 XY 雄性没有影响。

生殖细胞在鱼类性腺发育中也发挥重要作用。斑马鱼和青鳉等的原始性腺有发育为雄性和雌性两种可能性。但是，如果缺乏生殖细胞，比如通过去除生殖细胞决定的原生质或生殖细胞基因如 *Nanos* 或 *Dnd* 等，两性潜能的性腺就会因为没有生殖细胞的参与而发育为没有功能的雄性性腺结构，雄性相关基因如 *DMRT1* 表达量增高。在青鳉中的研究结果表明，叉头盒蛋白 L3（Foxl3）是一个生殖细胞自身性别的决定基因（Nishimura et al.，2015）。在雌性，Foxl3 决定生殖细胞发育为卵子。如果成年 XX 青鳉 *foxl3* 基因突变，在组织学和功能上为雌性的生殖腺可以产生有功能的精子。在嵌合体青鳉中，突变型生殖细胞嵌入野生型的雌性性腺。*foxl3* 突变型生殖细胞不理会其雌性性腺环境，而自主进行精子发生。Foxl3 通过促进生殖细胞减数分裂及抑制生精而发挥作用。

鱼类性别决定多样而有趣，还有许多未解的难题。

（二）两栖类的性别决定

两栖类的性别大多数为环境决定型，但也有一些为遗传决定型。两栖类的性别遗传系统有 XY 型和 ZW 型。有尾目大多为 XY 型。日本的土蛙（*Rana rugosa*）是 XY 型，蟾蜍（*Bufo bufo*）和爪蟾（*Xenopus laevis*）是 ZW 型。即使是土蛙，因在日本的分布地域不同，所以有 XY 型和 ZW 型，说明 XY 染色体和 ZW 染色体可能源于同一未分化的性染色体。

DMRT1 在土蛙和爪蟾中都有表达。在性别分化后，土蛙 *DMRT1* 基因的表达为雄性所特有。爪蟾 *DMRT1* 在成年蛙体内也仅在精巢表达。爪蟾 *DMRT1* 从性别分化前的蝌蚪开始就有表达，随着发育的进行，*DMRT1* 在雄性性腺中的表达增强，而在雌性中的表达下降。这说明 *DMRT1* 与爪蟾性别发育有关。运用原位杂交技术发现，爪蟾 *DMRT1* 定位于常染色体上，而非性染色体上（图 6-7）。

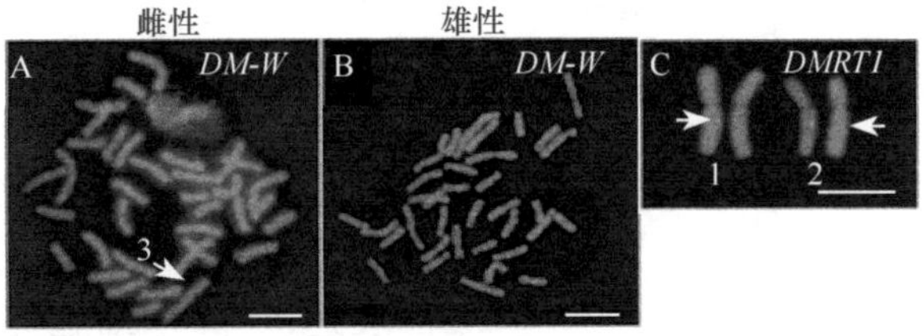

图 6-7 *DM-W* 和 *DMRT1* 在爪蟾染色体上的定位（Yoshimoto et al.，2008）

A. *DM-W* 定位在雌性 W 染色体上（3 号）；B. 在雄性染色体没有 *DM-W* 信号；C. *DMRT1* 定位在 1 号和 2 号染色体上。标尺：10μm

在雌性爪蟾基因组文库中发现了另一个 *DMRT1* 的同源基因，称为 *DM-W* 基因。在 DM 结构域，DM-W 和 DMRT1 有 89% 的同源性。*DM-W* 仅在性别决定时在 ZW 原性腺中表达，*DM-W* 的表达早于 *DMRT1* 的表达，且 *DM-W* 的表达远高于 *DMRT1* 的表达。但在随后的性腺中，*DM-W* 的表达就检测不到了，而 *DMRT1* 在 ZZ 和 ZW 个体性腺中随着性别分化持续表达，即 *DM-W* 在性别分化时的 ZW 个体性腺中特异表达。通过转基因技术，使外源 *DM-W* 基因在 ZZ 个体中表达，结果转基因的 ZZ 蝌蚪性腺发生雌性化，发育为卵精巢，即既有卵巢腔又有精巢结构，在卵巢腔周围可见发育的卵子；在卵精巢中可以发现外源 *DM-W* 的表达，其表达水平与正常 ZW 个体的表达相当。但转基因的 ZW 个体卵巢发育正常。这些研究结果说明，爪蟾 *DM-W* 可能是性别（卵巢）决定基因。DM-W 的决定作用处于 DMRT1 上游，

其作用可能是抑制 *DMRT1* 的表达及其雄性化作用。

（三）鸟类的性别决定

鸟类的性别决定与哺乳类类似，是染色体决定的，但与哺乳动物不同的是鸟类的性别决定是 ZW 型。同型配子即 ZZ 为雄性，异型 ZW 为雌性。关于鸟类性别决定，有两个假说。一种假说认为雌性 W 染色体具有决定性作用，带有决定卵巢发育的主基因。另一种假说认为像果蝇或线虫，Z 连锁基因的数量决定性腺发育的类型，两个 ZZ 就决定了雄性发育。

对三倍体 ZZW 鸡的研究支持 Z 染色体剂量假说。ZZW 三倍体鸡是间性，孵化时右边性腺是精巢，而左边性腺是精卵巢，精卵巢中既有卵巢组织又有精巢组织。外形上看是母鸡，但精卵巢中的卵巢组织部分逐渐退化，性成熟时变成了公鸡。这说明 W 染色体带有卵巢组织决定基因，但其作用可被 Z 染色体基因所拮抗。

不论是突胸还是平胸鸟类包括鸸鹋，其 *DMRT1* 基因都位于 Z 染色体上，W 染色体上没有 *DMRT1*。*DMRT1* 特异地在雄性性腺表达，与哺乳动物有 X 染色体失活不同，鸡两个 Z 染色体上的 *DMRT1* 都有活性。*DMRT1* 分布在发育的精巢支持细胞和生殖细胞中。由于 *DMRT1* 在进化上保守和在动物界功能上相似，它成为剂量决定假说的强力候选基因。在性反转试验中发现，芳香化酶（雌激素合成途径上的关键酶）的抑制可以导致 ZW 鸡的雄性化，精巢发生，同时 *DMRT1* 的表达量增加。而 *DMRT1* 基因的敲降使鸡早期胚胎中的 *DMRT1* 表达量下降，引起雌性化发育（图 6-8）。

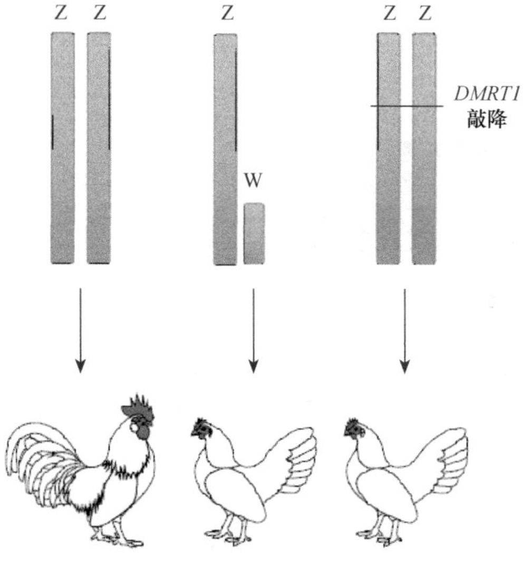

图 6-8　鸡的性别与 *DMRT1*
（Ellegren，2009）
公鸡为 ZZ 型，母鸡为 ZW 型，ZZ 鸡 *DMRT1* 经敲降后，发生雌性化发育

基因敲降使 *DMRT1* 表达量下降，并且雄性精巢的标记基因 *Sox9*（正常情况下，*Sox9* 仅在精巢表达）表达量下降，而雌性卵巢标记芳香化酶发生异位表达。雌性化的右部性腺 *DMRT1* 的表达量降低，芳香化酶的表达量变化很大，说明左右性腺对 *DMRT1* 的敏感性有差异。另外，调控芳香化酶表达的另一个基因 *foxl2* 也出现异位表达（正常情况下，*foxl2* 仅在雌性表达）。除体细胞外，生殖细胞在雌性化的性腺中也出现雌性发育，处于皮质，而对照雄性生殖细胞位于髓质。这些结果说明 *DMRT1* 是精巢发育所必需的决定基因，*DMRT1* 在雄性中促进 *Sox9* 的表达而促进精巢的发育，同时 *DMRT1* 抑制 *foxl2* 的表达，进而抑制芳香化酶的表达，抑制雌性化发育进程。结果说明，单一拷贝的 *DMRT1* 不足以抑制雌性发育，只有两个拷贝的 *DMRT1* 才能促进精巢发育，从而支持鸟类性别决定的 Z 剂量假说。但是，在鸟类中也存在其他的性别决定基因，也不排除 W 染色体上带有关键性的卵巢发育基因。

研究者发现，鸡的体细胞性别是细胞自决的（Zhao et al.，2010）。研究者把鸡胚的预定中胚层移植到相对性别的鸡胚中，产生雌-雄嵌合体性腺鸡胚。在嵌合体鸡性腺中，供体细胞被功能性受体性腺排除在外。例如，一个雌性组织移植到雄性受体后，供体细胞在发育过程中保持了雌性性别并且表达雌性标记基因（图 6-9）。

ASW（*avian*、*sex-specific*、*W-linked*，鸟性别特异 W 染色体连锁）被认为是 W 支配的候选基因。*ASW* 编码组氨酸三联子核苷酸结合蛋白（histidine triad nucleotide binding protein），所以又称为 *HINTW*。其在胚胎发育过程中在雌性（尤其性腺中）强烈表达，但平胸鸟类缺乏该基因。另一个基因是 *FET1*（*female expressed transcript* 1；雌性表达的转录物 1）。*FET1* 与 *ASW* 无关，也位于 W 染色体上。*FET1* 仅在雌性泌尿生殖系统中表达，在性别分化时的性腺中更是强烈表达。

图 6-9 雌雄嵌合体鸡（Zhao et al.，2010）
右侧为雌性特征，左侧为雄性特征（白毛、大耳垂、胸肌发达、有大腿刺）

三、哺乳动物的性别决定

（一）遗传性别

哺乳动物的性别决定绝大多数是由遗传决定的。雌性的染色体组成为常染色体加 XX 染色体，经过减数分裂，最后发育的卵子就含有单倍的常染色体加一个 X 染色体，且所有的卵子都有一个 X 染色体。而雄性的染色体组成为常染色体加 XY，经过减数分裂所产生的精子就含有单倍的常染色体以及 X 或者 Y 染色体。那么性别的遗传基础就依赖于精子的染色体组成。若精子贡献的是 X，那么受精卵就是 XX 型，最终会发育成雌性。若精子贡献的是 Y，那么受精卵就是 XY 的组合，就会发育成雄性。后代的性别就取决于受精时刻的精子类别。Y 染色体之所以具有如此重要的决定权，是由于它携带有一个主导基因 *SRY*（Y 染色体的性别决定区域）。

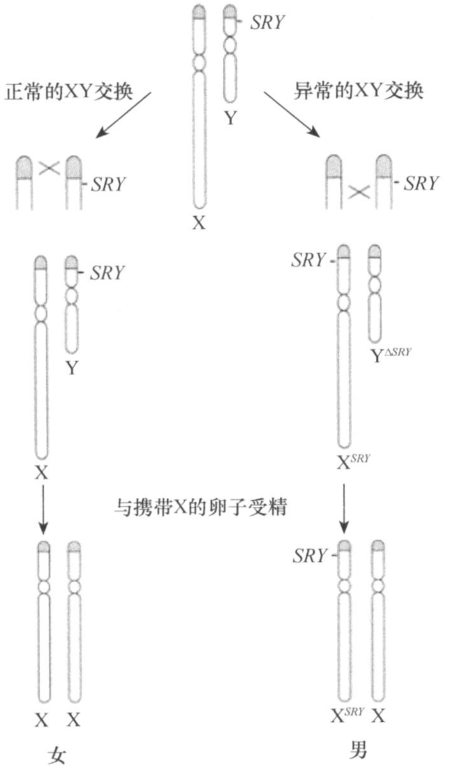

图 6-10 人类 XY 染色体在减数分裂时的基因交换与性逆转（Wilhelm et al.，2007）

SRY 是分析 XX 男性突变体及通过定位克隆所得到的（图 6-10）。4 位 XX 男性携带 60kb 的 Y 染色体 DNA，在这 60kb 区域内就分离得到 *SRY*。*SRY* 是精巢决定因子的支持证据还来自另外 3 个 XY 女性突变体。3 个 XY 女性突变体在细胞遗传学上没有明显差异，但在基因水平上，一个 *SRY* 基因发生可读框的偏移，另两个在 *SRY* 基因上有单碱基的点突变。

把包含全部 *Sry* 基因的 14kb 基因组 DNA 片段注射到小鼠受精卵原核中，构建转基因小鼠。在发育到 14 天时，对转基因小鼠胚胎进行鉴定，

25%的转基因XX胚胎有精巢发育。在出生后的转基因小鼠中，有些发生了性反转，成为含XX染色体及*Sry*基因、具有精巢的雄性小鼠。其内外生殖器官发育正常，性行为也正常，但没有精子生成。这种不育可能与X染色体上对精子生成有副作用的基因有关。这些证据表明，*Sry*就是哺乳动物的性别决定基因，单一基因*Sry*最终决定个体将发育为雌性或雄性。携带*Sry*就发育为雄性，*Sry*突变丢失就发育为雌性。

在X染色体上有*Sry*的同源基因*Sox3*（*Sry*盒基因3）。*Sry*和*Sox3*有共同的祖先基因。在漫漫岁月中，染色体组可能发生转位或染色体重排，这种变化把一些基因放到Y染色体上，这些基因对雄性发育有利而对雌性发育不利，接近于精巢决定因子。随着进化、选择，最终形成现在的精巢决定因子。

（二）哺乳动物性腺的发育

性腺的发育可以划分为两个阶段。第一阶段是未分化的双潜能性腺或者称为生殖嵴的出现。这时的细胞都有两种发育的潜能，可以分化为雄性，也可以分化为雌性。第二阶段是精巢或卵巢的发育。它是由精巢决定基因*Sry*的表达所引发的一系列变化过程。

在胚胎发育早期，XX和XY个体的性腺并不展现多态性的差异。而且性腺既有雄性生殖细胞的潜能，又有雌性生殖细胞的潜能（图6-11）。

1. 雄性性腺的发育　在分化前，生殖嵴的上皮细胞扩增，这些上皮细胞将形成性腺的体细胞。生殖细胞大约在第6周迁移过来，而被体细胞所包围（图6-11A、B）。体细胞包括支持细胞和激素分泌细胞。支持细胞既可形成睾丸中的支持（Sertoli）细胞，也可形成卵巢中的颗粒细胞。在XY型胚胎中，发育中的支持细胞组织成睾丸索（小管），成为产生精子的生精小管。最后，睾丸索被称为白膜的胞外基质与表面上皮分离。当生殖细胞迁移进来后，就在睾丸索中发育（图6-11C、D）。胎儿精巢支持细胞分泌抗米勒管激素（anti-Müllerian hormone，AMH），抑制雌性生殖系统的发育，使米勒管退化。类固醇前体细胞（间质细胞）发育成精巢间质细胞，这些细胞开始产生雄激素——睾酮。

2. 雌性性腺的发育　在雌性，生殖细胞在性腺的外表面附近聚集，体细胞穿插其中。出生前，每个生殖细胞都被体细胞包围形成卵泡（图6-11F）。卵泡中的生殖细胞形成卵原细胞，而皮层体细胞形成颗粒细胞。卵巢间质体细胞形成卵泡膜，它可以分泌雌激素。雌性卵巢中的卵细胞减数分裂早在胚胎发育的第12周就开始了。相比之下，雄性精母细胞的减数分裂直至青春期才开始进行。

雌性中的米勒管保留下来，形成输卵管、子宫、子宫颈和上阴道。而中肾管［沃尔夫管（Wolffian duct）］因为没有睾酮的支持而退化。

雌雄性腺分化造成两性生殖系统的差异（图6-12）。雄性形成精巢，生殖细胞在精巢索中发育最终分化为精细胞，管道系统保留了沃尔夫管形成输精管、附睾和贮精囊，而米勒管退化。雌性发育成卵巢，卵细胞被颗粒细胞包围位于卵泡中，管道系统保留了米勒管形成雌性生殖管道，而沃尔夫管退化。

（三）性别决定的分子机制

哺乳动物的性别决定基因是位于Y染色体上的*SRY*（人类）或*Sry*（小鼠等其他哺乳动物）基因，但它并不是唯一的性别决定基因。还有其他的一些基因在性别决定和分化中起

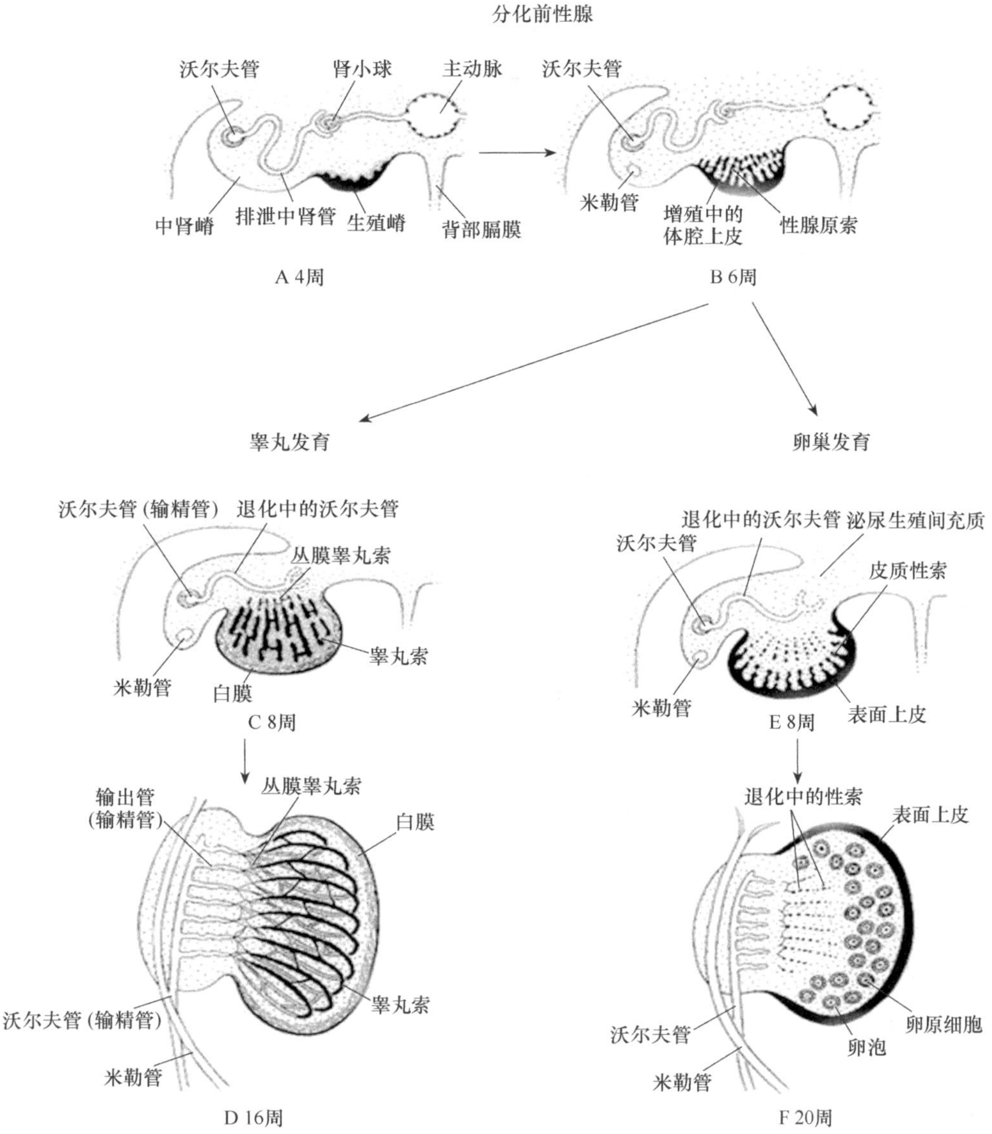

图 6-11 人性腺的发育与分化（Gilbert，2006）

关键性作用，它们的突变也会造成性腺不能发育或性别的逆转。

1. 与双潜能性腺形成有关的基因 有些基因在双潜能性腺的产生与形成过程中有重要作用，包括肾母细胞瘤抑制基因 1（*Wilms tumor suppressor 1*，*Wt1*）、类固醇生成因子 1（*steroidogenic factor 1*，*Sf1*）。

Wt1 在泌尿生殖嵴广泛表达，包括中肾、肾脏和性腺。在性腺发育时，*Wt1* 在体腔上皮细胞和雄性的精巢支持细胞以及雌性的颗粒细胞中表达。Wt1 功能缺失时，尽管性腺原基可以形成，但随后就凋亡退化了。Wt1 是转录因子，可以激活或抑制基因的表达。现已证实 *Sf1* 是 *Wt1* 的下游基因。

Sf1 在胚胎的下丘脑、垂体以及泌尿生殖嵴表达。性别分化后，SF1 在类固醇生产细

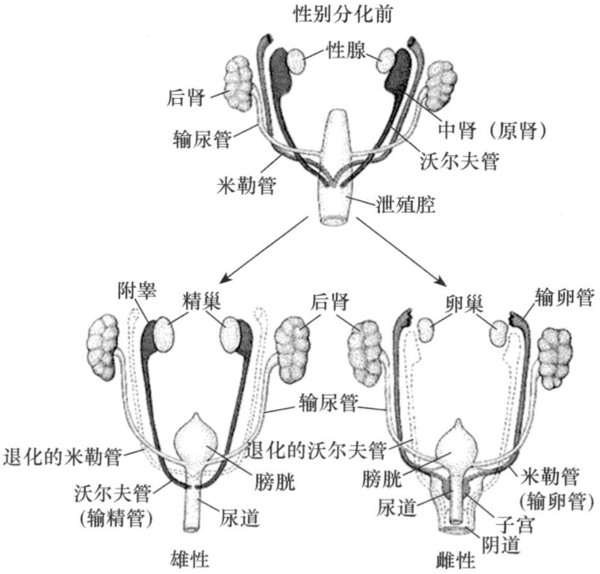

图 6-12　哺乳动物性腺和生殖管道的分化（Gilbert，2006）

胞——莱迪希细胞（间质细胞）和非生产细胞——支持细胞中表达。如果没有 *Sf1*，小鼠肾上腺和性腺发育失败，垂体及下丘脑发育异常。*Sf1* 突变小鼠性腺的发育不会超过未分化期，使得 XY 小鼠性逆转，米勒管发育为子宫、输卵管和阴道。

2. *Sry*　*Sry* 是雌雄分化的分子开关，当 Y 染色体上的 *Sry* 表达后，性腺就发育为精巢。如果没有 *Sry* 的表达，性腺就发育为卵巢。Sry 是一组 DNA 结合蛋白的成员之一，这些成员都有一个和 DNA 结合的区域，称为高速泳动族（high mobility group，HMG）区。Sry 与 DNA 的特定区域——小沟结合，使小沟弯曲 60°～85°，Sry 的 DNA 结合与弯曲功能是合二为一的。几乎所有 XY 性转变的人的 SRY 突变都发生在 HMG 区。

Sry 作为转录因子既可以激活一些基因，又可以抑制一些基因的表达，但是 SRY/Sry 的下游基因是什么还不是很清楚。目前 *Sry* 下游基因最可能的候选者是 *Sox9*。*Sox9* 紧接着 *Sry* 之后表达，而且 *Sox9* 和 *Sry* 的表达细胞一致。把 *Sox9* 置于 *Wt1* 启动子控制之下，进行转基因，发生了 XX 性逆转。

Sry 在性腺中的表达也是被严密调控的，其表达变化模式类似波浪变化。小鼠 *Sry* mRNA 和蛋白质在小鼠胚胎中的表达始于 10.5dpc（怀孕后 10.5 天）的 XY 生殖嵴，分布于整个性腺，在 11.5dpc 达到高峰，然后在 12dpc 从前到后下降，在 12.5dpc 仅在性腺末尾发现几个细胞表达。*Sry* 的表达时间和表达量对于保证精巢的发育都非常重要。一个 *Sry* 突变体，其 *Sry* 的表达就晚于正常表达时间，而造成 XY 鼠产生卵精巢。*Sry* 的表达量也必须达到一个阈值，否则精巢的发育也会产生障碍。至于什么因子调控 *Sry* 的表达还不十分清楚，可能那些对双潜能性腺发育有关的基因可以促进 *Sry* 的表达，如 *Wt1*、*Sf1* 等。*Sry* 在小鼠 12.5dpc 后消失，但 *SRY* 在人和其他一些动物中持续表达。

在哺乳动物中，并不是所有的动物都有 *Sry* 基因。例如，两种鼹鼠（外高加索鼹鼠 *Ellobius lutescens* 和东方鼹鼠 *E. tancrei*）及两种日本刺鼠（*Tokudaia osimensis osimensis* 和 *T. osimensis* spp.）的雄性就没有明显的 Y 染色体和 *Sry* 基因，但有正常的精巢和外生殖器，具有繁育能力。而在其他的鼹鼠及刺鼠种却有 Y 染色体并有 *Sry* 的表达。可能在没有 *Sry* 的动物中有其他基因可以代替 *Sry* 的功能。

3. *Sox9*　*Sox9* 和 *Sry* 都是 Sox 家族成员，它位于常染色体上。*Sox9* 首先在未分化两性性腺中低表达，但在 *Sry* 表达之后，其在精巢支持细胞中的表达显著上升。*Sox9* 在支持细胞中的表达一直维持到出生后。XX 人如果有多余的一个拷贝 *Sox9*，就会发育为男性。转基因鼠过表达 *Sox9*，也会造成 XX 雄性。*Sox9* 的基因敲除也会造成 XY 鼠的完全性逆转，即使有 *Sry* 的存在，没有 *Sox9* 的 XY 鼠也不能发育为雄性。*Sox9* 可能是 *Sry* 调控的唯一基因，而 Sry 的功能就是促进 *Sox9* 的表达。

Sox9 不仅存在于哺乳动物中，还存在于其他所有的脊椎动物中，在 ZW 性别决定的鸡、乌龟、鱼等动物中都有表达。甚至无脊椎动物果蝇也有 *Sox9* 的同源基因 *Sox100B*，它也在雄性精巢发育中发挥着重要的作用。

Sox9 的作用之一是促进支持细胞分泌 AMH（抗米勒管激素），而 AMH 在雄性管道系统发育中发挥重要作用。Sox9 与 *Amh* 基因的启动子结合，启动支持细胞 *Amh* 的表达。SF1 也参与对 *Amh* 转录水平的调节。体外实验表明，可能其他一些因子也参与了 *Amh* 表达的调节，如 GATA4、Wt1 等。

4. *Dmrt1*　*Dmrt1* 是 *DM* 家族成员，*DM* 家族在线虫、果蝇、珊瑚、鱼、蛙、鸟和哺乳动物中广泛存在。它们的产物是一族转录因子。*DM* 家族成员在性别决定与性别分化中起关键作用。例如，果蝇的 *dsx* 和线虫的 *mab3* 在雄性发育中发挥关键性功能，青鳉的 *DMY* 是其雄性决定基因，爪蟾 *DMW* 是其卵巢决定基因，鸡的 *DMRT1* 也在精巢发育中起决定作用。1998 年，人 *DMRT1* 基因被发现，它位于人的 9 号染色体。人 *DMRT1* 在未分化性腺中，与 *SRY* 的表达部位一致。当人 *DMRT1* 被消除后，就造成 XY 性腺发育不全和男性向女性转变的性逆转。*DMRT1* 基因仅在性腺中表达，且在性别决定的后期即性别分化前期，其在雄性精巢中的表达量高于在雌性卵巢中的表达量。但小鼠 *Dmrt1* 的敲除仅造成出生后精巢分化的轻微变化——支持细胞和生殖细胞缺陷，可能在小鼠中还有其他的基因可以补偿 *Dmrt1* 的功能。另外 3 个 DM 蛋白基因——*Dmrt3*、*Dmrt5*、*Dmrt7* 和 *Dmrt1* 一样也在小鼠发育的性腺中表达，其中 *Dmrt3* 的表达模式在时空上与 *Dmrt1* 一致。

5. *Dax1*　X 染色体上的 *Dax1* 基因编码 Dax1 蛋白，它是一个不典型的核受体。Dax1 可以同其他的核受体如 SF1、雌激素受体 ERα 和 ERβ、雄激素受体 AR、孕酮受体相互作用，与其他辅助因子形成复合体，然后调节基因的转录与表达；Dax1 也可能单独行使调节基因转录的作用。

在胚胎发育期的下丘脑、垂体、肾上腺、性腺中都有 *Dax1* 的表达。在精巢中，Dax1 的表达早于 Sry 的表达，随后又有波浪式变化。而在卵巢中，Dax1 持续表达。*Dax1* 的功能曾被认为是卵巢决定基因，因为人 X 染色体上含两个拷贝 Dax1 会导致 XY 个体发生性逆转，发育为女性（图 6-13）。但是，*Dax1* 的缺失会造成 XY 鼠精巢发育受损，包括精巢变小、生殖上皮发育障碍甚至性转变，而雌性生殖系统的发育不受影响。因

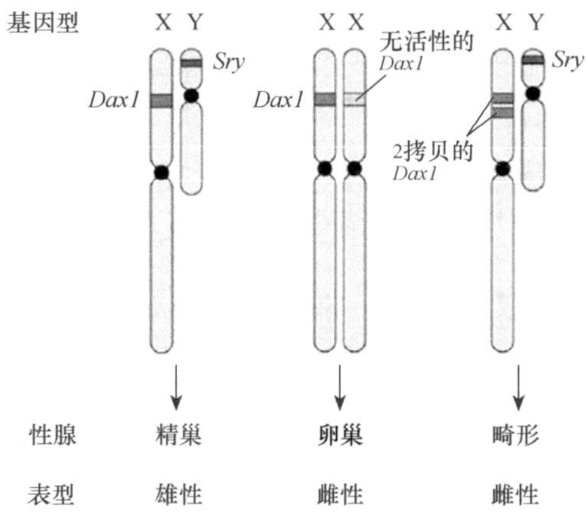

图 6-13　Dax1 抑制精巢发育

此，Dax1 在雄性和雌性性腺的发育中都有作用，Dax1 的剂量对于雄性性腺的发育至关重要。

6. *Wnt4* *Wnt4* 对雌性的发育非常关键。*Wnt4* 缺失的纯合子 XX 鼠发生性逆转，发育为雄性，具有精巢和输精管，但不能形成精巢索，也不表达支持细胞标记蛋白，而且不育。*Wnt4* 在双潜能两性性腺中都有表达，且早于 *Sry* 的表达。但随后在精巢中的表达下调，而卵巢中 *Wnt4* 的表达不变。

Wnt4 是两性未分化时米勒管形成所必需的，*Wnt4* 在卵巢中抑制雄性特有的血管化，阻止肾上腺类固醇激素分泌细胞与雄性及雌性生殖腺原基的分离。但是，*Wnt4* 的转基因研究结果表明，*Wnt4* 在雄性鼠中的过表达并不能改变雄性性腺特有血管的生成，尽管这些结构有些不正常。这说明 Wnt4 不是唯一的对抗卵巢中雄性血管生成的因子。*Wnt4* 可能通过卵泡抑制素（follistatin）发挥作用，因为 *Wnt4* 与 *follistatin* 基因敲除后的症状一致，在卵巢中产生雄性特有的体腔血管，生殖细胞凋亡。

总之，两性性腺的发育都是在严密调控之下完成发育的，没有哪种性别是默认的性别（图 6-14）。在严密调控之下，各个基因在严格的时间、空间上表达，并且其表达量也受控制，才能保证性别的正常发育。

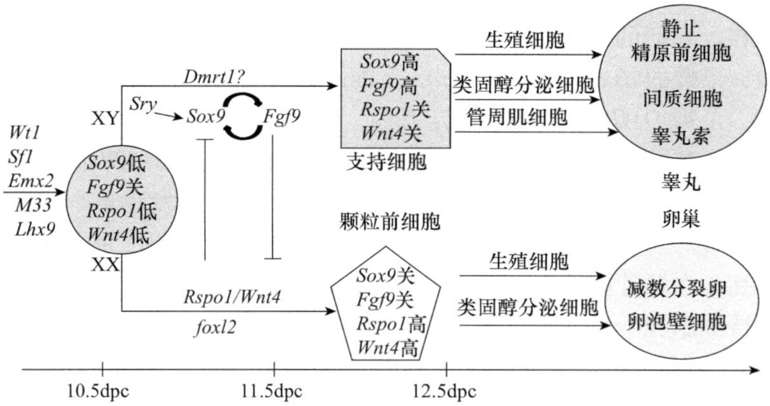

图 6-14 小鼠体细胞的性别决定（Kocer et al.，2009）

生殖细胞是分化为卵子还是分化为精细胞是取决于环境体细胞的性别，而不是取决于本身的染色体组成。XY 生殖细胞在雌性嵌合体中可以发育为卵细胞，XX 生殖细胞在雄性嵌合体中能发育为精原前细胞。生殖细胞在 XY 性腺中，从 11.5～12.5dpc 开始准备进行精子发生。所以 12.5dpc 前的 XY 生殖细胞与胚胎肺细胞或雌性泌尿生殖嵴细胞共培养就会发生性反转；而 12.5dpc 后的 XY 生殖细胞已经发生雄性的性别决定，所以不会性逆转。XX 性腺的生殖细胞进行卵子发生的决定晚于 XY 性腺的生殖细胞的生精决定。因而，12.5dpc 的雌性生殖细胞在与雄性泌尿生殖嵴细胞共培养时就能发生性逆转，但 13.5dpc 后的细胞就已经发生卵子发生的决定了。最近的一些研究结果表明，视黄酸（RA）在

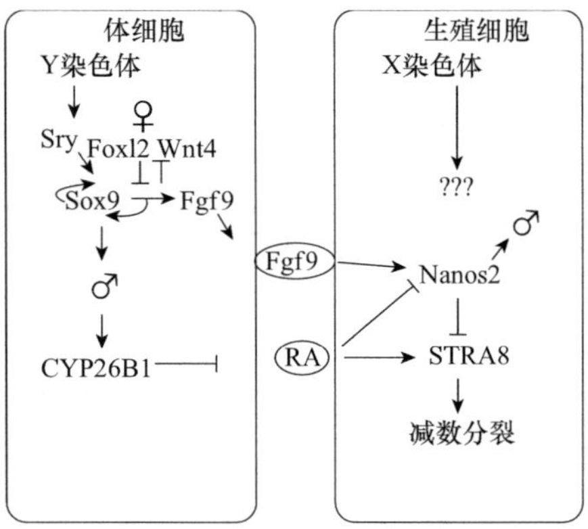

图 6-15 小鼠体细胞和生殖细胞的性别决定（Murray et al.，2010）

生殖细胞性别发育中起关键作用（Murray et al.，2010；图 6-15）。Fgf9 作为胞外信号分子，增强雄性体细胞特征，加强生殖细胞的周边体细胞环境。Fgf9 信号也是雄性体细胞环境下生殖细胞（XX 或 XY）的生存因子。雄性及雌性尿殖区都有 RA，但在雌性性腺中的水平远高于雄性性腺中。其原因在于，雄性性腺体细胞表达 RA 降解酶 CYP26B1。雌性生殖细胞响应 RA 后，上调 STRA8（stimulated by retinoic acid 8），促进减数分裂。雌性性腺的高水平 RA 可以解释性腺成熟后雌性性腺的生殖细胞即进入减数分裂。RNA 结合蛋白 Nanos2 特异地在人及小鼠雄性生殖细胞中表达，是雄性生殖细胞生存所必需的。Nanos2 抑制 STRA8 及减数分裂，抑制与卵子发生有关基因的表达。Nanos2 促进雄性生殖细胞的生存及雄性化。雄性特异的 Nanos2 表达是由于雄性性腺中 Fgf9 的激活而在雌性性腺中被 RA 抑制。

体细胞的性别是由 Y 染色体的性别决定基因 *SRY* 所决定的。雄性体细胞产生的 Fgf9 促进生殖细胞 Nanos2 的表达，Nanos2 抑制 STRA8，抑制卵子发育、促进精子发生。视黄酸抑制 Nanos2 的表达，促进 STRA8 的表达，STRA8 促进减数分裂，从而促进卵子发生。

（四）次级性别决定

初级性别决定就是卵巢和精巢的发育形成，而次级性别决定是在卵巢或精巢分泌的性激素的刺激下，雌、雄表型和第二性征的发育。次级性别决定包括胚胎发育时期和青春期发育两个阶段。

雄性性腺的进一步发育取决于抗米勒管激素（AMH）和睾酮。AMH 由支持细胞分泌，在其作用下米勒管退化。雄激素睾酮由间质细胞分泌，它使沃尔夫管分化为附睾、输精管和贮精囊，在早期的生殖嵴中，睾酮借助 5α- 还原酶生成双氢睾酮，它使生殖嵴膨大而发育为阴囊和阴茎。雄激素睾酮的存在可触发雄性的发育，它的缺失可使性腺接着发育成为雌性。在缺乏睾酮或睾酮受体有缺陷的情况下，XY 基因型发展成为雌性化表型。雄激素受体缺乏症的患者就没有睾酮的受体，而有雌激素受体。“她们”的生殖器官接受肾上腺所产生的雌激素的作用，发育为女性外形，但缺少子宫、输卵管和卵巢。其体内因为有 XY 染色体和 AMH 而发育有精巢，存在于腹股沟或腹腔，但没有阴茎。雌激素和雄激素都是由类固醇合成的，其中一个关键酶是芳香化酶，它是 *Cyp19* 基因的表达产物。

在同一个人身上既能发现男性性征又能发现女性性征时称为间性。雄激素受体缺乏症患者就是典型的间性，它是一种假两性畸形。假两性畸形在体内只有一种性腺，但其外生殖器官却与性腺的性别不同。真两性畸形就是在体内既有雄性性腺组织，又有雌性性腺组织。*R-spondin1* 的点突变就使患者成为真正的双性人。XX 患者在雄激素过高表达时，也会产生假两性畸形。例如，患者体内由于基因突变不能产生足够的氢化皮质酮，使肾上腺皮质增生，导致雄激素分泌增多，使女孩男性化，声音低沉，乳房不发育并有原发闭经。

第二节 环境性别决定

动物的性别既有遗传性别决定（GSD）又有环境性别决定（ESD），大多数低等脊椎动物和无脊椎动物都是环境性别决定的。即使是遗传性别决定的物种，其性别也受环境的影响很大而有可能改变遗传性别。影响动物性别的环境因素有温度、光照、pH、离子浓度、食物供应及动物群体行为等。

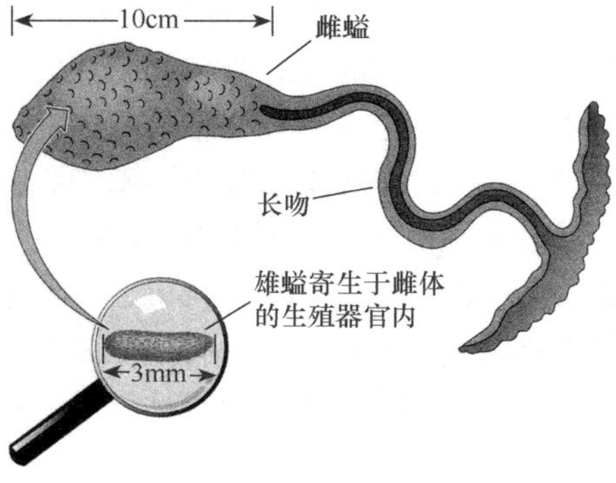

图 6-16　绿叉螠的雌雄异形（Gilbert，2006）

性别决定最奇特的例子当属螠或匙虫（Echiura），如绿叉螠（*Bonellia viridis*）（图 6-16）和单环刺螠（海肠子，*Urechis unicinctus*）。绿叉螠雌虫生活于浅海的小泥洞中，体长约 10cm，用长长的吻采食。雄虫仅长约 3mm，寄生于雌虫的子宫中。自由的雌性和雄性配子在海水中受精，成为担轮幼虫。如果幼虫没有与另一雌虫的长吻接触，就发育为雌性，两年后达性成熟。如果幼虫落入雌虫吻上，就进入雌螠体内，在子宫分化为共生雄虫。

营养或密度可以决定性别，如营昆虫寄生的索科线虫。当一头宿主体内仅有 1 条线虫寄生时，脱出的线虫为雌线虫；当宿主体内寄生超过 5 条线虫时，寄生的线虫全部发育成雄虫。研究者在秀丽隐杆线虫（*C. elegans*）中也发现，脂肪酸代谢与生殖细胞的性别决定密切相关，脂肪酸能够通过脂酰辅酶 A 合成酶 4（ACS-4）及豆蔻酰辅酶 A，使蛋白质豆蔻酰化，再通过促分裂原活化的蛋白激酶（MAPK）途径，抑制 *fem* 基因表达，促进 *tra-1* 基因表达，导致卵子发生，产生雌雄同体（图 6-17）。*ACS-4* 突变导致雌雄同体的性腺被雄性化，不能产生卵细胞。

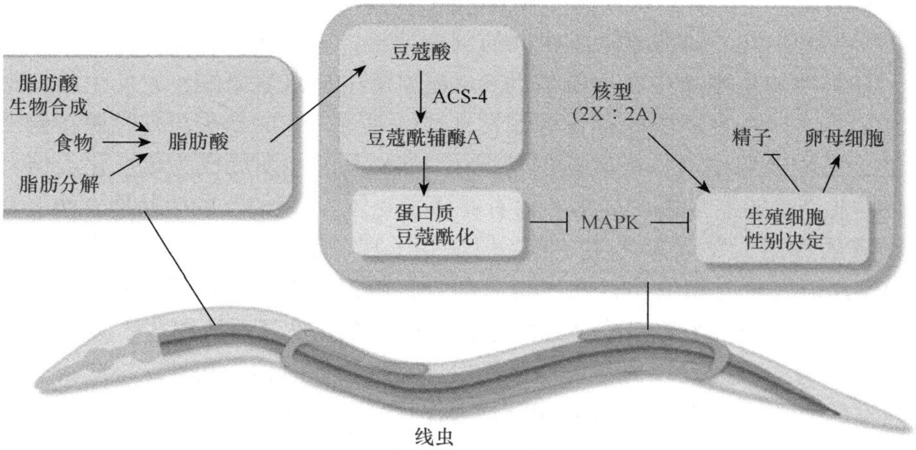

图 6-17　脂肪酸代谢调控线虫性腺性别决定模式图（Tang and Han，2017）

在脊椎动物中，从鱼类、两栖类到爬行类，其性别决定既有遗传决定型也有环境决定型。例如，龟为 XY 性别决定，蛇为 ZW 性别决定，蜥蜴既有 XY 又有 ZW 性别决定。但大多数的性别受孵化温度的影响，称为温度性别决定（TSD）。例如，蜥蜴的卵在 26～27℃时孵化为雌性，在 29℃孵化时则为雄性。鳄鱼卵在 33℃孵化时全为雄性，在 31℃孵化时全为雌性，在这两种温度之间时，雌雄各占一半。龟卵在高温（30℃以上）孵化时，大部分为雌性，低温孵化时为雄性。

自 1966 年 Charnier 发现 TSD 现象以来，其分子机制一直是未解之谜。TSD 机制的解析主要在于解答两个科学问题：①哪个（些）基因启动未分化性腺向精巢或卵巢分化？②温度如何调控这些基因的表达？近期的研究结果表明，组蛋白 H3 第 27 位赖氨酸（H3K27）去

甲基化酶编码基因 *Kdm6b* 在红耳龟（*Trachemys scripta elegans*）未分化性腺中呈现温度依赖型二态性表达分布，即高温条件下（32℃）表达量低，性腺发育为雌性；而在低温条件下（26℃）表达量高，性腺逐渐发育为雄性特征。通过 RNA 干扰将产雄温度（male-producing temperature，MPT，即低温）胚胎 *Kdm6b* 敲降后发现，80%～87% 的 MPT 胚胎出现雄性向雌性性逆转。KDM6B 通过消除启动子区 H3K27 三甲基化标记，直接促进红耳龟雄性性别决定基因 *DMRT1* 的表达。*DMRT1* 的过量表达能够恢复由 *Kdm6b* 缺陷引起的性逆转。也就是说，在高温条件下，KDM6B 表达量低，*DMRT1* 表达被抑制，性腺发育为雌性；在低温条件下，KDM6B 表达量高，H3K27 甲基化程度低，*DMRT1* 表达，性腺发育为雄性。该项研究为“表观遗传机制调控温度性别决定”假说提供了首个直接的遗传证据（Ge et al.，2018）。

然而，温度与 *Kdm6b* 表达有什么联系呢？通过进一步研究发现，在红耳龟胚胎中，在整个温度感应窗口（第 14～20 期）中，信号转导与转录激活因子 3（STAT3）的转录本和蛋白质水平在 26℃和 31℃时都相似，但在第 15 期和第 17 期的整个胚胎生殖腺中，在高温环境下，钙离子大量流入性腺细胞内，通过激活 STAT3 的磷酸化（pSTAT3），从而抑制 *Kdm6b* 表达，继而抑制 *DMRT1* 表达，最终促进雌性发育。在低温环境下，性腺细胞内钙离子水平低，导致 pSTAT3 水平也低，*Kdm6b* 表达，促进 *DMRT1* 表达，最终就发育为雄性。此外，研究者还发现，除钙离子外，pSTAT3 还能被其他一些环境胁迫因子激活，如冷诱导的 RNA 结合蛋白 CIRBP（参与鳄龟性别决定）、离子通道蛋白 TRPV4（参与鳄鱼性别决定）和皮质醇（参与雌雄同体鱼的性逆转）等（图 6-18），因此 pSTAT3-KDM6B 是众多环境性别决定系统间的一个保守的调控通路，将环境感受和性别决定通路完美地连接起来（Weber et al.，2020）。

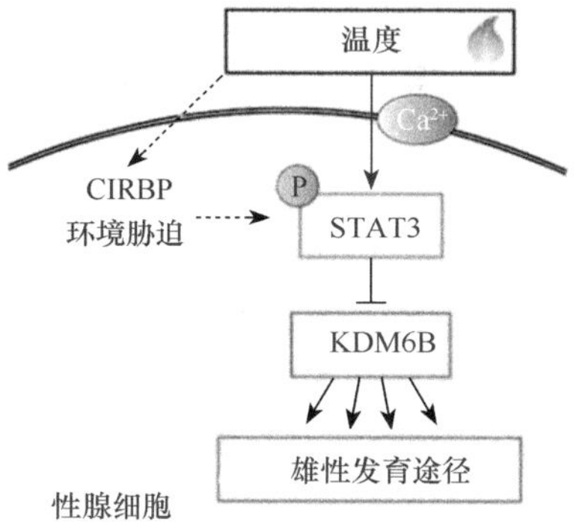

图 6-18　温度性别决定的分子模型（Weber et al.，2020）

高温引发细胞内 Ca^{2+}浓度的升高，促进 STAT3 的磷酸化。激活的（磷酸化的）STAT3 结合 *KDM6B*，抑制 *DMRT1* 和雄性发育途径的激活。温度也可能激活 CIRBP 和（或）胁迫反应途径，这也可以激活 STAT3

鱼类的性别决定方式多种多样（表 6-1）。这也为人工操纵性别，发展水产养殖提供了便利。人们可以根据需要，培育所需要性别的鱼，进行饲养。

表 6-1　影响鱼类性别的主要环境因子（Baroiller and D’Cotta，2001）

鱼种	环境决定因子	不影响的因素
鲫（*Carassius auratus*）	温度	光周期、密度
舌齿鲈（*Dicentrarchus labrax*）	温度	光周期
斑点叉尾鮰（*Ictalurus punctatus*）	温度	
叉尾斗鱼（*Macropodus opercularis*）	密度、社会因素	
月银汉鱼（*Menidia menidia*）	温度	盐度、光周期
泥鳅（*Misgurnus anguillicaudatus*）	温度	
牙银汉鱼（*Odontesthes bonariensis*）	温度	
奥利亚罗非鱼（*Oreochromis aureus*）	温度	

续表

鱼种	环境决定因子	不影响的因素
尼罗罗非鱼（*Oreochromis niloticus*）	温度	密度、喂食速度、盐度
牙鲆（*Paralichthys olivaceus*）	温度	
漠斑牙鲆（*Paralichthys lethostigma*）	温度、鱼缸颜色、光照强度	
条斑星鲽（*Verasper moseri*）	温度	
剑尾鱼（*Xiphophorus helleri*）	pH	

外源激素的处理，也可改变动物性别。在幼鱼的饵料中加入雄激素睾酮，遗传型为雌性的生殖器官可发育成雄性，成熟后能排出精液；如在饵料中加入雌激素，性染色体决定应为雄性的幼鱼可以发育成为雌性，成熟后能产生卵母细胞。用于人工诱导雄性化的激素以17α-甲基睾酮应用最广泛。用含20mg/kg 17α-甲基睾酮的饲料投喂尼罗罗非鱼，得到了100%全雄鱼，将遗传型雄鱼转变成生理型雌鱼。

环境性别决定的分子机制尚不完全清楚，但其在性别决定和性别分化时的基因表达模式与基因型性别决定相似。无论何种性别决定，激素对性别的分化有着无可比拟的作用。芳香化酶是雌激素合成通道上起关键性作用的酶。芳香化酶可把睾酮转化为雌二醇，把雄烯二酮转化为雌酮。芳香化酶可能在环境性别决定中起着关键性作用。用芳香化酶抑制剂就可以阻止雌激素的合成，而造成雄激素的累积，可以使性别向雄性化发展。对鲆鲽鱼类的研究表明，内源性雌二醇通过芳香化酶的合成对雌性的分化极其重要，如果没有雌二醇的合成就会发育为雄性。在XX鱼中，高温通过抑制芳香化酶的表达，可以破坏雌二醇的合成过程，最终发育为雄性。

第七章 干细胞与再生

本章彩图
扫码可见

干细胞中的“干”（stem）是指“源”的意思，干细胞也可以称为“细胞之源”，即所有分化的细胞都是来源于干细胞。由于干细胞在发育、再生、疾病治疗以及药物研发等过程中的重要作用，已受到广泛关注。随着干细胞研究的不断深入，人们对许多以前无法治愈病症的治疗产生了新的希望。

第一节 干 细 胞

一、干细胞的定义

干细胞（stem cell，SC）在广义上是指一类具有自我更新能力并能产生分化细胞的细胞类群。准确来说，干细胞既可产生与其亲代相同的子代细胞，又能产生潜能性受限的子代细胞。按照发育阶段分类，干细胞可分为胚胎干细胞（embryonic stem cell，ESC）和成体干细胞（adult stem cell，ASC）。根据产生分化后代的潜能性不同，干细胞又可分为全能干细胞、多能干细胞和单能干细胞，全能干细胞能发育成完整个体，如受精卵、大多数植物细胞；多能干细胞能够产生多种类型的子代细胞；而单能干细胞只能产生一种类型的分化细胞。

二、常见干细胞的来源和特征

目前已发现或存在的人体的常见干细胞包括胚胎干细胞、诱导多能干（iPS）细胞、间充质干细胞、造血干细胞、肠道干细胞、表皮干细胞等，它们具有不同的来源和特征。

胚胎干细胞来源于胚泡形成后着床前的胚胎内细胞团。内细胞团的细胞通常生成三胚层并最终形成所有成体组织，产生所有类型的体细胞谱系，并在小鼠中形成种系嵌合体。胚胎干细胞的基本特征包括自我更新、体内外多谱系分化潜能、克隆形成能力、正常染色体核型、体外广泛增殖能力。

多能干细胞具有分化为多种细胞类型的能力，除了胚胎干细胞，还有 iPS 细胞、造血干细胞等。目前人类多能干细胞主要由以下几种途径获得：①可以从囊胚之前的晚期桑椹胚中获得干细胞；②从人工授精多余冷冻胚胎的囊胚（胚泡）内细胞团中分离得到（图 7-1A）；③从流产胚胎的原始生殖嵴中分离干细胞［胚胎生殖细胞（EG 细胞）］；④成体干细胞从成体组织、器官中分离获得；⑤另外还可以从用于基因治疗的克隆胚胎内细胞团中分离得到干细胞。此后，转录因子加一些小分子、微 RNA（microRNA）等也被用来诱导多能干细胞。这些重编程因子能够通过病毒感染、转座子介导的转基因、质粒转染以及细胞穿透蛋白或合成的 mRNA 等方法被转到体细胞中，使得体细胞重编程，转变为干细胞（图 7-1B）。

间充质干细胞（mesenchymal stem cell，MSC）一般指具有贴壁性，体外能直接分化为成骨、软骨、脂肪、肌肉及其他细胞的细胞群体。根据目前的定义，MSC 可以从骨髓、脂

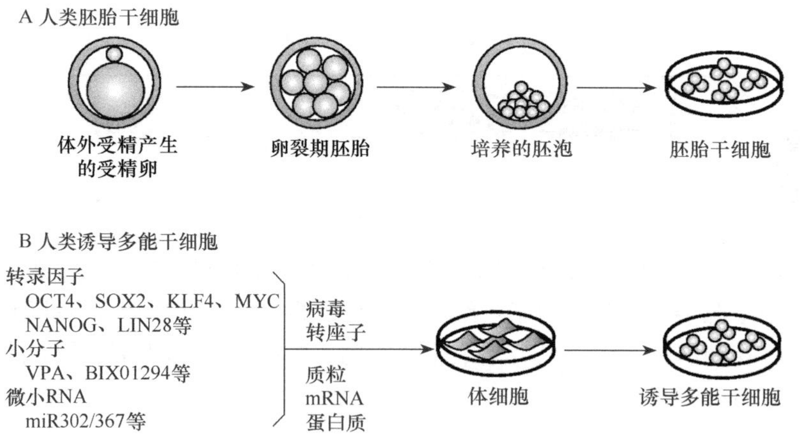

图 7-1　获得人类多能干细胞的方法（Zhu and Huangfu，2013）

肪、羊水和血管等间质组织中分离，但这些细胞是否能分化为非间质细胞仍存在争议。MSC 缺乏特异标志物，主要表达 CD105、CD73、CD90，不表达 CD45、CD34、CD14、CD29 和 HLA-DA 表面分子。MSC 在体外培养过程中会出现某些标志物丢失，出现其他标志物，也会给其鉴定带来困难。

造血干细胞（hematopoietic stem cell，HSC）是成人体内最独特的成体干细胞群体，具有高度自我更新、多向分化、跨系分化与重建长期造血的潜能（图 7-2）；HSC 还具有广泛的迁移和归巢特性。HSC 存在于骨髓，通过不对称分裂一方面维持自身数目，另一方面生成多系 / 单系造血祖细胞；一旦变成造血祖细胞（hematopoietic progenitor cell，HPC），会立即出现对称性有丝分裂，逐渐丧失自我维持能力。小鼠 HSC 稳定表达 CD34 和 SLAM 分子（CD41、CD48 和 CD150），而人 HSC 是表面标记为 $CD34^{+}CD38^{+}$的细胞。

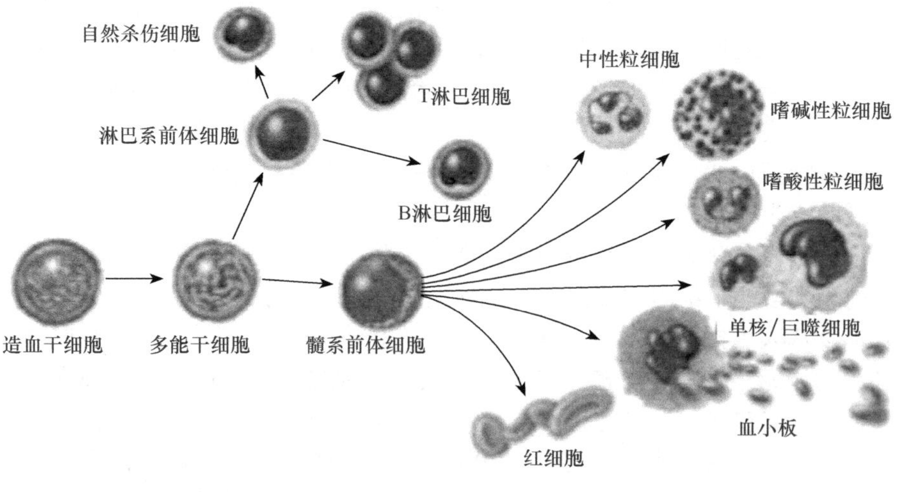

图 7-2　造血干细胞分化图谱（Domen et al.，2006）

肠道干细胞（图 7-3）主要存在于肠黏膜上皮 Lieberkunn’s 隐窝中，潘氏细胞上方，具备干细胞终生自我更新与分化的基本特征。由于缺乏广泛认可的标志物，肠道干细胞很难被识别。有研究者先后分离出了号称特异性表达 CD24 和 CD44 细胞表面分子的小鼠和人的单

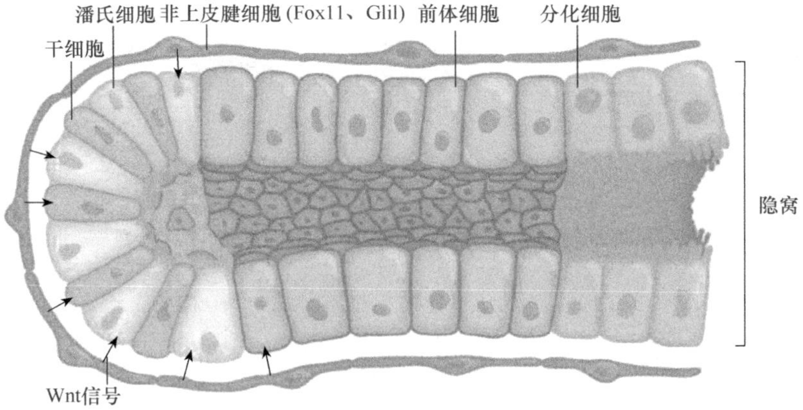

图 7-3 肠道干细胞隐窝（Samuelson，2018）

隐窝中肠道干细胞位于底部，与潘氏细胞（分化的上皮细胞）交叉排列，隐窝外部有一种特化的表达 Foxl1 和 Gli1 的非上皮细胞，它们分泌 Wnt 信号（箭头所示）维持干细胞自我更新

个肠道干细胞。另外，神经 RNA 结合蛋白标志物 Musashi-1（Msi-1）最近被提议作为第一种肠道干细胞标志物，但仍需要更深入研究。通过隐窝微集落测定方法可识别肠道干细胞，即在高剂量辐射条件下使存活细胞仅存在单个干细胞，可以观察到肠道干细胞再生出整个肠道隐窝和绒毛上皮细胞。肠道干细胞的命运受 Wnt/β-catenin 信号通路及下游分子 APC、Tcf-4/LEF、Cdx-1 等紧密调控，其他调控因子包括 forkhead 家族、Math1-Notch δ 信号通路等。

表皮干细胞（epidermal stem cell）是一类具有无限增殖能力，可分化为表皮中各种功能细胞的细胞群。表皮干细胞属于成体干细胞，呈片状分布于表皮基底层，主要位于毛囊隆突部皮脂腺开口处与竖毛肌毛囊附着处之间的毛囊外根鞘（图 7-4）。表皮干细胞具有非常强的增殖能力，主要通过不对称分裂产生一个子代干细胞和一个定向祖细胞（committed progenitor cell），并且在更新时祖细胞会向上迁移到表皮最外层形成角质化表皮细胞；在损伤时可通过对称分裂产生两个干细胞或祖细胞，以适应机体需要。表皮干细胞的表面标志包括：高表达整合素 β1 和 α6、角蛋白 K15 和 K19、P63、CD34、S100A6 以及低表达 CD71 和 E-cadherin。转录因子 Tcf/Lef 家族、端粒酶以及 Wnt、Hedgehog 信号通路调控表皮干细胞的分化，此外外源性因素包括整合素和细胞外基质也影响其分化过程。

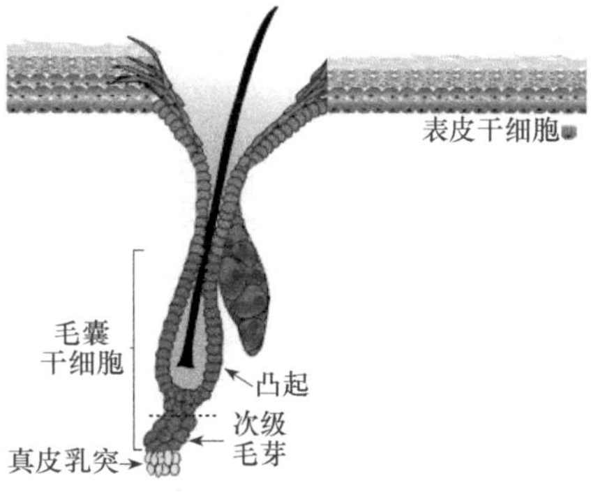

图 7-4 皮肤中的表皮干细胞（Morgan，2013）

自 2006 年 Yamanaka 等获得了诱导多能干细胞后，我国科学家也做了大量相关工作。2009 年，我国科学家还利用 iPS 细胞产生了存活且可育的小鼠。此后对 iPS 细胞产生机制进行研究发现，在细胞重编程过程中，转录因子 OSK（OCT4、Sox2、Klf4）与体细胞转录因子结合使其失活，细胞逐步选择多能性转录因子来驱动重编程的过程（图 7-5）。

由于 iPS 细胞在器官移植、再生医学中有巨大应用潜力，因此一经报道就引发了研究热潮。随着这项研究进一步推进，科学家能够开发和测试将一种细胞类型改变为任何一种其他

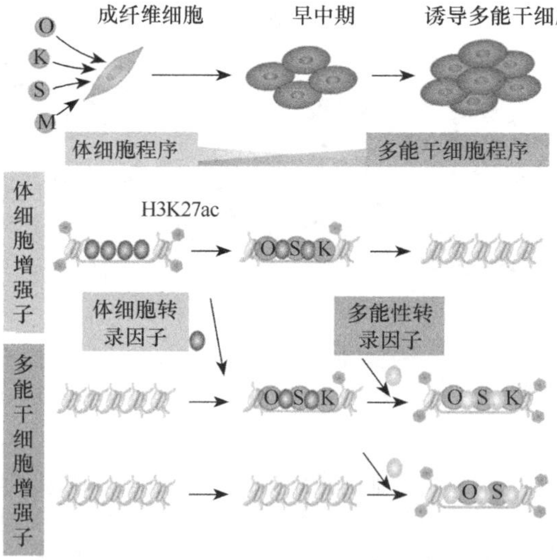

图 7-5 诱导多能干细胞产生的机制（Chronis et al.，2017）

细胞类型的新方法，也必将最终造福于人类。

三、干细胞的分化潜能和自我更新

干细胞的分化潜能是其最复杂的特征，由于分化细胞具有不同形态和基因表达模式，多能干细胞的多潜能使其位于细胞谱系的顶端。干细胞分化产生终末细胞前会形成定向祖细胞，再经过几次到十几次的分裂后定向分化，进一步可分化为有丝分裂后细胞（post-mitotic cell）及终末分化细胞（terminally differentiated cell）。干细胞自我更新和分化的方式通常有两种（图 7-6）：一种是不对称方式分裂，即 1 个干细胞分裂成 1 个干细胞和 1 个定向祖细胞，或一个干细胞分裂分化为两种不同的祖细胞，常见于单细胞生物和无脊椎动物；另一种是具有高度调控机制的对称分裂方式，即干细胞按一定的概率分裂为两个干细胞或两个定向祖细胞，一般认为哺乳类动物即以此种方式进行自我组织更新。通常干细胞等数分裂干细胞和定向祖细胞，当受到损伤等情况时，干细胞的分裂方式会发生改变以适应机体的需要。

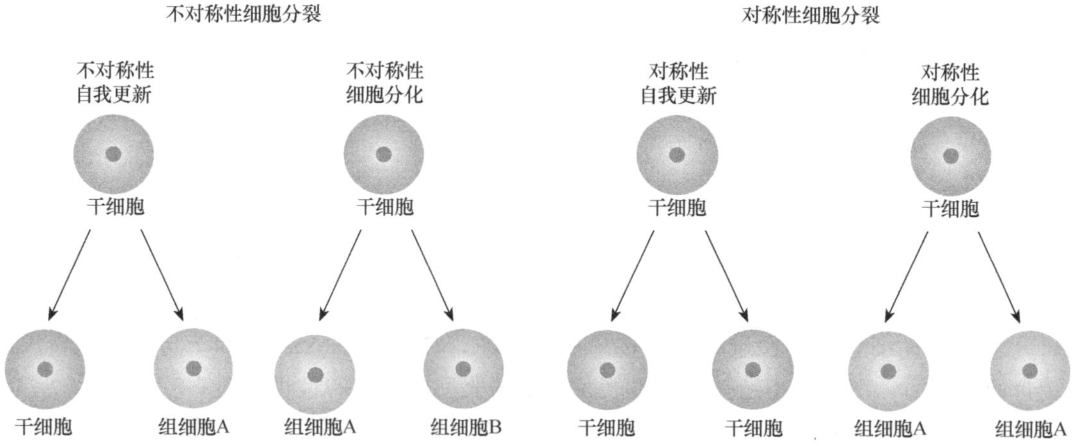

图 7-6 干细胞分裂方式（Florian et al.，2015）

四、干细胞的鉴定

胚胎干细胞和成体干细胞的鉴定方法不同。胚胎干细胞具有自我更新、体内外多谱系分化潜能、克隆形成、体外高度增殖、细胞正常冻存和复苏等能力，可通过观察植入的胚胎干细胞是否能分化为所有体细胞谱系，并产生生殖嵌合体，来评估其在体内的分化过程。由于用人胚胎干细胞（human embryonic stem cell，hESC）进行此类实验违反伦理，对于 hESC 的研究仅限于测定其是否能够产生类胚体或含有三胚层分化细胞的畸胎瘤能力。另一种替代方法是将 hESC 移植到非人源成体或胚胎相关发育区，评估其发育成特定组织的能力。

成体干细胞的基本定义是，具有自我更新并产生分化细胞能力的单细胞（或克隆）。利用这种特性，最严格的鉴定方法是利用细胞表面标志物分离纯化细胞，将未经体外干预的单细胞移植到合适的受体内，观察其自我更新能力及重建成组织、器官或相应谱系的能力。这类方法的适用性有限，更普遍的方法是通过形态观察、核型分析、细胞标志物检测和体外分化能力检测来鉴定成体干细胞。

五、干细胞微环境

经典发育生物学认为，子细胞分化为不同谱系存在两种机制：一种是母细胞内的细胞命运决定子进行不对称分配，依赖于细胞内信号转导；另一种是细胞定向分裂，使每个子细胞处于不同微环境，依赖于细胞外信号。实际上，干细胞在自我更新和分化的细胞命运决定过程中，可能受细胞内在因素和来自周围微环境的外来信号共同调控，这种细胞周围的微环境称为干细胞微环境（stem cell niche）。

干细胞微环境在雌雄生殖腺、造血系统、表皮、肠道上皮等多种干细胞维持中起关键作用，不同种类的干细胞与微环境的作用存在共同特征。①由干细胞微环境产生或诱导分泌的因子可指导干细胞命运决定，但不同干细胞种类具有不同的信号调控机制。例如，JAK-STAT 信号通路参与果蝇精巢种系干细胞的自我更新，而 Wnt 信号参与哺乳动物包括造血干细胞在内的多种干细胞的自我更新。果蝇精巢为一个长而细的管状结构，顶端为由数个中心细胞（hub cell）形成的中心区及其周围的包囊干细胞（CySC）和生殖干细胞（GSC）组成的干细胞微环境（图 7-7A）。体细胞和生殖细胞相互作用，调控生殖细胞由顶端逐渐向基底端方向分化。生殖干细胞经过不对称分裂，产生一个干细胞（自我更新）和一个离开顶端干细胞微环境的精原母细胞（gonialblast），这个精原母细胞即进入分化途径。从中心区和包囊干细胞而来的 JAK-STAT 信号促进生殖干细胞的自我更新，阻止其分化；生殖干细胞内部的 JAK-STAT 信号对于其黏附于中心细胞是必需的（图 7-7B）。②细胞黏附是微环境内干细胞维持的保守特征，但细胞黏附分子和细胞连接类型对于不同干细胞有不同功能。③干细胞与其周围支持细胞的结构会控制干细胞保持适宜数目，通过引导子代细胞的极性，使其处于微环境之外而促分化。

六、干细胞的自我更新机制

干细胞的自我更新是指其细胞增殖分裂时，产生的子代细胞仍维持亲本的特性。干细胞自我更新是一个复杂的分子信号系统，通过特殊内源性分子的表达，以及微环境中多种细胞因子和胞外基质的刺激，构成信号网络，当这个信号网络系统处于总体平衡时，干细胞的自我更新才能得以维持。

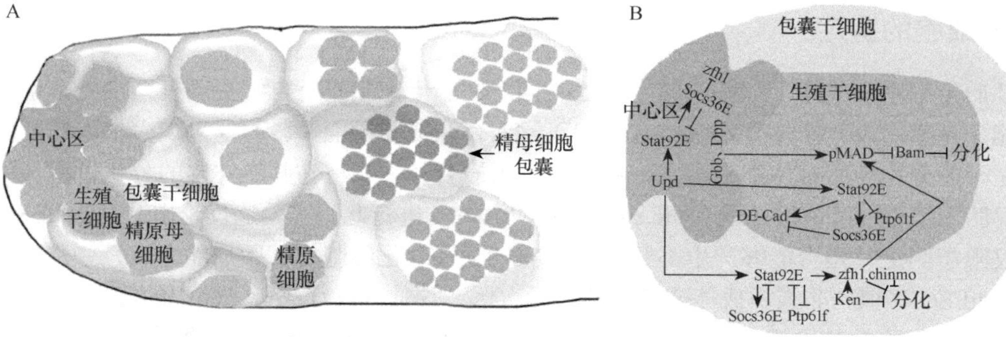

图 7-7 JAK-STAT 信号通路调控果蝇精巢生殖干细胞的自我更新（Bausek，2013）
A．精巢顶端干细胞微环境；B．JAK-STAT 信号通路调控网络

胚胎干细胞自我更新的分子机制研究得最为深入（图 7-8）。在转录信号调控方面，有研究表明白血病抑制因子（LIF）-LIFR/gp130-JAK-STAT3 和 Wnt-GSK3-β-catenin 信号通路是维持小鼠胚胎干细胞多能性的关键通路，其中 Stat3 的激活对干细胞多向分化潜能的维持是充分必要条件。此外，BMP4-BMP-R1/R2-SMAD 和 Fgf4-Fgf-R-ERK 信号通路也参与干细胞自我更新调控。Oct4 和 Nanog 是维持胚胎干细胞自我更新最主要的转录因子。Oct4 由 *Pou5f1* 基因编码，最初在未分化的胚胎瘤细胞中发现，*Oct4* 缺失突变体胚胎在植入后立即死亡，Oct4 缺失的胚泡分离出的内细胞团和胚胎干细胞均向滋养外胚层分化，说明 Oct4 对于干细胞自我更新的重要性。此外，Oct4 与其转录激活子 Sox2 形成的二聚体调控多种多能性相关基因表达，包括正反馈调节它们本身的表达。*Nanog* 编码 NK2 家族的同源异形盒转录因子，其特殊性在于，细胞缺失 LIF 时持续表达 Nanog 仍可维持胚胎干细胞的自我更新。有研究表明，Sox2、Klf4、Myc 等转录因子也参与干细胞自我更新调控。

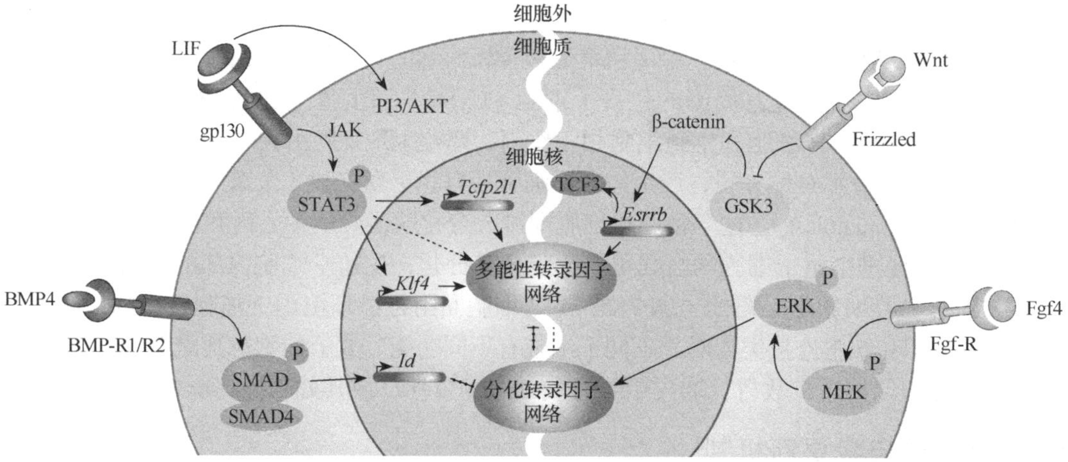

图 7-8 干细胞自我更新的分子信号通路（Hackett and Surani，2014）

近年来的研究表明，胚胎干细胞自我更新也受到表观遗传学调控，包括 PRC2 的成员 Suz12、Eed 和 Ezh2，通过介导组蛋白 H3 上 Lys27 三甲基化从而导致靶基因沉默，抑制胚胎干细胞自我更新。此外，染色质重塑（chromatin remodeling）通过改变组蛋白与基因组

DNA 的接触来调节基因启动子区域的转录激活，包含多个家族蛋白，其中 SWI/SNF（switch/sucrose nonfermentable，又称 BAF）敲除会导致 ES 细胞增殖和分化；CHD（chromodomain helicase DNA binding）家族的 Chd1 是 ES 保持多能性必需的，INO80（inositol-requiring 80）家族的 Tip60 介导 H3K4 的乙酰化，与内皮细胞自我更新有关。

胚胎干细胞在体外能够连续自我更新，除了受胞外信号、转录因子和表观遗传调控，还依赖于细胞周期调控。G_1-S 期检验点 Rb 持续磷酸化失活，导致 E2F 转录抑制解除，这是小鼠胚胎干细胞正常增殖的必要条件。其他细胞周期调节机制包括 *Mybl2*、*Sall4*、*Klf5* 基因和 PI3K-Akt 信号通路。此外，胚胎干细胞具有高水平端粒酶活性，能维持细胞端粒长度，是其具有高增殖能力的重要保障。

七、干细胞的分化机制

干细胞的分化与多能性处于相互抑制的调控平衡网络。成纤维细胞生长因子 4（fibroblast growth factor 4，Fgf4）是促进小鼠胚胎干细胞分化的自分泌因子，由 Oct4 诱导产生，能够通过生长因子的旁分泌作用调节干细胞以及周围滋养层的进一步分化。敲除 *Fgf4* 或使用其抑制剂会阻断下游 Grb2-MAPK 信号通路，促进胚胎干细胞自我更新，抑制自发分化。骨形成蛋白（BMP）作为胚胎发育早期的形态发生素，决定胚层的形态并调控多细胞分化程序，同时也调控胚胎干细胞的生长。BMP 主要通过 Smad1/5 和 Smad4 激活下游转录因子 Id，调控一系列发育调控蛋白从而实现自我更新与分化之间的平衡。BMP 信号对于胚胎干细胞自我更新能力的维持是非必需的，但是对于正确的细胞谱系的决定是必要的。

随着干细胞分化机制研究的深入，体细胞诱导为多能干细胞的研究兴起并迅速发展。iPS 细胞不仅解决了利用干细胞进行组织修复所面临的异体免疫排斥和伦理学问题，在利用患者自身正常细胞进行组织自我修复方面具有巨大的应用前景。比如，可以通过收集来源于患者的体细胞，采用重编程技术将其重编程成患者特异性 iPS 细胞，再利用 CRISPR/Cas9 等基因编辑技术，将已知的疾病相关基因编辑后，获得修复后的健康 iPS 细胞，将修复后的健康 iPS 细胞诱导分化为各种与疾病相关的特定细胞，并通过比较患病和健康的特定细胞或类器官来定义疾病特异性表型，在分子水平上研究这些表型可以识别新的病理机制，为药物发现和个性化治疗提供新的途径（图 7-9）。

八、干细胞与伦理

干细胞尤其是哺乳动物胚胎干细胞分化过程中，通过悬浮培养技术，胚胎干细胞可聚集成团，自发分化成多细胞结构，即拟胚体（embryoid body，EB），为研究哺乳动物胚胎早期发育的细胞和分子水平调控机制及影响胚胎发育的因素提供便利。此外，胚胎干细胞提供遗传物质完全一致的核供体，可用于大批量生产优质克隆动物，缩短转基因动物扩繁周期，并且对于保护珍稀野生动物具有重要意义。另外，干细胞的多分化潜能可以用来替换或修复那些由疾病或损伤造成的组织器官功能缺陷，用于组织和器官移植、基因与细胞治疗、人类新基因的发现和功能基因组学、新药的开发筛选和药效及毒性评价等方面的研究。可以预测，将来利用体细胞诱导成多能干细胞，再采用合适的细胞因子的培养基诱导分化为所需要的成体细胞，利用 3D 打印技术等生物工程手段，达到多器官移植和治疗疾病的目的。

虽然干细胞具有广泛的应用前景，在基础和临床研究与试验上发展迅速，但干细胞的

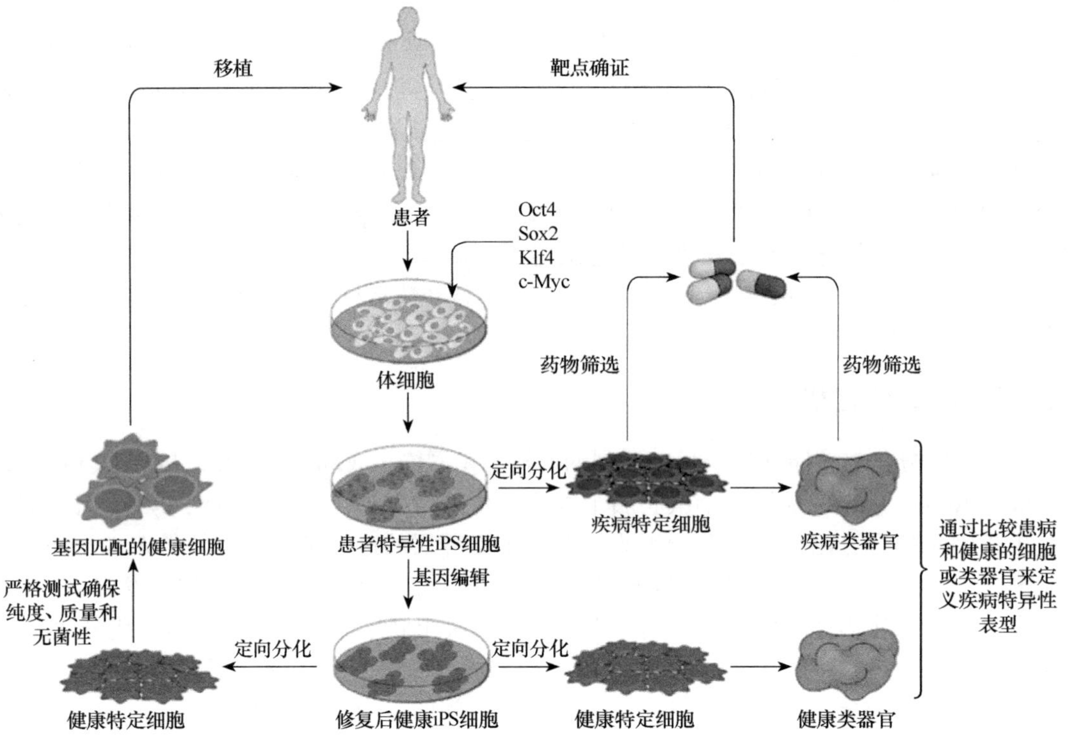

图 7-9　iPS 细胞在疾病建模、药物发现和细胞治疗中的应用（蔡晨依等，2020）

伦理问题一直是备受争议的关键问题，也是各国政府和国际组织制定干细胞相关法规的重要因素。目前，国际上对于干细胞，尤其是人胚胎干细胞如何开展研究还没达成共识，对于干细胞研究伦理标准的底线也一直在讨论中。关于干细胞研究道德方面关注的问题主要有以下几点：①我们是否可以为了科学研究，或者为他人提供帮助而有意杀死一个处于胚胎发育期的人类个体？针对这个问题的争论在于，胚胎是否算作一个完全的人类个体？人们的答案呈现支持和反对两个极端，在立法上大多数国家倾向于不将早期胚胎看作一个值得提供儿童和成人法律保护的人类个体。②我们能否从他人对胚胎的破坏中获益？从道德层面来讲，这个问题的答案是否定的，但实际情况是，大多数用于培养胚胎干细胞系的胚胎是在治疗不孕不育过程中遗留的，接受体外受精的夫妻会例行多培育一些胚胎，它们会被低温冷冻保存，并且大多数多余胚胎会被销毁。因此无论是否将一些胚胎用于细胞研究，都会出现胚胎毁坏现象。那么，如何看待能否从他人不道德行为中获益这个问题，也取决于实际意义和利害得失。③我们能否为了破坏一个胚胎而创造它？这个问题的争议点在于，是否道德上能允许为了培育干细胞系而有意创造一个胚胎？支持方认为，要获得与患者匹配的干细胞系，需要使用特定捐献者的精子和卵子，基于此目的产生的 hESC 系更符合道德伦理，并且获得完全知情同意；反对者则认为，此类研究打开了一个将所有人类生命“工具化”的方向。④我们是否愿意为了干细胞研究而支持人类克隆？它与利用体细胞核移植技术，培育同基因的 hESC 系的“人类治疗性克隆”技术有关，它有效规避了免疫排斥，但可能引起另外两个问题：一个是治疗性克隆是否会对人的卵子产生巨大需求？另一个是，治疗性克隆研究产生的胚胎可能会被转而用于尝试生殖克隆。针对治疗性克隆，不同国家有不同的态度和相应法律条例。

由于人胚胎干细胞研究方面存在诸多道德考量，相关伦理准则也更为严苛。尤为重要的一点是，需要防止以生殖为目的，对克隆胚胎进行挪用。因此，需要获得捐献者的完全知情同意，包括理解所参与研究的性质、可能产生的商业利益权限归属，同时需要极力保护捐赠者的隐私不被泄露。对于移植治疗相关研究，需要防止外源性病毒或者其他病原体微生物通过小鼠或其他饲养层传入人群，并且要充分评估免疫排斥反应和人胚胎干细胞致瘤问题。对于干细胞，尤其是人胚胎干细胞治疗研究领域，谨慎和严格的道德伦理监管是合理且必需的。

第二节　再　　生

再生（regeneration）是生物体在出生之后以现存的细胞和组织重新生长或修复丢失的或损伤的组织或器官的过程。植物体细胞具有全能性，植物的再生能力最强，一个体细胞就可以长成一棵完整的植物。许多简单动物有极强的再生能力，如涡虫、水螅、海星等，从它们身体切下来一小部分就可以再生出一个结构和功能完整的个体（图 7-10）。有尾两栖类也具有一定的再生能力，如蝾螈能够再生肢体、尾巴等。近年来斑马鱼作为模式生物也被用来研究中枢神经系统、视网膜、心脏、肝以及鳍的再生机制。哺乳动物的再生能力很低，只有少数组织如肝、肾、骨等有再生能力，最引人注目的应该是鹿角的再生。哺乳动物组织器官再生实际上是损伤修复过程。

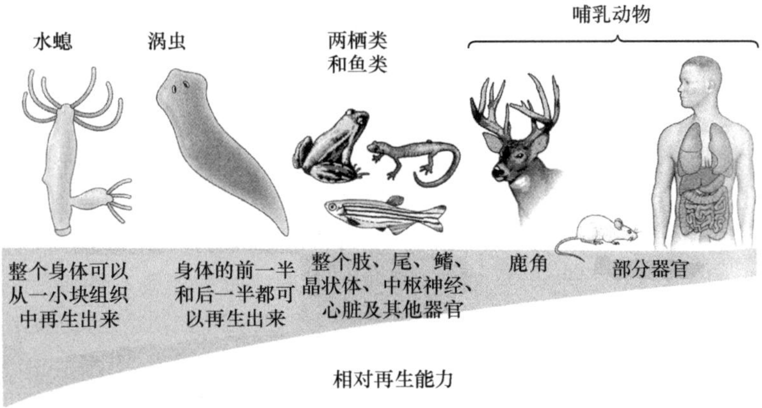

图 7-10　生物的相对再生能力（Barresi and Gilbert，2019）

一、再生的分类

按照再生的性质，其可分为生理性再生和创伤性再生。生理性再生是正常生理状态下的更新。例如，树叶冬天落下，来年再生新叶；动物表皮细胞和血细胞的更新等。创伤性再生是指机体或组织受到损伤后的重建和修复，如骨折后的愈合、皮肤擦伤后的修复等。

二、再生的模式

不同生物再生的能力不同，再生的模式也不完全一样，每一种代表着一个或多个再生的模式。一般来说，再生的模式可以分为以下 4 类（图 7-11）。

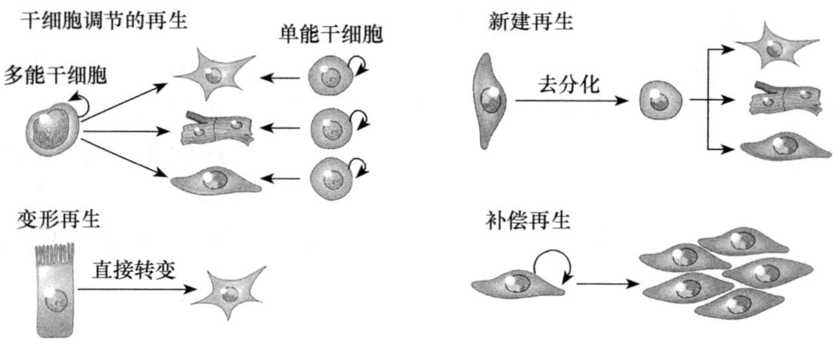

图 7-11 再生的 4 种模式（Gilbert and Barresi，2016）

（1）干细胞调节的再生（stem cell-mediated regeneration）：干细胞允许机体重新生长出失去的细胞或组织。例如，毛发由毛囊干细胞再生；骨髓中的造血干细胞发育分化为血细胞，取代凋亡的血细胞。

（2）新建再生（epimorphosis）：成体结构经历去分化，形成一个未分化的细胞群，然后再分化形成新的结构，如两栖类肢的再生。

（3）变形再生（morphallaxis）：已存在的细胞重新特化（转分化），几乎没有新的生长，如水螅的再生。

（4）补偿再生（compensatory regeneration）：分化的细胞重新进入细胞周期进行分裂，产生与原来细胞一样形态和功能的细胞。这里的新细胞不是来源于干细胞，也不是由成体细胞转分化而来，没有未分化组织形成，如哺乳动物的肝再生。

三、涡虫的再生机制

涡虫是具有最强再生能力的生物之一，著名的遗传学家摩尔根（Morgan）在从事果蝇研究之前，就主要从事涡虫再生的研究。在涡虫再生过程中，每一小块都能重新产生组成涡虫的所有细胞类型，如神经系统、上皮、肌肉、肠、性腺等。当涡虫从中间被横切开后，前面头部的一半能逐渐从伤口处再生出后面的一半，后面尾部的一半也能再生出前面的一半。如果把涡虫的头部和尾部都切除，中间的一段能够向前长出头部，向后长出尾部，头尾的方向不变。然而，如果中间的一段太窄，再生就会出现异常（图 7-12）。因此摩尔根等认为，涡虫从头到尾可能存在一种物质的浓度梯度，中间一段稍宽时，就能感知哪边是头哪边是尾，但如果中间一段太窄，可能就无法在这一段中感知物质的浓度梯度，所以就无法正常再生。

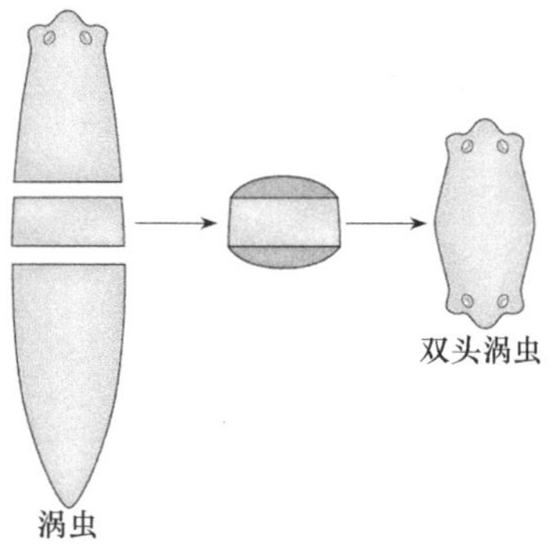

图 7-12 涡虫中间一段切得太窄太细时再生出现的异常（Slack，2013）

现在已经知道，头部表达 Wnt 抑制子 Notum，抑制了头部的 Wnt 信号，因此前面形成了头部，Wnt 的浓度从后向前逐渐降低，控制头尾的发育方向。

以前一直认为，涡虫的再生是由于老的细胞在切口处去分化形成了一个再生的芽基，从而开始再生的过程。然而，后续一系列的实验发现，再生过程并没有出现细胞的去分化，相反，再生的芽基是从一群叫作克隆性新生细胞（clonogenic neoblast，cNeoblast）的多能干细胞发育形成的，这些细胞能迁移到伤口处，重新形成缺失的组织，因此涡虫的再生属于干细胞调节的再生。但克隆性新生细胞的性质似乎也并不完全一样，因为当用致死的放射剂量照射涡虫，然后随机移植 120 个这种干细胞进入时，只有 7 个细胞最终能够分化形成所有三胚层来源的细胞，并挽救了致死剂量照射过的涡虫（Wagner et al.，2011）。目前，PIWI 是新生细胞最常用的标记。但是，有研究者发现，涡虫（*Dugesia japonica*）的 PIWI-1 阳性细胞可以分为 PIWI-1-high 和 PIWI-1-low 两个不同的细胞亚群，只有 PIWI-1-high 细胞类群有真正的干细胞活性。通过单细胞 RNA 测序发现，涡虫的 PIWI-1-high 细胞又包含至少 12 个不同的亚细胞类群，其中一个表面分子标记是 4 次跨膜蛋白 Tetraspanin-1（TSPAN-1）的干细胞亚群——Nb2 符合多能干细胞的特性，并且是唯一可以在亚致死剂量照射涡虫中存活并进行克隆增殖的干细胞亚型。因此，TSPAN-1 阳性的 Nb2 细胞是涡虫中真正决定其无限再生能力的多能成体干细胞（Zeng et al.，2018）。

四、蝾螈肢的再生

有尾两栖类的组织再生主要是通过损伤诱导组织的溶解，以及分化细胞的去分化而实现的。蝾螈前肢被切除后，表皮细胞首先向创伤处迁移并将伤口封闭。此时封闭伤口的细胞称为顶端表皮帽（AEC），与正常肢发育的外胚层顶嵴（AER）功能类似。同时损伤处的细胞外基质中的蛋白质如胶原蛋白、硫酸糖蛋白等被降解，而产生透明质酸、凝集蛋白、黏性蛋白等类似胚胎的基质。组织内的细胞被释放出来，失去原先的分化特征，重新进入细胞分裂周期，形成芽基结构，由芽基细胞分裂增殖，最终形成那些损伤的肢体结构（图 7-13）。

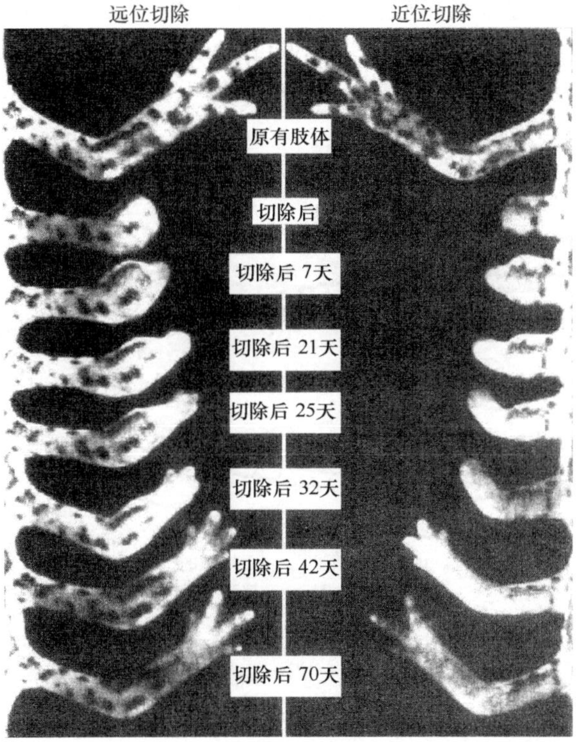

图 7-13　蝾螈（*Notophthalmus viridescens*）肢的再生（桂建芳和易梅生，2002）

顶端表皮帽能够分泌 Fgf8，刺激芽基生长，但是只有神经存在时顶端表皮帽的这个功能才得以实现。感觉和运动神经元都支配着芽基，感觉神经元直接接触顶端表皮帽，运动神经元也延伸至芽基间充质。如果蝾螈的肢体首先被切除神经，然后再切断，切掉的肢体就不会再生，说明神经元可能释放某种因子才能使芽基细胞进行增殖。这种因子可能是蝾螈前端梯度蛋白（nAG），因为如果将 *nAG* 基因转入被切除神经的切断的蝾螈肢体，肢体就可以再生出来，如果转入的基因没有功能，肢体就不能再生。

五、斑马鱼鳍条的再生

作为重要的模式生物之一，斑马鱼近年来已被广泛用于再生的研究。它的鳍条、心脏、中枢神经系统、眼睛、肝、胰、肾、骨等都具有再生能力。

斑马鱼的尾鳍沿背腹轴展开，含 16～18 个由骨质构成并有细小分节的鳍条，再生能力非常强大。除骨以外，鳍条也包含其他的细胞类型，如成纤维细胞、血管细胞、神经和色素细胞等。与蝾螈的肢一样，斑马鱼的鳍条被切除后，表皮细胞首先将伤口封闭，形成顶端表皮帽，大多数组织都经历去分化、增殖、迁移形成芽基。再生中的鳍可分为 4 个基本部分：①由非增殖的成纤维细胞组成的远端芽基；②主要由去分化的间充质细胞组成的增殖的近端芽基；③正在分化的近端芽基，在向外生长的过程中，将分化的细胞加到留存的和新形成的组织中；④包围侧面的表皮层。在整个再生的过程中，它们可作为一个复杂的信号中心（图 7-14）。鳍的再生看似简单的向外生长，其涉及的分子调控机制其实很复杂，与胚胎发育中的多个信号途径相关。其中，Wnt/β-catenin 途径是鳍条再生模式启动的第一条信号途径，它在远端芽基和由成骨细胞祖细胞及鳍角质所组成的近端增殖芽基的最侧面被激活，Wnt/β-catenin 功能缺失将导致芽基增殖较少，再生速度减慢。反之，如果 Wnt/β-catenin 功能过多，则将使芽基增殖过多，再生速度加快。Wnt/β-catenin 信号是通过其他的有丝分裂调节子如 Hedgehog（Hh）、Fgf8、视黄酸（RA）、胰岛素样生长因子（IGF）等而间接地在鳍条再生过程中发挥功能的。

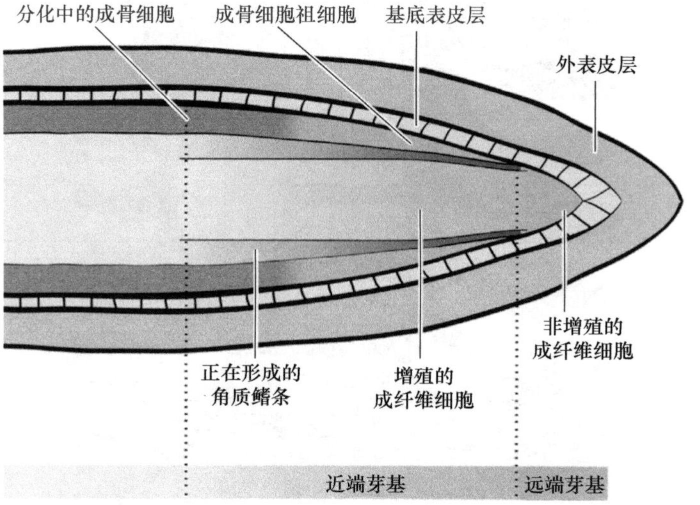

图 7-14　斑马鱼鳍条被切除后约 2 天，远端再生示意图（Wehner and Weidinger，2015）

六、哺乳动物的再生和再生医学

与上述其他动物不同，哺乳动物没有那么强大的再生能力，只能再生一定的结构。人的皮肤受到轻伤后大致可以复原，骨折后经过适当的治疗也能基本重新接好。肝移植后，肝组织随着细胞的增殖可以恢复原有的机能，红细胞、胃肠黏膜、皮肤上皮细胞等都能够反复再生。但是，人一旦失去手足或内脏机能严重损坏，那么机体本来具有的机能便很难恢复，器官也不会再生。

研究者正在努力找到激活成体器官发生中使用的发育程序的方法。这可以从两个方面着手，一是寻找成体中存在的未分化但具有在特定环境下发育为特定细胞类型的干细胞；二是寻找那些能够使这些成体干细胞增殖并形成器官的环境条件。

1. 骨再生　骨损伤后具有不形成瘢痕的内在再生能力，其机制与骨发育过程非常相似。骨折或骨裂后修复需要经过炎症、骨产生和骨重构3个贯穿阶段，主要分为4个过程（图7-15）：①首先是血肿形成，即骨头断裂的地方血管出血，凝血后形成血痂或血肿，此处骨细胞因缺乏营养开始死亡。②骨折处进行骨生成，在几天内毛细血管长成血肿，吞噬细胞开始清除死细胞，此时虽然有血凝块碎片，但成纤维细胞和成骨细胞会进入骨折处再生骨，成纤维细胞产生胶原纤维来连接骨折端，而成骨细胞开始形成松质骨。骨折之间的修复组织末端由透明软骨和纤维软骨组成纤维软骨愈伤组织（纤维和软骨）。③骨痂形成：纤维软骨的愈伤组织转化为松质骨的骨愈伤组织。大约需要两个月，骨折端简单地连接在一起，软骨骨化过程类似软骨内骨形成，出现成骨细胞、破骨细胞和骨基质。④骨重构：骨愈伤组织被破骨细胞和成骨细胞重构，清除骨外部和髓腔内多余物质，增加密质骨，这一过程可能需要数月或者数年。骨折愈合的两个关键步骤分别是再血管化和干细胞招募，前者保证充足的营养供应、清除代谢废物以及从循环系统提供免疫细胞和前体细胞；后者与骨再生具有相关性，有研究表明，萎缩性骨不连骨折无法愈合与间充质干细胞缺乏有关。

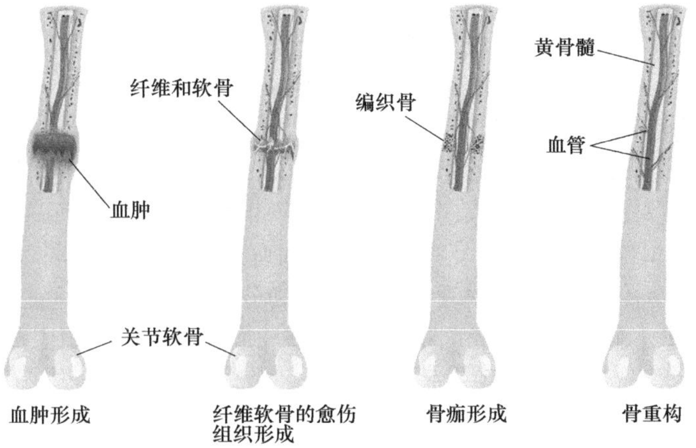

图7-15　骨折的修复和重构阶段（Ansari，2019）

在骨损伤愈合过程中，提供合适的干细胞、旁分泌因子或细胞外环境，可以加快骨的再生。基于以上规律，骨再生可以采用多种策略（图7-16），第一种策略是基于干细胞治疗的自体移植。大量研究表明，间充质干细胞（MSC）和脂肪干细胞（adipose-derived stem cell，

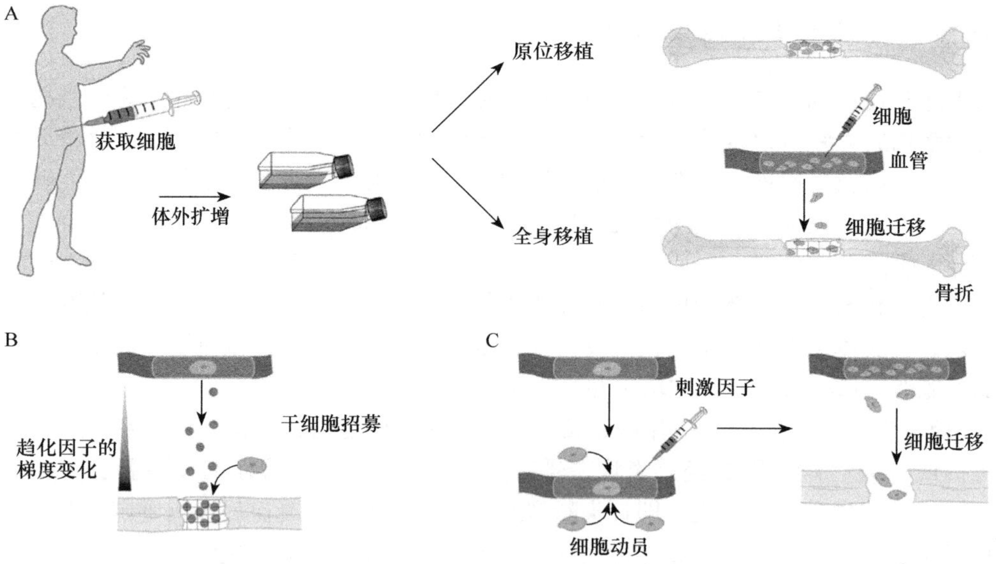

图 7-16　骨再生的 3 种策略（Herrmann et al.，2015）

A．自体细胞体外扩增后原位移植或全身移植；B．趋化因子直接递送至损伤部位吸引干细胞和祖细胞；C．利用刺激因子动员土著干细胞和前体细胞迁移至损伤区域

ADSC）具有多向分化潜能，是骨组织再生的理想干细胞。其中 MSC 来源于胚胎发育的中胚层，在适当诱导条件下可以分化为骨和软骨；脂肪干细胞是 MSC 的一种亚型，近年来因其丰富的来源和获取容易、创伤小的优点逐步成为研究焦点。首先获取患者本人 MSC 进行体外扩增，扩增的细胞种植在生物材料上或者整合到适当载体上直接移植到骨折的部位，也通过血管内注射使细胞经过血液循环归巢至损伤部位，从而加快损伤修复过程。通过基因编辑可以调节干细胞表达生长因子或信号通路相关蛋白含量，从而优化干细胞存活或者分化能力，此方向还需要克服诸多困难。Li 和 Li（2005）制作了框架材料，像正常的细胞外基质，能够作为形成所需骨的模型，间充质干细胞置于此框架中，再把框架放到存留的骨中。这些干细胞将由周围环境条件指导分化。组织学和基因表达研究结果表明，这些细胞形成了骨，含有适当数量的骨细胞和软骨细胞。

第二种策略是将趋化因子直接释放到损伤部位。有大量研究表明，骨形成蛋白（BMP）是骨诱导过程中最重要的趋化和生长因子，可以诱导干细胞分化为骨和软骨，其中最有潜力的成员是 BMP-2、BMP-3 和 BMP-7。TGF-β 在骨和血小板中含量最丰富，其受体在成骨细胞大量表达，TGF-β 不仅调节骨和软骨细胞的生长和分化，还在软骨修复再生时调节其他生长因子的功能。此外，血管内皮生长因子（VEGF）、血小板衍生生长因子（PDGF）、胰岛素样生长因子（IGF）等与骨修复相关。采用水凝胶、微球和纳米颗粒等药物递送系统或者生物支架将这些生长因子填充于患处会加快骨修复过程。由于生长因子有各自结构和生物学特点，直接连接到支架上并控制释放速度存在困难。采用基因治疗手段，可以通过质粒或者病毒载体递送基因从而诱导所需生长因子的表达。Bonadio 等（1999）已经发明了一种胶原胶，其中含有携带人类副甲状腺激素基因的质粒，将这种胶放在狗胫骨或股骨断裂处的末端，当细胞迁移到胶原基质内时，质粒整合进入细胞，细胞产生副甲状腺激素。大约一个月后，可以看到新骨骼的生长。这种治疗方法在医治人类严重骨折和骨质疏松症方面有潜在的价值。

第三种策略是找到合适的旁分泌因子来吸引干细胞或前体细胞到损伤部位并产生正常的骨。有研究表明，通过原位应用辛伐他汀可以刺激自体的成骨干细胞归巢从而诱导颅盖骨损伤修复。近年来，随着生物工程、材料科学、药理学、生命科学等研究的发展，骨组织工程技术和研究也在不断更新，整合干细胞治疗、生物支架和生长因子等方面，衍生出基于支架的核酸药物（DNA 和 RNA），与传统骨再生治疗策略相结合，在多种类型骨损伤治疗中具有应用价值（图 7-17）。Yang 等发明了一种基于壳聚糖的热敏感水凝胶支架（CS/CSn-GP）包裹 BMP-2 质粒的纳米颗粒，大鼠颅骨损伤后可以有效地使新骨形成和加速骨的缺损愈合。DNA 不仅可以作为功能序列连接到生物支架作用于骨组织修复和再生，还可以作为 3D 纳米结构直接影响干细胞分化为成骨细胞，典型代表是四面体 DNA 纳米结构（tetrahedral DNA nanostructure，TDN）。近十年来，非编码小 RNA 研究改变了人们对 RNA 的认知，siRNA 和 miRNA 这两类因通过调节基因转录后修饰抑制基因表达的调控方式在骨损伤修复过程中的作用也成为潜在药物治疗靶点。Li 等发现 MiR-26a 能够恢复骨质疏松小鼠来源间充质干细胞缺陷的骨再生能力。

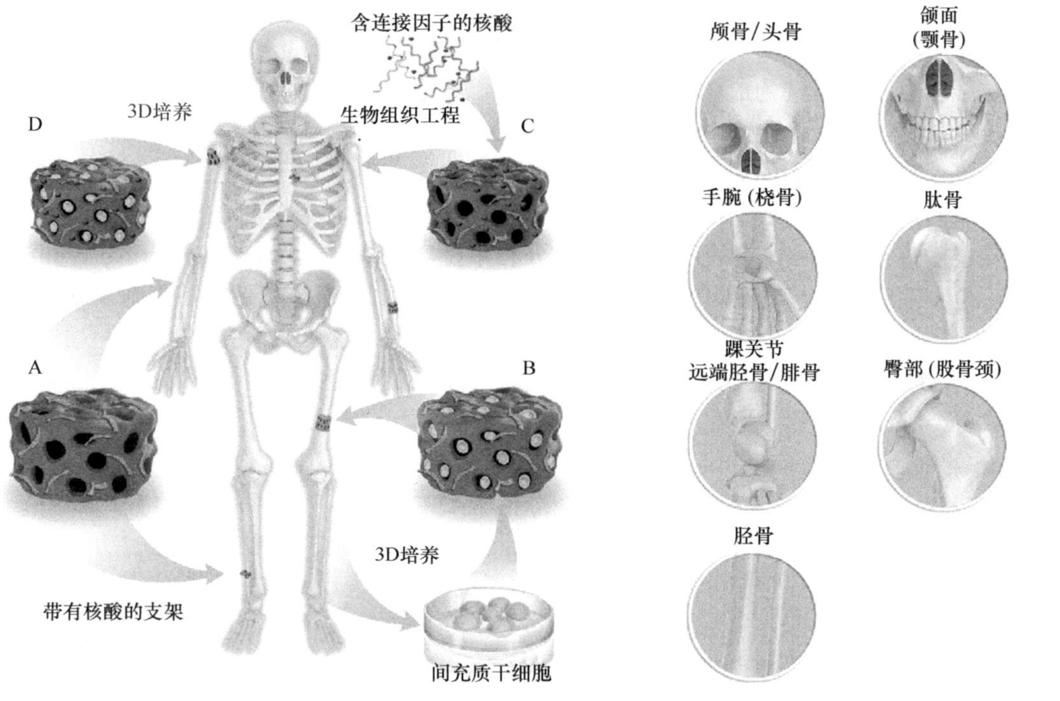

图 7-17　使用 3D 支架对人体主要骨损伤部位构建新型骨组织工程的主要方法和基本步骤（Zhang et al.，2018）

A. 功能核酸序列与支架结合；B. 间充质干细胞培养后与包含功能核酸序列的支架 3D 培养；C. 核酸作为桥梁将连接因子连接到支架；D. 间充质干细胞培养后与包含功能核酸序列、生长因子的 3D 支架共培养

2. 皮肤再生　皮肤主要由上层的表皮和深层的真皮构成，表皮主要由角质细胞组成，真皮由富含胶原蛋白的结缔组织组成。皮肤上的附属物如毛发等深入真皮层。不同表皮区域的细胞总是处于动态变化之中，新生细胞取代死亡的或受损的细胞。这种动态变化的过程与几种类型的干细胞有关，每一种干细胞都位于表皮的特殊区域，且为维持皮肤小区域的稳定提供细胞来源（图 7-18）。这些皮肤干细胞能分化为毛囊间表皮、皮脂腺以及毛囊细胞系等。

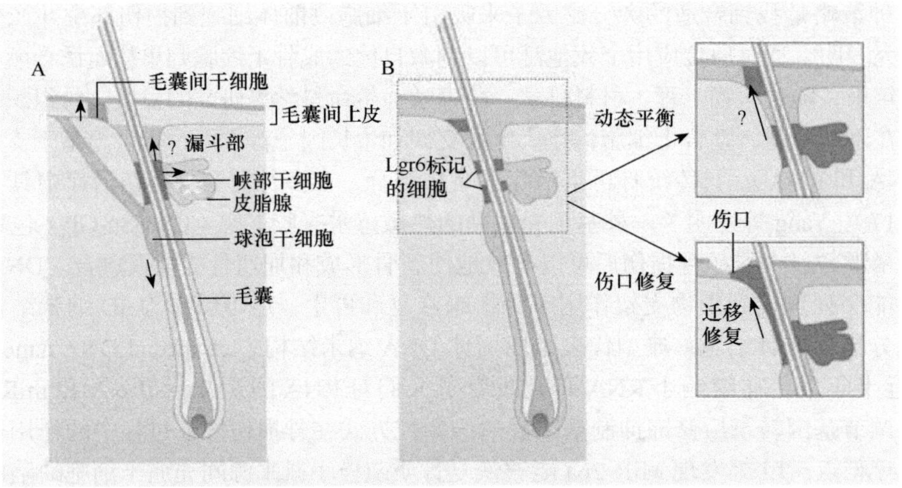

图 7-18 各种干细胞确保皮肤细胞处于动态平衡中（Blanpain，2010）
A．皮肤表皮结构（箭头指不同干细胞子代的走向）；B．表达 Lgr6 的细胞在维持皮肤细胞的动态平衡和皮肤伤口修复过程中起重要作用

在胚胎发育和正常的成体皮肤代谢过程中，球泡干细胞（包括毛囊干细胞和色素干细胞）及其子代细胞负责毛囊的再生，但对毛囊间表皮的维持不起作用。但在受伤时，球泡干细胞会迅速迁移到毛囊间表皮处，帮助受损皮肤快速再生。位于球泡上面的祖细胞负责维持皮脂腺的功能，这些细胞在形态发生时表达 Blimp1 蛋白。毛囊间表皮的维持与分散和这一皮肤层的许多小分裂单位有关，这些小分裂单位叫表皮分裂小区（epidermal proliferative unit）。位于毛囊上部与毛囊间表皮相连的漏斗部可能是由毛囊区峡部的祖细胞来维持的，这些细胞表达 MTS24 和 Lrig1 等标志性蛋白。

研究者发现了一种“表皮干细胞之母”细胞，该细胞表达跨膜蛋白 Lgr6。在小鼠胚胎皮肤形成时，Lgr6 在毛囊和毛囊间表皮处表达，形成毛囊、皮脂腺和毛囊间表皮。出生后，表达 Lgr6 的细胞形成皮脂腺和毛囊间表皮，随着年龄的增加，其对毛发细胞系的贡献逐渐消失。在成体阶段，Lgr6 的表达局限于毛囊球泡上面的峡部，在这里，大约 1/3 表达 Lgr6 的细胞也表达 MTS24，少数细胞共表达 Blimp1。这些细胞具有长期伤口修复的功能，包括新的毛囊形成。因此，至少有两种不同的干细胞群负责受损表皮的修复：①球泡干细胞，②表达 Lgr6 的干细胞。

皮肤受损后愈合的过程涉及多方面的因素，首先是血液凝集形成血纤蛋白块封闭伤口，血纤蛋白块中有炎症细胞（单核细胞、白细胞等）、成纤维细胞以及新肉芽组织的致密毛细血管网渗入（图 7-19）。然后，下面结缔组织内的成纤维细胞增殖，毛细血管增多，形成肉芽组织，接着产生胶原纤维和基质，形成新的结缔组织以修补伤口。同时，伤口处周围表皮的角质细胞，以及表皮干细胞分裂、分化并向伤口处迁移，覆盖损伤表面。最先迁移的角质细胞（keratinocyte）通过蛋白质水解作用打开一个通路，使得它们能够在伤口基层下迁移并到达临时基质和健康真皮的上面，表皮干细胞也迅速迁移，单核细胞从破损处的毛细血管迁移到肉芽组织。肉芽组织通过成肌纤维细胞样的收缩使其体积逐渐变小，导致伤口收缩愈合。

3. 肝再生 肝是哺乳动物的重要器官，在受到急性肝损伤、肝移植以及慢性肝疾病（如肝纤维化、肝硬化等）后需要由肝细胞增殖驱动肝再生，以使组织修复和存活。肝再生

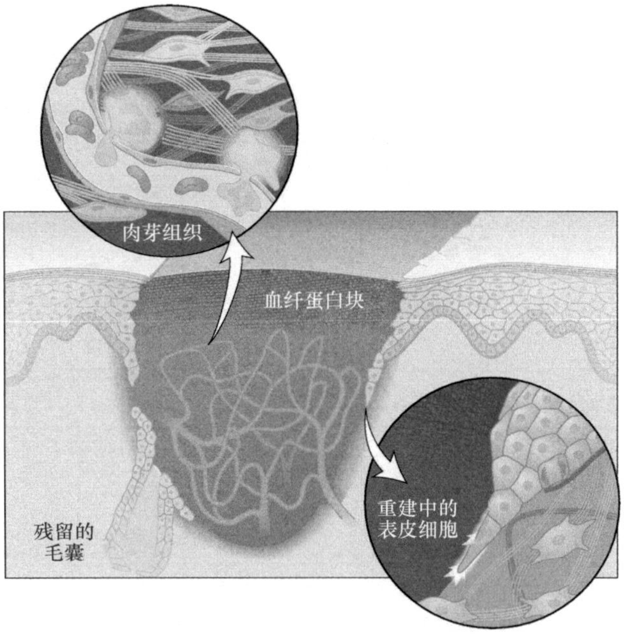

图 7-19　皮肤受损愈合过程模式图（Martin，1997）

是补偿再生，人类肝的再生是由剩余组织的增殖来实现的，这些细胞并没有完全去分化，却再次进入细胞周期。肝再生没有形成芽基，却有两条其他的途径，第一条途径由正常的、成熟的成体肝细胞组成，这些成熟的细胞正常情况下不分裂，但在肝受损时会重新进入细胞周期进行分裂增殖，直至它们已经补偿了失去的部分；第二条是由一群肝祖细胞组成，这些细胞平时处于静息状态，当肝出现严重损伤时，以及衰老、酗酒和疾病导致成体肝细胞无法再生时，它们就被激活进行再生。

正常情况下，肝脏再生时，5 种细胞类型（肝细胞、胆管细胞、贮脂细胞、内皮细胞、肝巨噬细胞）都开始分裂，产生较多的各自的细胞类型，即肝细胞分裂产生更多的肝细胞，内皮细胞分裂产生更多的内皮细胞。可能有多种信号途径参与肝再生。肝切除或损伤时会失去一些肝特异性的因子，而其他一些因子如胆汁酸、肠脂多糖增加，这些信号通过血液被感知，这些脂多糖激活一些非肝细胞产生旁分泌因子，留下的肝细胞重新进入细胞周期进行分裂。肝巨噬细胞产生白细胞介素 6（IL-6）和肿瘤坏死因子 -α（TNF-α），肝星形细胞产生旁分泌因子——肝细胞生长因子（HGF）和 TGF-β，肝特异的血管也产生 HGF 和 Wnt2。当部分肝切除后，肝细胞在 1h 内激活 HGF 的受体 cMet，从而激发肝细胞再生。肝部分切除的创伤也激活了金属蛋白酶，这些酶消化细胞外基质，从而使得肝细胞能分离开并进行增殖。这些酶也能将 HGF 切成有活性的形式，引发肝细胞再生。总之，由内皮细胞、肝巨噬细胞、星形细胞产生的因子能够阻止肝细胞凋亡，激活周期蛋白 D 和 E，阻止周期蛋白抑制子（如 p27）发挥作用，从而使得肝细胞进入细胞周期，进行分裂增殖。小鼠经过部分切除的肝（≤70%）会在两周内再生恢复原始质量，其过程分为启动、增殖和终止 3 个阶段，是由 HGF、VEGF、Fgf、PDGF、TGF 等多种细胞因子和 Notch、Wnt、NF-κB 等多种信号途径共同作用的结果（图 7-20）。

哺乳动物的肝脏还有第二个再生途径，如果肝细胞在一定时间内不能再生出足够肝的

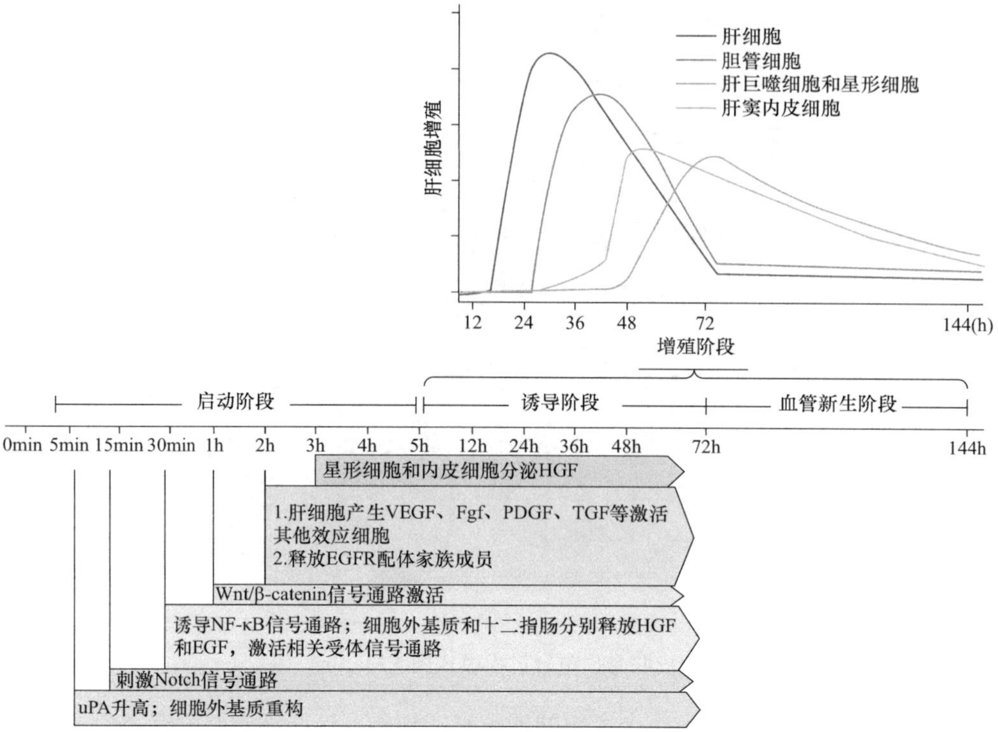

图 7-20　肝部分切除后肝再生事件的时间顺序（Abu Rmilah et al.，2019）

话，卵圆细胞（oval cell）就会分裂形成新的肝细胞。卵圆细胞是一小群祖细胞，能产生肝细胞和胆管细胞，它们被储存起来，只有当肝细胞在一定时间内不能再生出足够肝时才会启动应用。

干细胞对于肝损伤后再生的作用一直争议了 60 多年。正常成年人肝祖细胞（liver progenitor cell，LPC）位于胆小管附近，具有分化为肝细胞和胆管细胞的潜力，但是它们是否参与肝再生还没有明确定论。Alexander Raven 等利用谱系追踪技术构建肝细胞 β1- 整合素敲除导致肝细胞损伤、p21 过表达抑制肝细胞增殖信号两种肝细胞再生缺陷小鼠模型，发现胆管上皮细胞兼具肝干细胞的功能，参与肝再生，产生肝细胞。因此，胆管上皮细胞与干细胞的区别是什么？是否存在肝干细胞参与损伤后肝细胞补充都是需要进一步研究的方向。

4．心肌再生　心血管疾病是世界发病率和死亡率排名最高的疾病，其中最常见的一种是由冠脉斑块堵塞造成的缺血性心肌病，会出现大量心肌细胞因缺乏氧气和营养物质而死亡，导致心功能降低，逐步出现心脏病终末阶段——心力衰竭，其唯一治疗手段是心脏移植。心肌损伤如心梗之后的修复过程由多种细胞参与，主要分为 3 个阶段（图 7-21），第一阶段是心梗后 1～4 天的急性炎症期，心肌细胞死亡释放危险相关分子激活固有免疫系统，招募中性粒细胞和巨噬细胞清除细胞碎片并形成临时的纤维蛋白原基质，防止心脏破裂；第二阶段是增殖阶段，由修复性的单核细胞和巨噬细胞分泌抗炎因子，肌成纤维细胞产生并促进血管新生、产生胶原纤维形成肉芽组织，在心梗后 2 周内产生；第三阶段为瘢痕成熟过程，肌成纤维细胞逐渐退出舞台，此瘢痕由致密的胶原网络包裹成纤维细胞和免疫细胞以及微血管组成，此过程需要半年到一年。瘢痕组织由于缺乏心肌细胞，收缩力和顺应力会大打

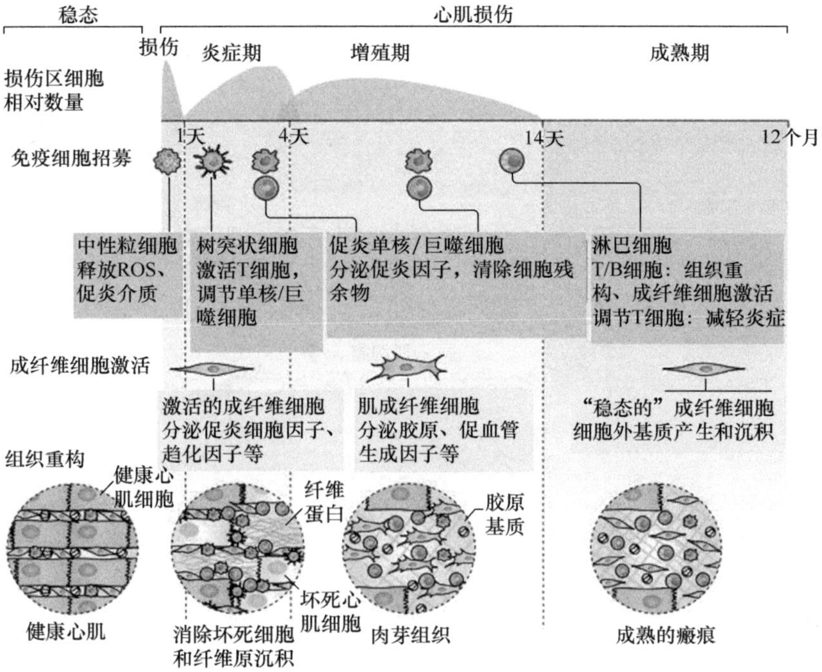

图 7-21 心肌损伤后免疫细胞和成纤维细胞的功能（Forte et al.，2018）

折扣，其周围存活的心肌细胞需要持续超负荷工作，最终导致心衰发生。

在心肌损伤后，足够数量的心肌细胞对维持心肌正常跳动尤为关键。既往观点认为，心肌细胞是维持心脏收缩功能的高度分化细胞，不具有增殖能力。近年来，越来越多的证据表明部分低等脊椎动物的心脏损伤后仍然具有再生能力。例如，2002 年 Kenneth D. Poss 等发现斑马鱼心脏左室切除 20% 之后可以再生出完整的心脏，无瘢痕组织产生。哺乳动物中新生小鼠心肌损伤后也能通过心肌细胞增殖再生完整心脏，但这种再生修复到青春期和成年期就消失了。25 岁成年人每年会有约 1% 的心肌细胞通过细胞分裂进行更新，到 75 岁，心肌细胞增殖速率会降到每年 0.45%，虽然在心肌缺血损伤如心梗时，心肌细胞分裂速度会增加，但它仍然不足以弥补心肌细胞的损失和相应的心肌组织损伤。如何促进心肌细胞存活或增殖，维持正常心功能是临床医生和研究者共同关注的问题。有研究者发现，外源生长因子如神经调节蛋白 1（neuregulin-1）、胰岛素生长因子（insulin growth factor）家族等激活的胞外信号、内源性 Hippo 信号以及 miRNA 如 miR590 和 miR199a 都能促进心肌细胞增殖和再生。近十年来，随着如谱系追踪技术、细胞重编程体系以及更精确的成像技术不断发展，心肌修复和再生领域研究处于高度活跃状态。细胞治疗尤其是干细胞治疗缺血性心肌病一直被人们寄予厚望，新兴技术让许多研究者开始尝试不同方法让成体心肌细胞退出细胞周期阻滞从而促进心肌细胞增殖，包括干细胞和体细胞转化为心肌细胞，同时结合生物组织工程和合成生物学领域的技术突破，一些新的治疗途径如"心脏补丁"、化学合成修饰信使 RNA（modRNA）等也在不断被尝试（图 7-22）。

干细胞治疗缺血性心肌病的研究在曲折中前进，骨髓细胞（bone marrow cell，BMC）、间充质干细胞（MSC）、内源性心脏干细胞（cardiac stem cell，CSC）等都曾被用于缺血性心肌病的治疗性研究。2001 年，Orlic 等发现分离 c-Kit$^+$的 BMC 能分化为心肌细胞、内皮细胞和平滑肌细胞，以改善心梗后的心功能。此发现在学术界和医疗界引发了巨大反响，众多相

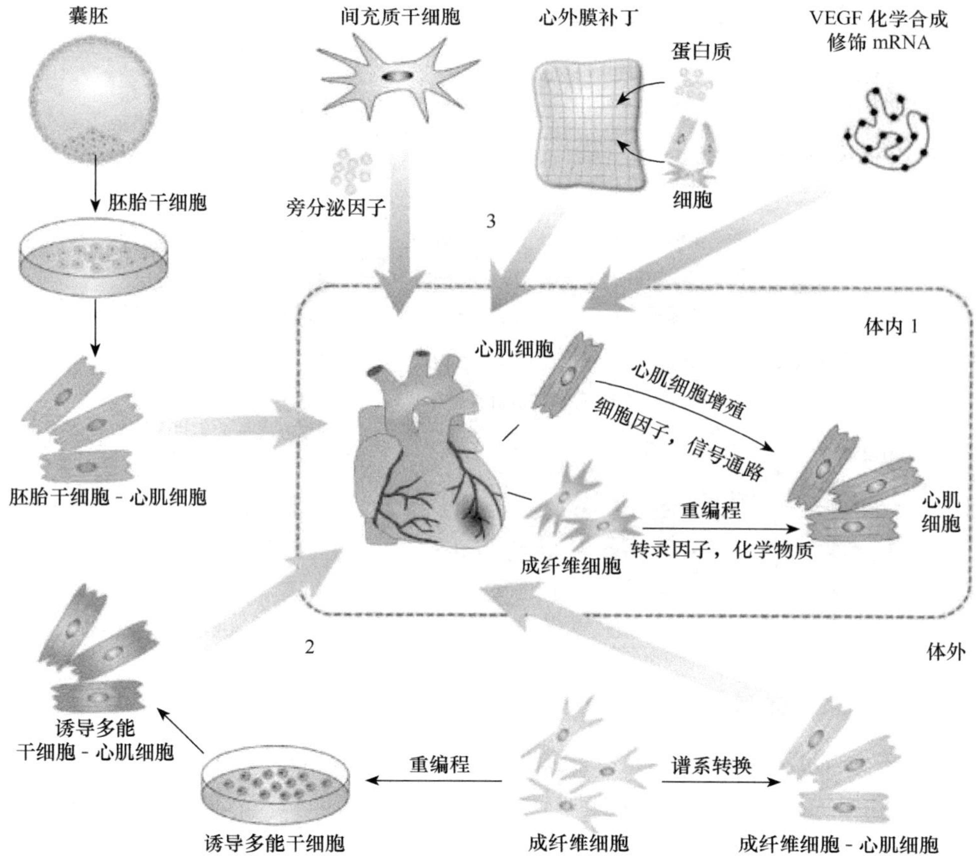

图 7-22　心脏修复和再生的治疗策略（He et al.，2020）

1．体内诱导心肌细胞增殖或者心脏成纤维细胞重编程为心肌细胞；2．体外诱导分化的心肌细胞注射到心肌组织，通过胚胎干细胞分化为心肌细胞，成纤维细胞直接谱系转化或者先重编程为诱导多能干细胞再分化为心肌细胞；3．旁分泌作用，间充质干细胞通过旁分泌作用促进血管新生，包含心脏细胞和生长因子的补丁敷在心外膜上促进修复，或采用化学修饰的旁分泌因子处理从而提高心肌存活和祖细胞分化

关临床试验相继开展，但结果存在争议。随着谱系追踪技术不断进步，有研究团队分别在成体和新生小鼠体内发现，c-Kit$^+$细胞在心梗后并不会分化出心肌细胞。利用谱系追踪技术也发现，成体心脏的非心肌 sca1 前体细胞分化为心脏成纤维细胞和血管内皮细胞，也不会转化为心肌细胞。大规模临床试验证实，基于 c-Kit$^+$的 BMC 治疗效果甚微。目前，人们更倾向认为，骨髓衍生的细胞可能通过旁分泌作用，产生促血管新生因子和引起局部巨噬细胞等炎症细胞累积，从而改善心肌损伤后的心功能。对于心脏中到底是否存在干细胞这个问题，目前仍存在很多争议，传统谱系追踪技术需要基于干细胞表达的基因或者标志物，无法发现新的干细胞类型，而利用双重组酶活性的谱系追踪技术可以同时标记心脏的心肌细胞和非心肌细胞等多种细胞类型，有利于深入探索心肌干细胞这个悬而未决的问题。

目前有前景的干细胞再生策略，是采用 ES 细胞、体细胞重编程的 iPS 细胞分化或者心脏成纤维细胞转分化为心肌细胞，通过心肌内注射或者“心肌补丁”（sheet）的方式输送到受损的心脏组织，从而帮助心脏恢复结构和功能。全世界不同课题组在啮齿动物小鼠、大鼠，哺乳动物猪和猴子等动物中分别进行诱导分化的心肌细胞移植实验获得了积极结果。有研究者利用迷你猪心梗模型，将 iPS 细胞诱导的心肌细胞补丁移植到心外膜区域，2 个月后心功能有改善，心脏室壁压力降低，并且未引起明显的心律失常。另有研究者发现，将人 ES 细胞分化的心肌细胞注射到心梗 14 天的猕猴心脏梗死周边区发现，细胞移植 4 周和 12 周均检测到心功能改善，后期移植物面积、血管新生和心肌细胞成熟均增加。将通过人的诱导多能干细胞（hiPS）诱导的心脏细胞（包含心肌细胞、内皮细胞和平滑肌细胞）及细胞匀浆物、外泌体注射到心梗的成年猪心脏中，可以有效改善心功能、降低梗死面积和心肌纤维化，并且降低心肌凋亡、增加移植区血管新生、促进心肌细胞成熟和增殖。诱导多能干细胞分化的心肌细胞治疗的临床试验也开始在不同国家注册研究，其中 2020 年 5 月 *Nature* 报道，两名中国男性心脏病患者首次接受 iPS 细胞诱导的心肌细胞治疗，虽然目前还无法确认该治疗是否有效，并且安全性问题也需要极度谨慎，但随着分化技术逐步成熟、研究的深入和临床试验进一步开展，可以预见在不久的将来我们会迎来干细胞治疗的春天。

第八章 发育异常和疾病

本章彩图
扫码可见

通过对发育调控机制的研究，科学家已鉴定出一些影响发育的遗传因子、环境因子，揭示了癌症也是一种发育调控的缺陷，这些研究为临床医学提供了很好的指导。通过遗传操作来调节发育过程、再生过程以防止出生缺陷、治疗一些疑难的异常发育疾病及一些创伤和退行性疾病已成为可能。本章的重点并非为异常发育患者或某种特殊疾病提供医学指导，而是介绍一些引起异常发育的因素及相关作用机制。

第一节 发育异常

关于生育的研究表明，只有 20%～50% 的人类胚胎能成功植入子宫。许多有染色体缺陷的胚胎在很早期就表现出来，以至于在妇女还没有意识到自己怀孕时胚胎就死亡了。在成功植入子宫的胚胎中，只有约 40% 能成功发育至出生。出生后的婴儿中约有 2.5% 有明显的出生缺陷症，即畸形。有机体在发育过程中，经受各种外界和内部因子的作用，这些作用可能引起畸形胎儿的产生，即发育异常（anomaly in development）。

引起先天性的发育异常的原因很多，可主要分为两类：一是致畸剂对胚胎的作用（外因）；二是基因型的改变（内因）。还有少数是属于偶然因素产生的随机事件。

一、致畸剂

由外界因子如化学制品、病毒、高温等引起的发育异常称为干扰（disruption），干扰胚胎发育的外界环境因子称为致畸剂（teratogen）或致畸因子。致畸剂包括物理因子（如射线）、化学因子（如杀虫剂、乙醇）以及生物因子（如病毒）等。动物种类不同，致畸因子也会不一样。部分人类致畸因子见表 8-1。

表 8-1 部分对人类胚胎发育有致畸作用的因子

类型	致畸因子
药物和化学制剂	乙醇、庆大霉素、氨基蝶呤、抗甲状腺激素（PTU）、溴、可的松（用于治疗感染或过敏的激素药物）、二乙基已烯雌酚（DES）、苯妥英（一种抗惊厥药）、海洛因、铅、甲基汞、青霉胺（青霉素的降解产物）、异维甲酸（isotretinoin）、链霉素、四环素、反应停（thalidomide，沙利度胺）、三甲双酮（一种抗癫痫药）、丙戊酸（抗癫痫药）、华法林（warfarin，苄丙酮香豆素）
电离辐射	如 X 射线
高热	如发烧
感染性微生物	柯萨奇病毒 (Coxsackie virus)、巨细胞病毒、单纯疱疹病毒、细小病毒（parvovirus）、风疹病毒、弓形虫（*Toxoplasma gondii*）、梅毒螺旋体（*Treponema pallidum*）、寨卡病毒（Zika virus，ZIKV）
母亲的代谢状况	自身免疫性疾病（包括 Rh 不相容），糖尿病，饮食缺陷、营养不良，苯丙酮尿症

1. 物理因子　电离辐射是绝对的致畸胎剂。地球上的一切生命，无不受到各种射线的作用。这些射线剂量增加时可导致细胞变性或严重损伤。以鸡胚为例，X射线照射可引起：①形态改变，如尿囊和卵黄囊血管损伤和出血、一般性水肿、肝坏死等。②发育异常，如喙畸形（喙发育不全或喙交叉）、肢畸形（腿纤细、趾畸形或缺趾）和体形异常（喙极小、胚体发育延缓）等。射线对有机体的损伤是在分子和细胞水平上开始的。首先可能损伤细胞的遗传装置（基因、染色体和基因组），从而使致死突变和有害突变的频率大大增加。处于有丝分裂中的细胞对辐射是最敏感的，而这样的细胞在胚胎发育期很多。动物和人的胚胎后期、造血器官的细胞、某些组织新生层的细胞以及卵巢和精巢的细胞仍具有有丝分裂活性。因此，增加照射剂量在个体发生的任何时期都是有害的。

2. 化学因子　在现代条件下，对有机体起作用的化学物质和种类迅速增加，其中包括绝对的和潜在的致畸胎剂。1962年，鱼类生物学家Rachel Carson出版了一本著名的书《寂静的春天》，她在书中警告道：杀虫剂正在摧毁着野生生物，为了消灭害虫和杂草而广泛使用的双对氯苯基三氯乙烷（DDT）和其他氯化物，不仅会引起生物群落的严重变化，而且在某种情况下，对许多动植物的个体发育有很大影响。当化学毒物在土壤中和植物体内积累时，还能危害动物和人的机体，如可导致许多猛禽体内的钙代谢失调，结果使卵壳变脆，并在幼雏出壳之前容易破碎。DDT及其代谢产物双对氯苯基二氯乙烯（DDE）能通过模拟雌激素或抑制雄激素的效应等方式像雌激素复合物一样行使其功能。

1962年还发生了一个重大事件，就是发现了以德国为中心的欧洲国家发生的一批畸形胎儿问世的悲惨事件的原因，是孕妇在怀孕期间服用了未经鉴定的一种镇定药“反应停”造成的恶果。该药虽然能够大大缓解妊娠反应，但是会导致海豹肢畸形，最明显的特征是肢体长骨缺失或严重短缺（图8-1），其他畸形还包括心脏缺陷、外耳缺失和消化道畸形。经过50多年的研究，才最终揭示了“反应停”致畸的机制：“反应停”能够促进SALL4转录因子的降解，而这个转录因子是用于形成肢体和耳的，SALL4转录因子缺失突变也会产生同样的畸形表型。“反应停”事件可以说明3个问题：①不同动物致畸剂的作用不一样，虽然该药物经小鼠和大鼠实验时，没有引起胚胎畸形，但不能因此就推定其对人类胚胎发育也没有影响。②怀孕的不同阶段，致畸剂的作用也不一样。“反应停”的副作用主要发生于怀孕初期（怀孕前期3个月），即胎儿神经系统、心脏和四肢形成的关键时期（图8-2），对于怀孕后期的胎儿影响较小。③胚胎代谢与成人代谢是不一样的，对成体没有伤害的药物却可能影响胚胎的发育。“反应停”事件之后，一名以色列医生发现“反应停”对麻风结节性红斑有很好的疗效。经过多年的慎重研究之后，美国食品药品监督管理局（FDA）批准“反应停”作为治疗麻风结节性红斑的药物在美国上市，美国成为第一个将“反应停”重新上市的国家。“反应停”还被发现对治疗多种癌症有一定的作用。如今，生物医药发展迅猛，然而在应用到临床之前，一定要经过严格的试验，提供药物副作用和中长期毒性的数据，必须对多种不同怀孕期的动物进行致畸性试验。

图8-1　由于母亲在怀孕期服用“反应停”而导致的海豹肢出生缺陷症（Gilbert，2006）

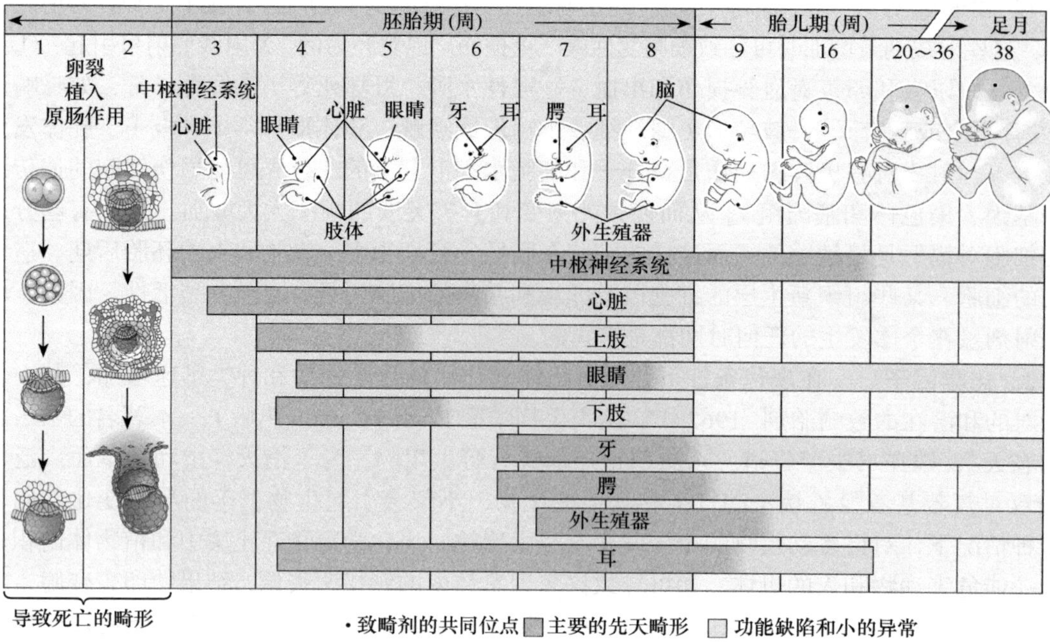

图 8-2 孕期不同时间胚胎器官的发育状况及对致畸剂的敏感性（Gilbert and Barresi，2016）

考虑到社会消费的普遍性及其影响频率，乙醇毫无疑问是最具灾难性的致畸因子。胎儿酒精综合征（fetal alcohol syndrome，FAS）的胎儿出生后的表型为小头、人中（鼻子和上唇之间的一道沟）不清晰、上唇的红色边缘比较窄、鼻梁低，这样的孩子脑比较小，发育不良，这些都是神经元和胶质细胞的迁移发生缺陷的后果。对小鼠胚胎的研究可为揭示乙醇致畸的机制提供线索，当原肠作用过程中的小鼠胚胎接触乙醇后，会导致小鼠的面部和脑发育缺陷。与人类 FAS 的表型类似，鼻子和上唇发育不全，神经系统发育的问题与神经管闭合失败及前脑发育不完整有关（图 8-3）。乙醇可通过多种途径影响发育，如干扰细胞的迁移、增殖、黏附、存活。

3. 生物因子 多种生物因子也能破坏发育，其中特别危险的是传染性因子。例如，风疹病毒（rubeola virus）能进入多种细胞中，产生一种可阻止细胞分裂的蛋白质，引起细胞分裂异常和染色体重组。越早感染风疹病毒，胚胎畸形的概率越大，因为孕早期是许多器官如心脏、眼睛、耳朵等形成的关键时期。风疹病毒导致的畸形表现为白内障、心脏畸形或耳聋。肝炎病毒（hepatitis virus）和流感病毒（influenza virus）也具有致畸胎作用。

自 2015 年在美洲发现一批小头畸形（microcephaly）儿后，寨卡病毒感染导致的神经系统疾病，尤其是新生儿小头畸形的现象引起全球广泛关注。2016 年，世界卫生组织宣布寨卡疫情为全球紧急公共卫生事件，南美洲的寨卡疫情尤为严重。科学家以小鼠为模型的研究表明，寨卡病毒巴西病毒株能够穿过胎盘感染胎儿，通过靶向皮质祖细胞，诱导细胞发生凋亡和自噬，从而损害神经发育，导致小头及其他神经发育异常。

由原生动物（protozoa）引起的一系列疾病对发育同样是有害的，如猫、兔等宠物身上携带的弓形虫能穿过胎盘，可破坏胎儿神经系统和视觉器官的发育。能引起梅毒的梅毒螺旋体能杀死早期胎儿，导致大一点的胎儿先天性耳聋和面部损伤。

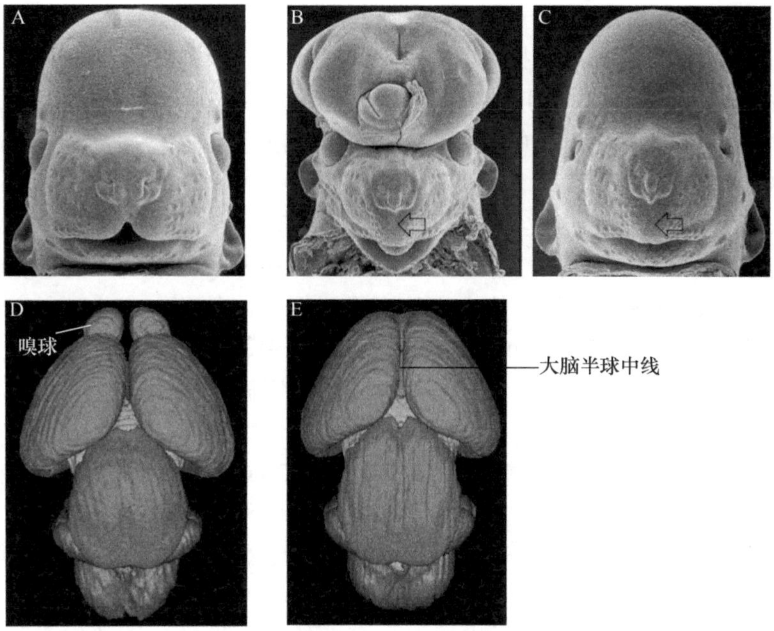

图 8-3　乙醇诱导产生的小鼠胚胎颅面部和脑畸形（Gilbert and Barresi，2016）

A～C. 14 天小鼠胚胎；A. 正常胚胎；B、C. 乙醇暴露的胚胎，导致面部发育缺陷，如鼻子很小、上唇畸形（箭头所指）；B. 前部神经管闭合失败，最终会导致无脑畸形；D、E. 磁共振显示 17 天小鼠胚胎图；D. 正常胚胎；E. 乙醇暴露的胚胎，嗅球缺失，大脑半球中线异常联结

二、遗传性畸形

人类出生缺陷症有的会危及生命，有的相对来说表现得比较温和，不是很严重，这些症状经常被统称为“综合征”（syndrome），即几种异常表型互相联系在一起的症状。基于遗传的综合征经常是由以下原因引起：①染色体发生改变（如染色体非整倍性），这会导致数个基因缺失或增加。例如，唐氏综合征（Down syndrome）就是 21 号染色体三倍化所导致的。唐氏综合征的发生起源于卵子或精子发生的减数分裂过程中染色体的不分离现象，通常是随机发生的，约 95% 的不分离现象来源于母亲，仅 5% 左右发生在精子发生期。其结果是，21 号染色体多了一条，多出的一条染色体因含有一定的编码转录因子以及调节基因表达的微 RNA（microRNA）的基因，可能产生了过多的调节蛋白，引起心脏、肌肉以及神经发育相关基因的错误调节，从而导致患儿智力低下，颅面部畸形及特殊面容，肌张力低下，多并发先天性心脏病。②基因多效性，一个基因或一对基因产生多种影响。例如，*KIT* 基因在造血干细胞、色素干细胞和生殖干细胞中表达，促进这些干细胞的增殖，因此当这个基因发生缺陷时，引起的综合征包括贫血（缺乏红细胞）、白化病（缺乏色素细胞）以及不育（缺乏生殖细胞）。综合征有时还由相关的基因多效应引起，即胚胎的这个组织中一个基因发生了缺陷，却在胚胎另外一个组织中出现缺陷表型，而该基因可能在第二个组织中根本不表达。例如，*MITF* 基因在有色素的视网膜中表达发生缺陷，就会组织视网膜完全分化，进而引起眼睛的脉络膜裂畸形，导致玻璃体液无法排出，没有这些液体，眼睛就不能变大，因此导致小眼畸形，尽管晶状体和角膜本身并不表达 *MITF* 基因，但晶状体和角膜也变得比较小。

基因表达的更改也能发生在转录、RNA 剪接、翻译、翻译后修饰的水平上。据推测，大多数人类基因都能产生可被选择性剪接的 RNA，因此虽然人类基因组仅包括 20 000～30 000 个基因，但蛋白质组复杂得多。在剪接位点的突变能阻碍一些异构体的产生，约 15% 导致人类遗传疾病的点突变都能产生这样的剪接位点异常。由此引起的一种疾病叫先天性肾上腺增生（CAH），这是缺失功能基因 *CYP21* 所造成的，该基因能产生 21- 类固醇羟化酶。如果没有这种酶，那么正常被用来形成皮质醇的类固醇就会转而形成雄激素——睾酮，患有 CAH 病的女性则会呈现出男性的表型，这通常是由 *CYP21* 基因第二内含子剪接位点的点突变引起的，这个突变导致 RNA 剪接发生错误，从而形成无功能的酶。产生新的剪切位点以及阻止使用已有的剪切位点都能产生无功能的蛋白质，从而引起发育异常。

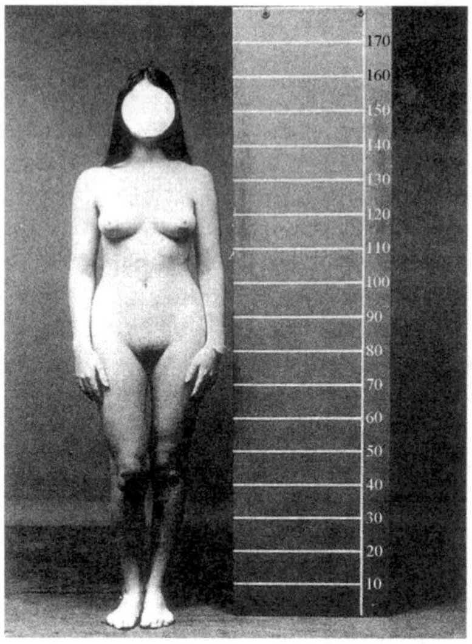

图 8-4　患有雄激素不敏感综合征的一个 XY 型病例（Gilbert，2006）

许多遗传性的疾病是由于突变产生了翻译终止密码子。例如，雄激素不敏感综合征（图 8-4）是由于编码雄激素受体的基因在 2682 个核苷酸处由 G 变成了 A，这个变化使得 717 位的密码子由色氨酸变成了翻译终止密码子。这个截短型的受体蛋白失去了多个雄激素结合区域。因此，患者虽然核型是 XY 型，且有睾丸，但是其发育形成的却是女性的第二性征，该“妇女”体内缺乏副中肾管（也叫米勒管）的衍生物，如输卵管、子宫等，并且其睾丸没有下降到体外，而是存在于腹腔中。

还有一些突变能够影响 mRNA 的寿命，因而大大影响由该 mRNA 翻译产生的蛋白质的数量。一些蛋白质的作用在于稳定 mRNA 或将 mRNA 带到核糖体上。一种遗传性智力障碍病——脆性 X 综合征（图 8-5）就是由一种基因突变造成的，该基因产物对于神经特异性的信号基因的翻译起关键作用。脆性 X 综合征通常由 *FMR1* 基因 5′ 非翻译区的 CGG 重复区扩展和高度甲基化引起。多数正常人 *FMR1* 等位基因含有 6～50 个 CGG 重复区，脆性 X 综合征患者

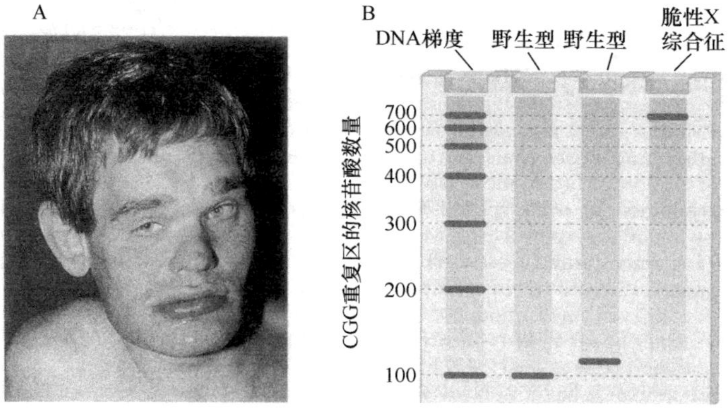

图 8-5　脆性 X 综合征（Gilbert，2006）

A. 一个 26 岁的脆性 X 综合征患者，其头部前额、耳朵和下巴都比较大；B. *FMR1* 基因 5′ 非翻译区的 CGG 重复数量。正常人含有的 CGG 重复区较少，而脆性 X 综合征患者的 *FMR1* 等位基因则含有 200 个以上的 CGG 重复区

的 *FMR1* 等位基因则含有 200 个以上的 CGG 重复区，这种 CGG 的扩展阻碍了该基因的翻译。*FMR1* 基因编码一种 RNA 结合蛋白，该蛋白对于一些 mRNA 的翻译起重要作用。正常情况下，约 85% 的 FMR1 蛋白分子与正在翻译的多聚核糖体相关，在细胞质中的多聚核糖体中没有发现在 RNA 结合区发生突变的 FMR1 蛋白，FMR1 蛋白的 RNA 结合区发生突变会产生严重的脆性 X 综合征。已有研究表明，小鼠脑中一些特定的 mRNA 的适当翻译需要 FMR1 蛋白，这些 mRNA 大多数与神经突触的功能或神经元的发育有关。FMR1 可能与特殊 mRNA 结合，或者调节其翻译，或将它们带到树突处等待传播信号。

第二节　癌　　症

一、概述

癌症（cancer）是肿瘤（tumor）的一种。肿瘤是指新生长物或赘生物（neoplasm），主要由实质细胞、血管和结缔组织等组成。在正常情况下，不破坏宿主，或者最多从纯粹的位置-功能方面对宿主产生危害的肿瘤，称为良性肿瘤（benign tumor），如纤维瘤。若肿瘤由恶性细胞组成，并在无限生长状态下能迅速引起恶性病变或能发生侵犯和转移的，则称为恶性肿瘤（malignant tumor），如胃癌。医学上将所有的恶性肿瘤称为癌。确切地说，癌是指细胞调控机制发生缺陷，并导致恶性和侵犯性肿瘤而形成的一种疾病。

二、癌症是异常发育导致的疾病

癌症是一种由发育异常引起的疾病，为什么这么说呢？原因如下。

第一，许多癌细胞基因组正常，是否形成癌症取决于其所处的环境。其中最突出的例子就是畸胎瘤，它是一种生殖细胞或干细胞肿瘤。畸胎瘤细胞就像哺乳动物囊胚内细胞团中的细胞一样，但是呈现恶性生长的方式，能使有机体致死。然而，Mintz 等曾分离出鼠畸胎瘤细胞（黑色），并将其注入来自另一品系鼠（白色）的早期胚胎的囊胚腔中。然后再将这些囊胚植入另一雌鼠的子宫内。结果胚胎发育成无肿瘤的正常鼠，其中某些组织来自正常鼠胚细胞，另一些则来自畸胎瘤细胞（图 8-6）。畸胎瘤细胞和正常囊胚细胞分别带有各自的遗传标志，如色素、品系特异性酶类、血红蛋白、免疫球蛋白等。由此可见，细胞是变成肿瘤还是胚胎的一部分可能依赖于它周围的环境。

正常 6 日龄鼠胚细胞植入成鼠睾丸中可发育为畸胎瘤，但在同样条件下较晚期的胚胎细胞则不能转化。由此再一次证明，幼胚细胞和某些肿瘤细胞是相似的，两者根据环境条件均可呈无控制状态的恶性生长，或分化为正常成体组织。

干细胞环境可能能够通过分泌一些抑制子，阻止旁分泌通路，从而来抑制肿瘤的形成。许多肿瘤细胞，如黑色素瘤细胞，能分泌旁分泌因子 Nodal，这有助于它们的增殖及为它们提供血管。但是当将它们置于胚胎干细胞（能分泌 Nodal 抑制子）的环境中时，聚集的黑色素瘤就变为正常的黑色素细胞。

第二，癌症经常是由细胞间错误信息交流而引起的。细胞周围的情况对于细胞的恶性转化具有关键作用，细胞分裂是细胞的正常行为，在许多情况下，要求由组织间的相互作用来阻止细胞分裂，因此组织之间架构的缺陷也能引起癌症的产生。改变组织的结构能引起癌

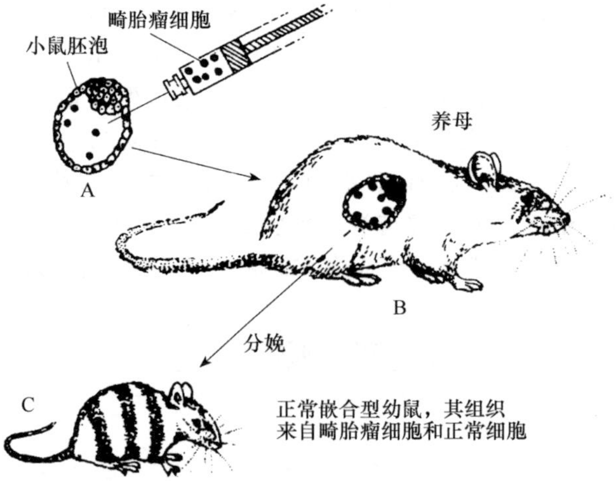

图 8-6 由畸胎瘤细胞和正常鼠胚细胞组合的正常鼠的发育（Gilbert，2006）

A. 畸胎瘤细胞（黑色）注入正常鼠胚泡（白色）中；B. 含畸胎瘤细胞的胚胎在雌鼠子宫内发育；C. 组合后发育的鼠由正常组织构成，其中一部分来自畸胎瘤细胞（黑色），另一部分来自正常胚胎细胞（白色）

症，恢复合适的组织环境可抑制这部分肿瘤。事实上，80% 的人类肿瘤都来自上皮细胞，然而这些细胞并不是引起癌症损伤的位点，相反，癌症是由围绕和支撑这些上皮细胞的间充质细胞（基质）的缺陷而引起的。将正常的和致癌物处理过的乳腺上皮细胞与大鼠乳腺间充质细胞组合在一起时，发现只有当乳腺上皮细胞与那些接触过致癌物的乳腺间充质细胞组合在一起时，它们才会呈现恶性生长的现象；而即使上皮细胞接触过致癌物，但如果它们与正常的未经致癌物处理过的间充质细胞组合在一起时，它们也不会发展成癌细胞。因此，致癌物引起了乳腺间充质基质的缺陷，这些被致癌物处理过的间充质基质不能阻止上皮细胞分裂。

第三，癌症的产生经常能用发育生物学的知识来解释。例如，黑色素瘤是由色素细胞引起的肿瘤，小眼畸形相关转录因子（microphthalmia-associated transcription factor，MITF）除了激活酪氨酸酶和其他黑色素形成的基因之外，也激活抗凋亡基因 *Bcl*-2，这可能是黑色素瘤难以治愈的原因。此外，黑色素瘤患者的染色体上含有 MITF 的区域得到了扩增，因此它们有多个拷贝的 *MITF* 基因。由于 MITF 对黑色素瘤细胞的存活非常关键，因此可能治疗黑色素瘤的途径之一就是阻止 MITF 的活性。

第四，癌也有干细胞。大多数干细胞离开它们的微环境之后，由于缺乏原来环境能提供的旁分泌因子，因此都不能继续存活，将发生细胞凋亡。但是如果它们有多个拷贝的抗凋亡基因，干细胞就能进入一个新的环境而不会死亡。相反，它能像一个正常的干细胞一样，产生更多的干细胞以及分化的子代。在缺乏环境控制的条件下，细胞的增殖没有限制，因而最终呈恶性生长的状态。从这些理论中产生了“癌症干细胞学说”，该学说认为，癌细胞是由癌症干细胞发育而来的。这些癌症干细胞能自我更新，也能产生肿瘤的非干细胞群。这些癌症干细胞的来源还不确定，可能不同的癌症类型来源不一样。不过，大多数研究者认为，癌症干细胞或来源于正常的成体干细胞，或来源于祖细胞。尽管成体干细胞通常处于静止状态，只有当需要时才发挥作用，然而如果它们接触到致癌因子时，就能变成癌细胞。这就可以解释癌细胞是如何能具有这些干细胞样的特性，以及为什么肿瘤常包含干细胞和一些分化细胞的混合细胞群。

三、致癌因子

癌起因于各种致癌物质，其中包括物理因子、化学因子和生物因子。

（1）物理因子：各种辐射均能使培养中的正常细胞转变为恶性细胞，此过程称为转化（transformation）。例如，利用X射线和紫外线照射正常培养的细胞，可导致这些细胞出现生长失控状态。日本原子弹爆炸的幸存者中，白血病（造血组织癌）发病率很高，而且与辐射剂量成正比。太阳的紫外线辐射与人体皮肤癌有关。这些癌症的直接原因是染色体的辐射损伤。

（2）化学因子：一般认为，人类的绝大多数癌症都是由周围环境中存在的化学物质引起的。例如，烷化剂或吖啶等化合物以其自然构型就可导致DNA链上核苷酸顺序的改变；而多环式芳烃则是在体内被某些氧化酶代谢成为有活性的形式后才能变为致癌因子。

（3）生物因子：主要有两种类型，即DNA肿瘤病毒和RNA肿瘤病毒。

DNA肿瘤病毒易附着于细胞表面，并将其DNA注入该细胞内。病毒DNA进入细胞后，或者产生许多病毒颗粒并杀死细胞，或者病毒DNA本身插入宿主细胞的基因组中（图8-7）。在后一种情况下，宿主基因组中的病毒基因可编码新的蛋白质，这种新蛋白质可以改变细胞的行为，也可通过插入（inserting）损伤宿主DNA的形式，使宿主细胞转化为癌细胞。

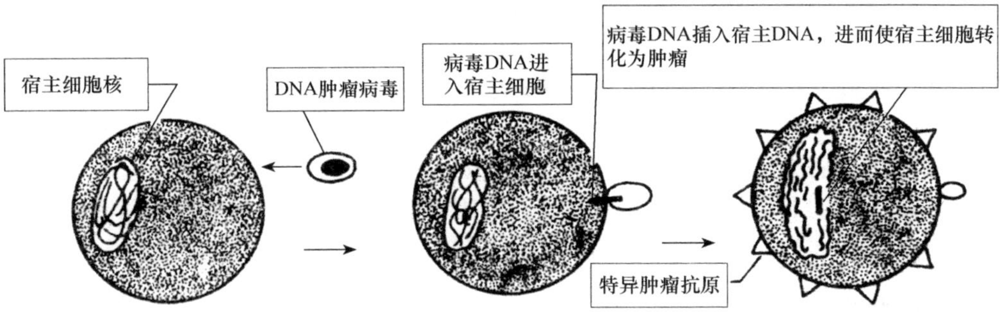

图8-7　病毒转化

RNA肿瘤病毒转化的途径是：首先附着于细胞表面，然后向该细胞内注入自己的RNA。在宿主细胞内，以RNA为模板，在反转录酶的作用下，合成病毒DNA，再插入宿主的DNA中，之后其致癌作用与DNA病毒基本相似。

四、癌基因

使细胞逃脱正常生长控制的基因是可以遗传的。更常见的是，这些具有危险性的基因是由反转录病毒一起带入基因组的。癌基因通常是以原癌基因（proto-oncogene）的形式存在于正常细胞中，维持细胞正常生命活动。

早在20世纪初，Rous在研究鸡的肉瘤时发现，患病鸡肉瘤的提取物可引起健康家禽产生肉瘤。1911年，Rous进一步证明，引起鸟类结缔组织产生肿瘤的原因是病毒，提出了病毒导致肿瘤的观点。但由于当时在哺乳动物中还未发现肿瘤病毒也像一般病毒传染病一样传染癌症，因此Rous的观点并未得到科学界的承认。到50年代，由于科学家陆续发现了能够引起哺乳动物产生癌症的病毒，对病毒侵染细胞的机制也有了更加深入的了解，证明病毒进入细胞后，其遗传物质可整合到细胞的基因组中，产生新的蛋白质，从而诱导正常细胞转化为癌细胞。至此，被搁置了半个世纪的“病毒导致肿瘤”的观点才得到学术界的承认。1966年，87岁高龄的Rous因此项首创性研究获得了诺贝尔奖。学术界把Rous发现的这种病毒称为“Rous肉瘤病毒”。70年代初，Temin发现该病毒的RNA中有一个片段是维持致癌活性必需的，这就是*src*癌基因。

已知有两类基因与癌症发生有关。

（1）癌基因本身。当基因产生了显性的功能获得性突变时，原癌基因变成癌基因。由于突变是显性的，只要两个原癌等位基因中有一个发生突变，就足以使生长发育失去调节。大多数病毒携带的肿瘤基因均属于此类。比如，首先被鉴定出来的病毒癌基因是*src*，其在细胞中的同源基因是不致癌的正常基因，为*c-src*（*c*=cellular，细胞的）。

原癌基因编码的蛋白质通常参与细胞周期调控，有许多还参与促进有丝分裂信号的产生。突变成癌基因将导致细胞的异常增殖。原癌基因的产物经常是以下几种：生长因子、生长因子的受体、将促进有丝分裂的信号传递到细胞核的信号转导途径中的因子和细胞核中启动细胞分裂的因子。

（2）肿瘤抑制基因。当基因功能缺失突变时，就产生肿瘤。继承了一个缺陷型等位基因的人容易得癌症，但患瘤率比具有纯合缺陷型等位基因的个体要低。肿瘤抑制基因包括*Rb-1*基因以及参与识别损伤的DNA和细胞凋亡过程的*p53*基因。肿瘤抑制基因参与终末分化的起始和完成，以及与此相伴的细胞分裂的终止，功能缺失性突变使得细胞不再受抑制作用的影响，而这种抑制作用通常会控制细胞的分裂次数。

1972年，Huebner和Todaro提出了“癌基因学说”（oncogene theory），认为细胞癌变是由癌基因引起的。癌基因以原癌基因的形式存在于正常细胞中，是维持细胞正常生命活动所必需的。只有当其结构或其调控系统受到致癌因子的干扰，或（和）抑癌基因突变或缺失后，才会被激活变为癌基因，使得正常细胞转化为癌细胞。

五、癌症的发育疗法

如前所述，癌症并不全是细胞变坏了的结果，而经常是由发育信号改变而引起的一种疾病，当将某些类型的癌细胞放回胚胎表达一定的旁分泌因子或旁分泌因子抑制子的区域时，它们又能变成正常的细胞。因此，人们正在探究一些新的治疗癌症的策略，其中之一就是“分化疗法”，即设法促进癌细胞的分化。

微RNA（microRNA，miRNA）已经开始被用于治疗不同的癌症。研究者发现，在许多癌细胞中，有一些特定的miRNA表达水平发生下调，这些下调的miRNA通常是肿瘤抑制子，能够阻止DNA甲基化的改变。比如，通常在骨骼肌细胞中表达的miRNA-206在肌肉肿瘤细胞中下调表达，如果在肌肉肿瘤细胞中增加miRNA-206的水平，就能使肿瘤细胞恢复其分化特性，分化为肌肉细胞，从而阻止癌症产生。

第三节　肥胖与疾病

一、肥胖与疾病的关系

真正的肥胖是一种异常发育所引起的疾病。肥胖不仅影响美观，更重要的是常常诱发各种严重的疾病，如心血管系统疾病、糖尿病、肿瘤、肺功能不全等，严重危及人类的身心健康。有研究表明，在小鼠肾细胞癌中，瘦素（leptin）能通过细胞外的信号调节激酶和依赖Rho的途径，促进癌细胞侵入其他组织，发生转移（Rutkowski et al.，2006）。也有研究表明，肥胖还可以导致不育，这是由于肥胖症患者胰岛素水平升高，过度刺激对胰岛素敏感的垂体细胞，使其释放大量的促黄体激素（LH）从而导致不育症发生。

二、肥胖基因的发现

1950年，美国Jackson实验室发现一种表型特征是过度肥胖和Ⅱ型糖尿病的小鼠，并推测与*ob*基因的突变有关。1959年，Hervey首次提出，在肥胖的信号系统中，至少有一种成分存在于血液中。1978年，Coleman等的实验表明，肥胖小鼠体内缺乏一种能调节食欲和代谢的血源性因子，它可能是一种调节营养摄入和代谢作用的激素，并提出肥胖基因（*obese* gene，*ob*）编码这一血源性因子的假说。1991年，Friedman等描述了5种可以使小鼠肥胖的单基因突变，分别是*obese*（*ob*）、*diabetes*（*db*）、*fat*（*fa*）、*tubby*（*tub*）和*obese yellow*（*oby*），为研究肥胖的分子机制奠定了基础。1994年底，Friedman领导的研究小组历经8年研究，发现并克隆出了肥胖基因。在人类也发现了这类基因的同源基因。

*ob*基因位于小鼠的6号染色体上，位于人类的7q31.3区。人和小鼠的*ob*基因都包含3个外显子和2个内含子。小鼠*ob*基因长650kb，能转录4.5kb的mRNA。人类*ob*基因共有18kb，其中2个内含子长度分别为10kb和1.9kb。其转录的mRNA长度为3.5kb，外显子2和3一起编码146个氨基酸组成的蛋白质。3kb的5′非翻译区富含Sp-1、CCAAT增强子结合蛋白（C/BBP）、糖皮质激素反应因子（GRE）和cAMP反应因子结合蛋白（cREB）等转录因子的结合位点。*ob*基因在脊椎动物中高度保守，人和小鼠的编码区核苷酸的一致性达84%，而在5′非翻译区和3′非翻译区的序列一致性仅有30%，N端信号肽保守性较低。

*ob*基因的表达产物leptin最初在成熟肥胖组织中被发现。1995年，Halaas等首次证实在瘦人血浆中存在leptin。

三、肥胖的调控机制

*ob*基因只在成熟的脂肪组织中表达，说明脂肪细胞周围环境对*ob* mRNA的高水平表达极为重要。肥胖与leptin的抗性有关，leptin抑制肥胖作用与神经内分泌系统不可分割，leptin由脂肪细胞分泌后以内分泌、旁分泌等形式作用于大脑脉络丛、下丘脑、肝、胰、肾和肺等的leptin受体。小鼠leptin受体的cDNA编码1162个氨基酸，属于Ⅰ类细胞因子受体家族。人的leptin受体由1165个氨基酸残基构成，与小鼠有近80%的序列一致性。其胞内部分氨基酸序列比较保守，其中有两个结构域，一个可以激活Janus激酶，另一个可以和转录蛋白的激活因子相互作用，借以调节转录。胞内区还有不少潜在的磷酸化位点。这些结构特点提示，leptin受体可以直接参与并启动胞内信号转导。leptin作为一种分泌型蛋白质，与leptin受体结合，能通过多个信号途径发挥作用。leptin与其受体的结合引起受体的二聚化，使与受体结合的JAK相互靠近并发生磷酸化而使Janus酪氨酸激酶以及信号转导蛋白等被激活，这样也就同时激活了JAK/STAT、PI3K/AKT以及MAPK途径。脂肪组织产生leptin的量取决于体内脂肪含量，当体内脂肪含量增高时，脂肪细胞产生leptin，leptin作用于大脑使之产生相关作用停止饮食和提高活动水平；反之，体内脂肪含量下降时，leptin浓度下降，给大脑信号以增强饮食和降低活动水平。leptin还抑制30A5前脂肪细胞中乙酰辅酶A还原

酶基因的表达，减少脂肪酸和脂质的合成，抑制胰岛素的合成与分泌，拮抗胰岛素的生物学效应，从而调节机体的肥胖状况。

胰岛素和糖皮质激素、性激素等共同作用，调节血浆中 leptin 水平。糖皮质激素可能影响 *ob* 基因表达及其产物的分泌。环境因子也影响 leptin 的敏感性，高脂肪食物会引起 leptin 的抵抗，使其敏感性下降。leptin 与体重指数（BMI）呈正相关，leptin 水平随体脂和肥胖严重程度的增加而增高。

肥胖可能也和生活方式有关，有研究表明，一种调控昼夜节律的去腺苷酸环化酶 Nocturnin 能调节骨髓干细胞的命运，使干细胞不向成骨细胞方向分化，而转变为脂肪细胞。因此，*Nocturnin* 基因敲除的小鼠尽管摄入高脂肪的食物，但体重和活力一直保持正常。而摄入高脂肪饮食的野生型小鼠则像气球般膨胀起来，增加的体重比基因敲除老鼠体重的两倍还多。

α- 黑色素细胞刺激激素（α-MSH）是一种由脑垂体中间叶细胞分泌的神经肽，除了具有调节黑色素生成、头发和皮肤色素沉着的主要功能外，在调节摄食行为和能量的动态平衡等方面也发挥着关键作用，α-MSH 能激活黑色素皮质素受体 4（MC4R），该受体作为药物靶点具有特殊的意义，因为它的突变与人类不同形式的肥胖有关。近期，研究者在其与肽拮抗剂 SHU9119 复合体中呈现了人 MC4R 的晶体结构，揭示了 MC4R 上有钙离子的结合位点，钙离子是 MC4R 激活的重要调节因子（Yu et al.，2020），这可能为药物研发提供了新的靶点。

第九章 植物发育

本章彩图
扫码可见

本章将重点阐述植物开花和胚胎发育这两个重要的发育过程，初步阐明植物开花和胚胎发育过程中的分子调控机制。

第一节 植物生长和发育的特点

Goldberg 在 1988 年发表的一篇综述中对植物发育的特点做出了详尽的总结：①植物是一种形态学上简单的有机体；②植物细胞具有全能性；③植物可以用孢子或配子进行生殖；④高等植物具有双受精现象；⑤植物胚胎发生过程在种子的形成过程中完成；⑥高等植物的胚形成两个具有不同发育命运的器官系统，即茎顶端分生组织和根顶端分生组织；⑦植物具有无限的发育程序；⑧植物的形态建成在没有细胞移动的情况下进行；⑨环境因子在植物发育中扮演着重要的角色（白书农，2003）。

与动物发育相比，植物发育具有明显的不同。在这里需要指出的是，植物虽然包括藻类、苔藓类、蕨类、裸子植物类和被子植物类。但在本章中，将主要以被子植物为例探讨植物的发育机制。

（1）与动物发育相比，植物更侧重胚后发育。动物在胚胎发生的同时伴随着器官发生的过程，而植物的器官发生则主要在胚胎发生之后。植物发育的过程贯穿其整个生活周期，胚胎发生建立了茎-根（基顶）轴、组织发育的区域模式和辐射模式以及顶端分生组织，但是几乎所有的植物器官，如茎、根、叶和花均是在种子萌发后才形成的。

（2）植物发育与环境密切相关，植物发育是遗传基础与环境协调的结果。例如，植物的开花时间、植株的大小、生长方向以及物质的形成和积累等均受到环境的调控。古人关于环境对植物生长发育的影响早有认识。《晏子春秋 · 杂下之十》中就提到“橘生淮南则为橘，生于淮北则为枳，叶徒相似，其实味不同。所以然者何？水土异也”。

（3）植物与动物形态构成和细胞学基础不同。植物细胞有细胞壁、叶绿体、大液泡等，植物代谢包括光合作用、固氮等过程，器官形态有根、茎、叶、花等，这些均与动物具有天壤之别。

（4）植物具有再生能力。在合适的环境条件下，植物可以从一个单一的细胞长成一个完整的植株。

由于植物不能像动物那样进行移动，因而在漫长的进化过程中进化出了一种不同于动物的特殊发育模式，可以连续对外界信息做出反应，并在受到损伤时做出应答。

第二节 植物发育生物学的研究内容

植物个体发育从受精开始，通过细胞增大、分裂、分化和凋亡，经历了胚胎发生、器官形成、开花及授粉、受精等，是一个非常复杂而有序的过程。这一个体发育过程既受控于植物个体的基因型，也是其内在遗传机制与环境条件相互作用的结果。对这一发育过程中的基因表达模式及其调控机制的研究，尤其是从分子、细胞、器官到整体的不同层次上开展研究工作，已成为此领域研究的重要发展趋势。

被子植物的个体发育过程可以详细地划分为以下几个过程（图 9-1）：①开花启动和花器官的发生；②小孢子发生；③大孢子发生；④授粉、受精；⑤胚胎和胚乳的发生；⑥种子的成熟、休眠与萌发以及果实发育与成熟；⑦根的发育；⑧叶的发育。植物发育的研究内容就是围绕着上述的发育过程，具体研究这些过程在植物中是如何发生的、受到哪些基因的调控、具体的调控网络以及环境因子在该网络中发挥作用的机制。

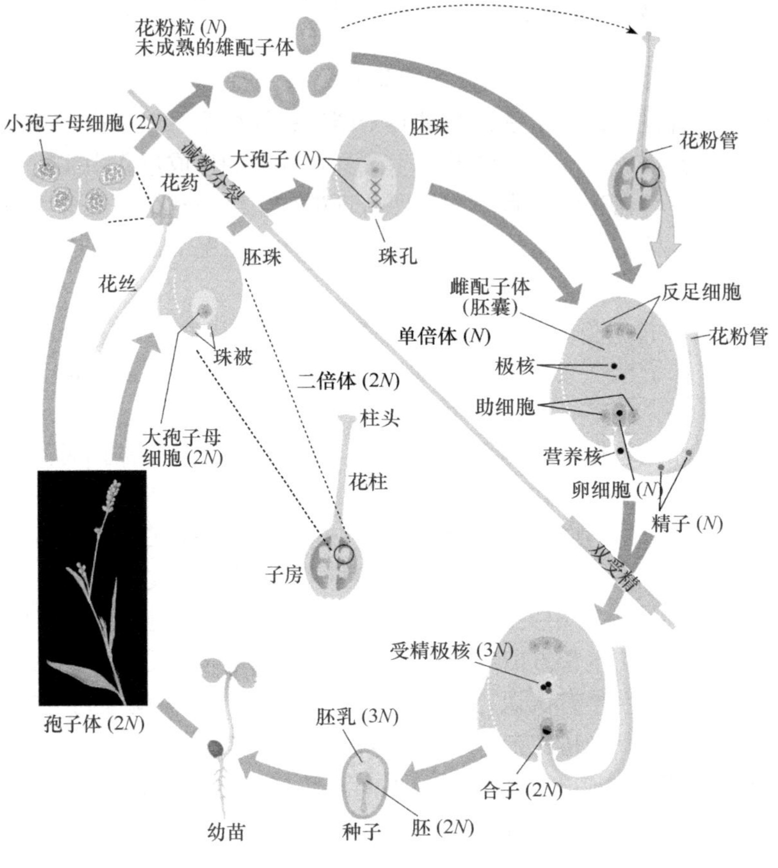

图 9-1　被子植物生活史（Graham et al.，2014）

第三节　植物开花诱导和花器官的发生

当植物营养生长达到一定阶段后，光照、温度、水分、营养等外界条件，特别是光照会刺激植物叶片产生成花物质或信号，成花物质或信号通过输导组织被运输到茎尖，刺激并启动顶端分生组织细胞内决定开花诱导基因的表达，促成植物的成花决定态，成花决定态可以被一些细胞获得，这些细胞达到一定数量即发生质变而表现为组织的成花决定。这些细胞使茎顶端分生组织转换成有性分生组织，扁平的生长锥逐步突起，形成花原基，花原基形成的同时又会产生抑制顶端分生组织向叶、节和节间分化的物质，最终完成整个开花过程。

为了便于阐述植物开花的调节机制，我们将植物开花的过程分为开花诱导、花的形成和花器官的形成3部分。

开花诱导是植物生殖生长启动的第一个阶段，决定开花时间，在这一过程中茎顶端分生组织没有形态上的任何变化，但在生理生化和基因表达的程序化方面发生了明显的变化。此时，茎顶端分生组织的生长开始转换为花序分生组织生长。

花的形成（花启动）的标志是花原基（floral primordium）的形成和对叶生成的抑制。在此转变中可以观察到两个不同方向的发育，即花在顶端得到启动和叶原基在基部的发育受到抑制。

花器官的形成是指花原基分化成为一朵具有花萼、花瓣、雄蕊和雌蕊结构的花。

本节将分别对植物开花诱导、植物花序分生组织和花分生组织的形成与基因表达调控以及花器官发育的调控进行阐述。

一、植物开花诱导

对于植物开花诱导的研究，在相当长一段时间里，人们一直认为某种或某些开花物质的形成是促使植物开花的主要原因（如开花素学说和营养物质转移假说）。随着分子遗传学的发展，越来越多的证据表明，开花诱导过程是受一个极其复杂的网络状信号转导途径调控的。根据影响开花的主要因素的不同，人们将拟南芥开花诱导调控大体归类于6种反应调控途径：光周期途径、春化途径、自主途径、赤霉素途径、环境温度响应途径和年龄途径。本节以模式植物——拟南芥为例阐述植物开花诱导的研究情况。

1. 光周期途径 影响高等植物开花过程最重要的环境因子之一是日照长度，即光周期（photoperiod）。不同植物对光周期有着不同的反应。通常将在短日照条件下加速开花的高等植物称为短日照（short day，SD）植物，而在长日照条件下加速开花的高等植物称为长日照（long day，LD）植物。拟南芥是一种典型的长日照植物。

很久之前人们就已经知道植物感受光周期的部位是叶片，但是发生成花转变是在顶端分生组织，因此在叶片中产生了刺激开花的物质，这种（些）物质能传输到顶端分生组织，从而诱导开花。人们把这种（些）类似于植物激素的物质称为成花素。经过研究，人们发现*FT*（*flowering locus T*）基因在植物开花诱导反应中起关键作用。*FT*在植物叶片维管束中表达，但是在茎尖分生组织，FT能与转录因子FD相互作用形成复合体，激活下游基因*SOC1*、*AP1*的表达，以诱导开花。因此，FT在植物中扮演着成花素的角色。

*FT*基因的哪一种产物与开花有关，是*FT*的mRNA还是其编码的蛋白质，或者二者都参与了花芽的诱导？这一问题引起了学术界的广泛关注。众多研究结果表明，在一片叶片中诱导产生足够量的FT蛋白就可以诱导植物花芽的分化；FT蛋白可以从叶片转运到茎尖的顶端；*FT*基因在叶片中的表达没有诱导出其他与成花有关的成分；此外，在茎尖没有监测到*FT*基因mRNA的存在。已有的研究成果表明，FT蛋白在植物发育的过程中起着成花素的作用（图9-2）。

光周期是环境中光照与黑暗交替的现象。由于地球自转轴与公转平面（黄道面）间存在倾角，所以在一年中，自然界（除赤道外）特别是高纬度地区的光周期发生规律性的改

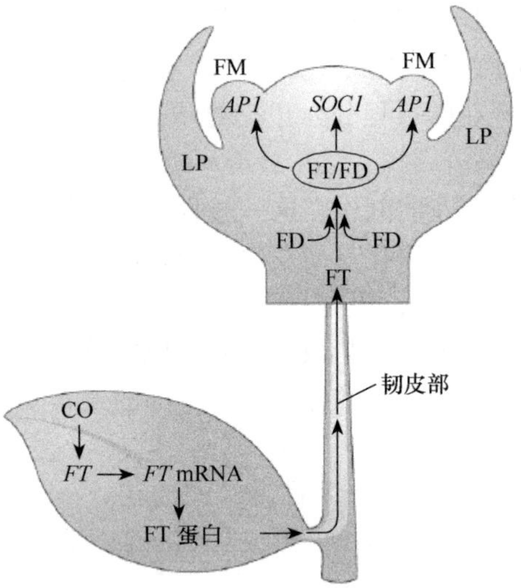

图 9-2 植物叶片感受光信号并诱导开花的途径（Zeevart，2008）

植物感受光信号的位置在叶片，并且在叶片上产生可以转移的成花刺激物 FT 蛋白。拟南芥在长日照条件下，叶片中的 CO 蛋白积累刺激韧皮部中 *FT* 基因表达并翻译成可以转移的 FT 蛋白，然后通过韧皮部中的维管运输到顶端分生组织。LP. 叶原基；FM. 花分生组织；FD. 一个 bZIP 转录因子，主要在分生组织中表达，在开花调控中与 FT 蛋白形成复合物，该复合物可以刺激花特异基因 *AP1* 和 *SOC1* 的表达；*SOC1*、*AP1*. 均为开花启动中的调节基因

变。植物通过叶片上的光感知受体对环境光信号进行感知。植物光感知受体包括感知红光或者远红光的光敏色素 PHYA-PHYE，感受蓝光的隐花色素 CRY1-CRY3 以及 FKF1，它们感受昼夜长短和光的强弱。在生物体内还存在一个 24h 的时钟节律。时钟节律基因或受时钟调控的基因的表达在一天内呈现周期性的变化。在拟南芥中，主要的时钟节律基因包括 *CCA1*（*circadian clock associated 1*）、*LHY*（*late elongated hypocotyl*）、*ELF3*（*early flowering 3*）、*TOC1*（*timing of cab expression 1*）、*FKF1*（*flavin-binding kelch repeat F-box1*）、*ZTL*（*zeitlupe*）、*LUX*（*lux arrhythmo*）和 *LKP2*（*lov kelch protein2*）等。植物感知到的光信号与自身的时钟节律进行整合后输出，从而调节下游的生理生化反应和生物学过程，如光合作用和生长、光周期诱导开花等（Johansson and Straiger，2015）。

CO（constans）在光周期诱导植物开花调控中处于核心的位置。与 *FT* 类似，*CO* 在叶片中的维管束中表达，*CO* 突变体显示光周期非依赖性的晚花表型，表明 CO 涉及光周期并且促进植物开花。受到时钟节律整合光受体信号的调控，*CO* 的表达在一天中也呈现出节律性变化。在黎明高表达的 CCA1 和 LHY 促进 CO 转录的抑制因子 CDF 表达，而在傍晚 PRR 家族 TOC1 等一方面抑制 CCA1 和 LHY，另一方面又直接抑制 CDF。在蛋白质水平，CDF 受到 FKF1-GI 复合体的调控。FKF1 为蓝光受体，在蓝光下 FKF1-GI 复合体形成以介导 CDF（CDF1/2）泛素化降解。FKF1 与 GI 的表达受时钟节律的调控，在长日照下，二者表达有着相似的节律，FKF1 和 GI 都在下午同步高峰，在蓝光下形成复合体，导致 CDF 降解从而解除对 *CO* 表达的抑制。因此 *CO* 在黎明时被抑制表达，下午表达升高，而到傍晚时达到一个高峰，在黑暗中达到最高。而在非诱导性的短日照下，FKF1 与 GI 的表达并不同步，因此 FKF1-GI 复合体形成得少。因此 *CO* 的表达在傍晚仍处于低水平。在蛋白质水平上，CO 同样受到严格调控。CO 蛋白含量的变化依赖于白天光照的长度以及白天与黑夜间的动态转变。不同的光质对 CO 蛋白的稳定性有不同的影响，远红光和蓝光可以稳定 CO 蛋白，而红光能引起 CO 的降解。在黑暗中，CO 蛋白经由两个 E3 泛素连接酶复合体 COP1 和 SPA1 介导的蛋白酶体途径降解。PHYB 被红光所激活，与 HOS1 一样在早上引起 CO 蛋白降解。所以在短日照（SD）下，白天 *CO* 的低转录以及 CO 蛋白在早上以及夜晚的降解，使得一整天中 CO 蛋白量都处于低水平。但是在长日照（LD）下，吸收蓝光的隐花色素 CRY（CRY1/2）可抑制 COP1-SPA1 复合体活性，解除它们对 CO 蛋白的降解。远红光激活的 PHYA 可以稳定 CO 蛋白。此外，蓝光受体 FKF1 一方面可以促进 *CO* 的表达，另一方面也可以稳定 CO 蛋白，所以 CO 蛋白在傍晚时含量达到峰值。在黑夜 CO 被降解，CO 蛋白含

量在黎明前达到最低。因此，在这些转录水平以及翻译后水平调控下，CO 蛋白含量在一天中呈现昼夜节律的变化（Song et al.，2015）。

CO 可促进 *FT* 的表达。CO 蛋白可直接结合到 *FT* 启动子近端的两个 CORE 元件（CO 反应元件）上，同时 CO 能与核因子 Y 复合体 NF-Y 相互作用。NF-Y 可识别并结合 *FT* 启动子上游远端的增强子（远至 −5.3kb）。CO 与 NF-Y 的互作将远端的增强子拉近转录起始位置，使 *FT* 的启动子区形成一个长距离的染色质环，这有助于 RNA 聚合酶Ⅱ以及各种反式转录因子的结合，从而促进 *FT* 的转录。CO 蛋白在一天当中的波动，引起 *FT* 转录也呈现出节律性变化。在短日照下，*FT* 的表达一直非常低。在长日照下，*FT* 一开始的表达也处于低水平，但是在傍晚随着 CO 蛋白的增加，*FT* 的表达迅速增加，在黑暗前达到高峰。此外，SMZ 转录因子和 TEM1/2 蛋白抑制 *FT* 的表达。GI 可促进 microRNA172 的表达，解除 SMZ 对 *FT* 的抑制。GI 还可以与 TEM1/2 相互作用影响其稳定性。与 CO 表达类似，CDF 同样可以抑制 *FT* 的表达，在下午近傍晚，FKF1-GI 引起 CDF1 的降解，使 CO 能够结合到 *FT* 启动子上（Song et al.，2015）。

表观调控也在 *FT* 的周期性表达中起重要作用。长日照下，在一天中大部分时间，*FT* 的表达维持在低水平。多梳抑制复合体 EMF1c 结合在 *FT* 启动子以及编码区，抑制 *FT* 的表达。而在傍晚，CO 蛋白结合到 *FT* 基因，阻碍 EMF1c 在 *FT* 上的结合，拮抗 EMF1c 对 *FT* 的抑制。此外，在傍晚 CO 蛋白还可以协助去乙酰化复合体在 *FT* 上的募集，抑制 *FT* 的表达，这样防止 *FT* 在傍晚时的过量表达。

2. 春化途径 在冬性一年及二年生植物的营养生长初期，若给予一定时间的低温处理，可大大加快植物的开花速率。这种低温（一般 4℃）诱导植物开花的过程，称为春化作用（vernalization）。植物感受低温的时期是种子吸胀萌动和苗期，感受低温的部位在分生组织。干燥的种子并不能对冷处理做出反应。对于一些植物，不经过春化处理会延迟开花或者一直处于营养生长阶段。经过春化后的植株在来年的春季气温回升后开花结实，所结的种子萌发长成新的植株又必须再经新一轮的春化作用才能确保在新一年恰当的时间开花，这就形成了一个循环。因此，随着季节的变化，植物经历的春化作用可分为 3 个阶段：冬天低温春化的反应或者春化状态的建立；春化状态在来年温暖环境下的保持或者记忆；形成的后代（种子）中的重设（图 9-3）。研究表明，拟南芥的春化作用与开花整合基因 *FLC* 的表达密切相关。*FLC* 在冬季前在植株中高表达，春化过程中，*FLC* 的表达被逐渐抑制，经过春化后，*FLC* 的表达水平最低，并且在来年的温暖环境下一直维持着抑制的状态。配子受精后，随着胚胎发生，*FLC* 的表达被重新激活。表观遗传（不改变 DNA 的碱基序列，又能遗传到下一代的现象）调控是 *FLC* 的这种表达调控中的关键。

拟南芥的各种生态型往往可以归为两类：一类是需要春化反应的冬季型，另一类是生长周期只有一个生长季的能很快开花的夏季型。在冬季型植株中含有一个显性基因 *FRI* 和一个有功能的 *FLC*。FLC 是一个开花整合转录因子，比如春化途径以及自主途径等都影响 *FLC* 的表达。FLC 可抑制下游的开花整合基因 *FT*、*SOC1* 的表达，从而抑制开花。FRI 能促进 *FLC* 的高表达，如果不进行春化，将导致植物很晚才能开花。在春化之前，FRI 和其相互作用蛋白形成 FRI 复合体（FRIc），该复合体可与组蛋白乙酰化酶、组蛋白第 4 位赖氨酸残基三甲基化（H3K4me3）甲基转移酶复合体、组蛋白 H3K36 甲基转移酶、组蛋白 H2B 单泛素化复合体、RNA 聚合酶Ⅱ相关因子 1 复合体（PAF1c）以及 SWC1c 组蛋白重构复合体等相

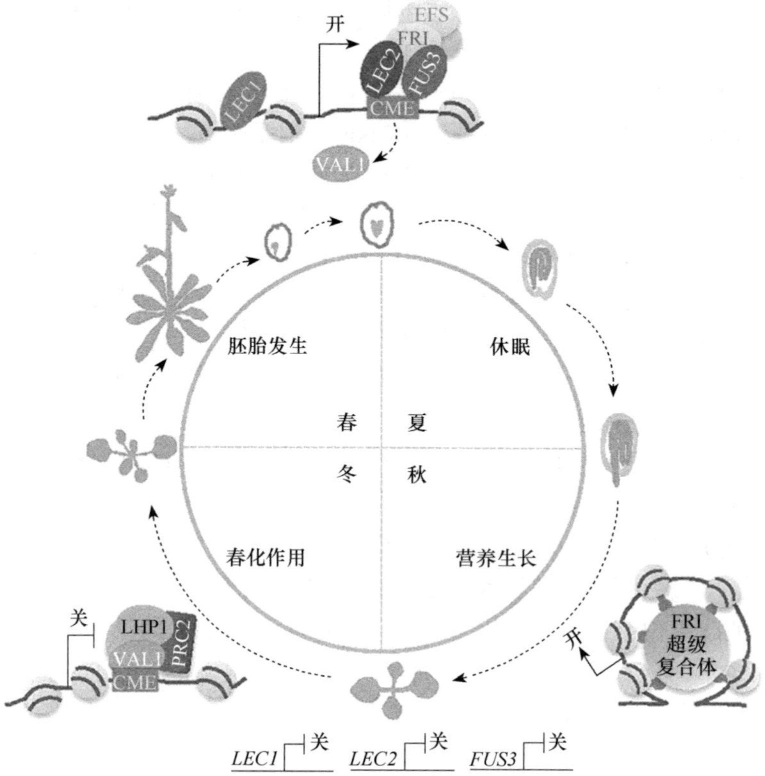

图 9-3　拟南芥冬季生态型植株对发育和季节变化的反应中对 *FLC* 表达的分子表观调控
（Luo and He，2020）

在种子成熟的过程中，随着胚胎发生，*FLC* 的表达被 LEC1、LEC2 和 FUS3 以及由 FRI 和活性染色质修饰因子如 H3K36me3 甲基转移酶（EFS）等组成的 FRI 超级复合体所激活（或者重设）。在种子萌发后，LEC 随发育被抑制，但是 FRI 超级复合体依然保持着 *FLC* 的高表达一直到冬天前。在春化中，VAL1/2 结合 *FLC* 的 CME 元件，在该区域富集，VAL1/2 与 H3K27me3 识别和结合因子 LHP1 互作，并募集 PRC2 复合体催化该区域的 H3K27me3 以抑制 *FLC* 表达。随后 H3K27me3 修饰扩散到整个 *FLC* 基因位点。在春天，当温度上升时，*FLC* 染色质的抑制状态一直被保持，*FLC* 的表达一直被抑制，从而保证植物在光照时间不断增加的情况下开花。在受精后，随着胚胎发生，*FLC* 的表达又被重新激活开始新一轮的循环

互作用，在 *FLC* 基因位点形成一个 FRI 超级复合体（FRIsc），从而调节 *FLC* 基因染色质的活性组蛋白修饰、染色质构象等，最终形成一个适合 *FLC* 表达的宽松的染色质环境，便于 *FLC* 的快速转录，从而激活 *FLC* 的表达。

在春化过程中，*FLC* 的转录被抑制，*FLC* 基因上的活性染色质标记如 H3K4me3、H3K36me3 被移除，相应的抑制性染色质标记 H3K27me3 则在 *FLC* 基因上广泛分布，同时 *FLC* 染色质被压缩，形成一个不利于基因表达的沉默的染色质状态或者说春化状态。在 *FLC* 基因的第一个内含子中靠近第一个外显子的区域内有一个 47bp 的顺式作用元件，称为冷记忆元件（CME）。这一调控元件为 *FLC* 的抑制或者说春化状态的建立和保持所必需。DNA 结合蛋白 VAL1/2 能特异识别 CME 元件，并能与多梳抑制复合体 2（PRC2）直接互作。PRC2 为组蛋白 H3K27 甲基转移酶复合体，能催化组蛋白 H3K27 的三甲基化（H3K27me3）。因此 VAL1/2 结合 CME，招募 PRC2，导致这一区域 H3K27me3 的积累。VAL1/2 还能与 LHP1 相互作用。LHP1 能识别并读取 H3K27me3，也能与 PRC2 直接作用，因此促进 CME 周围区域的 H3K27me3 化，即组蛋白 H3 的第 27 个氨基酸上三甲基化。

当植物经过春化进入温暖环境后，*FLC* 基因表达被抑制的状态会被一直保持，因此这种对冷的记忆随着有丝分裂在子代细胞中传递。春化后在 *FLC* 基因 CME 区域的 H3K27me3 扩散到 *FLC* 的整个基因区。而 LHP1 在春化后 *FLC* 位点 H3K27me3 的保持和扩散中至关重要。在温暖环境下的细胞有丝分裂中，*FLC* 上的 H3K27me3 以一种 DNA 复制偶联的机制保留。染色质组装因子 1（CAF1）为组蛋白组装分子伴侣，帮助 H3-H4 四聚体在复制中的 DNA 上组装。CAF1 与 LHP1 以及 PRC2 复合体相互作用，LHP1 也与 PRC2 直接作用。所以随着 DNA 的复制，LHP1 识别 H3K27me3，与 CAF1 募集 PRC2，催化新合成的 DNA 子链上的 H3K23me3，从而将母细胞中 *FLC* 染色质的 H3K27me3 在子细胞中保持。

经春化的植物开花后，在配子体中，*FLC* 表达仍然处于抑制状态。而在受精后的胚胎发生中，*FLC* 的表达被重新激活。在这一过程中，一个胚胎发育转录因子复合体 LEC1-NF-Y（$NF\text{-}Y_{LEC1}$）起着关键作用。LEC1 的表达在受精后的原胚中即被激活。$NF\text{-}Y_{LEC1}$ 特异结合 *FLC* 的 5′ 端启动子从而启动 *FLC* 在种子发育中的激活。LEC1 与两个早期胚胎发生中表达的植物特异转录因子 LEC2、FUS3 相互作用。LEC2、FUS3 识别并结合 CME 区域，防止 VAL1/2 以及 PRC2 在此区域的结合，从而阻碍 PRC2 在胚胎发生时对 *FLC* 染色质的沉默。此外，LEC2 和 FUS3 还可以与 FRI 直接互作，随后 FRI 超级复合体进行组装，在 *FLC* 基因位点添加活性染色质标记如组蛋白乙酰化、H3K4me3、H3K36me3 等，导致有利用基因表达的染色质环境的形成，最终激活 *FLC* 的表达。而 *FLC* 位点亲本中来的 H3K27me3 标记可能随着有丝分裂的不断进行而不断被稀释到非常低的水平。种子萌发后，*FLC* 位点上建立的活性染色质环境随着有丝分裂，通过 FRI 超级复合体介导在子代细胞中遗传，从而保持 *FLC* 在营养生长与发育过程中的激活表达。总之，在一个完整的生长季或者随着一年中季节的变化，在冬季生态型的拟南芥中，FRI 超级复合体、VAL1/2、PRC2 以及胚胎发生时 LEC 蛋白调节途径，这些调节模块动态地调节 *FLC* 基因在不同发育时期的染色质状态，从而调控 *FLC* 在不同时期的表达，最终使植物适应温度的变化而在合适的时间开花。

3. 自主途径 对拟南芥的研究表明，在没有受到开花相关的环境因子作用时，比如在短日照条件下，植株也会开花，表明在植物体存在一条自主调节途径以保证开花的发生。自主途径的基因可以不依赖光周期的方式促进开花。因此自主途径的突变体往往显示在长日照和短日照都晚花的表型，并且这种晚花表型可被春化处理所抑制。

与春化途径一样，自主途径也是通过抑制 *FLC* 基因的表达来促进开花的。自主途径的基因主要包括 *FCA*、*FY*、*FLD*、*FPA*、*FVE*、*LD* 和 *FLK*，近年来的研究发现基因 *REF6*、*PRMT5*、*PRMT10*、*ESD4*、*PCSF4*、*CK2*、*HDA5*、*HDA6* 等也涉及自主途径的开花调控。这些基因的功能与 RNA 的加工或者染色质修饰以及翻译后调控有关。其中 FCA、FPA、FY、PCSF4 参与 *FLC* mRNA 3′ 端的形成以及 poly（A）加尾。FLK 含有一个植物特有的 KH RNA 结合结构域，其调控 *FLC* 的分子机制尚不清楚，可能在转录水平参与 *FLC* mRNA 的加工。FVE、FLD、LD、PRMT5、PRMT10、REF6、HDA5、HDA6 参与 *FLC* 基因的表观修饰。HDA5、HDA6 为组蛋白去乙酰化酶，能去除 *FLC* 基因组蛋白末端的乙酰化修饰（一种基因活性表达标记）。FLD 是动物中组蛋白 H3K4me3 去甲基酶在植物中的同源蛋白，FLD 可能通过去除 *FLC* 上的 H3K4me3 以抑制 *FLC* 表达。研究者发现，FVE 能与 FLD 相互作用，而 FLD 又与 HDA6 互作，所以 FVE、FLD、HDA6 可能作为一个整体影响 *FLC* 组蛋白的乙酰化以抑制 *FLC*。PRMT5、PRMT10 为组蛋白精氨酸甲基转移酶，它们可能通过激活 *FLC* 的

抑制因子间接调控 *FLC*。最新的研究结果表明，REF6 为拟南芥中的组蛋白 H3K27me3（沉默标记）的去甲基化酶，REF6 在植物中可促进其靶基因的表达，所以 REF6 对 *FLC* 的表达抑制可能是一种间接作用。ESD4 和 CK2 可能参与 *FLC* mRNA 的翻译后修饰。许多研究表明，这些基因不仅在开花诱导中起作用，而且在植物的生长发育过程中很有可能扮演了更为广泛的角色（Cheng et al.，2017）。

4. 赤霉素途径 赤霉素（GA）作为激素，是一类二萜羧酸化合物，在植物、真菌和细菌中普遍存在。在植物中，GA 的功能几乎涉及所有植物发育的重要过程，如种子的萌发、茎的伸展、开花调控等。早在 1957 年，Langridge 就发现用 GA 处理拟南芥可以促进其提早开花。在植物体内，GA 含量维持在一种平衡状态，GA 生物合成中的关键酶如 GA20 氧化酶（GA20ox1/2）、GA3ox 可促进活性 GA 的积累，而 GA2ox 能使活性 GA 失活。在拟南芥中，GA 信号通路主要涉及 DELLA 蛋白。DELLA 蛋白包括 5 种生长抑制蛋白，即 RGA、GAI、RGL1、RGL2、RGL3。当细胞受到活性 GA 刺激时，GA 信号为 GA 受体 GID 感知，形成 GA-GID 复合体，从而改变 GID 蛋白的构象。GA-GID 复合体再与 DELLA 相互作用，介导 DELLA 蛋白的泛素化，最终导致 DELLA 蛋白经 26S 蛋白酶体途径被降解。这也就解除了 DELLA 蛋白对下游基因、各种转录因子的抑制，从而引起细胞内基因表达的变化。

DELLA 蛋白在 GA 信号通路中处于核心位置，GA 对开花的调控主要通过 DELLA 介导。在叶片中，DELLA 蛋白可抑制 FT 的表达，DELLA 可与 *FT* 的激活因子 CO 直接相互作用，阻碍 CO 与核因子 NF-Y 的互作以及 CO 与 *FT* 启动子的结合，从而调节 *FT* 表达以抑制开花。此外，DELLA 还可以与 *FT* 的抑制因子 MYC3 相互作用。在短日照下，由于相对低水平的 GA 导致 DELLA 蛋白的积累，DELLA 与 MYC3 结合并稳定其蛋白，维持 MYC3 对 *FT* 的抑制。类似地，DELLA 也涉及 FLC 对 *FT* 的抑制。

在顶端分生组织，有研究表明，在短日照下，GA 可诱导 *SOC1* 和 *LFY* 的表达。在 GA 合成的突变体中，*LFY* 的表达明显下降。一方面，DELLA 可抑制 *microRNA159*（*miR159*）的表达，解除 *miR159* 对转录因子 MYB33 的抑制，而 MYB33 可激活 *LFY* 的表达。另一方面，DELLA 又可与 *miR156*-SPL 途径中的 SPL 互作，抑制 SPL 对下游基因的激活。GA 对 *SOC1* 表达的诱导与叶片中对 *FT* 的诱导有关，因为叶片中 FT 通过转运到分生组织，激活下游的 *SOC1*、*LFY* 等。另外，在顶端分生组织（SAM）中，DELLA 蛋白与 NF-Y 因子互作，抑制其对 *SOC1* 的促进作用。

除此之外，GA 还涉及 WRKY 家族转录因子对开花的调控。WRKY 转录因子是一类广泛分布的转录因子，参与植物生长发育的各个过程。DELLA 蛋白可与 WRKY 转录因子相互作用，如在叶片中的 WRKY75，在顶端分生组织中的 WRKY12、WRKY13 等。通过与它们的互作，抑制它们对靶基因的激活，如 WRKY75 对 *FT*、WRKY12 对 *FUL* 的激活作用。

GA 对植物开花的调控还与细胞内 GA 的稳态相关，比如随着幼苗的生长，GA 在植物中积累，从而诱导开花。细胞内或组织中 GA 的含量与 GA 合成以及代谢过程中的酶含量和活性密切相关。植株中 GA 的合成和转运在不同时间和空间上的调控对植物开花非常重要。比如，GA3ox2 催化 GA 前体形成活性 GA，在叶片维管组织中表达丰富。GA20ox2 是另一种 GA 合成中的关键酶，在顶端分生组织中受转录因子 SVP 的抑制。植物转移到长日照下，能下调 SVP 的表达，从而促进 GA20ox2 的表达。GA4 是一种有活性的 GA 成分，在短日照下，开花转变前，顶端 GA4 大量积累，但是顶端分生组织中 GA 合成与代谢的酶含量并未发生改变，说明 GA4 是从其他地方合成后被转运到顶端分生组织中。此外，在顶端分生组织中，转录因子 KNOX 能促进 GA2ox 的表达，从而促进顶端分生组织中 GA 的失活。植物中 GA 合成以及代谢酶的调节，维持着叶片以及顶端分生组织中 GA 的平衡，最终使植物能在合适的时间开花（图 9-4）。

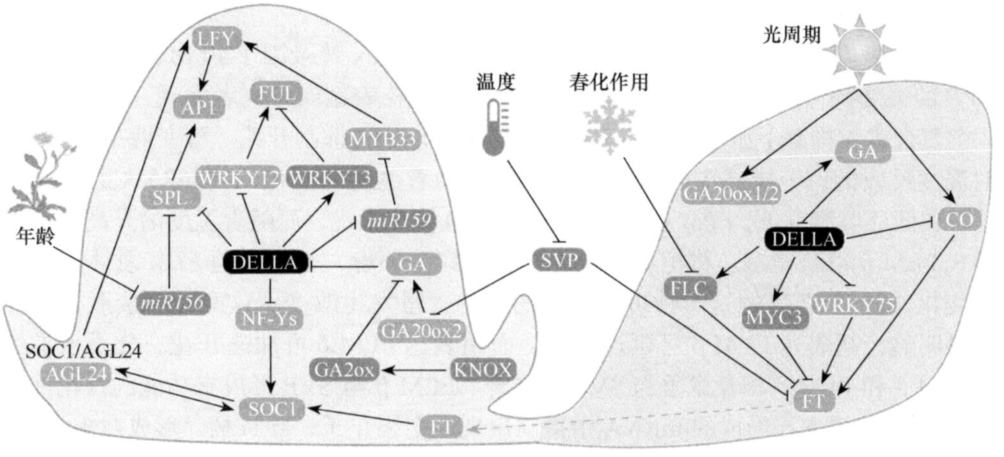

图 9-4 拟南芥中赤霉素途径对开花的调控（Bao et al.，2020）

在叶片中，赤霉素途径中的 DELLA 蛋白介导对开花整合基因 *FT* 的调控，而在顶端分生组织（SAM）中，DELLA 涉及对整合基因 *SOC1*、*LFY*、*AP1* 等的调控。黑色箭头或者黑色连接表示在转录水平或者信号转导上的促进或者负调控效应。绿色箭头或者红色连接表示在蛋白质水平或者表观上的促进或抑制。高亮文字红色表示开花抑制调节因子，蓝色表示开花促进调节因子，绿色表示花分生组织标记基因。蓝色虚线表示 FT 蛋白从叶片到 SAM 的转运

5. 环境温度响应途径 植物所处的自然环境，温度并不恒定，一天中会出现波动。这里所说的环境温度变化是比较温和的，一般在 12～28℃，对植物不至于构成胁迫。环境温度也会影响植物的开花，低温会延缓开花，而高温会加速开花。人们通过筛选对环境温度变化不太敏感的突变体，鉴定涉及温度调控的调控因子。比如，MADS-box 转录因子 SVP 与 FLM 的突变体显示温度不敏感的开花表型。植物通过环境温度响应途径调节开花存在多种机制，包括染色质组蛋白异构体的替换、可变剪接、蛋白质稳定性调控等。

DNA 缠绕在组蛋白 H2A、H2B、H3、H4 组成的八聚体上形成核小体的结构，通过核小体将 DNA 进行压缩装入细胞核内。组蛋白末端的修饰如甲基化、乙酰化等，以及组蛋白异构体对核小体中标准组蛋白的替换对基因的表达有着重要影响。H2A.Z 是组蛋白 H2A 的一种变异形式，可以被 SWC1 染色质重构复合体整合进核小体替换 H2A。人们发现，当植物从低温环境转移到高温环境后，染色质中的 H2A.Z 明显下降。SWC1 复合体组分 ARP6 的突变体 *arp6* 显示早花、延长的叶柄和胚轴表型，类似于高温环境下的野生型表型，并且转录组也与转移到高温环境的野生型大部分重叠，说明 ARP6 或者 H2A.Z 涉及植物环境温度调控。温度升高将开花整合基因如 *FT* 染色质中 H2A.Z 排出，使 *FT* 的染色质呈现开放的状态，有利于转录因子如 PIF4 的结合，从而促进 *FT* 的表达，加速植物开花。值得注意的是，H2A.Z 对基因表达并非只是抑制作用，这可能是因为排出 H2A.Z 后形成的基因染色质开放状态不仅有利于基因促进转录因子的结合，同样也助于基因抑制转录因子的结合（Verhage et al.，2014）。

光敏色素反应因子 4（PIF4）是一个 bHLH 转录因子。在长日照下，*pif4* 突变体开花表型随温度的变化与野生型类似，但是在短日照下，*pif4* 突变体开花表型随温度变化显著减弱，

而且在高环境温度（27℃）下开花时间比野生型要晚，但是高环境温度依然能使 *pif4* 突变体提前开花。PIF4 对开花的调控与 *FT* 相关。在 *pif4* 突变体中，*FT* 的表达下降。有研究表明，PIF4 能直接结合到 *FT* 的启动子，促进 *FT* 的表达，并且这种结合随着温度的升高而增强。因此 PIF4 可以说是在高环境温度下促进开花的因子，但是这种促进作用只体现在短日照下（Verhage et al.，2014）。

植物对环境温度变化的反应还主要与两个 MADS-box 转录因子 FLM、SVP 相关。*FLM* 或者 *SVP* 的突变都导致植物敏感降低，从而引起的早花表型。研究者发现，SVP 和 FLM 可形成一个复合体，抑制下游基因 *FT*、*SOC1* 等的表达，从而抑制开花。可变剪接在这种 FLM-SVP 对温度反应的调节模式中起关键作用。*FLM* 随着温度的变化，其 mRNA 的剪接方式发生改变。在低环境温度下，*FLM* 剪接主要形成 FLM β 的形式，而随着温度的升高，另外一种剪接形式 FLM δ 不断增多。将植物由低温转移到高温环境，植物中的 *FLM* 总体表达水平没有明显变化，但是 *FLM* 的这两种可变剪接的产物含量发生改变。这两种剪接形式对开花的影响差异明显，超表达 FLM β 可延迟开花，而超表达 FLM δ 可加速开花。分子水平的研究表明，FLM β 和 FLM δ 相互竞争与 SVP 的结合。FLM β 与 SVP 形成有功能的开花抑制复合体，而 FLM δ 剪接方式形成的 mRNA 中提前出现一个终止子，导致翻译形成截短的 FLM 蛋白，FLM δ 与 SVP 结合形成的复合体丧失了对开花的抑制作用。随着环境温度的升高，FLM δ 形成增多，同时 FLM β 形成减少，而 FLM δ 与 FLM β 竞争形成更多的 FLM δ-SVP 复合体，从而降低 FLM β-SVP 复合体对开花的抑制（Posé et al.，2013）。

SVP 的表达水平受温度的影响并不明显，但是研究者发现 SVP 蛋白的稳定性明显受温度调控。随着温度的升高，SVP 蛋白逐渐被 26S 蛋白酶体所降解，尽管具体的机制尚不清楚。因此，SVP 蛋白量随温度升高而降低，这也使得 FLM β-SVP 复合体量减少，导致该复合体在下游靶基因如 *FT*、*SOC1* 上的结合减少，引起其对靶基因抑制作用的减弱。

除上述提到的机制外，小 RNA 也参与环境温度响应途径对植物的开花调控。此外，自主途径中的基因 *FCA*、*FVE* 等也涉及这一开花途径。这说明植物对环境温度变化反应的复杂性。

6. 年龄途径 植物必须在自身条件准备好之后（由幼苗期进入成熟期），在合适的环境诱导下才会发生成花转变（开花）。在植物未做好准备时（幼苗期）就算将其置于诱导条件下也不会开花。这说明植物体内存在内源信号衡量植物的发育时期，决定植物是否做好开花的准备。这个与植物发育阶段（年龄）相关的开花调控途径，称为年龄途径。微 RNA（microRNA，miRNA）是这一开花调控途径中的核心因子。

miRNA 是动植物中普遍存在的长 21～24nt 的短非编码 RNA，由 miRNA 基因转录后产物经过加工而形成。在植物中 miRNA 可通过介导下游靶基因 mRNA 的剪切或者抑制其翻译从而抑制靶基因的表达。两类主要的 miRNA 家族，miR156 和 miR172 在植物的发育阶段调控（幼苗期到成熟期的转变）以及成花转变中起关键作用。在植物体内 miR156 与 miR172 的含量随植物发育阶段而变化，并且呈现负相关的关系。在幼期植株中，miR156 的表达量高，随着植株的年龄增大，miR156 的含量逐渐降低，在成熟的植株中表达量低。而 miR172 正好相反，在幼苗时表达量低，并随着植株年龄的增大而上升。miR156 可直接抑制下游靶基因 *SPL* 转录因子家族的表达。在拟南芥中，SPL 家族成员可分为两大类：SPL3 和 SPL9。SPL9 能促进 *miR172* 的表达，因此随着植物的生长，miR156 的表达量下降，SPL 表达量逐渐上升，促进 *miR172* 的表达量不断上升。而 miR172 靶标 AP2- 类似转录因子如 *AP2*、

TOE1、*TOE2*、*SMZ* 等，抑制这些基因的表达。这些转录因子可在 TPL（topless）协助下在叶片中抑制 *FT* 的表达，在茎尖分生组织中抑制 *FUL* 和 *SOC1* 的表达从而抑制开花。miR172 表达量的上升，使得这些 AP2- 类似转录因子量不断下降，从而逐渐解除它们对开花的抑制作用。另外，miR156 也通过 SPL3 介导的 miR172 非依赖的方式来调节开花。SPL3 作为 miR156 的直接靶标，可在茎尖分生组织激活 *AP1*、*LFY*、*FUL* 和 *SOC1* 的表达，促进开花（图 9-5）。

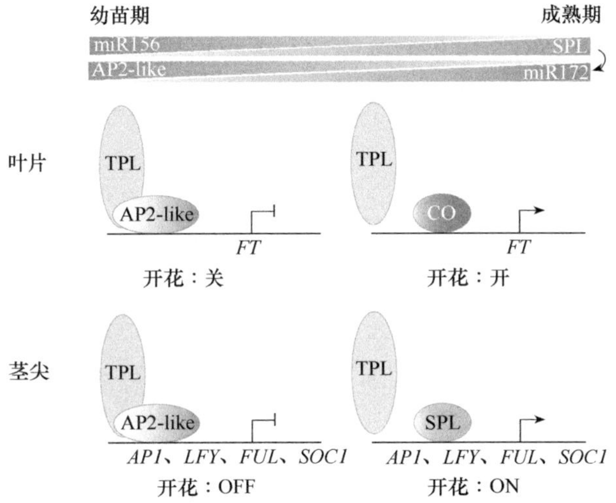

图 9-5　miRNA 介导的年龄途径（Wang，2014）

miR156 在幼苗期处于高水平，而在成熟期显著下降，导致 miR156 调节的靶基因 *SPL* 表达上升，引起 miR172 的激活和随之 miR172 靶基因 AP2- 类似转录因子基因 *AP2*、*TOE1*、*TOE2*、*SMZ* 等的表达量降低。在幼苗期，AP2- 类似转录因子蛋白（AP2-like）在 TPL 的协助下，通过在叶片中抑制 *FT* 及在茎尖抑制 *AP1*、*LFY*、*FUL* 和 *SOC1* 的表达从而抑制开花。在成熟期，在叶片中，CO 激活 *FT* 的表达以及 SPL 在茎尖激活开花促进基因，从而诱导开花

此外，miR156-miR172 这一调控模式还涉及植物环境温度响应途径的开花调控。二者的表达受到温度的调控，随着环境温度的升高，miR156 表达量下降，而 miR172 正好相反，表达量上升。因此温度的升高可降低 miR156 对开花的抑制而加强 miR172 对开花的促进作用。

糖（碳水化合物）也在植物的开花调控中发挥重要作用。糖作为植物光合作用的产物，也是植物内源状态的一种指示。植物必须为开花转变以及随后的种子发育准备充足的能量。糖合成途径中关键酶基因如己糖激酶等的突变影响植物发育的很多方面，包括植物开花等。海藻糖 -6- 磷酸（T6P）常作为植物体内糖状态的指示信号。催化其合成的酶为海藻糖 -6- 磷酸合成酶 1（TPS1）。*TPS1* 基因敲除导致胚胎发育异常而致死，而 *TPS1* 基因的敲降表达可导致长日照（LD）下植物明显晚花，说明 T6P 对植物的发育至关重要并且可促进植物开花。研究者发现，T6P 对植物开花的调控可在两个维度进行：在叶片中，T6P 促进 *FT* 的表达；在茎尖，T6P 的积累可抑制 miR156 的产生从而解除 miR156 对 *SPL3* 的抑制，激活下游 *SOC1*、*FUL* 等重要的开花促进基因和花器官决定基因的表达。因此，植物中的糖信号整合了环境信号（光周期）和植物自身生理信号（植物体内碳水化合物含量），调节关键开花整合基因在植物叶片和茎尖分生组织的表达，从而影响植物开花（Wahl et al.，2013）。

除了上述的调控途径外，还有很多因素影响植物的开花，如逆境、植物营养状态等。值得注意的是，这些开花途径之间并不是严格分离的，而是相互之间存在着交互。比如，年龄

途径 miR156-SPL 调控模式也涉及 GA、糖以及环境温度对开花的调控；miR172 在光周期、环境温度响应以及年龄途径中都发挥作用；而自主途径基因 *FCA*、*FPA* 等也参与环境温度反应等。这些调控途径相互联系，形成一个复杂而又精细的开花调控网络，从而对外界环境以及自身的生理生长状态进行反应，确保植物在合适的环境（温度、光照等）并且自身准备充分的条件下开花，获得成功的生殖产出。

二、植物花序分生组织和花分生组织的形成以及基因表达调控

1. 花序分生组织和花分生组织的形成 经过上面的开花诱导，茎顶端分生组织接受开花信号开始向花序分生组织转换（图 9-6），中心圆顶的形成预示茎顶端分生组织转换为花序分生组织。

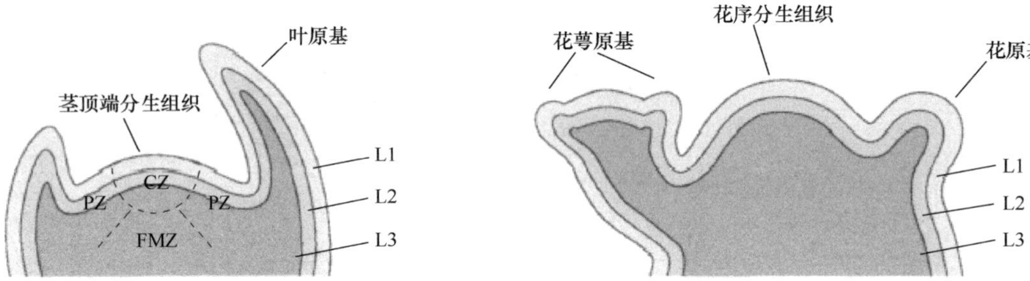

图 9-6 茎顶端分生组织和花序分生组织

CZ. 中心区（central zone）；PZ. 外周区（peripheral zone）；FMZ. 肋状分生组织区（file meristem zone）；L1、L2 和 L3 代表不同的细胞层，其中 L1 和 L2 层细胞为最外侧的两层细胞，多数进行垂周方向的分裂，而 L3 层细胞分裂的平面更随机。在茎顶端分生组织中，L1 产生茎表皮，而 L2 和 L3 产生内部组织

根据花序分生组织中开花的次序，可以将花序分为有限花序和无限花序（图 9-7）。有限花序中最顶点或最中间的花先开。顶花的开放限制了花序轴顶端继续生长，因而以后开花顺序渐及下边或周围，如烟草。无限花序中开花的顺序是由花序轴下部开始，渐及上部，或由边缘开向中心，理论上能无限增殖，如拟南芥。无限花序的花序分生组织中心区不断维持花序分生组织活性，由它产生的侧生分生组织不断地转变为花分生组织。

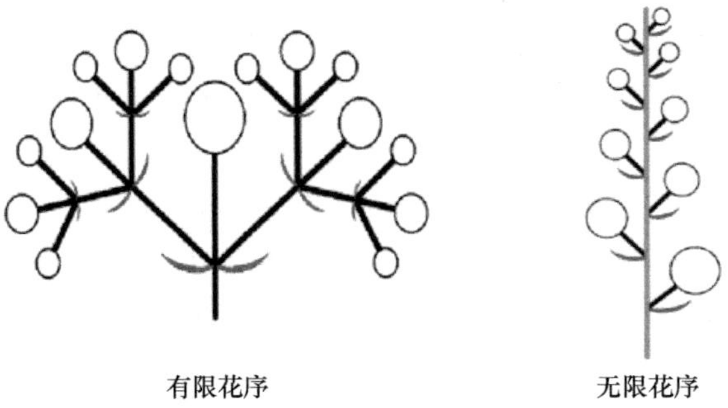

图 9-7 有限花序和无限花序

花分生组织的功能是形成花，花分生组织是产生花器官原基的所在。花分生组织产生花器官后终止分化，表现出有限的生长模式。

2. 花序分生组织和花分生组织的发育基因 对于花序分生组织和花分生组织发育相

关基因的研究是建立在拟南芥等模式植物突变体的研究基础上的。这些突变体根据突变基因的功能大致划分为两类：一类是突变体花序分生组织由花分生组织取而代之，突变体表型也由野生型的无限花序转变成了有限花序。这类突变体中突变基因的功能为维持花序分生组织，如 *TFL1*；另一类突变体中花分生组织转变为茎顶端分生组织，这类突变体中突变基因的功能为促进花序分生组织向花分生组织发育，如 *LEAFY*、*APETALA1*、*CAULIFLOWER* 等。下面简单介绍花序分生组织和花分生组织发育相关基因在开花过程中的功能。图 9-8 列出了部分基因突变体的表型模式图。

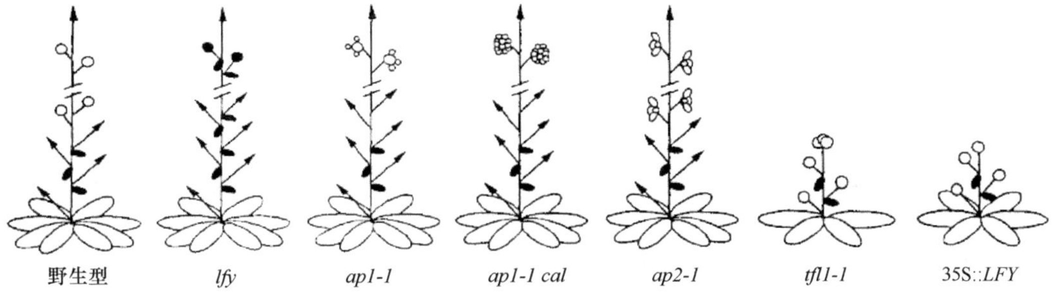

图 9-8 花（花序）分生组织发育相关基因突变后的表型

1）*TFL1*　*TFL1* 是调节植物株型结构，决定茎分生组织命运，并涉及开花时间调控的关键因子。*TFL1* 突变后导致植物早花，营养叶数目减少，花序提前发育，茎上花序分生组织转变成花分生组织，使得花序由无限花序转变为有限花序。因此花序顶端分生组织（SAM）形成花，每个花序轴都成了“顶花”。而在茎生叶腋处原本会形成次级花序的分生组织直接转变成单花。而超表达 TFL1 导致植物明显晚花并且形成更多的枝条（茎生叶）。突变体的分析结果表明，*TFL1* 是维持花序分生组织发育的功能基因，与开花诱导信号的转导有关。*TFL1* 的表达模式随植物发育发生动态变化。*TFL1* 在除花分生组织外的所有茎分生组织中都有表达。在 SAM 中，营养生长期 *TFL1* 在分生组织 L3 区域表达较弱，在成花转变（开花）后，*TFL1* 的表达明显增强但依然局限在花序分生组织的中心。而在叶腋处的分生组织中，*TFL1* 起初的表达较强，并随着叶生茎的延伸减弱而且更加限制于分生组织中心。*TFL1* 决定了分生组织的“营养性”。

2）*LEAFY*（*LFY*）　LFY 是一个植物特有的转录因子，在拟南芥中是单拷贝基因。拟南芥的 *LFY* 基因是花序分生组织转换为花分生组织的功能基因，其表达水平是决定开花的关键。

LFY 的突变导致花部分或全部变成枝。*lfy* 的强表型突变体中，基部的花完全变为枝，而上部的花只是部分转变。*lfy* 突变体的花是绿色的，由萼片和心皮组成，产生萼片化的花瓣。*LFY* 在顶端分生组织不表达，在花原基启动时期开始表达，到花发育时期依旧旺盛表达，但后期在花的中心不表达。

3）*APETALA1*（*AP1*）　*AP1* 基因既是花分生组织形成相关的基因，又是控制花器官发育的基因，AP1 属于 MADS-box 蛋白。*ap1* 突变体表现为基部可以产生 20 朵分枝花，初级花第一轮花器官下常形成异位花序（花梗花序），有时花分生组织变为花序分生组织。

4）*CAULIFLOWER*（*CAL*）　*CAL* 是一个花分生组织特性基因，和 *AP1* 密切相关。*cal* 是野生型表型，*CAL* 突变能剧烈增强 *ap1* 的表型，导致花分生组织完全转化为花序分生组织，从而形成多级花序分生组织。*CAL* 和 *AP1* 有功能冗余。*CAL* 的 mRNA 在刚从花序分化出来的幼花原基中大量积累，但在花萼花瓣原基中只有低水平表达。

5）*AGL24*　　*AGL24* 也是一个花分生组织特性基因，*AGL24* 异位表达时表型和 *ap1* 的表型一致。*AGL24* 在花序分生组织、早期花分生组织的外周区以及雄蕊和心皮原基的末端均有表达。

花序分生组织中，*TFL1* 通过抑制 *LFY*、*AP1* 基因的活性而维持花序分生组织的无限生长模式。但是在花序顶端分生组织周围的花分生组织中，*LFY*、*AP1* 基因则通过抑制 *TFL1* 基因在花分生组织中的活性来维持花分生组织的有限生长。AP1 可与 SOC1、SVP、SEP4 和 AGL24 形成一个 MADS-box 复合体抑制 *TFL1* 表达。*AP1* 由 LFY 直接转录激活。在花分生组织中，*AP1* 和 *LFY* 抑制 *AGL24*，促进花分生组织形成花器官。*CAL* 对 *AP1* 和 *LFY* 有正调节作用；*TFL1* 对 *CAL* 有抑制作用（图 9-9）。

三、花器官发育的调控

1. ABC 模型的提出　　基于拟南芥和金鱼草花的 3 类同源异型突变以及它们之间的遗传关系，Coen 和 Meyerowitz（1991）提出了花器官发育的 ABC 模型。植物花朵由外而内 4 轮花器官的形成由 3 组不同基因彼此相互作用或拮抗所调控，即所谓的“ABC 模型”。其要点如下：每类基因控制相邻的两轮。A 基因控制第一及第二轮花器官，B 基因控制第二及第三轮花器官，C 基因控制第三及第四轮花器官；A 基因单独控制第一轮花器官花萼（萼片）的形成，A 基因和 B 基因共同控制第二轮花器官花瓣的形成，B 基因和 C 基因共同控制第三轮花器官雄蕊群的形成，C 基因单独控制第四轮花器官雌蕊（心皮）的形成。A 基因有 *APETALA1*（*AP1*）和 *APETALA2*（*AP2*），B 基因有 *APETALA3*（*AP3*）和 *PISTLLATA*（*PI*），C 基因为 *AGAMOUS*（*AG*）。A 基因与 C 基因功能相互拮抗，如图 9-10 所示。

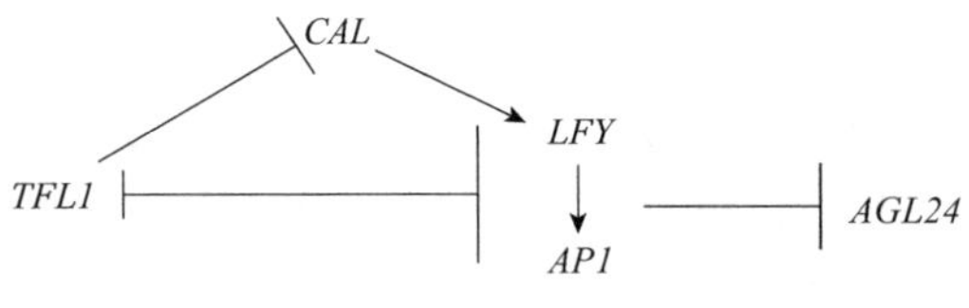

图 9-9　花序分生组织和花分生组织发育相关基因之间的关系

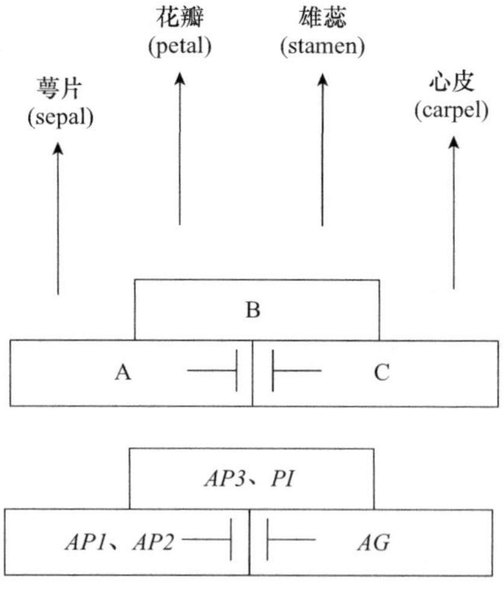

图 9-10　ABC 模型（Theissen，2001）

2. ABC 模型的实验证据

1）ABC 基因缺失突变体的表型分析　　如图 9-11 所示，当 A 基因中的 *AP1* 和 *AP2* 突变后，萼片转变为类似心皮结构，花瓣则变成雄蕊样结构，心皮和雄蕊均正常发育（图 9-11 中 *ap1-1* 和 *ap2-2*）；当 B 基因 *AP3* 和 *PI* 突变后，萼片和心皮正常发育，花瓣转变为萼片，原

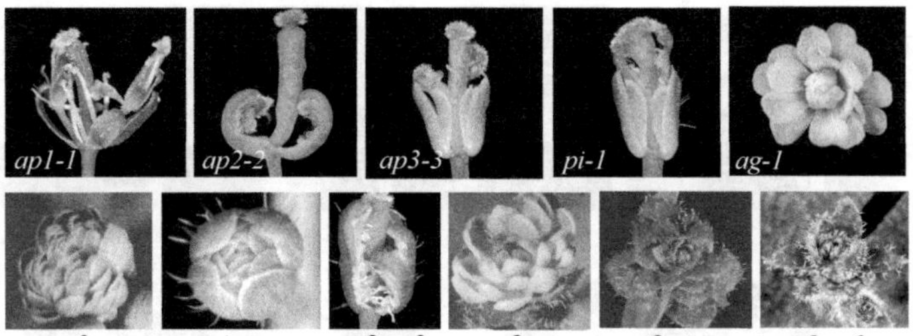

图 9-11　ABC 模型中 ABC 三类基因突变后的表现型（Coen and Meyerowitz，1991）

ap1-1．*AP1* 的突变体；*ap2-2*．*AP2* 的突变体；*ap3-3*．*AP3* 的突变体；*pi-1*．*PI* 的突变体；*ag-1*．*AG* 的突变体；*ap3 ag*．*AP3* 和 *AG* 的双突变体；*pi ag*．*PI* 和 *AG* 的双突变体；*ap2 ap3*．*AP2* 和 *AP3* 的双突变体；*ap2 ag*．*AP2* 和 *AG* 的双突变体；*ap2 pi ag*．*AP2*、*PI* 和 *AG* 三突变体；*ap2 ap3 ag*．*AP2*、*AP3* 和 *AG* 三突变体

来产生雄蕊的地方发育为心皮样结构（图 9-11 中 *ap3-3* 和 *pi-1*）；当 C 基因 *AG* 突变后，花瓣和萼片正常发育，原来产生雄蕊的地方出现了花瓣样结构，而原来产生心皮的位置则发育为萼片；在 BC 基因双突变体 *ap3 ag* 和 *pi ag* 中，花的结构仅为多轮的萼片；*ap2 ap3* 双突变体中，A 和 B 基因功能丧失，所有的器官都心皮化；*ap2 ag* 双突变体中，A 和 C 功能丧失，1、4 轮变为叶片状，而 2、3 轮则是花瓣和雄蕊的中间状态；*ap2 pi ag* 和 *ap2 ap3 ag* 中 A、B、C 基因的功能均丧失，花的 4 轮结构均成叶片状。

2）ABC 基因过量表达植株表型分析　35S:: *AG* 植株表现为与 *ap2* 性状相似的花结构，该花的第一轮是具有胚珠的心皮，第二轮是雄蕊化的花瓣，叶片正常，同野生型一样。A 基因 *AP2* 或 *AP1* 的过量表达不影响花的结构。35S:: *AP1* 表现出正常的花结构，35S:: *AP2* 也表现出正常的花结构，部分花多雄蕊。

B 基因 *AP3* 过量表达时，第四轮花器官变成雄蕊。*AP3* 和 *PI* 能自主调节，当 *PI* 过量表达时会导致 *AP3* 基因在第一轮起作用，此时花的第一轮中则有 B 基因发挥其作用，第一轮花器官则变为花瓣。两个 B 基因一起超表达（35S:: *AP3* 35S:: *PI*）能导致花的外两轮成为花瓣，内两轮成为雄蕊。*AP3* 和 *PI* 一起超表达不能使莲座叶变为花瓣，但是茎生叶轻微花瓣化（图 9-12）。

根据 ABC 模型的理论知识，如何获得只有花瓣的花？首先花的 4 轮结构中只有 AB 基因表达才能产生只有花瓣结构的花。将 B 基因过量表达，同时 A 基因不能过量表达，但是依据 A 和 C 基因具有拮抗关系的原理，可以以 C 基因 *ag* 为背景。通过在 *ag* 中过量表达 B 基因就可以获得只有花瓣的花（图 9-12）。

3. ABC 模型的发展

1）*SEP* 基因是一类花器官发生的新基因　*SEP* 基因表现出功能冗余。*sep1*、*sep2* 和 *sep3* 的单独突变或双突变没表型，三突变体则表现出 B 和 C 基因的双突变（*pi ag*）表型。*sep1 sep2 sep3 sep4* 四突变体中，花更接近叶片（图 9-13）。B 和 C 基因 *AP3*、*PI* 和 *AG* 在 *sep1 sep2 sep3* 三突变体中被正常激活，表达模式也没改变。

B 基因过量表达（35S:: *PI* 35S:: *AP3*）植株中叶卷曲，严重时莲座叶轻微花瓣化。在 B 基因过量表达的植株中，过量表达 *SEP3* 基因（35S:: *PI* 35S:: *AP3* 35S:: *SEP3*）会导致真叶变为花瓣状器官，而子叶正常发育。35S:: *SEP3* 35S:: *AP1* 35S:: *AP3* 35S:: *PI* 转基因植株（A、B 基因和 *SEP3* 基因过量表达）中花瓣状的器官取代了所有的莲座叶。35S:: *SEP2* 35S:: *SEP3* 35S:: *AP1* 35S:: *AP3* 35S:: *PI* 植株中在莲座叶的位置出现了花瓣。在 B 和 C 基因过量表达的

图 9-12　ABC 基因过量表达植株的表型
（Coen and Meyerowitz，1991）

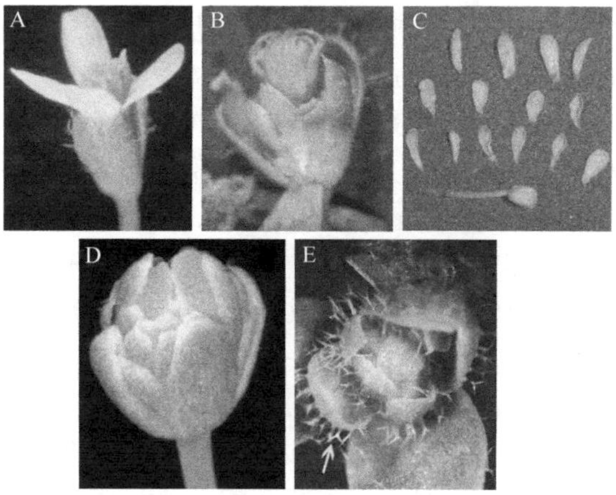

图 9-13　*sep* 突变体的表型（Pelaz et al.，2000；Ditta et al.，2004）

A. 野生型；B. *sep1 sep2 sep3*；C. *sep1 sep2 sep3* 三突变体的第一轮花瓣（上）、第二和三轮的花瓣状器官（中）以及替代心皮的新花瓣（下）；D. *pi ag* 双突变体；E. *sep1 sep2 sep3 sep4* 四突变体，箭头示意分枝的表皮毛

植株中，过量表达 *SEP3*，则表现为与 B 和 C 过量表达植株的花同样的表型，即完全是雄蕊结构的花。35S:: *PI* 35S:: *AP3* 35S:: *AG* 35S:: *SEP3* 四重转基因植株中，不只所有的花，茎生叶也变成雄蕊或雄蕊状的器官。

SEP 基因是花器官和花分生组织发育所必需的基因，控制花瓣、雄蕊和心皮的发育。*SEP* 基因是一类独立于 ABC 基因之外的新基因。人们把 *SEP* 基因归为 E 基因，并且在 ABC 模型的基础上发展成为 ABCE 模型。由 A 基因单独控制萼片的发育；A、B 和 E 基因共同控制花瓣的发育；B、C 和 E 基因共同控制雄蕊的发育；心皮的发育由 C 和 E 基因共同控制（图 9-14）。

2）miRNA 对花器官发生的调控　A 基因 *AP2* 在第一轮和第二轮花器官决定中起作用，但是 *AP2* mRNA 在 4 轮器官中都有表达，那 AP2 的功能是如何限定的呢？这和 miR172

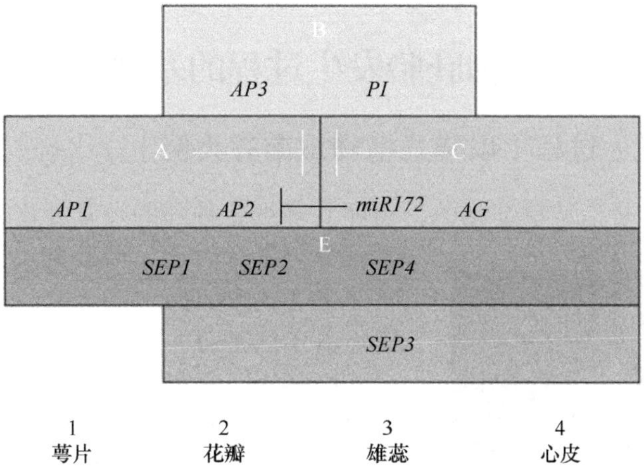

图 9-14 ABCE 模型（Jack，2001）

有关。*AP2* 是 miR172 的靶基因。miR172 过量表达时，AP2 蛋白量下降；当 *AP2* 的 miR172 识别位点改变后，AP2 蛋白水平升高。这表明 miR172 通过抑制翻译来负调控 AP2。超表达 *miR172* 导致 *ap2* 类似的表型，改变 *AP2* mRNA 上的 miR172 识别位点可引起对 *AG* 的抑制。因此 miR172 在花器官内两轮中的表达能够通过抑制 *AP2* 的翻译而在花中将 AP2 的活性局限在萼片和花瓣。

3）其他参与花器官发育的基因　SUPERMAN（SUP）是一个转录因子，抑制 B 基因的功能，在第四轮中表达。在 *sup* 中，第一至三轮花器官发育正常，而第四轮的心皮数目减少或缺失，第四轮器官常发育成雄蕊。

用 *ag* 弱等位基因 *ag-4* 进行诱变，筛选增强型表型的突变体，从而得到 HUA1 和 HUA2。*hua1 hua2* 的突变增强 *ag* 的表型。*hua1 hua2* 双突变体中出现了花瓣化的雄蕊，而单突变和野生型一样。*HUA1* 和 *HUA2* 基因参与抑制 *AP1* 在第三轮和第四轮的表达。

UFO 基因激活 B 功能基因的表达。*ufo* 突变体显示出与 *lfy* 和 *ap3* 突变体相似的表型，且 *AP3* 和 *PI* 的表达水平也显著降低。35S:: *UFO* 中，*AP3* 异位表达，说明 *UFO* 可以正调控 B 基因的表达。

WUS 基因激活 C 功能基因的表达。*wus* 突变体第三轮的雄蕊很少，无第四轮的心皮。*LFY* 和 *WUS* 能结合 C 基因 *AG* 的启动子而激活 *AG* 的表达，所以 *WUS* 是开花的开关基因之一。

LUG 属于 B 类基因。*AP2* 和 *LUG* 共同抑制 C 基因 *AG* 的表达。*lug-12* 突变体无花瓣，柱头分裂。

DCL1（*dicer like 1*）是植物 miRNA 产生中的一个关键因子，可能通过影响 miRNA 而影响开花。

CLV1 编码 LRR 受体激酶，*CLV3* 编码的蛋白是其配体。在 *clv1* 和 *clv3* 的突变体花中每一轮中都有多余的花器官。

随着研究的深入，ABC 模型得到了新的发展，ABC 模型中的众多因子之间还存在着相互作用，并在花器官形成中扮演着重要的角色。

第四节 植物胚胎发生过程的基因表达调控

一、植物的胚胎发生过程（以模式植物拟南芥为例）

植物的胚胎发生是指从单细胞的受精卵到多细胞种胚的发育分化过程。植物的胚胎发生可分为 3 个时期：原胚期（图 9-15A～D）、球形胚-心形胚过渡期（图 9-15E、F）、器官形成与成熟期（图 9-15H～I）。

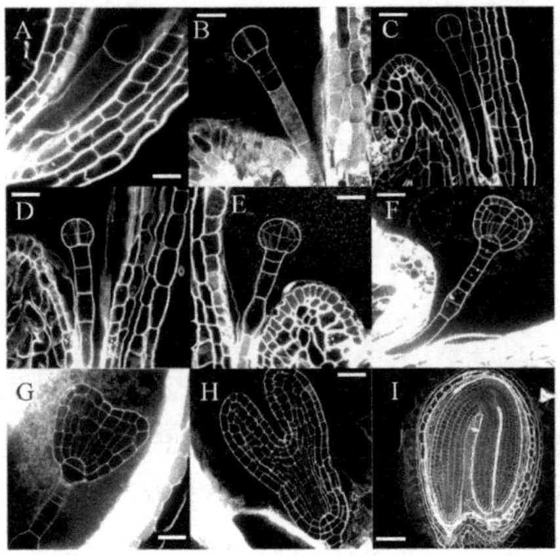

图 9-15 拟南芥胚胎发生的各个时期

（Capron et al.，2009）

A. 1 细胞期；B. 2 细胞期；C. 8 细胞期；D. 表皮原时期；E. 早期球形胚时期；F. 三角形胚，此时胚胎的极性模式已经开始建成，出现对称的子叶原基；G. 心形胚期；H. 鱼雷形胚中期；I. 子叶期

原胚期：在授粉后大约 36h，合子开始第一次分裂，横向不对称分裂，形成大小不等的两个极性细胞，靠近珠孔端的为基细胞，体积较大，具大液泡，胞质稀少；靠近合点端的为顶细胞，体积小，胞质浓。基细胞发育为胚柄，顶细胞发育为原胚，从而建立起顶基轴极性。18～24h 后，顶细胞进行两次纵向分裂，产生 4 胞原胚，然后横向分裂，产生两列细胞，成为 8 细胞原胚。

球形胚-心形胚过渡期：8 细胞原胚再进行平周分裂，形成了原表皮层，原表皮层垂周分裂，内部先纵向，再横向，使得数目与体积不断增大。同时基细胞连续进行横向分裂，形成胚根原和胚柄，一般认为胚柄的作用是将胚推入营养丰富的胚乳组织中，或者作为母体组织运输营养成分与生长因子到胚中的通道，胚柄在鱼雷形胚期开始退化。胚胎形态从球形胚到心形胚发生了巨大变化，子叶从顶端的两侧区域特化出来，细胞平周分裂，分裂频率增加，形成子叶的两个突起，胚胎由辐射对称过渡到两侧对称。随着子叶的发育，胚的下胚轴区开始伸长，此时成为鱼雷形胚。

器官形成与成熟期：发育程序从模式建成转变为储存物质的积累，子叶储存物质急剧增长，此时胚生长却不多。当胚胎增大到最高值时，便趋于成熟。细胞开始脱水，代谢活动停止，进入休眠期。

胚胎在完成它的基本发育之后，开始进入胚后发育阶段。该过程中主要发生下述事件：合成大量的储存物质；诱导水分的丧失，获得干燥耐受性；防止胚胎的早萌；启动胚胎休眠。

对十字花科植物（如拟南芥）来说，胚胎的发生是一个相对简单、精确调节并且可预测的模式。合子细胞分裂的方式以及形成的子细胞最终发育形成的组织结构相对稳定。植物经过胚胎发生最终形成纵向的根茎初生分生组织位于两端，并且形成有一到两片子叶的幼苗，以及径向上组织层的辐射分布：表皮、基本组织和最内部的维管组织（图 9-16）。

从单细胞的合子到形态功能各异的组织和器官，必然启动许多特异性的基因，并且这些基因的表达调控胚胎发育的整个过程。利用现代先进的生物学技术，研究者已经对植物胚胎发育过程中的基因表达和调控具有系统的认识，并且根据基因在胚胎发育过程中的可能功

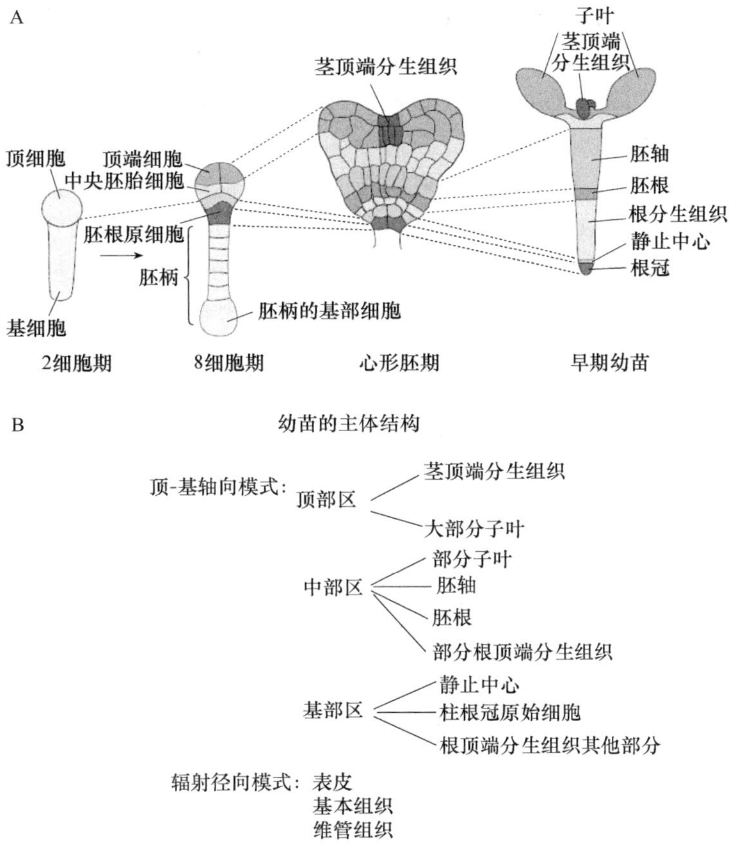

图 9-16 拟南芥胚胎发育过程中的模式建成（Willemsen et al.，1998）

A. 拟南芥胚胎发育过程中的细胞命运；B. 拟南芥胚胎模式建成及幼苗的主体结构

能，将已知的若干胚胎发育相关基因进行分类。在这些基因中，除了一小部分是胚胎特异表达的基因以外，其余大部分基因在植物的个体发育过程中均扮演着重要的角色。

二、植物体轴的建立

1. 合子激活、极化和伸长 精卵细胞融合激活了一系列生理、生化过程，促使合子进入细胞分裂周期，并启动胚胎发育过程。在受精后，合子基因组通过从头激活从亲本中遗传来的基因，将合子从亲本发育控制中释放出来，开始启动胚胎的发生。在受精后，合子细胞迅速沿胚胎将形成的顶-基轴方向延长，然后进行第一次横向非对称性分裂形成一个小的顶细胞和一个长的、大的基细胞。对拟南芥来说，受精前的卵细胞中物质的分布并不对称，细胞核位于合点端，而中央大液泡靠近珠孔端。受精后的合子并不直接在此基础上进行分裂，而是在第一次分裂前，出现短暂的去极化过程。去极化的合子细胞的细胞核分布在细胞中央，而液泡也在细胞中均匀分布。随后合子进行重新极化，细胞核移动到顶端，而靠底部形成一个大的液泡，这一过程需要 WRKY DNA 结合蛋白 2（WRKY2）以及 WOX8 的参与，在合子中启动细胞器的转移。因此，合子极性的建立并不依赖卵细胞的极性。

合子的重新极化伴随着细胞沿着细胞顶-基轴的伸长，这个过程有赖于 MAPK 激酶信号途径，其中 MAPKK 激酶 YODA（YDA）是这一途径中的主要成分。*YDA* 基因以及其下游的 MAPK *MPK3* 和 *MPK6* 的突变导致合子不能正常伸长。基细胞嵌合到顶细胞中，从而不能形成发育正常的胚柄。在 *YDA* 功能获得性突变体中，胚柄细胞异常分裂，从而抑制胚体的发育，一般情况下不能形成原胚。

YDA 的激活受到父本（精细胞）中来的受体类似胞质内激酶 SSP 的调控。一种多聚半乳糖苷酶基因 *NIMNA*（*NMA*）同样也参与合子的伸长，其突变可导致合子伸长失败。*NMA* 和 *YDA* 类似，显示合子发育调节的父本效应，这也将受精与合子伸长联系起来了。转录因子 GROUNDED（GRD）尽管不是 YDA 信号途径的直接靶基因，但其突变可以阻断 YDA 对合子伸长的调节作用。

2. 合子分裂：顶基细胞决定 合子伸长后发生一次与长轴垂直方向的非对称的分裂，将合子分成靠合点端的顶细胞与靠珠孔端的基细胞。顶细胞中细胞质浓厚，而基细胞中含有大的液泡。合子的第一次分裂产生了两个大小、胞质密度、发育命运都不同的子细胞，同时建立了 mRNA 的不均等分配，而这些 mRNA 则参与了后续的顶基细胞的发育。尽管这种非对称合子分裂的机制还不是很清楚，但研究发现 YDA 信号途径和 WRKY2/WOX 转录因子在顶细胞和基细胞的决定中起重要作用。

YDA 信号途径中组分的突变如 *ssp*、*yda*、*mpk3*、*mpk6* 和 *grd* 使合子伸长受阻，也导致合子进行对称性分裂形成一个正常大小的顶细胞和一个不正常的短的基细胞，随后基细胞并不能正常发育成胚柄，这说明 YDA 信号途径在基细胞的决定中发挥重要作用。此外，ESF1，一个富含半胱氨酸的肽段，可以与 SSP 通过 YDA 信号途径协同调节胚柄的发育。在受精之前 ESF1 就在中央细胞中积累，因此与 SSP 类似，这也表示亲本对早期胚胎发生的调节作用，不同的是 ESF1 来自母本。

WRKY2/WOX 转录因子同时影响基细胞以及顶细胞的决定。*WOX2* 在卵细胞和合子中表达，但是在第一次合子分裂后主要分布于顶细胞。相反，*WOX8* 和其同源基因 *WOX9* 在被 WRKY2 激活后主要表达于基细胞中。WOX8 和 WOX9 的双突变体 *wox8 wox9* 显示异常胚柄发育表型，说明二者在基细胞决定中至关重要。WOX8 和 WOX9 的作用还可延伸到顶细胞，激活 *WOX2* 的表达以促进正确的模式形成。

3. 胚胎和胚柄：生长素的调节作用 合子第一次分裂形成顶细胞和基细胞，接下来它们的分裂和发育并不相同。顶细胞经过两次纵向分裂形成 4 个子细胞，再横向分裂一次形成 8 细胞的原胚。8 细胞原胚再进行平周分裂，形成内外两层的 16 细胞的表皮原胚。表皮原胚垂周分裂，内部先纵向再横向，使得数目与体积不断增大。原胚分为两层，上层发育为顶端分生组织和侧翼与子叶原基相连接的大部分；下层产生胚轴和部分子叶、胚根和根顶端分生组织的上部分细胞。同时，受精卵分裂的基细胞连续进行横向分裂，产生轴向排列的一列胚胎外细胞。这列细胞最上层邻接胚的细胞称为胚根原，它进行不对称分裂形成一个透镜样的小细胞和一个大的基细胞。这些细胞将整合入胚胎，形成静止中心和根冠的干细胞。

胚胎形态从球形胚到心形胚过渡发生巨大变化，子叶从顶端的两侧区域特化出来，细胞平周分裂，分裂频率增加，形成子叶的两个突起，胚胎由辐射对称过渡到两侧对称。随着子叶的发育，胚的下胚轴区开始伸长，成为鱼雷形胚。此时胚胎自上而下可分为 3 个区域：顶端区来源于细胞的顶部区域，产生子叶和茎尖分生组织；中部区来源于细胞的基部区域，产生胚轴、胚根和大部分根顶端分生组织；胚根原细胞来源于胚柄的最上部细胞，产生余下的根顶端分生组织，包括静止中心和根冠柱（图 9-16）。

生长素在胚胎以及胚柄的发育决定中起重要的调节作用。可用对生长素反应的 DR5 顺式元件作为启动子驱动报告基因 *GFP* 的表达来反映生长素的分布信息。通过 DR5:: GFP 系统检测拟南芥胚胎发育过程中生长素的分布发现，在合子分裂之后顶细胞较之基细胞累积较多的生长素（图 9-17A～C）。这种生长素的不均等分布一直持续到球形胚期，在球形胚和三角形胚时期，胚根原细胞和胚柄的上部细胞中生长素的浓度上调（图 7-17D、E）。在鱼雷形胚期，生长素进一步转移到子叶和维管束前体中（图 9-17F）。

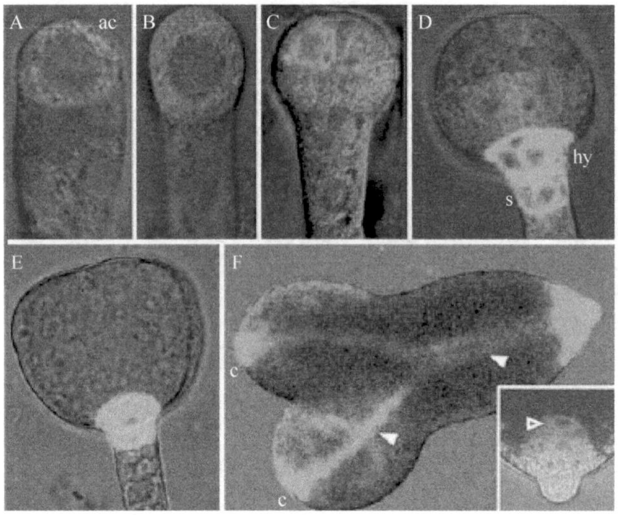

图 9-17 DR5:: GFP 系统显示生长素在拟南芥胚胎中的分布（Friml et al., 2003）

绿色代表荧光显微镜下面 GFP 的颜色，GFP 表达的位置代表 DR5 启动子活跃的位置，而 DR5 启动子由生长素诱导表达，因此 GFP 表达的位置显示了转基因植物中生长素的分布情况。A. 合子分裂期；B. 1 细胞期；C. 8 细胞期；D. 球形胚；E. 三角形胚；F. 鱼雷形胚。ac. 顶细胞（apical cell）；c. 子叶；s. 胚柄细胞；hy. 胚根原细胞（hypophysis）。箭头给出了生长素在拟南芥胚胎中的分布位置

胚胎发生过程中生长素的分布与生长素的运输密切相关。例如，参与生长素极性运输的生长素输出蛋白基因 *PIN1*、*PIN4* 和 *PIN7* 在早期胚胎中有规律地表达。这些 *PIN* 基因转录和翻译产物以非对称性的形式定位于细胞膜下侧，通过影响生长素的定向转运控制着早期胚胎发生过程。在 1～16 细胞期，*PIN1* 主要在新形成的细胞边界处表达，并没有任何特定的极性，而在 32 细胞期，*PIN1* 开始朝向原形成层。而在根原基形成过程中，PIN1 则转移至静止中心细胞的底部（图 9-18、图 9-19）。合子分裂后，*PIN7* 在基细胞中表达，主要在胚柄细胞膜和朝向顶细胞边界处表达。而同样在 32 细胞期，*PIN7* 的定位却发生了逆转，移至胚柄细胞底部表达（图 9-18、图 9-19）。*PIN1* 和 *PIN7* 在胚胎中的表达恰好与前面所述的生长素分配的改变情况相一致。PIN 相关基因的突变体均表现为胚胎发育模式改变，不能正常发育。

从胚胎发生过程中生长素的分布可以看出，早在受精卵分裂后，生长素依赖信号途径即开始启动。此时生长素通过胚柄特异的生长素转运体 PIN7 从基细胞转运到顶细胞，使生长素在顶细胞积累，形成一个较弱的生长素反应池（图 9-17A～C）。这种积累对顶细胞的发育非常重要，因为破坏生长素转运和反应可导致顶细胞异常的横向分裂。而早期胚柄特异表达的 *YUCCA3*（*YUC3*）、*YUC4* 和 *YUC9*（生长素生物合成途径中的组分）提供一个可能的生长

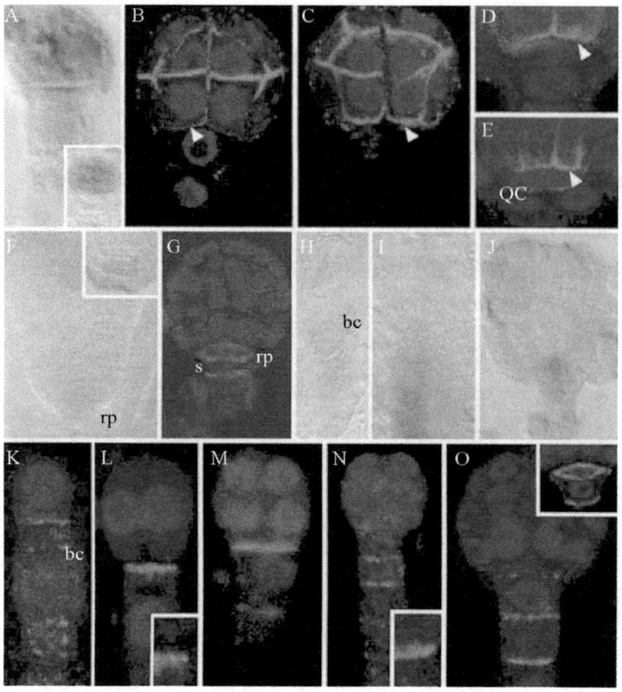

图 9-18 *PIN* 基因家族成员在拟南芥胚胎中的表达定位（Friml et al.，2003）

A．*PIN1* 在 2 细胞期中的表达，小图中的是 PIN1:: GUS 的表达情况；B．*PIN1* 在 16 细胞期细胞中的分布；C．*PIN1* 在 32 细胞期细胞中的分布；D．*PIN1* 在球形胚中的分布；E．*PIN1* 在心形胚静止中心的分布；F. PIN3:: GUS 在心形胚中的分布，小图中显示的是 *PIN3* mRNA 在心形胚根尖部位的表达；G．*PIN4* 在球形胚中的表达；H～J．*PIN7* 的表达；K～O．PIN7 蛋白的分布（蛋白质的定位阳性信号为红色，DAPI 核复染的颜色为蓝紫色，GUS 染色为淡蓝色）。bc．基细胞（basal cell）；QC．静止中心（quiescent centre）；rp．根端（root pole）；s．胚柄（suspensor）。箭头给出了 *PIN1* 的分布位置

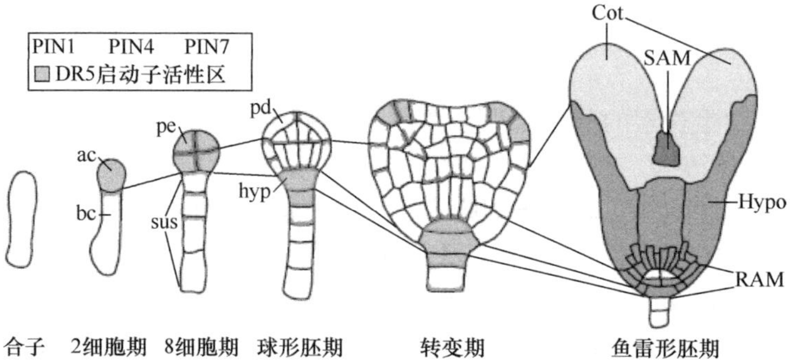

图 9-19 *PIN* 基因家族成员在拟南芥胚胎中的表达定位模式图（Möller and Weijers，2009）

PIN 蛋白的定位分别用红色代表 PIN1、蓝色代表 PIN4、绿色代表 PIN7，图中粉色的区域代表的是 DR5 启动子活性区，即生长素分布区域。在合子第一次分裂后，PIN7 分布在基细胞（bc）的偏上部分，而此时生长素主要集中在顶细胞（ac）中。顶细胞经过两次以上的分裂形成 8 细胞原胚（pe），此时 PIN1 在原胚细胞中表达，并且具有明显的极性。此时的胚柄（sus）中主要表达 PIN7，并且 PIN7 分布在胚柄细胞中靠近原胚的方向。在球形胚阶段，PIN1 在原胚中央和表皮原（pd）的分布极性不同，在中央区域分布在细胞的基部，在表皮细胞中则分布在细胞的顶部。此时胚柄中 PIN7 的极性分布也发生变化，即由原来分布在胚柄细胞顶部转移到胚柄细胞的基部。此时 PIN4 开始在胚柄最上部细胞中表达，同时这一细胞中生长素进行积累，这一细胞称为胚根原细胞（hyp）。在转变期，PIN 蛋白以及生长素的分布继续发生变化，生长素在原胚中集中在上部的两端，该部位将发育成为子叶（Cot）。至鱼雷形胚期，幼苗各部分的原基基本形成，即根尖分生组织（RAM），其中的白色细胞将发育成静止中心、下胚轴（Hypo，蓝色）、子叶（黄色）以及茎尖分生组织（SAM，红色）

素来源。近期研究表明，来自母体组织中的生长素同样调控早期胚胎细胞分裂模式。在表皮原胚期（图 9-17D），胚胎顶部细胞形成新的生长素合成源，PIN1 在原胚内部细胞中极性分布调节生长素向基部的转运，因此建立一个新的基部生长素反应池（图 9-17D、E）。这对胚胎基部结构如胚根原和胚柄细胞的决定极其重要。如果阻碍这个时期的生长素反应通路，可导致胚胎外胚柄细胞失去其特性，并转变成胚胎细胞。这说明生长素作为一个抑制信号来维持这些细胞作为胚柄细胞的特性。

在体外的胚胎培养实验中，如果用激光破坏 1 细胞期胚胎下的基细胞，可观测到顶部子细胞的不正常细胞分裂，说明基细胞以及其衍生物质提供了早期原胚发育的调节因子以形成正确的发育模式。相反，如果破坏掉顶细胞可以诱导基细胞子代细胞最上面的细胞转变成顶细胞，然后发育成形态明显的表皮原胚。因此，胚柄细胞具有形成胚胎的潜力，但是在正常胚胎发生时受到胚胎的抑制。在顶细胞被破坏后，生长素在胚柄的末端积累，可能导致末端细胞的重置以启动胚胎发生。因此，生长素在调节胚柄细胞特性时具有双重的作用，既可抑制，也可以诱导胚柄细胞中的胚性，这主要取决于原胚是否存在以及生长素反应池和生长素的转运方向。

4. 茎和根区域的决定　从 8 细胞原胚开始，拟南芥的胚胎在发育上即可明显区分为茎端区域（上部细胞）和根端区域（下部细胞）。这种区别有效确立了胚胎极化的顶-基轴。这两部分区域细胞特性的保持与两类转录因子家族密切相关。一类是Ⅲ型 HD-ZIP 家族，包括 PHB、PHV、REV、ATHB8 和 CNA/ATHB15 等，其表达主要限制在表皮原胚和球形胚时期胚胎的上层细胞中。另一类为 PLT 家族，成员包括 PLT1、PLT2、PLT3、PLT4/BBM 等，与前者不同，它们的表达主要位于 8 细胞原胚及以后胚胎的下部分区域。

Ⅲ型 HD-ZIP 家族成员基因的表达在转录后水平受 microRNA 的调控。miR165 和 miR166 在胚胎下部区域表达，导致该区域的Ⅲ型 HD-ZIP 靶基因被降解，从而将Ⅲ型 HD-ZIP 转录因子表达限制于胚胎上层细胞。如果利用 PLT2 启动子在胚胎下部表达能抗 microRNA 降解的 HD-ZIP Ⅲ转录因子，可导致根端向第二个茎端转变。而如果泛表达 *PLT* 基因则可导致在茎尖区域形成根结构。*PLT1* 和 *PLT2* 表达受转录抑制因子 TOPLESS（TPL）所抑制，在 *tpl* 突变体中，*PLT1* 和 *PLT2* 在胚胎两端都进行表达，导致茎尖区根的形成。而 HD-ZIP Ⅲ基因 *PHB* 功能获得性突变体在茎端的活性可抑制 PLT 途径，恢复 *tpl* 突变体顶端细胞特性。这些结果说明 HD-ZIP Ⅲ和 PLT 转录因子的功能具有拮抗性，并可作为胚性茎端和根端区域决定主要的调节因子起作用。

5. 胚胎辐射模式的建立和基因表达调控

1）胚胎辐射模式的建立　植物胚胎发育过程中除了具有基-顶轴模式以外，同时具有辐射模式的建成。辐射模式指的是胚胎从内部到表面，与胚胎的基-顶轴相互垂直方向的细胞发育模式。

胚胎辐射模式的建成始于球形胚。辐射模式能被观察到的最开始的重要事件是：细胞通过平周分裂将胚胎分成 3 个放射状的区域，将原表皮层从内层细胞中分离出来。最外面为原表皮层（protoderm），最终分化成为表皮；中间的是基本组织，分化形成皮层（cortex），在根和胚轴中还将产生内皮层（endodermis）；里面是原形成层，分化产生维管组织，在根中还负责产生中柱鞘（pericycle）（图 9-20）。

2）原表皮　8 细胞原胚进行一次切向分裂形成内外两层的 16 个细胞，由此开始进行

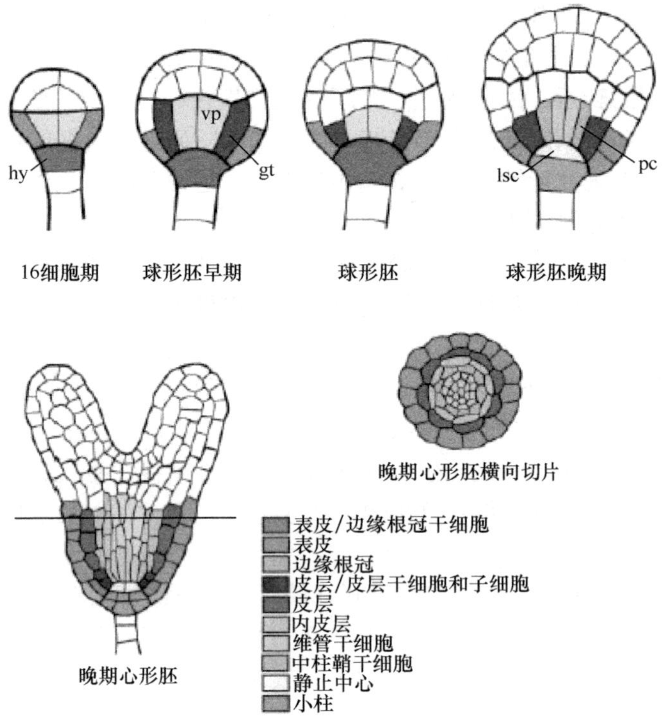

图 9-20 拟南芥胚胎形成中的辐射模式建成（Taiz and Zeiger，2006）

显示从原表皮层到维管组织的形成。hy．胚根原细胞；vp．维管原基；gt．基础组织；lsc．棱镜状细胞；pc．中柱鞘

辐射模式的建立。同时胚胎体积也整体上开始增大生长。在分裂后，外层的 8 个细胞将成为原表皮的基础细胞，而内侧细胞的下部 4 个细胞将发育成基本组织以及维管组织。尽管决定这次非对称性分裂后的机制还不清楚，但已知 WOX 家族转录因子和生长素信号途径在其中发挥重要作用。例如，*wox2* 基因突变体的切向分裂受阻，原表皮层不能正确分离，*wox2 wox8* 双突变或者 *wox1 wox2 wox8* 的三突变可加强 *wox2* 单突变的表型。抑制生长素反应也可同样抑制切向分裂。*MP*（*monopteros*，也称为生长素反应因子 5，*ARF5*）与 *wox2* 的双突变以及与 *wox2 wox8* 的三突变同样也可加强 *wox2* 的表型。这说明了原表皮形成与生长素反应间的联系。但是如果在胚胎中异位表达生长素反应因子 ARF 的抑制蛋白 BDL（bodenlos），虽然切向分裂受到影响，但最终胚胎还是形成了单独的外层原表皮，说明生长素反应严格上说并不是表皮形成所必需的。

在分子水平上，拟南芥中 *ATML1* 可以作为原表皮的特异性标记。*ATML1* 基因编码一个 HD-ZIP Ⅳ转录因子，其 mRNA 在 1 细胞期即开始表达，在 8 细胞期的每个细胞中均表达，以后随平周分裂，其表达仅限于原表皮层，发育到鱼雷形胚期，*ATML1* 的 mRNA 消失，但在成熟胚的茎顶端分生组织的 L1 层细胞中又重新出现。推测 *ATML1* 对于调控细胞特化和模式形成过程所需的形态发生边界位置信息的建立具有重要的作用。

PDF2 是 *ATML1* 的同源基因，在 4 细胞期所有胚体细胞都有表达，在 8 细胞期的切向分裂时，在原表皮中持续表达，而在内层细胞逐渐停止表达。接着就只在苗顶点和幼小的原基有表达。虽然 *PDF2* 单个基因的突变没有表型，但是 *atml1-1 pdf2-1* 双突变会导致胚胎顶端区域表面不规则并缺少苗分生组织的分层组织。发芽后，双突变体表型上缺少表皮，结果叶

子表面只有叶肉。

ATML1 和 PDF2 可结合一个称为 L1 表达盒的顺式调控元件。这个顺式调控元件存在于许多表皮特异表达基因的启动子中，包括 *ATML1* 和 *PDF2* 自身启动子。ATML1 和 PDF2 通过 L1 表达盒促进这些表皮特异基因以及自身的表达。L1 表达盒为 *PDF2* 在原表皮表达所必需的，而不是 *ATML1*，说明还存在其他的调控因子涉及 *ATML1* 表达的调节。此外，超表达 *ATML1* 可诱导表皮基因的表达和表皮相关特征如气孔保卫细胞与表皮毛类似细胞在非表皮组织中的形成，说明 ATML1 足够诱导原表皮细胞的特性。因此可认为 ATML1 为表皮细胞分化最主要的转录调控因子。

两个亮氨酸富集重复受体类似激酶 RPK1 和 RPK2 也为球形胚期胚胎的内外层细胞分离所必需。RPK1 和 RPK2 在 8 细胞期和球形胚期即开始表达。它们的双突变体 *rpk1 rpk2*，胚胎发育受阻于球形胚晚期，其胚胎细胞不能正常分裂并且原表皮细胞形态异常，特别是胚胎的下半部分。在双突变体中，虽然 *ATML1* 可在原表皮位置正确起始，但是不能维持其在球形胚期的表达。与 *ATML1* 类似，维管原基标志基因如 *SHR*、*AGO10* 同样可正常起始表达，但在球形胚期，它们在双突变体所有的下层细胞中异位表达，说明 RPK1 和 RPK2 主要是将内层细胞限制在中央区域。

3）基本组织　基本组织的形成开始于球形胚早期，其后的平周分裂产生内皮层和皮层，这两层细胞组成了基本组织。尽管目前对拟南芥在胚胎以及胚后发育中基本组织内细胞分化以及保持的关键成分已有鉴定，但对植物胚胎中基本组织如何起始的机制还不清楚。GRAS 家族转录因子 SHR（short-root）和其调控的靶基因 *SCR*（*scarecrow*）在根发育过程中形成内皮层和皮层细胞层的平周分裂中起关键作用（图 9-21）。尽管 *SHR* 和 *SCR* 在球形胚期已经开始表达，*shr* 或者 *scr* 突变体的胚胎在早期心形胚才显示异常，此时本该发生的基本组织平周分裂缺失，因此只有一层基本组织细胞。SHR 在中柱表达，通过胞间连丝运输到邻近内皮层和静止中心（QC），并重新定位到细胞核中。SHR 这种在不同细胞层间的移动以及细胞内定位对 SHR 的功能极其重要，因为表达不可移动的 SHR 形式并不能恢复 *shr* 突变体表型。

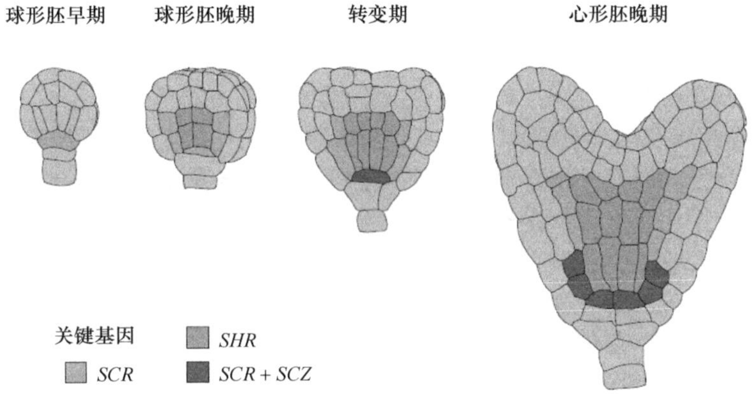

图 9-21　基本组织模式形成涉及基因在胚胎发生过程中的表达模式

（Ten Hove et al.，2015）

SHR、*SCR* 和 *SCZ* 在更早期的表达暂未见报道

SCZ（*schizoriza*）是另外一个已知的在基本组织发育中起作用的基因。*scz* 突变体在筛选涉及根表皮发育以及静止中心决定和干细胞维持的基因中被发现。基因克隆显示 *SCZ* 为涉及

热胁迫反应的转录因子 *HSFB4*。*SCZ* 在静止中心以及基本组织和维管组织中表达，在静止中心以及基本组织干细胞中表达最高，而 SCZ 主要在皮层细胞中发挥功能。在 *scz* 突变体中，从心形胚期开始，基本组织发育出现缺陷，基本组织进行异常的平周分裂导致在鱼雷形胚期形成多余的基本组织层。这与 *shr* 和 *scr* 突变体类似，*scz* 突变体也是在基本组织建立后才发生异常，所以这 3 个基因都在基本组织决定发生后发挥作用。

4）维管组织　维管组织的形成与基本组织一样也起源于 16 细胞期胚胎内部下层的细胞，通过分裂产生最初的维管前体细胞。在胚胎发生结束时，由最初的前体细胞经过分裂分化形成维管束结构，包括中间的木质部轴和两个韧皮部极，中间被原形成层隔开。目前对维管组织前体细胞是如何决定的还不清楚，人们对维管组织的认识主要集中于其生长以及模式形成。这主要涉及转录因子 MP（ARF5）介导的生长素反应。*mp* 突变体显示维管细胞分裂异常，因此在胚胎发生中不能形成胚根结构。MP 直接激活下游靶基因 *TMO5* 的表达。TMO5 是一个螺旋-环-螺旋（bHLH）转录因子，在早期球形胚期维管初始细胞开始表达。TMO5 和其同源基因的共同突变体显示维管束减少并且结构发生变化：只有一个木质部极和一个韧皮部极。这与另外一个 bHLH 转录因子 LHW 的突变体表型类似，说明二者可能涉及同一通路。相互作用分析显示，TMO5 和 LHW 可以相互作用形成异源二聚体。二者间的互作为建立胚胎维管组织以及在胚后根中维管组织的维持所必需。

TMO5/LHW 复合体可直接激活下游靶基因 *LOG3/4*（*LONELY GUY 3/4*）的表达。*LOG3/4* 编码细胞激动素（CK）生物合成过程最后一步反应的酶。*LOG* 基因可调节根维管束中细胞的数目。而对 *tmo5 t5l1*（*TMO5 LIKE 1*）或者 *lhw* 突变体施用外源细胞激动素可以增加细胞平周分裂次数，部分甚至完全恢复突变体中的维管细胞数目。这说明生长素可通过 TMO5/LHW 复合体来促进本地的细胞激动素生物合成，从而调控维管起始细胞以及它们子细胞的平周分裂来形成维管束结构。除了调节维管组织生长的作用外，细胞激动素也为维管束分裂形成不同的区域所必需。考虑到生长素对细胞激动素合成的促进作用，可以说生长素与细胞激动素间的交互作用是调控维管束的生长以及模式建成的关键。

6. 分生组织形成及发育过程中的基因表达和调控　分生组织在植物整个发育过程中不断提供未分化的细胞，因而扮演着极其重要的角色。在植物胚胎发育过程中，茎顶端分生组织（SAM）和根顶端分生组织（RAM）就已经开始形成并发挥作用。

1）茎顶端分生组织的形成和相关基因的表达调控　生长素在茎顶端分生组织的形成中扮演着重要的角色。研究发现，茎顶端分生组织在生长素浓度较低的部位形成。例如，前面 DR5:: GFP 系统中生长素在拟南芥胚胎中的分布图显示，PIN 介导生长素分布在茎顶端分生组织侧面相接的区域，而在中心区域则相对缺乏生长素（图 9-17F）。胚胎中茎顶端分生组织的建立与生长素相关基因的表达和调控有关。早期胚胎中生长素的区域分布及浓度变化导致生长素相关基因的表达变化。研究者根据已有的研究成果，提出了一个依赖于生长素的茎顶端分生组织形成的模型（图 9-22）。图 9-22A 中箭头显示的是转变期和心形胚早期的拟南芥胚胎中生长素运输的方向，图 9-22B～D 是野生型和部分突变体中生长素的流动分布及产生的表型。CUC1（cup-shaped cotyledon1）和 CUC2 是植物特异的 NAC（NAM、ATAF1/2 和 CUC2）结构域转录因子家族成员。在 *cuc1 cuc2* 双突变体中，由于在茎顶端分生组织区域没有形成生长素的低浓度区，所以没有形成正常的茎顶端分生组织，在顶端形成一个杯状子叶。同样，在 *PIN* 基因的突变体中，生长素运输载体的突变导致在早期心形胚阶段，胚胎中

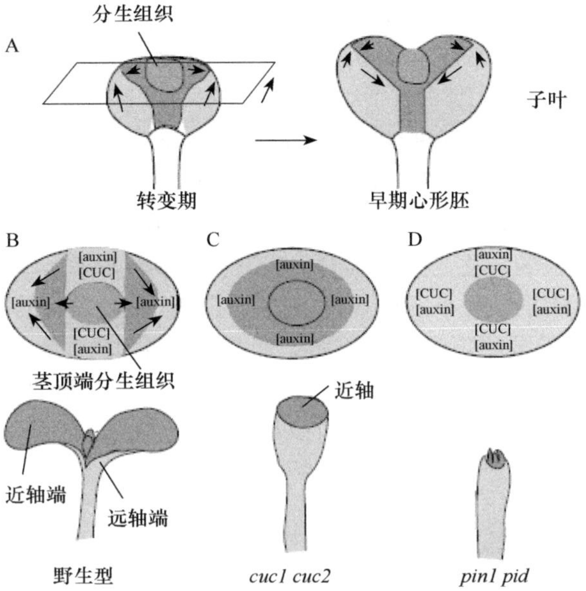

图 9-22 依赖生长素的茎顶端分生组织形成模型（Jenik and Barton，2005）

A. 转变期和心形胚期早期的拟南芥胚胎中生长素运输方向（如箭头所示）；B～D. 野生型和突变体中茎顶端区域的横切面。auxin. 生长素；*cuc1cuc2*. *CUC1* 和 *CUC2* 的双突变体；*pin1 pid*. *PIN1* 和 *PID* 的双突变体

生长素合成之后不能够正常的分布，从而导致不仅不能形成正常的茎顶端分生组织，也不能形成子叶。

胚胎茎顶端分生组织的形成需要许多相关基因的参与。

shoot meristem less（*STM*）基因是控制拟南芥分生组织形成的重要调控基因，该基因在两片子叶的原基间表达，并在植物的整个发育过程中参与分生组织的发育。*stm* 突变体中幼苗缺少顶端分生组织，可以形成子叶和其他胚结构，提前终止发育。

aintegumenta（*ANT*）基因在 32 细胞的球形胚中开始表达，但是在未来的顶端分生组织（SAM）中不表达，只在发育的子叶的侧翼位置表达。*STM* 与 *ANT* 基因的互补性表达导致球形胚顶部区域的中心区形成胚芽分生组织，而外围部分发育为子叶。

CLV 为促进细胞分化的基因。*clv* 突变体分生组织中产生过量增殖细胞，产生过度增殖的硕大的 SAM，而根的发育不受影响。*CLV* 和 *STM* 基因在分生组织活性调节中起相反或竞争性作用。

WUS 基因限制分生组织的细胞分化，维持干细胞库。*wus* 突变体形成有缺陷的 SAM。该基因是目前所知的顶端分生组织形成区域中最早表达的基因，可以帮助顶端分生组织保持其分裂与分化的潜能。

ZLL 参与胚体顶端的中央-外周区域的组装。功能分析表明，*ZLL* 可能影响 *STM* 基因在空间的表达模式，但对 *CLV* 没有影响。

玉米 *knotted*（*KNI*）基因对 SAM 的形成起重要作用，此基因有保持分生组织的作用。从水稻中已经克隆出若干与 *KNI* 同源的基因：*Oskn1*（*OSH 1*）、*Oskn2*、*Oskn3* 和 *OSH15*。其中，*Oskn1* 可能是 SAM 形成和发育的主要调控基因，而 *Oskn3* 可能在器官定位中起重要作用。*OSH15* 在水稻胚胎发育的早期表达式样与水稻 *OSH1* 相似，只是在后期，*OSH1* 保持在 SAM 中表达，而 *OSH15* 在 SAM 中的表达停止，同时在胚分化器官的边界呈环形表达。推测在 SAM 形成前，*OSH1* 和 *OSH15* 可能共同决定 SAM 的分化，而在 SAM 形成后，*OSH15* 可能与植物茎节的发育有关。水稻突变体 *sh1* 胚顶端分生组织缺失，但胚根发育正常。突变体 *shl1* 和 *shl2* 中胚的 *OSH1* 表达式样改变，而突变体 *shl3* 和 *shl4* 胚的 *OSH1* 表达式样不变。因此推测 *shl1* 和 *shl2* 可能作用于 *OSH1* 的上游，而 *shl3* 和 *shl4* 可能作用于 *OSH1* 的下游或独立于 *OSH1* 的调控途径。Kinae 等（2005）报道，水稻中的 *APD1* 基因参与了顶端分生组织和胚根的发生与正常发育。在突变体 *apical displacement1*（*apd1*）中，植株表现为多分枝、叶片狭小、短小的根和短小的花序，胚胎在发育的早期是正常的，到了晚期，顶端不发育，没有正常的顶端分生组织，而且会产生 1～2 个基部膨大的胚根。此外，*CUC*、*ZmHox* 等基因对于胚胎分生组织的形成和形态决定也起重要作用。图 9-23 概括了在茎顶端分生组织形成过程中相关基因的表达区域。

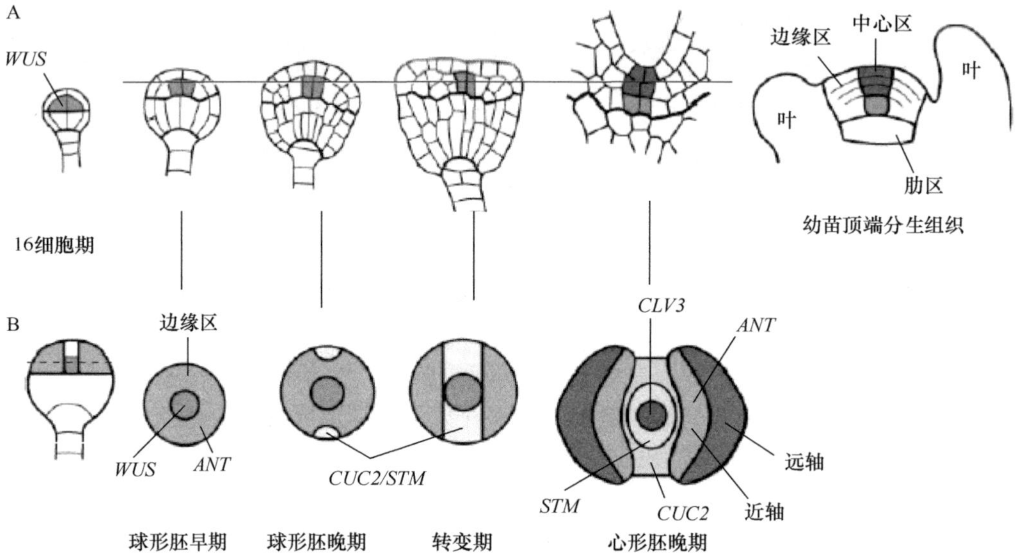

图 9-23　顶端分生组织的形成以及相关的基因表达模式（Laux et al.，2004）

A. 内部 *WUS* 表达的起始诱导相邻外部细胞层中 *CLV3* 的表达；B. 横切面，强调的是区分子叶和顶端分生组织呈现的基因表达模式

2）根顶端分生组织的形成和相关基因的表达调控　根顶端分生组织（RAM）产生的细胞经过分裂、分化和伸长后形成根尖的各部分组织结构。与茎顶端分生组织不同的是，根的分生组织是覆盖在根冠之下，并且根顶端分生组织的特化始于生长素运输载体 PIN 介导的极性运输以及由此产生的原胚基部形成的高浓度生长素区域。生长素浓度的升高导致 *MP* 和 *NPH4* 的激活，并进而激活其他基因的表达。这些激活的基因包括 *plethora1*（*PLT1*）和 *PLT2*。这两种 *PLT* 转录因子调控另外一组基因的活化，它们和 SCR 一起决定着根尖分生组织中静止中心（QC）的形成。QC 中的细胞分裂很慢，却是根部所有细胞的最终来源。由生长素刺激的根顶端分生组织的形成可以初步地概括为

$$\text{IAA}\xrightarrow{\text{去抑制}}MP\text{、}NPH4\xrightarrow{\text{激活}}PLT1\text{、}PLT2\xrightarrow{\text{激活}}SCR\text{、}SHR\xrightarrow{\text{触发}}\text{静止中心}\xrightarrow{\text{形成}}\text{根顶端分生组织}$$

图 9-24 是 *MP*（和 *NPH4*，图中未显示）基因以及下游相关基因在根顶端分生组织形成

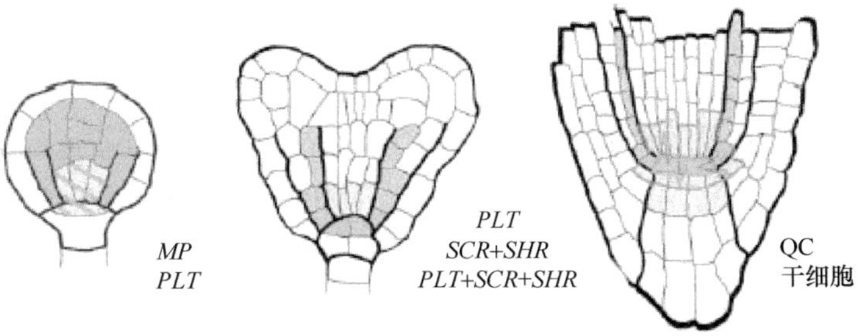

图 9-24 生长素刺激根顶端分生组织形成过程中的基因表达模式图（Aida et al.，2004）
绿色．*MP*；黄色．*PLT*；粉色．*SCR*＋*SHR*；橘黄色．*PLT*＋*SCR*＋*SHR*；蓝色．QC；土黄色．干细胞

过程中的表达部位模式图。在球形胚期，*MP* 和 *NPH4* 基因依赖高浓度积累的生长素表达；之后，*MP* 和 *NPH4* 基因的表达促进了 *PLT* 在心形胚早期的基部区域表达；*PLT* 的表达促进了 *SCR* 和 *SHR* 的表达；*PLT*、*SCR* 和 *SHR* 的表达促使形成静止中心（QC）。

7. 其他胚胎发育过程中的基因表达和调控 有些基因在植物胚胎发育的整个过程中均起着重要的作用，如一些参与代谢途径、蛋白质转录和翻译以及细胞分裂和伸长等的基因。

编码拟南芥 leafy cotyledon（LEC）蛋白的基因 *LEC1*、*LEC2* 和 *fusca3*（*FUS3*）是形态发生和成熟期都正常发育所需的胚胎调控基因。*LEC1* 基因为子叶特化以及胚胎成熟所必需的，在胚胎发育的早期极高表达。*LEC1* 是胚胎发育的一种重要调控因子，它活化胚胎发生以及胚胎分化所必需基因的表达。*LEC2* 在维持胚轴形态、子叶的分化、成熟期的进行、早熟发生的抑制等方面都是必需的。*TANMEI/EMB2757* 基因突变后具有与 *lec* 相似的表型，研究表明，该基因与 *LEC* 在胚胎发育中具有协同作用。经研究发现，拟南芥中 *AtGA3ox2*（一种编码调节 GA 活性的蛋白的基因）作为 *LEC2* 和 *FUSCA3* 的下游因子，参与胚胎的形态发生和成熟期的正常发育。

泛素介导的蛋白质水解过程在植物胚胎发育过程中也发挥了重要的作用。Shen 等（2002）在研究中发现，拟南芥中的泛素-蛋白质水解复合物中的成分 CUL1 参与调控植物胚胎的发育。最新的研究表明，AtCUL3 在植物胚胎发育中同样具有重要的作用。在拟南芥中存在的另外一种泛素-蛋白质水解复合物的成分 ASK1 和 ASK2 通过影响细胞的分裂和伸长参与调控胚胎的发育。在 *ask1 ask2* 双突变体中表现为胚胎发育迟缓，最终形成败育的种子。

一些参与物质代谢的基因在胚胎发育的早期也发挥重要的作用。例如，*ACX* 基因编码酰基辅酶 A 氧化酶，在 *acx3* 和 *acx4* 双缺失突变体中表现为致死；*PEX10* 基因编码参与合成过氧化物酶的膜蛋白，该突变体也表现为致死；*TOR* 基因编码磷脂酰肌醇激酶蛋白家族成员。在拟南芥中的 *AtTor* 基因突变后，表现为胚胎发育过早停滞在原胚期。RAPTOR/KOG1 是与 TOR 相互作用的蛋白，在拟南芥胚胎发育中同样发挥重要的作用。该基因突变后也表现为发育过早停滞，而且相对于 *tor* 突变体，*raptor* 突变体在原胚形成之前就停止发育，所形成的种子比 *tor* 突变体还要小。亚精胺合成酶在拟南芥胚胎发育中具有重要作用，编码亚精胺合成酶的基因 *SPDS1* 和 *SPDS2* 双突变后，种子很小，而且里面的胚胎发育停止在心形胚到鱼雷形胚的过渡期。植物中的 *CYP51* 编码一种参与鲨鱼烯固醇类物质合成的脱甲基酶，该基因突变后，产生的胚胎中胚轴短小、短根、细胞的伸长受阻，同时胚胎在发育的后期致死。此外，还有一些代谢相关基因如 *AtPEX10* 和 *AtPEX12*（过氧化物酶体中的膜蛋白基因）、

ACC1-1（乙酰辅酶 A 羧化酶基因）、*AtCSLA7*（编码一种糖基转移酶）以及 *LPAAT*（溶血磷脂酰基转移酶基因）等，这些基因的突变均导致胚胎发育迟缓，最终停滞在原胚、心形胚或者是鱼雷形胚阶段。

SWI3 是染色质重新折叠复合体中的一个亚单位，在 *ATSWI3A* 和 *ATSWI3B* 突变体中，胚胎的发育停止在球形胚阶段。actin-related protein（ARP）也是染色质重新折叠复合体中的一个亚单位，参与染色质的动力学过程和转录调控。拟南芥中 T-DNA 插入 *ARP7* 后，导致胚胎发育停滞在鱼雷形胚或之前阶段。*PICKLE*（*PKL*）编码一种染色质重折叠因子，参与胚胎发育后期代谢物质的积累。SERRATE 是一种锌指蛋白，推测可能参与核染色质结构的调节，被证明在母本决定的子叶起始过程中发挥作用。*SERRATE* 的等位基因 *SIN1*（*short integuments1*）对于胚胎正常的模式建成至关重要。

chaperonin-60α 是拟南芥中编码分子伴侣蛋白的基因，该基因缺失后造成拟南芥胚胎发育停滞在心形胚期。在该突变体中，胚胎的模式建成和极性均正常，仅仅表现为胚胎发育的延迟。对该基因的进一步研究表明，该基因的突变导致叶绿体发育异常，从而影响了胚胎的发育。拟南芥叶绿体外膜上面的一种 β- 桶状蛋白 OEP80 同样在拟南芥的胚胎发育中扮演重要的角色。*oep80* 表现为胚胎致死，胚胎发育停滞在球形胚的早期。

线粒体中的蛋白质，如小 G 蛋白 GTPase 在线粒体中定位，编码该蛋白质的基因为 *MIRO1* 和 *MIRO2*。当 *MIRO2* 基因失活时，胚胎发育停滞在合子期到 4 细胞期，暗示线粒体中的小 G 蛋白 GTPase 参与了拟南芥的胚胎发生过程。

近期的研究表明，DNA 的甲基化对于胚胎的正常发育和保持生活力具有重要作用。

植物的胚胎发育是一个复杂的过程，在其中有众多的基因参与并且相互作用，调控发育的正常进行。随着模式植物拟南芥研究的不断深入，植物胚胎发育过程中的基因表达调控方面的研究已经取得了长足的进展。在今后的研究中，将更侧重于植物胚胎发育相关基因的作用机制以及基因之间的相互调节，逐步构建出调节植物胚胎发育的网络系统，从而揭示整个植物胚胎发育的过程和机制。

第十章 发育与进化

本章彩图
扫码可见

自从达尔文1859年出版《物种的起源》一书以来，进化论已逐渐被人们理解和接受，并随着人们对生物进化现象认识的逐渐深入，而成为生物学文献中出现频率最高的词汇之一。然而，在相当长的一段时间内，进化和发育是相互隔离的。直到最近几十年，随着分子生物学、遗传学和基因组学的不断发展，进化和发育才又重新被联系在一起，从而促进了进化发育生物学的复兴，使人们能够在分子水平和遗传水平上把进化和发育的发生过程联系起来，更好地从生物个体发育的不同层次去探索生物多样性的起源和进化等重大科学问题。

在本章中，我们将列举一些形态进化及其分子发育基础研究领域的经典例子，来说明进化与发育二者之间的相互关系。

第一节 达尔文雀喙的进化

一、达尔文雀的起源和进化

1835年9月，达尔文在加拉帕戈斯群岛（Galápagos Islands）上发现了一些羽毛颜色暗淡的雀形目鸟类，它们给达尔文留下了深刻的印象，并启发了他的生物进化的思想灵感，使他提出了震惊世界的自然选择进化学说。他认为这些雀形目鸟类是为了适应不同的生活环境，由一个物种快速进化而来的。后来，为了纪念达尔文，人们就把这些雀形目鸟类统称为达尔文雀（Darwin's finch）。

达尔文雀共有14种，其中13种生活在加拉帕戈斯群岛上，另一种生活在距离加拉帕戈斯群岛600km远的可可岛（Cocos Island）上。它们的体形和毛色相似，种间最明显的差别是喙的形状和大小（图10-1）。根据达尔文雀的生活习性和形态特征，可将它们归入雀形目燕雀科，分为地雀、树雀和类莺雀3个类群。地雀包括大地雀（*Geospiza magnirostris*）、中地雀（*G. fortis*）、小地雀（*G. fuliginosa*）、尖嘴地雀（*G. difficilis*）、仙人掌地雀（*G. scandens*）和大仙人掌地雀（*G. conirostris*）6个种，树雀包括大树雀（*Camarhynchus psittacula*）、中树雀（*C. pauper*）、小树雀（*C. parvulus*）、红树林树雀（*C. heliobates*）、拟䴕树雀（*C. pallidus*）和植食树雀（*Platyspiza crassirostris*）6个种，类莺雀包括莺雀（*Certhidea fusca*）和可可岛雀（*Pinaroloxias inornata*）2个种。

关于达尔文雀的起源和进化还存在着争议。但是，现在普遍认为，这些达尔文雀可能是由分布在中美洲和南美洲的暗色草雀（*Tiaris ojbscufa*）经过100万～300万年的时间进化而来的。据推测，暗色草雀大约在距今300万年前扩散到了加拉帕戈斯群岛上，经过100万～300万年的快速进化，最终形成了目前存在的14种达尔文雀。在进化的初期，达尔文雀首先分化出莺雀。随后，分化出了植食树雀。然后，达尔文雀又分化形成了地雀、树雀和可可岛雀。而在地雀、树雀类群内部，也发生了快速分化。地雀首先分化出了尖嘴地雀，然

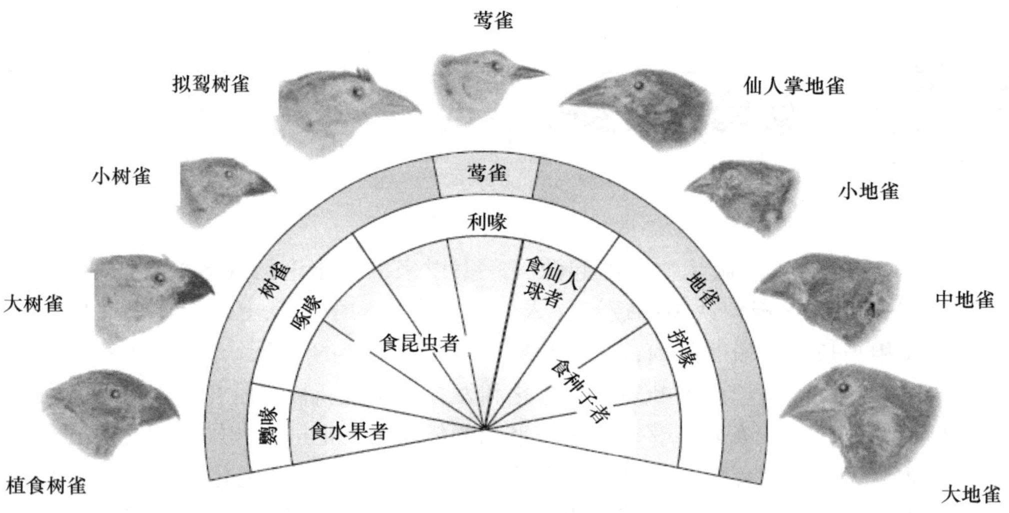

图 10-1 达尔文雀的食物及喙的形态（Patel，2006）

后分化出了食谷地雀和仙人掌地雀，食谷地雀又分化成小地雀、中地雀和大地雀，仙人掌地雀也分化出大仙人掌地雀。至于树雀，它在进化过程中首先分化为植食树雀和食虫树雀，随后，食虫树雀又分化为 2 个类群，一个类群进化为小树雀、中树雀和大树雀，另一个类群进化为红树林树雀和拟鸳树雀。这种分类多基于表型特征或 mtDNA 数据，测序技术的发展为研究达尔文雀起源与进化开辟了新的途径。全基因组测序结合系统发育分析结果与之前的分类结果出现了差异，而这种差异多由达尔文雀种间基因交流造成。

那么，达尔文雀的祖先为什么能够在加拉帕戈斯群岛上快速进化出这么多新的达尔文雀呢？加拉帕戈斯群岛是火山岛，位于距南美洲大陆约 1000km 的太平洋南部赤道附近，由海底火山喷发形成的 16 座大岛和 32 座小岛组成。这些岛屿从形成到现在从未与大陆相连过，岛上现有的动物都是由其他岛屿或大陆扩散而来的祖先种群快速进化而来的。达尔文雀的祖先暗色草雀是最早来到加拉帕戈斯群岛上的鸟类，它们从扩散初期的小种群，经过若干世代的生存繁衍后，不断扩张成为大种群，导致它们为有限的资源展开激烈的竞争，致使暗色草雀逐渐产生了一些新的特征，以适应加拉帕戈斯群岛上极其多样的生态位，进化形成了现在的 14 种达尔文雀。

二、达尔文雀喙的适应性进化

如前所述，达尔文雀分为地雀、树雀和类莺雀三大类群，它们分布在不同的区域内，具有不同的生活习性和形态特征（图 10-1）。地雀主要分布在加拉帕戈斯群岛的沿岸地带，常在地面活动，几乎全部以地面的植物种子为食。大地雀、中地雀、小地雀和尖嘴地雀同域分布在加拉帕戈斯群岛的大多数岛屿上，它们在形态和取食方式上产生了分化。大地雀以较大的植物种子为食，喙较大。小地雀以较小的植物种子为食，喙相对较小。中地雀以中等大小的植物种子为食，喙的大小介于大地雀和小地雀之间。尖嘴地雀以浆果为食，喙的形态已发生了相应的进化。另外 2 种地雀异域分布在加拉帕戈斯群岛比较边远的岛屿上，它们都以仙人掌的种子为食，都进化出了较大而且尖的喙。只是，仙人掌地雀体形相对较小，大仙人掌地雀体形较大。

树雀主要分布在加拉帕戈斯群岛的森林地带，常在树上活动，几乎全部以树上的昆虫为食。只有植食树雀是植食性的，不以昆虫为食，只取食树芽和果实，它的喙的形态像鹦鹉的喙。大树雀、中树雀和小树雀取食树冠不同位置、不同大小的昆虫，它们的外部形态很相似，只是为了适应吃不同大小的昆虫，从而进化出了相应大小的身体和喙。红树林树雀以沼泽地红树林中的昆虫为食。拟䴕树雀也以昆虫为食，但它是用仙人掌刺或小树枝探取树干洞中或树皮缝中的昆虫为食，不是直接取食，因此，它的喙的形态跟啄木鸟的喙的形态很相似。

类莺雀的莺雀可以生活在干燥和潮湿地区的林缘和灌丛中，繁殖期主要以昆虫为食，也食植物嫩芽和果实。类莺雀的可可岛雀生活在加拉帕戈斯群岛北部的可可岛上，食性广泛，以昆虫、花蜜、浆果、小坚果和小型爬行动物为食。这 2 种类莺雀的鸟类，它们的形态和习性像莺科的鸟类，喙的形态都尖而细弱。

达尔文雀喙的进化与所取食的食物种类和大小有着密切的关系。达尔文进化论认为，分布在不同环境中的种群，会在自然选择的作用下，经过漫长的地质历史时间，产生新的可遗传的性状，以适应当地的环境，使种群间产生生殖隔离，形成新的物种。在加拉帕戈斯群岛上，分布在不同岛屿上的达尔文雀的生活习性和形态特征往往是不同的，而分布在同一个岛屿上的达尔文雀通常具有相似的生活习性和形态特征。比如，同域分布的大地雀、中地雀和小地雀，它们分别以大、中、小 3 种类型的种子为食，它们的喙的大小是与种子的大小相对应的。而在南部的两个岛屿上，由于没有大地雀的分布，中地雀可以吃到大的种子，使得这两个岛屿上的中地雀的喙要比其他岛屿上中地雀的喙更大一些。与此相反，在另外一个岛屿上，由于没有小地雀的分布，中地雀的生态位得以扩展，可以吃到小的种子，使得这个岛屿上的中地雀的喙要比其他岛屿上中地雀的喙更小一些。还有一些岛屿上，因为没有中地雀的分布，小地雀能吃到中等程度的种子，喙相对而言偏大。

Grant 和 Grant（2006）的研究结果进一步证明达尔文雀喙形态特征的差异是对食物种子的适应性进化。该研究组自 1973 年开始就在加拉帕戈斯群岛上研究达尔文雀，研究地点选在面积仅有 0.34km^2 的 Daphne Major 岛上。在该岛上生活着 2 种地雀，它们分别是大地雀和中地雀。在中地雀的个体之间存在喙形大小的差异，且雌性的喙的平均长度比雄性的小（图 10-2）。当 Daphne Major 岛上的食物主要是大粒种子时，具有大喙的个体将比具有小喙

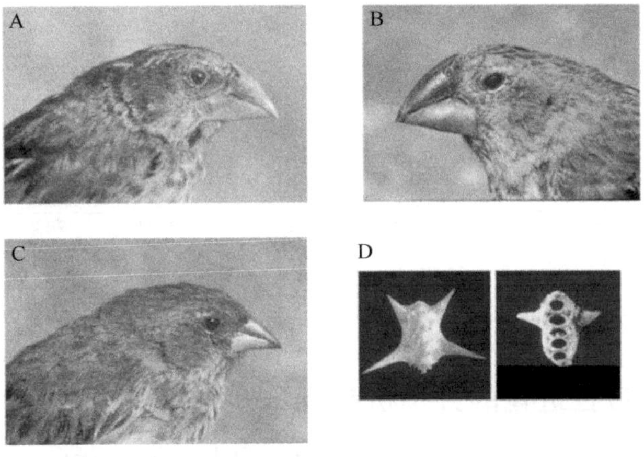

图 10-2　中地雀喙的形态变异（Grant and Grant，2006）

A、B. 分别表示具有较大喙的中地雀和大地雀；C. 具有较小喙的中地雀；D. 表面具有利刺的蒺藜果实（分果）；A 和 B 中的雀能啄破 D，而 C 中的雀不能

的个体有利。因此，Daphne Major 岛上食物的组成可能会影响中地雀喙的进化。在 Peter R. Grant 研究的 30 多年中，Daphne Major 岛上发生了 2 次大的气候变化，岛上食物的组成也发生了显著的变化，使中地雀的种群数量发生了剧烈的波动，相应的中地雀喙的大小也发生了波动（图 10-3 和图 10-4）。在这之后研究者发现蒺藜果实的硬刺也是推动大地雀喙形态进化的一个选择驱动力。这说明，食物的组成确实能影响达尔文雀喙形态特征的进化。但又有研究表明，鸟喙的形态并非一种简单的摄食适应，食物对喙形态进化有重要影响，但其影响并非我们过去认为的那样大。在鸣禽中发现觅食生态和气候均对鸟喙的形状和大小有显著影响，其中觅食生态对鸟喙形状影响较大，气候对鸟喙形状和大小有几乎相等的影响。对于达尔文雀喙的适应性进化，是否为多种生态因子共同作用的结果，有待进一步研究。

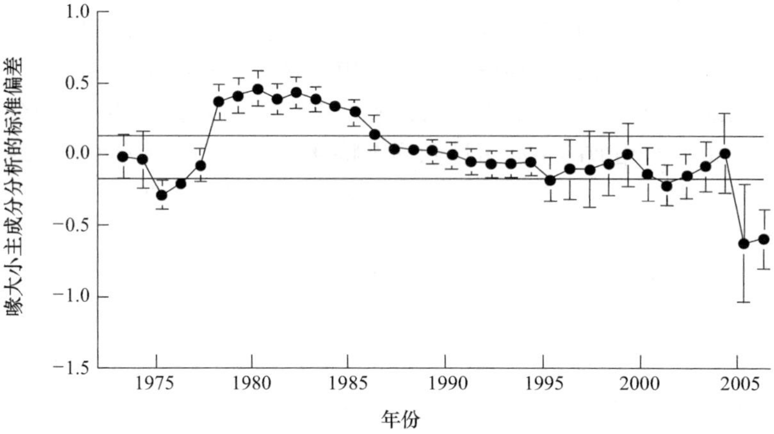

图 10-3　中地雀喙的形态波动规律（Grant and Grant，2006）

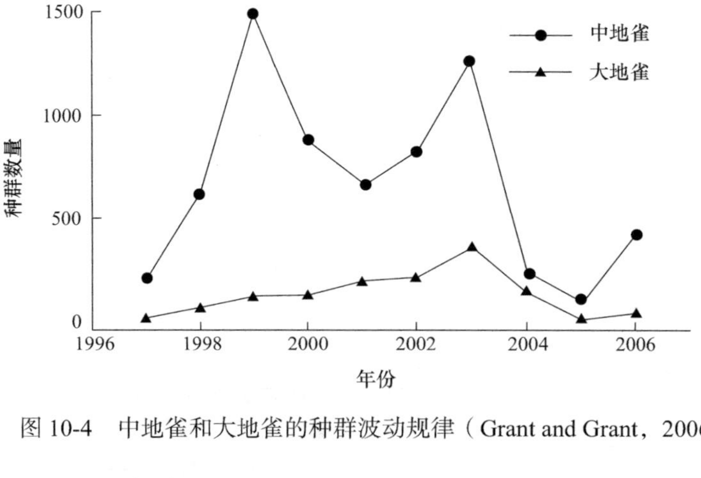

图 10-4　中地雀和大地雀的种群波动规律（Grant and Grant，2006）

三、达尔文雀喙适应性进化的分子机制

那么，达尔文雀能快速进化出多种喙形态而适应新的生态环境的分子机制是什么呢？Abzhanov 等科学家通过候选基因途径，从一系列决定哺乳类头骨发育的基因中，发现 *Bmp4*（*bone morphogenetic protein 4*）基因的表达量与达尔文雀喙的深度和宽度具有相关性（图 10-5）。

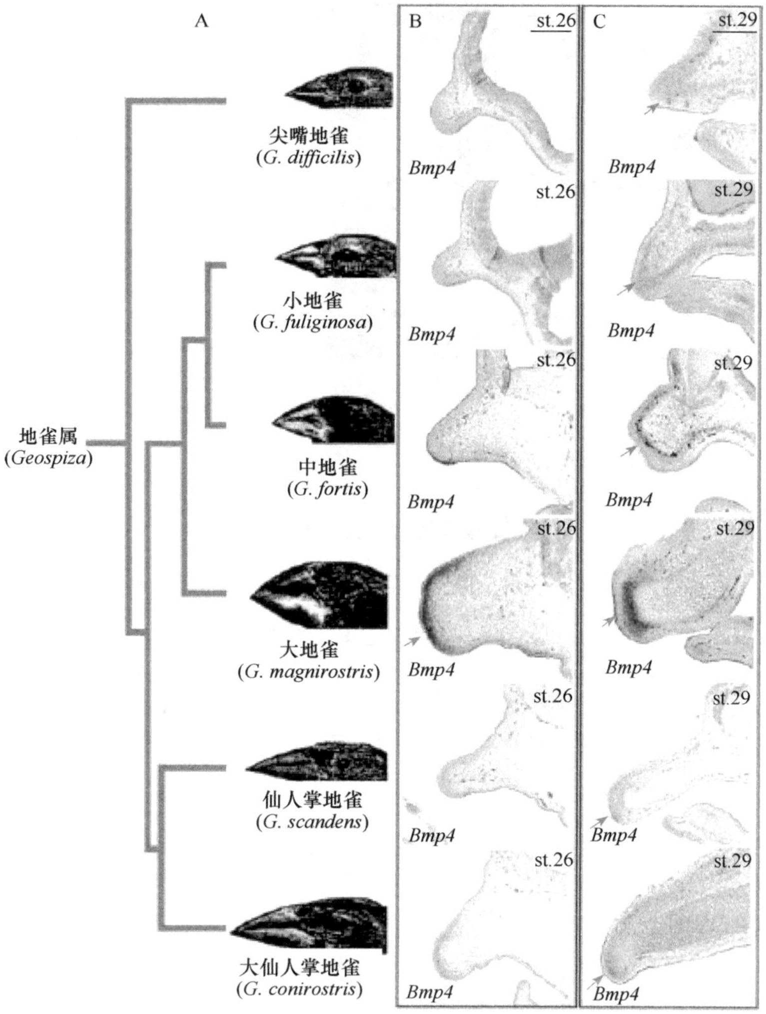

图 10-5　*Bmp4* 在达尔文雀喙发育过程中的表达情况（Abzhanov et al.，2004）

A. 达尔文雀的系统分类地位；B. 在达尔文雀胚胎发育的第 26 期（st. 26）时，*Bmp4* 基因的表达情况；C. 在达尔文雀胚胎发育的第 29 期（st. 29）时，*Bmp4* 基因的表达情况。箭头表示 *Bmp4* 基因表达的位置

在喙较深和较宽的大地雀胚胎发育的第 26 期时，*Bmp4* 基因大量表达，而在喙较浅和较窄的达尔文雀中几乎不表达，*Bmp4* 基因表达量的梯度与达尔文雀成体喙的深浅和宽窄梯度是一致的。为了进一步证明 *Bmp4* 基因表达量是达尔文雀喙形态特征差异的原因，研究者把大地雀的 *Bmp4* 基因转入同一发育阶段的鸡的胚胎中，发现 *Bmp4* 基因确实能够导致出现较深和较宽的喙（图 10-6）。因此，*Bmp4* 基因控制着达尔文雀喙的深度和宽度的生长与发育。

为了进一步揭示控制达尔文雀喙长度的基因，科学家应用基因芯片技术，发现 *CaM* 基因的表达量与喙的长度具有相关性（图 10-7）。在喙较长的仙人掌地雀的胚胎中，*CaM* 基因大量表达。而在其他喙较短的地雀的胚胎中，*CaM* 基因的表达量相对较低。同样，这一结果在鸡胚中得到进一步验证。

令人感兴趣的是，*Bmp4* 和 *CaM* 基因在达尔文雀中是同时独立表达的，它们以表达量的多少调节着达尔文雀喙的形态特征（图 10-8）。以往研究证明，前鼻骨软骨（pnc）对达尔文

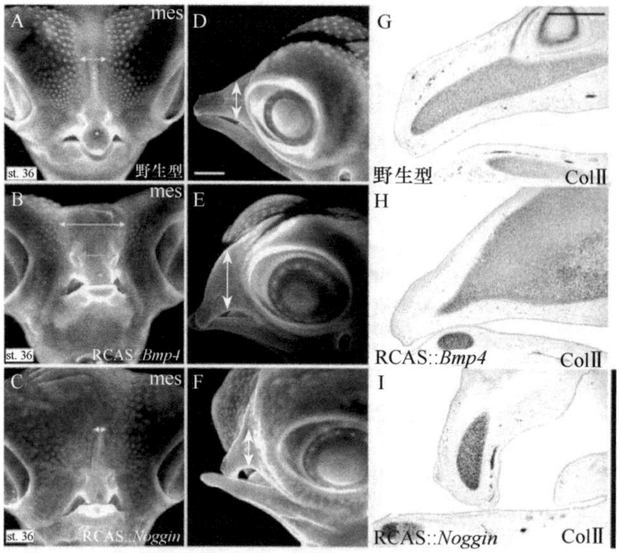

图 10-6　*Bmp4* 基因在鸡胚中的表达情况（Abzhanov et al.，2004）

A 和 D 表示野生型鸡胚发育至第 36 期（st. 36）时头部的紫外扫描照片；A～C 中上面的双箭头表示喙的宽度；D～F 中双箭头表示喙的深度；G 表示野生型鸡胚在喙的位置，软骨形成了一个狭窄型的骨杆突起；B、E 表示利用鸟类反转录病毒载体（RCAS）把 *Bmp4* 基因转入鸡胚的额鼻间叶细胞（mes）后导致鸡胚喙的深度和宽度显著增加；H 表示利用人Ⅱ型胶原蛋白（Col Ⅱ）原位杂交显示转入 *Bmp4* 基因的鸡胚上喙具有更多的成骨成分；C 和 F 表示利用 RCAS 把大约相当于野生型 1/4 表达量的 *Bmp4* 基因转入鸡胚的 mes 后导致鸡胚喙的深度和宽度显著减少；I 表示 *Bmp4* 基因表达量的减少在鸡胚的上喙部分产生了更少的成骨成分

雀喙多样性的形成具有重要作用，pnc 最先骨化形成骨骼结构，在胚胎发育早期决定喙的物种特异性。关于调节前鼻骨软骨形成的分子机制，有研究者认为 *Bmp4* 和 *CaM* 通过直接影响 pnc 的形成从而分别调节喙的深度、宽度和长度。然而，喙形态的多样性多取决于上颌骨（pmx）的差异，其在胚胎发育后期形成，并作为成鸟喙结构和功能的重要组成部分。力学模型也证明 pmx 在成鸟啄食坚硬种子时作为上喙主要结构而发挥重要作用。

鸟喙的多样性由深度、宽度和长度三维尺度决定，影响每个维度的分子机制尚不明确。在胚胎发育第 27 期，pnc 在上喙原基占有相当大的比例，且含量在种间有差异。然而在第 30 期，pnc 对喙形状的影响逐渐弱化，相反 pmx 开始扩张并最终决定喙的形状和大小（图 10-9B）。计算机断层扫描（computed tomography，CT）结果显示在大地雀和中地雀喙中 pmx 的体积比在大仙人掌地雀和仙人掌地雀喙中更大（图 10-9C）。值得注意的是，在第 27 期，pmx 仅在大地雀中开始出现，到达第 30 期之后，pmx 在大地雀和中地雀的上喙原基扩张，比有相同大小体型的大仙人掌地雀和仙人掌地雀体积更大（图 10-9D），这一研究揭示了在达尔文雀胚胎发育中 pmx 体积与最终喙形态的关系。除此之外，pmx 的形成还受 *TGF-βllr*、*Dkk3* 和 *β-catenin* 3 个候选基因的调控。综合之前的研究，最终揭示了达尔文雀喙的 3 个维度的调控网络（图 10-10A）。

随着全基因组时代的到来，越来越多的与达尔文雀喙表型相关的候选基因出现。例如，Lamichhaney 等（2015）使用全基因组重测序筛选出 6 个与喙发育相关的基因，分别为 *CALM*、*GSC*、*RDH14*、*ALX1*、*CFGF10* 和 *FOXC19*。然而，达尔文雀喙的表型往往受到多个微效基因共同调控，调节达尔文雀喙形成的候选基因远不止这几个。另外，科学家仅仅找

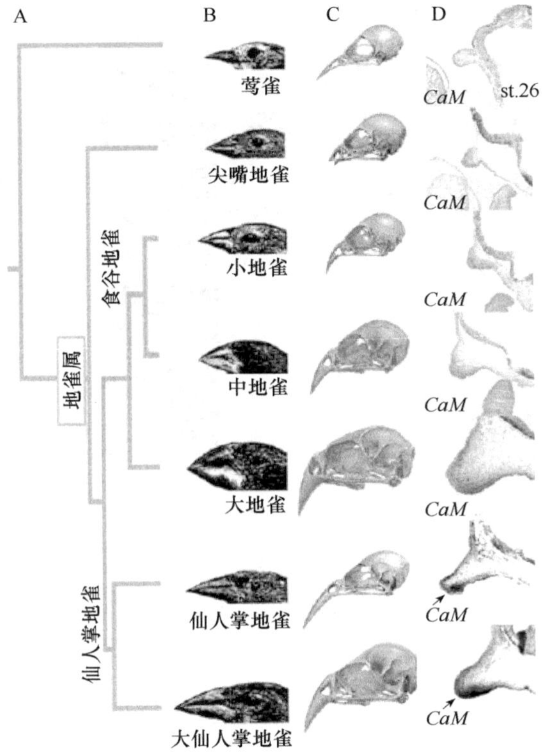

图 10-7 *CaM* 基因在达尔文雀喙发育过程中的表达情况（Abzhanov et al.，2006）

A～C. 达尔文雀喙的形态；D. 在达尔文雀胚胎发育第 26 期（st. 26）时 *CaM* 基因的表达情况。箭头表示 *CaM* 基因的表达位置

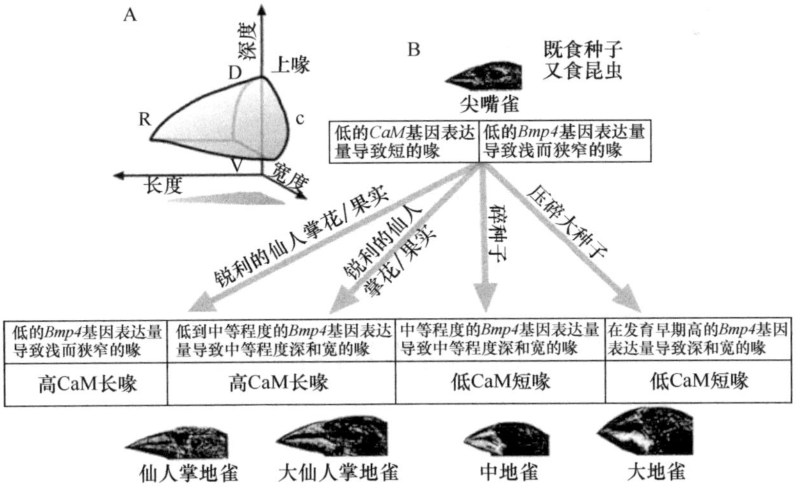

图 10-8 *Bmp4* 和 *CaM* 基因表达情况与达尔文雀喙形态的相关性（Abzhanov et al.，2006）

A. 喙发育过程的三维结构图，c. 尾部（caudal），D. 背部（dorsal），V. 腹部（ventral），R. 喙（rostral）；B. *Bmp4* 和 *CaM* 基因表达情况与达尔文雀喙形态发育相关性的模式图

到了调节喙形成的候选基因，而基因是如何调控代谢通路最终影响喙的形态以及各个候选基因之间是否存在联系还知道得很少。

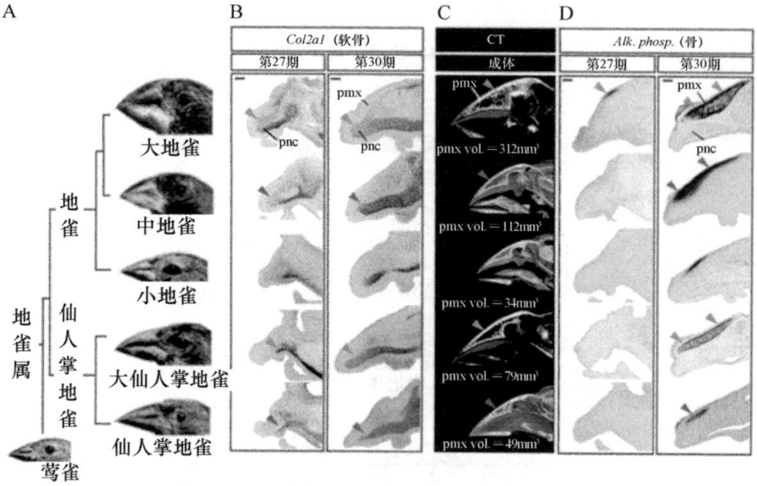

图 10-9 pnc 和 pmx 对形成达尔文雀喙多样性的贡献（Mallarino et al., 2011）

A. 地雀属系统分类地位和不同喙形；B. 在胚胎发育第 27 期，pnc 在大地雀和中地雀喙原基占有较大的比例，在胚胎发育第 30 期相对于 pmx 比例有所减少（*Col2a1* 为 pnc 的标志），阴影部分面积表示对应 pnc 或 pmx 的含量；C. 达尔文雀成鸟多样性的喙主要由 pmx 的体积差异决定，pmx vol. 表示上颌骨体积；D. pmx 的体积与胚胎发育过程中成骨标志［碱性磷酸酶基因 *Alk. phosp.*］表达的时间和位置相关。箭头颜色相同时表示有相同体型大小但具有不同喙形的物种

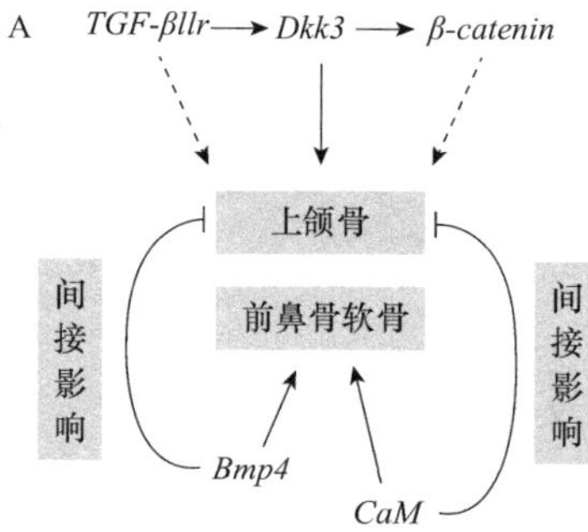

B 分子	组织模式		维度改变		
	前鼻骨软骨	上颌骨	深度	广度	长度
Bmp4	+	–（间接影响）	+	+	0/–
Calmodulin	+	0/–（间接影响）	0	0	+
TGF-βllr	0	+	+	0	+
β-catenin	0	+	+	0	+
Dkk3	0	+	+	0	+

图 10-10 达尔文雀喙发育的一般模式（Mallarino et al., 2011）

A. BMP4 和 CaM 独立起作用而改变前鼻骨软骨的生长，对喙形态有间接影响，*TGF-βllr*、*Dkk3* 和 *β-catenin* 调节上颌骨的生长最终决定喙的形态；B. 各基因对喙不同维度发育的影响，+. 促进生长，0. 没有影响，–. 非直接影响

第二节 刺鱼骨骼的进化

一、刺鱼的概况

刺鱼（stickleback）是刺鱼目（Gasterosteiformes）刺鱼科（Gasterosteidae）鱼类的统称，广泛分布于北半球温带地区富含矿物质的淡水或海水中，它们体型较小，有比较特殊的繁殖行为。在繁殖季节，雄鱼会筑巢吸引雌鱼进巢产卵，然后护卵直至幼鱼孵出。

刺鱼在脊背上有一行刺，它们因此而得名。全世界大约有 12 种刺鱼，它们的分类标准主要根据脊背上刺的数量。这 12 种刺鱼起源于一个共同的祖先，这些祖先大约生活在 15 000 年前的海洋中，随着更新世冰期的结束，它们原来生活的许多海洋变成了淡水湖，祖先群体被迫分散成许多独立的种群生活。这些孤立的种群为了适应急剧变化的环境，产生了适应性进化，形成了今天大约 12 种新的现代刺鱼。这些现代刺鱼有的仍然生活在海水中，有的生活在淡水中，有的在海水和淡水中都能生活。

刺鱼在经历快速进化的过程中，为了适应变化的环境，在形态和行为上也发生了显著的差异。比如，三脊刺鱼（*Gasterosteus aculeatus*）的有些种群生活在海水中，有些种群生活在淡水中。生活在淡水中的三脊刺鱼为了适应淡水环境，其身体发生了很多变化，如体型变小、体色改变、骨骼发生改变等。其中变化的骨骼包括侧板、骨盘以及骨盘刺，而骨盘和骨盘刺的改变常为研究动物适应性进化所关注的表型。生活在海水中的三脊刺鱼种群，有一对发育良好的从骨盘上突出的骨盘刺。而生活在淡水中的三脊刺鱼种群，特别是那些底栖类群，骨盘刺和骨盘已经减少或者完全缺失。同为一个物种，为什么生活在海水中的三脊刺鱼有骨盘刺，而生活在淡水中的三脊刺鱼骨盘刺却减少或没有了呢？先前的研究表明，在受到鸟类和其他鱼类的掠食性攻击后，特别是在海洋栖息地的清澈开阔的水域，骨盘刺增加了逃生和生存的可能性，而在淡水环境生活的三脊刺鱼所受到的捕食压力发生改变，致使骨盘刺减少。更有研究表明，三脊刺鱼在受精后 90 天就已经出现了骨骼表型差异，并且这种差异贯穿个体整个发育过程。但这些适应性变化背后的分子机制还尚不明确，本节从分子生物学的角度对这个问题进行简要的阐述。

二、刺鱼骨盘形态进化的分子基础

当把来自海洋的雌性三脊刺鱼与来自淡水的雄性三脊刺鱼进行交配时，F_1 代的刺鱼都带有与它们的海洋母系亲本一样的骨盘和骨盘刺。而当 F_1 代的刺鱼相互交配时，发现 F_2 代刺鱼的骨盘和骨盘刺发生了分化，有 75% 的刺鱼具有完整的骨盘，有 25% 的刺鱼的骨盘和骨盘刺存在减少、丢失或者发育不对称现象（图 10-11）。这刚好符合孟德尔基因分离的遗传规律，说明控制刺鱼骨盘和骨盘刺变异的基因可能是单一的基因座位。

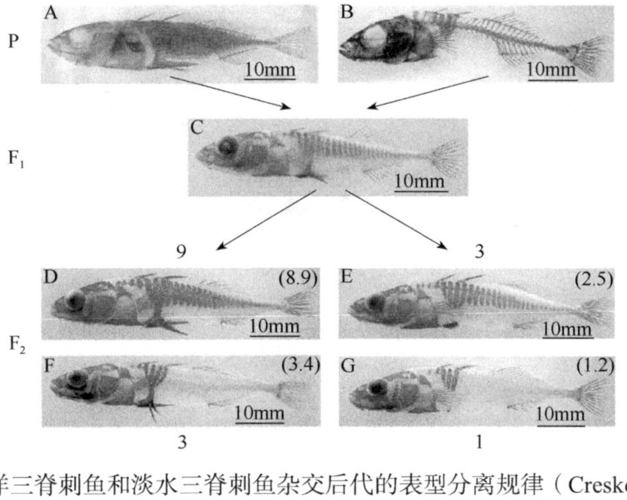

图 10-11　海洋三脊刺鱼和淡水三脊刺鱼杂交后代的表型分离规律（Cresko et al.，2004）

A、B. 亲代（P）；A. 海水三脊刺鱼；B. 淡水三脊刺鱼；C. F_1 代；D～G. F_2 代

但究竟是哪个基因在控制着刺鱼骨盘和骨盘刺的发育呢？在之前，科学家在研究小鼠骨盘发育时发现，*pitx1* 和 *Tbx4* 基因与骨盘的发育相关，这两个基因在小鼠前肢的发育中不

表达，而在后肢的发育中特异表达。如果 *pitx1* 基因缺失，小鼠的后肢会发育不对称，使右侧的股骨比左侧的短。而且这种表型会被与 *pitx1* 密切相关的 *pitx2* 基因的突变进一步增强。*Tbx4* 位于 *pitx1* 基因的下游，也与小鼠后肢的发育具有相关性。在前面，我们曾经谈到海水三脊刺鱼与淡水三脊刺鱼杂交的 F_2 代会出现骨盘发育不对称的表型，因此科学家推测 *pitx1*、*pitx2* 和 *Tbx4* 基因很有可能是控制三脊刺鱼骨盘发育的候选基因。

为了确定这 3 个基因是否与三脊刺鱼骨盘的发育有关，科学家分别从生活在海洋的三脊刺鱼和生活在淡水的三脊刺鱼克隆得到了 *pitx1*、*pitx2* 和 *Tbx4* 基因。通过基因 DNA 序列分析发现，海洋三脊刺鱼和淡水三脊刺鱼的 DNA 序列具有各自的特异变异位点。而且通过进一步分析发现，*pitx1* 与三脊刺鱼 F_2 代的表型具有相关性。因此，科学家认为海洋和淡水三脊刺鱼骨盘刺和骨盘的形态差异很有可能是 *pitx1* 基因的变异造成的。

那究竟是不是这样呢？科学家进一步对 *pitx1* 基因的功能进行了深入的研究，发现 *pitx1* 基因只在海洋三脊刺鱼骨盘的特定区域表达，而在淡水三脊刺鱼中不表达（图 10-12）。这种表达的差异可能导致了海洋三脊刺鱼和淡水三脊刺鱼骨盘表型的差异。

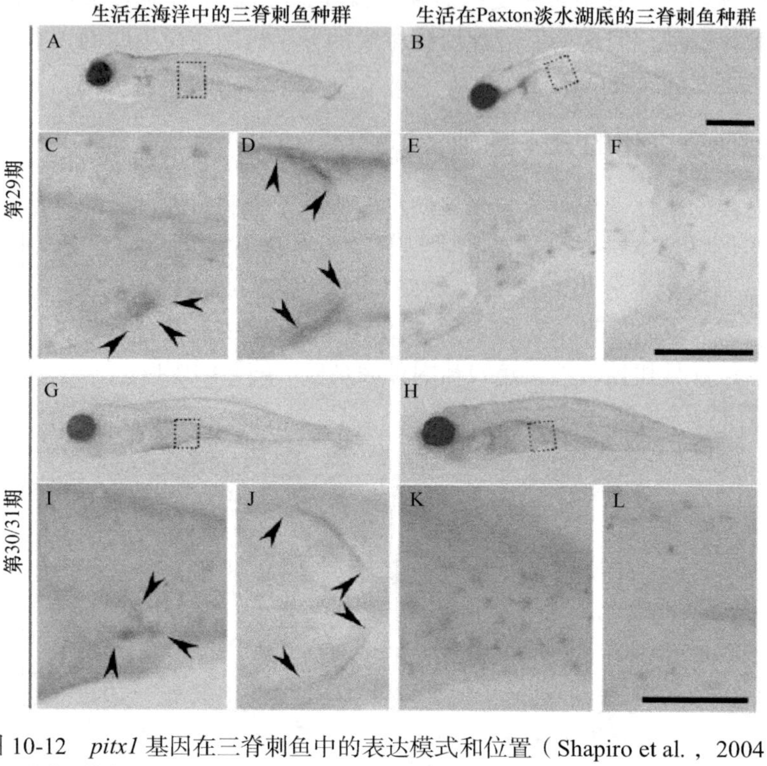

图 10-12　*pitx1* 基因在三脊刺鱼中的表达模式和位置（Shapiro et al.，2004）

A. 利用全标本包埋原位杂交技术在海洋三脊刺鱼幼鱼第 29 期预期的骨盘区域发现了 *pitx1* 基因的表达；C 和 D 分别是 A 侧面和腹面的放大图，分别用箭头指示了 *pitx1* 基因在侧面和腹面的表达区域；B、E 和 F. 在 Paxton 淡水湖中生活的三脊刺鱼幼鱼第 29 期的骨盘区域没有检测到 *pitx1* 基因的表达；G、I 和 J. 在海洋三脊刺鱼幼鱼第 30 和 31 期发现了与上述 A、C、D 相似的结果，在预期的骨盘区域发现了 *pitx1* 基因的表达；H、K、L. 在 Paxton 淡水湖中生活的三脊刺鱼幼鱼第 30 和 31 期发现了与上述 B、E、F 相似的结果，在预期的骨盘区域没有发现 *pitx1* 基因的表达；A、B、G、H 的虚线方框表示预期的骨盘区域，标尺（同一标尺，见 B 图右下角）为 1mm；C～F（同一标尺，见 F 图右下角）、I～L（同一标尺，见 L 图右下角）中的标尺表示 0.25mm

随着测序技术的发展，科学家开始着眼于寻找三脊刺鱼适应淡水环境所受到选择的基因。在海洋三脊刺鱼向淡水区移殖并适应淡水环境的过程中，受选择的表型和等位基因频率快速改变。许多淡水适应性等位基因在海洋三脊刺鱼中频率较低，在淡水环境中而被反复选择。研究者从淡水和海洋环境中的 6 个三脊刺鱼种群的全基因组中，筛选出 50 个适应淡水环境的微卫星位点。Archambeault 等在海洋和淡水刺鱼基因组中筛选出最强的差异选择分子信号之一，是位于 4 号染色体上的一个 16kb 的区域，此区域内海洋单倍型和淡水单倍型存在固定的序列差异，且此区域包括 3 个蛋白质编码基因 *Eda*（*ectodysplasin*）、*Tnfsf13b*（*tumor necrosis factor super-family member 13b*） 和 *Garp*（*glycoprotein a repetitions predominant*）（图 10-13）。其中，*Eda* 基因是脊椎动物上皮附属结构发育所需要的。在这之前有研究表明，淡水三脊刺鱼 *Eda* 基因过表达可以恢复海洋三脊刺鱼的表型，其中包括骨盘刺数量，这进一步证明了 *Eda* 基因在控制骨盘这一性状中的作用。为了确定导致淡水三脊刺鱼骨盘刺减少的调节性突变，O'Brown 等（2015）利用有较短骨盘的日本刺鱼种群，鉴定到一个位于 *Eda* 基因 3′ 端的调节元件发生了单个碱基突变，该突变为所有具有较短骨盘的三脊刺鱼所共有。

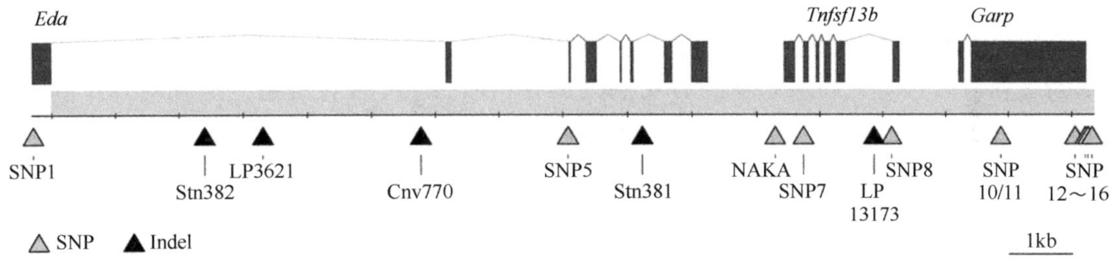

图 10-13 *Eda* 单倍型的结构（Archambeault et al.，2020）

Eda 单倍型包括 3 个蛋白质编码基因（*Eda*、*Tnfsf13b*、*Garp*）和 16 个标记（三角形所指位置）。灰色长条代表淡水三脊刺鱼所共享的最小基因区域，长度为 16kb。SNP（single nucleotide polymorphism）. 单核苷酸多态性；Indel. 插入或缺失突变

前面我们提到了 *pitx1* 基因表达的差异可能是导致海洋三脊刺鱼和淡水三脊刺鱼骨盘表型差异的原因。然而，这种差异表达是受到何种分子调节的结果呢？研究者利用全基因组分析 4 对淡水和海洋三脊刺鱼，发现 135 个基因出现拷贝数变异，并且拷贝数量与基因表达量呈正相关。另外，反式调节元件的单核苷酸多态性也可影响基因的表达。此发现很好地解释了三脊刺鱼对新环境适应的分子机制，即基因拷贝数和单核苷酸差异导致基因表达差异，从而影响表型。科学家利用数量性状基因座（QTL）定位找到了与骨盘刺性状相关的 10 个新的基因位点（占整个数量性状变量的 3%～10%），进一步对 27 个不同的刺鱼种群进行全基因组扫描发现，*Pel*（位于 *pitx1* 基因上游的增强子）的出现与骨盘刺的减少有关。之前也有研究表明，三脊刺鱼骨盘刺的反复丢失是 *Pel* 周期性丢失的结果，*Pel* 序列在体内形成可改变的 DNA 结构并增加双链 DNA 的易碎性。此外，与刺鱼骨盘减少有关的增强子 *pelA* 在哺乳动物中并不保守。在哺乳动物中，*pitx1* 基因的增强子为 *PelB*，控制后肢发育。

第三节 *Hox* 基因与动物的形态进化

一、*Hox* 基因的结构和功能

Hox 基因又叫同源基因（homeotic gene）或同源异型基因，是生物体内一类专门调控生物形体的基因。它广泛分布于生物体内，在有机体的发育与基因调控中起着不同的作用。大

多数 *Hox* 基因中会含有一段约 180 个核苷酸的高度保守的同源异型框，可以编码形成约 60 个氨基酸，作为转录因子的 DNA 结合区域。而且，*Hox* 基因不只是在序列水平上保守，在远缘动物的发育过程中也发挥着相似的作用。科学家经研究发现，*Hox* 基因在脊椎动物和果蝇中的表达模式有着惊人的相似性。在这两类动物中，*Hox* 基因都是在早期胚胎的特殊区域表达，并且表达区域的前端界线和它们在染色体上的位置是共线性的。*Hox* 基因的这种在结构和功能上的极度保守性使动物的胚胎尽管在形态学上有所不同，但是它们在 *Hox* 基因表达的模式上看起来非常相似。

二、*Hox* 基因的古老起源

Hox 基因在动物的发育过程中具有非常重要的功能，那它又是何时和怎样起源的呢？科学家对腔肠动物门的水螅（*Garveia annulata*）、海葵（*Actinia fragacea*）和水母（*Aurelia aurita*）中的 *Hox* 基因的研究为我们找到了初步的答案。腔肠动物位于动物系统进化树的底端，它们是比较原始的两胚层动物，包括珊瑚纲（海葵）、水螅纲（水螅）和钵水母纲（水母）等类群（图 10-14）。近年来，从腔肠动物中相继克隆出一些与三胚层动物 *Hox* 基因相似的基因序列，而且与三胚层动物的 *Hox* 基因具有相似的系统发育关系，这说明 *Hox* 基因是非常古老的，它们起源于两胚层和三胚层动物分化之前（图 10-15）。

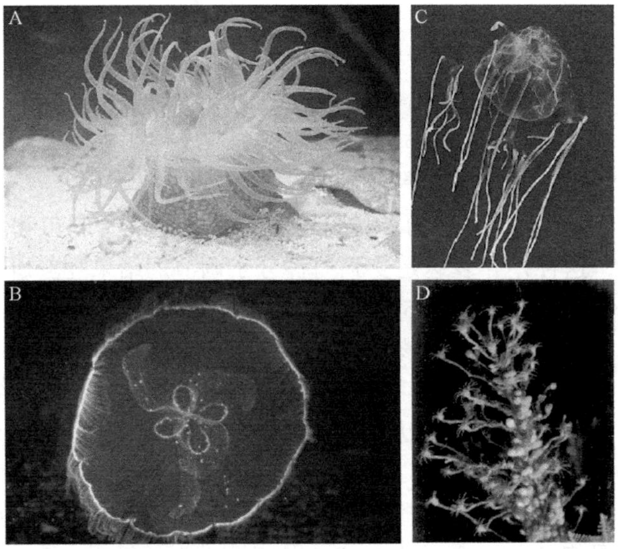

图 10-14　腔肠动物门的几种代表动物（Ferrier and Holland，2001）
A. 海葵；B. 钵水母；C. 水母；D. 水螅

三、*Hox* 基因的进化

对动物基因组的分析结果表明，不同动物中 *Hox* 基因的数量、组成和表达模式是有差异的。不同动物 *Hox* 基因的数量为 4～48 个，它们通常在染色体中共线性排列，但也有些动物的 *Hox* 基因是片段化的，其间包含较多不编码蛋白质的 RNA。

一般认为，三胚层的后口动物是从一个身体柔软，像蠕虫一样的生活在海中的祖先进化而来的（图 10-16）。它们的 *Hox* 基因是由一个共同的三胚层的祖先进化而来，而且这个祖

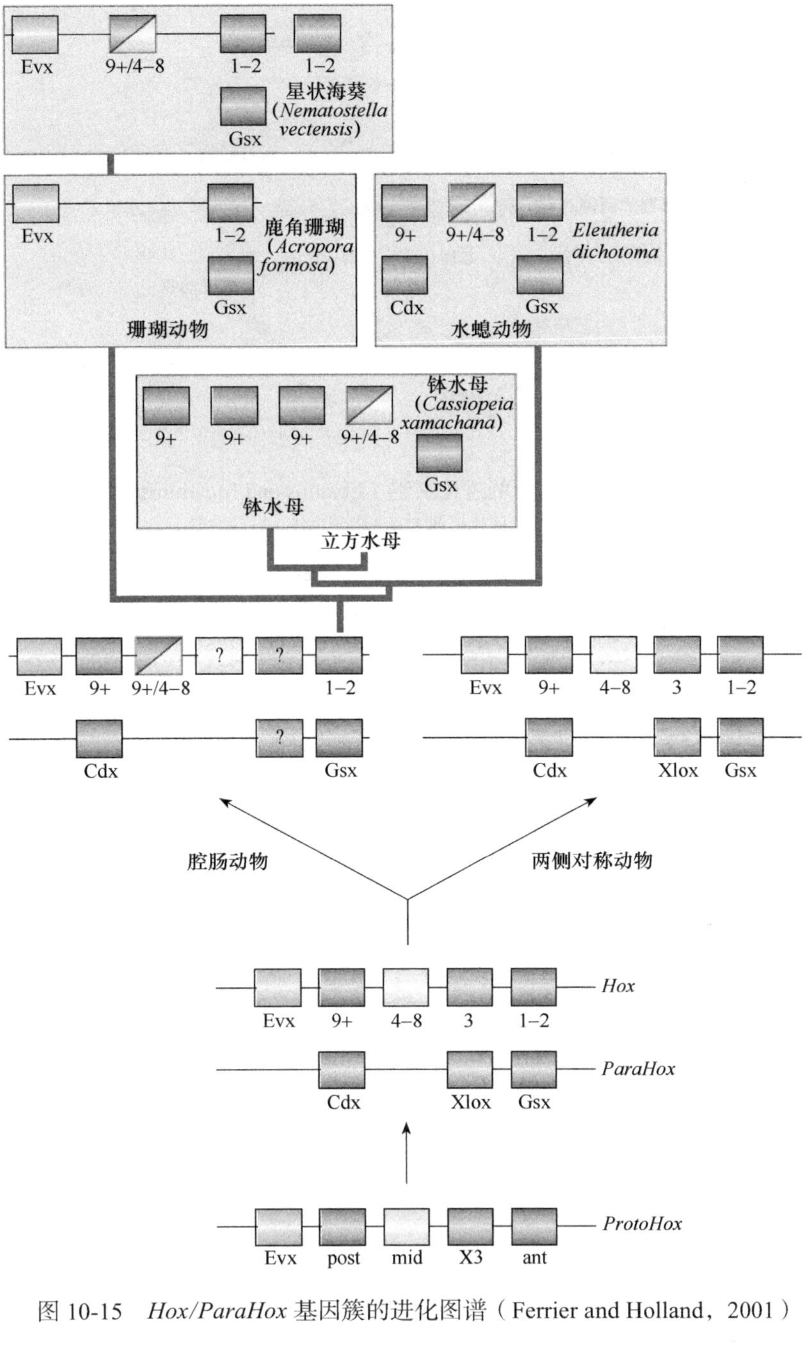

图 10-15 *Hox/ParaHox* 基因簇的进化图谱（Ferrier and Holland，2001）

先至少拥有 8 个 *Hox* 基因，包括 1 个 *Evx* 基因。在现存的一些动物中，*Hox* 基因的排列顺序在胚胎体轴表达区域和功能区域大致上是共线的。*Hox* 基因共线性排列的代表动物是文昌鱼（*Branchiostoma floridae*）。文昌鱼包括 14 个共线性的 *Hox* 基因和一对紧密联系的 *Ev/Hx* 基因（图 10-17）。

脊椎动物的基因组有 4 个 *Hox1* 基因簇（*Hox1A*、*Hox1B*、*Hox1C*、*Hox1D*），在脊椎动物的进化过程中，*Hox1* 基因较为保守，但部分 *Hox1* 基因出现了丢失，其中 *Hox1C* 基因

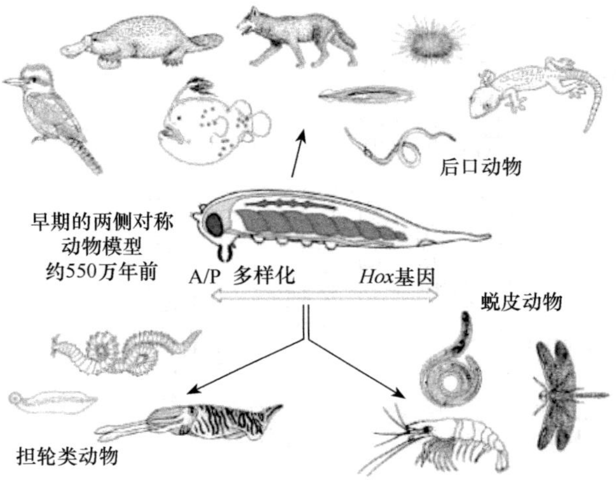

图 10-16 后口动物起源的进化图谱（Lemons and McGinnis，2006）
A/P 代表从祖先演化出两大支（原口动物 / 后口动物）

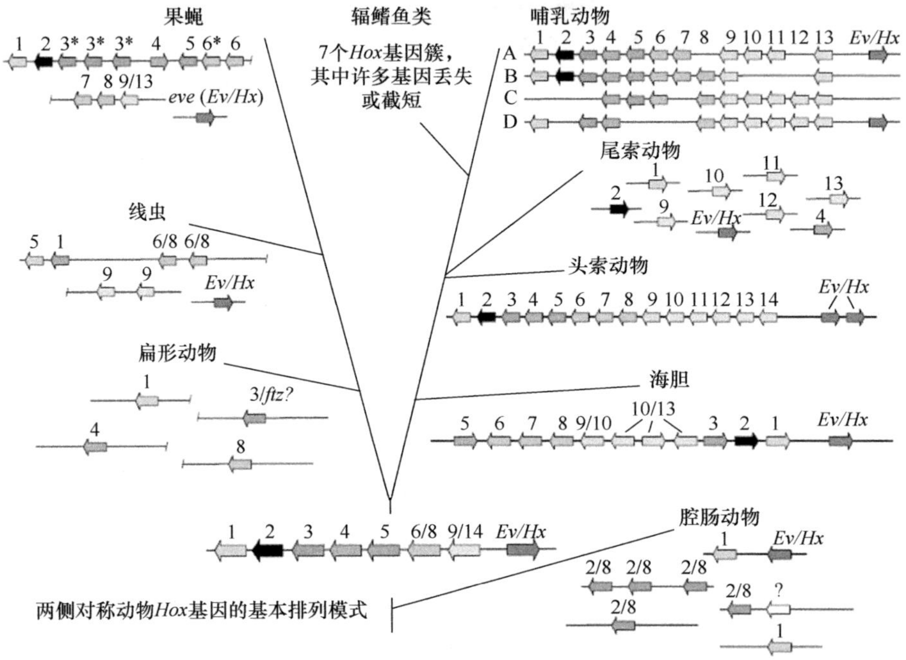

图 10-17 代表动物 *Hox* 基因排列模式的进化树（Lemons and McGinnis，2006）
数字代表 *Hox* 基因编号

簇最不稳定，多个物种的 Hox1C 蛋白发生氨基酸替换。哺乳动物的基因组有 4 个 *Hox* 基因簇，在同系起源中，每一个 *Hox* 基因簇都丢失了部分基因。然而，大多数硬骨鱼类在起源过程中经历了广泛的基因组复制，共拥有 7 个 *Hox* 基因簇。其他的后口动物，比如海胆（*Strongylocentrotus purpuratus*），有一个比较完整的 *Hox* 基因的拷贝（图 10-17）。

在蜕皮动物中，对线虫和昆虫 *Hox* 基因的研究比较深入。一种金龟子（*Tribolium castaneum*）具有一个共线性的完整的 *Hox* 基因簇。而在黑腹果蝇（*Drosophila melanogaster*）中，*Hox* 基因已呈片段化排列。在其他的蜕皮动物中，比如在线虫（*Caenorhabditis elegans*）

中，大量的 *Hox* 基因已丢失或呈分散排列，但留下的 *Hox* 基因仍然在决定外部形态发育中起着重要的作用（图 10-17）。

担轮动物有着多样的外部形态和 *Hox* 基因的排列模式。在扁形动物（*Schistosoma mansoni*）中，它只有 4 个 *Hox* 基因，而且这 4 个基因分散排列在两条不同的染色体上（图 10-17）。

人类的 *Hox* 基因家族在染色体上有 4 个位点，大约包括 257 个基因，每个位点有 1～13 个 *Hox* 基因，在进化过程中也出现部分基因丢失的情况（图 10-18）。

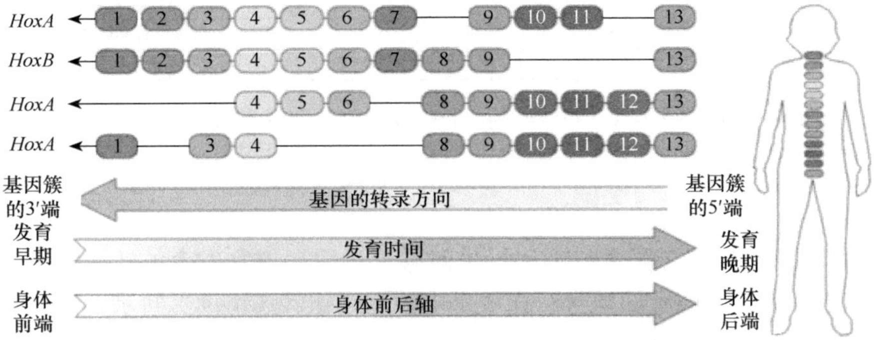

图 10-18　人类 *Hox* 基因位点图（Luo et al.，2019）

左图显示每个位点的 *Hox* 基因成员、单个基因转录方向、基因表达的时空性；右图表示 *Hox* 旁系同源基因在人体中表达的相对位置

四、*Hox* 基因参与动物形态的进化

Hox 基因在结构和功能上具有高度的保守性，那为什么远缘动物之间看起来如此不同呢？很多科学家推测 *Hox* 基因数量的改变有可能促进了动物外部形态特征的进化。他们认为，*Hox* 基因在数量上的改变有可能首先增加了基因调控网络的多样性，然后导致动物形态的多样性。尽管目前还没有发现直接的证据证明 *Hox* 基因的丢失、增加或者基因的多样性与不同动物形态的多样性具有相关性，但是科学家确实发现了一些这样的现象。比如，同为脊椎动物的文昌鱼与鱼类、爬行类、鸟类和哺乳类相比，前者 *Hox* 基因的数量是后者的 1/4，相应的前者体轴的形态也要比后者体轴的形态简单得多，这表明 *Hox* 基因调控多样性的增加可能有利于脊椎动物形态多样性的增加。而在蜕皮动物中，有些线虫 *Hox* 基因数量上的减少会导致相对简单的身体构造，有些甲壳类动物腹部片段的显著减少与 *Hox abdominal-A* 基因的减少有关，有些寄生性扁形虫 *Hox* 基因调控多样性的减少有可能利于它们体轴结构的简单化。此外，*Hox* 基因表达持续时间也影响着动物形态。例如，在鸟类中，*Hox* 基因在胚胎侧板中胚层表达的时间决定了鸟类前肢的位置（图 10-19）。

Hox 基因可以调控其他基因的表达，从而参与动物形态的进化。有许多 *Hox* 基因直接调控那些编码细胞间信号分子或者转录因子相关的基因的表达。科学家发现，在果蝇中有一个基因为 *decapentaplegic*（*DPP*），它在果蝇的内脏中胚层中特异表达，它的表达模式部分是由 *Hox* 基因表达的 UBX 和 ABD-A 蛋白提供的，这些蛋白质能激活和抑制 *DPP* 基因的转录。而 DPP 的部分产物是骨形态蛋白家族中的一员，它能触发内脏细胞形态的改变，而这些改变是正常内脏形态形成所必需的。UBX 和 ABD-A 也能直接抑制果蝇腹部上皮的

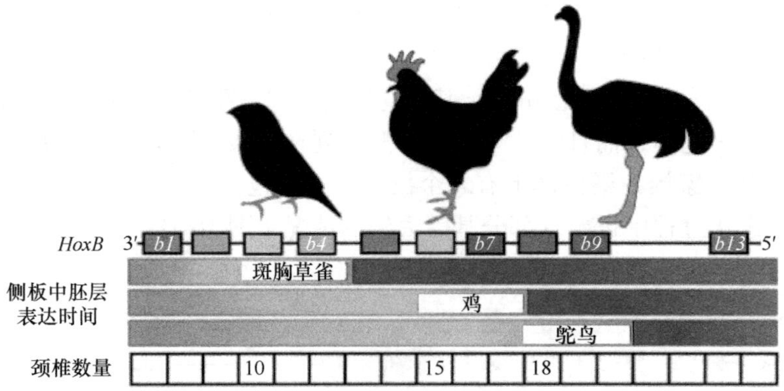

图 10-19 *Hox* 基因表达持续时间延长使动物前肢靠后（Young et al.，2019）

鸟类 *HoxB* 基因簇每个基因共线性排列，且表达具有时空性。由于所有四足动物的前肢均位于颈椎与胸椎连接处，鸟类有不同数量的颈椎，因此前肢位置不同。侧板中胚层中 *Hox* 基因表达的时间决定了鸟类前肢的位置

Dll 基因。*Dll* 基因编码一个同源异型区域中能够促进附属器官发育的转录因子，所以它被 UBX 抑制的结果是腹部四肢的缺失。在线虫中，编码扭转（twist）转录因子同系物的基因（*helix-loop-helix8*，*hlh-8*）能在身体中部的中胚层细胞中被 *Hox* 基因（*Lin-39*）激活，促进中胚层的发育。

Hox 基因可以调控细胞的黏着、循环、死亡和迁移，参与动物形态的进化。比如，小鼠 *Hoxa13* 能通过调控细胞黏着使软骨正常发育为桡骨和尺骨，如果缺少，将导致肢体末端的指骨、腕骨和跗骨的丢失或发育不正常。在果蝇的胚胎中，头部的上颌和下颌的部分边界的维持需要局部边界的细胞死亡，它是由 *Hox* 基因调控促进细胞凋亡的基因（*rpr*）控制的。同样，成体果蝇中枢神经系统（CNS）的腹部区域的形态是以一种从属于 *Hox* 基因的方式被修饰的。在成体中，腹部 CNS 比胸部 CNS 小得多，因为腹部的细胞更少。在大量的腹部胚胎后期成神经细胞团中 ABD-A 蛋白表达的一个简短的波动就会触发依赖于 *rpr*、*hid1* 和 *grim* 基因的细胞凋亡，结果导致成体腹部神经管的尺寸缩减。在线虫发育中，*Hox* 基因（*mab-5* 和 *lin-39*）调控 Q 神经细胞的迁移。

Hox 基因还可以通过调节细胞分化、增殖和多种细胞代谢途径，参与动物形态发生从而影响动物所患疾病。例如，*Hox* 基因的表达决定了成体骨膜干细胞或前体细胞的命运，使其维持原始的状态从而具有更强的再生和增殖能力，进而影响骨骼发育。脊椎动物 *Hoxb6* 基因在体细胞前中胚层异常表达会导致肋骨形成异常（Saito and Suzuki，2020）。Hox 蛋白还可参与多种细胞代谢途径，其中 Hox 蛋白对细胞的迁移有重要作用，如介导细胞上皮-间质之间的转移。值得注意的是，Hox 蛋白与许多疾病相关，如癌症、肥胖病、白血病，因此可用于疾病诊断。

然而，*Hox* 基因的表达常常受到多种信号和基因的调控，如 Wnt 信号、RA 信号，*cdx* 基因（位于 *Hox* 基因上游，其对 *Hox* 基因的表达调控作用类似于 Wnt 和 RA 信号）、*Gdf11* 基因（属于 TGF-β 亚家族）和 *Fgf* 基因等，染色体组蛋白修饰以及非编码 RNA 也能调节 *Hox* 基因的表达从而展现不同形态的脊椎动物（图 10-20）。此外，组蛋白 H3 第 27 位赖氨酸三甲基化（H3K27me3）水平减少，同样导致 *Hox* 基因异常表达，最终造成神经管缺陷。

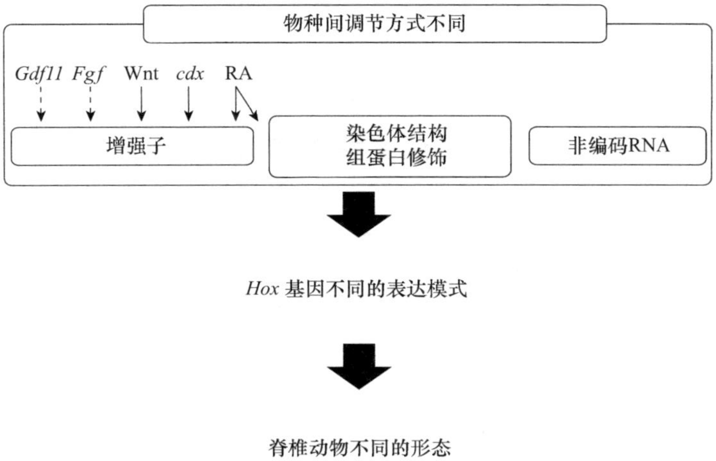

图 10-20　*Hox* 基因的调节网络（Bradaschia-Correa et al.，2019）

Hox 基因表达受到多个分子和途径的调控，最终形成脊椎动物不同的形态结构

以上的例子仅仅涉及了 *Hox* 基因调控动物形态进化的一些基本方面，在整个动物胚胎的发育过程中，*Hox* 基因在各种类型的细胞和组织中激活或抑制多种效应基因，这些基因之间存在复杂的相互作用，另外 *Hox* 基因的表达本身又受到多个分子和代谢通路的调控。因此，要想从分子水平上彻底地了解 *Hox* 基因是如何确定动物形态进化的，还有很长的路要走。

主要参考文献

白书农．2003．植物发育生物学．北京：北京大学出版社．

蔡晨依，孟飞龙，饶琳，等．2020．诱导多能干细胞技术及其在疾病研究中的应用．遗传，42（11）：1042-1061．

堵南山．1993．甲壳动物学．北京：科学出版社．

樊启昶，白书农．2002．发育生物学原理．北京：高等教育出版社．

桂建芳．1989．单性脊椎动物的进化遗传学．自然杂志，12（2）：116-121．

桂建芳，易梅生．2002．发育生物学．北京：科学出版社．

桂建芳，周莉．2010．多倍体银鲫克隆多样性和双重生殖方式的遗传基础和育种应用．中国科学：生命科学，40（2）：97-103．

桂建芳，周莉，殷战，等．2021．水产遗传育种学．北京：科学出版社．

黄妤，王世春．2015．CRISPR/Cas：新一代基因编辑技术．生命的化学，35（1）：113-118．

杨增明，孙青原，夏国良．2019．生殖生物学．北京：科学出版社．

杨佐娟，何建平．2006．昆虫卵子发生过程中细胞凋亡的研究进展．昆虫知识，43（4）：447-452．

张红卫．2018．发育生物学．4版．北京：高等教育出版社．

Arias A M，Stewart A．2006．动物发育的分子原理．樊启昶，滕俊琳主译．北京：高等教育出版社．

Müller W A．1998．发育生物学．黄秀英，劳为德，郑为珍，等译．北京：高等教育出版社．

Abu Rmilah A, Zhou W, Nelson E, et al. 2019. Understanding the marvels behind liver regeneration. Wiley Interdiscip Rev Dev Biol, 8 (3): e340.

Abzhanov A, Kuo W P, Hartmann C, et al. 2006. The calmodulin pathway and evolution of elongated beak morphology in Darwin's finches. Nature, 442 (7102): 563-567.

Abzhanov A, Protas M, Grant B R, et al. 2004. Bmp4 and morphological variation of beaks in Darwin's finches. Science, 305 (5689): 1462-1465.

Agius E, Oelgeschläager M, Wessely O, et al. 2000. Endodermal nodal-related signals and mesoderm induction in *Xenopus*. Development, 127 (6): 1151-1159.

Aida M, Beis D, Heidstra R, et al. 2004. The *PLETHORA* genes mediate patterning of the *Arabidopsis* root stem cell niche. Cell, 119 (1): 109-120.

Alberts B, Johnson A, Lewis J, et al. 2007. Molecular Biology of the Cell. 5th ed. New York: Garland Science.

Alexandre P, Reugels A M, Barker D, et al. 2010. Neurons derive from the more apical daughter in asymmetric divisions in the zebrafish neural tube. Nat Neurosci, 13 (6): 673-679.

Ansari M. 2019. Bone tissue regeneration: biology, strategies and interface studies. Prog Biomater, 8 (4): 223-237.

Archambeault S L, Bärtschi L R, Merminod A D, et al. 2020. Adaptation via pleiotropy and linkage: association mapping reveals a complex genetic architecture within the stickleback *Eda* locus. Evol Lett, 4(4): 282-301.

Areiza M, Nouzova M, Rivera-Perez C, et al. 2014. Ecdysis-triggering hormone ensures proper timing of juvenile hormone biosynthesis in pharate adult mosquitoes. Insect Biochem Mol Biol, 54: 98-105.

Austin C R. 1965. Fertilization. Englewood Cliffs: Prentice-Hall.

Baibakov B, Boggs N A, Yauger B, et al. 2012. Human sperm bind to the N-terminal domain of ZP2 in humanized zonae pellucidae in transgenic mice. J Cell Biol, 197 (7): 897-905.

Baker B S, Nagoshi R N, Burtis K C. 1987. Molecular genetic aspects of sex determination in *Drosophila*. BioEssays, 6: 66-70.

Balinsky B I. 1975. Introduction to Embryology. 4th ed. Philadelphia: Saunders College Publishing.

Bao S, Hua C, Shen L, et al. 2020. New insights into gibberellin signaling in regulating flowering in *Arabidopsis*. J Integr Plant Biol, 62 (1): 118-131.

Baroiller J F, D'Cotta H. 2001. Environment and sex determination in farmed fish. Com Bioch Phys Part C, 130 (4): 399-409.

Barresi M J F, Gilbert S F. 2019. Developmental Biology. 12th ed. Oxford: Oxford University Press.

Bausek N. 2013. JAK-STAT signaling in stem cells and their niches in *Drosophila*. JAK-STAT, 2 (3): e25686.

Bayne R A L, Martins da Silva S J, Anderson R A. 2004. Increased expression of the FIGLA transcription factor is associated with primordial follicle formation in the human fetal ovary. Mol Hum Reprod, 10 (6): 373-381.

Blanpain C. 2010. Skin regeneration and repair. Nature, 464: 686-687.

Bogolyubova I, Bogolyubov D. 2020. Heterochromatin morphodynamics in late oogenesis and early embryogenesis of mammals. Cell, 9 (6): 1497.

Bonadio J, Smiley E, Patil P, et al. 1999. Localized, direct plasmid gene delivery *in vivo*: prolonged therapy results in reproducible tissue regeneration. Nature Med, 5: 753-759.

Bonnefoy E, Orsi G A, Couble P, et al. 2007. The essential role of *Drosophila* HIRA for de novo assembly of paternal chromatin at fertilization. PLoS Genet, 3 (10): 1991-2006.

Bradaschia-Correa V, Leclerc K, Josephson A M, et al. 2019. *Hox* gene expression determines cell fate of adult periosteal stem/progenitor cells. Sci Rep, 9 (1): 1-13.

Bultje R S, Castaneda-Castellanos D R, Jan L Y, et al. 2009. Mammalian Par3 regulates progenitor cell asymmetric division via notch signaling in the developing neocortex. Neuron, 63 (2): 189-202.

Campos-Ortega J A, Hartenstein V. 1985. The Embryonic Development of *Drosophila melanogaster*. New York: Springer-Verlag.

Capron A, Chatfield S, Provart N, et al. 2009. Embryogenesis: pattern formation from a single cell. *Arabidopsis* Book, 7: e0126.

Carlson B M. 1981. Pattern's Foundations of Embryology. New York: McGraw-Hill.

Carney G E, Bender M. 2000. The *Drosophila* ecdysone receptor (*EcR*) gene is required maternally for normal oogenesis. Genetics, 154 (3): 1203-1211.

Carroll S B. 1995. Homeotic genes and the evolution of arthropods and chordates. Nature, 376 (6540): 479-485.

Casper A, van Doren M T. 2006. The control of sexual identity in the *Drosophila* germline. Development, 133: 2783-2791.

Catala M, Teillet M A, le Douarin N M. 1995. Organization and development of the tail bud analyzed with the quail-chick chimaera system. Mech Dev, 51 (1): 51-65.

Chan Y F, Marks M E, Jones F C, et al. 2010. Adaptive evolution of pelvic reduction in sticklebacks by recurrent deletion of a Pitx1 enhancer. Science, 327 (5963): 302-305.

Cheng J, Zhou Y, Lv T, et al. 2017. Research progress on the autonomous flowering time pathway in *Arabidopsis*. Physiol Mol Biol Plants, 23 (3): 477-485.

Cheng Z J, Zhao H. 2009. Oogenesis related genes and ovarian life. Int Reprod Health/Fam Plan, 28: 1-3.

Choi Y, Ballow D J, Xin Y, et a1. 2008. *Lim* homeobox gene, *Ihx8*, is essential for mouse oocyte differentiation and survival. Biol Reprod, 79 (3): 442-449.

Chronis C, Fiziev P, Papp B, et al. 2017. Cooperative binding of transcription factors orchestrates reprogramming. Cell, 168 (3): 442-459.

Coen E S, Meyerowitz E M. 1991. The war of the whorls: genetic interactions controlling flower development. Nature, 353 (6339): 31-37.

Cohen B, Simcox A A, Cohen S M. 1993. Allocation of the thoracic imaginal primordia in the *Drosophila* embryo. Development, 117 (2): 597-608.

Crelin E S. 1961. Development of the gastrointestinal tract. Clin Symp, 13: 68-82.

Cresko W A, Amores A, Wilson C, et al. 2004. Parallel genetic basis for repeated evolution of armor loss in Alaskan threespine stickleback populations. Proc Natl Acad Sci USA, 101 (16): 6050-6055.

Curaba J, Moritz T, Blervaque R, et al. 2004. *AtGA3ox2*, a key gene responsible for bioactive gibberellin biosynthesis, is regulated during embryogenesis by *LEAFY COTYLEDON2* and *FUSCA3* in *Arabidopsis*. Plant Physiol, 136: 3660-3669.

Dai P, Wang X, Gou L T, et al. 2019. A translation-activating function of MIWI/piRNA during mouse spermiogenesis. Cell, 179 (7): 1566-1581.

Dessaud E, McMahon A P, Briscoe J. 2008. Pattern formation in the vertebrate neural tube: a sonic hedgehog morphogen-regulated transcriptional network. Development, 135 (15): 2489-2503.

Ditta G, Pinyopich A, Robles P, et al. 2004. The *SEP4* gene of *Arabidopsis thaliana* functions in floral organ and meristem identity. Curr Biol, 14 (2): 1935-1940.

Domen J, Wagers A, Weissman I L. 2006. Bone marrow (hematopoietic) stem cells. *In*: National Institutes of Health. Regenerative Medicine 2006. eBook: 13-34. https://www.docin.com/p-1427770658.html.

Driever W. 1995. Axis formation in zebrafish. Curr Opin Genet Dev, 5 (5): 610-618.

Driever W, Siegel V, Nüsslein-Volhard C. 1990. Autonomous determination of anterior structures in the early *Drosophila* embryo by the bicoid morphogen. Development, 109 (4): 811-820.

Dumollard R, Levasseur M, Hebras C, et al. 2011. Mos limits the number of meiotic divisions in urochordate eggs. Development, 138 (5): 885-895.

Dunlop C E, Telfer E E, Anderson R A. 2014. Ovarian germline stem cells. Stem Cell Res Ther, 5 (4): 98.

Dym M. 1977. The Male Reproductive System. 4th ed. New York: McGrow-Hill.

Edgar B A, Sprenger F, Duronio R J, et al. 1994. Distinct molecular mechanisms regulate cell cycle timing at successive stages of *Drosophila* embryogenesis. Genes Dev, 8 (4): 440-453.

Ellegren H. 2009. Sex determination: two copies for one cock. Curr Biol, 19 (19): R909-R910.

Fabian L, Brill J A. 2012. *Drosophila* spermiogenesis: big things come from little packages. Spermatogenesis, 2 (3): 197-212.

Feiner N, Wood N J. 2019. Lizards possess the most complete tetrapod *Hox* gene repertoire despite pervasive structural changes in *Hox* clusters. Evol Dev, 21 (4): 218-228.

Ferrier D E K, Holland P W H. 2001. Ancient origin of the *hox* gene cluster. Nat Rev Genet, 2 (1): 33-38.

Fisher R E, Smith H F, Kusumi K, et al. 2012. Mutations in the Notch pathway alter the patterning of multifidus. Anat Rec (Hoboken), 295 (1): 32-39.

Florian M, Symone C, Bernd G, et al. 2015. Concise review: asymmetric cell divisions in stem cell biology. Symmetry, 7 (4): 2025-2037.

Forte E, Furtado M B, Rosenthal N. 2018. The interstitium in cardiac repair: role of the immune-stromal cell interplay. Nat Rev Cardiol, 15 (10): 601-616.

Friedman J M, Leibel R L, Siegel D S, et al. 1991. Molecular mapping of the mouse ob mutation. Genomics, 11 (4): 1054-1062.

Friml J. 2003. Auxin transport: shaping the plant. Curr Opin Plant Biol, 6 (1): 7-12.

Fristrom D, Fristrom J W. 1975. The mechanisms of evagination of imaginal discs of *Drosophila melanogaster*. Ⅰ. General considerations. Dev Biol, 43 (1): 1-23.

Ge C, Ye J, Weber C, et al. 2018. The histone demethylase KDM6B regulates temperature-dependent sex determination in a turtle species. Science, 360 (6389): 645-648.

Georges A, Auguste A, Bessiere L, et al. 2014. Foxl2: a central transcription factor of the ovary. J Mol Endocrinol, 52 (1): 17-33.

Gilbert S F. 2006. Developmental Biology. 8th ed. MA: Sinauer Associates Inc Publishers.

Gilbert S F, Barresi M J F. 2016. Developmental Biology. 11th ed. MA: Sinauer Associates Inc Publishers.

Gómez-Skarmeta J L, Campuzano S, Modolell J. 2003. Half a century of neural prepatterning: the story of a few bristles and many genes. Nat Rev Neurosci, 4 (7): 587-598.

Gonzalez-Reyes A, Elliot H, St Johnston D. 1995. Polarization of both major body axes in *Drosophila* by gurken-torpedo signaling. Nature, 375 (6533): 654-658.

Gou L T, Lim D H, Ma W, et al. 2020. Initiation of parental genome reprogramming in fertilized oocyte by splicing kinase SRPK1-catalyzed protamine phosphorylation. Cell, 180 (6): 1212-1227.

Graham L, Graham J, Wilcox L. 2014. Plant Biology. NJ: Pearson Education.

Grant P R. 1999. Ecology and Evolution of Darwin's Finches. Princeton: Princeton University Press.

Grant P R, Grant B R. 2006. Evolution of character displacement in Darwin's finches. Science, 313 (5784): 224-226.

Gulyas B J. 1975. A reexamination of the cleavage patterns in eutherian mammalian eggs: rotation of the blastomere pairs during second cleavage in the rabbit. J Exp Zool, 193 (2): 235-248.

Hackett J A, Surani M A. 2014. Regulatory principles of pluripotency: from the ground state up. Cell Stem Cell, 15 (4): 416-430.

Hall Q, Cannon M C. 2002. The cell wall hydroxyproline-rich glycoprotein RSH is essential for normal embryo development in *Arabidopsis*. Plant Cell, 14: 1161-1172.

Hamburger V. 1988. The Heritage of Experimental Embryology: Hans Spemann and the Organizer. Oxford: Oxford University Press.

Han Z, Bodmer R. 2003. Myogenic cells fates are antagonized by Notch only in asymmetric lineages of the *Drosophila* heart, with or without cell division. Development, 130 (13): 3039-3051.

Hansen D V, Pomerening J R, Summers M K, et al. 2007. Emi2 at the crossroads: where CSF meets MPF. Cell

Cycle, 6 (6): 732-738.

He L, Nguyen N B, Ardehali R, et al. 2020. Heart regeneration by endogenous stem cells and cardiomyocyte proliferation: controversy, fallacy, and progress. Circulation, 142 (3): 275-291.

Heck G R, Perry S E, Nichols K W, et al. 1995. AGL15, a MADS domain protein expressed in developing embryos. Plant Cell, 7 (8): 1271-1282.

Herrmann M, Verrier S, Alini M. 2015. Strategies to stimulate mobilization and homing of endogenous stem and progenitor cells for bone tissue repair. Front Bioeng Biotechnol, 3 (2): 79.

Horton W A. 1990. The biology of bone growth. Growth Genet Horm, 6 (2): 1-3.

Hoskins R A, Carlson J W, Kennedy C, et al. 2007. Sequence finishing and mapping of *Drosophila melanogaster* heterochromatin. Science, 316 (5831): 1625-1628.

Hsu Y C, Li L, Fuchs E. 2014. Emerging interactions between skin stem cells and their niches. Nat Med, 20 (8): 847-856.

Hsueh A J, Billig H, Tsafriri A. 1994. Ovarian follicle atresia: a hormonally controlled apoptotic process. Endocr Rev, 15 (6): 707-724.

Irles P, Ramos S. 2017. M-D piulachs: SPARC preserves follicularepithelium integrity in insect ovaries. Dev Biol, 422 (2): 105-114.

Ito J, Kato M, Hochi S, et al. 2007. Effect of enucleation on inactivation of cytostatic factor activity in matured rat oocytes. Cloning Stem Cells, 9 (2): 257-266.

Jack T. 2001. Relearning our ABCs: new twists on an old model. Trends Plant Sci, 6 (7): 310-316.

Jagarlamudi K, Rajkovic A. 2012. Oogenesis: transcriptional regulators and mouse models. Mol Cell Endocrinol, 356 (1-2): 31-39.

Jenik P D, Barton M K. 2005. Surge and destroy: the role of auxin in plant embryogenesis. Development, 132 (16): 3577-3585.

Johansson M, Straiger D. 2015. Time to flower: interplay between photoperiod and the circadian clock. J Exp Bot, 66 (3): 719-730.

Johnson T K, Moore K A, Whisstock J C, et al. 2017. Maternal torso-like coordinates tissue folding during *Drosophila* gastrulation. Genetics, 206 (3): 1459-1468.

Kang X L, Zhang J Y, Wang D, et al. 2019. The steroid hormone 20-hydroxyecdysone binds to dopamine receptor to repress lepidopteran insect feeding and promote pupation. PLoS Genet, 15 (8): e1008331.

Keikichi U, Masako N, Daijiro O, et al. 2004. Follicular epithelial cell apoptosis of atretic follicles within developing ovaries of the mosquito *Culex pipiens pallens*. Insect Physiol, 50 (10): 903-912.

Keller R E. 1986. The cellular basis of amphibian gastrulation. *In*: Browder L. Developmental Biology: A Comprehensive Synthesis. Berlin: Springer: 241-327.

Kinae T, Hong S K, Nagato Y. 2005. Apical *displacement1* gene regulates apical-basal pattern formation in rice embryo. Plant Sci, 168 (5): 1345-1351.

King-Jones K, Charles J P, Lam G, et al. 2005. The ecdysone-induced DHR4 orphan nuclear receptor coordinates growth and maturation in *Drosophila*. Cell, 121 (5): 773-784.

Kobayashi Y, Nakamura M, Sunobe T. 2009. Sex change in the gobiid fish is mediated through rapid switching of gonadotropin receptors from ovarian to testicular portion or vice versa. Endocrinology, 150 (3): 1503-1511.

Kocer A, Reichmann J, Best D, et al. 2009. Germ cell sex determination in mammals. Mol Hum Reprod, 15 (4): 205-213.

Lamichhaney S, Berglund J, Almén M S, et al. 2015. Evolution of Darwin's finches and their beaks revealed by genome sequencing. Nature, 518 (7539): 371-375.

Lane M C, Smith W C. 1999. The origins of primitive blood in *Xenopus*: implications for axial patterning. Development, 126 (3): 423-434.

Langeland J, Kimmel C B. 1997. The embryology of fish. *In:* Gilbert S F, Raunio A M. Embryology: Constructing the Organism. Sunderland, MA: Sinauer Associates: 383-407.

Langman J. 1981. Medical Embryology. 4th ed. Baltimore: Williams & Wilkins.

Larsen W J. 1993. Human Embryology. New York: Churchill Livingston.

Laux T, Würschum T, Breuninger H. 2004. Genetic regulation of embryonic pattern formation. Plant Cell, 16: S190-S202.

Lavanchy G, Schwander T. 2019. Hybridogenesis. Curr Biol, 29 (1): R9-R11.

Lemons D, McGinnis W. 2006. Genomic evolution of *hox* gene clusters. Science, 313 (5795): 1918-1922.

Leung P, Adashi E. 2018. The Ovary. 3rd ed. CA: Academic Press.

Li J, Ge W. 2020. Zebrafish as a model for studying ovarian development: recent advances from targeted gene knockout studies. Mol Cell Endocrinol, 507: 110778.

Li M, Pevny L, Lovell-Badge R, et al. 1998. Generation of purified neural precursors from embryonic stem cells by lineage selection. Curr Biol, 8 (17): 971-976.

Li Z, Li Z B. 2005. Repair of mandible defect with tissue engineering bone in rabbits. ANZ J Surg, 75 (11): 1017-1021.

Loppin B, Bonnefoy E, Anselme C, et al. 2005. The histone H3.3 chaperone HIRA is essential for chromatin assembly in the male pronucleus. Nature, 437 (7063): 1386-1390.

Loppin B, Docquier M, Bonneton F, et al. 2000. The maternal effect mutation *sésame* affects the formation of the male pronucleus in *Drosophila melanogaster*. Dev Biol, 222 (2): 392-404.

Lu D, Sin H S, Lu C, et al. 2020. Developmental regulation of cell type-specific transcription by novel promoter-proximal sequence elements. Genes Dev, 34 (9-10): 663-677.

Lui J H, Hansen D V, Kriegstein A R. 2011. Development and evolution of the human neocortex. Cell, 146 (1): 18-36.

Lund V K, DeLotto Y, DeLotto R. 2010. Endocytosis is required for Toll signaling and shaping of the Dorsal/NF-kappa B morphogen gradient during *Drosophila* embryogenesis. Proc Natl Acad Sci USA, 107 (42): 18028-18033.

Luo X, He Y. 2020. Experiencing winter for spring flowering: a molecular epigenetic perspective on vernalization. J Integr Plant Biol, 62 (1): 104-117.

Luo Z, Rhie S K, Farnham P J. 2019. The enigmatic *HOX* genes: can we crack their code? Cancers, 11 (3): 323.

Mallarino R, Grant P R, Grant B R, et al. 2011. Two developmental modules establish 3D beak-shape variation in Darwin's finches. Proc Nat Acad Sci USA, 108 (10): 4057-4062.

Mangold O. 1933. Uber die induktionfahigkeit der verschiedenen bezirke der neurula von urodelen. Naturwiss, 21 (43): 761-766.

Martin G R. 1981. Isolation of a pluripotent cell line from early mouse embryos cultured in medium conditioned by terato carcinoma stem cell. Proc Natl Acad Sci USA, 78 (12): 7634.

Martin P. 1997. Wound healing—aiming for perfect skin regeneration. Science, 276 (5309): 75-81.

Matsuda M, Nagahama Y, Shinomiya A, et al. 2002. DMY is a Y-specific DM-domain gene required for male development in the medaka fish. Nature, 417: 559-563.

Meiselman M, Lee S S, Tran R T, et al. 2017. Adams ME: endocrine network essential for reproductive success in *Drosophila melanogaster*. Proc Natl Acad Sci USA, 114 (10): E3849-E3858.

Möller B, Weijers D. 2009. Auxin control of embryo patterning. Cold Spring Harb Perspect Biol, 1 (5): a001545.

Moon R T, Kimelman D. 1998. From cortical rotation to organizer gene expression: toward a molecular explanation of axis specification in *Xenopus*. BioEssays, 20 (7): 536-545.

Moore K L, Persaud T V N. 1993. Before we are born: essentials of embryology and birth defects. Philadelphia: Saunders WB, 45 (2): 192.

Moris N, Anlas K, van den Brink S C, et al. 2020. An *in vitro* model of early anteroposterior organization during human development. Nature, 582 (7812): 410-415.

Morrill J B, Santos L L. 1985. A scanning electron micrographical overview of cellular and extracellular patterns during blastulation and gastrulation in the sea urchin, *Lytechinus variegatus*. *In*: Sawyer R H, Showman R M. The Cellular and Molecular Biology of Invertebrate Development. Columbia: University of South Carolina Press: 3-33.

Murray S M, Yang S Y, van Doren M. 2010. Germ cell sex determination: a collaboration between soma and germline. Curr Opin Cell Biol, 22 (6): 722-729.

Morgan B A. 2013. The "skinny" on Wnt signaling in stem cells. Cell Stem Cell, 13 (6): 638-640.

Nishimura T, Sato T, Yamamoto Y, et al. 2015. Sex determination. foxl3 is a germ cell-intrinsic factor involved in sperm-egg fate decision in medaka. Science, 349 (6245): 328-331.

Nigg E A. 1995. Cyclin-dependent protein kinases: key regulators of the eukaryotic cell cycle. BioEssays, 17 (6): 471-480.

Nijhout H F. 1994. Insect Hormones. Princeton: Princeton University Press.

O'Brown N M, Summers B R, Jones F C, et al. 2015. A recurrent regulatory change underlying altered expression and Wnt response of the stickleback armor plates gene EDA. Elife, 4: e05290.

Ordahl C P. 1993. Myogenic lineages within the developing somite. *In*: Bernfield M. Molecular Basis of Morphogenesis. New York: Wiley-Liss: 165-170.

Palovaara J, Zeeuw T, Weijers D. 2016. Tissue and organ initiation in the plant embryo: a first time for everything. Annu Rev Cell Dev Biol, 32 (1): 47-75.

Pan Q, Anderson J, Bertho S, et al. 2016. Vertebrate sex-determining genes play musical chairs. Comptes Rendus Biologies, 339 (7-8): 258-262.

Pangas S A, Choi Y, Ballow D J, et al. 2006. Oogenesis requires germ cell-specific transcriptional regulators. Proc Natl Acad Sci USA, 103 (21): 8090-8095.

Paridaen J T, Huttner W B. 2014. Neurogenesis during development of the vertebrate central nervous system. EMBO Rep, 15 (4): 351-364.

Parma P, Radi O, Vidal V, et al. 2006. R-spondin1 is essential in sex determination, skin differentiation and malignancy. Nat Gen, 38 (11): 1304-1309.

Patel N H. 2006. Evolutionary biology: how to build a longer beak. Nature, 442 (7102): 515-516.

Patel R, Hsu S C, Bédard J, et al. The omp85-related chloroplast outer envelope protein OEP80 is essential for viability in *Arabidopsis*. Plant Physiol, 148 (4): 235-245.

Patthey C, Edlund T, Gunhaga L. 2009. Wnt-regulated temporal control of BMP exposure directs the choice between neural plate border and epidermal fate. Development, 136 (1): 73-83.

Pearson J C, Lemons D, McGinnis W. 2005. Modulating *hox* gene functions during animal body patterning. Nat Rev Genet, 6 (12): 893-904.

Pelaz S, Ditta G S, Baumann E, et al. 2000. B and C floral organ identity functions require SEPALLATA MADS-box genes. Nature, 405: 200-203.

Pijuan-Sala B, Griffiths J A, Guibentif C, et al. 2019. A single-cell molecular map of mouse gastrulation and early organogenesis. Nature, 566: 490-495.

Pistore A E, Barry T N, Vanderzwan S L, et al. 2019. The role of genetic and environmental background driving ontogenetic trajectories of skeletal variation in the threespine stickleback (*Gasterosteus aculeatus* L.). Evol Ecol Res, 20 (1): 27-50.

Popov I K, Ray H J, Skoglund P, et al. 2018. The RhoGEF protein Plekhg5 regulates apical constriction of bottle cells during gastrulation. Development, 145 (24): dev168922.

Posé D, Verhage L, Ott F, et al. 2013. Temperature-dependent regulation of flowering by antagonistic FLM variants. Nature, 503 (7476): 414-417.

Reichmann J, Nijmeijer B, Hossain M J, et al. 2018. Dual-spindle formation in zygotes keeps parental genomes apart in early mammalian embryos. Science, 361 (6398): 189-193.

Richardson M K, Hanken J, Selwood L, et al. 1998. Haeckel, embryos, and evolution. Science, 280 (5366): 983-984.

Robb L, Tam P P L. 2004. Gastrula organiser and embryonic patterning in the mouse. Sem Cell Dev Biol, 15 (5): 543-554.

Roth S, Neuman-Silberberg F S, Barcelo G, et al. 1995. Cornichon and the EGF receptor signaling process are necessary for both anterior-posterior and dorsal-ventral pattern formation in *Drosophila*. Cell, 81 (6): 967-978.

Roy S, Saha T T, Zou Z, et al. 2018. Regulatory pathways controlling female insect reproduction. Annu Rev Entomol, 63: 489-511.

Rutkowski P, Klassen A, Sebekova K, et al. 2006. Renal disease in obesity: the need for greater attention. J Ren Nutr, 16 (3): 216-223.

Sadler T W, Feldkamp M L. 2008. The embryology of body wall closure: relevance to gastroschisis and other ventral body wall defects. Am J Med Genet Part C Semin Med Genet, 148C: 180-185.

Saga Y. 2008. Mouse germ cell development during embryogenesis. Curr Opin Genet Dev, 18 (4): 337-341.

Saito S, Suzuki T. 2020. How do signaling and transcription factors regulate both axis elongation and *Hox* gene expression along the anteroposterior axis? Dev Growth & Differ, 62 (5): 363-375.

Samuelson L C. 2018. Debate over the identity of an intestinal niche-cell population settled. Nature, 558 (7710): 380-381.

Santos A C, Lehmann R. 2004. Germ cell specification and migration in *Drosophila* and beyond. Curr Biol, 14 (14): R578-R589.

Satoh N, Hong S, Nishimura A, et al. 1999. Initiation of shoot apical meristem in rice: characterization of four *SHOOTLESS* genes. Development, 126 (16): 3629-3636.

Sauer R C. 1935. Mitosis in the neural tube. J Comp Neurol, 62 (2): 377-405.

Saunders J W Jr. 1982. Developmental Biology. New York: Macmillan.

Scaal M. 2016. Early development of the vertebral column. Semin Cell Dev Biol, 49: 83-91.

Schartl M, Schmid M, Nanda I. 2016. Dynamics of vertebrate sex chromosome evolution: from equal size to giants and dwarfs. Chromosoma, 125 (3): 553-571.

Schwind J L. 1933. Tissue specificity at the time of metamorphosis in frog larvae. J Exp Zool, 66 (1): 1-14.

Shapiro M D, Marks M E, Peichel C L, et al. 2004. Genetic and developmental basis of evolutionary pelvic reduction in three spine sticklebacks. Nature, 428 (6984): 717-723.

Shen W H, Parmentier Y, Hellmann H, et al. 2002. Null mutation of *AtCUL1* causes arrest in early embryogenesis in *Arabidopsis*. Mol Biol Cell, 13 (6): 1916-1928.

Shinya M, Furutani-Seiki M, Kuroiwa A, et al. 1999. Mosaic analysis with oep mutant reveals a repressive interaction between floor-plate and non-floor-plate mutant cells in the zebrafish neural tube. Dev Growth Differ, 41 (2): 135-142.

Shwartz Y, Gonzalez-Celeiro M, Chen C L, et al. 2020. Cell types promoting goosebumps form a niche to regulate hair follicle stem cells. Cell, 182 (3): 578-593.

Simões-Costa M, Bronner M E. 2015. Establishing neural crest identity: a gene regulatory recipe. Development, 142 (2): 242-257.

Slack J M W. 2013. Essential Developmental Biology . 3rd ed. Chichester: John Wiley & Sons Inc.

Snippert H J, Haegebarth A, Kasper M, et al. 2010. Lgr6 marks stem cells in the hair follicle that generate all cell lineages of the skin. Science, 327 (5971): 1385-1389.

Song Y, Shim J, Kinmonth-Schultz H, et al. 2015. Photoperiodic flowering: time measurement mechanisms in leaves. Annu Rev Plant Biol, 66 (1): 441-464.

Spratt N T Jr. 1946. Formation of the primitive steak in the explanted chick blastoderm marked with carbon particles. J Exp Zool, 103 (2): 259-304.

Spratt N T Jr, Haas H. 1960. Integrative mechanisms in development of the early chick blastoderm. Ⅰ. Regulated potentiality of separate parts. J Exp Zool, 145 (2): 97-138.

Srivastava D, Olson E N. 2000. A genetic blueprint for cardiac development. Nature, 407 (6801): 221-232.

Srivastava D P, Yu E J, Kennedy K, et al. 2005. Rapid, nongenomic responses to ecdysteroids and catecholamines mediated by a novel *Drosophila* G-protein-coupled receptor. J Neurosci, 25 (26): 6145-6155.

Stainier D Y. 2001. Zebrafish genetics and vertebrate heart formation. Nat Rev Genet, 2 (1): 39-48.

Stothard P, Pilgrim D. 2003. Sex-determination gene and pathway evolution in nematodes. BioEssays, 25 (3): 221-231.

Taiz L, Zeiger E. 2006. Plant Physiology. 4th ed. MA: Sinauer Associates Inc: 764.

Tanaka Y, Okada Y, Hirokawa N. 2005. FGF-induced vesicular release of sonic hedgehog and retinoic acid in leftward nodal flow is critical for left-right determination. Nature, 435 (7039): 172-177.

Tang H, Han M. 2017. Fatty acids regulate germline sex determination through ACS-4-dependent myristoylation. Cell, 169 (3): 457-469.

Tay J, Richter J D. 2001. Germ cell differentiation and synaptonemal complex formation are disrupted in *CPEB* knockout mice. Dev Cell, 1 (2): 201-213.

Ten Hove C A, Lu K J, Weijiers D. 2015. Building a plant: cell fate specification in the early *Arabidopsis* embryo.

Development, 142 (3): 420-430.

Theissen G. 2001. Development of floral organ identity: stories from the MADS house. Curr Opin Plant Biol, 4 (1): 75-85.

van Eeden F, St Johnston D. 1999. The polarisation of the anterior-posterior and dorsal-ventral axes during *Drosophila* oogenesis. Curr Opin Genet Devel, 9 (4): 396-404.

Verhage L, Angenent G, Immink R. 2014. Research on floral timing by ambient temperature comes into blossom. Trends Plant Sci, 19 (19): 583-591.

Vogel K J, Brown M R. 2015. Strand MR: ovary ecdysteroidogenichormone requires a receptor tyrosine kinase to activate egg formation in the mosquito *Aedes aegypti*. Proc Natl Acad Sci USA, 112 (16): 9-10.

von Kalm L, Fristrom D, Fristrom J. 1995. The making of a fly leg: a model for epithelial morphogenesis. Bioessays, 17 (8): 693-702.

Waddington C H. 1933. Induction by the primitive streak and its derivatives in the chick. J Exp Zool, 10: 38-46.

Wagner D, Wang I E, Reddien P W. 2011. Clonogenic neoblasts are pluripotent adult stem cells that underlie planarian regeneration. Science, 332 (6031): 811-816.

Wahl V, Ponnu J, Schlereth A, et al. 2013. Regulation of flowering by trehalose-6-phosphate signaling in *Arabidopsis thaliana*. Science, 339 (6120): 704-707.

Wang J. 2014. Regulation of flowering time by the miR156-mediated age pathway. J Exp Bot, 65 (17): 4723-4730.

Wang J L, Saha T T, Zhang Y, et al. 2017. Juvenile hormone and its receptor methoprene-tolerant promote ribosomal biogenesis and vitellogenesis in the *Aedes aegypti* mosquito. J Biol Chem, 292 (24): 10306-10315.

Ward G E, Brokaw C J, Garbers D L, et al. 1985. Chemotaxis of *Arbacia punctulata* spermatozoa to resact, a peptide from the egg jelly layer. J Cell Biol, 101 (6): 2324-2329.

Wassarman P M. 2009. Mammalian fertilization: the strange case of sperm protein 56. Bioessays, 31 (2): 153-158.

Weaver C, Kimelman D. 2004. Move it or lose it: axis specification in *Xenopus*. Development, 131 (15): 3491-3499.

Weber C, Zhou Y, Lee J G, et al. 2020. Temperature-dependent sex determination is mediated by pSTAT3 repression of *Kdm6b*. Science, 368 (6488): 303-306.

Wehner D, Weidinger G. 2015. Signaling networks organizing regenerative growth of the zebrafish fin. Trends Genet，31 (6): 336-343.

Weil T T, Xanthakis D, Parton R, et al. 2010. Distinguishing direct from indirect roles for bicoid mRNA localization factors. Development, 137 (1): 169-176.

Wellik D M, Capecchi M R. 2003. *Hox10* and *Hox11* genes are required to globally pattern the mammalian skeleton. Science, 301 (5631): 363-367.

White-Cooper H. 2010. Molecular mechanisms of gene regulation during *Drosophila* spermatogenesis. Reproduction, 139 (1): 11-21.

Wigglesworth V B. 1934. The physiology of ecdysis in *Rhodnius prolixus* (Hemiptera). Ⅱ. Factors controlling moulting and metamorphosis. Q J Microsc Sci, 77: 191-222.

Wilhelm D, Palmer S, Koopman P. 2007. Sex determination and gonadal development in mammals. Physiol Rev, 87 (1): 1-28.

Willemsen V, Wolkenfelt H, de Vrize G, et al. 1998. The *HOBBIT* gene is required for formation of the root meristem in the *Arabidopsis* embryo. Development, 125 (3): 521-531.

Wilson P, Keller R. 1991. Cell rearrangement during gastrulation of *Xenopus*: direct observation of cultured explants. Development, 112 (1): 289-300.

Winklbauer R, Schürfeld M. 1999. Vegetal rotation, a new gastrulation movement involved in the internalization of the mesoderm and endoderm in *Xenopus*. Development, 126: 3703-3713.

Wolpert L, Beddington R, Jessell T, et al. 2006. Principles of Development. 6th ed. London: Oxford University Press.

Woo J, Miletich I, Kim B M, et al. 2011. Barx1-mediated inhibition of Wnt signaling in the mouse thoracic foregut controls tracheo-esophageal septation and epithelial differentiation. PLoS One, 6 (7): e22493.

Xu G, Shen H, Nibona E, et al. 2019. Fundc1 is necessary for proper body axis formation during embryogenesis in zebrafish. Sci Rep, 9 (1): 18910.

Xu G Y, Li Z Z, Xiao J W, et al. 2017. Expression pattern and functional analysis of fundc1 in rare minnow (*Gobiocypris rarus*). Gene, 626: 149-157.

Yancopoulos G D, Klagsbrun M, Folkman J. 1998. Vasculogenesis, angiogenesis, and growth factors: ephrins enter the fray at the border. Cell, 93 (5): 661-664.

Yoshimoto S, Okada E, Umemoto H, et al. 2008. A W-linked DM-domain gene, DM-W, participates in primary ovary development in *Xenopus laevis*. Proc Natl Acad Sci USA, 105 (7): 2469-2474.

Young J J, Grayson P, Tabin C J. 2019. Developmental biology: *Hox* timing determines limb placement. Current Biol, 29 (2): R52-R54.

Yu J, Gimenez L E, Hernandez C C, et al. 2020. Determination of the melanocortin-4 receptor structure identifies Ca^{2+} as a cofactor for ligand binding. Science, 368 (6489): 428-433.

Yuan D, Zhou S, Liu S, et al. 2020. The AMPK-PP2A axis in insect fat body is activated by 20-hydroxyecdysone to antagonize insulin/IGF signaling and restrict growth rate. Proc Natl Acad Sci USA, 117 (17): 9292-9301.

Yuan K, Seller C A, Shermoen A W, et al. 2016. Timing the *Drosophila* mid-blastula transition: a cell cycle-centered view. Trends Genet, 32 (8): 496-507.

Zeevart J. 2008. Leaf-produced floral signals. Curr Opin Plant Biol, 11 (5): 541-547.

Zeng A, Li H, Guo L, et al. 2018. Prospectively Isolated tetraspanin+neoblasts are adult pluripotent stem cells underlying planaria regeneration. Cell, 173 (7): 1593-1608.

Zhang Y, Ma W, Zhan Y, et al. 2018. Nucleic acids and analogs for bone regeneration. Bone Res, 6: 37.

Zhao D, McBride D, Nandi S, et al. 2010. Somatic sex identity is cell autonomous in the chicken. Nature, 464: 237-242.

Zhou L, Xiang J, Shi L, et al. 2009. Production of offspring from a germline stem cell line derived from neonatal ovaries. Nat Cell Biol, 11 (5): 631-636.

Zhu Z K, Huangfu D W. 2013. Human pluripotent stem cells: an emerging model in developmental biology. Development, 140 (4): 705-717.

Zou K, Yuan Z, Yang Z, et al. 2009. Production of offspring from a germline stem cell line derived from neonatal ovaries. Nat Cell Biol, 11 (5): 631-636.